근대 한국학 교과서 총서

2

국어과

성신여대 인문융합연구소 편

제이앤씨
Publishing Company

간행사

근대 한국학 교과서의 탄생

1.

근대 교과서는 당대 사회의 복잡한 사회・역사・정치・문화의 상황과 조건들의 필요에서 나온 시대의 산물이다. 한국 근대사는 반봉건과 반외세 투쟁 속에서 자주적인 변혁을 이루어야 했던 시기였고, 특히 1860년대부터 1910년에 이르는 시간은 반봉건・반외세 투쟁을 전개하면서 근대적 주체를 형성해야 했던 때였다. 주체의 형성은 근대사에서 가장 중요한 과제였는 바, 그 역할의 한 축을 담당한 것이 근대 교육이다.

근대 초기 교과서 개발은 1876년 개항 이후 도입된 신교육 체제를 구현하기 위한 구체적인 과제였다. 교과서가 없이는 신교육을 실행할 수 없었기 때문에 개화 정부는 교육개혁을 시행하면서 우선적으로 교과서 개발을 고려한다. 갑오개혁에 의해 각종 학교의 관제와 규칙이 제정되고 이에 따라 근대적 형태의 교육과정이 구성되는데, 교육과정이 실행되기 위해서는 교육내용을 전하는 교과서를 먼저 구비해야 했다. 당시 교과서 편찬을 관장했던 기구는 '학부(學部) 편집국'이다. 편집국은 일반도서와 교과용 도서에 관한 업무를 관장해서 ① 도서의 인쇄, ② 교과용 도서의 번역, ③ 교과용 도서의 편찬, ④ 교과용 도서의 검정, ⑤ 도서의 구입・보존・관리 등의 사무를 맡았다. 학부는 교과서의 시급성을 감안하여 학부 관제가 공포된 지 불과 5개월만인 1895년 8월에 최초의 근대 교과서라 할 수 있는 『국민소학독본』을 간행하였고, 이후 『소학독본』(1895)과 『신정심상소학』(1896) 등을 연이어 간행해서 1905년까지 40여 종의 교과서를 출간하였다.

학부 간행의 교과서는 교육에 의한 입국(立國) 의지를 천명한 고종의 '교육조서'(1895,2)에 의거해서 이루어졌다. 교육조서는 ① 교육은 국가 보존의 근본이고, ② 신교육은 과학적 지식과 신학문과 실용을 추구하는 데 있고, ③ 교육의 3대 강령으로 덕육(德育)・체육(體育)・지육(智育)을 제시하고, ④ 교육입국의 정신을 들어 학교를 많이 설립하고 인재를 길러내는 것이 곧 국가 중흥과 국가보전에 직결된다는 것을 천명하였다. 이는 오늘날의 바람직한 국민상을 육성하기 위한 교육 목표와 동일한 것으로, 이런 취지를 바탕으로 학부는 신학문의 흡수와 국민정신의 각성을 내용으로 하는 교재를 다수 출간한다. 학부는 『조선역사』, 『태서신사』, 『조선지지』, 『여재촬요』, 『지구약론』, 『사민필지』, 『숙혜기락』, 『유몽휘편』, 『심상소학』, 『소학독본』, 『서례수지』, 『동국역사』, 『동국역대사략』, 『역사집략』, 『조선역사』 등 역사와 지리, 수신과 국어 교과서를 연속해서 간행했는데, 특히 역사와 지리 교과서가 다수 출판된 것을 볼 수 있다.

이 시기 교과서를 제대로 이해하기 위해서는 우선 교과서 편찬 주체가 누구인가를 알아야 한다. 불과 두세 달의 시차를 두고 간행되었지만 교과의 내용과 정치적 입장, 역사 인식 등에서 큰 차이를 보이는 『국민소학독본』과 『신정심상소학』을 비교해봄으로써 그런 사실을 알 수 있다.

『국민소학독본』이 간행된 1895년 전후의 시기는 민비와 대원군을 둘러싼 갈등과 대립이 극에 달했던 때였다. 『국민소학독본』은 박정양이 총리대신으로 있던 시기에 간행되었는데, 당시 교과서 편찬의 실무는 이상재(학부참서관), 이완용(학부대신), 윤치호(학부협판) 등 친미 · 친러파 인사들이 맡았다. 그런 관계로 『국민소학독본』에는 일본 관련 글은 거의 없고 대신 미국과 유럽 관련 글들이 대부분을 차지한다. 전체 41과로 구성되어 우리의 역사와 인물, 근대생활과 지식, 서양 도시와 역사와 위인을 다루었는데, 미국 관련 단원이 10과에 이른다. 그런데, 『신정심상소학』은 민비가 시해되고 대원군이 집권하면서 김홍집이 총리대신으로 있던 시기에 간행되었다. 친일 내각의 등장과 함께 일제의 개입이 본격화되어 책의 '서(序)'에는 일본인 보좌원 다카미 가메(高見龜)와 아사카와(麻川松次郞)가 관여한 사실이 소개되고, 내용도 일본 교과서인 『尋常小學讀本(신정심상소학)』을 그대로 옮겨놓다시피 했다. 근대적인 체계를 앞서 갖춘 일본의 교재를 참조한 것이지만, 일본인 명사 2명이 소개된 것처럼 교과 내용이 친일적으로 변해서 이전 교과서와는 상당히 다른 모습이다.

1906년 일제의 통감이 파견되고 일인 학정참정관이 조선의 교육을 장악하면서부터 교과서의 내용은 이전과 확연히 달라진다. 1906년 2월에 통감부가 서울에 설치되고 초대 통감으로 이토 히로부미(伊藤博文)가 부임해서 한국 국정 전반을 지휘 · 감독하였다. 일제는 교과서야말로 식민지 건설에 가장 영향력 있는 수단으로 간주해서 교과서 출판에 적극 개입하였다. 조선의 역사와 지리 그리고 국어과 교과서 출판에 대해서는 극심한 통제를 가했고, 한국인 출판업자가 출원하는 검정 교과서는 이른바 '정치적 사항에 문제가 있다' 하여 불인가 조치를 가하는 경우가 빈번하였다. 그 결과 한국사 및 한국 지리 교과서는 거의 간행되지 못하고, 대신 친일적인 내용의 교과서가 다수 간행된다. 1909년 5월에 보통학교용으로 『수신서』 4책, 『국어독본』 8책, 『일어독본』 8책, 『한문독본』 4책, 『이과서』 2책, 『도화 임본』 4책, 『습자첩』 4책, 『산술서』 4책이 출간된다. 이들 교과서에는 일본 관련 단원이 한층 많아져서, 『보통학교학도용 국어독본』(1907)에서 볼 수 있듯이, 우리나라와 일본의 국기가 나란히 걸린 삽화가 게재되고(1권 「국기」), 『일본서기』를 근거로 한 일본의 임나일본부설이 수록되며(6권 「삼국과 일본」), 심지어 세계 6대 강국이 된 군국주의 일본의 강성함을 선전하는 내용의 글(8권 「세계의 강국」)이 수록되기에 이른다.

민간인에 의한 교과서 출판은 을사늑약 이후 활발하게 이루어진다. 일제의 강압 아래 추진된 학부 간행의 교과서를 비판하면서 자주적 한국인 양성에 적합한 교과서를 편찬하고자 힘을 모으는데, 편찬의 주체는 민간의 선각이나 학회와 교육회였다. 이들은 교과서를 '애국심을 격발시키고 인재를 양성'하는 도구로 간주하였다. "학교를 설립하고 교육을 발달코자 할진데 먼저 그 학교의 정신부터 완전케 한 연후에 교육의 효력을 얻을지니 학교의 정신은 다름 아니라 즉 완전한 교과서에 있"다고 말하며, 학교가 잘 설비되어 있더라도 교과서가 "혼잡 · 산란하여 균일한 본국정신"을 담고 있지 못하다면 "쓸데없는 무정신교육"이 되어 국가에 별 이익이 없을 것이라고 주장했는데, 그것은 교과서가 "애국심을 격발케 하는 기계"(「학교의 정신은 교과서에 재함2」. 《해조신문》, 1908, 5.14.)라고 보았기 때문이다. 당시 민간 선각이나 학회들이 대대적으로 교과서 간행에 나선 것은 이런 배경을 갖고 있었다.

민간에서 간행된 최초의 교과서는 대한민국교육회의 『初等小學(초등소학)』(1906)이다. 당시 4년제인 보통학교의 전 학년이 배울 수 있도록 각 학년에 2권씩 모두 8권이 간행되었는데, 『초등소학』에서 무엇보다 두드러지는 것은 자주독립과 충절로 무장한 국민을 만들고자 하는 의지이다. 국가의 운명이 백척간두에 달한 현실에서 『초등소학』은 단군, 삼국시대, 영조, 세종, 성종 등 민족사의 성현들의 행적을 소환한다. 민족이란 발전하는 실체라기보다는 발생하는 현실이자 지속적으로 수행되고 또 다시 수행되는 제도적 정리 작업이라는 점에서 부단히 새롭게 규정될 수밖에 없는데, 『초등소학』은 그런 작업을 과거의 역사와 영웅적 인물들의 소환을 통해서 시도한다. 여기서 곽재우와 송상현, 조헌의 수록은 각별하다. 곽재우는 임진왜란 때 일제의 침략을 물리친 장군이고, 송상현 역시 동래부사로 있으면서 죽음으로 왜군을 막은 장수이며, 조헌은 일본군과 싸우다 금산성 밖에서 전사한 인물이다. 이들을 통해서 풍전등화의 민족적 위기를 극복하고자 하는 취지를 보여준다. 또, 『초등소학』에서 언급되는 한국사는 『大東歷史略(대동역사략)』의 내용을 그대로 집약한 것으로, 중국과의 관계에서 조선의 자주성이 강조되고 일본의 침략을 경계하는 내용이 주를 이룬다. 『대동역사략』은 신라가 마한의 뒤를 이어 삼국을 주도한, 한국사의 계통을 중화 중심에서 벗어나 자주적이고 주체적인 시각에서 서술하여 민족의 자부심을 고취시키고자 하는 취지를 갖고 있었다.

이런 내용의 『초등소학』을 시발로 해서 『유년필독』, 『몽학필독』, 『노동야학독본』, 『부유독습』, 『초등여학독본』, 『최신초등소학』, 『신찬초등소학』, 『초목필지』, 『초등국어어전』, 『윤리학 교과서』, 『초등소학수신서』, 『대한역사』, 『보통교과대동역사략』 등 수신과 역사, 지리 등의 교재들이 간행되었다.

사립학교의 대부분은 남학교였지만, 한편에서는 여성교육이 강조되고 여학교가 설립되기도 하였다. 1880년대부터 선교사들에 의하여 이화학당을 비롯한 여학교들이 설립되고, 민간에서도 1897년경 정선여학교가, 1898년에는 순성여학교가 설립되었다. 순성여학교를 설립한 찬양회는 여성단체의 효시로 여성의 문명개화를 위하여 여학교를 설립하였다. 이들 여학생을 위해서 각종 여학생용 교과서가 간행된다. 『녀ᄌᆞ쇼학슈신셔』, 『부유독습』, 『초등여학독본』 등의 교과서에서는, 여성이 맺는 여성 혹은 남성과의 관계에서 동등한 지위를 차지해야 한다는 담론이 등장하고, 유교적 · 전통적 성격의 여성상과 기독교적 · 서구적 성격의 여성상이 일정 수준 이상으로 혼재하고, 국모(國母)의 양성이 강조된다.

2.

『근대 한국학 교과서 총서』에는 총 54종 133권이 수록되었다. 여기서 교과서를 국어과, 수신과, 역사과, 지리과로 나누어 배치한 것은 다분히 편의적인 것이다. 근대적 의미의 교과(教科)가 분화되기 이전에 간행된 관계로 개화기 교과서는 통합교과적인 특성을 갖고 있다. 특히 국어와 수신 교과서는 내용이 중복되어 분간이 어려울 정도이다. 그럼에도 교과를 나눈 것은 다음과 같은 최소 기준에 의한 것이다.

‘국어과’는, 교재의 제명이 독본(讀本), 필독(必讀), 필지(必知), 독습(讀習), 보전(寶典), 작문(作文) 등 다양하게 나타나지만, 당대의 문화, 역사, 정치, 경제적 정체성을 ‘국어’로 반영했다는 데서 국어과로 분류하였다. 당시 국어과 교과서는 “다른 교과목을 가르칠 때에도 항상 언어 연습을 할 수 있도록 하고, 글자를 쓸 때에도 그 모양과 획순을 정확히 지키도록 지도”(보통학교령, 1906) 하는 데 초점을 두었다. 근대지의 효율적인 생산과 유통에서 무엇보다 긴절했던 것은 ‘국어’에 대한 인식과 국어 사용 능력의 제고였다. 『신정심상소학』, 『보통학교학도용 국어독본』, 『최신 초등소학』 등 이 시기 대다수의 국어 교과서가 앞부분에서 국어 자모나 어휘와 같은 국어・국자 교육을 실행한 까닭은 근대적 지식을 용이하게 전달하기 위한 교육적 필요 때문이었다.

‘윤리과’는 ‘수신(修身)’이라는 제명을 가진 교과서를 묶었다. 학부에서 발간을 주도한 수신과 교과서는 대체로 초등학교용에 집중되어 있고, 중등학교용이나 여학교용은 이 영역에 관심이 있던 민간단체나 개인이 주로 발간하였다. 수신과 교과서는 발간의 주체가 다양했던 관계로 교과서의 내용이나 전개 방식이 다채롭다. 역사에서 뛰어난 행적을 남긴 인물들의 사례를 연령대별로 모아 열거한 경우도 있고(『숙혜기략』), 근대적 가치를 포함시키고 삽화에 내용 정리를 위한 질문까지 곁들인 경우도 있으며(『초등소학 수신서』), 당시 국가가 처한 위기 상황과는 맞지 않게 일제의 영향으로 충군과 애국 관련 내용을 소략하게 수록한 경우도(『보통학교학도용 수신서』) 있다. ‘중등학교용’ 수신과 교과서는, ‘초등학교용’에 비해 다채로운 방식으로 내용이 전개되지는 않지만 교과서 발간 주체들이 전통적 가치와 대한제국으로 유입되던 근대적 가치들을 조화시키기 위해 노력한 흔적을 보여준다. 또한 발간 시기가 1905년 을사늑약 이후로 집중되어 있어서인지 전체적으로 교과서 내용의 수준이 심화되고 분량도 늘어나는 가운데 충군과 애국 관련 내용이 증가하고, 그 표현의 어조도 한층 강화된 것을 볼 수 있다.

‘지리과’는 ‘지리(地理), 지지(地誌)’ 등의 제명을 갖는 교과서를 대상으로 하였다. 지리과 교과서 역시 발행 주체에 따라 학부 간행과 민간 선각에 의한 사찬 교과서로 구분된다. 학부 교과서는 종류와 승인・보급된 수량이 적고 특히 을사늑약 이후 일본의 식민치하에서는 발행이 매우 제한적이었다. 1895년 학부 간행의 『조선지지』는 우리나라 최초의 지리 교과서로, 조선의 지정학적 위치를 설명한 뒤, 한성부에서 경성부에 이르는 전국의 23부를 원장부전답・인호・명승・토산・인물 등으로 구분·기재하였다. 반면에 민간 선각들에 의한 발행은 일본의 교육 식민화를 저지하기 위한 목적에서 간행된 다양한 특성의 교과서들이다. 이 시기에는 세계지리를 다룬 만국지리 교과서의 발행이 증가하였는데, 세계 대륙과 대양의 위치 및 관계를 서술하고, 사회 진화 정도(야만, 미개, 반개, 문명)에 따라 세계 지역을 구분하는 등 사회진화론적 인식체계를 보여주었다. 『초등만국지리대요』에서는 '청국 남자는 아편을 좋아하고, 한족 부녀는 전족을 한다'는 부정적 서술이 있는 등 중국 중심의 유교적 철학과 사대주의적 관념에서 벗어나 문명 부강을 추구하는 서구적 문명관으로 재편되고 있음을 볼 수 있다.

'역사과'는 학부에서 발행한 관찬 사서 6권과 사찬 사서 20권으로 대별된다. 관찬 사서 6권은 모두 갑오개혁기(1895)와 대한제국기(1899)에 발행되었고, 사찬 사서 20권은 계몽운동기(1905~1910)에 발행되었다. 갑오개혁기 교과서에서는 모두 '大朝鮮國 開國 紀元'이라는 개국 기원을 사용해 자주독립 의식을 표현하고 있는 점이 특징이다. 하지만 자주와 독립의 의미를 강조하면서도 개국과 근대화 과정에서 일본의 역할과 관계를 강조하는 시각이 투사되어 있다. 교과서에 대한 통제가 본격화된 통감부 시기에 간행된 교과서에는 일제의 사관이 한층 깊이 개입된다. 현채의 『중등교과 동국사략』의 경우, 일본 다이스케 하야시의 『朝鮮史(조선사)』(1892)의 관점을 수용해서 개국과 일본에 의한 조선 독립이라는 내용이 삽입되어 있다. 이후 발행된 다양한 자국사 교과서들 역시 비슷한 관점에서 서술된다. 외국사 교과서는 1896년에 발행된 『萬國略史(만국약사)』부터 1910년에 발행된 『西洋史敎科書(서양사교과서)』까지 모두 유사한 관점으로 되어 있다. 제국주의 침략에 맞서 문명개화 노선으로 부국강병을 꾀하려는 의도를 담고 있지만, 문명개화국과 그렇지 않은 국가 간의 우열을 그대로 드러내는 사회진화론적 관점을 보여서 세계 각 나라를 야만 → 미개 → 반개 → 문명으로 나누어 서술하였다. 유럽은 문명을 이룩하여 강대국이 되었으나, 조선은 반개(半開)의 상태로 야만과 미개는 아니지만 문명에는 미달한다고 서술한 것을 볼 수 있다.

3.

그동안 근대 교과서에 대한 관심이 적었던 것은 교과서 자체가 온전한 형태로 복원되지 못했기 때문이다. 여기저기 자료들이 산재해 있었고, 그것의 내역과 계통을

파악하지 못한 경우가 많았다. 그러다 보니 학계의 관심 또한 저조하기 이를 데 없었다. 이에 필자는 근대 교과서를 조사하고 체계화하여 이렇게 그 일부를 공간한다. 상태가 온전하지 못하고 결락된 부분도 있지만, 지금 상황에서 최선을 다한 것임을 밝힌다. 이들 자료는 국립중앙도서관, 국회도서관, 서울대 중앙도서관, 규장각도서관, 고려대 도서관, 이화여대 도서관, 한국학중앙연구원 한국학도서관, 세종대학교 학술정보원, 한국교육개발원, 제주 항일기념관, 한국개화기교과서총서(한국학문헌연구소편) 등등에서 취합하고 정리하였다. 작업에 협조해 준 관계자분들께 감사를 표하며, 아울러 본 총서 간행을 가능케 한 한국학중앙연구원의 지원에 감사를 드린다.

영인본의 명칭을 『근대 한국학 교과서』라 칭한 것은 다양한 내용과 형태의 교과서를 묶기에 적합한 말이 '한국학(Koreanology)'이라고 생각한 때문이다. 한국학이란 범박하게 한국에 관한 다양한 분야에서 한국 고유의 것을 연구·계발하는 학문이다. 구체적 대상으로는 언어, 역사, 지리, 정치, 경제, 사회, 문화 등 제 분야를 망라하지만, 여기서는 국어, 역사, 지리, 윤리로 교과를 제한하였다. 이들 교과가 근대적 주체(한국적 주체) 형성에 결정적으로 기여하였고, 그것이 이후의 복잡한 사회·역사·정치·문화의 상황과 길항하면서 오늘의 주체를 만들었다고 믿는다.

모쪼록, 이들 자료가 계기가 되어 교과서에 대한 다양한 관심과 연구가 촉발되기를 소망한다.

2022년 3월 1일
강진호

일러두기

- 수록 교과서는 총 54종 133권이고, 각 권에 수록된 교과서 목록은 아래와 같다.
- 국어과・윤리과・역사과・지리과의 구분은 편의상의 분류이다.
- 『초등국어어전』은 1, 3권은 개정본이고, 2권은 초판본이다.
- 『해제집』(10권)은 개화기와 일제강점기 교과서 전반을 망라한 것이다.
- 개화기와 일제강점기 교과서 목록은 10권 말미에 첨부한다.

교과	권	수록 교과서
국어과 (20종 48권)	1	국민소학독본(1895), 소학독본(1895), 신정심상소학(3권)(1896), 고등소학독본(2권)(1906), 최신초등소학(4권)(1906), 초등소학(1906), 보통학교학도용 국어독본(7권)(1907)(7권 결)
	2	유년필독(4권)(1907), 유년필독석의(2권)(1907), 초등여학독본(1908), 노동야학독본(1908), 부유독습(2권)(1908)
	3	초목필지(2권)(1909), 신찬초등소학(6권)(1909), 몽학필독(1912), 초등작문법(1908), 개정초등국어어전(3권)(1910), 대한문전(1909), 보통학교학도용 한문독본(4권)(1907), 몽학한문초계(1907)
윤리과 (12종 31권)	4	숙혜기략(1895), 서례수지(규장각본), 서례수지(한문본, 1886), 서례수지(한글, 1902), 보통학교학도용 수신서(4권)(1907), 초등소학(8권)(1906), 초등윤리학교과서(1907), 초등소학수신서(1908)
	5	여자독본(2권)(1908), 초등여학독본(1908), 여자소학수신서(1909), 중등수신교과서(4권)(1906), 고등소학수신서(1908), 윤리학교과서(4권)(1906)
역사과 (9종 36권)	6	조선역사(3권)(1895), 조선역대사략(3권)(1895), 동국역대사략(6권)(1899), 초등대한역사(1908), 초등본국역사(1908),
	7	역사집략(11권)(1905), 보통교과 동국역사(5권)(1899), 중등교과 동국사략(4권)(1906), 초등본국약사(2권)(1909)
지리과 (13종 18권)	8	조선지지(1895), 소학만국지지(1895), 지구약론(1897), 한국지리교과서(1910), 초등대한지지(1907), 최신초등대한지지(1909), 대한신지지(2권)(1907), 문답대한신지지(1908), 여재촬요(1894)
	9	(신정)중등만국신지지(2권)(1907), 사민필지(한글본)(1889), 사민필지(한문본)(1895), 중등만국지지(3권)(1902), 신편대한지리(1907)
해제집	10	근대 교과서 해제

목차

유년필독

(幼年必讀)

卷1・2・3・4

幼年必讀 卷一

光武十一年六月 日

幼年必讀

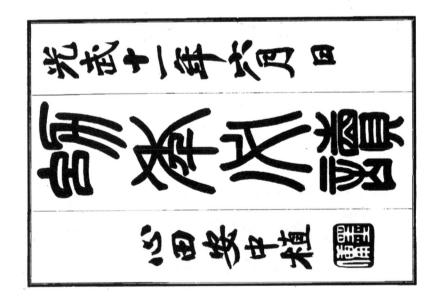

沁園安中植

幼年必讀凡例

一 此書、專爲兒童教科之用都爲四卷、共分一百三十二課以供小學校二年四學期、讀習

一 每課字數由簡至繁、且一二卷則、多用國文以便肄習

一 學堂每年、除暑假年暇與禮拜及各節日、則每年所敎、爲二百餘日、此書每年實得一百十餘課、以二日一計之、恰足二年之用

一 我韓人、尙泥舊習昧於愛國誠故、此書專以喚起國家思想爲主、以歷史爲據栝、傍及地誌與世界事狀

一 此書、雖曰幼年敎科、而其實、雖老年人亦不可不一讀、蓋欲其知國家人民之關係

一此書全篇、俱傍加國文者、使婦孺童叟易於披閱

一國人男婦、俱知國民義務然後、隨其知識程度、又當改撰規制、不可全以此書、爲永久敎科

一此外、又另有釋義四卷、務望敎師諸君子、一番讀過、先悉此書源委、以便敎授、兼以養成兒少輩思想

一此書、雖不足供大家一粲、而作者苦心、妄祈垂覽、幷以指謬爲幸

幼年必讀卷一目錄

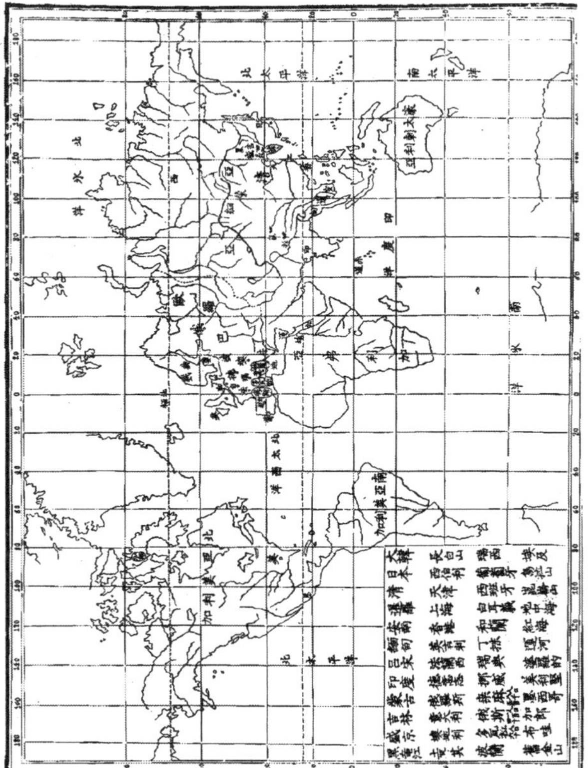

幼年必讀卷一

第一課　나라一

나라라ᄒᆞᆷ은、여러사ᄅᆞᆷ이合[합]ᄒᆞ야、된것이니、나라의一[일]身[신]이、비록、젹으나、곳、나라ᄅᆞᆯ、ᄆᆡᆫ드ᄂᆞᆫ一[일]個[개]人[인]이라

萬[만]一[일]니가、업스면、나라에一[일]個[개]人[인]이、업셔셔、나라의一[일]分[분]힘이減[감]ᄒᆞᄂᆞ니

그러ᄒᆞᆫ즉、니가、곳、나라ᄅᆞᆯ、맛튼者[쟈]라、엇지貴[귀]重[중]

치、아니ᄒᆞ오릿가

第二課 나라 二

우리나라、녯적에十(십)濟(졔)라、ᄒᆞᄂᆞ나라이、잇스니、이ᄂᆞ十(십)人(인)이合(합)ᄒᆞ얏다、ᄒᆞᆷ이니

그ᄯᅢ에ᄂᆞ一(일)個(개)人(인)이、나라의十(십)分(분)一(일)을、민드럿다、ᄒᆞᆷ이오、그後(후)에ᄂᆞ百(ᄇᆡᆨ)人(인)이合(합)ᄒᆞᆫ고로百(ᄇᆡᆨ)濟(졔)라、ᄒᆞ얏ᄂᆞ이다

아제、우리나라、사ᄅᆞᆷ은二(이)千(쳔)萬(만)이、되니百(ᄇᆡᆨ)濟(졔)보

十濟君臣開國圖

十濟王高溫祚遺像

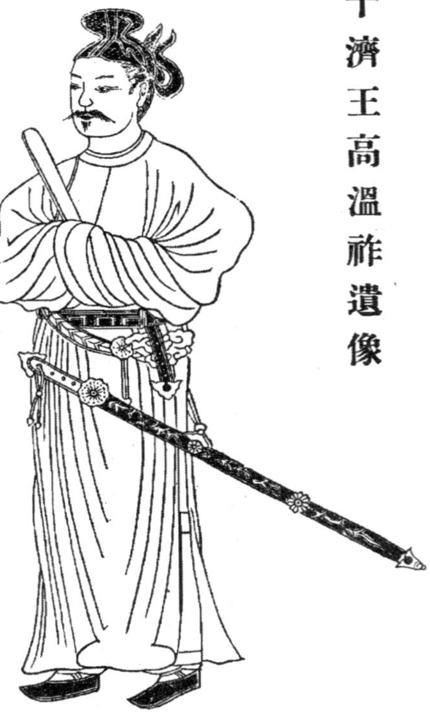

다二十萬갑절이라世上에、큰나라올시다

第三課

우리大韓나라

우리大韓나라는淸國과俄羅斯와日本과、갓갑고長은三千六百里오廣은千餘里도、되고或六七百里도、되며、또此外에北間島가잇고」白頭山은北方에、잇는第一놉흔山이니山우히、큰못이、잇셔三面(東은豆滿江、西는鴨綠江、北은松花江)으로흐르고

肅宗(숙종)세에 清國(청국)으로 더브러 두나라 지경을 分(분)水嶺(수령)으로 써 定(정)ᄒᆞ얏ᄂᆞ이다

第四課 平壤一

平壤(평양)은 우리나라에 몬져 난 都邑(도읍)이라 그 압히 大同江(대동강)이 잇고 江(강)우히 練光亭(련광뎡)이 잇스니 그 경치는 天下(텬하)에 第(뎨)一(일)이라

또 놉흔 山(산)과 큰들이 長林(장림)박그로 보히고 이외

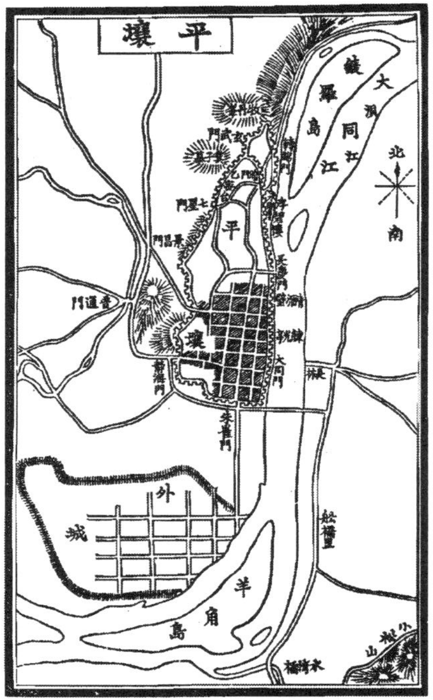

에 清流壁(청류벽)과 浮碧樓(부벽루)와 永明寺(영명ᄉᆞ)와 牡丹峰(모란봉)이 아

름답고、긔이ᄒᆞ오이다

第五課　平壤二

즉금과、샹거ᄒᆞ기四千二百三十九年前(光武十年)에檀君께셔、도읍ᄒᆞ시고千餘年을、젼ᄒᆞ다가三千三十八年前에箕王이支那로、브터、오미教化가行ᄒᆞ고傳國ᄒᆞ기四十一世에九百二十九年을、지닛ᄂᆞ이다

此下仿計

第六課　平壤三

즉금二千百年前에支那의燕나라、사름衛滿이平壤을、웅거ᄒᆞ다가一千四百八十年前에高句麗長壽王이、와、도읍ᄒᆞᆫ후로、브터強ᄒᆞᆫ、군ᄉᆞ가百萬이라支那國바다가의、모든나라를征伐ᄒᆞ고、또隋나라와唐나라의大兵을破ᄒᆞ야、나라형세가、크게振動ᄒᆞ얏ᄂᆞ이다

第七課　平壤四

高句麗가二十八世、七百五年에亾ᄒᆞ고高麗

셔에ᄂᆞᆫ 西都(셔도)라, 일컷고, 그셔 人君(인군)들이, 거동ᄒᆞ야고, 우리나라에셔ᄂᆞᆫ 監司(감ᄉᆞ)를, 두시고 平安一(평안일)道(도)의 首府(쳣ᄌᆡ부)가, 되더니, 즉금은 觀察府(관찰부)가, 되고, 그ᄯᅡ에 人物(인물)이, 아름답고 强(강)ᄒᆞ기 國內(국ᄂᆡ)에, 유명ᄒᆞ오이다

第八課 地勢

우리나라ᄂᆞᆫ, 곳곳이 山(산)이, 만코, 들이, 적으며 白(ᄇᆡᆨ)頭(두)山(산), 山(산)脈(ᄆᆡᆨ)이 北(북)오로, 브터 南走(남으로주)ᄒᆞ야, 우리나라

全國(젼국) 모든 山(산)이, 다, 여긔셔 分(분)ᄒᆞ고 地勢(디셰)ᄂᆞᆫ 東(동)은 朝鮮海(죠션바다)에 臨(림)ᄒᆞ야 急(급)히, 기우러지고 西(셔)와 南(남)은 黃海(황ᄒᆡ바다)와 朝鮮海峽(죠션ᄒᆡ협)에, 겻ᄒᆞ고 北(북)은 滿洲(만쥬)를 接(졉)ᄒᆞ얏ᄂᆞ이다

第九課 地質

우리나라 地質(디질)은 平地(평디)가, 적으나 農事(농ᄉᆞ)ᄒᆞᄂᆞᆫ 곳이, 만이, 잇고, ᄯᅡ가온데ᄂᆞᆫ 金(금)과 銀(은)과 銅(동)과 鐵(텰)과 石炭(셕탄) 등물이, 만소이다

또各(각)色(석)곡식과、과실나무는、거름이、업서도、다繁(번)盛(셩)ᄒᆞ니、우리나라는、참世(세)上(샹)의第(뎨)一(일)조흔나라오이다

第十課　山

우리나라의名(명)山(산)은京(경)畿(긔)道(도)에는三(삼)角(각)山(산)이오忠(츙)淸(쳥)道(도)에는俗(쇽)離(리)山(산)이오全(젼)羅(라)道(도)에는智(지)異(이)山(산)이오과濟(졔)州(쥬)、漢(한)拏(나)山(산)이오慶(경)尙(샹)道(도)에는大(대)白(빅)山(산)이오江(강)原(원)道(도)에는金(금)剛(강)山(산)이오黃(황)海(히)道(도)에는九(구)月(월)山(산)이오咸(함)鏡(경)道(도)에는白(빅)頭(두)山(산)이오平(평)安(안)道(도)에는妙(묘)香(향)山(산)이오이다

第十一課　金剛山一

金(금)剛(강)山(산)은江(강)原(원)道(도)에、잇스니世(세)界(계)의第(뎨)一(일)名(명)山(산)이오白(빅)頭(두)山(산)의南(남)脉(믹)이라分(분)水(슈)嶺(령)으로브터八(팔)百(빅)餘(여)里(리)를、세쳣스니.

一(일)萬(만)二(이)千(쳔)峰(봉)이、놉히東(동)海(히)우에臨(림)ᄒᆞ고山(산)上(샹)에松(솔)樹(나무)와柏(잣)樹(나무)가、하날에、사뭇치미、그奇(긔)異(이)ᄒᆞᆫ景(경)

致가그림과、갓고
內外山에寺刹이一百八이오諸寺中에長安、
正陽、表訓이、더욱有名ᄒᆞ고僧道의念佛ᄒᆞᄂᆞᆫ、
소리가俗人의、마음을警醒ᄒᆞᄂᆞ이다

第十二課 金剛山二

斷髮嶺은金剛山으로、가ᄂᆞᆫ初入에、잇ᄂᆞᆫ고기
니、이고기에、올나가셔、바라보면
金剛山의全體가、보이고恍然히神仙地境에

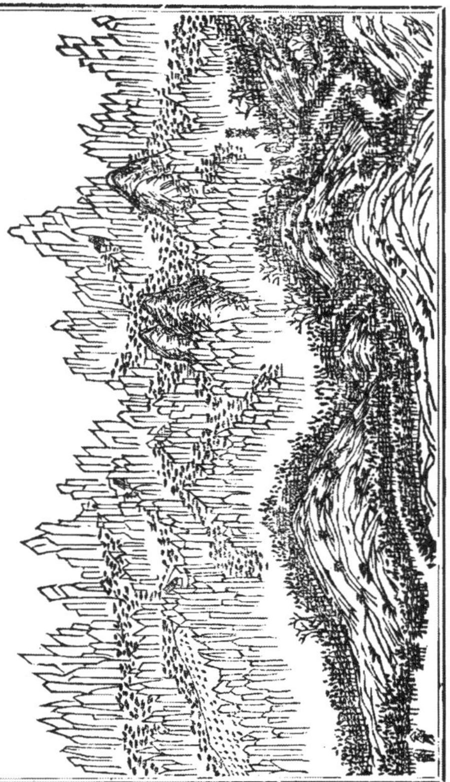

金剛山一萬二千峰 李道榮

온듯ᄒᆞᆫ지라、구경ᄒᆞᄂᆞᆫ사ᄅᆞᆷ이斷(단)髮(발)ᄒᆞ야僧(승)이、되고자ᄒᆞᄂᆞᆫ故(고)로斷(단)髮(발)嶺(령)이라ᄒᆞ고四(ᄉᆞ)面(면)에둘닌萬(만)壑(학)千(천)峰(봉)은、푸르고、흰빗이、사ᄅᆞᆷ을、보고歡(환)喜(희)ᄒᆞᄂᆞᆫ듯ᄒᆞ며支(지)那(나)人(인)은我(아)國(국)에셩기여한번、보기ᄅᆞᆯ祝(축)願(원)ᄒᆞᄂᆞ이다

第十三課　乙支文德一

乙(을)支(지)文(문)德(덕)은高(고)句(구)麗(려)대신이라一(일)千(천)二(이)百(빅)九(구)十(십)五(오)年(년)前(전)에支(지)那(나)의隋(슈)나라、인군楊(양)廣(광)이、와치거

ᄂᆞᆯ旗(긔)가九(구)百(빅)六(륙)十(십)里(리)에、셋쳣고、북소리ᄂᆞᆫ、셔로、들니ᄂᆞᆫ지라文(문)德(덕)이、나아가、막을셔、거짓敗(패)ᄒᆞ야、일곱번싸홈에、일곱번、다라ᄂᆞ니隋(슈)나라、군ᄉᆞ가安(안)州(주)淸(쳥)川(쳔)江(강)을、건너平(평)壤(양)과、샹거가三(삼)十(십)里(리)、ᄲᅮᆫ、이오이다

第十四課　乙支文德二

文(문)德(덕)이、그픠곤ᄒᆞᆫ것을、보고四(ᄉᆞ)面(면)으로、치다가淸(쳥)川(쳔)江(강)에、다다라ᄂᆞᆫ、그半(반)셤、건널ᄯᅢ에、뒤ᄅᆞᆯ쳐

乙支文德清川江大破隋軍圖

셔、크게破ᄒᆞ니隋나라、군ᄉᆞ가、크게、흣터져一日、一夜동안에鴨綠江으로、도망ᄒᆞ니、그里數가四百五十里오이다

第十五課　乙支文德三

隋나라군ᄉᆞ가、처음에、나오기는一百二十萬名이오、그遼東따에、드러온者가一百萬五千이、되더니、그사라、도라간者는、겨오二千七百名이오이다

이에隋(슈)나라人(인)君(군)楊(양)廣(광)이、크게、무셔워ᄒᆞ야、다시犯(범)치、못ᄒᆞ고、이ᄊᆞ홈에國(나라)力(힘)이、피폐ᄒᆞ야、나라이亾(망)

乙支文德遺像

ᄒᆞ고唐(당)나라가、되얏ᄂᆞ이다

第十六課　楊萬春一

楊(양)萬(만)春(츈)은高(고)句(구)麗(려)의安(안)市(시)城(셩)主(쥬)라一(일)千(천)二(이)百(빅)六(륙)十(십)二(이)年(년)前(젼)에支(지)那(나)의唐(당)나라、인군李(리)世(세)民(민)이、군ᄉᆞ三(삼)十(십)萬(만)을、거ᄂᆞ리고、와犯(범)ᄒᆞᆯ식、그臣(신)下(하)의게、일너갈오되隋(슈)氏(시)가高(고)句(구)麗(려)의게、네번大(대)敗(패)ᄒᆞ얏스니、네가、그원슈ᄅᆞᆯ、갑ᄂᆞᆫ다、ᄒᆞ얏ᄂᆞ이다

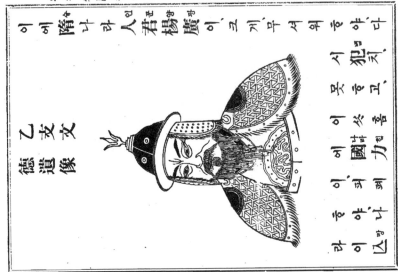

第十七課　楊萬春二

世民(세민)이遼水(요슈)의、도라갈、다리를、ᄭᅳᆫ어、반다시、죽

安市城
李世民
中矢傷
目圖

을ᄯᅳᆺ을、뫼히고、등에親(친)히、흙을지고、ᄅᆡ왕ᄒᆞ야遼東城(요동셩)의、히ᄌᆞ를、뫼오며、북치고、부루지지는、소ᄅᆡ가天地(텬디)를、움지기더니世民(세민)이、ᄯᅩ安市城(안시셩)을、치거ᄂᆞᆯ萬春(만츈)이城門(셩문)을、ᄀᆞᆺ게닷고奇兵(긔병)을、ᄂᆡ여、음습ᄒᆞ야、친지두ᄃᆞᆯ만에、ᄯᅩ弓箭手(궁젼슈)로、ᄒᆞ야곰世民(세민)의目(눈)을、쏘아、맛쳣ᄂᆞ이다

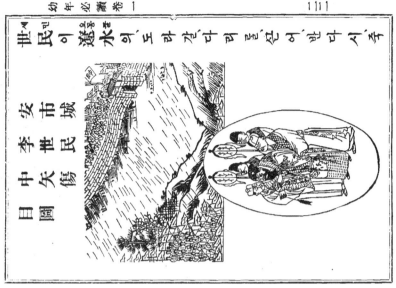

第十八課　楊萬春 三

世民(세민)이、눈을傷(상)ᄒᆞ고臥床(와상)에、누워、도라가더니
其臣下(그신하)다려、일너갈오되魏徵(위징)이、사랏스면、너
가、이敗(패)를當(당)치、아니ᄒᆞ얏스리라、ᄒᆞ니、이ᄂᆞᆫ魏(위)
徵(징)이生時(성시)에世民(세민)을諫(간)ᄒᆞ야高句麗(고구려)를犯(범)치、말
나ᄒᆞᆫ、연고오이다

第十九課 江과原野

우리나라江中(강중)에、가장、크기ᄂᆞᆫ咸鏡道(함경도)에ᄂᆞᆫ豆(두)
滿江(만강)이오平安道(평안도)에ᄂᆞᆫ鴨綠江(압록강)과大同江(대동강)이오

京畿道(경긔도)에ᄂᆞᆫ漢江(한강)이오慶尙道(경상도)에ᄂᆞᆫ洛東江(락동강)이
니、이ᄂᆞᆫ、우리나라五大江(오대강)이오이다
原野(원야)ᄂᆞᆫ忠淸(충청)、全羅(전라)、慶尙(경상)三道(삼도)에、만으니、이곳에
ᄂᆞᆫ、곡식이、만코黃海道(황해도)에ᄂᆞᆫ綿花(면화)가、만소이다

第二十課 面積

우리나라面積(면적)은八萬二千方哩(팔만이천방리)가、되니英國(영국)
보다三分二(삼분이)오德(덕)、法兩國(법량국)보다五分二(오분이)오日本(일본)
보다十分六(십분륙)이오淸(청)、俄(아)、美三國(미삼국)보다ᄂᆞᆫ、대단이、

적으나、슌젼ᄒᆞᆫ獨立國(독립국)이오
이외에葡萄牙(포도아)와和蘭(화란)과白耳義(ᄇᆡᆨ이의)와丁抹(뎡말)과瑞(셔)
西(셔)등나라ᄂᆞᆫ、우리나라、보다極(극)히적으나、다獨(독)
立國(립국)이오이다

第二十一課 百濟一

百濟(ᄇᆡᆨ졔)나라始祖(시조)、高溫祚(고온조)ᄂᆞᆫ一千九百二十四年(일쳔구ᄇᆡᆨ이십ᄉᆞ년)
前(젼)에河南慰禮城(하남위례셩)에、도읍ᄒᆞ고多婁王(다루왕)ᄯᆡ에ᄂᆞᆫ、
각고을에令(령)ᄒᆞ야水田(논)을、시작ᄒᆞ고

王仁授學圖

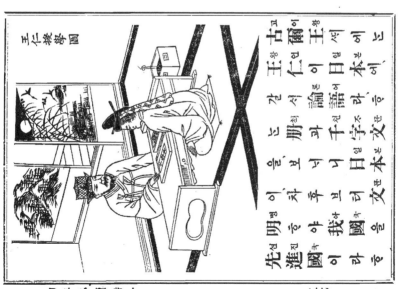

古爾王(고이왕)ᄯᆡ에ᄂᆞᆫ
王仁(왕인)이日本(일본)에、
갈ᄉᆡ論語(론어)라、ᄒᆞ
ᄂᆞᆫ冊(ᄎᆡᆨ)과千字文(쳔ᄌᆞ문)
을、보ᄂᆡ니日本(일본)
이、차후브터文(문)
明(명)ᄒᆞ야我國(아국)을
先進國(션진국)이라ᄒᆞ

고日本의伊呂波도王仁이、지어、준것이오이
다

第二十二課 百濟二

聖王은、도읍을扶餘에、옴기고、국호를南扶餘
라、ᄒᆞ고武王은白馬江에、넷편、언덕에花草를、심
우고琵琶를、타고、노리ᄒᆞ니人이、일으되大王
浦라、ᄒᆞ고
義慈王은羅、唐군ᄉᆞ의게敗ᄒᆞ야宮女가皐蘭

寺바위에셔、셔러져죽으니名ᄒᆞ야、갈오되落
花巖이라、ᄒᆞᄂᆞ이다

第二十三課 百濟三

義慈王이、이에、羅、唐兵의게、항복ᄒᆞ니新羅대
신金庾信이、잔치를、비설ᄒᆞ야義慈王을堂下
에、안치고、술을마시니百濟의、모든신하가、다、
우럿ᄂᆞ이다
百濟가三十王이오六百七十八年에亾ᄒᆞ고

宗室福信이義慈王의子、周留王豊을、세우고
日本에、구원을、쳥ᄒᆞ니日本이、와서救ᄒᆞ다가、
퇴ᄒᆞᄂᆞᆫ지라王이高句麗로奔ᄒᆞ얏ᄂᆞ이다

第二十四課 成忠一

成忠은百濟나라義慈王ᄯᅢ、대신이라王이宮女를、다리고、술、마시고、잔치ᄒᆞ며政事를、도라보지、아니ᄒᆞ더니、그ᄯᅢ에新羅의金庾信이百濟를、싱키고자、ᄒᆞ거ᄂᆞᆯ忠이、민망히녀여、극히

諫ᄒᆞᆫ듸王이怒ᄒᆞ야獄에、너리니、이럼으로、다시諫ᄒᆞᄂᆞᆫ人이、업셧ᄂᆞ이다

第二十五課 成忠二

忠이獄에、잇셔飮食을、먹지아니ᄒᆞ고、죽을셔上書ᄒᆞ야、갈오되忠臣은、죽어도人君을、잇지아니ᄒᆞᆫ다、ᄒᆞ니、즉금戰爭이、잇슬지라敵兵이、오거든陸路에ᄂᆞᆫ炭峴을、지나지、못게ᄒᆞ고水路ᄂᆞᆫ白江을入지、못게ᄒᆞ며險ᄒᆞᆫ곳을、직히여、

막으소셔、ᄒᆞ니王이、듯지아니、ᄒᆞ다가國이亾ᄒᆞ얏ᄂᆞ이다

第二十六課　階伯 一

階伯은百濟나라宗室이라新羅의金庾信이唐나라군ᄉᆞ를合ᄒᆞ야、와셔、치거ᄂᆞᆯ階伯이軍士五千을、거ᄂᆞ리고、나아가、막을셔部下의게、일너갈오되一國의、젹은군ᄉᆞ로兩國의大兵을、당코자ᄒᆞ나、나라의存亾을、아지못ᄒᆞᆫ다、ᄒᆞ

얏ᄂᆞ이다

第二十七課　階伯 二

階伯이黃山에、이르러衆人의게、밍셔ᄒᆞ야갈오되、녯적에支那의越王句踐은五千人으로吳王의七十萬兵을破ᄒᆞ얏ᄉᆞ니今日에、각각心力을、다ᄒᆞ라ᄒᆞ니衆이、다感動ᄒᆞ야、눈물을、흘니고、나아가、싸오니、한사ᄅᆞᆷ이、곳百을當ᄒᆞᆯ지라、四次싸홈에、다、익엿ᄂᆞ이다

第二十八課 階伯 三

그러나、이우고新(신)羅(라)와唐(당)나라軍(군)士(ᄉᆞ)가、크게、이르ᄂᆞᆫ지라階(계)伯(ᄇᆡᆨ)이當(당)치、못ᄒᆞᆯ줄、알고百(ᄇᆡᆨ)濟(졔)나라를向(향)ᄒᆞ야、절ᄒᆞ야갈오되一(일)死(ᄉᆞ)로써、나라에갑ᄂᆞᆫ다、ᄒᆞ고力(력)戰(젼)ᄒᆞ다가、죽으니、지금ᄭᅡ지扶(부)餘(여)고을에義(의)烈(렬)祠(ᄉᆞ)가、잇서成(셩)忠(츙)과階(계)伯(ᄇᆡᆨ)두忠(츙)臣(신)을祭(졔)지내ᄂᆞ이다

第二十九課 氣候

우리나라氣(긔)候(후)ᄂᆞᆫ、겨을은、극히칩고、여름은、극히더우며咸(함)鏡(경)、江(강)原(원)、平(평)安(안)、京(경)畿(긔)、黃(황)海(ᄒᆡ)五(오)道(도)에ᄂᆞᆫ、그、바다가의ᄯᅡ이、겨을은、씨인눈이尺(자)餘(나머지)가、되고河(하)水(슈)와江(강)水(슈)에ᄂᆞᆫ、여름이、어러舟(쥬)楫(즙)이通(통)치、못ᄒᆞ고

全(젼)羅(라)、忠(츙)淸(쳥)、慶(경)尙(샹)三(삼)道(도)ᄂᆞᆫ、ᄯᅡᆺ듯ᄒᆞ고、여름에ᄂᆞᆫ、비가、만코農(농)植(식)物(물)이盛(셩)ᄒᆞᄂᆞ이다

第三十課 人情

우리나라、사름의人情(인정)은、각각地方(디방)을、싸라다
르니慶尙道(경상도)사름은、부지련ᄒᆞ고忍耐(인내)ᄒᆞ며江(강)
原道(원도)사름은、슌량ᄒᆞ고咸鏡道(함경도)사름은强(강)ᄒᆞ야、
급히지、아니ᄒᆞ며
平安道(평안도)사름은、용밍ᄒᆞ야他人(타인)의게、뒤지지、아
니ᄒᆞ고黃海道(황히도)사름은農事(농ᄉᆞ)에、부지련ᄒᆞ고京(경)
畿(긔)忠淸兩道(충청량도)사름은、지조가、잇고全羅道(전라도)사름
은、쎄가、잇ᄂᆞ이다

第三十一課 宗教

宗教(종교)라ᄒᆞᆷ은人理(인리)와倫理(륜리)롤、밝히ᄂᆞᆫ것이라
사름은靈魂(령혼)과肉身(육신)을合(합)ᄒᆞᆫ者(자)니靈魂(령혼)은、하날
이命(명)ᄒᆞ신바오肉身(육신)은父母(부모)가、쥬신바라、이런
고로、사름이하날을恭敬(공경)ᄒᆞ고父母(부모)롤、사랑ᄒᆞ
ᄂᆞ니、이롤人理(인리)라、이르고
사름이親愛(친이)ᄒᆞᄂᆞᆫ、마암으로社會(사회)의規則(규측)이、되
니父子(부ᄌᆞ)兄弟(형뎨)ᄂᆞᆫ天倫(텬륜)이오夫婦(부부)朋友(붕우)ᄂᆞᆫ人倫(인륜)이

라天(텬)倫(륜)은天(텬)然(연)ᄒᆞᆫ것이오人(인)倫(륜)은、사ᄅᆞᆷ의、마암
으로定(뎡)ᄒᆞᆫ것이니、이를倫(륜)理(리)라、이르ᄂᆞ이다

第三十二課　後百濟一

後(후)百(빅)濟(졔)인군甄(진)萱(훤)은慶(경)尙(샹)道(도)사ᄅᆞᆷ이라一(일)千(쳔)十(십)
五(오)年(년)前(젼)에新(신)羅(라)가、어지러온것을、보고各(각)處(쳐)고
을을、평뎡ᄒᆞ고全(젼)州(쥬)에、도읍ᄒᆞ얏ᄂᆞ이다
甄(진)萱(훤)이、이에高(고)麗(려)인군王(왕)建(건)의게、글을、보니여
갈오되平(평)壤(양)에、활을걸고浿(픽)江(강)의물로써、말을

먹인다、ᄒᆞ니、그셕氣(긔)勢(셰)는、곳天(텬)下(하)에第(뎨)一(일)이、되
얏ᄂᆞ이다

第三十三課　後百濟二

이욱고甄(진)萱(훤)이新(신)羅(라)를犯(범)ᄒᆞ거ᄂᆞᆯ羅(라)王(왕)이高(고)麗(려)
의게、구원을請(쳥)ᄒᆞ니高(고)麗(려)王(왕)이、군ᄉᆞ一(일)萬(만)을、보
닐셰甄(진)萱(훤)이、졸디에新(신)羅(라)셔울에、드러가羅(라)王(왕)
을弑(시)ᄒᆞ더니
後(후)에萱(훤)이其(기)子(ᄌᆞ)神(신)劒(검)의逼(핍)迫(박)ᄒᆞᆫ비、되야高(고)麗(려)에、

항복ᄒᆞ고、나라이亾(망)ᄒᆞ니國(국)祚(조)가、겨오四(ᄉᆞ)十(십)五(오)年(년)이오萱(헌)은元(원)來(ᄅᆡ)、農(농)家(가)子(ᄌᆞ)로一(일)時(시)에崛(굴)起(긔)ᄒᆞᆫ、사ᄅᆞᆷ이오이다

幼年必讀卷一 終

幼年必讀卷二目錄

幼年必讀卷二

第一課 慶州一

慶州는慶尙北道남편에、잇스니氣候는、ᄯᅡᆺ듯ᄒᆞ고人口가、번셩ᄒᆞ며集慶殿과瞻星臺와鮑石亭의、녯、자취가數千年이、되도록、잇ᄂᆞ이다」一千九百六十三年前에新羅太祖、朴赫居世가、이ᄯᅡ에、도읍ᄒᆞ고太宗ᄯᅢ에、이르러ᄂᆞᆫ、그臣下金庾信이唐나라인군李治로、더브러高句

麗(려)와百(빅)濟(졔)를滅(멸)ᄒᆞ고、또、다시、그、두나라를統(통)一(일)ᄒᆞ얏ᄂᆞ이다

第二課 慶州 二

新(신)羅(라)ᄂᆞᆫ朴(박)氏(시)와昔(셕)氏(시)와金(김)氏(시)세姓(셩)이、서로傳(젼)ᄒᆞ야五(오)十(십)五(오)王(왕)에合(합)、九(구)百(빅)九(구)十(십)二(이)年(년)이라智(지)證(증)王(왕)은、비를짓고、소로、밧가ᄂᆞᆫ法(법)을、쓰며人(인)物(물)은金(김)陽(양)과張(장)保(보)皐(고)等(등)의功(공)이、세상에、진동ᄒᆞ고節(절)義(의)ᄂᆞᆫ讚(찬)德(덕)과竹(죽)竹(죽)이오直(직)臣(신)은金(김)后(후)稷(직)과實(실)兮(혜)오文(문)章(장)은强(강)首(수)와薛(셜)聰(총)과崔(최)致(치)遠(원)이오名(명)筆(필)은金(김)生(싱)이오名(명)畵(화)ᄂᆞᆫ率(솔)居(거)오이다

第三課 慶州 三

新(신)羅(라)의、세가지、보비ᄂᆞᆫ丈(장)六(륙)佛(불)像(샹)과九(구)層(층)塔(탑)과聖(셩)帝(뎨)帶(딕)오物(물)産(산)은南(남)山(산)의水(슈)晶(졍)이天(텬)下(하)에、긔이ᄒᆞᆫ물건이오、또靑(쳥)黃(황)玉(옥)笛(젹)이、유명ᄒᆞ고高(고)麗(려)에서ᄂᆞᆫ東(동)京(경)이라、일컷고本(본)朝(조)에서ᄂᆞᆫ府(부)尹(윤)을、두엇더니、즉금은一(일)等(등)郡(군)이、되얏ᄂᆞ이다

第四課 金庾信一

金庾信은文武才가、겸비ᄒᆞ고、나이十七에高句麗와百濟가、침노홈을보고、크게、분노ᄒᆞ야月生山에、드러가天께、밍셰、ᄒᆞ야갈오되敵國이無道ᄒᆞ야我國을、침노、ᄒᆞ는지라臣이禍亂을、평코자ᄒᆞ니、오작上天은、살피소셔、ᄒᆞ얏ᄂᆞ이다

第五課 金庾信二

庾信이一千二百四十七年前에唐나라장슈

蘇定方謝罪圖

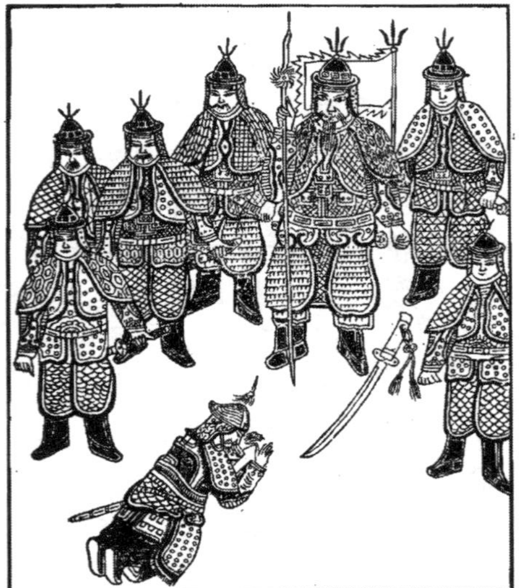

蘇定方으로、더브러百濟롤、칠ᄉᆡ定方이、졔兵力을、밋고庾信의게、무례ᄒᆞ거놀庾信이、노ᄒᆞ야、창을집고軍門밧게、셔니、노ᄒᆞᆫ터럭은、위롤、가랏치고、허리사이의寶劍은、수사로、ᄯᅱ여、나오며、그勇猛ᄒᆞᆫ、긔세가將且定方을、칠지라定方이、크게、놀나庾信압히、나아와、업디여謝罪ᄒᆞ얏ᄂᆞ이다

이에、다시定方과合力ᄒᆞ야百濟롤平ᄒᆞ고、ᄯᅩ高句麗롤滅ᄒᆞ야功業이天下에第一이、되얏ᄂᆞ이다

第六課　金陽 一

金陽은新羅의宗室이라一千六十九年前에侍中金明이、작란ᄒᆞ거놀陽이、치다가金明의黨萱、伯의게敗ᄒᆞ야山속에、숨엇ᄂᆞ이다

後에神武王을、뫼시고、군ᄉᆞ롤、이르켜、셔울에드러와金明을、죽이고令을、ᄂᆡ려갈오되、이졔

渠魁(거괴)를 殺(살)ᄒᆞ얏스니 百姓(빅셩)은、각각 安居(안거)ᄒᆞ라、ᄒᆞ
얏ᄂᆞ이다

第七課 金陽 二

金陽(김양)이、또 萱伯(헌빅)을、불너 갈오되 犬(견)이 吠(폐)홈은、그
主人(쥬인)이、아난연고라、네가 當日(당일)에、너의 主人(쥬인)을
爲(위)ᄒᆞ야、나를、칫스니、이ᄂᆞᆫ 義士(의ᄉᆞ)라、내가、교계치、
아니ᄒᆞᆫ다、ᄒᆞ니
이에 金明(김명)의 여당이、이 말을 듯고、다 갈오되 萱(헌)

伯(빅)도、이러ᄒᆞ거든、우리가、무삼 念慮(념려)ㅣ、잇스리
오ᄒᆞ고、다、와셔 降服(항복)ᄒᆞ얏ᄂᆞ이다

第八課 張保皐 一

張保皐(장보고)ᄂᆞᆫ 新羅(신라)의、사ᄅᆞᆷ이라、졀머쓸ᄯᅢ에、그 親(친)
舊(구) 鄭年(정년)으로、더브러、다、싸홈을、잘ᄒᆞ고 年(년)이 保(보)
皐(고)를 兄(형)으로、셩기더니、다시、셔로믜워ᄒᆞ야 怨(원)
讐(슈)가、되얏ᄂᆞ이다
後(후)에 保皐(보고)ᄂᆞᆫ、벼살이 淸(창)海(히)鎭(진)大(대)使(ᄉᆞ)가、되니、위엄

이世上에、진동ᄒᆞ야、사ᄅᆞᆷ마다、무셔워ᄒᆞ고手下에、정병이數萬名이오이다

第九課 張保皐二

그러나鄭年은貧困ᄒᆞ야四方에、류리기걸、ᄒᆞ다가、헐일업서保皐ᄶᅢ、와뵈옵거놀保皐ㅣ、젼일원슈를、싱각지、아니ᄒᆞ고、곳堂에、ᄂᆡ려年의손을、잡고大宴을、비셜ᄒᆞ야待接ᄒᆞ얏ᄂᆞ이다」

이에、두사ᄅᆞᆷ이、크게질거워、술을、마시더니忽然이金明의作亂ᄒᆞᄂᆞᆫ긔별이、이르거놀保皐ㅣ、크게놀나、곳年을、붓들고、우리갈오되、이제、나라가亾ᄒᆞᆯ지라子가、아니면、이亂을平치、못ᄒᆞᆫ다、ᄒᆞ고軍士五千을、쥬어王室을、회복、ᄒᆞ얏ᄂᆞ이다

第十課 崔致遠一

崔致遠은新羅사ᄅᆞᆷ이라十二歲에唐나라에、가셔、유학ᄒᆞ야、문쟝을、이루고侍御史벼살을、

ᄒᆞ얏ᄂᆞ이다
一千二十年前頃(일천이십년젼경)에黃巢(황소)가叛(반)ᄒᆞ거ᄂᆞᆯ、그토죄、
ᄒᆞᄂᆞᆫ격셔ᄅᆞᆯ、지으니巢(소)가、그격셔ᄅᆞᆯ、보고大驚(대경)
ᄒᆞ야、급히床(상)에셔、ᄯᅥ러지니
이럼으로致遠(치원)의文名(문명)이天下(텬하)에振動(진동)ᄒᆞ얏ᄂᆞ
이다

第十一課 崔致遠 二

그後(후)에新羅(신라)로、도라와太山(태산)富城(부셩)두、고을太守(태슈)

가、되얏다가亂世(란세)ᄅᆞᆯ、당ᄒᆞ미、벼살ᄒᆞᆯ뜻이、업셔
山水(산슈)사이에셔、놀고史記(ᄉᆞ긔)와古書等(고셔등)으로써、질
기고慶州(경쥬)의南山(남산)과淮陽(회양)의金剛山等(금강산등)조흔곳
을、구경ᄒᆞ고、그著述(저술)ᄒᆞᆫ冊(ᄎᆡᆨ)이世上(세상)에、만이傳(젼)ᄒᆞ
얏ᄂᆞ이다

第十二課 나라 三

즉금西洋各國(셔양각국)가온ᄃᆡ多瓦拉國(다와랍국)은六十人(륙십인)이
獨立(독립)ᄒᆞ얏스니、이ᄂᆞᆫ、그나라사ᄅᆞᆷ이世上(세상)일을、

六十人獨立多瓦拉全國大會圖

동ᄒᆞᆫ연고오、곳美國(미국)으로、말ᄒᆞ야도一百三十(일빅삼십)一年前(일년전)에ᄂᆞᆫ人口(인구)가二百萬(이빅만)밧게、아니되얏ᄂᆞ이다

그러ᄒᆞᆫ즉、우리大韓(대한)나라ᄂᆞᆫ美國(미국)보다十倍(십비)되ᄂᆞᆫ二千萬人口(이천만인구)니、곳世上(세상)에大國(대국)이、될지라、엇지他國(타국)만、못ᄒᆞ오릿가

第十三課 나라四

獨立國(독립국)이라ᄒᆞᆷ은人民(인민)이合心(합심)ᄒᆞ야他國(타국)사ᄅᆞᆷ

의壓制(압제)를、막을지라、그러치아니、ᄒᆞ면他國人(타국인)
의奴隷(노예)가、되야生死(생사)가、다、그사람의게、ᄆᆡ얏ᄂᆞ
이다
나라의興亡(흥망)은年幼(년유)ᄒᆞᆫ學生(학생)의게、달녓ᄂᆞ니、우
리學生(학생)들이、우리大韓(대한)나라를中興(중흥)치、못ᄒᆞ면
國民(국민)된義務(의무)가、아니오이다
우리學生(학생)들、이일을晝夜(주야)ᄉᆡᆼ각ᄒᆞ야、우리大韓(대한)
나라를中興(중흥)ᄒᆞᆸ시다

第十四課 本分직힐일 一

여보우리同窓諸君(동창제군)
우리本分(본분)직힙시다
隋唐(수당)은、우리敗將(패장)이오
日本(일본)은、우리弟子(뎨ᄌᆞ)일셰
슬푸구나、슬푸구나
우리나라、슬푸구나
이나라이、업셔지면

四千年古國(ᄉᆞ쳔년고국)ᄂᆡ나라
二千萬同胞(이쳔만동포)이ᄇᆡᆨ셩
여보우리同窓諸君(동창제군)
우리本分(본분)직힙시다
國權(국권)은、어ᄃᆡ로、가고
羈絆(긔반)되기、어인일가
우리同胞(동포)엇지、ᄒᆞᆯ고

第十五課 本分직힐일二

여보우리同窓諸君
우리本分직힙시다
維新事業이너나라
中興功臣우리로세
世界文明、輸入ᄒᆞ야
萬國玉帛、會同ᄒᆞᆯ제
愛國愛國우리同胞

國民自由굿게、직혀
獨立權利일치、말세
여보우리同窓諸君
우리本分직힙시다
太極國旗놉히달고
愛國歌를、불너보세

世界一等우리大韓

第十六課 風俗一

우리나라、녯적風俗은地閥만、중이녁이고人才를、쓰지아니、ᄒᆞᄂᆞᆫ故로國勢가弱ᄒᆞ야外人의辱을、조취ᄒᆞ더니、즉금은世界일을、셔다라漸漸고치ᄂᆞ이다

人民의집은、극히陋湫ᄒᆞ야宏麗ᄒᆞᆫ者가、업스니이ᄂᆞᆫ平民은、조흔집을、짓지못게、ᄒᆞᆷ이오이

다
조흔物品은、민드는사룸이、잇스나賞이업고、
또勢力잇는사룸이、씻는고로、조흔物品을、민
드지、아니ᄒᆞ야各國中에、자랑홀物品이、업ᄂᆞ
이다

第十七課 風俗二

또人民이共同ᄒᆞᆫ利益을、생각지、아니ᄒᆞ야道
路가、휴악ᄒᆞ고學校가、업스며荒蕪ᄒᆞᆫ、ᄶᅡ이全

國에、대반이나、되니世界各國人의게、엇지恥
笑를、면ᄒᆞ오릿가
우리學生들、우리나라를、우리억개우에、뫼웟
스니、우리學生들、아모조록數年內에、우리나
라를文明國되게、ᄒᆞ옵시다
즉금西洋各國도數十年前에는、우리나라보
다、더、못ᄒᆞᆫ나라이、만앗소이다
우리學生들、우리손으로、우리나라를世界第

一(일)等(등)國(국)이、되게ᄒᆞ옵시다、우리學(학)生(생)들

第十八課 國家一

國(국)家(가)라、ᄒᆞᆷ은百(빅)姓(셩)이、ᄒᆞᆷᄭᅴ、이른것이오君(군)王(왕)의私(ᄉᆞ)有(유)ᄒᆞᆫ物(물)이、아니라、그런고로土(토)地(디)를、이르되國(국)이오人(인)民(민)을、이르되家(가)라、이두가지를合(합)ᄒᆞ야、갈오되國(국)家(가)라、ᄒᆞᄂᆞ이다

國(국)家(가)에君(군)王(왕)이、잇슴은地(디)方(방)에官(관)員(원)이、잇슴과、갓타야其(그)地(디)方(방)을다사리라、ᄒᆞᆷ이오其(그)地(셔)를私(ᄉᆞ)

有(유)ᄒᆞ라、ᄒᆞᆷ이、아니니

然(그러)ᄒᆞᆫ즉人(인)君(군)도、이와、갓타야國(국)家(가)를、다사리라、ᄒᆞᆷ이오國(국)家(가)를私(ᄉᆞ)有(유)物(물)로、알나ᄒᆞᆷ은、아니오이다

第十九課 國家二

國(국)家(가)의興(흥)亾(망)이라、ᄒᆞᆷ은王(왕)室(실)의興(흥)亾(망)으로써、말ᄒᆞᆷ이、아니라土(토)地(디)가他(타)人(인)의게分(분)裂(렬)이、되고人(인)民(민)이他(타)人(인)의게奴(노)隷(례)가、되면이ᄂᆞᆫ國(국)家(가)가亾(망)ᄒᆞ

얏다、홀것이오

王室(왕실)이變易(변역)ᄒᆞ면、이ᄂᆞᆫ王室(왕실)變易(변역)이라、ᄒᆞᄂᆞᆫ고로我國(아국)에ᄂᆞᆫ三國(삼국)과高麗國(고려국)의稱號(칭호)가、여러번變易(변역)ᄒᆞ니、이ᄅᆞᆯ、일으되王室(왕실)變易(변역)이라、ᄒᆞᄂᆞ이다

第二十課 國民의權利

사ᄅᆞᆷ이、세상에、生(생)ᄒᆞ미權利(권리)가、잇스니權利(권리)라、ᄒᆞᄂᆞᆫ것은、하ᄂᆞᆯ이、쥬신正理(정리)라、사ᄅᆞᆷ마다、가진

本分(본분)이니本分(본분)을、직히지、못ᄒᆞ면、사ᄅᆞᆷ이、아니오이다

그런故(고)로人君(인군)도臣下(신하)의權利(권리)ᄅᆞᆯ、셰앗지、못ᄒᆞ고父母(부모)도子息(ᄌᆞ식)의權利(권리)ᄅᆞᆯ、셰앗지、못ᄒᆞᄂᆞ니尊卑(존비)와貴賤(귀천)이、다각기正當(정당)ᄒᆞᆫ權利(권리)ᄅᆞᆯ、직히고、셔로、셰앗지、아니ᄒᆞᆫ後(후)에야國家(국가)가安寧(안녕)ᄒᆞ고人民(인민)이泰平(태평)ᄒᆞᄂᆞ이다

英國(영국)은世界各國中(세계각국중)에第一富(제일부)ᄒᆞ고强(강)ᄒᆞᆫ나라

라 然(연)ᄒᆞ나 英國(영국)사ᄅᆞᆷ이、말ᄒᆞ되、우리 人君(인군)은 萬(만)乘天子(승텬ᄌᆞ)오 海(ᄒᆡ)、陸軍大元帥(륙군대원슈)로되 一毫(일호)라도 人民(인민)의 權利(권리)ᄅᆞᆯ、세앗지、못ᄒᆞᆫ다、ᄒᆞᄂᆞ이다

第二十一課 開城 一

開城(ᄀᆡ셩)은 京畿道(경긔도) 西北(셔북)에、잇스니 九百八十九年(구ᄇᆡᆨ팔십구년)前(젼)에 高麗太祖(고려태조)가、나라ᄅᆞᆯ、세운곳이라 氣候(긔후)가、고르고 人民(인민)이 商務(샹무)에、익이기ᄂᆞᆫ 全國(젼국)에、뎨일이오이다

그 故宮(고궁) 滿月臺(만월ᄃᆡ) 北(북)의 紫霞洞(ᄌᆞ하동)은 山(산)빗이、아ᄅᆞᆷ답고、시ᄂᆡ물이、말그니、가장 絶勝(졀승)ᄒᆞᆫ곳이오 參田(ᄉᆞᆷ뎐)이、곳곳에、만이잇고 松岳山(송악산)이、놉히 半空中(반공중)에、소삿ᄂᆞᆫᄃᆡ、멀니셔、보면 畵圖(화도)와、갓소이다

第二十二課 開城 二

光宗(광종)ᄯᅢ에ᄂᆞᆫ 雙冀(쌍긔)가 試官(시관)이、되야 詩(시)와 賦(부)와 時務策(시무ᄎᆡᆨ)으로써 進士(진ᄉᆞ)와 及第(급뎨)ᄅᆞᆯ、식엿고 松岳(송악)일홈을、곳처갈오되 皇都(황도)라、ᄒᆞ고 文宗(문종)은 田品(뎐품)을、ᄯᅥ

라 上(샹)、中(즁)、下(하)를、민들고 古(고)今(금)의、모든글을 印(인)刊(간)ᄒᆞ
며
睿(예)宗(종)은 尹(윤)瓘(관)으로、ᄒᆞ야금 女(녀)眞(진)나라의、아홉城(셩)
을、파ᄒᆞ고 高(고)宗(종)ᄯᅢ에ᄂᆞᆫ 蒙(몽)古(고)가、와셔、범ᄒᆞ거ᄂᆞᆯ
王(왕)이 江(강)華(화)로 避(피)ᄒᆞ얏ᄂᆞ이다

第二十三課 開城 三

忠(츙)烈(렬)王(왕)브터ᄂᆞᆫ、정ᄉᆞ가、더욱、어지럽다가 元(원)나
라의 壓(압)制(졔)를、밧고 忠(츙)宣(션)王(왕)은 元(원)나라에、가셔 文(문)

學(학)士(ᄉᆞ)와、샹죵ᄒᆞ고 博(박)士(ᄉᆞ)柳(류)衍(연)은 江(강)南(남)에、가셔、경
셔와、사긔 一(일)萬(만)八(팔)百(ᄇᆡᆨ)卷(권)을、사왓ᄂᆞ이다
李(리)齊(졔)賢(현)은、명망과、문장이 當(당)時(시)의、뎨일이오 恭(공)
讓(양)王(왕)에、이르러ᄂᆞᆫ、우리 太(태)祖(조)高(고)皇(황)帝(뎨)ᄭᅴ 禪(션)位(위)
ᄒᆞ고 國(나라)이 亾(망)ᄒᆞ니 高(고)麗(려)가 三(삼)十(십)四(ᄉᆞ)王(왕)에 四(ᄉᆞ)百(ᄇᆡᆨ)七(칠)
十(십)五(오)年(년)을、지닛ᄂᆞ이다

第二十四課 庾黔弼

庾(유)黔(검)弼(필)은 高(고)麗(려)太(태)祖(조)의 장슈라、타국을、쳐셔 到(도)

處(처)에、유공ᄒᆞ더니小人(쇼인)의讒訴(참소)를、만나鵠島(곡도)로、
뎡빈갓ᄂᆞ이다
그후高麗(고려)가後百濟(후빅제)王甄萱(왕진훤)과、싸오다가、패ᄒᆞᆫ
지라黔弼(검필)이、샹셔ᄒᆞ야、갈오되臣(신)이、비록罪(죄)가、
잇스나願(원)컨ᄃᆡ島兵(도병)과戰船(젼션)으로써百濟(빅제)를、막
으리다、ᄒᆞᆫᄃᆡ
王(왕)이、그글을보고、울어갈오되、이ᄂᆞᆫ朕(짐)의허물
이라、무고히賢臣(현신)을、바렷다ᄒᆞ고、곳、불너드려

甄萱(진훤)을破(파)ᄒᆞ얏ᄂᆞ이다

第二十五課 徐熙一

徐熙(서희)ᄂᆞᆫ高麗成宗(고려셩종)ᄯᅢ太保(태보)라九百十四年前(구빅십사년젼)에
契丹(거란)장슈蕭遜寧(소손녕)이、군ᄉᆞ八十萬(팔십만)을、거ᄂᆞ리고
入寇(입구)ᄒᆞ니、모든臣下(신하)가怯(겁)ᄂᆡ여、갈오되契丹(거란)은
大國(대국)이라當(당)치、못ᄒᆞᆯ지니ᄯᅡ를、버혀、화친ᄒᆞ자、
ᄒᆞᄂᆞᆫ지라
徐熙(서희)가正色(정식)ᄒᆞ야갈오되、ᄯᅡ를버혀敵國(뎍국)의게

쥬면、이 ᄂᆞᆫ 萬(만)世(세)의 슈치니 臣(신)이、한번、싸호다가

亞細亞圖

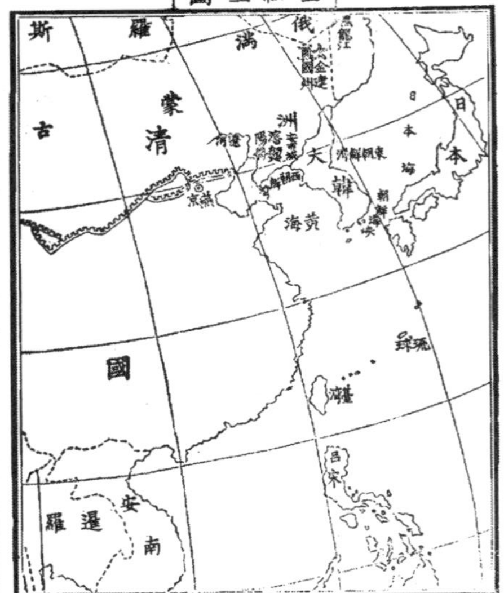

敗(패)ᄒᆞᆫ후에 和(화)親(친)홈이、늣지안타、ᄒᆞ야 羣(군)臣(신)의、의론을 排(배)斥(척)ᄒᆞ얏ᄂᆞ이다

第二十六課 徐熙 二

이욱고 蕭(쇼)遜(손)寧(녕)이、그 兵(병)勢(세)를、밋고 大(대)臣(신)을、보ᄂᆡ라、ᄒᆞ거ᄂᆞᆯ 王(왕)이 徐(서)熙(희)를、보ᄂᆡ니 遜(손)寧(녕)이、갈오되、나ᄂᆞᆫ 大(대)國(국)의、귀인이니 汝(녀)가 庭(명)下(하)에셔、졀ᄒᆞ라、ᄒᆞᄂᆞᆫ지라

徐(서)熙(희)가 大(대)怒(노)ᄒᆞ야 日(왈) 이ᄂᆞᆫ、크게 不(불)可(가)ᄒᆞ니 臣(신)下(하)가 人(인)君(군)ᄭᅴ 뵈올ᄯᅢ에ᄂᆞᆫ 庭(명)下(하)에셔、졀ᄒᆞ거니와 今(금)에 兩(량)國(국)大(대)臣(신)이 相見(셔로보ᄂᆞᆫ)時(ᄯᅢ)에、엇지 無(무)禮(례)ᄒᆞ기如(여)

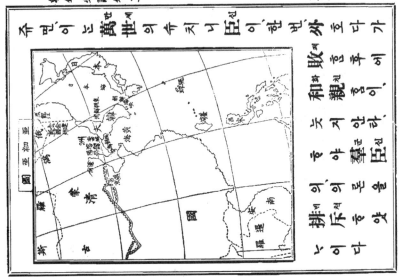

此(ᄎᆞ)ᄒᆞ리오、ᄒᆞ고詰(힐)難(난)ᄒᆞ기再(ᄌᆡ)三(삼)에遜(손)寧(녕)이、듯지
아니ᄒᆞ거늘熙(희)가、더욱怒(노)ᄒᆞ야、도라와눕고戰(젼)
爭(ᄌᆡᆼ)ᄒᆞᆯ쥰비를、크게ᄒᆞ얏ᄂᆞ이다

第二十七課 徐熙 三

이에蕭(쇼)遜(손)寧(녕)이、그굴복지、못ᄒᆞᆯ쥴、알고賓(빈)主(쥬)의
禮(례)로、ᄃᆡ졉ᄒᆞ고東(동)西(셔)에、ᄃᆡᄒᆞ야、안졋ᄂᆞ이다
遜(손)寧(녕)이、말ᄒᆞ야曰(왈)貴(귀)國(국)이新(신)羅(라)싸에셔、이러낫
스니高(고)句(구)麗(려)싸는、우리의、가질바어늘今(금)에貴(귀)

國(국)이、침노ᄒᆞᆫ고로動(동)兵(병)ᄒᆞ얏노라、ᄒᆞ거늘
熙(희)가、ᄃᆡ답ᄒᆞ야、갈오되我(아)國(국)은、곳高(고)句(구)麗(려)의、녯
싸이라故(고)로高(고)麗(려)라、일커럿스니然(그러)ᄒᆞᆫ즉高(고)句(구)
麗(려)싸는我(아)國(국)이、응당、가질비니貴(귀)國(국)東(동)京(경)(瀋陽)도
我(우리)의게、돌녀보낼지라、엇지、도로혀、침노ᄒᆞᆫ다、
ᄒᆞ리오ᄒᆞ고言(언)語(어)가、심히正(졍)大(대)ᄒᆞ얏ᄂᆞ이다

第二十八課 徐熙 四

蕭(쇼)遜(손)寧(녕)이、이에、그뜻으로契(거)丹(란)인군의게告(고)ᄒᆞ

니契丹인군이和親ᄒᆞ라ᄒᆞ얏ᄂᆞ이다

이에遜寧이徐熙를위로코자ᄒᆞ야大宴을베플거ᄂᆞᆯ

熙가일너曰我國이비록그른일은업스나上下가황황ᄒᆞ고兵士ᄂᆞᆫ한데선지오리니我ㅣ엇지宴樂으로질기리오ᄒᆞᆫᄃᆡ遜寧이갈오되兩國大臣이서로화친ᄒᆞᄂᆞᆫ셕에엇지질기ᄂᆞᆫ禮가업스리오ᄒᆞ고간절히請ᄒᆞ거ᄂᆞᆯ不得已

ᄒᆞ야허락ᄒᆞ얏ᄂᆞ이다

이에世上사ᄅᆞᆷ이일컷되徐太保의三寸舌이蕭遜寧의八十萬兵을당ᄒᆞᆫ다ᄒᆞ얏ᄂᆞ이다

第二十九課 姜邯贊一

姜邯贊은高麗顯宗셕上將軍이라八百八十八年前에契丹大將蕭遜寧이ᄯᅩ甲士十萬을거나리고入寇ᄒᆞ거ᄂᆞᆯ

邯贊이義州興化鎭산골가온ᄃᆡ伏兵ᄒᆞ고牛

皮(피)에大(큰)繩(노끈)을쐬여、큰물을、막엇다가敵(뎍)兵(병)이、이
르거놀、그막엇든것을、트고伏(복)兵(병)이、이러ᄂᆞ니
遜(손)寧(녕)이大(대)敗(패)ᄒᆞ얏ᄂᆞ이다
遜(손)寧(녕)이、혈길업서、다시間(간)道(도)로、서울을、범ᄒᆞᄂᆞᆫ
지라邯(감)贊(찬)이、또、와셔、셔울을救(구)援(원)ᄒᆞ얏ᄂᆞ이다

第三十課　姜邯贊 二

이옥고邯(감)贊(찬)이、또遜(손)寧(녕)의、도라가ᄂᆞᆫ軍(군)士(ᄉᆞ)를、마
져싸와、크게破(파)ᄒᆞ니殭(강)屍(시)가、들에、그득ᄒᆞ고人(인)

口(구)와馬(마)匹(필)과甲(갑)胄(쥬)와兵(병)器(긔)를、엇은것이山(산)과、갓
ᄒᆞ며遜(손)寧(녕)의、남어지군ᄉᆞᄂᆞᆫ、겨오數(수)千(천)人(인)ᄲᅮᆫ、이
오이다
邯(감)贊(찬)이凱(개)歌(가)를、부르고、도라오니王(왕)이彩(채)色(색)遮(챠)
日(일)을、치고城(셩)밧게、나아와、마지며親(친)히金(금)花(꼿)여
덜가지로、써邯(감)贊(찬)의、머리우희、ᄭᅩᆺ고慰(위)勞(로)ᄒᆞ기
를、마지아니、ᄒᆞ얏ᄂᆞ이다
邯(감)贊(찬)이、검소ᄒᆞ야産(산)業(업)을、일삼지아니、ᄒᆞ고衣(의)、

服이、드리워도、붓그러ᄒᆞ지、아니ᄒᆞ며形貌가、적고、추ᄒᆞ나朝廷에、셔셔屹然히柱石之臣이、되야、나라의편ᄒᆞ고、위티ᄒᆞᆷ이、그一身에、미기를數十年이오이다

高麗顯宗郊迎姜邯贊圖

第三十一課 鄭夢周

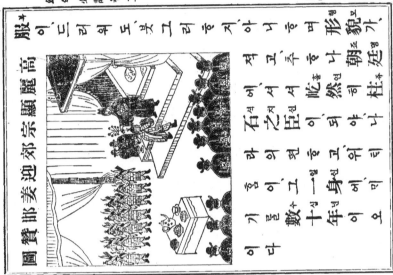

鄭夢周ᄂᆞᆫ高麗末年대신이라大事를、당ᄒᆞ야도、聲色을不動ᄒᆞ고、안으로ᄂᆞᆫ五部의學堂을、세우고、밧그로ᄂᆞᆫ鄕校의儒術을、이르켜며향상、나라의衰ᄒᆞᆷ을、슬퍼ᄒᆞ야、눈물을、흘리더니五百十六年前에趙英珪의게被殺ᄒᆞᆯ셔、그죽은곳善竹橋돌、우에、그血痕이、지금ᄭᆞ지、잇사오이다

後世사ᄅᆞᆷ이、그忠節을、사모ᄒᆞ야、갈오되鄭公의、큰절개ᄂᆞᆫ日月이、놉히달님과、갓다ᄒᆞᄂᆞ이다

第三十二課　高麗歷代總說 一

高麗ᄂᆞᆫ太祖가創業ᄒᆞᆫ後에四王(惠、定、光、景、)을、지ᄂᆡ고成宗에、이르러ᄂᆞᆫ國內ᄅᆞᆯ十道로置ᄒᆞ고文武의階梯ᄅᆞᆯ分ᄒᆞ고、또四王(穆、顯、德、靖、)後에文宗은會慶殿에서僧三萬의게飯을普施ᄒᆞ니佛道

의崇尙이極ᄒᆞ얏고其後五王(順、宣、獻、肅、睿、)을、지ᄂᆡ고仁宗은陰陽說에惑ᄒᆞ야妙淸의亂을、만나고毅宗은荒淫、無道ᄒᆞ다가被弑ᄒᆞ고明、神、熙、康、高五王時에ᄂᆞᆫ崔忠獻의四代가專權ᄒᆞ고元宗以後로忠烈、忠宣、忠肅、忠惠、忠穆、忠定ᄭᅡ지ᄂᆞᆫ元의壓制ᄅᆞᆯ受ᄒᆞ고恭愍王은辛旽을寵任ᄒᆞ야國祚가、더욱衰弱ᄒᆞ다가禑、昌二王을

지니고恭讓王ᄭᆞ지至ᄒᆞ얏ᄂᆞ이다

第三十三課 高麗歷代摠說二

高麗時에相臣은徐弼과崔沆과崔冲과金富軾과文克謙과趙冲과金就礪等이오將帥ᄂᆞᆫ朴犀와崔椿命과金慶孫과金允侯와元冲甲과安祐와金得培와李芳實과崔瑩等이오이다

直臣은鄭襲明과禹倬과李存吾오節義ᄂᆞᆫ申崇謙과河拱辰等이오循良은庾應圭와庾碩等이오孝子ᄂᆞᆫ徐稜과黃守와鄭承雨等이오隱逸은李資玄과郭輿等이오이다

幼年必讀卷二終

幼年必讀卷三目錄

幼年必讀卷三

第一課 本朝歷代一

漢陽은我太祖高皇帝셔오셔、도읍ᄒᆞ신곳이라北에ᄂᆞᆫ三角山과白岳山이、잇고南에ᄂᆞᆫ木覓山(南山)이니西北은、놉고東南은、나지며漢江이、압히、잇스니、곳帝王의萬年基址오이다」

五百十五年前壬申에 太祖셔오셔裵克廉과趙浚과鄭道傳等의推戴ᄅᆞᆯ因ᄒᆞ사松京壽

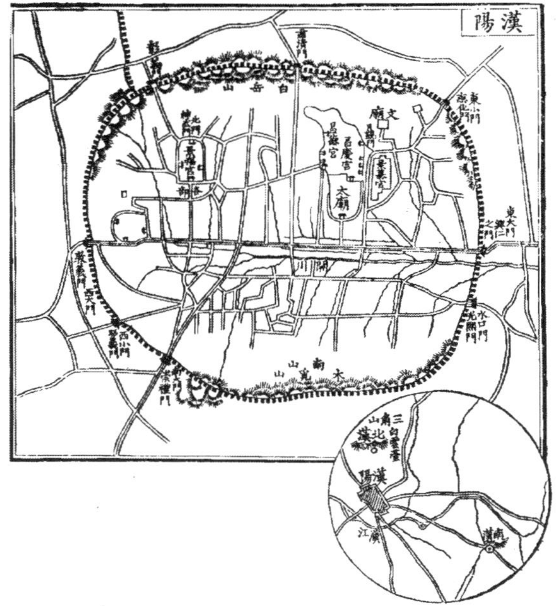

漢陽圖

昌(창)宮(궁)에서、즉위ᄒᆞ시고國(국)號(호)롤、뎡ᄒᆞ야日(왈)朝(조)鮮(선)이라、ᄒᆞ고開(기)國(국)功(공)臣(신)芳(방)毅(의)宗室等(등)의功(공)을、긔록ᄒᆞ시고國(국)內(니)에八(팔)道(도)롤、두셧ᄂᆞ이다

第二課 本朝歷代二

이에漢(한)陽(양)에宗(종)廟(묘)와景(경)福(복)宮(궁)과昌(창)德(덕)宮(궁)을、지으시고城(셩)을、싸고八(여덜)門(문)을、세우고三(삼)年(년)에、도읍을、옴기시고前(젼)朝(조)의臣(신)下(하)、李(리)穡(색)을禮(례)로써、디졉ᄒᆞ시고李(리)之(지)蘭(란)으로、ᄒᆞ야곰女(녀)眞(진)咸鏡以北을、항복밧

景福宮內慶會樓圖

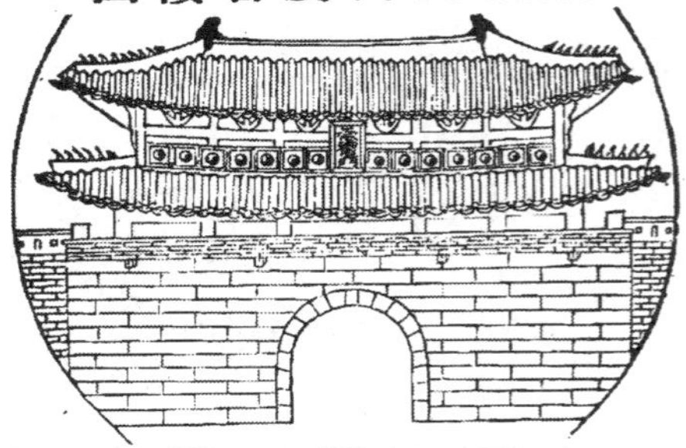

崇禮門

고虎符를、민드러動兵ᄒᆞᆯ싸에、쓰게ᄒᆞ며暹羅國이方物을、드리고琉球가稱臣ᄒᆞ며定宗ᄯᅴ에ᄂᆞᆫ楮貨를、쓰고高麗의、녯신하吉再의忠節을、포장ᄒᆞ시며 太宗ᄶᅴ傳位ᄒᆞᆫ後에咸興本宮으로往ᄒᆞ사山水間에、노셧ᄂᆞ이다

第三課 政體一

우리大韓나라政體ᄂᆞᆫ政府에議政과參政이잇셔主張ᄒᆞ고、기외內部ᄂᆞᆫ各道의地方官을、

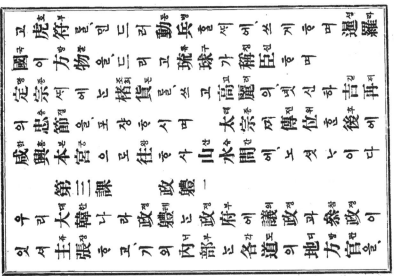

틱용ᄒᆞ고全國(젼국)地方(디방)의일을主管(쥬관)ᄒᆞ며外部(외부)ᄂᆞᆫ
外國(외국)과交涉(교셥)ᄒᆞᄂᆞᆫ일을,맛고度支部(탁지부)ᄂᆞᆫ全國(젼국)의,
저물을,츌납ᄒᆞ며
軍部(군부)ᄂᆞᆫ,군ᄉᆞ를操鍊(조련)ᄒᆞ야外國(외국)을,방비ᄒᆞ고,또
內亂(니란)을,진뎡ᄒᆞ며法部(법부)ᄂᆞᆫ,관원과百姓(빅셩)의,올코,
그른것을判決(판결)ᄒᆞ고學部(학부)ᄂᆞᆫ,인민을,교육ᄒᆞ야
開明(기명)ᄒᆞᆫ사ᄅᆞᆷ이,되게ᄒᆞ고

第四課 政體二

農商工部(농상공부)ᄂᆞᆫ,농ᄉᆞ와,장ᄉᆞ와,공쟝들을勸奬(권쟝)ᄒᆞ
야,발달이,되게ᄒᆞ고,또國內(국니)의礦山(광산)과開拓(기쳑)등
을主管(쥬관)ᄒᆞ며警務廳(경무쳥)은,도적과,잡된亂類(란류)를禁(금)
ᄒᆞᄂᆞ이다

이상各部(각부)에셔ᄂᆞᆫ各各(각각)맛ᄒᆞᆫ일이,잇고宮內府(궁니부)
에ᄂᆞᆫ宮內大臣(궁니대신)이皇室(황실)ᄉᆞ무를,맛고地方(디방)에ᄂᆞᆫ
道(도)와郡(군)이,잇스미道(도)에ᄂᆞᆫ觀察使(관찰ᄉᆞ)가,잇고郡(군)에
ᄂᆞᆫ郡守(군슈)가,잇셔,그고을일을,다사리며

第五課　政體三

우리나라國初에는全國을、난호아八道라、ᄒᆞ더니距今十年前에十三道로定ᄒᆞ니이는京畿道와忠淸北道와忠淸南道와全羅北道와全羅南道와慶尙北道와慶尙南道와黃海道와平安南道와平安北道와江原道와咸鏡南道와咸鏡北道오이다

第六課　三角山

三角山은、우리나라國都의鎭山이라、세봉오리가、놉히소슨故로三角이라、ᄒᆞ고其中의白雲臺는、큰바위와、푸른소나무와、그윽ᄒᆞᆫ、셔암이、만사오이다

이산에、올나가셔、보면、셔울城內에、아름다온、경치가、눈아릐羅列ᄒᆞ며

山허리에北漢山城이、잇스니城壁이、끈어진、바회를因緣ᄒᆞ야、멀니둘넛고山城안에는別

三角山圖

北漢山映樓

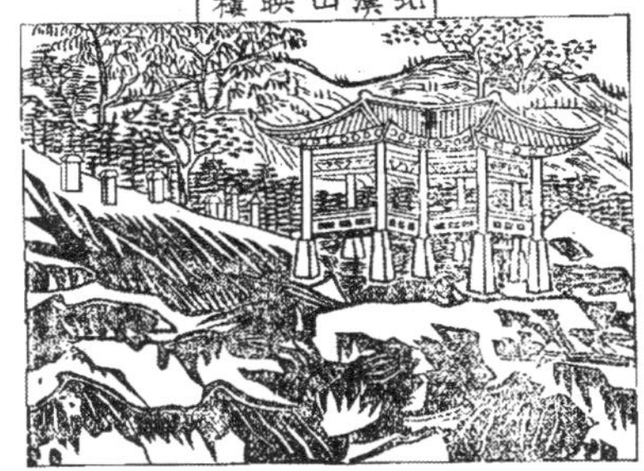

宮(궁)과寺刹(…절…)이、만코山(산)映(영)樓(루)가、더욱좃소이다

第七課 漢江

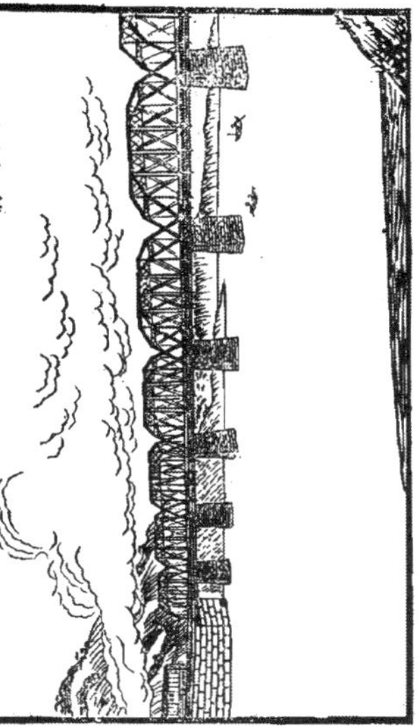

漢江之鷺梁鐵橋

漢(한)江(강)은、우리나라五(다섯)大(ᄃᆡ)江(강)의一(하나)이오、그근원이三(삼)이니江(강)陵(릉)五(오)臺(ᄃᆡ)山(산)과淮(회)陽(양)金(금)剛(강)山(산)과報(보)恩(은)俗(속)離(리)山(산)에서出(출)ᄒᆞ고

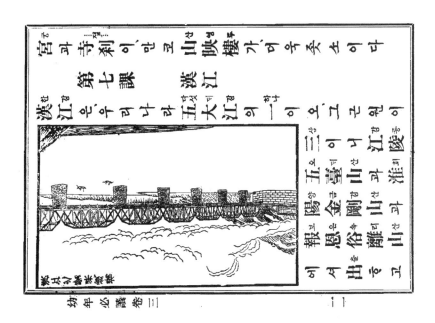

京畿道廣州에至ᄒᆞ야合流ᄒᆞ며
이물이京城西北에至ᄒᆞ야、다시臨津江을合
ᄒᆞ고南으로江華島에至ᄒᆞ야、바다로入ᄒᆞ니、
그、기리가四百餘里오이다
이물이、얏고、좁은고로、큰ᄇᆡᄂᆞᆫ來往키、어렵고、
그물이流來ᄒᆞᄂᆞᆫ、두언덕가에山色이甚히、좃
코鷺梁에ᄂᆞᆫ輪車다니ᄂᆞᆫ鐵橋가、잇ᄂᆞ이다

第八課 本朝歷代三

太宗은登聞鼓를、ᄆᆡᆫ드러百姓의ᄯᅳᆺ을通ᄒᆞ시
고鑄字所를、지으시고四學을、베프러、션비가
工夫케、ᄒᆞ고 世宗ᄭᅴ오셔ᄂᆞᆫ集賢殿에셔文
學士를、갓가이ᄒᆞ시며朴堧으로、ᄒᆞ야곰雅樂
을、지으시고崔潤德은野人을征伐ᄒᆞ고金宗
瑞ᄂᆞᆫ六鎭을開拓ᄒᆞ며
世宗ᄭᅴ셔、ᄯᅩ訓民正音을、지으사國文을、ᄒᆡᆼᄒᆞ
고、그ᄯᅢ에政丞黃喜와許稠와孟思誠과崔潤

德等은、다、유명흔、신하라國泰、民安흐기三十年이니、곳太平盛代오이다

第九課 黃喜

黃喜는、모든大臣과、나라일을議論흘셔工曹判書金宗瑞가、음식을가초와、드린듸喜가、노흐야宗瑞를、압히、세우고正色흐야갈오되國家에셔禮賓寺를、두어大臣이飮食을、먹고자흐면禮賓寺에셔、등듸흘지라、엇지私私로히

辦備흐리오、흐고、크게칙망흐니

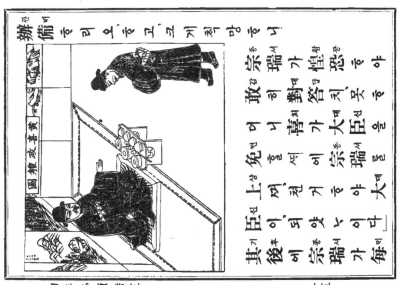

宗瑞가惶恐흐야敢히對答치、못흐더니喜가大臣을免흘석에宗瑞를上께천거흐야大臣이、되얏느이다」其後에宗瑞가每

事를謹愼ᄒᆞ야相業이一世에振動ᄒᆞ얏ᄂᆞ이다

第十課 本朝歷代四

文宗ᄭᅴ셔天文과兵書를通ᄒᆞ시고人君되신지二年에崩ᄒᆞ시니大臣皇甫仁과南智와金宗瑞等이遺詔를、밧읏고成三問과朴彭年은政事를、도으며端宗ᄭᅴ셔ᄂᆞᆫ卽位ᄒᆞ신후에 世祖ᄭᅴ傳位ᄒᆞ

시니、이에六臣의忠節이、잇고其後 世祖ᄭᅴ셔平壤에、거동ᄒᆞ야、션비를試取ᄒᆞ시며 睿宗ᄭᅴ셔ᄂᆞᆫ南怡가一代名將으로戰功이、잇스나柳子光의、참소로、쥭이엿ᄂᆞ이다

第十一課 本朝歷代五

成宗ᄭᅴ셔ᄂᆞᆫ政事가、발그시고經國大典과輿地勝覽과東文選과東國通鑑等을、민드시고建州의賊을、크ᄀᆡ破ᄒᆞ고昌慶宮을、세우시고

婦女(부녀)의再嫁(재가)를、금ᄒᆞ고學校(학교)法(법)을、민들고儒臣(유신)
에金宗直(김종직)과名臣(명신)에許琮(허종)과許琛(허침)과孫舜孝(손순효)와
徐居正(서거정)이、잇셧ᄂᆞ이다

第十二課　孫舜孝

孫舜孝(손순효)ᄂᆞᆫ大提學(대제학)이라　上(상)이明(명)나라에、가ᄂᆞᆫ
國書(국서)를、짓고자、ᄒᆞ실ᄉᆡ舜孝(순효)를、부르시니舜孝(순효)
가大醉(대취)ᄒᆞᆫ지라　上(상)이怒(노)ᄒᆞ야、다른臣下(신하)를、부
르셧더니

이윽고舜孝(순효)가、드러와셔俯伏(부복)ᄒᆞ야、갈오되臣(신)
이國書(국서)를、짓겟ᄂᆞ이다、ᄒᆞ고、곳一筆揮之(일필휘지)에國(국)
書(서)를、지엇ᄂᆞᆫ지라　上(상)이覽(남)ᄒᆞ시니辭意(사의)가、통
창ᄒᆞ야、고칠곳이、업거ᄂᆞᆯ
上(상)이大喜(대희)ᄒᆞ사、잔채를、베프러주시고宮女(궁녀)ᄂᆞᆫ
琵琶(비파)를、타ᄂᆞᆫ지라舜孝(순효)가、이러나셔、춤추엇ᄂᆞ
이다

第十三課　九港口三開市場

仁(인)川(천)濟(제)物(물)浦(포)는、우리나라、아홉港(항)口(구)中(중)의 一(하나)이니 漢(한)城(셩)西(셔)南(남)八(팔)十(십)里(리)라 每(매)日(일)에 火(화)輪(륜)車(거)가 六(륙)七(칠)次(ᄎᆞ)式(식)來(릭)往(왕)ᄒᆞ고

이외에 慶(경)尙(샹)道(도)、東(동)萊(릭)釜(부)山(산)港(항)은 三(삼)百(빅)年(년)前(젼)브터 日(일)本(본)人(인)이、와셔 居(거)留(류)ᄒᆞᄂᆞᆫ 곳이오、또 昌(창)原(원)馬(마)山(산)浦(포)가、잇스며 咸(함)鏡(경)道(도)、德(덕)源(원)의 元(원)山(산)港(항)과 吉(길)州(쥬)의 城(셩)津(진)港(항)과 平(평)安(안)道(도)、三(삼)和(화)의 甑(증)南(남)浦(포)와 全(전)羅(라)道(도)、沃(옥)溝(구)의 羣(군)山(산)港(항)

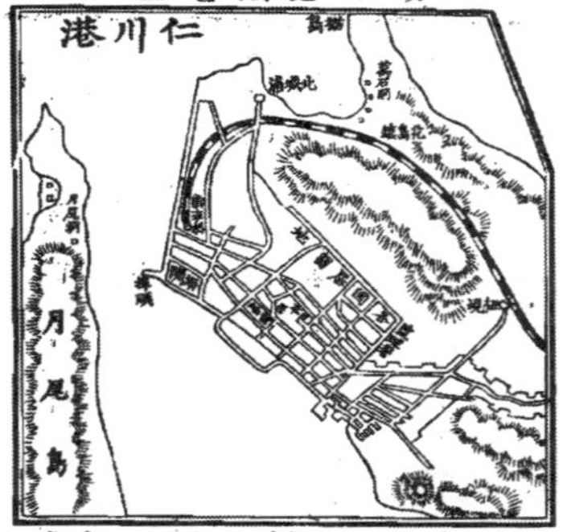

仁川元山釜山三港圖

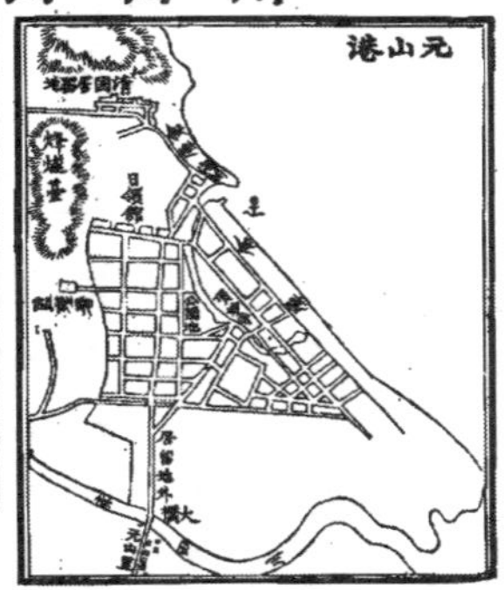

과務安의木浦와龍川龍巖浦가、잇스니、이를謂ᄒᆞ되、우리나라九港口오ᄯᅩ三開市場이、잇스니、곳平壤義州慶興이오이다

以上의九港口와三開市場은、다外國人과通商ᄒᆞᄂᆞᆫ곳、이오이다

第十四課 島嶼

우리나라의六大島가、잇스니、그中에、가장、큰者ᄂᆞᆫ全羅道、濟州오其次에ᄂᆞᆫ慶尙道、巨濟와南海오全羅道의珍島와京畿道의江華오、ᄯᅩ江原道의鬱陵島오이다

濟州에ᄂᆞᆫ漢拏山이、잇스니我國의第二되ᄂᆞᆫ、놉흔山이라、이山에、오르면老人星이、비최고白鹿潭은、깁기限이、업스며方嶽이라ᄒᆞᄂᆞᆫ、바회에ᄂᆞᆫ、ᄭᅩᆺ다온、풀에香氣로온、바람이、이러나恍然히、風磬소리가、들니ᄂᆞ

濟州島圖

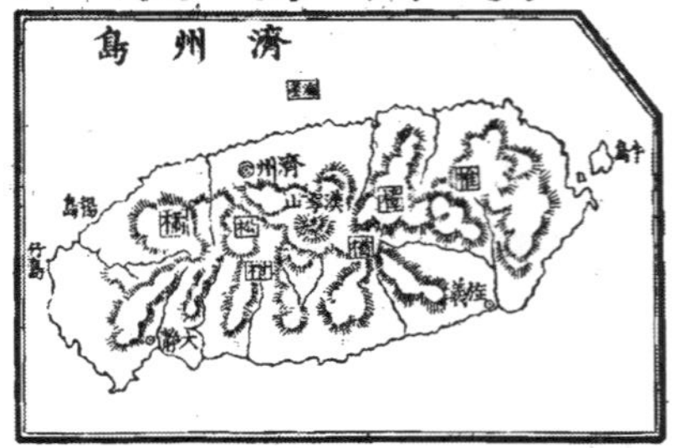

鬱陵島圖

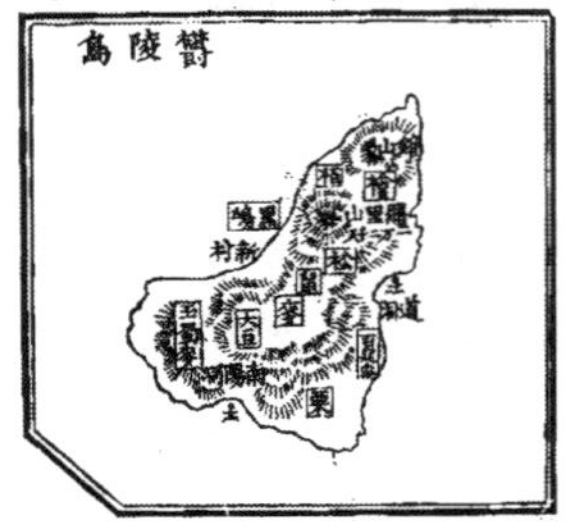

니世上(세상)사람이、이르되、이山(산)은三神山(삼신산)中(중)의一(하나)이라、ᄒᆞᄂᆞ이다

江華(강화)에ᄂᆞᆫ摩尼山(산)이、잇스니、이ᄂᆞᆫ檀君(단군)ᄭᅴ셔祭天(제텬)ᄒᆞ시든곳이오鬱陵島(울릉도)ᄂᆞᆫ奇異(긔이)ᄒᆞᆫ樹木(슈목)이、만사오이다

第十五課 本朝歷代 六

燕山君(연산군)은無道(무도)ᄒᆞ야、나라이危殆(위태)ᄒᆞᆫ지라中宗(중종)ᄭᅴ셔反正(반졍)ᄒᆞ시니燕山(연산)ᄯᅢ에ᄂᆞᆫ奸臣(간신)柳子光(류ᄌᆞ광)

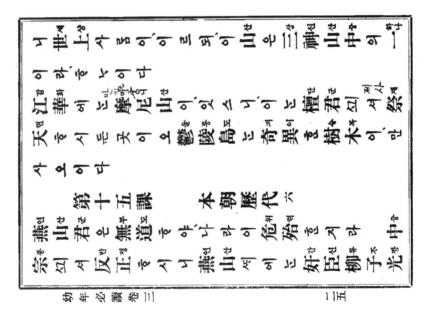

이、모히ᄒᆞ되金(김)宗(종)直(직)이吊(조)義(의)帝(뎨)文(문)으로　世(셰)祖(조)
를誹(비)謗(방)ᄒᆞ얏다、ᄒᆞ야、그무덤을、ᄏᆡ여屍(시)身(신)을斬(참)
ᄒᆞ고、그弟(뎨)子(ᄌᆞ)ᄂᆞᆫ、쥭이고、귀양보ᄂᆡ니此(ᄎᆞ)ᄂᆞᆫ戊(무)午(오)
士(ᄉᆞ)禍(화)오
또甲(갑)子(ᄌᆞ)士(ᄉᆞ)禍(화)가、잇스니、이ᄂᆞᆫ燕(연)山(산)이廢(폐)后(후)尹(윤)氏(시)
의、소ᄉᆡᆼ으로、그ᄯᅢ臣(신)下(하)를、미워ᄒᆞ야、다쥭이고、
벼살을、팔고成(셩)均(균)館(관)은遊(유)戲(희)場(장)을、ᄆᆞᆫ들고、또都(도)
城(셩)百(ᄇᆡᆨ)里(리)안의人(인)家(가)를壞(괴)撤(쳘)ᄒᆞ야、사냥터를、ᄆᆞᆫ드

럿ᄂᆞ이다

第十六課　本朝歷代 七

中(즁)宗(종)ᄯᅢ에ᄂᆞᆫ南(남)袞(곤)과沈(심)貞(뎡)等(등)이趙(조)光(광)祖(조)를、무소
ᄒᆞ야北(북)門(문)의、큰禍(화)를、이르켜고
仁(인)宗(종)은在(ᄌᆡ)位(위)ᄒᆞ신지八(여덜)月(달)이라、그러나善(션)政(졍)이
天(텬)下(하)에、밋치사崩(붕)ᄒᆞ신날에哭(곡)聲(셩)이、반일만에
八(팔)道(도)에、사모첫고
明(명)宗(종)ᄯᅢ에ᄂᆞᆫ鄭(졍)順(슌)朋(붕)과李(리)芑(긔)等(등)이柳(류)灌(관)과尹(윤)任(임)

과柳仁淑(류인숙)을誣陷(무함)ᄒᆞ야、착ᄒᆞᆫ사ᄅᆞᆷ이、거의盡(다)ᄒᆞ니、이ᄂᆞᆫ乙巳士禍(을ᄉᆞᄉᆞ화)오備邊司(비변ᄉᆞ)ᄅᆞᆯ、배푸니、이ᄂᆞᆫ日本(일본)을、막고자、ᄒᆞᆷ이오이다

第十七課 本朝歷代 八

宣祖(선조)八年(팔년)距今(거금)三百三十二年前(삼ᄇᆡᆨ삼십이년전)에ᄂᆞᆫ沈義謙(심의겸)과金孝元(김효원)이東西(동서)로黨派(당파)가、되니、이ᄂᆞᆫ、우리나라偏黨始初(편당시초)오賢臣(어진신하)李珥(리이)가和解(화ᄒᆡ)코자ᄒᆞ나、이루지、못ᄒᆞ고、또禹性傳(우셩젼)과李潑(리발)이黨(당)을、난호아

潑(발)과李山海(리산ᄒᆡ)ᄂᆞᆫ北人(북인)이、되고性傳(셩젼)과柳成龍(류셩룡)은南人(남인)이、되얏고鄭汝立(졍여립)은謀逆(모역)ᄒᆞ다가自殺(ᄌᆞ살)ᄒᆞ얏ᄂᆞ이다

第十八課 壬辰亂

三百十五年前(삼ᄇᆡᆨ십오년젼)에日本(일본)이、무단히擧兵(거병)ᄒᆞ야入寇(입구)ᄒᆞ니八道(팔도)가、다戰敗(젼패)ᄒᆞᄂᆞᆫ지라 上(샹)이義州(의주)에、파천ᄒᆞ야明(명)나라에救援(구원)을、청ᄒᆞ시니明年(명년)에明(명)나라將軍(쟝군)李如松(리여송)이平壤(평양)에、잇ᄂᆞᆫ적병을

破(파)ᄒᆞ야 上(상)이 京城(경셩)에、도라오시고 其後(기후)에 敵(뎍)兵(병)이、또 오거ᄂᆞᆯ 統制使(통제ᄉᆞ) 李舜臣(리슌신)은 露梁(로량)(海昆陽)에셔 水戰(수젼)ᄒᆞ고 明將(명쟝) 楊鎬(양호)ᄂᆞᆫ 素沙坪(소사평)(稷山)에셔 陸戰(륙젼)ᄒᆞ야、다 大破(대파)ᄒᆞ니、이 戰爭(젼정)이 壬辰(임진)브터、이러나셔 八年(팔년)이、된지라、이것을、이르되 壬辰亂(임진란)이라、ᄒᆞᄂᆞ이다

第十九課 尹斗壽 一

尹斗壽(윤두슈)ᄂᆞᆫ 宣祖(션조)ᄯᅢ 領議政(령의정)이라、아히ᄯᅢ에、그

尹斗壽拾金圖

아오 根壽(근슈)로、더브러 同行(동힝)ᄒᆞᆯ시 銀(은)、一封(한봉)이 路上(로상)에、잇거ᄂᆞᆯ 斗壽(두슈)가、집어가지니 根壽(근슈)가 勃然(발연)히 怒(노)ᄒᆞ야、갈오되 路上(로상)의、씻친물건을、주어、무엇ᄒᆞ리오、ᄒᆞ거ᄂᆞᆯ 斗壽(두슈)日(왈) 집이

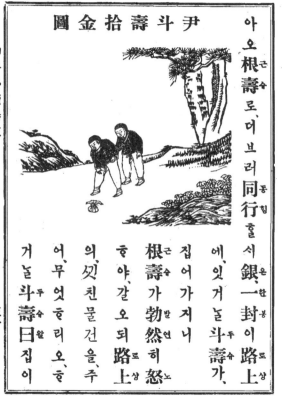

貧(빈)寒(한)ᄒᆞ니、이것을母(어머)親(님)씌드린다、ᄒᆞᆫᄃᆡ根(근)壽(슈)曰(왈)
엇지不(불)義(의)의、물건으로、써母(어머)親(님)씌、드리리오、ᄒᆞ
고
그銀(은)을、셰셔더지고자、ᄒᆞ니斗(두)壽(슈)ᄂᆞᆫ、다만冷(랭)笑(소)
ᄒᆞ얏ᄂᆞ이다

第二十課　尹斗壽 二

이에根(근)壽(슈)가急(급)히、집에도라가、울거ᄂᆞᆯ、母(모)夫(부)人(인)
이、그緣(연)故(고)를、무른ᄃᆡ根(근)壽(슈)ㅣ、그일을告(고)ᄒᆞ얏ᄂᆞ

이다
그러나斗(두)壽(슈)ᄂᆞᆫ、집에、도라와大(대)門(문)에、크게、써、갈
오되銀(은)을、일은사ᄅᆞᆷ은推(추)尋(심)ᄒᆞ야、가라ᄒᆞ더니
既(긔)而(이)오、그主(쥬)人(인)이、와셔銀(은)을、가져갓ᄂᆞ이다
斗(두)壽(슈)가、어릴ᄯᅢ、브터度(도)量(량)이如(여)此(ᄎᆞ)ᄒᆞ더니壬(임)辰(진)
亂(란)에勳(훈)業(업)이、만엇ᄂᆞ이다

第二十一課　李舜臣

李(리)舜(슌)臣(신)은、우리나라의第(뎨)一(일)名(명)將(장)이라全(젼)羅(라)、慶(경)

尙(샹)兩道(량도)바다에셔敵兵(뎍병)을大破(대파)ᄒᆞ기數十次(수십ᄎᆞ)가、되니日本(일본)의水軍(슈군)이、다、여긔셔盡(진)ᄒᆞᆫ지라、만일舜臣(슌신)이、아니면壬辰亂(임진란)이、더욱限(한)이、업셧슬거시오

그龜船(거북션)이라、ᄒᆞᄂᆞᆫ비ᄂᆞᆫ鐵(텰)로써、ᄊᆞᆺ스니、곳世界(셰계)各國(각국)鐵甲船(텰갑션)의始祖(시조)라、ᄒᆞᄂᆞ이다

그러ᄒᆞ나奸臣(간신)의誣訴(무소)를、입어險難(험란)을、지너기數次(수ᄎᆞ)오、이외에、또趙憲(조헌)과高敬命(고경명)과金千鎰(김쳔일)과

李舜臣龜船圖

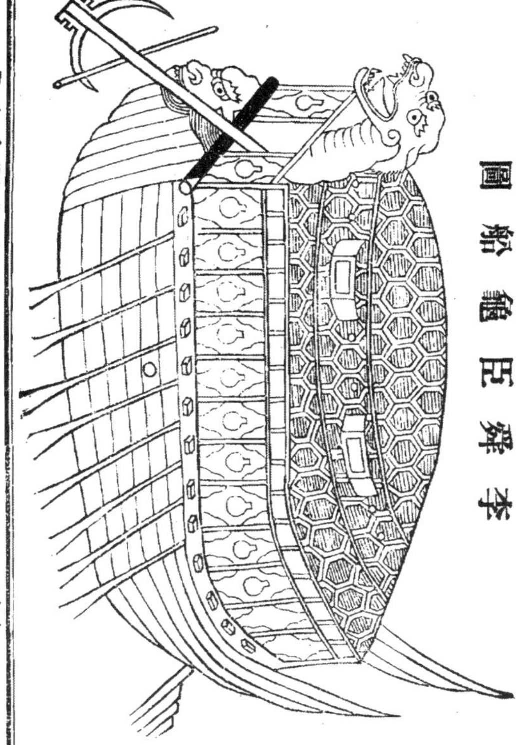

郭再祐等은義兵을이르켜、그忠烈이天人을、
감동ᄒᆞ며
또李浚慶의、공업과李滉의、문학과、차외에朴
淳과盧守愼과柳成龍과李恒福과李德馨과
李廷龜等은、다、일딕名臣이오이다

第二十二課　人蔘

우리、대한物產中에外國에出口ᄒᆞ기ᄂᆞᆫ礦物
에ᄂᆞᆫ金과銀이오植物에ᄂᆞᆫ白米와黃豆오此
外에、또人蔘이、잇ᄉᆞ니
人蔘은百十年前에忠清道사ᄅᆞᆷ崔文이蔘種
子ᄅᆞᆯ、심엇다가清國상고의게、파니大利가、잇
ᄂᆞᆫ지라
그후에開城싸에、만이、심우고政府에셔稅錢
을、바드며、ᄆᆡ년에清國가ᄂᆞᆫ、사신편에、붓쳐發
賣ᄒᆞ얏ᄂᆞ이다
이蔘은、시루에、ᄶᅧ셔色이、불근고로紅蔘이라

ᄒᆞ고、또紅蔘은白蔘보다無毒ᄒᆞ며清國사ᄅᆞᆷ
이甚히、질기ᄂᆞ이다
또山蔘이라ᄒᆞᄂᆞᆫ것은、깁흔山中에셔、심우지、
아니ᄒᆞ고自然이、난것이니、이것은世上에셔、
이르되不老草라、ᄒᆞᄂᆞ이다

第二十三課

뽕나무 목화

뽕나무ᄂᆞᆫ八百九十年前高麗顯宗씌에、각도、
각고을에令ᄒᆞ야每戶에、뽕나무를、심으되或

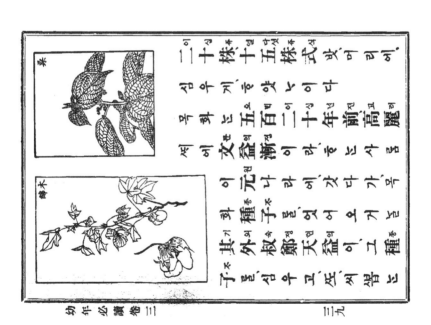

二十株、十五株式밧、머리에、
심우게、ᄒᆞ얏ᄂᆞ이다
목화ᄂᆞᆫ五百二十年前高麗
씌에文益漸이라、ᄒᆞᄂᆞᆫ사ᄅᆞᆷ
이元나라에、갓다가、목
화種子를、엇어오거ᄂᆞᆯ
其外叔鄭天益이、그種
子를、심우고、또、씨ᄲᆞᆸᄂᆞᆫ

씨아와、실민드ᄂᆞᆫ文來를、민드럿ᄂᆞ이다

第二十四課　我國我身

우리가此國에셔、낫스니此國은、곳我國이오、우리가此身이잇스니此身은、곳我身이라

然ᄒᆞᆫ즉我國이라、ᄒᆞᆷ은他國이、잇ᄂᆞᆫ연고오我身이라、ᄒᆞᆷ은他人이、잇ᄂᆞᆫ연고며我의自由ᄒᆞᄂᆞᆫ權은、사ᄅᆞᆷ마다上天이、쥬신바라他人이敢히、세앗지、못ᄒᆞᆯ비오

我國도、또ᄒᆞᆫ、그러ᄒᆞᆫ지라他國의、간셥을、물니쳐自主權을、일치아니、ᄒᆞ고獨立ᄒᆞᄂᆞᆫ、실상힘을직힌後에야我國이라、ᄒᆞᄂᆞ이다

그러치、아니ᄒᆞ면我國을保全치、못ᄒᆞ고我國을保全치、못ᄒᆞ면我身을保全치、못ᄒᆞᄂᆞ이다

第二十五課　血竹歌 一

슬푸도다、슬푸도다　國耻民辱　至今生存
우리國民슬푸도다　우리무리　무삼面目

슬프도다、슬프도다
우리國民슬프도다
한칼로殉國ᄒᆞ든
精忠大節그靈魂
슬프도다、슬프도다
우리國民슬프도다
自由國權ᄲᅢᆺ기엿소
今日奴隸이아닌가

져버렷네、져버렷네
閔忠正을、져버렷네
九原冥冥져、가온데
우리國民구버보네
國恥民辱우리무리
一點報答무엇신가
이나라、무삼나라
波蘭과埃及이지

이나라、무숨나라
印度와越南일세
四叢九幹져뎌、보쇼
三十三葉完然ᄒᆞ이
精血이、모얏네天地造化
忠憤이、이로다神人感動

슬프도다、슬프도다
우리國民슬프도다
靑靑ᄒᆞᆫ、져빗、또、잇는가
우리國民警戒로세
萬國이同淚ᄒᆞ고
世界가掀動일세

第二十六課 血竹歌 二

슬프도다、슬프도다
우리國民슬프도다

閔泳煥血竹圖

警(경)戒(계)로다警(경)戒(계)로
다
우리國(국)民(민)져듸, 보
쇼
롤납고도, 신긔ᄒᆞᆫ
다, 우리閔(민)忠(츙)正(졍)
어리셕고, 불상ᄒᆞᆫ
다, 우리國(국)民(민)들

三(삼)千(쳔)里(리)疆(강)土(토)이나라
二(이)千(쳔)萬(만)同(동)胞(포)이빅셩
奴(노)隷(례)되지, 말고
國(국)權(권)恢(회)復(복)ᄒᆞᆫ세
世(세)界(계)一(일)等(등)國(국)이, 이나라로다
世(세)界(계)自(ᄌᆞ)由(유)民(민)이, 이國(국)民(민)일세
우리同(동)胞(포)져듸, 보쇼
우리同(동)胞(포)져듸, 보쇼

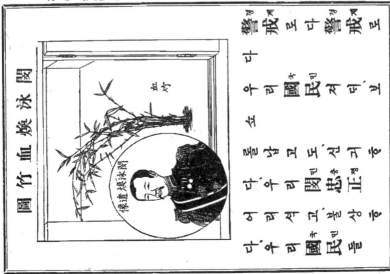

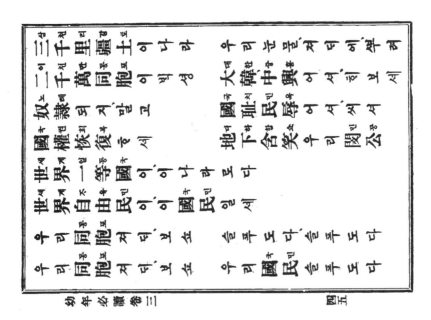

우리눈물, 져듸에, 쑤려
大(대)韓(한)中(중)興(흥)어셔, 히보세
國(국)恥(치)民(민)辱(욕)어셔, 씨셔
地(디)下(하)含(함)笑(쇼)우리閔(민)公(공)
슬프도다, 슬프도다
우리國(국)民(민)슬프도다

슯푸도다、슯푸도다

우리國民슯푸도다

第二十七課　金德齡一

金德齡은勇猛이千古에絕倫ᄒᆞᆫ人이라壬辰亂에義兵將으로壯士五千人을領率ᄒᆞ고賊을討ᄒᆞᆯᄉᆡ賊將淸正이潛히畵師를遣ᄒᆞ야德齡의像을圖ᄒᆞ야見ᄒᆞ고大驚曰、果然將軍이라ᄒᆞ고敢히犯치、못ᄒᆞ얏ᄂᆞ이다

時에朝廷이和親코자ᄒᆞ야德齡으로、ᄒᆞ야곰

交戰치、못게ᄒᆞ니德齡이不得已、晉州에陣치고、더욱戰備를整頓ᄒᆞ얏ᄂᆞ이다

然이나德齡의功을忌ᄒᆞᄂᆞᆫ者ㅣ百端으로沮戱ᄒᆞ더니、이옥고朝廷이德齡을命ᄒᆞ야巨濟賊을討ᄒᆞ라ᄒᆞ니大抵巨濟賊은險固를據ᄒᆞ야、치기、어려우나朝命이正急ᄒᆞᆫ지라不得已、進伐ᄒᆞ다가無功ᄒᆞ고還ᄒᆞ얏ᄂᆞ이다

第二十八課　金德齡二

이에奸臣이誣訴ᄒᆞ되李夢鶴과、갓치叛ᄒᆞ다、ᄒᆞ야德齡을執ᄒᆞ야獄中에서撲殺ᄒᆞ얏ᄂᆞ이다

賊이德齡의死ᄒᆞᆷ을聞ᄒᆞ고、서로慶祝ᄒᆞ야曰、德齡이、죽엇스니忠淸、全羅兩道ᄂᆞᆫ我의掌中物이라ᄒᆞ고國內人民은父子兄弟가相戒ᄒᆞ야義兵을起치、말나ᄒᆞ고、다만痛哭ᄒᆞᆯᄲᅮᆫ이오이다

金德齡鑄劒圖

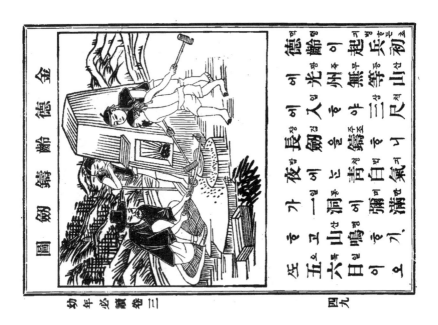

德齡이起兵ᄒᆞ든初에光州無等山에入ᄒᆞ야三尺長劒을鑄ᄒᆞ니夜에ᄂᆞᆫ靑白氣가一洞에彌滿ᄒᆞ고山鳴ᄒᆞ기、또五六日이오

其(기)後(후)에、또龍(룡)馬(마)를、어덧ᄂᆞ이다
如(여)此(차)이良(량)將(장)을濫(람)殺(살)ᄒᆞ야國(국)家(가)棟(동)樑(량)을摧(최)折(절)ᄒᆞ
ᄂᆞᆫ故(고)로其(기)時(시)브터賢(현)良(량)ᄒᆞᆫ、사ᄅᆞᆷ이世(세)上(상)에、나오
지、아니ᄒᆞ야國(나라)勢(형세)가漸(점)漸(점)衰(쇠)頹(퇴)ᄒᆞ얏ᄂᆞ이다

第二十九課 關東八景

江(강)原(원)道(도)에嶺(령)東(동)八(팔)景(경)이、잇스니、이ᄂᆞᆫ金(금)剛(강)山(산)과
連(련)ᄒᆞᆫ八(여덟)邑(고을)의、조흔곳이라、놉흔處(처)士(사)와道(도)僧(승)들
이、만이隱(은)居(거)ᄒᆞᄂᆞ이다

이、여덜景(경)致(치)잇ᄂᆞᆫ곳은通(통)川(천)叢(총)石(석)亭(정)과高(고)城(성)三(삼)
日(일)浦(포)와杆(간)城(성)淸(청)澗(간)亭(정)과襄(양)陽(양)洛(락)山(산)寺(사)와江(강)陵(릉)鏡(경)
浦(포)臺(대)와三(삼)陟(척)竹(죽)西(서)樓(루)와蔚(울)珍(진)望(망)洋(양)亭(정)과平(평)海(해)越(월)
松(송)亭(정)이오이다
이러타시處(처)處(처)에名(명)山(산)佳(가)景(경)이、만이잇스니、이
ᄂᆞᆫ天(텬)이、우리로、ᄒᆞ야곰功(공)業(업)을、이룬後(후)에遊(유)覽(람)
悅(열)樂(락)케、ᄒᆞ심이오이다
如(여)此(차)ᄒᆞᆫ、조흔나라사ᄅᆞᆷ으로國(국)權(권)을恢(회)復(복)지、못

ᄒᆞ면、아ᄂᆞᆫ天意ᄅᆞᆯ背畔ᄒᆞᆷ이라、곳人類가、아니오이다

第三十課

적은일을賤ᄒᆞ다、말、일一

나라이富强코자ᄒᆞ면、적은일을賤ᄒᆞ다ᄒᆞ지、말지니

新羅ᄯᅢ에ᄂᆞᆫ沉香과珠玉으로、써萬佛山을、민들서、무수ᄒᆞᆫ佛像과殿閣을、ᄭᅮ미니其形像이活動ᄒᆞ야天造ᄒᆞᆷ과如ᄒᆞᆫ지라支那唐代宗이

此ᄅᆞᆯ見ᄒᆞ고歎息ᄒᆞ야日新羅의巧ᄒᆞᆷ이如此ᄒᆞ다、ᄒᆞ얏ᄂᆞ이다

ᄯᅩ紫金으로鍾閣을、민드럿스니、그中에、고동이、잇서鍾소리가、나ᄂᆞ이다

ᄯᅩ五色으로、짠毛織비단이、잇스니四方이、한치셤、되ᄂᆞᆫ데各國山川의、형상이分明ᄒᆞ고、ᄯᅩ其中에、로리ᄒᆞ고、춤、추ᄂᆞᆫ妓生이、잇서、곳、산사ᄅᆞᆷ과、갓탓ᄂᆞ이다

第三十一課

적은일을賤ᄒᆞ다、말、일

二

其時ᄂᆞᆫ、우리나라사ᄅᆞᆷ이如此히다奇異ᄒᆞᆫ才調가、잇서他國이、양모ᄒᆞ더니即今은、아모일도、아니ᄒᆞ고懶惰ᄒᆞ야、다만、사ᄅᆞᆷ形容뿐이니、엇지他國의羞恥ᄅᆞᆯ、밧지아니、ᄒᆞ리잇가

大抵世上일이、다、적은일에서生ᄒᆞ야大事ᄅᆞᆯ이루ᄂᆞ니德國得賣賜ᄂᆞᆫ新槍을發明ᄒᆞ야五

得賣賜新鎗
葛利禮午搖錘法

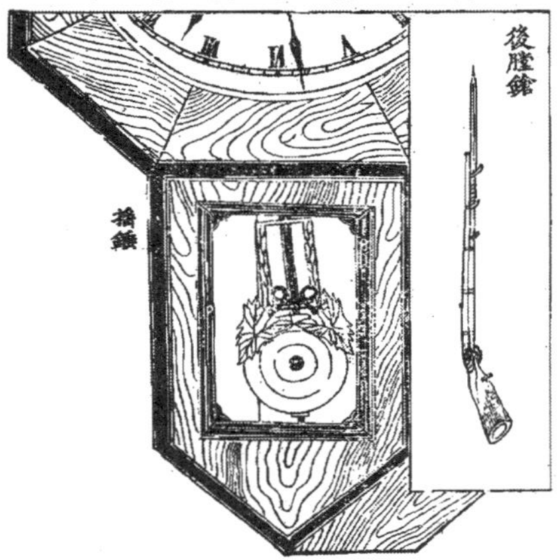

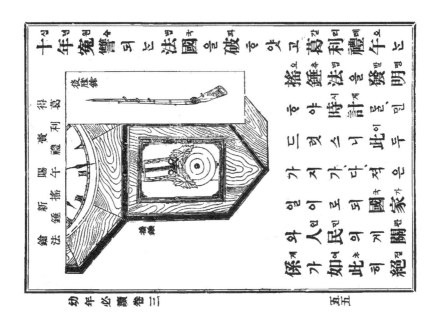

十年寃讐되ᄂᆞᆫ法國을破ᄒᆞ얏고葛利禮午ᄂᆞᆫ搖錘法을發明ᄒᆞ야時計ᄅᆞᆯ、민드럿스니此두가지가、다、적은일이로되國家와人民의게關係가如此히絕

大(대)ᄒᆞ오이다

第三十二課 鄭起龍

鄭(정)起(긔)龍(룡)은 壬(임)辰(진)亂(란)時(시)、將(장)軍(군)이라 賊(적)陣(진)을 橫(횡)行(힝)ᄒᆞ기 平(평)地(디)를、발붐과、갓고 賊(적)의 銃(총)이 一(일)齊(제)히 發(발)ᄒᆞ야도、맛지아니ᄒᆞ며
大(대)戰(전)을 當(당)ᄒᆞ면 勇(용)氣(긔)가、더욱 壯(장)ᄒᆞ고、그、탄말은 龍(룡)馬(마)라、여섯길을、ᄯᅱ고 層(층)巖(암)絕(절)壁(벽)이라도 飛(나는)鳥(새)와、갓치달니ᄂᆞ이다

起(긔)龍(룡)이 居(거)昌(창)ᄶᅡ에셔 騎(긔)兵(병)十(십)人(인)으로 賊(적)의 先(션)鋒(봉)

鄭起龍單騎逐賊圖

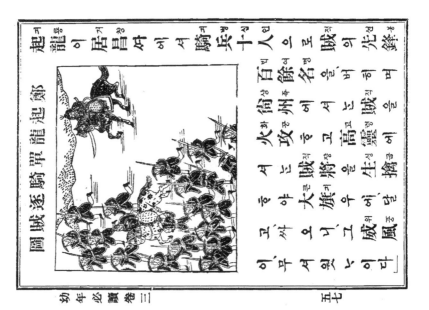

百(빅)餘(여)名(명)을、버히며 尙(상)州(쥬)에셔는 賊(적)을 火(화)攻(공)ᄒᆞ고 高(고)靈(령)에셔ᄂᆞᆫ 賊(적)將(장)을 生(싱)擒(금)ᄒᆞ야 大(큰)旗(긔)우에、달고、ᄊᆞ오니、그 威(위)風(풍)이、무셔웟ᄂᆞ이다」

起龍이如此히大小六十餘戰에、한번도敗ᄒᆞ지、아니ᄒᆞ니可謂第一勇將이라賊이、다逃亾ᄒᆞ얏ᄂᆞ이다

第三十三課 愛本國

我身과我父母祖宗이居ᄒᆞ든地ᄂᆞᆫ曰、本國이오本國人은曰、國民이라

興盛ᄒᆞᆫ家ᄂᆞᆫ他人이其子弟를凌侮치、못ᄒᆞ고興盛ᄒᆞᆫ國은外人이其國民을凌侮치、못ᄒᆞᄂᆞ

니다

故로國이強ᄒᆞ면國民의榮華오國이弱ᄒᆞ면國民의羞恥라我輩가、비록年幼ᄒᆞ나、다大韓國民이라大韓을愛ᄒᆞ야自強ᄒᆞᆯ지니

自強ᄒᆞᄂᆞᆫ道ᄂᆞᆫ無他오保身ᄒᆞ면體強ᄒᆞ고敦行ᄒᆞ면德強ᄒᆞ고力學ᄒᆞ면智強ᄒᆞᄂᆞ니人人이能히、다自強ᄒᆞᆯ진ᄃᆡ我大韓이、곳地球上의強國이、될지라、엇지榮幸치、아니ᄒᆞ오릿가

幼年必讀卷三終

幼年必讀卷四目錄

幼年必讀卷四

第一課 學問

高(고)句(구)麗(려)ᄯᆡ에ᄂᆞᆫ學(학)問(문)을崇尙(샹)ᄒᆞ야街(가)里(리)에셔、샹널、ᄒᆞᄂᆞᆫ사ᄅᆞᆷ들도抽(추)斂(렴)錢(전)을、모와學(학)堂(당)을、짓고、그子(ᄌᆞ)弟(뎨)ᄅᆞᆯ教(교)育(육)ᄒᆞ얏ᄂᆞ이다

ᄯᅩ學(학)問(문)이라ᄒᆞᆷ은書(서)册(ᄎᆡᆨ)만、아ᄂᆞᆫ것이、아니라山(산)을、보면、그山(산)의形(형)容(ᄋᆞᆼ)과、그山(산)의樹(슈)木(목)과、그山(산)의禽(금)獸(슈)와物(믈)産(산)ᄭᅡ지、아ᄂᆞᆫ것이學(학)問(문)이오이다

또江을、보면、그江의根源이、어디셔、왓스며、그江의、줄기가、어디ㅅ지、가는것과、그江의、물맛이、엇더ᄒᆞ며、그江의生鮮은、무엇이、잇는것을、아는것이、다、큰學問이오

이다

第二課　學問二

萬一우리學生들이冊만、보고太古적의썩은닐만、말ᄒᆞ면、우리도、썩은人種이、되ᄂᆞ이다

然則다만山과江의닐만知홀ᄲᅮᆫ아니라房에、잇슬셔는房을、엇더케、지으며房속에書案과文匣은如何히製造ᄒᆞᆫ지窮究홀것이오뜰、아리花草는、엇더케、심으면、잘長成ᄒᆞ고、엇

더게ᄒᆞ면、ᄭᅩᆺ이、잘되ᄂᆞᆫ理(리)致(치)를窮(궁)究(구)ᄒᆞ야
무삼物(물)件(건)을、보ᄂᆞᆫ디로、그物(물)件(건)된來(ᄅᆡ)歷(력)과緣(연)由(유)
를、깁히研(연)究(구)ᄒᆞ고、나의才(ᄌᆡ)分(분)디로、그理(리)致(치)를通(통)
ᄒᆞᄂᆞᆫ것이、큰學(학)問(문)이오이다

第三課 本朝歷代 九

光(광)海(ᄒᆡ)君(군)은昌(창)德(덕)昌(창)慶(경)두궁을、다시세우고、爲(위)人(인)
이無(무)道(도)ᄒᆞ야兄(형)臨(림)海(ᄒᆡ)君(군)珒(률)을、죽이고、ᄯᅩ李(리)爾(이)瞻(쳠)
等(등)과謀(모)ᄒᆞ야七(칠)歲(세)弟(뎨)、永(영)昌(창)大(대)君(군)을、죽이고母(모)后(후)

를西(서)宮(궁)에、가두고路(뢰)物(물)의多(다)小(쇼)로、벼살을、식키
고土(토)木(목)으로、일을삼ᄂᆞᆫ지라
仁(인)祖(조)ᄭᅴ셔、나라이危(위)殆(ᄐᆡ)홈을、보시고金(김)瑬(류)李(리)貴(귀)
等(등)으로、더브러反(반)正(정)ᄒᆞ시고弊(폐)政(정)을改(ᄀᆡ)革(혁)ᄒᆞ샤
ᄂᆞ이다

第四課 李元翼 一

李(리)元(원)翼(익)은 宣(션)祖(조)ᄯᅴ大(대)臣(신)이라 仁(인)祖(조)ᄭᅴ셔反(반)
正(정)ᄒᆞ신後(후)에元(원)翼(익)을、브르시니元(원)翼(익)이、곳進(진)謁(알)

치、아니ᄒᆞ고光海君(광ᄒᆡ군)의게、몬져、가ᄂᆞᆫ지라　上(샹)과、밋反正(반정)ᄒᆞᆫ功臣(공신)等(등)이、크게겁ᄂᆡ고城內(셩ᄂᆡ)에百姓(ᄇᆡᆨ셩)도、크게놀나人君(인군)의位(위)가、뉘게갈지、아지못ᄒᆞ니此(ᄎᆞ)ᄂᆞᆫ、이셕에元翼(원익)의名望(명망)이、

李元翼拜別舊君

일국에震動(진동)ᄒᆞ미　仁祖(인조)ᄭᅴ셔人君(인군)되심이元翼(원익)의게、달녓ᄂᆞ이다

元翼(원익)이光海君(광ᄒᆡ군)을、보고、우러갈오되上監(샹감)의廢(폐)ᄒᆞᆷ은臣(신)의罪(죄)라、그러ᄒᆞ나上監(샹감)이人心(인심)을、크게、일엇스니、이ᄂᆞᆫ上監(샹감)의自取(ᄌᆞ취)라、오작天命(텬명)을順受(슌슈)ᄒᆞ소셔、ᄒᆞ얏ᄂᆞ이다

第五課　李元翼 二

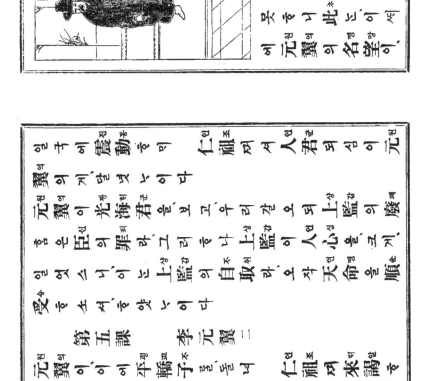

元翼(원익)이、이에平轎子(평교ᄌᆞ)를、돌녀　仁祖(인조)ᄭᅴ來謁(ᄅᆡ알)ᄒᆞ

李元翼往定新君圖

고警(경)戒(계)ᄒᆞ야、갈오되
人(인)君(군)되기、가장、어려
오니極(극)히、조심ᄒᆞ야
前(전)、人(인)君(군)의行(힝)實(실)을效(효)
嚬(빈)치、마르쇼셔、ᄒᆞᆫ딕
仁(인)祖(조)ᄭᅴ셔、크게恭(공)敬(경)
ᄒᆞ야、드르시고全(전)國(국)
사ᄅᆞᆷ이、다鎭(진)定(뎡)이、되

얏ᄂᆞ이다
元(원)翼(익)이少(쇼)時(시)에大(대)病(병)이、잇ᄂᆞᆫ지라領(령)議(의)政(정)李(리)浚(쥰)
慶(경)이 宣(션)祖(조)ᄭᅴ、아뢰여內(내)帑(탕)庫(고)에、잇ᄂᆞᆫ山(산)蔘(숨)二(두)
斤(근)을、주어、그病(병)을救(구)ᄒᆞ니、이ᄂᆞᆫ浚(쥰)慶(경)이元(원)翼(익)의
爲(위)人(인)을、알고、나라를爲(위)ᄒᆞ야救(구)ᄒᆞᆫ것이오이다

第六課 本朝歷代十

仁(인)祖(조)ᄯᅢ에李(리)适(괄)은反(반)正(졍)功(공)臣(신)으로賞(상)이、박ᄒᆞᆷ을、
怨(원)望(망)ᄒᆞ야叛(반)ᄒᆞ더니鄭(졍)忠(츙)信(신)等(등)이平(평)定(뎡)ᄒᆞ고姜(강)

弘立은清人을、잇그러義州와安州를陷ᄒᆞ고畢竟清主愛親覺羅弘佗時가入寇ᄒᆞ니上이南漢山城에、에웜을當ᄒᆞ셧ᄂᆞ이다

이러ᄒᆞᆫ지四十日間에、각처勤王兵이敗ᄒᆞ고八道가震動ᄒᆞ야清主의게和親을求ᄒᆞ니、이ᄂᆞᆫ、곳丙子亂이오距今二百七十一年前이오이다

第七課　本朝歷代十一

清主가、또斥和臣洪翼漢과尹集과吳達濟를、잡아갓더니畢竟굴복지、아니ᄒᆞ야被害ᄒᆞ니、이ᄂᆞᆫ有名ᄒᆞᆫ三學士오、또相臣崔鳴吉은、나라가危殆ᄒᆞᆷ을念慮ᄒᆞ야和親을、쥬장ᄒᆞ니、비록强毅ᄒᆞᆫ議論은、아니나、또ᄒᆞᆫ、나라를救ᄒᆞᄂᆞᆫ宰相이오

林慶業은明나라에、가셔清國을攻伐코자、ᄒᆞ다가金自點의謀害ᄒᆞᆫ비、되얏스나、그忠烈을

至今ᄭᆞ지世人이敬慕ᄒᆞᄂᆞ이다

第八課 鄭忠信

鄭忠信은光州人이라年이十七에壬辰亂이起ᄒᆞ거ᄂᆞᆯ奮然히獨行ᄒᆞ야西으로行在所에進謁ᄒᆞ고智勇이兼備ᄒᆞ야世上에、크게有名ᄒᆞ얏ᄂᆞ이다

忠信이李适의亂을平定ᄒᆞ야社稷을再安케、ᄒᆞ얏스나恒常淸人을念慮ᄒᆞ야防備ᄒᆞᆯ計策

을、드리엿ᄂᆞ이다

然ᄒᆞ나朝廷에셔ᄂᆞᆫ深謀遠慮가、업고遽然히淸國에使臣을、보ᄂᆡ여絕和ᄒᆞᄂᆞᆫ지라

忠信이病臥ᄒᆞ얏다가、이말을、듯고蹶然이、이러나長歎ᄒᆞ야日國家存亡이今年에在ᄒᆞ다ᄒᆞ더니果然、其歲十二月에淸이長驅大進ᄒᆞ얏ᄂᆞ이다

第九課 悔改ᄒᆞᆯ일一

우리學生諸君들、우리國權을恢復ᄒᆞ고자ᄒᆞ거든、우리罪過를悔改ᄒᆞ옵시다

우리、나라外憂와內患은、다自作孽이오이다」

壬辰亂은李珥의養兵論을不聽ᄒᆞ고偏黨만各立ᄒᆞ야政治가、어지러운緣故오

丙子亂은我의實力을養成치、아니ᄒᆞ고區區ᄒᆞᆫ義理로强鄰과絶和ᄒᆞᆫ緣故오

李适亂은私心으로權勢를貪ᄒᆞ야跋扈ᄒᆞᆫ功臣의게兵權을予ᄒᆞᆫ緣故오

洪景來亂은人才를擇用치、아니ᄒᆞ고門閥만崇尙ᄒᆞᆫ緣故라

以上各事가、다亡國ᄒᆞᆯ張本이오이다

第十課 悔改ᄒᆞᆯ일二

또近時로言ᄒᆞ면禍亂이、더욱層生疊出ᄒᆞ야

ᄉᆞ나

壬午亂은宗室과外戚、兩黨이爭權ᄒᆞ다가驕

兵(병)과 悍(한)卒(졸)을 煽(선)動(동)ᄒᆞᆫ 緣(연)故(고)오

甲(갑)申(신)亂(란)은 世(세)事(사)를 不(불)知(지)ᄒᆞᄂᆞᆫ 頑(완)固(고)黨(당)이 開(개)化(화)黨(당)과 不(불)和(화)ᄒᆞᆫ 緣(연)故(고)오

甲(갑)午(오)亂(란)은 賣(매)官(관)鬻(육)爵(작)ᄒᆞ야 百(백)姓(셩)을 割(할)剝(박)ᄒᆞᆫ 緣(연)故(고)오

乙(을)巳(사)新(신)條(됴)約(약)은 惡(악)行(힝)爲(위)를 悔(회)改(개)치、아니ᄒᆞ고 依(의)賴(뢰)心(심)으로 處(처)事(사)가 乖(괴)異(이)ᄒᆞ야 戰(전)爭(정)을 惹(야)起(긔)ᄒᆞᆫ 緣(연)故(고)라

幼年必讀卷四

以(이)上(상)八(여덟)條(됴)件(건)이、다 我(나)의 罪(죄)惡(악)이니 悔(회)改(개)치、아니ᄒᆞ면 我(우리)韓(한국)人(인)種(종)이 永(영)滅(멸)ᄒᆞ겟ᄂᆞ이다、우리學(학)生(생)諸(졔)君(군)들 急(급)히 悔(회)改(개)ᄒᆞᆸ사다

第十一課 學問을 自修ᄒᆞᆯ일 一

錦(금)繡(수)江(강)山(산)이 他(타)人(인)의 占(졈)領(령)된다 怨(원)望(망)치、말고 我(나)의 學(학)問(문)을 自(ᄌᆞ)修(슈)ᄒᆞ야 興(흥)復(부)ᄒᆞᆯ 心(심)을 養(양)成(셩)ᄒᆞ오

生(셩)命(명)財(재)產(산)을 無(무)識(식)ᄒᆞᆫ 者(자)의게 專(젼)托(탁)지、말고 我(나)의 學(학)問(문)을 自(ᄌᆞ)修(슈)ᄒᆞ야 自(ᄌᆞ)由(유)民(민)의 權(권)利(리)를、일치마오」

驕傲頑固ᄒᆞᆫ舊習을、바리고我의學問을自修ᄒᆞ야文明事業에從事ᄒᆞ오

外國人을依賴치、말고我의學問을自修ᄒᆞ야獨立國民이、되게ᄒᆞ오

我의心身을怠惰치、말고我의學問을自修ᄒᆞ야我의功德이世界에普及게ᄒᆞ오

ᄒᆞᆯ부다、우리國民이여耳目口鼻와四肢百體가世界의上等人種이건마는、엇지ᄒᆞ야、이지경인고

우리國民들、어셔學問을自修ᄒᆞ야世界一等國이、되게ᄒᆞ옵시다

第十二課　學問을自修ᄒᆞᆯ일 二

大門밧게、나가外國人을對ᄒᆞ면羞愧ᄒᆞ고忿恨치、아니ᄒᆞᆫ가、이人生엇지ᄒᆞ야、이지경인고」

우리國民들我의學問을自修ᄒᆞ야我의實力을培養ᄒᆞ옵시다

舊日思想을分毫라도、넝겨두면飛蛾가撲燈
이오自取其禍오이다
他國人을怨恨치、마오甲申、甲午브터自修ᄒᆞ
얏스면今日에、이디경、아니오今日이라도學
問을自修ᄒᆞ야罪惡을悔改ᄒᆞ면我의國權을
恢復ᄒᆞ겟소
이나라를外人이害ᄒᆞ다、ᄒᆞ지마오古聖人이
言ᄒᆞ되自作孼은不可活이라、ᄒᆞᄂᆞ이다

第十三課 林慶業 一

林慶業은兒時브터天下를平定ᄒᆞᆯ뜻이、잇더
니清人이我國에入寇코자ᄒᆞ고、또明을、치거
ᄂᆞᆯ慶業이屢次計策을、너여防備ᄒᆞ얏ᄂᆞ이다
그러나朝廷이慶業의言을聽從치、아니ᄒᆞ다
가畢竟、南漢山城의辱을當ᄒᆞ고、도로혀清人
을爲ᄒᆞ야慶業을清國으로押送ᄒᆞᄂᆞᆫ지라
이에慶業이、크게悲忿ᄒᆞ야明나라로逃亡ᄒᆞ

니、이는明과合ᄒᆞ야清人을破코자홈이라、그

林慶業浮海圖

矣에清人을滅ᄒᆞ야丙子羞耻를、씻고、또明나라壬辰恩惠를갑고자、홈이오이다

이셔明國도政治가紊亂ᄒᆞ야、나라가亾ᄒᆞᆫ故로慶業의堂堂ᄒᆞᆫ大義

로、펴지、못ᄒᆞ얏스니此는千古의遺恨이오이다

第十四課 林慶業二

慶業이義州府尹으로、잇슬셕에清帝가間諜을、보니여慶業의矢、一枝를盜竊ᄒᆞ야가니、이는、그謀畧을、낫타니고자、홈이오이다

慶業이清帝의所爲인줄、알고、곳伶俐ᄒᆞᆫ、사룸으로、ᄒᆞ야곰瀋陽에、가셔清帝의每日쓰는紅

帽子를取ᄒᆞ야다가、감츄엇ᄂᆞ이다
其後清帝가、살을보내거ᄂᆞᆯ慶業이紅帽子를、
그使者압헤、던져曰그ᄃᆡ人君의帽子를還送
ᄒᆞ다ᄒᆞ니使者가大驚ᄒᆞ얏ᄂᆞ이다
이에清帝가、더욱慶業을忌憚ᄒᆞ야丙子、入寇
時에도敢히慶業과交戰치、못ᄒᆞ고軍士를渭
原、碧潼으로、돌녀京師를直犯ᄒᆞ얏ᄂᆞ이다

第十五課 本朝歷代十二

孝宗은大同法을行ᄒᆞ시고金自點은清人의
勢를、밋고作亂코자、ᄒᆞ다가伏誅ᄒᆞ고 顯宗
은同姓의婚姻을禁ᄒᆞ시고 肅宗ᄯᅢ에ᄂᆞᆫ許
堅等이謀逆ᄒᆞ다가伏誅ᄒᆞ고
ᄯᅩ老少의黨이分ᄒᆞ미宋時烈을、올타ᄒᆞᄂᆞᆫ、사
ᄅᆞᆷ은老論이오尹拯을、올타ᄒᆞᄂᆞᆫ、사ᄅᆞᆷ은少論
이오이다
ᄯᅩ 肅宗ᄶᅦ서王后閔氏를廢ᄒᆞ시니吳斗寅

과朴(박)泰(태)輔(보)等(등)이諫(간)ᄒᆞ다가死(ᄉᆞ)ᄒᆞ얏고後(후)에上(샹)
이、셔다르사王(왕)后(후)를復(복)位(위)ᄒᆞ시고、또端(단)宗(종)을
追(추)崇(숭)ᄒᆞ시며北(북)漢(한)山(산)城(셩)을ᄊᆞ앗ᄂᆞ이다

第十六課 本朝歷代十三

景(경)宗(종)은病(병)患(환)이、계시거ᄂᆞᆯ金(김)昌(창)集(집)等(등)、四(ᄉᆞ)大(대)臣(신)이
英(영)祖(조)ᄭᅴ셔代(ᄃᆡ)理(리)ᄒᆞ시기를請(쳥)ᄒᆞ다가趙(죠)泰(태)耉(구)等(등)
四(ᄉᆞ)大(대)臣(신)과相(샹)爭(졍)ᄒᆞ야昌(창)集(집)等(등)이、다禍(화)를、입으니、
이ᄂᆞᆫ、이르되老(로)少(쇼)論(론)의辛(신)壬(임)義(의)理(리)오

英(영)祖(조)ᄯᅢ에ᄂᆞᆫ李(리)麟(린)佐(좌)가忠(츙)淸(쳥)道(도)에서叛(반)ᄒᆞ고鄭(졍)
希(희)亮(량)은慶(경)尙(샹)道(도)에서叛(반)ᄒᆞ거ᄂᆞᆯ大(대)將(쟝)吳(오)命(명)恒(항)이
平(평)定(뎡)ᄒᆞ고城(셩)內(ᄂᆡ)에開(ᄀᆡ)川(쳔)을、파고文(문)獻(헌)備(비)考(고)를、지
엇ᄂᆞ이다

第十七課 人類一

하날이、우리人(인)類(류)를、너실ᄯᅢ에尊(존)卑(비)와貴(귀)賤(쳔)이、
업시、다自(ᄌᆞ)由(유)權(권)을、쥬셧스니
이런고로尊(존)ᄒᆞ다고敢(감)히卑(비)ᄒᆞᆫ이를凌(능)蔑(멸)치、못

ᄒᆞ며貴ᄒᆞ다고敢히賤ᄒᆞᆫ이ᄅᆞᆯ壓制치、못ᄒᆞᄂᆞ니、이ᄂᆞᆫ、곳萬古以來古今에通ᄒᆞᆫ義오이다 萬一나의尊貴ᄒᆞᆷ을、밋고卑賤ᄒᆞᆫ이ᄅᆞᆯ虐待ᄒᆞ면人君은、그、나라ᄅᆞᆯ、일코卿大夫ᄂᆞᆫ、그、몸이危殆ᄒᆞᄂᆞ이다

그런고로燕山과光海ᄂᆞᆫ荒淫、無道ᄒᆞ다가大位ᄅᆞᆯ、일엇고金安老、柳子光、李爾瞻은專權、橫暴ᄒᆞ다가其身을亾ᄒᆞ얏ᄂᆞ이다

第十八課 人類二

사ᄅᆞᆷ이禽獸보다、다르다ᄒᆞᆷ은各各自己의責任을盡ᄒᆞ야、나라ᄅᆞᆯ、내집과、갓치用心ᄒᆞᆫ다ᄒᆞᆷ이니、내가비록尊貴치、못ᄒᆞ나、내나라ᄂᆞᆫ全혀、우리人民이、민든것이라

그러ᄒᆞᆫ즉國事가尊貴ᄒᆞᆫ、사ᄅᆞᆷ의게만、잇ᄂᆞᆫ것이、아니라、우리人民의게、잇스니、우리가各各心力을盡ᄒᆞ야、나라ᄅᆞᆯ保全ᄒᆞ옵시다

卽(즉)今(금)世(세)界(계)ᄂᆞᆫ 前(젼)日(일)과 特(특)異(이)ᄒᆞ야 我(아)의 行(ᄒᆡᆼ)爲(위)로 善(선)良(량)케、아니ᄒᆞ면 我(아)家(가)만 保(보)全(젼)치、못ᄒᆞᆯᄲᅮᆫ아니라 我(아)國(국)을 保(보)全(젼)치、못ᄒᆞᄂᆞ이다

今(금)者(자)世(세)界(계)各(각)國(국)의 興(흥)亡(망)ᄒᆞᆫ 事(ᄉᆞ)蹟(젹)을 見(견)ᄒᆞ면 英(영)、美(미)、德(덕)等(등)의 興(흥)ᄒᆞᆷ과 波(파)、埃(이)、越(월)의 亡(망)ᄒᆞᆷ이 全(젼)혀 人(인)民(민)의게、달니엿ᄂᆞ이다

第十九課 本朝歷代 十四

正(졍)祖(조)時(시)에ᄂᆞᆫ 僧(승)이 城(셩)에、드러오지、못ᄒᆞ게ᄒᆞ고 月(월)覲(근)門(문)을、세우시니、이ᄂᆞᆫ 景(경)慕(모)宮(궁)에 往(왕)謁(알)ᄒᆞ시기 便(편)코자、ᄒᆞ심이라 帝(뎨)王(왕)의 孝(효)誠(셩)이 古(고)今(금)에 第(뎨)一(일)이오 金(김)魯(로)鎭(진)으로、ᄒᆞ야금 大(대)典(젼)通(통)編(편)을 纂(찬)輯(즙)ᄒᆞ셧ᄂᆞ이다

支(지)那(나)北(북)京(경)에、가ᄂᆞᆫ 使(ᄉᆞ)臣(신)을、신칙ᄒᆞ야 西(셔)洋(양)사ᄅᆞᆷ의 敎(교)書(셔)를、사오지、못ᄒᆞ게ᄒᆞ시고 壯(쟝)勇(용)營(영)을 設(셜)置(치)ᄒᆞ고 紅(홍)蔘(삼)稅(세)를、뎡ᄒᆞ며

此(ᄎᆞ)時(시)에 相(샹)臣(신)은 鄭(뎡)弘(홍)淳(슌)과 金(김)熤(욱)과 趙(조)璥(경)과 蔡(채)濟(졔)

恭과金祖淳이오西洋의教가、비로소、왓ᄂᆞ이
다

第二十課 丁若鏞

丁若鏞은正祖時人이라百家諸子書를精
通ᄒᆞ고世上事理를貫徹ᄒᆞ야我東、五百年來
에第一經濟大家오이다
然ᄒᆞᄂᆞ時勢가不利ᄒᆞ야大才를展布치、못ᄒᆞ
고、쏘純祖時辛酉獄事의西教連坐로全羅

丁若鏞上海讀書圖

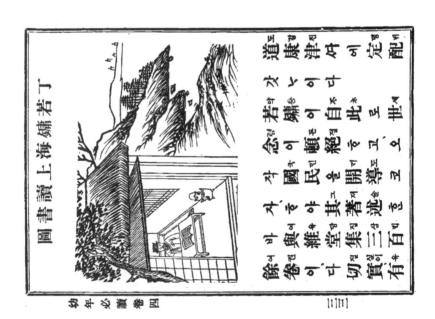

道康津에定配
갓ᄂᆞ이다
若鏞이自此로世
念이頓絶ᄒᆞ고、오
작國民을開導코
자、ᄒᆞ야其著述ᄒᆞᆫ
바與維堂集三百
餘卷이、다切實、有

用ᄒᆞᆫ大文字라、곳支那古事業家라도此ᄅᆞᆯ不
及ᄒᆞᄂᆞ이다
이런故로、비록邊邑絶地에在ᄒᆞ나四方學者
가來集ᄒᆞ야受業ᄒᆞᄂᆞᆫ者ㅣ數百人이오海上
茅屋에讀書聲이不撤ᄒᆞ얏ᄂᆞ이다
若鏞의著述이近來文明ᄒᆞᆫ學問家와大略同
ᄒᆞᆫ지라故로學者가、더욱尊崇ᄒᆞ야模範을、삼
ᄂᆞ이다

第二十一課 清國

清國은地方의大ᄒᆞᆷ과人民의多ᄒᆞᆷ이支那歷
代以來에第一이오이다
또其人君들이賢明ᄒᆞ야民生이樂業ᄒᆞ더니
近世에ᄂᆞᆫ女主가執政ᄒᆞ고頑固黨이用事ᄒᆞ
ᄂᆞᆫ故로各國의侮辱을受ᄒᆞ고國力이孱弱ᄒᆞ
오이다
然ᄒᆞ나清國은我의兄弟라向者甲午에도我

國의內亂을平定코자、ᄒᆞ야動兵ᄒᆞ다가日本의게敗ᄒᆞ고自後로一向振發치、못ᄒᆞ야禍亂이接踵ᄒᆞ얏ᄂᆞ이다
今에ᄂᆞᆫ淸國人士가世界大勢를深察ᄒᆞ야憂國ᄒᆞᄂᆞᆫ思想이有ᄒᆞ니此ᄂᆞᆫ東洋의大幸이오이다

第二十二課 露國

露國은貪慾이多ᄒᆞ야數百年來에隣近諸國을併呑ᄒᆞ야世界의擾亂이日起ᄒᆞᄂᆞ이다
我韓人은其橫暴를不知ᄒᆞᄂᆞᆫ故로或、同情을表코자、ᄒᆞᄂᆞᆫ者ㅣ有ᄒᆞ니此ᄂᆞᆫ愚迷ᄒᆞᆫ人이오이다
然이나我韓은東亞의樞要地라萬國이注目ᄒᆞᄂᆞ니、오작我의處事를正大光明케ᄒᆞ야他人의疑端을起치、말고我의自强力을養成ᄒᆞᆯ것이오이다

萬一、舊日思想을祛치、아니ᄒᆞ면國權을恢復
지、못ᄒᆞᆯᄲᅮᆫ、아니라禍亂이、또生ᄒᆞ리이다

第二十三課 日本

韓、日兩國은唇齒의勢라故로日本이淸、露兩
國과大戰爭이起ᄒᆞ얏스니我韓國民된者ㅣ、
엇지其苦心을不知ᄒᆞ오릿가
然ᄒᆞ나日本이露國과戰爭ᄒᆞᆫ後에外交가一
變ᄒᆞ얏스니至今形勢로言ᄒᆞ면我韓이危ᄒᆞᆯ

진ᄃᆡ淸國도不安ᄒᆞ고日本은孤立이、될지라、
엇지可懼치、아니、ᄒᆞ오릿가
然ᄒᆞᆫ즉我國人은鄰邦을和睦ᄒᆞ고我의誠心
을曲盡ᄒᆞ야其人이感動케、ᄒᆞ면交誼가益密
ᄒᆞ고東洋平和가永遠ᄒᆞ리니、우리國民의負
擔이如此히重大ᄒᆞ오이다

第二十四課 美國

美國은建國ᄒᆞᆫ지不過一百三十年이라然ᄒᆞ

나其國의興盛홈이世界에一等國이되얏ᄂᆞ
이다
今에美國에留寓ᄒᆞᆫ우리同胞諸君이學問을
勉勵ᄒᆞ야祖國의興復되기ᄅᆞᆯ日望ᄒᆞᄂᆞ니
况우리本國에在ᄒᆞᆫ兄弟姊妹야此心이、더욱
懇切치、아니ᄒᆞ오릿가
우리同胞諸君아妄想으로他人을怨尤치、말
고、우리學問을益勉ᄒᆞ야他國人과、갓치開明

에日進ᄒᆞ면國權이自然恢復ᄒᆞ리이다

第二十五課 獨立歌一

獨立ᄒᆞ세　　우리、나라
獨立ᄒᆞ세　　獨立ᄒᆞ세
우리靑春少年들아　　슬푸고忿ᄒᆞ다
우리나라獨立ᄒᆞ세　　우리大韓나라
어이ᄒᆞ야、이더경　　슬푸고忿ᄒᆞ다
奴隸自取이더경　　우리大韓나라

어이ᄒᆞ야、이다경 슬프고忿ᄒᆞ다
卑屈自甘이다경 우리大韓나라
어이ᄒᆞ야、이다경 슬프고忿ᄒᆞ다
淸、俄밋다、이다경 우리大韓나라
어이ᄒᆞ야、이다경 슬프고忿ᄒᆞ다
世事全昧이다경 우리大韓나라

第二十六課 獨立歌 二

獨立ᄒᆞ세 우리、나라

獨立ᄒᆞ세 獨立ᄒᆞ세
슬프고忿ᄒᆞ다 어이ᄒᆞ야、이다경
우리大韓나라 君臣相忘이다경
슬프고忿ᄒᆞ다 어이ᄒᆞ야、이다경
우리大韓나라 虐政ᄒᆞ다가、이다경
슬프고忿ᄒᆞ다 어이ᄒᆞ야、이다경
우리大韓나라 依附ᄒᆞ다가、이다경
슬프고忿ᄒᆞ다 우리大韓나라

어이ᄒᆞ야、이디경
사ᄅᆞᆷ、업셔셔、어디경
어이ᄒᆞ야、어디경
愚蠢(우준)ᄒᆞ야셔、이디경

슬푸고忿(분)ᄒᆞ다
우리大韓(대한)나라

第二十七課 獨立歌 三

獨立(독립)ᄒᆞ세
獨立(독립)ᄒᆞ세
우리青春少年(청춘소년)

우리、나라
獨立(독립)ᄒᆞ세
依賴(의뢰)도、고만、두고

어셔獨立(독립)ᄒᆞ세
官爵(관작)도、고만、두고
私計(ᄉᆞ계)도、고만、ᄒᆞ게
이人民(인민)우리人民(인민)
남의人民(인민)아닐세
堂堂(당당)獨立(독립)우리大韓(대한)
世界(세계)一等(일등)되야보세
우리青春少年(청춘소년)

自立(ᄌᆞ립)ᄒᆞ야、보세
이나라、우리、나라
남의、나라、아닐세
이江山(강산)우리江山(강산)
남의江山(강산)아닐세
우리青春少年(청춘소년)
어셔獨立(독립)ᄒᆞ세
어셔獨立(독립)ᄒᆞ세

獨(독)立(립)이로다
獨(독)立(립)이로다
우리大(대)韓(한)을
獨(독)立(립)이로다

第二十八課　本朝歷代 十五

純(순)祖(죠)ᄯᆡ에ᄂᆞᆫ奴(노)婢(비)文(문)書(셔)를、사르고西(셔)洋(양)教(교)를禁(금)ᄒᆞ고貪(탐)ᄒᆞᄂᆞᆫ官(관)吏(리)를罪(죄)주고九(구)十(십)六(륙)年(년)前(젼)辛(신)未(미)에平(평)安(안)道(도)의洪(홍)景(경)來(ᄅᆡ)가叛(반)ᄒᆞ야嘉(가)山(산)고을、을破(파)ᄒᆞ니、이ᄂᆞᆫ政(졍)府(부)에셔門(문)閥(벌)을崇(숭)尙(샹)ᄒᆞ야人(인)材(ᄌᆡ)를、쓰지아니、ᄒᆞᄂᆞᆫ緣(연)故(고)라

李(리)堯(요)憲(헌)과柳(류)孝(효)源(원)이定(뎡)州(쥬)에셔景(경)來(ᄅᆡ)를、버혀、그란리를平(평)定(뎡)ᄒᆞ고憲(헌)宗(종)ᄯᆡ에ᄂᆞᆫ土(토)豪(호)가百(ᄇᆡㄱ)姓(셩)을、압제ᄒᆞᆷ을禁(금)ᄒᆞ고官(관)吏(리)의逋(포)欠(흠)에族(족)徵(징)ᄒᆞᄂᆞᆫ일을禁(금)ᄒᆞ고 哲(쳘)宗(종)ᄯᆡ에ᄂᆞᆫ都(도)賈(고)와賂(뢰)物(물)을禁(금)ᄒᆞ고相(샹)臣(신)은金(김)興(흥)根(근)과金(김)左(좌)根(근)과趙(조)斗(두)淳(순)等(등)이오詩(시)書(셔)畵(화)ᄂᆞᆫ金(김)正(졍)喜(희)와申(신)緯(위)와田(뎐)琦(긔)와姜(강)瑋(위)오이다

第二十九課　本朝歷代 十六

今上 大皇帝陛下께서ᄂᆞᆫ登極ᄒᆞᆫ후에景福
宮을、다시、세우시고法國비와美國비로、물니
치고
當百錢과當五錢과銀錢과白銅錢을用ᄒᆞ며
年少ᄒᆞᆫ臣下等을日本에、보니여遊覽케、ᄒᆞ얏
고
壬午에ᄂᆞᆫ軍變이、잇셔大臣等을、죽이고甲申
에ᄂᆞᆫ金玉均等이開化派로守舊大官여셧사

롬을害ᄒᆞ더니淸將袁世凱의게、쪽긴비、되야
日本으로逃亾ᄒᆞ고
俄羅斯와美國과英國과德國과法國과奧國
과義國과和親ᄒᆞ얏ᄂᆞ이다

第三十課 本朝歷代十七

癸巳에ᄂᆞᆫ東學이官吏의暴虐을堪耐치、못ᄒᆞ
야忠淸道에、모히니四面에셔應ᄒᆞᄂᆞᆫ者가多ᄒᆞ
ᆫ지라魚允中으로宣喩使를拜ᄒᆞ야解散ᄒᆞ

얏더니次年甲午에全羅道全琫準이作亂ᄒᆞ
얏ᄂᆞ이다
이에洪啓勳으로、ᄒᆞ야곰招討ᄒᆞ고、또清國에
請兵ᄒᆞ니清將葉志超等이牙山에、이르고日
使大鳥圭介ᄂᆞᆫ京城에入ᄒᆞ더니、이윽고清國
과日本兩國이、우리나라獨立ᄒᆞᄂᆞᆫ일로爭辨
ᄒᆞ다가畢竟兩國이、크게ᄊᆞ와甲午戰爭이、잇
섯ᄂᆞ이다

上이獨立ᄒᆞᆷ과政事고칠일로 太廟에告ᄒᆞ
고年號ᄅᆞᆯ建ᄒᆞ야曰、建陽이라、ᄒᆞ얏ᄂᆞ이다

第三十一課 本朝歷代十八

乙未에ᄂᆞᆫ 皇帝ᄶᅦ서明成皇后의事變을、지
너고暫時俄館에播遷ᄒᆞ다가、다시慶運宮으
로移御ᄒᆞ시고丁酉九月에ᄂᆞᆫ大皇帝位에、오
ᄅᆞ사國號ᄅᆞᆯ、곳쳐갈오되大韓이라、ᄒᆞ고年號
ᄅᆞᆯ改ᄒᆞ야曰、光武라ᄒᆞ고

甲辰冬에ᄂᆞᆫ日、俄兩國이開戰ᄒᆞ야日本이俄羅斯를익엿스나乙巳冬에ᄂᆞᆫ新條約으로閔泳煥과趙秉世等이國事를悲憤ᄒᆞ야自殺ᄒᆞ얏ᄂᆞ이다

第三十二課

猶太와波蘭國民

嗚呼라、슬프도다猶太와波蘭의亾國ᄒᆞᆫ慘狀이여目으로忍見치、못ᄒᆞ겟고耳로忍聞치、못ᄒᆞ겟ᄂᆞ이다

猶太人圖

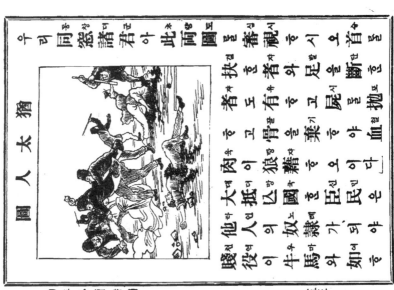

우리同窓諸君아此兩圖를審視ᄒᆞ시오首를抉ᄒᆞᆫ者와足을斷ᄒᆞᆫ者도有ᄒᆞ고屍를抛ᄒᆞ고骨을棄ᄒᆞ야血肉이狼藉ᄒᆞ오이다」大抵亾國ᄒᆞᆫ臣民은他人의奴隷가、되야賤役이牛馬와如ᄒᆞ

波蘭人圖

고鞭(편)ᄒᆞ고撻(달)ᄒᆞ며生(성)ᄒᆞ
고殺(살)ᄒᆞᄂᆞᆫ지라
自(조)己(긔)의田(뎐)産(산)家(가)宅(퇵)은他(타)
人(인)이佔(뎜)奪(탈)ᄒᆞ고自(조)己(긔)의
父(부)母(모)妻(쳐)子(조)ᄂᆞᆫ四(ᄉᆞ)方(방)에流(류)
離(리)死(ᄉᆞ)亡(망)ᄒᆞᄂᆞ니願(원)ᄒᆞᄂᆞᆫ
바、우리同(동)胞(포)ᄂᆞᆫ同(동)心(심)、協(협)
力(력)ᄒᆞ야國(국)家(가)ᄅᆞᆯ保(보)守(슈)ᄒᆞ

越王句踐臥薪嘗膽圖

옵시다

第三十三課 臥薪嘗膽

므릇大(대)事(ᄉᆞ)ᄅᆞᆯ圖(도)ᄒᆞᄂᆞᆫ
者(쟈)ᄂᆞᆫ忍(인)耐(내)力(력)이有(유)ᄒᆞ
여야實(실)効(효)ᄅᆞᆯ成(셩)ᄒᆞᄂᆞ
이다
支(지)那(나)春(츈)秋(추)時(시)에越(월)王(왕)

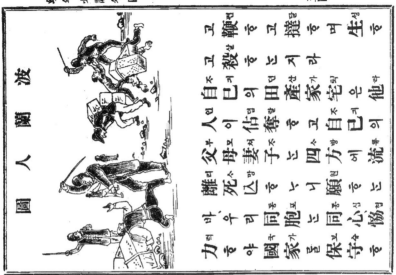

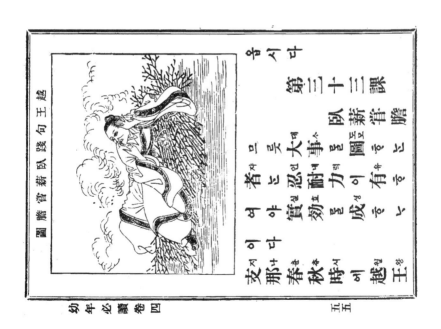

句踐(구천)이 吳(오)의게 大敗(대패)ᄒᆞ고 雪恥(설치)코자、ᄒᆞ야 薪(신)에 臥(와)ᄒᆞ고 膽(담)을 嘗(상)ᄒᆞ야 晝夜(주야)로 國事(국사)에 盡力(진력)ᄒᆞ얏스니

自古(자고)로 大勛(대훈)鴻業(홍업)을 成(성)ᄒᆞᄂᆞᆫ 者(자)ᄂᆞᆫ 輕擧(경거)妄動(망동)치、아니ᄒᆞ고、오작 忍(인)ᄒᆞ고 耐(내)ᄒᆞ야 我(아)의 實力(실력)을 養(양)成(성)ᄒᆞᄂᆞ이다.

幼年必讀卷四 終

光武十一年五月五日　一帙二冊(四卷合編)

定價金新貨八十錢

不許複製

編輯兼發行者　北署桂洞　玄采

印刷所　北署觀峴　徽文館

發賣所
皇城中署罷朝橋越邊中央書館朱翰榮
皇城南署大廣橋書肆高裕相
皇城中署承洞耶穌敎書肆鄭允洙
皇城中署壽進洞下隅書肆金孝演
皇城南署倚洞耶穌敎書肆
皇城南署銅峴古今書海館金寘珪
平安北道宣川邑川邊中央書館支店新民書會安濬
皇城中署鍾路大東書市金基鉉
皇城中署布屛下廣學書舖金相萬
皇城中署大寺洞書肆李興均
皇城西署松橋廣華書館崔昌漢
平安南道平壤貫洞耶穌敎書院鄭益魯

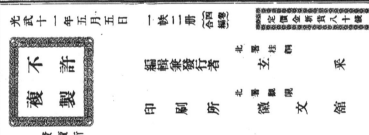

此外又有釋義敎師用二冊定價金一圜三十錢 四百八十四頁

◉ 廣告

栽桑全書	定價 四十五錢	郵稅 四錢
美國獨立史	四十錢	二錢
波蘭末年戰史	四十錢	二錢
普法戰記	四十錢	二錢
漢文 增修無冤錄	四十錢	二錢
漢文 東國名將傳	四十五錢	四錢
筭術新書 上下	八十錢	九錢
交際新禮	十五錢	二錢
西禮須知	十五錢	二錢
大韓地誌 附地圖 一冊	七十五錢	四錢
刑法大全	定價 六十錢	郵稅 四錢
國文 泰西物情	十五錢	二錢
東國史略 附 四冊二卷合	一圓五十錢	十錢
法蘭西新史	四十五錢	二錢
羅馬史 附意大利史	四十錢	四錢
幼年必讀 附 四編上下合	八十錢	四錢
同釋義敎師用 上下	一圓三十錢	八錢
越南亾國史	二十五錢	二錢
漢文 欽欽新書 四冊	一圓八十錢	
漢文 大韓地誌 附上下一冊合	四十錢	四錢

유년필독석의

(幼年必讀釋義)

上 · 下

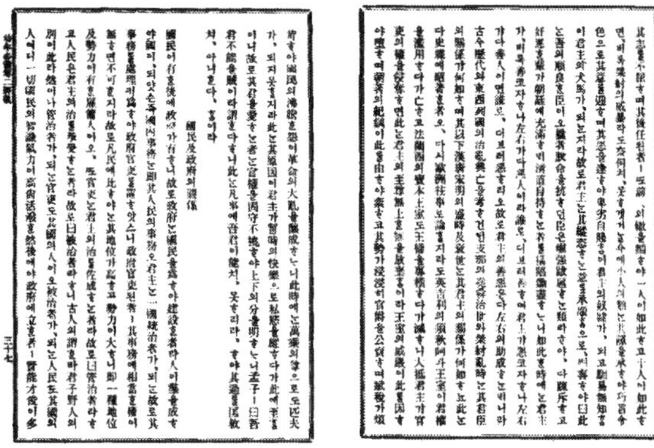

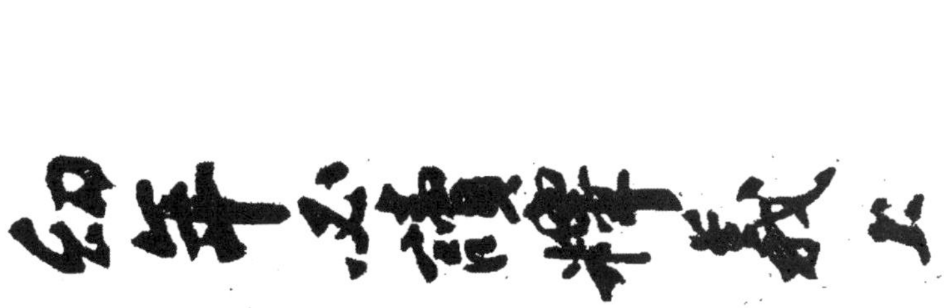

夫幼而學之欲壯而行之者也廼我國則爲父師者輒以千
字童蒙先習教授其子弟又進而及於通鑑史略等蓋此諸
書盡是放棄天賦之自由養成奴隷之性質者也由此而風
教政令以至歌謠俳說語言文字專以外國爲主尊事他人
鄙視自國馴致今日之敗亡切究其源委豈非教科之失其
道耶不佞學陋識淺不敢自異於衆而顧今世界大通万里
戶庭若無以變通之則人心日益腐敗欲作波蘭越南之遺
民而亦不可得矣玆將我韓古史地志及世界事情撮爲若
干篇但文字淵略無以悉其梗槪故又編成釋義四卷以資
教授之用嗚呼此書出而豈有補於時但所願者塾師兒輩

幼年必讀釋義目錄

因此而發愛國心至於自主自立則不侫之榮幸固何如哉
是爲之志
光武十一年五月五日
漢水玄采自序于桂山書屋

幼年必讀卷一釋義教師用目錄

幼年必讀卷二釋義教師用目錄

幼年必讀卷二釋義教師用目錄

幼年必讀釋義教師用目錄 終

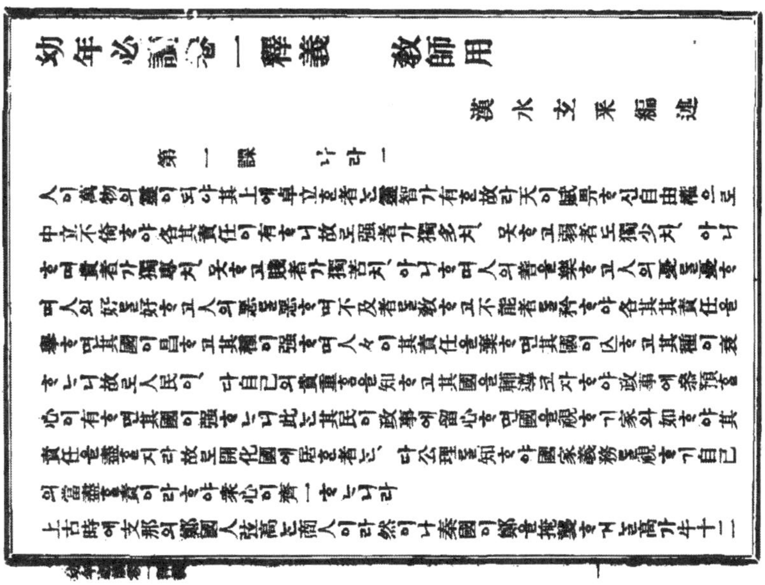
幼年必讀卷一釋義 教師用

漢水玄采編述

第一課 나라一

人이萬物의靈이되야其上에卓立ᄒᆞᆫ者ᄂᆞᆫ靈智가有ᄒᆞᆫ故라天이賦畀ᄒᆞ샤自由權으로中立不倚ᄒᆞ야各其責任이有ᄒᆞ니故로强者가獨多치 못ᄒᆞ고弱者도獨少치 아니ᄒᆞ며貴者가獨尊치 못ᄒᆞ고賤者가獨苦치 아니ᄒᆞ며人의善을樂ᄒᆞ고人의憂ᄅᆞᆯ憂ᄒᆞ며人의好ᄅᆞᆯ好ᄒᆞ고人의惡ᄅᆞᆯ惡ᄒᆞ며不及者ᄅᆞᆯ敎ᄒᆞ고不能者ᄅᆞᆯ矜ᄒᆞ야各其其責任을擧ᄒᆞ면其國이昌ᄒᆞ고其種이强ᄒᆞ며人々이其責任을棄ᄒᆞ면其國이亾ᄒᆞ고其種이衰ᄒᆞᄂᆞ니故로人民이 다自己의責重ᄒᆞᆷ을知ᄒᆞ고其國을輔導코자ᄒᆞ야政事에參預ᄒᆞᆯ心이有ᄒᆞ면其國이强ᄒᆞᄂᆞ니此ᄂᆞᆫ其民이政事에留心ᄒᆞ며國을視ᄒᆞ기家와如ᄒᆞ야其責任을盡ᄒᆞᆷ이라故로開化國에居ᄒᆞᆫ者ᄂᆞᆫ 다公理ᄅᆞᆯ知ᄒᆞ야國家義務ᄅᆞᆯ視ᄒᆞ기自己의當盡ᄒᆞᆯ責이라ᄒᆞ야衆心이齊一ᄒᆞᄂᆞ니라

上古時에支那의鄭國人弦高ᄂᆞᆫ商人이라然이나秦國이鄭을掩襲ᄒᆞ거ᄂᆞᆯ高가牛十二

幼年必讀卷一釋義

頭로써秦師를犒饋ᄒᆞ고其謀를本國에告ᄒᆞ야秦을防備케ᄒᆞ고歐洲의法國은距今四百年前에牧羊ᄒᆞᄂᆞᆫ田舍若安의一身으로强敵을擊退ᄒᆞ야法國으로ᄒᆞ야곰外國의羈絆을脫ᄒᆞ고普國工匠得賞賜ᄂᆞᆫ新鎗을造ᄒᆞ야距今三十七年前庚午光武紀元前丙午에法國의舊日大讐를報復ᄒᆞ얏스니視然ᄒᆞᆫ則國의盛衰와存亡이一個人民의게도在ᄒᆞᆷ을可知ᄒᆞ리로다

然이나土耳其ᄂᆞᆫ國民이慵惰苟安ᄒᆞ야弱ᄒᆞ고波蘭은國人이自私自利ᄒᆞ야亡ᄒᆞ고埃及은聲明文物이萬國의先이라然이나距今二十五年前에ᄂᆞᆫ外人千餘名을雇用ᄒᆞ다가國權을並失ᄒᆞ고列强의侮辱을受ᄒᆞ야其地ᄂᆞᆫ藩邦이되고其族은奴隸가되얏스니他人의鷄鳴을仰ᄒᆞᄂᆞᆫ者ㅣ此을鑒戒ᄒᆞᆯ거시니라

文明國은擧國에一人도責任이無ᄒᆞᆫ者가無ᄒᆞ니歐美列强은비록市井賈豎와挾冊童子라도人々이다政治의思想이有ᄒᆞ야强코자ᄒᆞ면雇兵을不用ᄒᆞ고人材ᄂᆞᆫ他國에不借ᄒᆞ며職守를日勤ᄒᆞ야其主權을不失ᄒᆞ고或其責任을失ᄒᆞ면其身을忘ᄒᆞ고家를捨ᄒᆞ야萬番死ᄒᆞ야도其難을不避ᄒᆞᄂᆞ니라

大抵國이라ᄒᆞᆷ은民을積ᄒᆞ야成ᄒᆞᆫ者니譬컨ᄃᆡ人의身이五官과百骸가合ᄒᆞ야成ᄒᆞᆷ과如ᄒᆞᆫ지라呼吸으로써肺의게資ᄒᆞ고飮食으로써胃의게資ᄒᆞ야各其其職을盡ᄒᆞ면膚革이充盈ᄒᆞ야人道가備ᄒᆞᆯ거시오萬一失職ᄒᆞᆫ者ㅣ有ᄒᆞ면人身이不立ᄒᆞᄂᆞ니國도亦然ᄒᆞ니國을强코자ᄒᆞᆯ진ᄃᆡ全國人이各其責任을盡ᄒᆞ고各其心力을合ᄒᆞ여야成ᄒᆞᄂᆞ니라

第二課 나라 二

距今千九百四十五年前光武紀元前一千九百年丙午에高句麗始祖高朱蒙이亂을避ᄒᆞ야卒本扶餘成川安邊平壤十濟에至ᄒᆞ야其王의女婿가되얏더니王이死ᄒᆞ고無子ᄒᆞᆫ지라朱蒙이嗣立ᄒᆞ야國號를高句麗라ᄒᆞ고二子를收養ᄒᆞ니長은曰沸流오次ᄂᆞᆫ曰溫祚라

先是에朱蒙이扶餘에서禮氏를娶ᄒᆞ야有娠ᄒᆞ다가朱蒙이去ᄒᆞᆫ後에類利를生ᄒᆞ니類利가長成ᄒᆞᆫ後朱蒙을來見ᄒᆞ거ᄂᆞᆯ朱蒙이嗣子를삼ᄂᆞᆫ지라

이에沸流와溫祚二人이類利가嗣子됨을見ᄒᆞ고殺害ᄒᆞᆯ가恐ᄒᆞ야其臣烏干과馬黎等十人으로더브러南行ᄒᆞ야河南慰禮城廣州南漢山에至ᄒᆞ야建都ᄒᆞ니其時에從者가烏干等十人뿐이라故로國號를十濟라ᄒᆞ고後에百人이來歸ᄒᆞᆫ故로百濟라ᄒᆞ니距今一千九百二十四年前이라

時에沸流ᄂᆞᆫ別로히仁川으로往ᄒᆞᆫ故로溫祚가獨히十臣과建國ᄒᆞ니라

第 三 課　　우리大韓나라

我大韓은亞細亞洲東部에在ᄒᆞ니支那(中國)北部로、브터日本海와黃海와渤海間에突出ᄒᆞᆫ半島國이라(半島國이라ᄒᆞᆷ은三面이、다海水오一面만連陸ᄒᆞᆫ國이라)東은朝鮮海에界ᄒᆞ고西ᄂᆞᆫ黃海에濱ᄒᆞ고南은日本海와黃海에臨ᄒᆞ며東南은朝鮮海峽(海峽은海形이狹小ᄒᆞᆫ處라)을隔ᄒᆞ야日本對馬島와相對ᄒᆞ고北은支那와吉林、盛京兩省과接ᄒᆞ고北東一隅ᄂᆞᆫ露領(露國은即俄羅斯오露領이라ᄒᆞᆷ은露國領地라、ᄒᆞᆷ이라)烏蘇里로接ᄒᆞ고面積은八萬二千方英哩(英十里ᄂᆞᆫ我三十三里라)오長은北東브터西南에至ᄒᆞ기三千六百里오廣은千餘里、或六七百里오

白頭山은一名은長白山이니咸鏡道北境에在ᄒᆞ야一國諸山의祖宗이되니我國八道의各山이다其支派오高ᄂᆞᆫ八千九百餘尺이오我國과淸國吉林省에聳立ᄒᆞᆫ第一高山이라山項에ᄂᆞᆫ四時에白雪이常有ᄒᆞᆫ故로白頭山과長白山의名이有ᄒᆞ고山上에大池가有ᄒᆞ니周圍가八十里오　肅宗三十八年壬辰、距今一百九十五年前(光武十年計、下倣此)에定界使朴權과金慶門으로、ᄒᆞ야곰淸國使臣穆克登으로、더브러白頭山에登ᄒᆞ야兩國地界를定ᄒᆞᆯ시分水嶺으로ᄡᅥ定界ᄒᆞ니라

第 四 課　五 課　六 課　　平壤一二三

平壤은四千二百三十九年前에檀君이此地에셔定都ᄒᆞ시니、곳我國에首出ᄒᆞᆫ都城이오

箕子ᄂᆞᆫ殷王紂의叔父로殷이亡ᄒᆞ거ᄂᆞᆯ避ᄒᆞ야我平壤에來ᄒᆞ야八條敎를定ᄒᆞ고其後四十一代孫準의게至ᄒᆞ야燕人衛滿의게被逐ᄒᆞ고

高句麗ᄂᆞᆫ其强時에精兵이百萬이라支那의燕趙齊魯를征伐ᄒᆞ니라(見崔孤雲致遠集中)

第十一課　十二課　　金剛山一二

金剛山은江原道淮陽郡東一百六十里에在ᄒᆞ야其名이四니曰蓬萊(春)金剛(夏)楓嶽(秋)皆骨(冬)이오白頭山의南條라會寧의亏羅漢峴으로브터甲山東에至ᄒᆞ야頭里山이、되고劍山과分水嶺、鐵嶺、楸池嶺을經ᄒᆞ고淮陽東과高城西에至ᄒᆞ야金剛山이、되니分水嶺브터至此ᄒᆞ기八百三十餘里오一萬二千峰에巖巒이骨立ᄒᆞ야東은滄海에臨ᄒᆞ고杉檜가參天ᄒᆞ니望ᄒᆞ면畵圖와如ᄒᆞ고日出과月出二峰이有ᄒᆞ니可히日月의出入을見ᄒᆞ며山內外에寺刹이一百八이오其中長安、表訓、正陽、楡岾、摩訶衍、普德窟이、가장名刹이오楡岾寺에ᄂᆞᆫ金佛五十三이西域으로브터來ᄒᆞ얏다、

ᄒᆞ고巖峰이屹立에、다千萬仞이오深崖와絕壑에杉檜가孤懸ᄒᆞ고至於大刹은殿閣
이穹窿에金碧이輝煌ᄒᆞ야人目을眩奪ᄒᆞ고降香使者가絡繹不絕ᄒᆞ며山의形勝이天
下에冠絕ᄒᆞ야世界人이、다一觀키로願ᄒᆞ고明太祖ᄂᆞᆫ我國使臣權近을見ᄒᆞ고金剛
山詩ᄅᆞᆯ賦聞ᄒᆞ며此山中에金剛臺ᄂᆞᆫ表訓寺北에在ᄒᆞ니石壁이千仞이라人이攀援치
못ᄒᆞ게고一黑鳥가其上에巢居ᄒᆞ니寺僧이玄鶴이라稱ᄒᆞ며萬瀑洞은百道流泉이谷
中으로湧出ᄒᆞ야其狀이不一ᄒᆞ고谷口에峯이有ᄒᆞ니曰五人峯이라靑鶴이其巓에棲
ᄒᆞ얏다、ᄒᆞ며一湖이有ᄒᆞ니曰觀音潭이오潭畔에石岸이潔淸ᄒᆞ야人이藤蔓을挽ᄒᆞᆫ
後、得過ᄒᆞ니其名은曰手巾岸이오石心이凹ᄒᆞ기臼와如ᄒᆞ니譜傳에觀音佛이浣帨ᄒᆞᆫ
ᄃᆞᆫ處라ᄒᆞ고普德窟前에至ᄒᆞ야ᄂᆞᆫ飛湍이石을繞ᄒᆞ야氷綃ᄒᆞ며飛雪이噴激ᄒᆞ야晴晝
가洊冥ᄒᆞ며石底에ᄂᆞᆫ水色이翠藍과如ᄒᆞ고、또數步에怒瀑이斷岡에서飛下ᄒᆞ야小
者ᄂᆞᆫ噴珠오大者ᄂᆞᆫ散眉과如ᄒᆞ고雜下ᄒᆞ기無數ᄒᆞᆫ者ᄂᆞᆫ珠淵이오、또石形이龜伏ᄒᆞᆷ
과如ᄒᆞᆫ潭中에在ᄒᆞ니曰龜潭이오、또一潭이有ᄒᆞ야深ᄒᆞ기不可測이니曰大龍潭이
오其上에峯이有ᄒᆞ니曰獅子峯이오
毗盧峯은金剛山의主峯이니巖紋이有ᄒᆞ고、또嵐霧가斑凝ᄒᆞ기鬱色과如ᄒᆞ고此山

이全혀巖石뿐이라故로山名을皆骨이라云ᄒᆞ니라

第十三課 十四課 十五課 乙支文德一二三

洪良浩名將傳에曰高麗大臣乙支文德은平壤人이라麗末隋의邊境을征伐ᄒᆞ얏더니
距今一千二百九十五年前에隋帝楊廣이兵士一百十三萬三千八百人을發ᄒᆞ야號曰
二百萬이오糧餉과軍械ᄅᆞᆯ輸運ᄒᆞᄂᆞᆫ者ㅣ또百餘萬이라九道로分ᄒᆞ야來寇ᄒᆞ니旌旗
가九百六十里에連亘ᄒᆞ고、또左翊衛大將來護兒ᄂᆞᆫ江淮의水軍을率ᄒᆞ고浮海ᄒᆞ야
水陸幷進ᄒᆞ고工部尙書宇文愷와少府監何稠等은遼東에서浮橋ᄅᆞᆯ造ᄒᆞ야遼東城을
進圍ᄒᆞ고大將軍宇文述은扶餘道에出ᄒᆞ고右翊衛大將軍于仲文은樂浪道로出ᄒᆞ야
諸軍이鴨綠江西에會ᄒᆞᆯ시述等의兵이瀘河、懷遠二鎭으로브터其人馬의게各各百
日糧을給予ᄒᆞ고、또排甲、鎗矟、衣資、戎具、火幕等을給ᄒᆞ니每人의負擔ᄒᆞᄂᆞᆫ
重兩이三百餘斤이라人이能히擧치、못ᄒᆞ거ᄂᆞᆯ述이、오히려下令曰遺棄者ᄂᆞᆫ斬ᄒᆞ
리라ᄒᆞ니士卒이다幕下에서坑塹을掘ᄒᆞ야粟米ᄅᆞᆯ埋ᄒᆞ니故로中路에至ᄒᆞ야糧餉이
盡ᄒᆞ거ᄂᆞᆯ文德이隋營에詣ᄒᆞ야虛實을探ᄒᆞ니時에隋將于仲文은隋帝의密旨ᄅᆞᆯ奉
ᄒᆞ야高句麗의來者ᄅᆞᆯ擒코자ᄒᆞᄂᆞᆫ지라文德이甘言으로誘說ᄒᆞ고還ᄒᆞ더니旣而오仲

文이後悔ᄒᆞ야文德을招ᄒᆞ거ᄂᆞᆯ文德이不聽ᄒᆞ고鴨水를渡ᄒᆞ니仲文이述等으로더브
러文德을失ᄒᆞ고大懼ᄒᆞ야、곳精銳로遣ᄒᆞ야文德을追ᄒᆞ거ᄂᆞᆯ文德이隋軍의飢色이
有ᄒᆞᆷ을見ᄒᆞ고疲獘코자ᄒᆞ야每戰輒走ᄒᆞ야一日間에七戰皆敗ᄒᆞ니述等이驟勝ᄒᆞᆷ을
恃ᄒᆞ고東으로薩水(江洲淸川)를濟ᄒᆞ니平壤과相距가三十里라文德이仲文의게一詩를
遣ᄒᆞ야曰神策은究天文이오妙筭은窮地理라戰勝功旣高ᄒᆞ니知足願云止어다ᄒᆞ니
(我韓五言詩가始文學) 仲文이答書로喩降ᄒᆞ거ᄂᆞᆯ文德이또遣使ᄒᆞ야詐降ᄒᆞᆫᄃᆡ仲文及述等이其兵
이疲獘ᄒᆞ야復戰키難ᄒᆞ고、또平壤이險固ᄒᆞ야猝拔치、못ᄒᆞᆯ지라、곳班師ᄒᆞ야方
陣으로行ᄒᆞ거ᄂᆞᆯ文德이出兵ᄒᆞ야四面鈔擊ᄒᆞ야且戰且行ᄒᆞ더니가薩水에至ᄒᆞ야ᄂᆞᆫ隋
軍의半渡ᄅᆞᆯ乘ᄒᆞ야尾擊ᄒᆞ니其後軍衛將軍辛世雄은戰死ᄒᆞ고諸軍이皆潰ᄒᆞ야隋의
將士ㅣ奔還ᄒᆞᆯ새一日一夜에鴨水에至ᄒᆞ니凡四百五十里오來護兒도또ᄒᆞᆫ麗兵의게
敗績ᄒᆞ야大敗ᄒᆞ더라初에隋軍이到遼ᄒᆞᆫ者ㅣ一百萬五千이러니至是ᄒᆞ야ᄂᆞᆫ生存이
僅히二千七百人이오資糧器械의蕩失이巨萬으로計ᄒᆞᆯ지라隋帝가大怒ᄒᆞ야述等을
鎖繫引還ᄒᆞ더니畢竟隋國이此役을因ᄒᆞ야國力이疲獘ᄒᆞ고羣雄이蜂起ᄒᆞ더니隋帝
ᄂᆞᆫ被弑ᄒᆞ고國이亾ᄒᆞ니라

大抵高句麗ᄂᆞᆫ褊小ᄒᆞᆫ國이라然이나强大ᄒᆞᆫ隋國을征伐ᄒᆞ더니가畢竟大兵이臨境ᄒᆞ얏
ᄉᆞ니其危殆ᄒᆞᆷ이累卵과如ᄒᆞ거ᄂᆞᆯ公이挺身獨行ᄒᆞ야敵陣에往來ᄒᆞ기無人境과如ᄒᆞ
니其隋軍을視ᄒᆞᆷ이、곳小兒와同ᄒᆞ고、또七戰七走ᄒᆞ되敵으로ᄒᆞ야곰我의計策을
不知케ᄒᆞ니其謀略이또何如ᄒᆞ뇨大抵隋國의于仲文、宇文述、來護兒等은다百戰
將士라隋文帝ᄅᆞᆯ從ᄒᆞ야天下ᄅᆞᆯ平定ᄒᆞ얏ᄉᆞ니其勇猛과威勢가古今을睥睨ᄒᆞ겟거ᄂᆞᆯ
公이談笑雍容에一卒을不傷ᄒᆞ고數百萬戰士ᄅᆞᆯ一時陷歿ᄒᆞ야噍類가無케ᄒᆞ니可謂
神人이라世界에其儔가、엇지有ᄒᆞ리오

第十六課　十七課　楊萬春一二

一千二百六十二年前에唐太宗李世民이遼東城을拔ᄒᆞ고安市城에至ᄒᆞ거ᄂᆞᆯ城中이
堅守ᄒᆞ고降服지、아니ᄒᆞᆫᄃᆡ唐將李道宗이衆軍으로、더브러土山을築ᄒᆞ야其城을
逼ᄒᆞᄂᆞᆫ지라城中人이、또ᄒᆞᆫ其城을高築ᄒᆞ야拒禦ᄒᆞ니라

旣而오世民이城의不下ᄒᆞᆷ을忿恨ᄒᆞ야親히土ᄅᆞᆯ背에負ᄒᆞ야城濠ᄅᆞᆯ塡ᄒᆞ고遼東의歸
去ᄒᆞᆯ橋梁을斷ᄒᆞ야必死코자、ᄒᆞ더니가戰ᄒᆞᆫ지六旬에城이不下ᄒᆞ고、또世民이流矢
ᄅᆞᆯ中ᄒᆞ야一目이盲ᄒᆞᆫ지라이에罷戰ᄒᆞ고歸ᄒᆞ야魏徵의諫言을追思ᄒᆞ니此로觀ᄒᆞ면

兵家勝負가衆寡에不在ᄒᆞ니라

第十九課 江과原野

豆滿江(一名圖們江)은白頭山에서東北으로發源ᄒᆞ야我國北方을沿ᄒᆞ야數百里에出ᄒᆞ야我國東海에注ᄒᆞ고

鴨綠江은白頭山에서西으로發ᄒᆞ야平安道西北境과淸國의奉天、吉林兩省을沿流ᄒᆞ다가義州本方에至ᄒᆞ야三江이되고、또合ᄒᆞ야海에注入ᄒᆞ니奔流ᄒᆞ기凡千餘里오

大同江은殷山靜戎江과寧遠鈒山에서發源ᄒᆞ야江東郡北에至ᄒᆞ야陽德、孟山二郡의水를合ᄒᆞ고其南境에서西折ᄒᆞ야平壤의浮碧樓前을經ᄒᆞ고黃海에注入ᄒᆞᄂᆞᆫ데廣은五里오、또甚深ᄒᆞ야大艦과巨船의往來와碇繫가便ᄒᆞ고其南岸十里에長林은箕子時브터至今ᄭᆞ지樹木이繁茂ᄒᆞ니라

漢江은其源이一은江陵五臺山에서出ᄒᆞ고一은報恩俗離山에서發ᄒᆞ야西北으로流ᄒᆞ야廣州東部에서合流ᄒᆞ야京城東南에至ᄒᆞ니碧波가萬頃이오西으로臨津江을合ᄒᆞ야江華島에서海에入ᄒᆞ니凡四百餘里를奔流ᄒᆞ니라

洛東江은聞慶、安東等地에서發ᄒᆞ야慶尙道西邊中央을貫通ᄒᆞ고南流ᄒᆞ야諸小流를合ᄒᆞ야慶尙道晉州等地에至ᄒᆞ고、또 其江이中流에서數派에分ᄒᆞ야大丘琴湖江으로브터河陽、永川에ᄭᆞ지至ᄒᆞ고一派ᄂᆞᆫ靈山、宜寧等中間에서分流ᄒᆞ다가金海를由ᄒᆞ야海에入ᄒᆞ니라

第二十課 우리나라面積

葡萄牙ᄂᆞᆫ面積이四萬方哩가、되니我國의八萬二千方哩에比ᄒᆞ면一半이不及ᄒᆞ고人口ᄂᆞᆫ五百萬이니我國보다四分一이오

和蘭은一名은荷蘭이니面積이一萬六千方哩니我國보다六分一이오人口ᄂᆞᆫ五百萬이오其傍에勒克澡堡라ᄒᆞᄂᆞᆫ國은面積이一千二百方哩니我國보다七十分一이오人口ᄂᆞᆫ二十一萬이니我國보다九十二分의一이오距今十六年前에各國이其獨立을認許ᄒᆞ고

白耳義ᄂᆞᆫ一名은比利時니面積이一萬方哩니我國보다八分一이오人口ᄂᆞᆫ二百七十萬이니我國보다八分一이오

丁抹은面積이一萬四千方哩니我國에比ᄒᆞ면六分一이오人口ᄂᆞᆫ二百七十萬이니我

國王의 尺分ㅣ이니 以上各國은 다 歐羅巴洲에 在ᄒᆞᆫ國이라

第二十一課 二十二課 二十三課 百濟 一二三

河南은 漢江의 南이오 慰禮城은 廣州南漢山城이오

多婁王五年은 距今一千八百七十四年前에 國南州郡에 下令ᄒᆞ야 稻田을 始作ᄒᆞ고

古爾王은 距今一千六百餘年頃에 博士王仁이 日本에 往使ᄒᆞᆯᄉᆡ 論語와 千字文 [illegible]을 持去ᄒᆞ니 日本太子가 仁을 師事ᄒᆞ고 日本이 自此로 文化가 大開ᄒᆞ야 其國의 儒術進步가 此에서 始ᄒᆞᆫ지라 日本이 我國의 各種文化及農工商法과 至於佛法ᄭᆞ지 다 我國에 學ᄒᆞᆫ故로 日本이 我國을 謂ᄒᆞ되 先進國이라 ᄒᆞ고 日本의 伊呂波도 王仁이가 製給ᄒᆞ야 其國文이 되니라

一千三百六十九年前에 聖王이 扶餘에 移都ᄒᆞ고

白馬江은 扶餘에 在ᄒᆞ니 江中에 龍石이 有ᄒᆞ고 其下에 淵이 澄深ᄒᆞ야 測量키 難ᄒᆞ더니 唐蘇定方이 至ᄒᆞ야 江을 渡코자 ᄒᆞ니 雲霧가 晦冥ᄒᆞ야 咫尺을 分辨치 못ᄒᆞᆯ지라 이에 白馬로ᄡᅥ 餌를 設ᄒᆞ야 龍을 釣ᄒᆞ니 龍이 抵抗ᄒᆞ다가 畢竟 捕出ᄒᆞ니 龍石이 剖開ᄒᆞ야 水際로브터 石頂에 達ᄒᆞ기ᄭᆞ지 斷ᄒᆞᆷ과 如ᄒᆞᆫ지라 故로 此江을 名ᄒᆞ야 曰 白馬江이오 其龍石은 釣龍臺라 ᄒᆞ고 武王이 其江 四岸에 花卉를 種ᄒᆞ고 琵琶를 鼓ᄒᆞ고 自歌ᄒᆞ니 故로 曰 大王浦라 ᄒᆞ고

百濟가 距今一千二百四十七年前에 亡ᄒᆞ고 其後三年에 百濟宗室福信이 故王의 子豊을 周留城에서 立ᄒᆞ고 王을 삼으니 此는 周留王이오 起兵ᄒᆞ야 唐將劉仁願을 圍ᄒᆞ얏더니 唐이 다시 劉仁軌로 ᄒᆞ야곰 新羅兵과 合ᄒᆞ야 來擊ᄒᆞᄂᆞᆫ지라 福信이 其圍를 解ᄒᆞ고 退去ᄒᆞ야 다시 諸軍을 收拾ᄒᆞ더니 時에 豊이 福信의 專擅ᄒᆞᆷ을 惡ᄒᆞ야 福信을 殺ᄒᆞ고 日本에 遣使ᄒᆞ야 求救ᄒᆞ니 日本이 發兵 來援ᄒᆞ다가 敗還ᄒᆞ고

義慈王은 羅 唐兵이 都城을 圍ᄒᆞ거ᄂᆞᆯ 王이 不免ᄒᆞᆷ을 知ᄒᆞ고 嘆息ᄒᆞ야 曰 成忠의 言을 不聽ᄒᆞ다가 至此ᄒᆞ얏다 ᄒᆞ고 且 下太子孝로 더브러 遁逃ᄒᆞ야 熊津(州)城을 保守ᄒᆞ고 次子泰는 城을 守ᄒᆞ더니 羅 唐兵이 城堞에 攀登ᄒᆞ야 旗幟를 立ᄒᆞᄂᆞᆫ지라 泰가 開其ᄒᆞ야 降服ᄒᆞ니 義慈王도 또ᄒᆞᆫ 唐將蘇定方의게 降ᄒᆞ야 百濟가 亡ᄒᆞᆷ애 定方이 義慈王及孝 泰等을 唐에 送ᄒᆞ더니 其年에 義慈王이 唐에서 殂ᄒᆞ니라

第二十四課 二十五課 成忠 一二

成忠은 義慈王의 佐平(官名)이라 王이 淫亂ᄒᆞ거ᄂᆞᆯ 諫ᄒᆞᆫ뒤 王이 怒ᄒᆞ야 下獄ᄒᆞᄂᆞᆫ지라 忠이

不食ᄒᆞ고乾ᄒᆞ셔上書ᄒᆞ야曰忠臣은死ᄒᆞᆫ지라도人君을忘치아니ᄒᆞᆫ다ᄒᆞ니今에臣이時를觀ᄒᆞ고變을察ᄒᆞ오니반다시兵革이有ᄒᆞᆯ지라萬一敵兵이來ᄒᆞ거든陸地에ᄂᆞᆫ炭峴嶺을勿踰케ᄒᆞ고水路ᄂᆞᆫ白江口를不入케ᄒᆞ쇼셔ᄒᆞᆫᄃᆡ王이不省ᄒᆞ다가羅唐兵이大進ᄒᆞᆷ을見ᄒᆞ고後悔ᄒᆞ야曰成忠의言을不用ᄒᆞ다가至此ᄒᆞ얏다ᄒᆞ니라.

第二十九課　氣候

忠淸、全羅、慶尙은寒暖이適宜ᄒᆞ야氷雪이甚치아니ᄒᆞᆫ故로草木의發榮이最早ᄒᆞ고夏日은炎熱ᄒᆞ기難堪ᄒᆞᆯ時가有ᄒᆞ며京畿以北에各道ᄂᆞᆫ寒氣가峭厲ᄒᆞ야積雪이尺餘에至ᄒᆞ고江河에堅氷이結ᄒᆞ야人馬가氷上에往來ᄒᆞ고咸鏡道咸關嶺以北은寒氣가猛烈ᄒᆞ야每年十月際에ᄂᆞᆫ白雪이積ᄒᆞ얏다가翌年三月頃에至ᄒᆞ여야僅히消融ᄒᆞ고、또全國에山岳이多ᄒᆞᆫ故로霖雨가多ᄒᆞᆫ時ᄂᆞᆫ行路가汎濫ᄒᆞ니라

第三十課　人情

慶尙道人은勤儉忍耐ᄒᆞᆫ故로富豪이多ᄒᆞ되其內地人은鄕邑에居ᄒᆞ야舊習으로變通을不知ᄒᆞᄂᆞᆫ故로國人이其堅忍不拔ᄒᆞᄂᆞᆫ氣槪ᄂᆞᆫ愛賞ᄒᆞ나世界事狀이時日로變幻ᄒᆞᆷ

을不知ᄒᆞ고、오직南邊沿海의人은外國과交涉이廣ᄒᆞᆫ故로開明ᄒᆞᆫ人이多ᄒᆞ고江原道人은八道中에最히淳良ᄒᆞ나此人等은山中에僻處ᄒᆞ야、더옥世上事를不聞ᄒᆞᄂᆞᆫ故로、오직耕田ᄒᆞ야食ᄒᆞ고鑿井ᄒᆞ야飮ᄒᆞᆷ만知ᄒᆞ니太古遺民이라謂ᄒᆞᆯ지라故로外國人을見ᄒᆞ면畏ᄒᆞ기蛇蝎과如ᄒᆞ며、또峯巒이限隔ᄒᆞ야他人과交接이罕有ᄒᆞᆫ故로知識을發達ᄒᆞᆯ思想이少ᄒᆞ나山川이靈秀ᄒᆞ야人物이醜惡頑毒ᄒᆞᆫ者ㅣ無ᄒᆞ며咸鏡道人은强健ᄒᆞ야人의게屈撓치아니ᄒᆞ고、또秉義心이有ᄒᆞ야交人ᄒᆞᄂᆞᆫ道에始終이有ᄒᆞ고其地에英傑이輩出ᄒᆞ야、又淸祖愛親覺羅及明將李成樑이다此處人이라然이나政府에서其人을擯斥ᄒᆞ야人才를不用ᄒᆞᄂᆞᆫ故로鬱悒ᄒᆞᆫ氣像이面에現ᄒᆞ며近世以來에ᄂᆞᆫ、다自奮自强ᄒᆞᄂᆞᆫ心이有ᄒᆞ야他道보다過異ᄒᆞ고

平安道人은勇猛ᄒᆞᆫ氣와淸淑ᄒᆞᆫ貌가卑屈暗愚ᄒᆞᆫ狀이絶無ᄒᆞᆫ故로數千年前에隋、唐兵을破ᄒᆞᆷ이、다此地人이라然이나我朝開國以來로北鄙人이驁悍難制ᄒᆞᆯ가恐ᄒᆞ야西北人을幷히大用치아니ᄒᆞᆫ지라其人才屈沉ᄒᆞᆷ을忿恨ᄒᆞ야慷慨悲歌ᄒᆞᄂᆞᆫ者ㅣ多ᄒᆞ나其中或諂諛에陷ᄒᆞ야獨立氣像을不保ᄒᆞᄂᆞᆫ者ㅣ有ᄒᆞ니此ᄂᆞᆫ或箕子가稱柳ᄒᆞ야其柔性을學케ᄒᆞᆫ弊가不無ᄒᆞ고

京畿、忠淸兩道人은才藝가發越ᄒᆞᆫ者ㅣ多ᄒᆞ나、다만舊日의仕宦餘習과幷히隣近ᄒᆞᆫ風氣로畿輔에居ᄒᆞᆷ을藉ᄒᆞ야學藝ᄅᆞᆯ不修ᄒᆞ다가甚ᄒᆞᆫ者ᄂᆞᆫ自暴自棄에至ᄒᆞ더니近來에ᄂᆞᆫ外侮가日進ᄒᆞᆷ을見ᄒᆞ고守舊ᄒᆞ든陋習을變ᄒᆞ야前轍을改코자ᄒᆞ나隣鑿ᄒᆞᆫ舊態ᄅᆞᆯ一朝에變키難ᄒᆞᆫ지라畢竟學問을變ᄒᆞᆫ後에야可히面目을一新ᄒᆞ겟고

全羅道人은外貌가美好ᄒᆞ나內心이堅定ᄒᆞ야世故가有ᄒᆞᆯ時에ᄂᆞᆫ其人이先發ᄒᆞᄂᆞ니곳其人의倚俐巧妙ᄒᆞᆫ手段으로他人의게不下ᄒᆞᆯ지라然이나、오히려舊日思想이有ᄒᆞ야、크게振發ᄒᆞᆯ氣ᄂᆞᆫ養成치、아니ᄒᆞ고因循玩愒ᄒᆞᄂᆞᆫ心이有ᄒᆞ나畢竟此地人의智慧이他處에서不及ᄒᆞᆯ바오

黃海道人은農業에勤ᄒᆞ야處處에田野가闢ᄒᆞ고豊登ᄒᆞᆫ樂은有ᄒᆞ나、다만官吏의壓制ᄅᆞᆯ久受ᄒᆞ야開進ᄒᆞᆯ思想이少ᄒᆞ고、오직海州ᄂᆞᆫ栗谷李珥가講學ᄒᆞ던處라人物이靈秀ᄒᆞ고制度가稍히發達ᄒᆞ니라

第二十一課　二十二課　後百濟一二

後百濟王甄萱은新羅時尙州人이라萱이初生時에其父가野에서耕ᄒᆞᆯᄉᆡ萱을林下에置ᄒᆞ엿더니虎가來乳ᄒᆞ고、밋長成ᄒᆞ며體貌가雄奇ᄒᆞ고智略이多ᄒᆞ며西南海에서

從軍ᄒᆞ다가功으로裨將이、될ᄉᆡ時에新羅의女主가淫昏ᄒᆞ야盜賊이蜂起ᄒᆞ거ᄂᆞᆯ萱이異志ᄅᆞᆯ懷ᄒᆞ고亡命을嘯聚ᄒᆞ야州縣을剽掠ᄒᆞ니旬月間에衆이五千이라完山에定都ᄒᆞ고王이、되야國號ᄅᆞᆯ後百濟라ᄒᆞ고新羅京都에入ᄒᆞ야王을弑ᄒᆞ고后妃ᄅᆞᆯ辱ᄒᆞ며王族金傅ᄅᆞᆯ立ᄒᆞ고還國ᄒᆞ야麗太祖의게貽書ᄒᆞ야日平壤에掛弓ᄒᆞ고浿江에飮馬ᄒᆞ리라ᄒᆞ고子가十餘人에第四子金剛이身長ᄒᆞ고多智ᄒᆞᆫ지라萱이愛ᄒᆞ야其位ᄅᆞᆯ傳ᄒᆞ엿더니長子神劒等이萱을劫迫ᄒᆞ야金溝金山寺에囚ᄒᆞ고金剛을殺ᄒᆞ고自立ᄒᆞ거ᄂᆞᆯ萱이脫走ᄒᆞ야高麗에來投ᄒᆞ야神劒을討ᄒᆞ라ᄒᆞ니高麗太祖ㅣ親征ᄒᆞ야百濟ᄅᆞᆯ平ᄒᆞ고神劒은其歸命ᄒᆞᆷ을因ᄒᆞ야不殺ᄒᆞ엿더니萱이忿恚ᄒᆞ야背疽로死ᄒᆞ니라

幼年必讀卷二釋義　教師用

漢水玄采編述

第一課 二課 三課 慶州 一二三

慶州ᄂᆞᆫ一名은鷄林國이니新羅古都라今에東京이라稱ᄒᆞ고慶尙北道延日郡雲梯山西麓에在ᄒᆞ니氣候가溫和ᄒᆞ고人家ㅣ稠密ᄒᆞ며物貨가輻湊ᄒᆞ니實로大邱보다之次되ᄂᆞᆫ大都會오

集慶殿은新羅王의宮이오　瞻星臺ᄂᆞᆫ善德女主時、距今一千二百七十年頃에創建ᄒᆞᆫ者니石을累ᄒᆞ야成ᄒᆞ미上方下圓ᄒᆞ고人이其中으로從ᄒᆞ야上ᄒᆞ니高가數丈이오

鮑石亭은憲康王時、距今一千三十年頃에建築ᄒᆞᆫ者니此ᄂᆞᆫ石을鍊ᄒᆞ야鮑魚形을作ᄒᆞᆫ故로鮑石亭이라ᄒᆞ고

新羅太祖朴赫居世가距今一千九百六十三年前에此地에立國ᄒᆞ니赫居世ᄂᆞᆫ年이十三에爲人이英特ᄒᆞᆫ지라其地의辰韓六部人이擁立ᄒᆞ야君을、삼고閼英을娶ᄒᆞ야后를封ᄒᆞ니德容이俱有ᄒᆞᆫ지라時人이謂ᄒᆞ되二聖이라ᄒᆞ고日本이入寇ᄒᆞ다가聖德이

有ᄒᆞᆷ을聞ᄒᆞ고退兵ᄒᆞ며東沃沮國이良馬二十匹을送ᄒᆞ야曰南韓에聖人이出ᄒᆞᆷ을聞ᄒᆞ고獻ᄒᆞᆫ다ᄒᆞ며其廟가慶州에在ᄒᆞ니號曰崇德이오

新羅ᄂᆞᆫ朴、昔、金三姓이相傳ᄒᆞ니赫居世가其後三傳ᄒᆞ다가距今一千八百四十九年前에昔脫解王의게傳位ᄒᆞ니脫解ᄂᆞᆫ太祖王의子南解王의女婿라身長이九尺에風神이秀朗ᄒᆞ고智識이過人ᄒᆞ며幼時에漁釣로爲業ᄒᆞ니其母ㅣ謂曰汝의骨相이非凡ᄒᆞ니、맛당히從學ᄒᆞ야功名을立ᄒᆞ라、ᄒᆞ거ᄂᆞᆯ脫解ㅣ이에學問에專精ᄒᆞ고地理ᄅᆞᆯ兼通ᄒᆞᆫ지라南解王이其賢을聞ᄒᆞ고長女로ᄡᅥ妻ᄒᆞ더니後에太祖의孫儒理王이脫解의德望이有ᄒᆞᆷ을見ᄒᆞ고讓位코자、ᄒᆞ다가儒理가先立ᄒᆞ고其後脫解가王이、되니라

金味鄒王은助賁王의女婿라新羅가太祖브터十二王을歷ᄒᆞ고距今一千六百四十一年前에味鄒가沾解王을代ᄒᆞ야王이、되더니味鄒가崩ᄒᆞᆫ後、儒禮王時에伊西古國이金城(在慶州)을圍ᄒᆞ거ᄂᆞᆯ城中人이拒禦치、못ᄒᆞ더니忽然히大兵이暴至ᄒᆞ야、各々竹葉을珥ᄒᆞ고官軍을助ᄒᆞ야賊을破ᄒᆞ고其所往을不知ᄒᆞ더니、다시見ᄒᆞ니竹葉數萬이王陵前에積ᄒᆞᆫ지라國人이謂ᄒᆞ되王이神兵으로ᄡᅥ陰助ᄒᆞ얏다、ᄒᆞ고其陵을尊ᄒᆞ야曰竹長陵이라、ᄒᆞ니라

智證王은距今一千四百年前에、비로소國號ᄅᆞᆯ定ᄒᆞ야曰新羅오尊卑ᄅᆞᆯ定ᄒᆞ고謚法을用ᄒᆞ며喪服을制ᄒᆞ고殉葬을禁ᄒᆞ며國內州郡을定ᄒᆞ고舟楫을製ᄒᆞ고牛耕法을用ᄒᆞ고于山國(鬱陵島)을滅ᄒᆞ고京都에東市ᄅᆞᆯ始設ᄒᆞ고政治에用心ᄒᆞ야累朝因循ᄒᆞᄂᆞᆫ弊ᄅᆞᆯ洗ᄒᆞ니라

讃德은眞平王時에椵岑城主가、되얏더니百濟가來攻ᄒᆞ야圍城ᄒᆞᆫ지百餘日이라讃德이固守ᄒᆞ야且戰且守ᄒᆞ다가粮이盡ᄒᆞ고水가渴ᄒᆞ야城이陷ᄒᆞᆯ지라讃德이仰天大呼曰吾王이我의게一城을委ᄒᆞ얏거ᄂᆞᆯ今에能히守치、못ᄒᆞ고賊의게破ᄒᆞᆫ바、되니吾ㅣ厲鬼가、되야百濟人을殲盡ᄒᆞ고此城을復ᄒᆞ리라ᄒᆞ고、드듸여攘臂瞋目ᄒᆞ고槐樹에縊ᄒᆞ야死ᄒᆞ니라

竹々은幢下舍知(官名)가되야都督品釋을從ᄒᆞ야大耶城(慶尙道陜川郡)을守ᄒᆞᆯ싀百濟將軍允忠이來攻ᄒᆞ니品釋이降코자、ᄒᆞ거ᄂᆞᆯ竹々이諫止ᄒᆞ야曰百濟ᄂᆞᆫ反覆ᄒᆞᄂᆞᆫ國이라可信치、못ᄒᆞᆯ지니、그鼠伏ᄒᆞ야生ᄒᆞ니보다虎鬪ᄒᆞ다가死ᄒᆞᆷ이可타ᄒᆞ니品釋이不從ᄒᆞ고降ᄒᆞ거ᄂᆞᆯ竹々이殘卒을收ᄒᆞ야城을閉ᄒᆞ고固守ᄒᆞ니舍知(官名)龍釋이曰兵勢가如此

호니保全치、못홀지라降服호야 後效를圖호라、호거늘竹々이曰吾父가我를名호야曰竹々이라홈은我로、호야곰歲寒호야도不凋호다、홈이오、또可折이언졍可屈치말나、홈이라、호더니城이陷호야死호니라

金后稷은眞平王時에兵部令이라王이畋獵을喜호거늘后稷이諫曰畋獵이라、호는것은內에는心이蕩호고外에는國이亡호느니王은省察호소서、호되王이不聽호는지라后稷이臨死에其子의게謂曰吾가人臣이、되야能히匡救치、못호니、비록死호야도君의意를悟케、홀지니我를王의遊畋호는路側에葬호라、호거늘其子ㅣ從호얏더니他日에王이出遊홀셔中路에셔聲이有호야曰王은無去호라、호는지라王이帷問호니從者ㅣ曰彼는后稷의墓라호고后稷의臨死호든語를告호되王이涕淚曰夫子가生호야忠諫호다가死호야도不忘호니我가不改호면何顏으로夫子를地下에見호리오호고、드듸여終身토록、다시畋獵지、아니호니라

實兮는性이剛直호야阿諂치、아니호더니舍人珍堤가實兮를怨호야眞平王께譖曰實兮가、비록大王의言이라도其意에不合호면忿怒호니、곳黜退호소서、호되王이冷林에謫호얏더니或이謂曰君이先世브터忠誠으로聞호다가今에佞臣의毁를被호니、엇지直言으로自辨치、아니호느뇨、호되對曰佞臣이人君을惑호야忠臣이被斥홈은常事라、엇지怪異라、호리오호고、곳不言호고往호야長歌를作호야其意를見호니라

强首의姓은任이니兒時에其父ㅣ其志를試코자호야問曰汝가儒、佛間에何를學코자호느뇨、호되對曰佛은世外敎라儒道를學호리이다호고、곳學者의게就호야孝經과曲禮를讀호더니自此로文詞가大進호야唐의國書가至홀셔其難解處를、다知호는지라王이驚喜曰卿의頭에高骨이有호니可히强首라稱호라호고荅國書를製進케호니文이工호고意가盡호는지라王이、더욱奇喜호야任生이라호고名을不呼호더라生產을不事호고家가貧甚호야、일즉冶家女를娶호얏더니父母가改娶코자호니强首ㅣ不從호는지라父ㅣ怒曰兒가時名이有호니、엇지賤者로써配耦호리오、호되對曰糟糠의妻는下堂치、아니호느니、엇지貧賤으로羞恥라、호리오호니라

薛聰은聰明博學호야能히方言으로써九經意義를解호야後生을訓導호고吏札吏讀卽를作호야官府에行호고孔子廟에從祀호니라

金生은新羅元聖王時、距今一千百餘年前人이라自幼로書法에能호고他藝를不攻

ᄒᆞ며、또佛氏ᄅᆞᆯ喜ᄒᆞ야隱居不仕ᄒᆞ고年이八十餘에、오히려操筆ᄒᆞ기不休ᄒᆞ며隸行草가、다入神ᄒᆞ니學者ㅣ寶藏ᄒᆞ더라宋學士楊球와李革이其書ᄅᆞᆯ見ᄒᆞ고相謂曰王羲之外에ᄂᆞᆫ如此ᄒᆞᆫ名筆이無ᄒᆞ다ᄒᆞ고元學士趙孟頫ᄂᆞᆫ金生의書ᄒᆞᆫ昌林寺碑에跋ᄒᆞ야曰字畫이深히典型이有ᄒᆞ니、비록唐人名刻이라도此에過치、못ᄒᆞ다、ᄒᆞ니라

率居ᄂᆞᆫ新羅眞興王時、距今一千三百二十年前頃人이라皇龍寺(在今慶州)가成ᄒᆞ거ᄂᆞᆯ率居ㅣ其壁上에老松을畵ᄒᆞ니體幹이鮮皴ᄒᆞ고枝葉이盤屈ᄒᆞ야鳥雀이望見ᄒᆞ고飛入ᄒᆞ다가及其壁에到ᄒᆞ야ᄂᆞᆫ蹭蹬히落ᄒᆞ더니畵가久ᄒᆞ야色이渝ᄒᆞ거ᄂᆞᆯ其寺僧이丹靑으로써補ᄒᆞ얏더니鳥雀이、다시至치、아니ᄒᆞ고芬皇寺와斷俗寺의佛像이、다其手蹟이오世人이稱ᄒᆞ야曰神畵라、ᄒᆞ니라

丈六佛像은新羅眞興王이皇龍寺ᄅᆞᆯ建ᄒᆞ고一丈六尺되ᄂᆞᆫ佛像을鑄ᄒᆞ니銅이三萬五千七斤이오鍍金의重은一百二兩이오

九層塔은高가二十二丈이니皇龍寺에在ᄒᆞ고景文王이創立ᄒᆞᆫ者니距今千四十年頃이라其製造의技術이極히精妙ᄒᆞ니라

聖帝帶ᄂᆞᆫ眞平王의所服이니其帶가金으로써粧ᄒᆞ고長이十圍오銙가六十二오歷代以來로南庫에藏ᄒᆞ얏다가景德王時에庫ᄅᆞᆯ開ᄒᆞ니風雨가作ᄒᆞ고白晝가晦冥ᄒᆞ야得見치、못ᄒᆞ고世人이傳ᄒᆞ되眞平王時에神人이殿庭에降ᄒᆞ야玉帶ᄅᆞᆯ進ᄒᆞ거ᄂᆞᆯ王이跪受ᄒᆞ야郊廟大祀에服ᄒᆞ고王이聖德이有ᄒᆞᆫ故로此帶ᄅᆞᆯ謂ᄒᆞ되聖帝帶라ᄒᆞ니聖帝ᄂᆞᆫ距今一千三百年前人君이오

玉笛은長이一尺九寸이오聲이淸亮ᄒᆞ며俗傳ᄒᆞ되東海龍王의所獻이라ᄒᆞ고高麗가三韓을統一ᄒᆞᆫ後에其笛을還ᄒᆞᆯ식鳥嶺을過ᄒᆞ니聲이不出ᄒᆞᄂᆞᆫ지라、다시本州에還置ᄒᆞ니라

高麗에셔慶州ᄅᆞᆯ稱ᄒᆞ야曰東京이라ᄒᆞ니此外에西京은平壤이오南京은卽漢陽이오本朝今上皇帝ᄭᅦ셔光武二年戊戌에、또慶州ᄅᆞᆯ稱ᄒᆞ야曰東京이라、ᄒᆞ니라

第四課　五課　金庾信一二

金庾信은太宗武烈王時、距今一千二百五十年前頃의人이오駕洛國始祖金首露王의十二世孫이라兒時에母氏가極히嚴訓ᄒᆞ야交遊가不妄ᄒᆞ더니一日은偶然히妓女家에宿ᄒᆞ얏더니母氏가怒責ᄒᆞ야曰我ㅣ謂ᄒᆞ되汝가長成ᄒᆞ면功名을立ᄒᆞ리라、ᄒᆞ

앗더니今에小兒와遊戱ᄒᆞ니我ㅣ後望이無ᄒᆞ다ᄒᆞᆫᄃᆡ庾信이、곳母前에셔發誓ᄒᆞ고、다시其妓家에不往ᄒᆞ더니一日은紋酒ᄒᆞ야回家ᄒᆞᆯ시所乘ᄒᆞᆫ馬가舊路로進行ᄒᆞ다가其妓家에誤至ᄒᆞᆫ지라庾信이馬ᄅᆞᆯ斬ᄒᆞ고鞍을棄ᄒᆞ고歸ᄒᆞ니라

時에高句麗와百濟가新羅ᄅᆞᆯ侵犯ᄒᆞ거ᄂᆞᆯ庾信이慨然히伽不ᄒᆞᆯ志가有ᄒᆞ야月生山(今斷石山在慶州)에入ᄒᆞ야天ᄭᅴ誓告曰敵國이無道ᄒᆞ야我封疆을侵擾ᄒᆞ니臣이才力을不量ᄒᆞ고禍亂을淸平코자ᄒᆞ니願컨ᄃᆡ天은降監ᄒᆞ소셔、ᄒᆞ더니忽然히一老人이來謂曰貴少年이此處에來ᄒᆞᆷ은何故오ᄒᆞ고秘訣을授ᄒᆞ야曰妄用치、말지라萬一不義에用ᄒᆞ면其殃을更受ᄒᆞ다ᄒᆞ고言訖에不見ᄒᆞ며

庾信이、또寶釼을携ᄒᆞ고咽薄山(在慶州)에入ᄒᆞ야、또天ᄭᅴ誓告ᄒᆞ고後에唐兵과合ᄒᆞ야百濟와高句麗ᄅᆞᆯ滅ᄒᆞ고功名을成ᄒᆞ더니後에疾劇ᄒᆞᆫ지라文武王이親臨存問ᄒᆞ야曰萬一公이不諱ᄒᆞ면人民과社稷에奈何오ᄒᆞᆫᄃᆡ對曰願컨ᄃᆡ大王은君子ᄅᆞᆯ親ᄒᆞ고小人을遠ᄒᆞ야朝廷이上에셔和ᄒᆞ고臣民이下에셔安ᄒᆞ면臣이死ᄒᆞ야도無憾이라ᄒᆞ니王이感泣ᄒᆞ더라卒ᄒᆞ니年이七十九오位ᄂᆞᆫ將相을兼ᄒᆞ고身이安危ᄅᆞᆯ佩ᄒᆞᆫ지二十餘年에屹然히國家의長城이、되야新羅九百年人物中에其儔가罕有ᄒᆞ니라

第六課 七課 金陽 二

金陽은距今一千八十年前興德王時人이라王이崩ᄒᆞ고諸公子ㅣ爭立ᄒᆞᆯ시陽이上大等(官名)均貞을立ᄒᆞ고積板宮에入ᄒᆞ야護衛ᄒᆞ더니金明의黨萱伯이來攻ᄒᆞ야陽의股ᄅᆞᆯ射中ᄒᆞᆫ지라陽이事의不成ᄒᆞᆷ을知ᄒᆞ고突圍出走ᄒᆞ야淸海鎭(全羅道莞島)大使張保皐의게往依ᄒᆞ니金明이均貞을殺ᄒᆞ고僖康王悌隆을立ᄒᆞ더니旣而오金明이、또僖康을弑ᄒᆞ거ᄂᆞᆯ陽이、이에張保皐의兵을借ᄒᆞ야金明을誅ᄒᆞ고神武王을奉立ᄒᆞ고萱伯을召ᄒᆞ야曰犬이各各其主아닌을吠ᄒᆞᄂᆞ니爾가當時에爾主ᄅᆞᆯ爲ᄒᆞ야我ᄅᆞᆯ射ᄒᆞ얏스나此ᄂᆞᆫ義士ㅣ라計較치、아니ᄒᆞᆫ다、ᄒᆞ니衆이聞ᄒᆞ고皆曰金公이萱伯의게如此ᄒᆞ니吾儕이無憂ᄒᆞ마ᄒᆞ고、다感悅ᄒᆞ더라陽이卒ᄒᆞ니王이哀痛ᄒᆞ고賻贈과欽慕ᄒᆞ기金庾信例ᄅᆞᆯ從ᄒᆞ고太宗陵에陪葬ᄒᆞ니世人이稱ᄒᆞ야曰英雄豪傑은金庾信과如ᄒᆞᆫ者ㅣ無ᄒᆞ되明白正大ᄒᆞᆫ金陽이第一이라、ᄒᆞ니라

第八課 九課 張保皐 二

張保皐ᄂᆞᆫ性이磊落ᄒᆞ고奇節이有ᄒᆞ며、일즉唐에往ᄒᆞ야徐州軍少將이、되얏다가後에歸國ᄒᆞ야淸海鎭(莞島)大使가、되니時에僖康王이遇弑ᄒᆞ거ᄂᆞᆯ金陽으로、더브러神

武王을奉立ᄒᆞ고金明을誅ᄒᆞ니唐杜牧之가其賢을稱ᄒᆞ야曰郭子儀와一流人이라ᄒᆞ니라

鄭年은爲人이勇壯ᄒᆞ고能히海底에行ᄒᆞ기五十里에咽噎치아니ᄒᆞ며張保皐로더브러善鬪ᄒᆞᆫ다稱ᄒᆞ나其勇壯은保皐가不及ᄒᆞ되保皐는年齒로ᄡᅥ年을侮ᄒᆞ고年은藝로ᄡᅥ不屈ᄒᆞ야自此로怨讐가되더니年이唐에往ᄒᆞ야武寧軍小將이되미騎馬를擅ᄒᆞ고槍을善用ᄒᆞ니敢히抗敵ᄒᆞᆯ者ㅣ無ᄒᆞ더라後에保皐는淸海鎭大使가되고年은失職ᄒᆞ야泗水縣에寓居ᄒᆞ더니戍將馮元規의게言ᄒᆞ야曰我ㅣ東去ᄒᆞ야保皐의게就食코자ᄒᆞ노니何如오ᄒᆞᆫ대元規ㅣ曰若이保皐와不善ᄒᆞ니何故로死地에自就ᄒᆞᄂᆞ뇨ᄒᆞ거ᄂᆞᆯ年이曰飢寒ᄒᆞ야死ᄒᆞᆯ진ᄃᆡ戰에死ᄒᆞᆷ이快ᄒᆞ다ᄒᆞ고드ᄃᆡ여保皐의게往謁ᄒᆞ니保皐ㅣ舊怨을不思ᄒᆞ고其手를執ᄒᆞ야歡飮ᄒᆞ더니宴이未畢에金明의變을聞ᄒᆞ고年의게軍士를分與ᄒᆞ고泣曰子가아니면此亂을平치못ᄒᆞ리라ᄒᆞ더니果然年이金明을誅ᄒᆞ니라

第十課 十一課 崔致遠 二

崔致遠의號는孤雲이니風儀가美麗ᄒᆞ고心計가精敏ᄒᆞ더니十二歲에海船을從ᄒᆞ야

唐에往ᄒᆞᆯ새其父ㅣ誡曰十年에科擧에不登ᄒᆞ면吾子가아니라ᄒᆞ더라十八에唐에서登第ᄒᆞ야侍御史에陞ᄒᆞ고高騈을從ᄒᆞ야黃巢討罪檄文을作ᄒᆞ니巢가檄文을見ᄒᆞ고大驚墜床ᄒᆞᄂᆞᆫ지라自此로名이天下에震動ᄒᆞ고二十八에東還ᄒᆞ니憲康王이侍讀을拜ᄒᆞ시니致遠이自謂ᄒᆞ되西學ᄒᆞ야所得이多ᄒᆞᆫ지라抱負를展코자ᄒᆞ나衰季를當ᄒᆞ야猜忌가多ᄒᆞ미容納지못ᄒᆞᆯ지라이에太山富城(今泰仁 瑞山)二郡太守가되얏더니眞聖王時에時務十餘條를陳ᄒᆞ고不遇ᄒᆞᆷ을傷哀ᄒᆞ야仕進ᄒᆞᆯ意가無ᄒᆞᆫ지라이에山水間에自放ᄒᆞ야書史를耽精ᄒᆞ고風月을嘯咏ᄒᆞ야慶州南山과陜川淸凉寺와智異山雙溪寺와合浦(今昌原)月影臺와淮陽金剛山等이다其遊玩處오伽倻山에隱ᄒᆞ야母兄浮屠賢俊과定玄師로더브러道友를結ᄒᆞ고其著述ᄒᆞᆫ바四六集과桂苑筆耕이世上에行ᄒᆞ고高麗顯宗이文昌侯를追封ᄒᆞ야孔子廟에從祀ᄒᆞ니라

第十二課 十三課 화란 三四

現今歐羅巴洲에意大利國北方에一國이有ᄒᆞ니名曰瑞西拉國이라人口는六十萬이오各國이其獨立을許ᄒᆞ야其國人이何等大國에往ᄒᆞ야도侵侮를不受ᄒᆞ고獨立國氣象으로世界人이다待ᄒᆞ니此는無他라現今世界事理를通ᄒᆞ야他人의게無異ᄒᆞ

兼幷ᄒᆞᆫ事ᄅᆞᆯ行치、아니ᄒᆞᆫ故로至今弱肉을强食ᄒᆞᄂᆞᆫ時에도其國을侵蝕지、아니ᄒᆞ
야儼然히一國을成立ᄒᆞ니此ᄂᆞᆫ我韓國人民의效則ᄒᆞᆯ者오

世界最小民主國　淸人梁啓超著

世界兩半球에立國ᄒᆞᆫ者ㅣ何限이有ᄒᆞ리오然이나龎然히數千萬里의地와數千百萬
의人民을擁ᄒᆞ야屹然히國이라謂치、못ᄒᆞᆯ者도有ᄒᆞ고(淸國을謂홈)또其中渺然히地方은十里
에不滿ᄒᆞ고人數ᄂᆞᆫ百名에不及ᄒᆞ야도能히國이、아니라謂치、못ᄒᆞᆯ者가有ᄒᆞ니此ᄂᆞᆫ
何故오國이라홈은內에對ᄒᆞ야完備ᄒᆞᆫ行政機關이有ᄒᆞ고外에對ᄒᆞ야ᄂᆞᆫ無缺ᄒᆞᆫ獨立
主權이有ᄒᆞᆫ故라萬一此二者가(不)備ᄒᆞ면國이、비록大ᄒᆞ야도國이라謂치、못ᄒᆞᆯ거시오
萬一此二者가具備ᄒᆞ면國이、비록小ᄒᆞ야도、오히려國이라謂ᄒᆞᆯ지니今에世界最小
의民主國數四ᄅᆞᆯ列擧ᄒᆞ야覘國者의考鑑을供ᄒᆞ노라

一曰多瓦拉國이니此國은撒爾尼亞(卽意大利의母國이오泰西新史中의薩尼亞라)西北方에在ᄒᆞ니長은五英里
(我韓十六里半)오廣은半英里(我韓一里半零)ᄅᆞᆯ不及ᄒᆞ나然ᄒᆞ나亭然ᄒᆞᆫ一島國이라居民이六十人에不
滿ᄒᆞ고每六年에大統領一人과議官六人을公擧ᄒᆞ니、다俸銀을不受ᄒᆞ고國事에報
効ᄒᆞ며選擧時에擧國男女가、다投票ᄒᆞᄂᆞᆫ權이有ᄒᆞ고西曆千八百八十六年、距今二

十一年前丙戌브터獨立國을建立ᄒᆞ야自此로國內가靜謐ᄒᆞ고選擧紛爭의事가無ᄒᆞ
니西人이稱ᄒᆞ되東方歐羅巴洲中에一大樂土라ᄒᆞ며此國은千八百三十六年、距今
七十一年前에撒爾尼亞王이其親族某로써島主ᄅᆞᆯ封ᄒᆞ얏더니五十年을經ᄒᆞ셔島民
이君主政體ᄅᆞᆯ厭ᄒᆞ야數次戰爭이有ᄒᆞ다가千八百八十六年에憲法을制定ᄒᆞ야一個
民主國을建ᄒᆞ고爾來로着着히國政을改進ᄒᆞ니意大利國이、몬져其獨立을認ᄒᆞ고
列國이또相繼認許ᄒᆞ야、드ᄃᆡ여完全無缺ᄒᆞᆫ獨立國을成ᄒᆞ고此國人民의生業은漁
業이爲主오其次ᄂᆞᆫ農業이라生計가極히豊裕ᄒᆞ고外敵의憂가無ᄒᆞ야、비록海陸軍
備가無ᄒᆞ나一朝에有事ᄒᆞ면六十民의國人이、다兵士에充ᄒᆞᄂᆞ니라

二曰俺度니此國은法國南方庇里尼山의巓에在ᄒᆞ니面積은僅히一英里半(我韓五里)이오
人口ᄂᆞᆫ百四十이라獨國으로言ᄒᆞ면世界의最小國이로되其民主政體ᄅᆞᆯ行ᄒᆞ기ᄂᆞᆫ實
로美國의先이라一千六百四十八年、距今二百五十九年前仁祖戊子(與淸幷立)에法國과
西班牙의承認을得ᄒᆞ야儼然히歐洲中에一個獨立國을建ᄒᆞ고其大統領은元老中에
셔推選ᄒᆞ고元老官은十二人이니、다國中의老農이라每十二年에改選ᄒᆞ기一次오
大統領은收稅吏와行政官과裁判官의職을兼ᄒᆞ고其裁決이民望에不愜ᄒᆞ면人民이

此國事ᄒᆞ야團體를行ᄒᆞ며[illegible]를請ᄒᆞ야處決ᄒᆞᄂᆞ니라
三曰加那陀聯邦國이니美國北方英屬利亞의西部에在ᄒᆞ니國內를十一洲에分ᄒᆞ고.오
직英國이其獨立을認許ᄒᆞ얏ᄉᆞ나其行政에自由自主ᄒᆞ야他國의干涉을不受ᄒᆞ고其位
置ᄂᆞᆫ山谷地에在ᄒᆞ니面積이八十英方里(四十里)에土地가.가장肥沃ᄒᆞ고大統領은
四年一任에每年俸錢이五百元이오議員은二百五十元이오政府에國務大臣이三名
이니每人民百名에議員一名을選擧ᄒᆞᄂᆞ니라
四曰瑞西國이니此國은義大利中部에在ᄒᆞ고世界民主國中에最有名ᄒᆞᆫ者라面積이三
十二英方里(百里)오人口ᄂᆞᆫ八千五百名이며其京都ᄂᆞᆫ海面보다高가二千英尺(六千尺)
되ᄂᆞᆫ高地에在ᄒᆞ고京都人口ᄂᆞᆫ一千一百이오風景이佳絶ᄒᆞ야世界列國에其比類를
者ㅣ鮮ᄒᆞ고法律은立法院議員의制定이오議員은六十名이니.다終身토록任ᄒᆞ고.
또此議員中에서十二人을選ᄒᆞ야議官을任ᄒᆞ야各種問題를裁決ᄒᆞ고此議官中一人
은國務卿이.되야國家를代表ᄒᆞ야內務外務大藏等諸大臣을統率ᄒᆞ고兵額이九百
五十名이오財政은年年이豫算表가有ᄒᆞ니此國은義大利로.더브러條約을訂立ᄒᆞ
되義國으로브터入口ᄒᆞᄂᆞᆫ貨物은關稅를收ᄒᆞ고本國으로서出口ᄒᆞ야義國에往ᄒᆞᄂᆞᆫ

者ᄂᆞᆫ免稅ᄒᆞᄂᆞ니라(以上은[illegible])
美國은距今一百三十八年前에英國의屬地로英王의虐待를受ᄒᆞ야美人의日用事物
은.다英國物貨를用ᄒᆞ라ᄒᆞ고.또每物에稅錢을重徵ᄒᆞ야美人이堪耐치.못ᄒᆞ게ᄒᆞ고.
또英人이法國과戰ᄒᆞᆯ時에美人이助戰ᄒᆞ야法國을勝ᄒᆞ얏ᄉᆞ나英人이謂ᄒᆞ되此戰은
美人을爲ᄒᆞ야戰ᄒᆞᆷ이라.ᄒᆞ고其戰費로美人의錢財를剝奪ᄒᆞ기甚酷ᄒᆞ고諸般事가.
다美人을壓制ᄒᆞᄂᆞᆫ지라.이에美人華盛頓이.크게忿懣ᄒᆞ야美國各洲人民을會同ᄒᆞ
야英人과戰ᄒᆞᆫ지八年에英國이其不服ᄒᆞᆷ을知ᄒᆞ고.곳獨立을許ᄒᆞ야至今은世界富
强ᄒᆞᆫ國이.되니其獨立ᄒᆞᆯ時에ᄂᆞᆫ人口가不過三百萬이오財政이極乏ᄒᆞᆫ中에年歲이.
또不登ᄒᆞ야時人이謂ᄒᆞ되紙幣를牛에載ᄒᆞ기一駄가.되어야食料一駄를換ᄒᆞᆫ다.ᄒᆞ
얏ᄉᆞ니其時情形은我韓에比ᄒᆞ면.곳霄壤의判이오其後人民이合心ᄒᆞ야獨立ᄒᆞᆫ지
至今一百三十八年間에人口가七千五百萬이되니.곳其時에比ᄒᆞ면二十六倍半이
오富饒ᄒᆞ기ᄂᆞᆫ英.德보다十餘倍라世人이謂ᄒᆞ되歐洲各國의進步ᄂᆞᆫ譬컨ᄃᆡ人이植
立不動ᄒᆞᆷ과如ᄒᆞ야每日에僅히幾十里를行ᄒᆞᆷ뿐이오美國은.곳日行千里ᄒᆞᄂᆞᆫ駿馬
와如ᄒᆞ다ᄒᆞ니我國의事도亦然ᄒᆞ야人民이奮發力을出ᄒᆞ면美國과同ᄒᆞ기容易ᄒᆞ니

라

獨立國이라ᄒᆞᆷ은其國人民이、다共同ᄒᆞᆫ責任이有ᄒᆞ야強者가獨히弱ᄒᆞᆫ者ᄅᆞᆯ侮慢치못ᄒᆞ며貴者가賤者ᄅᆞᆯ輕視치、못ᄒᆞ고人々이各其責任을盡ᄒᆞ야國事에盡力ᄒᆞᄂᆞ니此ᄂᆞᆫ、다만尊貴ᄒᆞᆫ人의責任이、아니라譬컨ᄃᆡ一人家와如ᄒᆞ야其家가興ᄒᆞ면長幼老少가、다安福을享ᄒᆞ고其家가亡ᄒᆞ면男婦幼稚ᄭᆞ지、다流離ᄒᆞᆯ지라萬一此理ᄅᆞᆯ不知ᄒᆞ고、다만其家長과執事人만責望ᄒᆞ면此ᄂᆞᆫ、곳自己ᄅᆞᆯ無用ᄒᆞᆫ一野畜으로期待ᄒᆞᆷ이오、ᄯᅩ家人父子間이라도、다自己가出力ᄒᆞ야其家ᄅᆞᆯ贊助ᄒᆞᆯ지니萬一不然ᄒᆞ야他人의게만仰息ᄒᆞ면此人은生ᄒᆞ야도死ᄒᆞᆷ과同ᄒᆞ리니上天이我ᄅᆞᆯ生ᄒᆞ시매、비록尊貴卑賤의殊別은有ᄒᆞ나天이畀與ᄒᆞ신權利와義務ᄂᆞᆫ帝王과庶民이、다同有ᄒᆞ니、엇지다만君의善不善만言ᄒᆞ며、ᄯᅩ我가何故로我의生命財產을君王一人의게만全付ᄒᆞ야其剝奪과生殺을任ᄒᆞ며、ᄯᅩ其執事人을論ᄒᆞ야曰某人은善ᄒᆞ고某人은惡ᄒᆞ다ᄒᆞ야誹笑譏刺ᄒᆞᆯᄲᅮᆫ이오我ᄂᆞᆫ全혀其間에無關ᄒᆞᆫ人과如히歲月을遣ᄒᆞ다가及其國家가亡ᄒᆞᆫ後에야其人의게만歸咎ᄒᆞ면何益이有ᄒᆞ리오

國은、곳我의國이니國이亡ᄒᆞ면我도亡ᄒᆞ고國이存ᄒᆞ면我도存ᄒᆞᆯ지라我가長時에

此心을念々不忘ᄒᆞ야、몬져我의共同ᄒᆞᆫ責任을盡ᄒᆞ고、ᄯᅩ更進ᄒᆞ야他人의不及ᄒᆞᄂᆞᆫ事ᄅᆞᆯ我가獨任ᄒᆞ야行ᄒᆞᆯ지라萬一我가無權無力ᄒᆞ다ᄒᆞ야國을等棄ᄒᆞ면國이無ᄒᆞᆫ後에ᄂᆞᆫ我도亦無ᄒᆞᆯ지며希望이去ᄒᆞ되舜何人予何人이라、ᄒᆞ얏스니然ᄒᆞᆫ즉我도可히舜을作ᄒᆞᆯ지며、엇지此木偶人과同히他人의搬弄을受ᄒᆞ리오

距今四百年前에法國은一田婦若安이其國의亡ᄒᆞᆷ을見ᄒᆞ고獨力으로強ᄒᆞᆫ英國을對敵ᄒᆞ야其國의疆土ᄅᆞᆯ盡還ᄒᆞ얏고普國工匠得賚賜ᄂᆞᆫ五十年前에普國古戰場에셔普國의舊館이變渝ᄒᆞᆷ을悲嘆ᄒᆞ야鐵鎗을造ᄒᆞ야強大ᄒᆞᆫ法國의仇怨을洗ᄒᆞ고拿破崙第三皇을擒ᄒᆞ야至今ᄭᆞ지普國이世界一等國이、되얏고至於我國ᄒᆞ야ᄂᆞᆫ數百年前에安龍福은蔚陵島가日本의게被奪ᄒᆞᆷ을見ᄒᆞ고萬里風濤ᄅᆞᆯ犯ᄒᆞ야日本에來往ᄒᆞ기四次에畢竟其島ᄅᆞᆯ返還ᄒᆞ고支那ᄂᆞᆫ秦國이鄭을襲ᄒᆞᆯ시鄭商人弦高가牛十二頭로ᄡᅥ秦師ᄅᆞᆯ犒ᄒᆞ고其謀ᄅᆞᆯ鄭에告ᄒᆞ야秦師가不戰ᄒᆞ고自退ᄒᆞ니以上諸人은、다賤流라貴重ᄒᆞᆫ責任이無ᄒᆞᆯᄲᅮᆫ아니오、ᄯᅩ其國이亡ᄒᆞᆯ지라도能히他國에往ᄒᆞ야生活ᄒᆞᆯ거시로되、오히려自巳의心力을盡ᄒᆞ야祖國을爲ᄒᆞ얏고

至於今日ᄒᆞ야ᄂᆞᆫ其時와尤異ᄒᆞ야國이亡ᄒᆞ면其民도、ᄯᅩᄒᆞᆫ隨ᄒᆞ야亡ᄒᆞᄂᆞ니此ᄂᆞᆫ我

가强ᄒᆞ면他人이敢히覬覦치、못ᄒᆞ고我가弱ᄒᆞ면他人이、곳幷吞ᄒᆞᆯᄲᅮᆫ아니라我의智識이短小ᄒᆞ야自然他人의壓制ᄅᆞᆯ受ᄒᆞ미、곳虎가羣羊中에入ᄒᆞᆷ과如ᄒᆞ야虎가不食ᄒᆞ야도其羊이自然畏懼惡縮ᄒᆞ야生者ᄂᆞᆫ逃ᄒᆞ고弱者ᄂᆞᆫ死ᄒᆞᆯ지라如此ᄒᆞ면此ᄂᆞᆫ他人의게怨尤ᄒᆞᆯ번、아니오我가、곳自取ᄒᆞᆷ이니然則我의學問을增長ᄒᆞ야彼의强暴ᄅᆞᆯ拒ᄒᆞᆯ지라我의學問은、곳戰時에干戈刀鎗보다勝ᄒᆞ나此ᄂᆞᆫ非他오我의學問이彼와同ᄒᆞ면彼가敢히我ᄅᆞᆯ侮치、못ᄒᆞᆯ지라

近來西洋의政治大家가言ᄒᆞ되今後世界ᄂᆞᆫ教育에係ᄒᆞ야教育이善ᄒᆞᆫ者ᄂᆞᆫ其國이興ᄒᆞ고教育이不善ᄒᆞᆫ者ᄂᆞᆫ其國이亡ᄒᆞᆫ다ᄒᆞ니

今에君道로論ᄒᆞ면人君된者ㅣ가堯舜이、아니라自然過失이有ᄒᆞᆯ지니古語에曰聖人도一日에罪짓기七回라、ᄒᆞ거든况庸君暗主야其罪가一日에七回ᄲᅮᆫ이리오然ᄒᆞᆫ즉此一人의게만我의萬般事ᄅᆞᆯ委托ᄒᆞ야其盡善盡美키ᄅᆞᆯ望ᄒᆞ니其愚가孰甚ᄒᆞ며况人君된者ㅣ擧國中에我一人ᄲᅮᆫ轄治ᄒᆞᆷ이、아니라小ᄒᆞᆫ則數百萬이오大ᄒᆞᆫ則數千萬이、되리니、비록堯舜이有ᄒᆞᆯ지라도此數千萬人의生命財產을一々히保護치、못ᄒᆞᆯ거시오

또堯舜으로言ᄒᆞ야도堯子丹朱와舜子商均이不肖ᄒᆞ얏스니聖人의子도然ᄒᆞ거든况凡常時代에、엇지不肖ᄒᆞᆫ人君이無키ᄅᆞᆯ望ᄒᆞ리오

또官人으로言ᄒᆞ면我國人民이、다學問이無ᄒᆞ야彼繁衆肥馬ᄒᆞᆫ大官이나彼藍縷ᄒᆞᆫ賤子寒畯이라도其無教育ᄒᆞ기ᄂᆞᆫ一般이로되其僥倖으로仕路에登ᄒᆞᆫ者ᄂᆞᆫ榮達ᄒᆞ다ᄒᆞ고其窮困ᄒᆞᆫ者ᄂᆞᆫ庸愚ᄒᆞ다稱ᄒᆞ나然이나其胸中에一策과一籌가無ᄒᆞ기ᄂᆞᆫ彼此皆同ᄒᆞ거ᄂᆞᆯ今에其人十數個의게我數千萬을救護ᄒᆞ라望ᄒᆞ니其愚ᄒᆞᆷ이、또何如ᄒᆞ뇨然ᄒᆞᆫ즉我가大官이、되야도亦然ᄒᆞ야國人의責望을不免ᄒᆞᆯ지라、오작學問을開ᄒᆞ야人々이共同ᄒᆞᆫ責任을盡ᄒᆞᆯ지니此로弄ᄒᆞ면彼大官의無識無恥ᄒᆞᆷ도專혀其人의罪라謂치、못ᄒᆞᆯ지라何也오彼가自謂ᄒᆞ되世人이、비록我ᄅᆞᆯ詛謗ᄒᆞ나我가去ᄒᆞᆫ後에、孰我보다勝ᄒᆞᆫ者ㅣ有ᄒᆞ뇨、ᄒᆞᄂᆞ니此言이、또ᄒᆞᆫ無理라謂치、못ᄒᆞᆯ거시오

統히我ᄂᆞᆫ我의學問을進修ᄒᆞ야他人의不及者ᄂᆞᆫ教ᄒᆞ고他人의勝我者ᄂᆞᆫ我가受教ᄒᆞ야漸々人民의思想을開發ᄒᆞ야我國이無ᄒᆞ면我도、또ᄒᆞᆫ無ᄒᆞᄂᆞᆫ理由ᄅᆞᆯ知케、ᄒᆞᆯ지니古昔時代에ᄂᆞᆫ其國은亡ᄒᆞ야도新代ᄒᆞᄂᆞᆫ者ᄂᆞᆫ、오작人君一人ᄲᅮᆫ이라故로國이亡ᄒᆞ얏다ᄒᆞᆷ이、오작易姓ᄒᆞᆯᄲᅮᆫ이오人民은無預ᄒᆞ더니今은不然ᄒᆞ야國이亡ᄒᆞ면人民ᄭᅥ

지滋ᄒᆞᆯ지라此ᄂᆞᆫ何故오現今時代ᄂᆞᆫ人民이日日增長ᄒᆞ야每年平均의增盛이數千萬에至ᄒᆞ니不得不、人多地狹ᄒᆞᆫ嘆이有ᄒᆞᆯᄲᅮᆫ아니라、또天이人을生ᄒᆞᆯ時에各其土地와食物을予ᄒᆞ얏거ᄂᆞᆯ我ᄂᆞᆫ懶惰ᄒᆞ야如許ᄒᆞᆫ良田美土를棄置不顧ᄒᆞ고、오작自然天物로一生을度活코자ᄒᆞ니、엇지上天이畀與ᄒᆞ신意리오、곳外人이此棄置ᄒᆞᆫ物을奪ᄒᆞᆯ지라도天으로셔下鑒ᄒᆞ실진ᄃᆞᆫ均是赤子라懶惰ᄒᆞᆫ子弟의物을他子弟가奪有ᄒᆞᆯ지라도此ᄂᆞᆫ奪ᄒᆞᆷ이、아니오、곳道理의應然ᄒᆞᆫ事오

大抵國人이常謂ᄒᆞ되政府가無良ᄒᆞ야國이如此ᄒᆞ다ᄒᆞ나其實은人民의罪가十中八九라何也오我人民의智識이開ᄒᆞ면、비록惡政府가有ᄒᆞ야도我의게非理의事를不行ᄒᆞᆯ거시오、또行코자ᄒᆞᆯ지라도人民이不受ᄒᆞ리니惡政府가有ᄒᆞᆫ들何害ᄒᆞ리오然ᄒᆞᆫ즉惡政府가有ᄒᆞᆷ은人民이其惡을養ᄒᆞᆫ故라我가其惡을養ᄒᆞ고、도로혀謂ᄒᆞ야曰政府惡이라ᄒᆞ니其政府된者ㅣ엇지喜ᄒᆞ다、ᄒᆞ리오

況我政府惡이라ᄒᆞᆷ은人民을朘削ᄒᆞ야生業을剝奪ᄒᆞᆯᄲᅮᆫ이오他國의壓制를受ᄒᆞᄂᆞᆫ日은人種이滅ᄒᆞᄂᆞ니以上의言ᄒᆞᆫ바와如ᄒᆞ야政府惡은一時事라其政府가變ᄒᆞ면、오히려後望이有ᄒᆞ려니와他人의壓制를受ᄒᆞᄂᆞᆫ日에ᄂᆞᆫ土地ᄭᆞ지無ᄒᆞ리니土地가無ᄒᆞ면人民이何處에托迹ᄒᆞ야生活을求ᄒᆞ리오、곳猶太國人이本國은無ᄒᆞ고四方에托迹ᄒᆞᆷ과如ᄒᆞᆯ거시니其悲恨ᄒᆞᆷ이何如ᄒᆞ뇨、또猶太國人은其國이亡ᄒᆞᆫ지一千八百三十八年이라其時에ᄂᆞᆫ人心에敎願ᄒᆞ여其人이四方에往ᄒᆞ야도、오히려生活ᄒᆞᆯ道가有ᄒᆞ얏거니와今日은世界가、다進步無餘ᄒᆞᆫ日이라我의無識ᄒᆞᆫ一個蠢動ᄒᆞᄂᆞᆫ物이何往ᄒᆞᆫ들容納ᄒᆞ리오

오작我의學問을勸勵ᄒᆞ야世界事理를通ᄒᆞ고我의政法을改良ᄒᆞ야他人의覊絆을免ᄒᆞᆯ지라萬一此를不思ᄒᆞ고依舊히因循過去ᄒᆞ면他日에ᄂᆞᆫ今日이、곳太平盛代가、되리니急히回頭ᄒᆞᆯ지라萬一我人民이此思想이無ᄒᆞ면、곳此國이無ᄒᆞᄂᆞᆫ데至ᄒᆞ야도世界에셔我人民을哀憐ᄒᆞᆯ者ㅣ無ᄒᆞ고、다만誚ᄒᆞ되此ᄂᆞᆫ、다自取라其亡ᄒᆞᆷ이、오히려緩晚ᄒᆞ다ᄒᆞᆯ거시오

또如干人民이存在ᄒᆞᆯ지라도自國은他人의物이、되야容接지、못ᄒᆞ고他國에流離코자ᄒᆞ나他國인들此無賴無義ᄒᆞᆫ亡國遺民을容留ᄒᆞ리오然ᄒᆞᆫ則一時에數千萬이、다餓死키도難ᄒᆞ고生活은無路ᄒᆞ야長夜乾坤에憂愁涕泣으로歲月을遣ᄒᆞᆯ지라、엇지寒心치、아니리오

第十六課　十二課　風俗三

風俗은等級을甚히分別ᄒᆞ야人才를登用치아니ᄒᆞᄂᆞᆫ故로國勢가弱ᄒᆞ고外人의辱을自取ᄒᆞᆫ다ᄂᆞᆫ句語

距今十二年前甲午에日淸戰爭時에我國에在ᄒᆞᆫ西國名士가上海西人의게寄書ᄒᆞ야世界에公佈ᄒᆞ니其言에曰朝鮮이亞細亞東에處ᄒᆞ야三面이距海ᄒᆞ고魚鹽이豐足ᄒᆞ며八道에山이多ᄒᆞ야林鑛이美盛ᄒᆞ고天時ᄂᆞᆫ寒暖이適宜ᄒᆞ고地脉은膏沃이彌望ᄒᆞ며兼ᄒᆞ야形勢가險固ᄒᆞ야攻守가兩便ᄒᆞ니實로天府의國이어ᄂᆞᆯ數十年間에政令이無常ᄒᆞ야百姓이塗炭에淪陷ᄒᆞ고內亂이接踵에外患이層疊ᄒᆞ니人和를旣失ᄒᆞ얏거든山川의美와城郭의固를엇지可恃ᄒᆞ리오大抵朝鮮의秕政을數列ᄒᆞ야大人의鑑戒를備ᄒᆞ노라

一은曰權貴가弄權ᄒᆞᆷ이니外戚과宦官이死黨을結ᄒᆞ야羽翼을成ᄒᆞ고諂諛로導寵ᄒᆞ야賢良의路를塞ᄒᆞ며賄賂로肥己ᄒᆞ야黜陟의綱을紊ᄒᆞᄂᆞᆫ故로內外官職이人才長短을不由ᄒᆞ고苞苴의多寡를視ᄒᆞ야貪官汚吏가全國에遍布ᄒᆞ니名은비록民의父母나其實은蠹國害民ᄒᆞᆷ이强盜보다甚ᄒᆞ고口ᄂᆞᆫ孔孟의道를稱ᄒᆞ니政은桀紂의事를行ᄒᆞ야朝夕貪饕에厭足을不知ᄒᆞᄂᆞᆫ故로富者ᄂᆞᆫ轉貧ᄒᆞ고貧者ᄂᆞᆫ溝壑에塡ᄒᆞ야農商이俱廢ᄒᆞ고盜賊이蜂起ᄒᆞ며官吏ᄂᆞᆫ專殺의威를逞ᄒᆞ고民庶ᄂᆞᆫ伸寃ᄒᆞᆯ路가無ᄒᆞ야積忿이山高에人心이瓦解ᄒᆞᄂᆞᆫ지라이에結黨作亂ᄒᆞ야一唱百和ᄒᆞ니小者ᄂᆞᆫ打家劫舍ᄒᆞ고大者ᄂᆞᆫ戕吏殺官ᄒᆞ거ᄂᆞᆯ此를叛逆이라責ᄒᆞᄂᆞᆫ者ᄂᆞᆫ腐儒의議論이라大抵在上ᄒᆞᆫ人은帝王으로브터小吏ᄭᅡ지萬民을爲ᄒᆞ야設ᄒᆞᆷ이오萬民이帝王과小吏를爲ᄒᆞ야設ᄒᆞᆷ이아니니비록帝王이라도百姓의性命財産을保護치아니ᄒᆞ고虐政을妄行ᄒᆞ면天獨夫라獨夫ᄂᆞᆫ其身을不保ᄒᆞ거든況官吏가엇지如此ᄒᆞ리오然則貪官汚吏ᄂᆞᆫ神人이共忿ᄒᆞᄂᆞ니殺ᄒᆞᆷ이何傷이리오然今朝鮮을論ᄒᆞᄂᆞᆫ者ㅣ官吏의罪를不問ᄒᆞ고官吏를助ᄒᆞ야擧義ᄒᆞᆫ民을罰ᄒᆞ면此ᄂᆞᆫ助桀爲虐이오

一은曰財源이窮塞ᄒᆞᆷ이니朝鮮의租稅法이定例ᄂᆞᆫ有ᄒᆞ나文具ᄲᅮᆫ이라貪官의收租ᄒᆞᆷ이任意增減ᄒᆞ야權勢가有ᄒᆞᆫ者ᄂᆞᆫ田産이비록富ᄒᆞ야도納稅가甚少ᄒᆞ고貧民의無告者ᄂᆞᆫ官吏의勒索을一任ᄒᆞ야豐年에飢渴을不免ᄒᆞ고凶歲에ᄂᆞᆫ死亡에至ᄒᆞ며況州郡守令은本來賄賂로營得ᄒᆞᆫ者라莅官後에俸祿이菲薄ᄒᆞ야衣

會며難足ᄒᆞ거든、엇지餘貲가有ᄒᆞ야買官ᄒᆞᆫ債를償ᄒᆞ리오故로百計暴斂홈이實로不得已ᄒᆞᆫ事오、또官籍에掛名ᄒᆞᆫ者ㅣ不可勝數라其能을問ᄒᆞ면所長이無ᄒᆞ고其職을問ᄒᆞ면所事가無ᄒᆞ야、오쟉百姓의膏血만食ᄒᆞᆯ뿐이오

一은曰刑罰의濫홈이니朝鮮刑律이中國을依倣ᄒᆞ얏스나其苛酷홈은中國보다尤甚ᄒᆞ야上으로[illegible]와下에小吏ᄭᆞ지、다生殺의權을操ᄒᆞ야常賤과奴隷ᄂᆞᆫ、비록冤枉ᄒᆞ야도赴愬ᄒᆞᆯ門이無ᄒᆞ고、또刑訊ᄒᆞᄂᆞᆫ例가盛行ᄒᆞ야一次被捉ᄒᆞ면、비록證據가無ᄒᆞ야도、반다시刑罰로勒供ᄒᆞ야殘虐ᄒᆞᆫ情形이人으로、ᄒᆞ야곰掩涕케ᄒᆞ고其國法을干犯ᄒᆞᆫ者ᄂᆞᆫ其父母妻子親戚을并戮ᄒᆞ니古所謂、夷三族、滅九族이今에復見ᄒᆞᆯ지라刑政의不公홈이至此ᄒᆞ거놀、오히려禮義之邦이라自稱ᄒᆞ니、엇지顔厚치아니리오朝鮮人이言ᄒᆞ되宋、明腐儒의書를讀ᄒᆞ고自稱禮義之邦이라ᄒᆞᄂᆞᆫ者ᄂᆞᆫ곳人間地獄이라ᄒᆞ니其語가、비록過激ᄒᆞ나、또ᄒᆞᆫ有理ᄒᆞ고

一은曰武備가廢弛홈이니朝鮮에도、또ᄒᆞᆫ武備가有ᄒᆞ나訓鍊ᄒᆞᄂᆞᆫ法과挾持ᄒᆞᄂᆞᆫ器械가다太古遺風이오、[illegible]軍令이不嚴ᄒᆞ야官兵이民財를刼奪ᄒᆞ며勢力을恃ᄒᆞ야小民을擾害ᄒᆞ다가及其礮聲을一聞ᄒᆞ면、다器械를棄ᄒᆞ고逃命ᄒᆞ며將

帥ᄂᆞᆫ孫吳兵書를能讀ᄒᆞ면、곳中選ᄒᆞᄂᆞ니大抵如此ᄒᆞᆫ兵과如此ᄒᆞᆫ將으로內亂을鎭定ᄒᆞ며外寇를防禦코쟈ᄒᆞ나此ᄂᆞᆫ羊을驅ᄒᆞ야狼과鬪홈이오

一은曰教育의失宜홈이니天이蒸民을生ᄒᆞ미貴賤의別이本無ᄒᆞ고王侯將相이엇지種子가有ᄒᆞ리오마ᄂᆞᆫ今에朝鮮陋習은貴族、中人、常人을三等에分ᄒᆞ야朝廷位祿이貴族掌握中에在ᄒᆞ고萬一不幸히常人된者ᄂᆞᆫ、비록孟軻、荀卿의賢과管仲、晏嬰의才라도能히越分ᄒᆞ야仕籍에登치、못ᄒᆞᄂᆞᆫ故로貴族은讀書를不貴ᄒᆞ야曰我ᄂᆞᆫ貴族이라富貴ᄂᆞᆫ我의自有ᄒᆞᆫ비니何必讀書ᄒᆞ리오、ᄒᆞ고其常人된者ᄂᆞᆫ曰我로、ᄒᆞ야곰才識이有ᄒᆞᆫ들榮祿을得享치、못ᄒᆞ리니讀書ᄒᆞ야何益고ᄒᆞ며、또讀書ᄒᆞᆫ다ᄂᆞᆫ者ᄂᆞᆫ其平生所讀이不過四書、三經이오所作은詩、賦、表、策이오至於天文、地理와算學、商業의一切富國强民ᄒᆞᄂᆞᆫ書籍은茫然히其書의名目도不知ᄒᆞ다가及其朝廷에立ᄒᆞ야輔君治民ᄒᆞᆯ時에ᄂᆞᆫ非但手足이罔措ᄒᆞᆯ뿐아니라、또行爲가盜跖으로、더브러伯仲間이라其治國ᄒᆞᄂᆞᆫ뒤所望이何有ᄒᆞ리오、ᄒᆞ얏스니

大抵西人의此書ᄂᆞᆫ、다만我國의近來事狀을觀ᄒᆞᆯ뿐이오古時文化를不知홈이라然

이나彼此易地ᄒᆞ야論ᄒᆞ면我가彼國에往ᄒᆞ얏다가我國今日과如히無虐無道ᄒᆞᆫ事를見ᄒᆞ면必然言ᄒᆞ되此ᄂᆞᆫ野蠻이라謂ᄒᆞᆯ지니然ᄒᆞᆫ즉我惡을不悛ᄒᆞ면國辱과民恥를免ᄒᆞᆯ日이無ᄒᆞ리로다

人民의家屋은極히卑陋ᄒᆞ다ᄂᆞᆫ句語

我國에圖讖을信ᄒᆞ야高麗太祖王建時에僧道詵秘記에曰山多ᄒᆞᆫ處에高屋을作ᄒᆞ면國祚에妨害ᄒᆞ리라、ᄒᆞ야至於王宮이라도低下處에建築ᄒᆞ고民家ᄂᆞᆫ、더욱矮小ᄒᆞ야萬一分毫라도其尺度에違ᄒᆞ면、곳論罪ᄒᆞᄂᆞᆫ故로高大壯麗ᄒᆞᆫ家屋이無ᄒᆞ고至於我朝ᄒᆞ야ᄂᆞᆫ其圖讖에惑ᄒᆞᆷ이尤甚ᄒᆞ야術者와方士를待ᄒᆞ기神明과如ᄒᆞ고喪葬吉凶諸事에、다擇日定時ᄒᆞ며甚ᄒᆞᆫ者ᄂᆞᆫ門外一步地에往ᄒᆞᆯ지라도吉凶을言ᄒᆞ며家屋建築時에ᄂᆞᆫ方位를擇ᄒᆞ고移安搬産各般事가、다拘節이多ᄒᆞ며、또家屋이壯麗ᄒᆞ면勢力人의佔奪이、될가念慮ᄒᆞ야極히低陋汚陷을爲主ᄒᆞᄂᆞᆫ故로一國의首府되ᄂᆞᆫ京城中에도一棟一宇가可히精好라ᄒᆞᆯ屋舍가無ᄒᆞᆫ지라故로建築事業에漸々拙陋ᄒᆞ야工業發達의影響이全無ᄒᆞ고或外國人의家屋이華麗ᄒᆞᆫ者를見ᄒᆞ면曰此ᄂᆞᆫ鬼工神斧로成ᄒᆞᆫ者오人才로ᄂᆞᆫ不能ᄒᆞ다ᄒᆞ니、곳數千年前三國時代의家屋과建築等事에比ᄒᆞ면、곳同日ᄒᆞ야語치、못ᄒᆞ겟고

物品은製造人이有ᄒᆞ나賞이無ᄒᆞ고勢力人이攘奪ᄒᆞᆫ다ᄂᆞᆫ句語

我國人이元來才思에富ᄒᆞ야精巧ᄒᆞᆫ物品을善造ᄒᆞ니即以上에言ᄒᆞᆫ바新羅時萬佛山과皇龍寺九層塔과百濟、高句麗의各般工業技藝가、다日本의先進이、되고高麗時의活字印刷와、밋磁器等物이、다一代에擅名ᄒᆞᆫ者라然이나近世에至ᄒᆞ야ᄂᆞᆫ精巧ᄒᆞᆫ物事를造作ᄒᆞ면、곳謂曰此人이妖妄ᄒᆞᆫ幻術이라ᄒᆞ고其人을凌轢ᄒᆞ야人類에不齒케ᄒᆞ며甚至於距今三十年前에ᄂᆞᆫ古山子라ᄒᆞᄂᆞᆫ人이全國地圖를作ᄒᆞ미、곳其人의平生心力을盡ᄒᆞᆫ者어ᄂᆞᆯ某權家에서言ᄒᆞ되此物이外國에流出ᄒᆞ면外國이我의地理를知ᄒᆞ야、곳長驅大進ᄒᆞᆯ지니此人을留ᄒᆞ면國家禍根이라ᄒᆞ야其人을下獄撲殺ᄒᆞ며、또何處何地에善美ᄒᆞᆫ良工이有ᄒᆞ다ᄒᆞ면其人을役使ᄒᆞ다가、다만賞이無ᄒᆞᆯ뿐아니라各勢家가互相猜妬ᄒᆞ야其人을殺ᄒᆞᄂᆞᆫ데至ᄒᆞᄂᆞᆫ故로、비록才藝가有ᄒᆞ야도敢히世人의게向ᄒᆞ야言치、못ᄒᆞ니此ᄂᆞᆫ禍及ᄒᆞᆯ가恐ᄒᆞᆷ이오大抵我國人이自幼로所習이聖賢의高等學問만讀ᄒᆞᆫ지라故로邁倫超羣ᄒᆞᆫ理致思想만知ᄒᆞ고切實適用ᄒᆞᆫ經濟事業을不知ᄒᆞ야此에致ᄒᆞᆷ이라

昔에孔子는聖人이라然이나其言에曰我는鄙事에能혼者ㅣ多호다호시니然則聖賢되는者ㅣ鄙事를全棄홈이아니오、또自古英雄豪傑도卑賤혼事를親執혼者ㅣ多호거놀獨히我國人은浮虛高尙혼文具로風俗을成호야愚昧暗黑혼時代를自作호니、엇지慨然치、아니리오

人民이共同利益을不知호야道路가醜惡호다는句語

古昔支那春秋時에周國使臣單子가陳에往使호얏다가歸호야曰道路가不治호니陳國이亡호리라、호얏스니大抵道路는人民이共同히由行호는處라一人一家보다、더욱重要혼지라故로西洋各國과東洋의日本은道路가精潔홈이、곳世外仙區와如호니故로他國人이我國에來혼ㅣ者皆曰此는人間이아니오、곳畜類世界라道路ᄭ지暗黑野蠻을免치、못혼다、호니라

學校가無호다는句語

수에西洋各國에學校는或百家、或五百家村落에、다學堂을建立호야子弟를入케호니其懶惰호야入學지、아니호는者는其父兄을罰호고、또其學問이全혀人生日用事物及天下形勢를知호는學問이어놀我國은學校가無홀뿐아니라其有호다홈도、

또支那의太古荒唐혼事蹟과幷히聖賢의奧妙難解혼古書를讀케호야兒童으로、호야곰其蚩蚩혼精神을此에消磨케호야其學者라호는者는世事를全然不知호고、오작夏、殷、周三代及秦、漢、唐을言호다가外人을遇호면畏호기虎狼과如호며其不然者는、또惡호기蛇蝎과、갓치視호야全國이、다消亡호야도自奮치、아니호고、오작古昔腐朽혼事만言호느니

大抵我國에도高句麗時에는街里의廝養卒이라도各其醵金을出호야學堂을建호니名曰局堂이오子弟를敎育호얏스니其時에隋、唐을連勝홈도此에서出홈이라

荒蕪地가全國에太半이라호는句語

我國人이耕墾홀才思가無홈은、아니로되萬一、一人이起耕호야稍히畎畝가成호면勢力人이攘奪호야畢竟性命ᄭ지保全치、못호고、또不然호면重稅를徵호야其人으로、호야곰本錢ᄭ지虧欠호고、또政府가壓奪로爲主호는故로民心이離畔호야今日에、비록此處에在호나明日은何處로去홀지不知호는지라故로樂土홀心이無호야自然荒蕪地가多호니라

卽今西洋各國도數十年前에는我國과同호다는句語

法國은百十年前에政治의惡ᄒᆞᆷ이我國과同ᄒᆞ고士子의無識도、또ᄒᆞᆫ甚ᄒᆞᆫ지라故로英國人이言ᄒᆞ되法國士子ᄂᆞᆫ其容貌만見ᄒᆞ야도其無識無智ᄒᆞᆷ을知ᄒᆞᆫ다、ᄒᆞ더니拿破崙이生ᄒᆞ야當時에歐洲各國을壓服ᄒᆞ고文明事業을發達ᄒᆞ야至今世界에셔其功効를得ᄒᆞᆫ者ㅣ多ᄒᆞ고德國은距今百一年前에法皇拿破崙의게敗ᄒᆞᆫ바、되야全國의半을割予ᄒᆞ고國이幾亡ᄒᆞ더니賢人綿蘇丹이國民을敎育ᄒᆞ야距今四十七年前에法人을大勝ᄒᆞ야前日羞恥를一洗ᄒᆞ고天下의第一等國이、되얏고意大利ᄂᆞᆫ其君臣이愚暗ᄒᆞ야人民을虐待ᄒᆞ다가君臣이、다被逐ᄒᆞ더니距今三十年前에政治를改ᄒᆞ야歐洲各國中에列ᄒᆞ고日本은四十年前에西人의게被制ᄒᆞ다가國人이奮發ᄒᆞ야至今東西洋에强國이、되니라

今에我國으로言ᄒᆞ면以上各國時代와逈異ᄒᆞᆫ지라人民이稍히奮發ᄒᆞ야頑陋ᄒᆞᆫ舊習을改ᄒᆞ고自由思想을養成ᄒᆞ며外國의交際를善케ᄒᆞ면兵刃이無ᄒᆞ야도國權이自然恢復ᄒᆞ야獨立이、되겟거ᄂᆞᆯ、다만我人이愚昧頑固ᄒᆞ야自暴自棄ᄒᆞᄂᆞᆫ故로外人의侮辱을自取ᄒᆞᆷ이오、또我國이東洋樞要地에處ᄒᆞ야東西洋에、다關係가有ᄒᆞᆫ故로久히一國壓制를受치、아닐지니、오작我國民된者ㅣ我의思想을一變ᄒᆞ야他國과、

갓치獨立自由ᄒᆞᆫ氣性을養成ᄒᆞ면不過數十年에他國에不讓ᄒᆞ리로다

第十八課 十九課 國家二 第二十課 國民의權利

國民敎育會新刊國民須知原本

國家本義

國家ᄂᆞᆫ國民萬姓의共同躰니君主一人의私有物이、아니라故로其本義를釋ᄒᆞ면土地曰國이오人民曰家니此二者를合稱ᄒᆞᆷ이라然ᄒᆞ나土地와人民이有ᄒᆞ야도國家라遽稱ᄒᆞ기不能ᄒᆞ야政治가組織ᄒᆞᆫ後에可ᄒᆞ니政治組織은何를謂ᄒᆞᆷ인고政府를設ᄒᆞ야治躰를立ᄒᆞᆷ을謂ᄒᆞᆷ이니君主國에ᄂᆞᆫ帝王이有ᄒᆞ고共和國에ᄂᆞᆫ統領이有ᄒᆞ야其下에百般政令을擧行ᄒᆞᄂᆞᆫ大小官吏가國家事務를辦理ᄒᆞᆯ지니萬一不然ᄒᆞ면此ᄂᆞᆫ水草를逐移ᄒᆞᄂᆞᆫ部落의烏合人衆이라、엇지國家躰制를成ᄒᆞ리오昔에漢士孟子ᄂᆞᆫ曰民이重ᄒᆞ고社稷이其次오君이또其次라ᄒᆞ니其謂ᄒᆞᆫ바民과社稷은即國家를謂ᄒᆞᆷ이니然즉國家及君主의先後輕重可知ᄒᆞᆯ지니라

國家及皇室의分別

世人이國家及皇室의分別을不知ᄒᆞ고國家를擧ᄒᆞ야君主一身으로視ᄒᆞ니此ᄂᆞᆫ專制

惡風에浸染ᄒᆞ야其迷想謬解를不破ᄒᆞᆷ이라大抵君主ᄂᆞᆫ國家統治者라謂ᄒᆞᆷ은可ᄒᆞ되國家를私有ᄒᆞᆫ엿다ᄒᆞᆷ은不可ᄒᆞ니譬컨ᄃᆡ地方에官長을置ᄒᆞᆷ은其地方을統治ᄒᆞᆷ이오其地方을私有ᄒᆞ라ᄒᆞᆷ은아니니國家에君主를置ᄒᆞᆷ도國家를統治ᄒᆞ라ᄒᆞᆯ뿐이오國家를私有ᄒᆞ라ᄒᆞᆷ은아니라君主로써國家라ᄒᆞᆯ진ᄃᆡ人生의自然ᄒᆞᆫ道를悖ᄒᆞᆷ지니天下에엇지此理가有ᄒᆞ리오

또人生은百歲에不過ᄒᆞ거니와國家ᄂᆞᆫ千萬年에亘ᄒᆞᄂᆞ니然ᄒᆞᆫ즉皇室의興亡으로써國家의興亡이라謂ᄒᆞᆷ은國家本義를不知ᄒᆞᆷ이라彼支那(支那ᄂᆞᆫ淸國土古名稱)의歷代를觀ᄒᆞᆯ진ᄃᆡ三代以後로皇室의把作가甚多ᄒᆞ되支那의國家ᄂᆞᆫ依然히自在ᄒᆞ야其曰夏、殷、周、秦、漢、隋、唐이라ᄒᆞᄂᆞᆫ所謂國號ᄂᆞᆫ其時皇室의一時私稱이오支那國家의萬世不易ᄒᆞᄂᆞᆫ公稱은、아니라

故로國家가亡ᄒᆞᆫ다ᄒᆞᆷ은近世波蘭과갓치國土가分裂ᄒᆞ야他國의郡縣이、되고國民이分隷ᄒᆞ야他國의臣妾되ᄂᆞᆫ者를謂ᄒᆞᆷ이라英吉利의現今阿老倭王室이前朝의窩秋阿의王室을代ᄒᆞᆷ은其王室이變易ᄒᆞᆷ이오英吉利國家의亡ᄒᆞᆷ이、아니며法蘭西의貴本王室及拿坡崙皇室이亡ᄒᆞ고民主政體가興ᄒᆞᆷ은其政體가變更ᄒᆞᆷ이오法蘭西의國

家가亡ᄒᆞᆷ은아니니、이런故로土地人民이他國管轄에不歸ᄒᆞᆯ진ᄃᆡ其國內의皇室變易과政體變更으로써國家가亡ᄒᆞᆫ다謂ᄒᆞᆷ이不可ᄒᆞ니

昔에法蘭西國王路易十四世ᄂᆞᆫ驕矜自恣ᄒᆞ야常曰朕身이即國家라ᄒᆞ야生殺與奪을任意로行ᄒᆞ고限制ᄒᆞᄂᆞᆫ惡德이甚ᄒᆞ더니其孫王에及ᄒᆞ야ᄂᆞᆫ國民이離叛ᄒᆞ야貴本王室이滅絶ᄒᆞ니歐洲의政治家가至今도루路易王의一言을誚罪ᄒᆞ야曰國家의大逆不道라ᄒᆞ며昔普魯士國大王厚禮斗益은小心翼畏ᄒᆞ야曰朕은國家의上等雇用人이오國庫를管理ᄒᆞᄂᆞᆫ者라秋毫라도濫用ᄒᆞᆯ진ᄃᆡ罪가甚大ᄒᆞ다ᄒᆞ고法規를立ᄒᆞ며德政을修ᄒᆞ야國民이愛戴ᄒᆞᆫ故로至今ᄭᆞ지歷代嗣王이繁昌ᄒᆞᆫ福祿을享ᄒᆞ니厚禮斗益大王의言은國家及皇室의分別을明定ᄒᆞ야萬世의龜鑑이、될지라故로歐洲人이稱ᄒᆞ야曰憲法의始祖라、ᄒᆞ니라

國家及政府의關係

國家ᄂᆞᆫ一活物이라動作이有ᄒᆞ고動作을司ᄒᆞᄂᆞᆫ者ᄂᆞᆫ即政府니故로政府ᄂᆞᆫ君主의命令을奉ᄒᆞ야國家事務를行ᄒᆞᄂᆞᆫ者오國家事務ᄂᆞᆫ國民全体의關係가、되ᄂᆞ니然則國家事務ᄂᆞᆫ곳國民의各其自己事어ᄂᆞᆯ奈何로自行自辦치、아니ᄒᆞ고政府의擧措를待ᄒᆞ

ᄂᆞ고凡人間事業은大小難易公私의別이有ᄒᆞ야一人의己가行ᄒᆞᆯ者도有ᄒᆞ고行치못ᄒᆞᆯ者도有ᄒᆞ니政府ᄂᆞᆫ國民의自行치못ᄒᆞᆯ者를代行ᄒᆞᆷ이라今에其例를擧ᄒᆞ건ᄃᆡ國家의內憂及外患을防禦코자ᄒᆞ면武力을準備ᄒᆞᆯ지니此ᄂᆞᆫ一私人이能行치못ᄒᆞᆯ者오또國家의公道及秩序를維持코자ᄒᆞ면法律을準備ᄒᆞᆯ지니此亦一私人의可能ᄒᆞᆫ者ㅣ아니라故로天下事가共同利害에關ᄒᆞᄂᆞᆫ者ᄂᆞᆫ 또ᄒᆞᆫ共同力과湊合力을不資ᄒᆞ면不得ᄒᆞᄂᆞ니此로由ᄒᆞ야觀ᄒᆞ면國民이其自行치못ᄒᆞᆯ者를政府에托ᄒᆞ야行ᄒᆞᆯ지니如此ᄒᆞᆫ즉政府官吏ᄂᆞᆫ 또ᄒᆞᆫ國民의雇傭이라謂ᄒᆞᆯ지라 이런故로政府ᄂᆞᆫ一邊으로君主의命令을受ᄒᆞ고 또一邊으로ᄂᆞᆫ國民에對ᄒᆞ야責任을負ᄒᆞᄂᆞ니라

君主及政府의權限

君主ᄂᆞᆫ一國의最尊에居ᄒᆞ며最大權을執ᄒᆞ니其位ᄂᆞᆫ無上이오其權은無限이라然이나國民이無ᄒᆞᆯ진ᄃᆡ其位其權이何處를從ᄒᆞ야生ᄒᆞ리오故로君主가其位其權이有ᄒᆞᆷ은國民이有ᄒᆞᆫ故오 또國家事務를統治ᄒᆞ기爲ᄒᆞ야至尊最大ᄒᆞᆫ者가 되미니萬一不然ᄒᆞ면空位와虛權뿐이라何貴가有ᄒᆞ리오大抵君主가國家를統治ᄒᆞᄂᆞᆫ時에千差萬別ᄒᆞᆫ巨細情形이 다만一人의聰明으로ᄡᅥ能盡치 못ᄒᆞᆯ지라故로其翊贊協助ᄒᆞᆯ者

를求ᄒᆞᄂᆞ니此ᄂᆞᆫ政府를建設ᄒᆞᄂᆞᆫ本意오其建設ᄒᆞᄂᆞᆫ制度ᄂᆞᆫ立ᄒᆞ야各官의職事를定ᄒᆞ며系統을分ᄒᆞ야各職의官權을劃ᄒᆞ고才能賢俊ᄒᆞᆫ人士를擧ᄒᆞ야其事에各任ᄒᆞ며其權을各授ᄒᆞ야互相逾越치못게 ᄒᆞᄂᆞ니他人의職事를侵ᄒᆞ면此ᄂᆞᆫ其人이專恣ᄒᆞᆷ이오自己의權限을失ᄒᆞ면此ᄂᆞᆫ其任을不勝ᄒᆞᆷ이라政治의紊亂이此에서始ᄒᆞ며大抵各官의權은다君主大權에서分出ᄒᆞᆫ者니君主가政府大官을任ᄒᆞᆯ時ᄂᆞᆫ其大權의一部를委任ᄒᆞ야委任ᄒᆞᆫ以後ᄂᆞᆫ君主라도此를侵奪치 못ᄒᆞᆯ거시오萬一其人이其任을不勝ᄒᆞᆯ진ᄃᆡ其職을黜免ᄒᆞᆷ과其權을收回ᄒᆞᆷ은可커니와其職을仍置ᄒᆞ고其權을不與ᄒᆞᆷ은不可ᄒᆞ며 또大臣의道ᄂᆞᆫ國家重任을受ᄒᆞ얏스니 맛당히君心의非를格ᄒᆞ야邪道入치 못게ᄒᆞᆯ거시오 또君主가人臣의權을侵奪ᄒᆞ면此ᄂᆞᆫ人臣이君主의權을擅弄ᄒᆞᆷ과同ᄒᆞ야國家의亂階를成ᄒᆞᄂᆞ니故로守令을鬻賣ᄒᆞᄂᆞᆫ事로君主의게만歸咎치 말지라此ᄂᆞᆫ內部大臣이其官權을不守ᄒᆞᄂᆞᆫ罪오國庫를濫竭ᄒᆞᄂᆞᆫ事로君主의게만歸咎치 말지라此ᄂᆞᆫ度支大臣이其官權을自棄ᄒᆞᄂᆞᆫ罪니凡政府의各當爲ᄂᆞᆫ다此와同ᄒᆞ야人臣이其官權을受ᄒᆞᆫ後에ᄂᆞᆫ君主의侵奪을不受ᄒᆞ야鈇鉞의威도不畏ᄒᆞ며鼎鑊의禍도勿怵ᄒᆞ고毅然히吾道를守ᄒᆞ다가君主의怒를觸ᄒᆞ야黜免과誅戮을當ᄒᆞᆯ지라도

其志를不顧ᄒᆞ며其後任된者ㅣ또前人의轍을蹈ᄒᆞ야一人이如此ᄒᆞ고十人이如此ᄒᆞ면,비록桀紂의威暴라도奈何치,못ᄒᆞ게거ᄂᆞᆯ今에小人의類ᄂᆞᆫ其隙을乘ᄒᆞ야巧言令色으로其意를迎ᄒᆞ며其惡을逢ᄒᆞ야卑劣自賤ᄒᆞᆷ이君主의奴隷가,되고馴易無知ᄒᆞᆷ이君主의犬馬가,되ᄂᆞᆫ지라故로君主ᄂᆞᆫ其縱恣ᄒᆞᄂᆞᆫ意를承順ᄒᆞᆷ으로,써喜ᄒᆞ야曰此ᄂᆞᆫ吾의順良ᄒᆞᆫ臣이오曩者朕命을抗ᄒᆞ던臣은倔强跋扈ᄒᆞᄂᆞᆫ類라ᄒᆞ야,다踈斥ᄒᆞ고奸慝ᄒᆞᆫ輩가朝廷에充滿ᄒᆞ며淸直自持ᄒᆞᄂᆞᆫ者를構陷鋤盡ᄒᆞᄂᆞ니如此ᄒᆞᆫ時에ᄂᆞᆫ君主가,비록善코자ᄒᆞ나左右가다惡人이라誰로,더브러善ᄒᆞ며君主가惡코자ᄒᆞ나左右가다善人이면誰로,더브러惡ᄒᆞ리오故로君主의善惡은다左右의助成ᄒᆞᄂᆞᆫ비니라

古今歷代와東西列國의治亂興亡을考ᄒᆞ건ᄃᆡ支那의堯舜治世와桀紂亂時ᄂᆞᆫ其君臣의關係가何如ᄒᆞ며其以下漢唐宋明의盛時及衰世ᄂᆞᆫ其君主의關係가何如ᄒᆞ뇨此ᄂᆞᆫ다史牒에昭著ᄒᆞᆫ者오、다시歐洲往事로論ᄒᆞᆯ지라도英吉利의須秋阿의王室이君權을濫用ᄒᆞ다가亡ᄒᆞ고法蘭西의寶本土室도王權을專橫ᄒᆞ다가滅ᄒᆞ니大抵君主가官吏의權을侵奪ᄒᆞ면此ᄂᆞᆫ君主의至尊無上ᄒᆞᆫ權을放棄ᄒᆞᆷ이라王室의威嚴이此를因ᄒᆞ야墮ᄒᆞ며朝著의紀綱이此를由ᄒᆞ야紊ᄒᆞ고其勢가浸漫히官府을公賣ᄒᆞ며賦稅가煩

苛ᄒᆞ야國民의沸騰ᄒᆞᆫ怨이革命의大亂을醸成ᄒᆞᄂᆞ니此時에ᄂᆞᆫ萬乘의尊으로도匹夫가,되지못ᄒᆞᆯ지라此ᄂᆞᆫ其原因이君主가暫時의快樂으로私慾을縱ᄒᆞ다가此에至ᄒᆞᆷ이니故로其君을愛ᄒᆞᄂᆞᆫ者ᄂᆞᆫ官權을固守不撓ᄒᆞ야上下의分을明ᄒᆞᄂᆞ니孟子ㅣ曰吾君不能을賊이라謂ᄒᆞᆫ다ᄒᆞ니此ᄂᆞᆫ凡事에吾君이能치,못ᄒᆞ리라,ᄒᆞ야其過를匡救치,아니ᄒᆞᆫ다,ᄒᆞᆷ이라

國民及政府의關係

國民이有ᄒᆞᆫ後에政府가有ᄒᆞ니故로政府ᄂᆞᆫ國民을爲ᄒᆞ야建設ᄒᆞᆫ者라人이羣을成ᄒᆞ야國이,되얏슨즉國內事務ᄂᆞᆫ即其人民의事務오君主ᄂᆞᆫ一國統治者가,되ᄂᆞᆫ故로其事務를處理키爲ᄒᆞ야政府官吏를置ᄒᆞ얏스니政府官吏된者ㅣ其事務에相當ᄒᆞᆫ權이無ᄒᆞ면不可ᄒᆞᆫ지라故로凡民에比ᄒᆞ야ᄂᆞᆫ其地位가高ᄒᆞ고勢力이大ᄒᆞ니即一種地位及勢力이有ᄒᆞᆫ雇傭人이오、또官吏ᄂᆞᆫ君主의治를佐成ᄒᆞᄂᆞᆫ者라故로曰管治者라ᄒᆞ고人民은君主의治를承受ᄒᆞᄂᆞᆫ者라故로曰被治者라ᄒᆞ니古人의謂ᄒᆞᆫ바君子野人의別이此라然이나管治者가,되ᄂᆞᆫ官吏도其國의人이오被治者가,되ᄂᆞᆫ人民도其國의人이니一切國民의智識氣力이高尙活潑ᄒᆞᆫ然後에야政府에立ᄒᆞᆫ者ㅣ賢能才俊이多

ᄒᆞ거니와萬一不然ᄒᆞ야全國風俗이頑愚蒙昧ᄒᆞᆯ진ᄃᆡ暢明通達ᄒᆞᆫ官吏가何處에셔生ᄒᆞ리오設或一二人의超絕ᄒᆞᆫ者가有ᄒᆞᆯ지라도、곳滄海一粟이라何益이有ᄒᆞ리오故로曰惡民上에良政府가無ᄒᆞ고良民上에惡政府가無ᄒᆞ다、ᄒᆞᄂᆞ니라

君主와主權

國家가有ᄒᆞᆫ즉主權이有ᄒᆞ고主權이無ᄒᆞᆫ즉國家도無ᄒᆞᄂᆞ니故로國家와主權은相須ᄒᆞ야立ᄒᆞ고須臾도分離치、못ᄒᆞᆯ지라大抵國家ᄂᆞᆫ衆民의合成躰오主權은衆民의合成力이니君主가其合成躰되ᄂᆞᆫ國家ᄅᆞᆯ代表ᄒᆞ얏슨즉其合成力되ᄂᆞᆫ主權을握持ᄒᆞ얏거니와民主國에在ᄒᆞ야ᄂᆞᆫ其權이議院에歸ᄒᆞ고君主國이라도其權이君主及議院에在ᄒᆞ고君主一人에만不屬ᄒᆞᄂᆞ니此ᄂᆞᆫ各其國躰ᄅᆞᆯ隨ᄒᆞ야異同이有ᄒᆞᆷ이오大抵主權이라ᄒᆞᆷ은何謂오曰主權은其上에他權을不容ᄒᆞ야國家諸權의本源되ᄂᆞᆫ者니此ᄅᆞᆯ分言ᄒᆞ야曰內用主權이오曰外用主權이라、ᄒᆞᄂᆞ니

內用主權은內國統治ᄒᆞᄂᆞᆫ大權이니立法、行政、司法이다此主權의指揮作用에出ᄒᆞᆷ이니立法은法制製定을謂ᄒᆞᆷ이오行政은政令頒行을謂ᄒᆞᆷ이오司法은訴訟判決을謂ᄒᆞᆷ이니凡此三者ᄂᆞᆫ國家千萬事務ᄅᆞᆯ包括ᄒᆞ야巨細가不遺ᄒᆞ고大小가畢備ᄒᆞ야外

國의干涉을不許ᄒᆞᆯ뿐더러萬一妨害ᄒᆞᄂᆞᆫ者가有ᄒᆞ면排遏防禦ᄒᆞᄂᆞ니一毫라도自國의主權을屈ᄒᆞ면此ᄂᆞᆫ其國家의威ᄅᆞᆯ自損ᄒᆞᆷ이오

外用主權은外國交涉ᄒᆞᄂᆞᆫ大權이니使臣의派送及接受와條約의締結及改訂과宣戰及媾和等事ᄅᆞᆯ謂ᄒᆞᆷ이라一國內에ᄂᆞᆫ其主權을自行ᄒᆞ고他國의主權을不容ᄒᆞ나然ᄒᆞ나文明이未洽ᄒᆞᆫ國은他國과條約을締結ᄒᆞ야外國人民이通商港口에來居ᄒᆞᄂᆞᆫ時에文明諸國이其國의法律이未完ᄒᆞᆷ과政令이未善ᄒᆞᆷ을見ᄒᆞ고自國臣民을爲ᄒᆞ야治外法權을求ᄒᆞᄂᆞ니治外法權이라ᄒᆞᄂᆞᆫ者ᄂᆞᆫ假令何國人이我韓國內에在ᄒᆞ야罪ᄅᆞᆯ犯ᄒᆞ거든我韓의法律로懲治치、못ᄒᆞ고各各其國法律로懲治ᄒᆞᆷ이니此ᄂᆞᆫ我韓이治外法權을各國에許ᄒᆞᆷ이라故로此ᄂᆞᆫ恥辱의極ᄒᆞᆷ이니法律을明定ᄒᆞ야其法權을恢復ᄒᆞᆷ이國家의當務오其法權을自行치、못ᄒᆞᄂᆞᆫ時ᄂᆞᆫ外國人이開港地外에居住ᄒᆞᆷ을勿許ᄒᆞ며內地商販을勿許ᄒᆞ며、또鐵道、礦山、電信、森林、漁採等一切行政事務에關ᄒᆞᆫ者ᄅᆞᆯ勿許ᄒᆞᆯ지니大抵何國人이든지我法으로써拘束지、못ᄒᆞᆯ진ᄃᆡ犯罪者가有ᄒᆞᆫ時에巡檢且엇지處置ᄒᆞ리오他國人民이內地에入居ᄒᆞᄂᆞᆫᄃᆡ로他國의巡檢及憲兵이自國人民을保護ᄒᆞᆫ다稱ᄒᆞ고內地에橫行ᄒᆞᆯ지니此ᄂᆞᆫ他國의主權이我國에行ᄒᆞᆷ이라大抵

一國內에二主權이有ᄒᆞ면、一國에二王이有ᄒᆞᆷ과如ᄒᆞ고如此ᄒᆞᆫ時에ᄂᆞᆫ不學無知ᄒᆞᆫ人民이土地山林을外國人의게放賣ᄒᆞ며、又外國人을符同ᄒᆞ야內國主權을損傷ᄒᆞᄂᆞᆫ事가多ᄒᆞ리니故ㅣ言ᄒᆞ고此事ᄂᆞᆫ其罪가叛國家의大逆不道라、ᄒᆞᆯ지니라

國民의義務

國民되ᄂᆞᆫ大責任은國家의生活을維持ᄒᆞᆷ과國家의權利를保護ᄒᆞ기에在ᄒᆞ니其責任은義務오其義務ᄂᆞᆫ則服從이라服從이라ᄒᆞᄂᆞᆫ者ᄂᆞᆫ國家의正當ᄒᆞᆫ法律命令을遵奉ᄒᆞᆷ이니其義務中最大ᄒᆞᆫ者ᄂᆞᆫ二가有ᄒᆞ니曰稅納義務오曰兵役義務니

稅納義務를論ᄒᆞᆯ진ᄃᆡ國家萬般事務에財用을不須ᄒᆞᄂᆞᆫ者ㅣ無ᄒᆞ야其一動一靜과一擧一止가다此에서出ᄒᆞᄂᆞ니官吏를置ᄒᆞᄂᆞᆫᄃᆡ俸給을不授ᄒᆞᆷ이不可ᄒᆞ고學校를設ᄒᆞᄂᆞᆫᄃᆡ經費를不定ᄒᆞᆷ이不可ᄒᆞ며兵士를養ᄒᆞᄂᆞᆫᄃᆡ糧餉을不辦ᄒᆞᆷ이不可ᄒᆞ고、又道路山林과其他一切行政에關ᄒᆞᆫ事項도其施行을應ᄒᆞ야經用이皆有ᄒᆞ거ᄂᆞᆯ政府ᄂᆞᆫ財物을產出ᄒᆞᄂᆞᆫ者가아니오、반ᄃᆞ시國民의게取ᄒᆞ야其需用에應ᄒᆞᆯ지라然ᄒᆞᆫ즉國民이國家事務를爲ᄒᆞ야其財를出ᄒᆞᆷ은國家生活을維持ᄒᆞᄂᆞᆫ義務라然이나政府가國民의

財를取用ᄒᆞᄂᆞᆫ道가一定ᄒᆞᆫ法이無ᄒᆞ면不可ᄒᆞᆫ지라故로稅法을定ᄒᆞᆷ이니多取ᄒᆞ면民力을耗ᄒᆞ고少取ᄒᆞ면國用이窘ᄒᆞᄂᆞᆫ故로政府가國民의貧富程度를察ᄒᆞ야適中ᄒᆞᆫ法을定ᄒᆞ야土地家屋으로브터千萬事物에至ᄒᆞ기ᄭᆞ지各其額을示ᄒᆞᄂᆞᆫ稅率이有ᄒᆞ며期限이有ᄒᆞ야其取用ᄒᆞᄂᆞᆫ方便이有ᄒᆞᆫ지라、이에國民되ᄂᆞᆫ者ᄂᆞᆫ其率을應ᄒᆞ야其限에納ᄒᆞᆷ이其義務에當然ᄒᆞᆫ者니萬一怠滯ᄒᆞ거나逃免ᄒᆞᆯ진ᄃᆡ此ᄂᆞᆫ國民되ᄂᆞᆫ義務를自棄ᄒᆞᆷ이오

兵役義務로言ᄒᆞᆯ진ᄃᆡ國家의防守ᄂᆞᆫ全國人民協同力에在ᄒᆞ니國民의第一責任이此에서大ᄒᆞᆫ者가無ᄒᆞᆯ지라內國의亂暴를鎭壓ᄒᆞ며外國의侵畧을備禦ᄒᆞ야國家의安危利害를擔當ᄒᆞᆷ은國民이各其自己의事니故로貴賤貧富를無論ᄒᆞ고其國에居ᄒᆞᆫ者ᄂᆞᆫ다其國의兵이라然이나人類社會에事業이千途萬岐로人生의要需가多ᄒᆞ거ᄂᆞᆯ萬一士農工商이各各其業에就ᄒᆞᆫ者가無ᄒᆞ고、오작兵事一途에만赴ᄒᆞ면國家의生活이何依ᄒᆞ야立ᄒᆞ리오、이에其丁年中男子의身體强壯ᄒᆞᆫ者를擇ᄒᆞ야兵役에就케ᄒᆞᆯ식二年或四年의期限으로其衣食을國家로셔給ᄒᆞ고技藝를精鍊케ᄒᆞ며營舍에屯駐케ᄒᆞ다가期滿ᄒᆞᆫ後에放歸ᄒᆞ되料錢은一分도不給ᄒᆞᄂᆞ니此ᄂᆞᆫ國民이兵役에就ᄒᆞᆷ은其

分內義務라料金을受ᄒᆞᆯ진ᄃᆡ此ᄂᆞᆫ自己事에他人의給料ᄅᆞᆯ求ᄒᆞᆷ과同ᄒᆞ니、엇지可타、ᄒᆞ리오然ᄒᆞ나幽明치못ᄒᆞᆫ國民은兵役에就ᄒᆞ야其給料ᄅᆞᆯ政府에仰ᄒᆞᆷ이當然ᄒᆞᆫ事로視ᄒᆞ니不思ᄒᆞᆷ이甚ᄒᆞ도다大抵給料兵役은名曰雇兵이라國民되ᄂᆞᆫ義務로國家ᄅᆞᆯ防禦ᄒᆞ기爲ᄒᆞᆷ이아니오、곳其身을金錢에賣ᄒᆞᆷ이니故로勇武ᄒᆞᆫ氣力이乏ᄒᆞ고忠義의本分이欠ᄒᆞ야敵을遇ᄒᆞ면恐怯ᄒᆞᆫ醜態로不戰ᄒᆞ고逃走ᄒᆞ야其生을苟求ᄒᆞᄂᆞ니如此ᄒᆞ고其國이强ᄒᆞᆷ을求코자ᄒᆞᆫᄃᆞᆯ得ᄒᆞ리오大抵强者가勝ᄒᆞ고劣者가滅ᄒᆞᆷ은人事의定則이오況今日은競爭世界라國家의武力이不足ᄒᆞ면其權及利益을保護키難ᄒᆞᆯ지니故로國民이一定ᄒᆞᆫ年限間에兵役에就ᄒᆞᆷ은天生ᄒᆞᆫ人民義務니라

國民의權利　第二十課參看

人이世上에生ᄒᆞ미其權利가有ᄒᆞ니權利라ᄒᆞᄂᆞᆫ者ᄂᆞᆫ天授ᄒᆞᆫ正理라人이人되ᄂᆞᆫ本分이니此ᄅᆞᆯ失ᄒᆞ면人됨을不得ᄒᆞᄂᆞᆫ故로君이此ᄅᆞᆯ臣의게奪치、못ᄒᆞ고父가此ᄅᆞᆯ子의게奪치、못ᄒᆞᄂᆞᆫ지라人의動靜行爲가다其權利에準ᄒᆞ야天子로브터庶人에至ᄒᆞ기ᄭᆞ지各其固有ᄒᆞᆫ範圍에不逾ᄒᆞᆷ이可ᄒᆞ니萬一々步라도其軌限에出ᄒᆞᆯ진ᄃᆡ不義無道ᄒᆞᆫ事가層生疊起ᄒᆞᄂᆞᆫ故로各人이各其正當ᄒᆞᆫ權利ᄅᆞᆯ守ᄒᆞ야互相不侵ᄒᆞᆫ然後에國家의安寧과社會의秩序가保維着ᄒᆞ야紊亂顚倒ᄒᆞᄂᆞᆫ患이無ᄒᆞ리니人이萬一他人의權利ᄅᆞᆯ犯ᄒᆞ면他人도、ᄯᅩᄒᆞᆫ其權利ᄅᆞᆯ犯ᄒᆞᄂᆞᆫ지라故로自己의權利ᄅᆞᆯ愛ᄒᆞᄂᆞᆫ者ᄂᆞᆫ他人의權利ᄅᆞᆯ、ᄯᅩᄒᆞᆫ愛ᄒᆞᄂᆞ니

國家의法律은國民權利ᄅᆞᆯ保護코자ᄒᆞ야設ᄒᆞᆷ이라故로人의權利ᄅᆞᆯ侵犯ᄒᆞᄂᆞᆫ者ᄂᆞᆫ法律로ᄡᅥ防禁ᄒᆞᄂᆞ니此ᄂᆞᆫ人間의千罪萬惡이다權利ᄅᆞᆯ侵犯ᄒᆞᄂᆞᆫ데셔出ᄒᆞᆷ이라大抵國君의失德과官吏의虐政도다此에셔由ᄒᆞ고人民의爭鬪攘奪도其歸結이다此에셔出ᄒᆞᄂᆞ니苛斂竊盜ᄂᆞᆫ人의財産權利ᄅᆞᆯ犯ᄒᆞᆷ이오濫刑爭殺은人의生命權利ᄅᆞᆯ侵ᄒᆞᆷ이라故로國의興亡과世의治亂이權利ᄅᆞᆯ保護ᄒᆞᄂᆞᆫ與否에係ᄒᆞ니方今萬國中에人民權利의最重最尊ᄒᆞᆫ者ᄂᆞᆫ英國이라故로英國이天下萬邦中에最强最富ᄒᆞ고英國人의言에曰我皇帝가位로ᄂᆞᆫ萬乘天子오陸海軍大元帥로되萬一一毫라도我人民의權利ᄅᆞᆯ侵損코자ᄒᆞᆯ진ᄃᆡ我英國人民은其權利ᄅᆞᆯ自保ᄒᆞᄂᆞᆫ權利가有ᄒᆞ다ᄒᆞ니此ᄂᆞᆫ英皇帝가專制虐政을行ᄒᆞ야國民權利ᄅᆞᆯ奪코자ᄒᆞ면英國人民이不許ᄒᆞᆫ다謂ᄒᆞᆷ이라

獨立國의自主民

獨立國은他國權力에不依ᄒᆞ고其國躰制ᄅᆞᆯ屹然自立ᄒᆞᆷ이오自主民은他國의命令을

不受ᄒᆞ고其國政事를確然自辨ᄒᆞᄂᆞᆫ者니今에我韓國家ᄂᆞᆫ獨立國이며我韓人民은自主民이라獨立國의獨立體面을保ᄒᆞ기ᄂᆞᆫ自主民의自主氣力을賴ᄒᆞᄂᆞ니萬一自主民되ᄂᆞᆫ名만有ᄒᆞ고其實이無ᄒᆞ면國家도또ᄒᆞᆫ獨立의名만有ᄒᆞ고其實이無ᄒᆞᆯ지라故로國의精神이自主에在ᄒᆞ야其身을鴻毛갓치輕ᄒᆞ고其生을草芥갓치視ᄒᆞ며國을勿失ᄒᆞ야國家의獨立을保ᄒᆞ기로以死自處ᄒᆞ면此ᄂᆞᆫ曰丈夫의忠烈이오此ᄂᆞᆫ曰國民本分이라

今에淺近ᄒᆞᆫ一譬喩로我國民의聞覽을供ᄒᆞ노니此言이비록俚俗ᄒᆞ나其理ᄂᆞᆫ甚切ᄒᆞᆫ지라假令一里中에甲乙兩姓의家가有ᄒᆞ니甲姓人이乙姓家의萬事를干涉ᄒᆞ야乙姓人이家舍를補葺코자ᄒᆞ면甲姓人이曰可曰否ᄒᆞ며또乙姓人이田園을修治코자ᄒᆞ면甲姓人이또曰是曰非ᄒᆞ고行動擧止와衣服飮食ᄭᆞ지點檢指揮ᄒᆞᄂᆞᆫ橫議妄論을恣行ᄒᆞᆯ지면乙姓이必然甲姓의無禮ᄒᆞᆷ을怒ᄒᆞ야此를拒絶ᄒᆞ고此를爭詰ᄒᆞ야一毫라도侵犯치못케ᄒᆞ고一家의獨立生活과一身의自主行爲를保守ᄒᆞ리니如此ᄒᆞᆫ時에何人이든지乙姓의非를不可타ᄒᆞ리오然ᄒᆞ나萬一乙姓이甲姓의干涉을甘受ᄒᆞ야自辨ᄒᆞᄂᆞᆫ意見이無ᄒᆞ고其家內事를全혀甲姓의命令을從ᄒᆞ고또甲姓을依賴ᄒᆞᄂᆞᆫ賤劣心이生ᄒᆞ면其末境에ᄂᆞᆫ乙姓이丙丁諸姓人의侮慢ᄭᆞ지受ᄒᆞᆯᄲᅮᆫ더러其家産과身命이甲姓의게屬ᄒᆞᆫ바ㅣ되야一家의獨立生活과一身의自主行爲를失ᄒᆞ고世間에一個附屬物이되리니此時에至ᄒᆞ야ᄂᆞᆫ乙姓이其家ᄂᆞᆫ有ᄒᆞ나自己의家가아니오其身은有ᄒᆞ나自己의身이아니라財産은不知中에蕩敗ᄒᆞ고身命은自然間에奴隷가되야其困厄恥辱이滋甚ᄒᆞᆯ지라大抵世界萬事가비록多ᄒᆞ나其實은一理라據로宇內에列峙ᄒᆞᆫ各國은即境疆相接ᄒᆞᆫ各家와同ᄒᆞ니此로ᄡᅥ觀ᄒᆞ면甲國이乙國에게干涉ᄒᆞᆷ은甲家가乙家에干涉ᄒᆞᆷ과無異ᄒᆞ고乙國이甲國에依賴ᄒᆞᆷ은乙家가甲家의勢를依賴ᄒᆞᆷ과同ᄒᆞᆫ지라然ᄒᆞᆫ즉人이自己一家事에他人의干涉을不容ᄒᆞᆯ진ᄃᆡ自己一國事도他國의干涉을不許ᄒᆞᆯᄲᅮᆫ아니오또其自立ᄒᆞᄂᆞᆫ生活도他人의게依賴ᄒᆞ기를不肯ᄒᆞᆯ진ᄃᆡ自立ᄒᆞᄂᆞᆫ政治가엇지他國에依賴ᄒᆞ기를願ᄒᆞ리오故로獨立國의自主民은勇武雄毅ᄒᆞᆫ精神氣魄으로他國에依賴ᄒᆞᄂᆞᆫ賤劣情態를割斷ᄒᆞ고或干涉을妄行코자ᄒᆞᄂᆞᆫ國이有ᄒᆞ면全國의敵愾ᄒᆞᄂᆞᆫ忠烈心이奮發ᄒᆞ야決死코排斥ᄒᆞᄂᆞ니此ᄂᆞᆫ人々이各々其天賦의義務를守ᄒᆞᆷ이라

獨立國은他國干涉을不受ᄒᆞ고自主權利를固守ᄒᆞ거ᄂᆞᆯ엇지他國에依賴코자ᄒᆞᄂᆞᆫ

者ㅣ有ᄒᆞ리오大抵他國事에干涉ᄒᆞᄂᆞᆫ者ᄂᆞᆫ自國利ᄅᆞᆯ爲ᄒᆞᆷ이니干涉上에利가無ᄒᆞᆯ진
된干涉ᄒᆞ기ᄅᆞᆯ勸ᄒᆞ야도不行ᄒᆞᆯ지라故로他國이我의게依賴心이有ᄒᆞᆯ지라도自國의
利ᄅᆞᆯ較量ᄒᆞᆫ後에야비로소其依賴ᄒᆞᄂᆞᆫ者ᄅᆞᆯ賜助ᄒᆞᄂᆞ니大抵獨立國이되야他國
에依賴코져ᄒᆞᄂᆞᆫ者ᄂᆞᆫ其自主權利ᄅᆞᆯ棄ᄒᆞ고附庸되기ᄅᆞᆯ自求ᄒᆞᆷ이라其國家의害ᄅᆞᆯ枚
擧키難ᄒᆞ니一則國家의主權을傷ᄒᆞ며二則國家의利益을損ᄒᆞ며三則政治가紊亂ᄒᆞ
며四則世界의侮辱ᄅᆞᆯ招ᄒᆞ며五則國民志氣ᄅᆞᆯ墮ᄒᆞ고其末에ᄂᆞᆫ國家의滅亡을免치
못ᄒᆞᄂᆞ니可懼치아니며可愼치아니리오故로一國事ᄂᆞᆫ一國人이自主ᄒᆞ고決斷
ᄒᆞ고他國의喙ᄅᆞᆯ不容ᄒᆞᆷ이可ᄒᆞ니昔者阿美利加人이曰阿美利加ᄂᆞᆫ阿美利加人의阿美
利加라ᄒᆞ얏스니此ᄂᆞᆫ英吉利의干涉을拒絶ᄒᆞ고八年血戰으로其國의自主獨立을
得ᄒᆞᆫ배오向者比律賓人은曰比律賓은比律賓人의比律賓이라ᄒᆞ니此ᄂᆞᆫ合衆國의干
涉을排斥ᄒᆞ고獨立自主ᄒᆞᄂᆞᆫ國家ᄅᆞᆯ建設코자ᄒᆞ야戰爭ᄒᆞᆷ이라此ᄅᆞᆯ觀ᄒᆞ면韓國人은
曰韓國은韓國人의韓國이라ᄒᆞ야他國의干涉을拒ᄒᆞ고他國에依賴도말지니韓國
의今日情況을察ᄒᆞ면淸國에依賴ᄒᆞ든念이斷ᄒᆞ야日本의干涉이되고日本의干涉
이斷ᄒᆞ야露西亞에依賴ᄒᆞᄂᆞᆫ情을生ᄒᆞ더니가今에또中路에彷徨ᄒᆞ야依恃ᄒᆞᆯ處가無ᄒᆞᆫ

지라이에獨立精神과自主氣力이頓然히消耗ᄒᆞ고干涉訟辨에他國의力을仰ᄒᆞ니
吁라可히痛哭太息ᄒᆞᆯ리로다然ᄒᆞ고잇지不亡ᄒᆞ리오大抵國은自伐ᄒᆞᆫ後에人이伐
ᄒᆞ고人은自侮ᄒᆞᆫ後에人이侮ᄒᆞᄂᆞ니萬一韓國人이獨立自主ᄒᆞ야雄偉ᄒᆞᆫ氣像으로他
國에依賴ᄒᆞᄂᆞᆫ念이無ᄒᆞ면他人의干涉이何로從ᄒᆞ야至ᄒᆞ리오此ᄅᆞᆯ鑑ᄒᆞ야奮發興起
ᄒᆞᆯ지어다우리韓國人이어今日世界ᄂᆞᆫ雍容閒雅ᄒᆞᄂᆞᆫ蒼生風氣로國家ᄅᆞᆯ守ᄒᆞ기不
能ᄒᆞ리니大抵國家가外國의干涉을招ᄒᆞ기ᄂᆞᆫ恒此政治의紊亂ᄒᆞᆫ時에在ᄒᆞ야人心
이未定ᄒᆞ고紀綱이乖戾ᄒᆞᆫ際에甘言으로誘ᄒᆞ야曰爾國의改革을助ᄒᆞᆫ다ᄒᆞᄂᆞ니然이
나其實은自利心이其裏面에伏在ᄒᆞ거ᄂᆞᆯ此ᄅᆞᆯ不覺ᄒᆞ고其干涉ᄒᆞᄂᆞᆫ術中에暫陷ᄒᆞᄂᆞᆫ
者도有ᄒᆞ며또或他國聲援을借ᄒᆞ기爲ᄒᆞ야其干涉ᄒᆞᄂᆞᆫ端을自啓ᄒᆞᄂᆞᆫ者도有ᄒᆞᄂᆞ
니外國干涉이何道로從入ᄒᆞ든지一次開發ᄒᆞᆫ以後ᄂᆞᆫ全國民의自主思想이雄壯激烈
치아니ᄒᆞ면拒斥ᄒᆞ기不能ᄒᆞᆯ지라今에外國의歷史ᄅᆞᆯ引ᄒᆞ야此理ᄅᆞᆯ證明ᄒᆞ노라
昔者波蘭國은歐羅巴洲의大國이라其政治改革ᄒᆞᄂᆞᆫ際에露西亞의勢力을恃賴ᄒᆞᆫ故
로露國의力이其國을壓伏ᄒᆞ야도로혀其改革을阻遏ᄒᆞ고또普魯士의援助ᄅᆞᆯ陰
求ᄒᆞ더니가普魯士의力이또ᄒᆞᆫ其國을籠蓋ᄒᆞ야畢竟은普露二國의陰謀凶計로波蘭

을分裂ᄒᆞ니此ᄂᆞᆫ波蘭人이其實은自亡홈이오普露兩國이波蘭을亡홈은아니라此所謂六國을滅ᄒᆞᆫ者ᄂᆞᆫ六國이오秦이、아니라此ᄂᆞᆫ何故오波蘭人으로ᄒᆞ야곰彼虎狼갓튼二國에依賴치、아니ᄒᆞ얏스면其干涉이有ᄒᆞ다ᄒᆞᆫ들滅亡ᄒᆞ기ᄭᆞ지ᄂᆞᆫ不至ᄒᆞ얏슬거시오

近世法蘭西ᄂᆞᆫ其革命亂時에歐洲各國이其內政을干涉코자ᄒᆞ야同盟ᄒᆞᆫ大兵으로四境을壓ᄒᆞ거ᄂᆞᆯ法國人의獨立自主ᄒᆞᄂᆞᆫ精神氣力이全國에充溢ᄒᆞ야足히防禦ᄒᆞᆯ시全國土을擧ᄒᆞ야陣營으로視ᄒᆞ며全國民을編ᄒᆞ야軍籍에入ᄒᆞ고老弱婦女ᄂᆞᆫ軍用百物을製造ᄒᆞ야四來ᄒᆞᄂᆞᆫ敵兵을擊退ᄒᆞ고外國의干涉을拒絶ᄒᆞ니、이런故로法國은今日ᄭᆞ지歐洲의一强國이、되야天下를虎視ᄒᆞᄂᆞ니

以上二國事情으로視ᄒᆞ면國家를保守ᄒᆞᄂᆞᆫ大道가其獨立을守홈과自主를保ᄒᆞᄂᆞᆫ딕在ᄒᆞᆫ지니決斷코他國이我國을助ᄒᆞᆫ다信치、말지라彼에利가無ᄒᆞ면、엇지我를助ᄒᆞ리오天下事가彼利ᄒᆞ면此害ᄂᆞᆫ不易ᄒᆞᄂᆞᆫ定理니他國을恃ᄒᆞ야干涉ᄒᆞᄂᆞᆫ端을一啓ᄒᆞ면門을開ᄒᆞ고盜를納홈과如ᄒᆞ야後悔ᄒᆞ야도及지、못ᄒᆞᄂᆞ니韓國은韓國人의韓國이니韓國事도韓國人이自行ᄒᆞ고外國에依賴치、말지어다不然ᄒᆞ면國家의獨立과國民의自主가雪消雲散ᄒᆞ야影形도不遺ᄒᆞᆯ지니韓國二千萬人은尊卑貴賤男女老幼를勿論ᄒᆞ고獨立國自主民되ᄂᆞᆫ地位를自重自尊ᄒᆞ야外人의干涉을解除ᄒᆞ고國家及人民의權利及利益을保守ᄒᆞᆯ지어다一毫라도外國에依賴ᄒᆞᄂᆞᆫ卑劣賤陋ᄒᆞᆫ思想이有ᄒᆞ면檀君의開創ᄒᆞ신四千年國家와李氏의繼承ᄒᆞ신五百年宗社가一朝에莫大ᄒᆞᆫ恥辱을受ᄒᆞ야天下에可立ᄒᆞᆯ地가無ᄒᆞ리니此를念ᄒᆞ며此를憤ᄒᆞ야協同一致로國家事를自辦ᄒᆞᆯ지어다

此書ᄂᆞᆫ我國人이外國에在ᄒᆞᆫ者ㅣ數年前에著述ᄒᆞᆫ者니其言이或今日形勢와不符ᄒᆞᆫ者ㅣ有ᄒᆞ나然ᄒᆞ나其理와其事ᄂᆞᆫ곳現今에適合ᄒᆞᆫ大文字라讀者가此를深究ᄒᆞ야、다만我의志氣를奮發ᄒᆞᆯᄲᅮᆫ아니라幷ᄒᆞ야全國同胞의게布告ᄒᆞ야頑陋ᄒᆞᆫ舊習을改ᄒᆞ고上天이畀與ᄒᆞ신我의權利를勿失ᄒᆞ고我의國權을恢復ᄒᆞ야我國我人으로ᄒᆞ야곰獨立國의自主人이、되게ᄒᆞᆯ지어다 玄 釆 附 志

第二十一課 二十二課 二十三課 開城一二三

開城은新羅의松岳郡과高句麗首比忽郡을合ᄒᆞᆫ者니高麗太祖가鐵原으로브터移都ᄒᆞ실시二州를跨ᄒᆞ야開州라稱ᄒᆞ고宮闕을創ᄒᆞ고市廛을立ᄒᆞ고五部를立ᄒᆞ니라

太祖의 姓은 王이오 名은 建이니 金城太守隆의 子라 生ᄒᆞ든 日에 神光과 紫氣가 室庭에 充滿ᄒᆞ고 龍顔日角에 器度가 雄深ᄒᆞ고 濟世ᄒᆞᆯ 志가 有ᄒᆞ며 年이 十七에 名僧 道詵이 至ᄒᆞ야 出師置陣과 天時地理의 法을 授ᄒᆞ고 年이 二十에 泰封弓裔의 將이、되야 諸賊을 討平ᄒᆞ더니 弓裔가 無道ᄒᆞ거ᄂᆞᆯ 將軍 卜智謙 等이 推戴ᄒᆞᆯᄉᆡ 建을 積穀上에 扶坐ᄒᆞ고 君臣禮ᄅᆞᆯ 行ᄒᆞ고 布政殿에서 即位ᄒᆞ야 國號ᄅᆞᆯ 高麗라 ᄒᆞ고 建元曰 天授오 時에 甄萱이 絶影島 名馬ᄅᆞᆯ 獻ᄒᆞ더니 後에 絶影名馬가 至ᄒᆞ면 百濟가 亡ᄒᆞᆫ다ᄂᆞᆫ 說을 聞ᄒᆞ고 後悔ᄒᆞ야 還送ᄒᆞ기ᄅᆞᆯ 請ᄒᆞᄂᆞᆫ지라 王이 笑許ᄒᆞ더라

甄萱이 新羅ᄅᆞᆯ 攻ᄒᆞ거ᄂᆞᆯ 王이 萱을 公山(今大丘) 桐藪에서 邀戰ᄒᆞ다가 大敗ᄒᆞ야 被圍ᄒᆞ기 急ᄒᆞ니 將軍 申崇謙의 貌가 王과 如ᄒᆞᆫ지라 王을 藪中에 匿ᄒᆞ고 御車ᄅᆞᆯ 代乘ᄒᆞ고 力戰ᄒᆞ다가 死ᄒᆞ니 時에 將軍 金樂도 同死ᄒᆞ고 王이 此ᄅᆞᆯ 因ᄒᆞ야 得脫ᄒᆞ미 申崇謙과 金樂의 功을 思ᄒᆞ야 其像을 造ᄒᆞ고 酒食 起拜ᄒᆞ기 生時와 如ᄒᆞ며 南征ᄒᆞ야 甚木縣에 留ᄒᆞᆫ지 七日에 百濟 降書가 至ᄒᆞ거ᄂᆞᆯ 駐蹕處ᄅᆞᆯ 名ᄒᆞ야 曰 登降城이라 ᄒᆞ고

契丹이 使臣을 遣ᄒᆞ야 槖駝 五十匹을 獻ᄒᆞ거ᄂᆞᆯ 王이 謂ᄒᆞ되 契丹이 渤海國과 結婚ᄒᆞ다가 攻滅ᄒᆞ니 無道ᄒᆞᆫ 國이라 鄰好치 못ᄒᆞ리라、ᄒᆞ고 其使臣을 流ᄒᆞ고 槖駝ᄂᆞᆫ 萬夫橋下에 繫ᄒᆞ야 餓死ᄒᆞ고 因名曰 槖駝橋라 ᄒᆞ고 即位ᄒᆞᆫ지 十九年에 全國을 統一ᄒᆞ고 陵가 麻田에 在ᄒᆞ니 號曰 崇義라

契丹은 其國境이 支那直隸省及內蒙古東部ᄅᆞᆯ 占有ᄒᆞ니 太祖阿保機가 距今 九百九十年前에 自稱天皇王이라 ᄒᆞ고 四方을 幷呑ᄒᆞ고、또 渤海國을 滅ᄒᆞ니라

○渤海國은 高句麗에 在ᄒᆞ니 上古初브터 三國의 侵凌을 受ᄒᆞ다가 高句麗가 亡ᄒᆞᆫ 後 其流民이 歸ᄒᆞᄂᆞᆫ지라、이에 其地ᄅᆞᆯ 幷ᄒᆞ고 距今 一千一百九十三年前에 其王 大祚榮이 震國王이라 稱ᄒᆞ더니、다시 國號ᄅᆞᆯ 渤海라 ᄒᆞ고 其後 王이 더옥 境宇ᄅᆞᆯ 開拓ᄒᆞ야 南은 新羅와 接ᄒᆞ고 東은 海에 至ᄒᆞ고 西ᄂᆞᆫ 契丹과 隣ᄒᆞ고 文物制度가 唐을 依仿ᄒᆞ더니 其後 契丹 阿保機의게 滅ᄒᆞ니라

人民이 商路에 慣熟ᄒᆞ기 國內의 第一이라 ᄒᆞᄂᆞᆫ 句語

我太祖ᄭᅴ셔 高麗ᄅᆞᆯ 代ᄒᆞ야 立國ᄒᆞ신 後에 其地人 太學生 曺義生 林先味 等 七十二人이 我朝에 入仕ᄒᆞᆷ을 恥ᄒᆞ야 萬壽山中에 隱ᄒᆞ니 名曰 杜門洞이오 馬褋을 門側에 掛ᄒᆞ야 曰 科擧에 赴코자 ᄒᆞᄂᆞᆫ 者ᄂᆞᆫ 此ᄅᆞᆯ 執ᄒᆞ고 士君子列에 不齒ᄒᆞᆫ다 ᄒᆞ더니 其後에 果然 赴擧치 아니ᄒᆞ거ᄂᆞᆯ 上이 怒ᄒᆞ야 其地人을 停擧ᄒᆞ니 自後로 其子孫이 商業에 就ᄒᆞ야 商理ᄅᆞᆯ 知ᄒᆞᄂᆞ니라

滿月臺ᄂᆞᆫ 延慶宮 正殿의 前階니 至今 其基礎가 尙存ᄒᆞ야 俗傳ᄒᆞ되 其址石 一塊ᄅᆞᆯ 取ᄒᆞ면 其人의게 神罰이 有ᄒᆞ다 ᄒᆞ고

紫霞洞은 松岳山下에 在ᄒᆞ니 洞府가 幽隔ᄒᆞ고 溪水가 淸漣ᄒᆞ야、가장 絶勝ᄒᆞᆫ 地라 春秋佳節에 遊人과 騷客이 探勝搜奇ᄒᆞᄂᆞᆫ 者ㅣ 絡繹不絶ᄒᆞ고

蔘田은處處皆有ᄒᆞ야石田春雨에種人蔘ᄒᆞᆫ다ᄂᆞᆫ句가世人이侈傳ᄒᆞᄂᆞᆫ바오

松岳山은天摩山에셔發脈ᄒᆞ야雄壯深邃ᄒᆞ고城寨를其岳에依ᄒᆞ야環繞ᄒᆞᆷ이數十里오

光宗은翰林學士雙冀(支那人歸化我國)로、ᄒᆞ야곰試官을拜ᄒᆞ야詩賦와時務策으로써進士와及第를賜ᄒᆞ고松岳을改稱ᄒᆞ야曰皇都라ᄒᆞ고

文宗은田士의品을隨ᄒᆞ야結을作ᄒᆞ고百家書를印刷ᄒᆞ고

睿宗은平章事尹瓘과吳延寵으로ᄒᆞ야곰女眞을伐ᄒᆞ야九城을拔ᄒᆞ니瓘은大志가有ᄒᆞ야金庾信의功業을自期ᄒᆞ고讀書ᄒᆞ기를好ᄒᆞ야軍中에在ᄒᆞ야도五經으로自隨ᄒᆞ고軍十十七萬을率ᄒᆞ고女眞을討ᄒᆞᆯ셰出師ᄒᆞᆯ日에甲冑를擐ᄒᆞ고誓衆ᄒᆞ니淚下ᄒᆞ기雨와如ᄒᆞᆫ지라衆이、다用命ᄒᆞ야九城을拔ᄒᆞ니라

女眞은我國西北境과接ᄒᆞ니其始祖ᄂᆞᆫ函普오高麗人이라本國으로브터生女眞에入ᄒᆞ야完顏部에居ᄒᆞ고因ᄒᆞ야完顏으로姓ᄒᆞ고七世에至ᄒᆞ야ᄂᆞᆫ盈歌가雄傑ᄒᆞ야衆心을得ᄒᆞ고部族이日强ᄒᆞ며其後烏雅束과阿骨打ㅣ繼位ᄒᆞᆯ셰阿骨打ᄂᆞᆫ帝位에卽ᄒᆞ야國號를金이라ᄒᆞ니此ᄂᆞᆫ太祖니宋과約ᄒᆞ야遼(遼ᄂᆞᆫ卽契丹의改號라)를滅ᄒᆞ고其後에宋徽欽二帝를執去ᄒᆞ니라

蒙古ᄂᆞᆫ淸國北方에在ᄒᆞ니先是에契丹兵이來寇ᄒᆞᆯ셰蒙古主가來救ᄒᆞ고其功으로歲幣를索ᄒᆞ기甚苛ᄒᆞ다가其使가高麗人의게被殺ᄒᆞᆫ지라因히釁隙이生ᄒᆞ야來寇ᄒᆞ니時에崔瑀가專權ᄒᆞ야王을江華로劫遷ᄒᆞ더니自此로蒙兵이數來ᄒᆞ야擧國이騷然ᄒᆞ고其後蒙古가國號를改ᄒᆞ야曰元이라支那에入主ᄒᆞ기八十九年을經ᄒᆞ고明의게亡ᄒᆞ니라

李齊賢은恭愍王時、距今五百三十年前人이라號ᄂᆞᆫ益齋오時에王이元國에在ᄒᆞᆯ셰齊賢이國事를決ᄒᆞ야賢臣을進ᄒᆞ고小人을退ᄒᆞ야一國이賴安ᄒᆞ니世人이謂ᄒᆞ되齊賢이假王ᄒᆞᆫ지三年에人의間言이無ᄒᆞ다ᄒᆞ니其忠正明白ᄒᆞᆷ을可知라

恭讓王은距今五百十五年前壬申에我　太祖高皇帝끠禪位ᄒᆞ고國亡ᄒᆞ니라

第二十四課　庾黔弼

庾黔弼은太祖時將軍이라甄萱이古昌郡(今安東)을侵ᄒᆞ거ᄂᆞᆯ太祖ㅣ往救ᄒᆞᆯ셰諸將軍과議曰戰ᄒᆞ다가不利ᄒᆞ면奈何오ᄒᆞᆫ되黔弼이對曰臣은聞ᄒᆞ니死ᄒᆞᆯ心만有ᄒᆞ고生ᄒᆞᆯ計가無ᄒᆞᆫ後에야決勝ᄒᆞᆫ다ᄒᆞ니今에進戰치前에、몬져折北ᄒᆞᆷ을慮ᄒᆞ니何故오ᄒᆞ고進

軍ᄒᆞ야 賊營을 大破ᄒᆞ고

미 甄萱이 新羅國都에 入ᄒᆞᆷ을 聞ᄒᆞ고 桂羅에 至ᄒᆞ야 士卒의게 詔曰 萬一 此地에서 退敵ᄒᆞ면 必死ᄒᆞᆯ지니 汝等은 各其爲計ᄒᆞ라 ᄒᆞ고 桂羅를 渉ᄒᆞ니 萱의 子 神劍等이 黔弼의 部伍가 整齊ᄒᆞᆷ을 見ᄒᆞ고 不戰ᄒᆞ고 退ᄒᆞᄂᆞᆫ지라 黔弼이 新羅에 至ᄒᆞ니 老幼가 迎泣曰 今日에 將軍이 아니면 吾等가 魚肉이 되리라 ᄒᆞ니라 [illegible]

第二十五課　徐熙

徐熙ᄂᆞᆫ 成宗을 從ᄒᆞ야 海州에 幸ᄒᆞ실ᄉᆡ 王이 其幕에 幸ᄒᆞ야 入코자 ᄒᆞ거ᄂᆞᆯ 熙曰 人臣의 幕은 君上의 臨ᄒᆞᆯ 바 아니라 ᄒᆞ고 王이 또 酒를 進ᄒᆞ라 ᄒᆞ거ᄂᆞᆯ 熙가 對曰 臣의 酒ᄂᆞᆫ 堪獻치 못ᄒᆞᆫ다 ᄒᆞ니 成宗이 이에 幕外에 坐ᄒᆞ야 御酒를 進ᄒᆞ야 共飮ᄒᆞ고 此時 宣令官 又之가 論事ᄒᆞ다가 忤旨ᄒᆞᆫ지라 宰相이 其越職ᄒᆞᆷ을 劾奏ᄒᆞ니 羣臣이 다 和應ᄒᆞ더라 然이나 熙ᄂᆞᆫ 獨曰 古者에 諫言이 越職을 不責ᄒᆞ며 況又之의 言이 時病에 合ᄒᆞ니 此ᄂᆞᆫ 臣을 可罪오 又之ᄂᆞᆫ 可賞이라 ᄒᆞᆫ되 成宗이 感悟ᄒᆞ야 又之으로써 監察御史를 拜ᄒᆞ고 熙ᄂᆞᆫ 鞍馬酒果를 賜ᄒᆞ니라

第二十九課　三十課　姜邯贊 二

姜邯贊은 顯宗時에 西北面行營都統使라 契丹大將蕭遜寧이 軍士十萬을 率ᄒᆞ고 來寇ᄒᆞ거ᄂᆞᆯ 王이 邯贊으로써 上元帥를 拜ᄒᆞ고 姜民瞻은 副元帥를 拜ᄒᆞ야 軍士 二十萬八千三百을 率ᄒᆞ고 興化鎭에 至ᄒᆞ야 騎兵 一萬二千을 山谷中에 埋伏ᄒᆞ고 大繩으로써 牛皮를 貫ᄒᆞ야 城東의 大川을 塞ᄒᆞ야 待ᄒᆞ다가 賊이 至ᄒᆞ거ᄂᆞᆯ 其塞을 決ᄒᆞ야 大破ᄒᆞ니 遜寧이 引兵ᄒᆞ고 京城으로 直趨ᄒᆞᄂᆞᆫ지라 民瞻이 慈州(慈山) 來口山에 追及ᄒᆞ야 또 大破ᄒᆞ고 邯贊은 兵馬判官 金宗鉉으로 ᄒᆞ야곰 兵 一萬을 率ᄒᆞ고 倍道ᄒᆞ야 京師를 入衛ᄒᆞ니 이에 遜寧이 回兵ᄒᆞ거ᄂᆞᆯ 邯贊이 掩擊ᄒᆞ야 五百餘級을 斬ᄒᆞ고 契丹兵이 또 龜州(龜城)를 過ᄒᆞ거ᄂᆞᆯ 東郊에서 邀戰ᄒᆞ야 奮擊大破ᄒᆞ니 殭屍가 蔽野ᄒᆞ고 俘獲ᄒᆞᆫ 人口馬駝와 甲冑兵仗이 不可勝數오 生還者가 僅히 數千人이라 契丹이 天下에 橫行ᄒᆞ다가 敗ᄒᆞᆷ이 如此히 甚ᄒᆞᆫ 者ㅣ 未有ᄒᆞ더라 契丹主ㅣ 聞ᄒᆞ고 大怒ᄒᆞ야 使臣을 遣ᄒᆞ야 遜寧을 責曰 汝가 輕敵ᄒᆞ야 深入ᄒᆞ다가 此에 至ᄒᆞ니 何面目으로 我를 見ᄒᆞ리오 맛당히 汝의 面皮를 剝ᄒᆞᆫ 後에 戮ᄒᆞ리다 ᄒᆞ더라 邯贊이 三軍을 率ᄒᆞ고 凱還ᄒᆞ야 俘馘을 獻ᄒᆞ니 王이 迎波驛에 出迎ᄒᆞ샤 綵棚을 設ᄒᆞ고 宴樂을 備ᄒᆞ야 將士를 宴ᄒᆞ고 金花八枝로써 親히 邯贊頭上에 揷ᄒᆞ시고 左로 手를 執ᄒᆞ고 右로 觴을 執ᄒᆞ야 慰歎ᄒᆞ기 不已ᄒᆞ더라

後에宋使臣이來ᄒᆞ얏다가邵雍을見ᄒᆞ고下拜曰文曲星을不見ᄒᆞᆫ지久ᄒᆞ더니今에在此ᄒᆞ다、ᄒᆞ더라致仕ᄒᆞᆫ後、城南別墅에歸ᄒᆞ야樂道郊居集과求咨集을著ᄒᆞ니라

契丹

契丹은東胡遺族이라支那南北朝時에其部衆이黃河北에서起ᄒᆞ야內蒙古東部의地를領有ᄒᆞ고世世로隋、唐에服從ᄒᆞ더니安、史(安祿山 史思明)亂에漸漸南侵ᄒᆞᆯ시契丹舊制에其地를八部에分ᄒᆞ고各其大人을推戴ᄒᆞ며八部大人中에、다시一大人을推ᄒᆞ야其全部를總統ᄒᆞ고三年交替ᄒᆞ더니後에耶律阿保機라ᄒᆞᄂᆞᆫ人이八部大人이、되야契丹을總領ᄒᆞ고法度를改ᄒᆞ고諸部大人을誘殺ᄒᆞ고交替法을廢ᄒᆞ야世襲이、되게ᄒᆞ니此ᄂᆞᆫ契丹太祖라太祖가室韋와女眞諸部를侵伐ᄒᆞ고西으로回鶻과吐谷渾等을略取ᄒᆞ고、다시東으로渤海를滅ᄒᆞ야中國北部에서雄視ᄒᆞ고遠히吐谷渾及高麗의方物을徵索ᄒᆞ고、드듸여中國을侵略ᄒᆞ니라

支那後唐莊宗이岐를收降ᄒᆞ고蜀을兼幷ᄒᆞ며黃河南北과關中、四川의地를得ᄒᆞ고漸漸驕心이生ᄒᆞ야遊宴을耽ᄒᆞ니將士ㅣ睽怨ᄒᆞ다가李嗣源이先叛ᄒᆞ야帝位를簒ᄒᆞ고李從珂가、또ᄒᆞᆫ擧兵ᄒᆞ야代ᄒᆞ고時에石敬塘은河東을據ᄒᆞ야威名이有ᄒᆞ고契丹

太宗의게請援ᄒᆞ야唐軍을共破ᄒᆞᆫ後、太宗의策命으로晋帝를封ᄒᆞ니此ᄂᆞᆫ晋高帝오唐이亡ᄒᆞ니라

이에晋高祖가直隸、山西十六州地를契丹의게獻ᄒᆞ고歲幣를約ᄒᆞ야其勢를賴ᄒᆞ고表를封ᄒᆞ야稱臣ᄒᆞ더니、밋晋帝重貴가立ᄒᆞ야ᄂᆞᆫ景延廣이執政ᄒᆞ다가契丹의게失禮ᄒᆞ니太宗이怒ᄒᆞ야晋을滅ᄒᆞ고契丹이、또國號를改ᄒᆞ야曰、遼라、ᄒᆞ고太宗이中國의金帛을貪ᄒᆞ야四方을侵掠ᄒᆞ니百姓이忿怒ᄒᆞ고羣盜가蜂起ᄒᆞᄂᆞᆫ지라太宗이不得已ᄒᆞ야中國을棄ᄒᆞ고北歸ᄒᆞ니라

河東의劉知遠이太原에서稱帝ᄒᆞ니此ᄂᆞᆫ後漢高祖오高祖가歿ᄒᆞ고隱帝가立ᄒᆞ야宿將을多殺ᄒᆞ니、이에郭威가衆의推戴가、되야帝를弑ᄒᆞ고帝贇을立ᄒᆞ니時에遼世宗이漢을伐ᄒᆞ거ᄂᆞᆯ郭威가拒敵ᄒᆞ다가將士의擁立ᄒᆞᆫ바、되야贇을廢ᄒᆞ니此ᄂᆞᆫ後周太祖오、또劉崇이擧兵ᄒᆞ야北漢帝라稱ᄒᆞ고周를伐ᄒᆞ거ᄂᆞᆯ遼가、또引兵ᄒᆞ야北漢을援ᄒᆞ니時에周太祖ᄂᆞᆫ已歿ᄒᆞ고周의衛將趙匡胤이世宗을佐ᄒᆞ야高平에서逆擊ᄒᆞ야漢軍을大破ᄒᆞ고、이에匡胤이壯丁을招募ᄒᆞ고老羸를遣回ᄒᆞ고、다시蜀을伐ᄒᆞ고遼를討ᄒᆞ야威力이天下에振動ᄒᆞ더니帝가歿ᄒᆞ고恭帝가立ᄒᆞ니年이七歲라將士

가、드듸여 匡胤을 推ᄒᆞ야 帝位에 即ᄒᆞ니 此ᄂᆞᆫ 宋太祖라

太宗이、이믜 北漢을 平ᄒᆞ고 乘勢ᄒᆞ야 遼를 擊ᄒᆞ니 遼景宗이 耶律休哥로、ᄒᆞ야곰 宋軍을 高粱河에서 破ᄒᆞ더니、밋 景宗이 歿ᄒᆞ고 聖宗이 立ᄒᆞ야ᄂᆞᆫ 軍紀를 整飭ᄒᆞ고 邊民을 撫育ᄒᆞ고、다시 大擧ᄒᆞ야 宋을 侵伐ᄒᆞ야 內地에 入ᄒᆞ거ᄂᆞᆯ 宋眞宗이 寇準의 策을 納ᄒᆞ야 親征ᄒᆞ야 澶淵에서 遼兵을 破ᄒᆞ얏스나 頻年交戰ᄒᆞᆫ 禍를 鑑ᄒᆞ야 歲幣를 約納ᄒᆞ고 兄弟誼를 結ᄒᆞ고 解兵ᄒᆞ니 此를 謂ᄒᆞ되 澶淵의 盟이라 王欽若이 城下盟이라 稱ᄒᆞ야 寇準을 譏ᄒᆞ니 帝가、이에 不樂ᄒᆞ니라

遼聖宗이 高麗成宗의 和宋ᄒᆞᆷ을 怒ᄒᆞ야 高麗를 侵ᄒᆞ거ᄂᆞᆯ 成宗이 支拒치、못ᄒᆞ야 請和ᄒᆞ더니 後에 高麗臣康兆가 穆宗을 弑ᄒᆞ고 顯宗을 立ᄒᆞ거ᄂᆞᆯ 遼聖宗이 率兵ᄒᆞ고 來ᄒᆞ야 康兆를 執歸ᄒᆞ고 既而오 遼가、또 大擧ᄒᆞ야 高麗를 侵ᄒᆞ다가 大敗ᄒᆞ얏스니 此ᄂᆞᆫ、곳 姜邯贊의 功이라 大抵 契丹의 威力이 支那天地를 震動ᄒᆞ야 支那의 各人君을 任意廢置ᄒᆞ거ᄂᆞᆯ 徐熙ᄂᆞᆫ 其八十萬大兵을 一言으로 却退ᄒᆞ고 邯贊은 能히 其十萬軍을 大破ᄒᆞ니 其時高麗의 强ᄒᆞᆷ을 可知로다

後에 遼聖宗이 宋、麗二國과 講和ᄒᆞ고、이에 西으로 河西의 回鶻을 伐ᄒᆞ야 渤海遺族의 吉林을 據ᄒᆞᆫ 者를 滅ᄒᆞ니 自此로 疆土가 益擴ᄒᆞ야 東은 日本海를 臨ᄒᆞ고 西ᄂᆞᆫ 天山에 達ᄒᆞ고 南은 中國北部를 幷ᄒᆞ고 北은 克魯倫河에 至ᄒᆞ야 中京을 太定府에 奠ᄒᆞ니 時에 遼의게 朝貢ᄒᆞᄂᆞᆫ 者ㅣ 六十餘國이、되니라

遼聖宗이 歿ᄒᆞ고 興宗이 嗣立ᄒᆞ니 時ᄂᆞᆫ 宋이 大夏의 患이 有ᄒᆞᆫ지라、곳 南京에 集兵ᄒᆞ고 宋의 邊備修整ᄒᆞᆷ을 責ᄒᆞ야 南征ᄒᆞᆫ다 聲言ᄒᆞ니 宋仁宗이 大懼ᄒᆞ야 歲幣를 增加ᄒᆞ고 誓書를 致ᄒᆞ야 請和ᄒᆞ니라

遼의 東에 女眞이 有ᄒᆞ니 漢、魏ᄂᆞᆫ 挹婁라 稱ᄒᆞ고 隋、唐은 靺鞨이라 稱ᄒᆞ니 渤海屬國이라 遼가 渤海를 滅ᄒᆞ야 松花江西南의 地가 遼에 歸ᄒᆞ니 稱曰 熟女眞이오 東北이、또 遼의게 臣屬ᄒᆞ니 此ᄂᆞᆫ 生女眞이라 生女眞에 完顔部가 有ᄒᆞ야 漸次로 其近隣諸部를 服屬ᄒᆞ고 其酋長阿骨打ㅣ 女眞王이、되니라

遼의 天祚帝가 淫虐ᄒᆞ야 國內가 大亂ᄒᆞ고 屬國이 離叛ᄒᆞᄂᆞᆫ지라 阿骨打ㅣ 其時를 乘ᄒᆞ야 遼兵을 逐ᄒᆞ고 國號를 建ᄒᆞ야 曰 金 (即清祖先의 國號) 이라ᄒᆞ고 皇帝를 稱ᄒᆞ니 此ᄂᆞᆫ 金太祖라 遼天祚帝가 伐ᄒᆞ다가、도로혀 敗ᄒᆞ고 幷히 熟女眞을 擊降ᄒᆞ고 遼의 東京을 進陷ᄒᆞ니라

宋童貫이西羌을伐ᄒᆞᆯ식金에遣使ᄒᆞ야伐遼ᄒᆞ기ᄅᆞᆯ約ᄒᆞ고共히其地ᄅᆞᆯ分ᄒᆞ고幷히遼에送ᄒᆞᄂᆞᆫ歲貢으로金의게贈ᄒᆞ다ᄒᆞ니金이許諾ᄒᆞ고中京을攻陷ᄒᆞ니遼帝가出奔ᄒᆞ거ᄂᆞᆯ宋이、또ᄒᆞᆫ燕京을進攻ᄒᆞ다가不利ᄒᆞ야退ᄒᆞ니金이、이에兵을轉ᄒᆞ야燕京을攻陷ᄒᆞ고其地로ᄡᅥ宋의게予ᄒᆞ니宋이歲幣와、밋燕京의租ᄅᆞᆯ金에輸ᄒᆞ니라

遼의天祚帝가西夏에走至ᄒᆞ야李乾順의게依ᄒᆞ니乾順이迎納ᄒᆞ거ᄂᆞᆯ金이西夏와約ᄒᆞ되陰山南地로ᄡᅥ予ᄒᆞ리니天祚帝ᄅᆞᆯ勿納ᄒᆞ라、ᄒᆞ거ᄂᆞᆯ西夏가、드듸여金에稱藩ᄒᆞ니天祚帝가南으로宋에走ᄒᆞ다가金人의게被執ᄒᆞ야遼가亡ᄒᆞ니라

遼宗室耶律大石이西으로回鶻에走歸ᄒᆞ야撒馬兒汗國을取ᄒᆞ고號曰西遼라、ᄒᆞ니此ᄂᆞᆫ西遼德宗이오後에土耳其와戰ᄒᆞ야阿母河의東을悉服ᄒᆞ니威勢가大振ᄒᆞ니라

金國

金이遼ᄅᆞᆯ滅ᄒᆞ미爭雄ᄒᆞᆯ者ᄂᆞᆫ、오작宋뿐이라、이에南下코자ᄒᆞᆯ식會에宋이遼의遺臣張瑴을納ᄒᆞ고、또金의亡命을招致ᄒᆞ고、또違約ᄒᆞ야粮米ᄅᆞᆯ不予ᄒᆞ니金太宗이、이에兩道로出兵ᄒᆞ야宋을伐ᄒᆞᆯ식一은太原을攻ᄒᆞ고一은燕京을陷ᄒᆞ야汴京을逼ᄒᆞ니徽宗이支拒치、못ᄒᆞ야欽宗의게讓位ᄒᆞ고金營에遣使ᄒᆞ야禪位事ᄅᆞᆯ告ᄒᆞ고幷히修好ᄅᆞᆯ請ᄒᆞ니金이不聽ᄒᆞ거ᄂᆞᆯ이에、上皇이李綱으로ᄡᅥ將軍을拜ᄒᆞ야攻守策을講ᄒᆞ고童貫等을誅竄ᄒᆞ고司馬光等官爵을復ᄒᆞ야恢復을計ᄒᆞ나援軍이不至ᄒᆞ야汴京과太原이被圍ᄒᆞ기甚急ᄒᆞᆫ지라宋帝가李邦彦의議ᄅᆞᆯ用ᄒᆞ야金과講和ᄒᆞ고犒師金銀數千萬兩을輸送ᄒᆞ고宰相과親王으로ᄡᅥ質ᄒᆞ고中山、太原、河間三鎭을割予ᄒᆞ더니旣而오宋이、또背約ᄒᆞ니金이、다시進軍ᄒᆞ야汴京을圍ᄒᆞᄂᆞᆫ지라朝議가講和ᄅᆞᆯ主ᄒᆞ고戰備ᄅᆞᆯ不修ᄒᆞ니金將幹離不이汴京을陷ᄒᆞ야徽宗、欽宗을執ᄒᆞ고張邦昌으로ᄡᅥ楚帝ᄅᆞᆯ、삼고歸軍ᄒᆞ니라

張邦昌이宋人의不服ᄒᆞᆷ을恐ᄒᆞ야孟太后ᄅᆞᆯ迎ᄒᆞ야聽政ᄒᆞ니太后ㅣ高宗을南京에立ᄒᆞ더니高宗이懦怯ᄒᆞ야杭州에遷都ᄒᆞ야敵을避ᄒᆞ다가、드듸여南渡ᄒᆞ니此ᄂᆞᆫ南宋이라金太宗이宋의南渡ᄒᆞᆷ을聞ᄒᆞ고、또大擧南征ᄒᆞ야山東、河南地ᄅᆞᆯ略ᄒᆞ니高宗이出奔ᄒᆞ거ᄂᆞᆯ金人이、이에宋降將劉豫ᄅᆞᆯ汴京에立ᄒᆞ니號曰齊帝오西夏王李乾順이、또ᄒᆞᆫ宋을絶ᄒᆞ고金과同盟ᄒᆞ니、이에宋將軍韓世忠과岳飛等이金、齊兵을防禦ᄒᆞ야奇功을立ᄒᆞ고會에金太宗이、또ᄒᆞᆫ病篤ᄒᆞ야全軍이北歸ᄒᆞ니高宗이、다시杭州에歸ᄒᆞ고其後太宗이歿ᄒᆞ고熙宗이立ᄒᆞ야ᄂᆞᆫ齊가宋의게屢敗ᄒᆞ얏다、ᄒᆞ야齊

帝는陟ᄒᆞ니라

宋이二帝가被執ᄒᆞᆫ 北去ᄒᆞᆫ後로復讐키를力圖ᄒᆞ나金軍이精銳ᄒᆞ고 또高宗이統御才가無ᄒᆞ야朝廷上에勇者ᄂᆞᆫ主戰ᄒᆞ고懦者ᄂᆞᆫ主和ᄒᆞ야紛議가不一ᄒᆞ고封疆이日蹙ᄒᆞ더니 맛ᄎᆞᆷ니秦檜의策을用ᄒᆞ야使臣을遣ᄒᆞ야稱臣ᄒᆞ고二帝를還ᄒᆞ라ᄒᆞ니李綱、韓世忠等이諫ᄒᆞ다가 다黜戮을被ᄒᆞ고時에熙宗은宗弼로 ᄒᆞ야곰宋을伐ᄒᆞ다가和議가成ᄒᆞᆫ後비로소罷兵ᄒᆞ고每歲에銀、絹二十五萬兩、疋을貢ᄒᆞ고金의封冊을受ᄒᆞ고徽宗及韋太后의梓宮을得歸ᄒᆞ니라

金熙宗이縱酒、自逸ᄒᆞ고大臣을殺戮ᄒᆞ거ᄂᆞᆯ完顔亮이帝를弑ᄒᆞ고自立ᄒᆞ더니亮이 더욱淫虐ᄒᆞ고渝盟、南伐ᄒᆞ다가釆石에서敗ᄒᆞ야部下의게被弑ᄒᆞ니此ᄂᆞᆫ宋高宗時라高宗이秦檜言을信ᄒᆞ야忠良을黜ᄒᆞ고岳飛等을害ᄒᆞ야機宜를坐失ᄒᆞ고孝宗時에ᄂᆞᆫ金世宗이英邁ᄒᆞ야勵精、圖治ᄒᆞ고學藝를奬ᄒᆞ고爬桑을課ᄒᆞ야國內가殷富ᄒᆞ니孝宗이、비록銳意로恢復코자ᄒᆞ나可乘ᄒᆞᆯ機가無ᄒᆞ고、오작金의게得ᄒᆞᆫ者ᄂᆞᆫ君臣의禮를降ᄒᆞ야叔侄禮로定ᄒᆞ고歲幣五萬兩、匹을減ᄒᆞᆯ섇이러라

宋韓侂冑가黨人을斥ᄒᆞ며、더욱專橫ᄒᆞ고金은世宗後브터內訌과外患이一時交作ᄒᆞ야國政이大亂ᄒᆞ거ᄂᆞᆯ韓侂冑가大擧、伐金ᄒᆞ다가敗還ᄒᆞ니宋이、이에侂冑의首를金에函送ᄒᆞ고歲幣를增ᄒᆞ야乞和ᄒᆞ니自此로宋、金이、다不振ᄒᆞᄂᆞᆫ지라蒙古가乘虛ᄒᆞ야一時에暴興ᄒᆞ니라

蒙　古

蒙古(韃靼의一種이라)ᄂᆞᆫ原來斡難河及克魯倫上流의遊牧種이라世世로遼、金에納貢ᄒᆞ더니也速該에至ᄒᆞ야近隣을幷呑ᄒᆞ고勢力이漸漸强大ᄒᆞ며其長子奇渥溫鐵木眞이繼立ᄒᆞ야金을助ᄒᆞ야韃靼部를征服ᄒᆞ고、다시西으로出兵ᄒᆞ야蔑里吉克烈乃滿等을降ᄒᆞ고西夏를掠奪ᄒᆞ고、드듸여斡難河上에서大汗位에即ᄒᆞ고號曰成吉思汗이라ᄒᆞ니時에內滿이即位에不賀ᄒᆞ거ᄂᆞᆯ成吉思汗이怒ᄒᆞ야內滿을伐ᄒᆞ니內滿王屈出律이西遼로奔ᄒᆞ더라旣而오成吉思汗이、또南下ᄒᆞ야西夏를降ᄒᆞ고畏吾兒를幷ᄒᆞ야庫里爾泰의大會를開ᄒᆞ니此ᄂᆞᆫ大汗되ᄂᆞᆫ者ㅣ반ᄃᆞ시庫里爾泰의推許를得ᄒᆞᆫ後、即位ᄒᆞᆷ이라諸部를統御ᄒᆞ고道路를修ᄒᆞ고糧食을備ᄒᆞ야八荒을雄呑코자ᄒᆞ더라

成吉思汗이金의政治가紊亂ᄒᆞᆷ을乘ᄒᆞ야其子朮赤、察哈台、窩闊台、拖雷等으로、ᄒᆞ야곰分兵、南侵ᄒᆞ야河東、河西及遼西地를席捲ᄒᆞ고燕京을逼ᄒᆞ니燕京이危急

호지라時에金의宣宗이初立호야公主及金帛을成吉思汗의게納호야請和호고汴京에遷都호니成吉思汗이此로뻐口實을藉호고、다시南侵호야燕京을陷호니、이에金의形勢가日蹙호고黃河以北이、다蒙古에歸호니라

乃滿이花剌子模로、더브러西遼를滅호거놀成吉思汗이哲別을命호야乃滿을討滅호고花剌子模와通好호더니旣而오花剌子模가蒙古의隊商을殺호논지라成吉思汗이、이에征金호든師로뻐木華黎의게授予호고親히諸子를率호고花剌子模를轉伐호야不花剌를陷호고薩摩梗特을降호니花剌子模의軍氣가沮喪호야連戰皆敗호논지라其王謨哈美德이部將으로、호야곰國都를固守호고出奔호거놀成吉思汗이其國都를圍호고別로히速不台와哲不兩將을遣호야謨哈美德을窮追호니謨哈美德이窮蹙호야裏海島中에竄死호니라

謨哈美德의子札蘭丁이哥疾寧에退守호야蒙古軍을拒호다가復敗호고印度河를渡호야曇爾黑에奔호니蒙古將八剌이追至호야毋兒打를陷호더니酷暑가甚호야罷兵東還호니라

速不台와哲別의軍이謨哈美德을追호야裏海에至호얏다가高加索山을踰호야突厥

種의欽察部를襲호니俄羅斯의諸侯ㅣ聯軍을率호고欽察部를援호거놀蒙古軍이阿速海附近에서逆擊大破호더니會에成吉思汗의東歸호논報를聞호고、이에俄羅斯東南部를大掠호고歸호니라

金의領土가漸々蒙古의蠶食이、되니金宣宗이宋을伐호야其損失을償코자호니時에宋寧宗이、또호舊地를恢復코자호야大擧、伐金호고西夏논、또蒙古가來伐호時에金이不援홈을怒호야金과絕和호고宋의게通好호거놀蒙古將木華黎ㅣ此時를乘호야金을圖謀호니金이。이에腹背、受敵호야勢가益蹙호니라

成吉思汗이東歸호後로西夏王李晛을降호고、다시金을親伐코자호다가六盤山에서殁호니此논元太祖오太宗窩濶台가大汗位를繼호야和林에都호니라

太宗이太祖의遺志를紹호야拖雷로、호야곰河南을侵호야金軍을破호고宋에遣使호야約호되兩國이金을夾擊호야事成호거든河南地를宋에讓호다호니時에金哀宗이蔡州에奔호야宋의게乞援호거놀宋理宗이不聽호고蒙古로、더브러南北으로夾擊호야蔡州를陷호니哀宗이自經호거놀。드듸여金을滅호니、이에宋將趙范、鄭淸之等이中原을恢復코자호야汴京과洛陽을占領호거놀蒙古太宗이濶端으로。호

야곰宋軍을攻破ᄒᆞ니宋의勢가頓挫ᄒᆞ니라

蒙古가金을伐ᄒᆞᆯ時에遼의遺族이遼東에서起ᄒᆞ야建國曰、大遼라、ᄒᆞ고南으로高麗ᄅᆞᆯ伐ᄒᆞ니先是에高麗가金과通好ᄒᆞ고、ᄯᅩ李資謙과妙淸의叛亂이有ᄒᆞ고、ᄯᅩ鄭仲夫의廢立과崔忠獻의專橫으로國勢가不振ᄒᆞ더니高宗世에至ᄒᆞ야崔瑀가、ᄯᅩᄒᆞᆫ威福을專擅ᄒᆞ야大遼ᄅᆞᆯ防禦치、못ᄒᆞᄂᆞᆫ지라蒙古ㅣ이에將士ᄅᆞᆯ遣ᄒᆞ야高麗ᄅᆞᆯ援ᄒᆞ야大遼ᄅᆞᆯ滅ᄒᆞ니自此로高麗가蒙古에親昵ᄒᆞ더니旣而오高麗가蒙古使臣을殺ᄒᆞᄂᆞᆫ지라太宗이怒ᄒᆞ야高麗ᄅᆞᆯ攻破ᄒᆞ니高宗이江華로奔ᄒᆞ야講和ᄒᆞ니라

其後、高麗權臣林衍이元宗을廢ᄒᆞ거ᄂᆞᆯ元世祖忽必烈이高麗ᄅᆞᆯ攻ᄒᆞ야元宗이復位케、ᄒᆞ니自此로高麗가元의게親附ᄒᆞ니라

第三十二課　高麗歷代摠說一

文宗은顯宗의子라州郡에令ᄒᆞ야三子가有ᄒᆞᆫ者ᄂᆞᆫ一子가爲僧케、ᄒᆞ고仁王道場을會慶殿에設ᄒᆞ야僧三萬의게施飯ᄒᆞ고子煦로뼈靈通寺僧이、되게ᄒᆞ고興王寺ᄅᆞᆯ德水縣에創ᄒᆞᆯ식十二年에成ᄒᆞ거ᄂᆞᆯ金塔을鑄ᄒᆞ니銀으로爲裏ᄒᆞ고金이爲表오外에ᄂᆞᆫ石塔으로裹護ᄒᆞ니佛事의盛이古今에未有ᄒᆞ니라

仁宗은睿宗의子라西京에幸ᄒᆞ야新宮을御ᄒᆞ니諸臣이上表ᄒᆞ야稱帝、建元ᄒᆞ라ᄒᆞ고妙淸이反ᄒᆞ야西京을據ᄒᆞᄂᆞᆫ지라平章事金富軾이討伐ᄒᆞᆫ지二年에平ᄒᆞ니라

妙淸은西京人이라陰陽說로衆人을惑ᄒᆞ거ᄂᆞᆯ鄭知常、白壽翰等이其說을深信ᄒᆞ야近臣金安과謀曰吾等이主上을西都에移御케、ᄒᆞ면中興功臣이、된다ᄒᆞ고交口稱譽ᄒᆞ니大臣文公仁等이、ᄯᅩ和應ᄒᆞᄂᆞᆫ지라、이에妙淸等이上言曰西京林原驛은陰陽家의所謂、大花勢라王이建宮、移御ᄒᆞ면金國(即淸國祖先)이來降ᄒᆞ고三十六國이、다臣妾이、되리라ᄒᆞ더니、밋西京의宮闕이成ᄒᆞ미王이幸行ᄒᆞ더니其後妙淸이反ᄒᆞ니라

毅宗은仁宗의子라聖壽院玩月과淸寧殿張樂과衆美亭泛舟와觀風樓落矢와茅亭漁歌와草樓棹歌等各戲가日出、無窮ᄒᆞ고國政을不恤ᄒᆞ고普賢院에幸ᄒᆞ야文臣으로、더브러賦詩、酣飮ᄒᆞ니扈從將士ㅣ다飢困ᄒᆞ거ᄂᆞᆯ將軍鄭仲夫等이作亂ᄒᆞ야文臣五百餘人을殺ᄒᆞ야桃源驛澤中에投ᄒᆞ고王을廢ᄒᆞ야巨濟縣에遷ᄒᆞᆯ식慶州에至ᄒᆞ야將軍李義旼이坤元寺北淵上에서弑ᄒᆞ고脊骨을拉ᄒᆞ야釜에裹ᄒᆞ고釜로合ᄒᆞ야淵中에投ᄒᆞ니라

明宗은毅宗의弟라鄭仲夫等이迎立ᄒᆞ니王이柔懦、不斷ᄒᆞ야政事가在下ᄒᆞ고仲夫等이自相屠殺ᄒᆞ며在位二十七年에崔忠獻의게被廢ᄒᆞ야江華에放ᄒᆞ니라

神宗은明宗母弟라崔忠獻이明宗을廢ᄒᆞ고迎立ᄒᆞ니時에權奸이擅國ᄒᆞ야君을視ᄒᆞ기土木偶人과如ᄒᆞ고廢置가其手에在ᄒᆞ니라

熙宗은神宗의子라諸臣으로、더브러崔忠獻을誅코자ᄒᆞ다가事泄ᄒᆞ야被廢ᄒᆞ고紫燕島에放ᄒᆞ니라

康宗은明宗長子라江華에放ᄒᆞ얏다가熙宗六年에崔忠獻이立ᄒᆞ니라

高宗은康宗長子라時에契丹遺種金山王子가來寇ᄒᆞ거ᄂᆞᆯ趙冲、金就礪等이討平ᄒᆞ고蒙古가大擧來寇ᄒᆞ야嘉山、博川間에火氣가連天ᄒᆞ고王이蒙兵을避ᄒᆞ야江華에遷都ᄒᆞ고號曰江都라、ᄒᆞ고時에權臣이執政ᄒᆞ매兵柄이下移ᄒᆞ야悍將과勁卒이、다私家에屬ᄒᆞ고大寇가方張ᄒᆞ나公家에ᄂᆞᆫ一旅의師가無ᄒᆞ니라

崔忠獻은勇敢으로써官이將軍에至ᄒᆞ고其弟忠粹로、더브러李義旼을殺ᄒᆞ고文臣武員을大殺ᄒᆞ고明宗을江華에放ᄒᆞ고神宗을立ᄒᆞ고忠獻이有變ᄒᆞᆯ가恐ᄒᆞ야大小文武와至於軍卒ᄭᆞ지强力이有ᄒᆞᆫ者를招致ᄒᆞ야其家에直宿ᄒᆞ니門客이三千餘人이라

權勢가人主를傾ᄒᆞ며違忤者ᄂᆞᆫ誅戮ᄒᆞ고熙宗을廢ᄒᆞ고康宗을立ᄒᆞ며其後高宗時에ᄂᆞᆫ忠獻이國富兵强ᄒᆞ다稱ᄒᆞ고邊報가有ᄒᆞ면、곳罵曰此等小事로써、엇지驛騎를煩ᄒᆞᄂᆞ뇨、ᄒᆞ고告者를流ᄒᆞ니故로邊將이解體ᄒᆞ더니後에果然契丹이大至ᄒᆞ되京城이無備ᄒᆞ야大敗ᄒᆞ고忠獻이死ᄒᆞ니百官이縞素로會葬ᄒᆞ고其禮가王者와如ᄒᆞ니라

忠獻의子瑀와瑀의子沆과沆의子竩가、다國政을專擅ᄒᆞ니崔氏四世가執政ᄒᆞ기六十三年이、되니라

元宗은高宗의子라此時브터元의牽制를受ᄒᆞ고林衍의게被廢ᄒᆞ니라

忠烈王은元宗의子라元宗이元에往ᄒᆞ야未返ᄒᆞ고高宗이崩ᄒᆞ니王이攝政ᄒᆞ고元의元帥忽敎等이日本을伐ᄒᆞ거ᄂᆞᆯ都督金方慶으로、ᄒᆞ야곰共往ᄒᆞ야一岐島를征ᄒᆞ고自此로朕字를改ᄒᆞ야曰孤라、ᄒᆞ고太子의게傳位ᄒᆞ고號令이、다元의게出ᄒᆞ니라

忠宣王은忠烈王의子라元國에往ᄒᆞ야萬卷堂을燕京에搆ᄒᆞ고學士閻復等과從遊ᄒᆞ니라

忠肅王은忠宣王의子라元公主를三娶ᄒᆞ니라

忠惠王은忠肅王의子라荒淫、無道ᄒᆞ다가元이게被執ᄒᆞ야道에셔死ᄒᆞ니라

忠穆王은忠惠王長子라壽가僅히十四오

忠定王은忠惠王의子라性이狂悖ᄒᆞ더니江華에遜位ᄒᆞ야遇鴆ᄒᆞ니壽가十五오

恭愍王은忠惠王의弟라禁中에燃燈ᄒᆞ고宮內에火山이오元의紅巾賊이大擧來寇ᄒᆞ거ᄂᆞᆯ王이南奔ᄒᆞᆯ시臨津에至ᄒᆞ야李穡의게顧謂曰風景이如此ᄒᆞ니政히聯句ᄒᆞᆯ時라ᄒᆞ더라一層八角殿을花園中에搆ᄒᆞ고奇巖怪石과名花異草를聚ᄒᆞ야遊賞ᄒᆞ고僧辛旽을偏任ᄒᆞ고鳩를喜養ᄒᆞ야鳩糧布가千疋이오飼穀이月에二十斛이오諸后妃를縱ᄒᆞ야寵臣과通케ᄒᆞ다가畢竟遇弑ᄒᆞ니라

辛旽은靈山玉川寺의奴라恭愍王이夢中에人이拔劒刺己ᄒᆞ거ᄂᆞᆯ僧이來救ᄒᆞᄂᆞᆫ지라王이大異ᄒᆞ야其僧을求ᄒᆞ다가辛旽의狀貌가同ᄒᆞᆫ지라王이大喜ᄒᆞ야寵愛가日隆ᄒᆞ고旽이入內用事ᄒᆞ야事々聽從ᄒᆞ고號曰師傅라ᄒᆞ고眞平侯를封ᄒᆞ니旽이自此로國政을專擅ᄒᆞ고婦女를暗通ᄒᆞ고威福이王에過ᄒᆞ더니旣而오王이忌ᄒᆞᆯ가恐ᄒᆞ야不軌를謀ᄒᆞ거ᄂᆞᆯ王이이에旽을水原에流ᄒᆞ엿다가數罪ᄒᆞᆫ後其身을支解ᄒᆞ고京城에梟首ᄒᆞ니라

恭讓王은神宗七世孫이라羣臣이恭愍王의子禑를廢ᄒᆞ고其子昌을立ᄒᆞ엿다가다시廢ᄒᆞ고恭讓王을立ᄒᆞ더니王이亂世를當ᄒᆞ야憂懼不眠ᄒᆞ고左右의게謂曰朕이平生에衣食이足ᄒᆞ거ᄂᆞᆯ今에負荷ᄒᆞ기如此ᄒᆞ니奈何오ᄒᆞ고泣下ᄒᆞ더라壬申七月에遜位ᄒᆞ고三陟에서卒ᄒᆞ니라

第二十三課　高麗歷代撮說二

徐弼은光宗時人이라王이宰相의게金酒器를賜ᄒᆞ거ᄂᆞᆯ弼이不受ᄒᆞ야曰臣이寵恩을已叨ᄒᆞ얏ᄉᆞ니또金器를受ᄒᆞ면逾分ᄒᆞ기太甚이오또服用은等分을明ᄒᆞᆷ이오奢侈ᄂᆞᆫ理亂에關ᄒᆞᄂᆞ니臣이金器를用ᄒᆞ면君은何를用ᄒᆞ리오ᄒᆞᆫᄃᆡ王曰卿이寶로ᄡᅥ爲寶치아니ᄒᆞ니朕은卿言으로爲寶ᄒᆞᆫ다ᄒᆞ니라其子ᄂᆞᆫ即熙라

崔沆은顯宗時人이라康兆가廢立時에百官이다恐懼奔走ᄒᆞ거ᄂᆞᆯ沆이獨히中臺省에出ᄒᆞ야兆를責ᄒᆞ야曰古昔에如此ᄒᆞᆫ事가有ᄒᆞ냐ᄒᆞ더라性이淸儉ᄒᆞ야約軸을久秉ᄒᆞ되一毫도人의게取치아니ᄒᆞ고家에擔石이無ᄒᆞ니라

崔冲은德宗時人이라時에文敎가未遑ᄒᆞ거ᄂᆞᆯ冲이陰陵에退居ᄒᆞ야後進을敎誨ᄒᆞ니諸生이門巷에塡溢ᄒᆞ고四朝를歷事ᄒᆞ며文武才를兼ᄒᆞ야出入將相이오七十에致仕ᄒᆞ얏ᄉᆞ나軍國大事를咨問ᄒᆞ더라時에儒臣이立徒ᄒᆞᆫ者十二人中에冲의徒가最盛

ᄒᆞ니我國學校의興ᄒᆞᆷ이冲으로브터始ᄒᆞ고海東孔子라稱ᄒᆞ니라

金富軾은仁宗時人이라文章으로世上에有名ᄒᆞ고爲人이豐貌、碩體에面黑目露ᄒᆞᆫ지라宋使臣路允迪이其像을圖ᄒᆞ야宋帝의게歸獻ᄒᆞ니宋帝가司局으로ᄒᆞ야곰板에鏤ᄒᆞ야世上에傳ᄒᆞ니自此로名이支那天下에振動ᄒᆞ더라西都의妙淸亂을平ᄒᆞ고三國史를著ᄒᆞ고大覺國師碑를撰ᄒᆞ고文集二十卷이行世ᄒᆞ니라

文克謙은明宗時人이라爲人이忠孝正直ᄒᆞ고慈仁勤儉ᄒᆞ며毅宗時에時政을切諫ᄒᆞᆫ디王이怒ᄒᆞ야其䟽를焚ᄒᆞ더니其後武臣亂에兵士의게被獲ᄒᆞ거늘克謙曰我는前正言文克謙이라王이我言을從ᄒᆞ얏스면、엇지今日의亂이有ᄒᆞ리오願컨디一劍으로我를殺ᄒᆞ라ᄒᆞ니兵士ㅣ其言을恠異ᄒᆞ야諸將前에擒致ᄒᆞ야免ᄒᆞ니라毅宗이被放ᄒᆞ야巨濟에遷ᄒᆞᆯ식馬上에셔歎曰克謙의言을從ᄒᆞ얏스면、엇지此辱이有ᄒᆞ리오、ᄒᆞ더라

趙冲은高宗時人이라博學强記ᄒᆞ고典古를諳練ᄒᆞ며出入將相에朝野가倚重ᄒᆞ고東女眞國將軍完顔子淵이高麗人의게謂曰貴國에此帥가有ᄒᆞ니此는天賜라、ᄒᆞ더라江東戰에平章事金就礪로、더브러蒙古營에往ᄒᆞ니元帥哈眞이日吾가兩兄閒에坐

ᄒᆞᆫ다ᄒᆞ고兄弟를結ᄒᆞ더라平時에는稜角을不露ᄒᆞ야世人이、다만其寬厚長者라稱ᄒᆞ더니、밋大兵을將ᄒᆞ고大事를臨ᄒᆞ야는磊落、不羈ᄒᆞ며號令이嚴明ᄒᆞ더라

金就礪는高宗時人이라節儉正直ᄒᆞ고身長이六尺五寸이오鬚長、過腹ᄒᆞ야盛服時에는兩婢子가其鬚를分擧ᄒᆞᆫ後、帶를束ᄒᆞ고宰相이、되미正色、立朝ᄒᆞ야人이敢히犯歎치、못ᄒᆞ더라契丹이來寇ᄒᆞ거늘後軍兵馬使로契丹을大破ᄒᆞ니諸城父老가酌酒相賀曰、今에强寇가入境ᄒᆞ미後軍으로先鋒이、되고小로써衆을擊ᄒᆞ야我老弱으로、ᄒᆞ야곰性命이存케、ᄒᆞᆷ은將軍의力이라、ᄒᆞ더라蒙古元帥哈眞이其狀貌를見ᄒᆞ고大奇ᄒᆞ야曰、吾가六國을攻伐ᄒᆞ야貴人을閱ᄒᆞᆷ이多ᄒᆞ얏스나兄과如ᄒᆞᆫ者ㅣ未有ᄒᆞ다ᄒᆞ고臨別에親히扶腋ᄒᆞ야上馬케ᄒᆞ고持軍ᄒᆞ기嚴整ᄒᆞ야士卒이秋毫도不犯ᄒᆞ며酒가有ᄒᆞ면士卒最下者라도、다均飮ᄒᆞᄂᆞᆫ故로其死力을得ᄒᆞ고江東役에事事를、다趙冲의게讓ᄒᆞ고臨陣、對敵에奇計를出ᄒᆞ야大功을成ᄒᆞ나自矜이無ᄒᆞ니라

朴犀는高宗時人이라兵馬使로龜州를守ᄒᆞᆯ식蒙古兵이來攻ᄒᆞ기三旬에百計、攻城ᄒᆞ거늘犀ㅣ屢戰大破ᄒᆞ니蒙古一老將이城下에至ᄒᆞ야城壘와器械를環視ᄒᆞ고歎曰

吾가結髮時로브터從軍ᄒᆞ야天下城池를環視ᄒᆞ얏ᄉᆞ나被攻ᄒᆞ기如此에不降ᄒᆞᆫ者ㅣ未有ᄒᆞ얏ᄉᆞ니此城諸將은他日에、반다시將相이、되리라、ᄒᆞ더라

崔椿命은高宗時人이라慈州副使가、되야蒙古亂에守城、不降ᄒᆞ더니、밋主師가蒙古의게降ᄒᆞᆫ後、蒙古元帥撒禮塔이淮安公侹으로、ᄒᆞ야吾王의命으로諭降ᄒᆞ거ᄂᆞᆯ椿命曰、城中人은淮安公을不知ᄒᆞᆫ다ᄒᆞ고拒絶、不納ᄒᆞ니撒禮塔이怒ᄒᆞ야椿命을殺ᄒᆞ라ᄒᆞ거ᄂᆞᆯ蒙使가內侍李白全을西京에遣ᄒᆞ야將斬ᄒᆞᆯ시椿命이辭色을不變ᄒᆞᄂᆞᆫ지라蒙古人曰、椿命이我의게ᄂᆞᆫ拒逆ᄒᆞ얏ᄉᆞ나高麗에ᄂᆞᆫ忠臣이라ᄒᆞ고放釋키를固請ᄒᆞ더라

金慶孫은高宗時人이라智勇이絶人ᄒᆞ고蒙古亂에靜州分道將軍으로龜州를守ᄒᆞᆯ시胡床에據ᄒᆞ야督戰ᄒᆞ더니砲가其頂으로過ᄒᆞ야背後의衛卒을擊ᄒᆞ야身首가糜碎ᄒᆞ니左右가移床키를請ᄒᆞ거ᄂᆞᆯ慶孫曰、不可ᄒᆞ다我가動ᄒᆞ면人心이動ᄒᆞᆫ다ᄒᆞ고神色이自若ᄒᆞ며機를隨ᄒᆞ야設備ᄒᆞ며應變ᄒᆞ기神과如ᄒᆞ니蒙兵이退走ᄒᆞ더라潭陽賊李延年이作亂ᄒᆞ거ᄂᆞᆯ慶孫이全羅指揮使가、되야出戰ᄒᆞᆯ시錦城山神을街頭에서祭ᄒᆞ고二酌을奠ᄒᆞ야曰戰勝ᄒᆞᆫ後、畢獻ᄒᆞ리라ᄒᆞ고張蓋ᄒᆞ야出ᄒᆞ니左右ㅣ曰賊이蓋를見ᄒᆞ면將軍의來ᄒᆞᆷ을知ᄒᆞ야危殆ᄒᆞ다ᄒᆞ거ᄂᆞᆯ慶孫이叱退ᄒᆞ고開門、出戰ᄒᆞ야賊을斬ᄒᆞ니라

金允侯ᄂᆞᆫ高宗時僧徒라處仁城(龍仁)에避亂ᄒᆞ더니蒙古元帥撒禮塔이軍士十萬을率ᄒᆞ고來攻ᄒᆞ거ᄂᆞᆯ允侯ㅣ射殺ᄒᆞ야其軍을破ᄒᆞ니王이其功을嘉ᄒᆞ야上將軍을拜ᄒᆞᆫ되允侯ㅣ辭讓ᄒᆞ야曰、戰時에吾ㅣ弓矢가無ᄒᆞ얏ᄉᆞ니、엇지重賞을受ᄒᆞ리오、ᄒᆞ고固辭ᄒᆞ거ᄂᆞᆯ、이에攝郞將을拜ᄒᆞ니라

元冲甲은忠烈王時人이라爲人이短少精悍ᄒᆞ고目에電光이有ᄒᆞ며蒙古元帥哈丹이來犯ᄒᆞ거ᄂᆞᆯ冲甲이鄕貢進士로逆擊ᄒᆞᆯ시前後十戰에賊이大敗ᄒᆞ야敢히復來치、못ᄒᆞ니라

安祐ᄂᆞᆫ恭愍王時人이라元의毛貴가義州를寇ᄒᆞ거ᄂᆞᆯ祐가七十餘騎를率ᄒᆞ고戰地에行ᄒᆞ다가山에登ᄒᆞ야歇馬ᄒᆞᆯ시賊이拼至ᄒᆞ니將士가、다失色ᄒᆞ거ᄂᆞᆯ祐ㅣ談笑가自若ᄒᆞ고從容이跨馬ᄒᆞ고直前大破ᄒᆞ며後에紅賊을擊滅ᄒᆞ고京城을收復ᄒᆞ니平章事金鏞이其功을忌ᄒᆞ야凱旋ᄒᆞᆯ時에人으로、ᄒᆞ야금其首를推殺ᄒᆞ니祐가辭色이不變ᄒᆞ더라

金得培ᄂᆞᆫ紅巾賊을平ᄒᆞ고京城을收復ᄒᆞ고安祐로、더브러入朝ᄒᆞᆯ시得培가基州에至ᄒᆞ야聞變ᄒᆞ고逃亡ᄒᆞ야山陽에在ᄒᆞ더니金鏞이人을遣ᄒᆞ야斬ᄒᆞ고尙州에梟首ᄒᆞ니觀者가、다嘆惜ᄒᆞ더라

李芳實은安祐、金得培로、더브러三元師가、되니라芳實이少時에盜를遇ᄒᆞ야所佩ᄒᆞᆫ弓矢를盜의게予ᄒᆞ야曰、汝가射我ᄒᆞ라ᄒᆞ고厠에如ᄒᆞ야踞坐ᄒᆞ니賊이弓을持滿ᄒᆞ야射ᄒᆞ거ᄂᆞᆯ芳實이手로ᄡᅧ來矢를攬取ᄒᆞ야厠間에插置ᄒᆞ니一箭의矢가皆盡ᄒᆞᆫ지라盜가拜謝、丙命ᄒᆞ거ᄂᆞᆯ芳實이身을聳ᄒᆞ야數十丈橡木의梢를採取ᄒᆞ야盜의髮을繫ᄒᆞ고刀로ᄡᅧ頭皮를劃去ᄒᆞ고去ᄒᆞ더라元師가、되야紅巾賊을平ᄒᆞ니王이玉纓을賜ᄒᆞᄂᆞᆫ지라后曰엇지至寶를不愛ᄒᆞ고人의게予ᄒᆞᄂᆞᆫ뇨ᄒᆞᆫ듸王曰宗社가邱墟치、아니ᄒᆞ고人民이魚肉을免ᄒᆞᆷ은、다芳實의功이라、엇지此를愛ᄒᆞ리오、ᄒᆞ더라芳實의妹가、또ᄒᆞᆫ驍勇ᄒᆞ야枝를壁上에插ᄒᆞ고兄弟가枝上으로行ᄒᆞᆯ시芳實이行ᄒᆞ면枝가動ᄒᆞ고妹가行ᄒᆞ면枝가不動ᄒᆞ더라

崔瑩은恭愍王時人이라風姿가魁梧ᄒᆞ고膂力이絶人ᄒᆞ며剛直忠淸ᄒᆞ고年이十六에其父元直이死ᄒᆞᆯ시誡曰金을視ᄒᆞ기石과如ᄒᆞ라ᄒᆞ니瑩이其訓을終身服膺ᄒᆞ야産業

을不事ᄒᆞ고居第가湫隘에服食이儉素ᄒᆞ며臨陣、對敵ᄒᆞ면神氣가安閑ᄒᆞ야矢石이左右에交ᄒᆞ야도懼色이無ᄒᆞ고大小百餘戰에所向에、다有功ᄒᆞ고一敗치、아니ᄒᆞ야國家가賴安ᄒᆞ며、비록久히將相이、되야手에重兵을握ᄒᆞ나大體를持ᄒᆞ야細理를不究ᄒᆞᄂᆞᆫ지라故로終身토록掌兵ᄒᆞ얏스나麾下軍士가其面을識ᄒᆞᄂᆞᆫ者ㅣ不過數十이오都堂에赴ᄒᆞ야ᄂᆞᆫ正色直言ᄒᆞ되左右가應者ㅣ無ᄒᆞᆫ지라瑩이獨히歔欷ᄒᆞᆯᄲᅮᆫ이러라都統使로昇天府를守ᄒᆞ야屢次倭兵을破ᄒᆞ야海盜가震怖ᄒᆞ니國의干城이오土豪가屛息ᄒᆞ니民의司平이러라革命時代를當ᄒᆞ야高峰縣에流ᄒᆞ얏다가旣而오斬ᄒᆞᆯ시臨刑에神色이自若ᄒᆞ야曰、我ㅣ平生에惡業을不作ᄒᆞ얏스니萬一我ㅣ貪慾이有ᄒᆞ면墓上에草가生ᄒᆞ고不然ᄒᆞ면草가不生ᄒᆞ리라、ᄒᆞ더니果然草가不生ᄒᆞ니世人이謂ᄒᆞ되紅墳이라、ᄒᆞ더라都人이罷市ᄒᆞ고遠近이流涕ᄒᆞ며屍가路傍에在ᄒᆞ니行者가下馬ᄒᆞ더라

鄭襲明은仁宗時人이라諫職에久居ᄒᆞ야侃儻敢言ᄒᆞ니王이深히器重ᄒᆞ야承宣을擢授ᄒᆞ더니、밋不豫時에毅宗의게謂曰國事를、다襲明의게問ᄒᆞ라、ᄒᆞ더니、밋毅宗이卽位ᄒᆞ며襲明이先朝顧托을受ᄒᆞᆫ故로事々盡言ᄒᆞᆫ듸王이忌憚ᄒᆞ거ᄂᆞᆯ金存中과鄭誠

等이 또 戰勝ᄒᆞ니 王이 存中으로ᄡᅥ 其職을代ᄒᆞᄂᆞᆫ지라 龔明이 王意를揣知ᄒᆞ고 仍藥ᄒᆞ야 死ᄒᆞ니라

禹倬은 忠宣王時人이라 王이 淫穢ᄒᆞᆫ行이 有ᄒᆞ거ᄂᆞᆯ 倬이 白衣로 斧를持ᄒᆞ고 上書ᄒᆞ니 近臣이 敢히 讀지 못ᄒᆞᄂᆞᆫ지라 倬이 厲聲曰 卿이 近臣이 되야 君의 非를 格지 못ᄒᆞ고 逢惡ᄒᆞ기 如此ᄒᆞ냐ᄒᆞ니 左右가 震慄ᄒᆞ더라

李存吾ᄂᆞᆫ 恭愍王時人이라 辛旽을 劾ᄒᆞ니 王이 覽疏ᄒᆞ기 未半에 怒ᄒᆞ야 其疏를 焚ᄒᆞ라ᄒᆞ고 諫官을 召ᄒᆞ야 責ᄒᆞ거ᄂᆞᆯ 時에 旽이 王과 對床ᄒᆞ야 坐ᄒᆞᆫ지라 存吾ㅣ 旽을 叱ᄒᆞ야 曰 老僧이 엇지 如此 無禮ᄒᆞ뇨ᄒᆞᆫ듸 旽이 惶駭ᄒᆞ야 床下에 下ᄒᆞ니 時에 存吾의 年이 二十五러라 王이 益怒ᄒᆞ야 貶ᄒᆞ야 長沙監務를 除ᄒᆞ니라 後에 旽의 勢力이 益盛ᄒᆞ거ᄂᆞᆯ 存吾ㅣ 憂忿ᄒᆞ다가 疾甚ᄒᆞ야 左右로ᄒᆞ야곰 扶起曰 旽이 尙熾ᄒᆞ냐 ᄒᆞ거ᄂᆞᆯ 對曰 然ᄒᆞ다ᄒᆞ니 還臥ᄒᆞ야 曰 旽이 亡ᄒᆞ여야 吾가 亡ᄒᆞᆫ다ᄒᆞ고 果卒ᄒᆞ더라

申崇謙은 太祖時人이라 公山에서 太祖를從ᄒᆞ야 甄萱을 伐ᄒᆞ다가 大敗ᄒᆞ야 甄萱의 兵이 大至ᄒᆞ거ᄂᆞᆯ 崇謙의 貌가 太祖와 類ᄒᆞᆫ지라 王의 車를 代乘ᄒᆞ고 力戰ᄒᆞ다가 死ᄒᆞ니 太祖가 得脫ᄒᆞ니라

河拱辰은 顯宗時에 契丹營에 往ᄒᆞ야 王意를 傳ᄒᆞ니 丹兵이 王의 所在를 問ᄒᆞ거ᄂᆞᆯ 答曰 今에 江南으로 向ᄒᆞ얏스니 所在를 不知로라 又問曰 遠近이 幾何오 曰 江南이 太遠ᄒᆞ야 幾萬里를 不知ᄒᆞᆫ다ᄒᆞ니 丹兵이 乃還ᄒᆞ더라 이에 契丹主ㅣ 拱辰을 引歸ᄒᆞ야 甚히 寵遇ᄒᆞ고 燕京에 居케 ᄒᆞ고 良家女로ᄡᅥ 妻ᄒᆞ더라 然이나 拱辰이 還國코자ᄒᆞ야 駿馬를 市ᄒᆞ야 東路에 多置ᄒᆞ니 人이 其謀를 契丹主의게 告ᄒᆞᆫ듸 契丹主ㅣ 鞫問ᄒᆞ거ᄂᆞᆯ 拱辰이 對曰 吾가 本國에 엇지 二心이 有ᄒᆞ리오 ᄒᆞ고 辭氣가 益厲ᄒᆞ다가 遇害ᄒᆞ니라

庾應圭ᄂᆞᆫ 性이 穎悟ᄒᆞ고 風儀가 美ᄒᆞ니 時人이 謂ᄒᆞ되 玉人이라 ᄒᆞ더라 南京에 出倅ᄒᆞᆯᄉᆡ 政이 淸介ᄒᆞ야 一毫도 人의게 取치 아니ᄒᆞ고 其妻가 産後에 菜羹을 不厭ᄒᆞᄂᆞᆫ지라 衙吏가 雙雉를 饋ᄒᆞᆫ듸 妻曰 良人이 平生에 人의 饋物을 不受ᄒᆞ얏거ᄂᆞᆯ 我ㅣ 엇지 口腹으로 淸德을 累ᄒᆞ리오 ᄒᆞ더라

庾碩은 應圭의 孫이라 安東都護가 되얏다가 讒言으로 巖墮島에 流ᄒᆞ니 老幼가 遮道ᄒᆞ야 哭曰 天乎아 我公이 何罪오 公이 去ᄒᆞ니 我等이 엇지 生ᄒᆞ리오 ᄒᆞ더라 東北面兵馬使가 되얏다가 秩滿ᄒᆞ야 歸ᄒᆞ니 東人이 二年을 請借ᄒᆞ고 父母라 呼ᄒᆞ더라

徐稜은 官이 侍中이라 母氏를 養코자ᄒᆞ야 解官 歸家ᄒᆞ더니 母氏가 瘇疽를 患ᄒᆞ니 醫

師曰、蛙를不得ᄒᆞ면愈치、못ᄒᆞ리라、ᄒᆞ나時ᄂᆞᆫ冱寒이라蛙를不得ᄒᆞᆫ지라稜이號泣ᄒᆞ기不已ᄒᆞᆫ딕醫ㅣ曰비록蛙가無ᄒᆞ나姑히餘藥을試ᄒᆞ라ᄒᆞ고樹下에서藥을炒ᄒᆞᆯ시忽然히一蛙가樹上으로브터鼎中에墮ᄒᆞ거ᄂᆞᆯ合藥ᄒᆞ야疸에傅ᄒᆞ니果然即愈ᄒᆞᆫ지라人이、다孝感、所致라、ᄒᆞ더라

黃守ᄂᆞᆫ平壤人이니本府署丞이라父母의年이、다七十餘오三弟와二妹로、더브러同爨ᄒᆞ야食ᄒᆞᆯ식甘旨를、몬져父母씌奉ᄒᆞ믹每日三次오父母가食訖에退ᄒᆞ야家人과共食ᄒᆞ기二十餘年이러라

鄭承雨ᄂᆞᆫ梁州人이라日人의게被擄ᄒᆞ야肥前州에鬻賣ᄒᆞ거ᄂᆞᆯ承雨母의年이七十餘라每常에母氏의存歿을念ᄒᆞ야酒肉을不食ᄒᆞᄂᆞᆫ지라日人이其義를感動ᄒᆞ야舟에糧을具ᄒᆞ야送歸ᄒᆞ니承雨ㅣ이에母子가相見ᄒᆞ니라

李資玄은年二十七에棄官ᄒᆞ고春川清平山에入ᄒᆞ야蔬食布衣에逍遙自樂ᄒᆞ고睿宗이屢召ᄒᆞ야도不起ᄒᆞᄂᆞᆫ지라、이에其可致치、못ᄒᆞᆷ을知ᄒᆞ고南京에特幸ᄒᆞ야其弟資德으로、ᄒᆞ야곰行在에詣赴케、ᄒᆞ야臣禮로待치、아니ᄒᆞ고因ᄒᆞ야三角山清涼寺에留케ᄒᆞ고、다시召見ᄒᆞ야養性法을問ᄒᆞᆫ딕對曰寡慾에서、더善ᄒᆞᆷ이無ᄒᆞ다、ᄒᆞ더라

郭輿ᄂᆞᆫ睿宗時人이라王이知舊로ᄡᅥ徵召ᄒᆞ야左右에置ᄒᆞ고談笑唱和ᄒᆞᆯ식烏巾鶴氅으로禁中에侍ᄒᆞ니時人이金門羽客이라稱ᄒᆞ더라旣而오退居키를固求ᄒᆞ야京東若頭山에堂을構ᄒᆞ고居ᄒᆞ거ᄂᆞᆯ王이其齋에幸ᄒᆞᆫ딕輿가適히入城ᄒᆞᆫ지라王이徘徊ᄒᆞ기久ᄒᆞ다가題詩ᄒᆞ고還ᄒᆞ니其禮遇가如此ᄒᆞ더라

幼年必讀卷三釋義　　教師用

漢水　玄采　編述

第一課　本朝歷代一

漢陽은古朝鮮馬韓의域이니北은華山三角이龍盤虎踞의勢가有ᄒᆞ고南은漢江이衿帶가、되고左ᄂᆞᆫ關嶺(鐵嶺大關)을控ᄒᆞ고右ᄂᆞᆫ渤海가環ᄒᆞ야形勢가東方에冠ᄒᆞ고百濟中葉에漢山으로브터徙居ᄒᆞ다가未幾에播遷ᄒᆞ고此地가四方의來廷ᄒᆞᄂᆞᆫ道里가均一ᄒᆞ고、또漕輓에宜ᄒᆞ야東、西、南三京(楊州開城平壤)의比ᄒᆞᆯ배、아니오

三角山은一名은華山이오又曰負兒岳(一峰名)이니平康縣分水嶺으로브터連峰과疊嶂이起伏逶迤히西來ᄒᆞ다가楊州內(?)에至ᄒᆞ야道峰이되고、또三角山이、되니實로京城의鎭山이오白雲臺、國望峰、仁壽峰이矗立ᄒᆞᆫ故로三角의名이有ᄒᆞ니라

白岳은都城內景福宮北에在ᄒᆞ니高ᄂᆞᆫ英尺一千一百九十六尺이오

木覓山은都城南山이니一名은引慶山이오英尺八百五十二尺이오松樹가鬱蒼ᄒᆞ고佳境이奇絶ᄒᆞ야春秋良節에遊人墨客이松前月下에서淸興을遣ᄒᆞ야畿內의公園地

가、되더니至今은外人의佔奪훈바、되야我國人은其地에游覽키도難ᄒᆞ니、곳山川
이依舊에風景이殊異훈歎이自發ᄒᆞᄂᆞᆫ도다

第 二 課 本朝歷代 二

宗廟ᄂᆞᆫ太祖三年에建ᄒᆞ고
景福宮은、太祖三年에建ᄒᆞ고鄭道傳으로、ᄒᆞ야곰命名ᄒᆞ니其內에勤政殿、思政殿과康寧殿、交泰殿과慶會樓、報漏閣、簡儀臺等이有ᄒᆞ니勤政이라홈은人君이政事에勤ᄒᆞ야萬機를日親훈다、홈이오思政이라홈은人君이是非利害에深思熟慮ᄒᆞ야賢人을進ᄒᆞ고小人을退훈다、홈이오康寧이라홈은人君이正心修德훈後에其身이康寧ᄒᆞ다、홈이오報漏閣이라홈은世宗께셔漏器를作ᄒᆞ야時를報케、홈이오簡儀臺라홈은世宗께셔曆象의理를窮究ᄒᆞ야古典을講求ᄒᆞ고儀表를創制ᄒᆞ야測驗을備홈이라
景福宮南에ᄂᆞᆫ光化가正門이오其他西에ᄂᆞᆫ迎秋오北에ᄂᆞᆫ神武오東에ᄂᆞᆫ建春이오
昌德宮은北部廣化坊에在ᄒᆞ니仁政殿은受朝ᄒᆞᄂᆞᆫ正殿이오南門은敦化오東은宣仁이오西ᄂᆞᆫ金虎오北은廣智오

宮內에宣政殿、寶慶堂이有ᄒᆞ고、또昌慶宮은昌德宮東에在ᄒᆞ니此ᄂᆞᆫ成宗께셔建築ᄒᆞ심이오東에弘化門과月覲門이有ᄒᆞ고
城은太祖五年에建ᄒᆞ고世宗四年에重修ᄒᆞ니周가九千五百七十五步오高ᄂᆞᆫ四十尺一寸이오八門에正南은崇禮오正北은肅淸이오正東은興仁이오正西ᄂᆞᆫ敦義오東北은惠化오西北은彰義오東南은光熙오西南은昭義오
李穡은高麗判門下府事라太祖와友善ᄒᆞ더니高麗가亡훈後에本朝에不仕ᄒᆞ고上이召致ᄒᆞ시니白衣로進謁홀ᄉᆡ長揖、不拜ᄒᆞ고既而오群臣이班次에進ᄒᆞᄂᆞᆫ지라穡이起ᄒᆞ야曰、老夫의坐處가無ᄒᆞ다ᄒᆞ고昂然起出ᄒᆞ야自此로韓山、驪興間에游ᄒᆞᄂᆞᆫ지라上이每常에召還ᄒᆞ야官祿을優予ᄒᆞ시되不受ᄒᆞ니라
暹羅ᄂᆞᆫ支那南方에在ᄒᆞ니我國과相距가數萬里오
琉球ᄂᆞᆫ日本南方에在ᄒᆞ니即我國東南海中에在훈國이오
楮貨ᄂᆞᆫ即今紙幣와同ᄒᆞ고
吉再ᄂᆞᆫ高麗遺臣이라定宗時에奉常博士를拜ᄒᆞ니不受ᄒᆞ더라初에太宗이微時에其賢을知ᄒᆞ고上께告ᄒᆞ야徵召ᄒᆞ니再ㅣ上書曰臣은聞ᄒᆞ니女ᄂᆞᆫ二夫가無ᄒᆞ고臣은二

君이 無ᄒᆞ다ᄒᆞ니 願컨ᄃᆡ 田里에 歸ᄒᆞ야 臣의 不事二姓ᄒᆞᄂᆞᆫ 志ᄅᆞᆯ 遂케ᄒᆞ소서、ᄒᆞ거ᄂᆞᆯ 上이 嘉歎ᄒᆞ시고 優禮遣歸ᄒᆞ니라

第六課 三角山

三角山의 白雲臺ᄂᆞᆫ 飛巖과 躍石이 半空을 觸ᄒᆞ며 翠松과 古木이 參差ᄒᆞ고 山上에 幽泉이 有ᄒᆞ야 瀑布와 淸流ᄅᆞᆯ 成ᄒᆞ고

北漢山城은 周圍가 數十里오 城壁이 絶崖에 沿ᄒᆞ고 深磎ᄅᆞᆯ 臨ᄒᆞ야 嶄然히 可攀치、못ᄒᆞ니 此ᄂᆞᆫ 肅宗三十七年、距今一百九十六年前에 築ᄒᆞᆫ바오 山城內에 別宮과 寺院이 多ᄒᆞ니라

第八課 本朝歷代 三

登聞鼓ᄂᆞᆫ 即申聞鼓니 百姓이 寃枉ᄒᆞᆫ事가 有ᄒᆞ야 伸雪치、못ᄒᆞ면 登聞鼓ᄅᆞᆯ 擊ᄒᆞ야 上이 聞ᄒᆞ시게、ᄒᆞᆷ이라

鑄字ᄂᆞᆫ 世宗時에 設ᄒᆞ얏스나 其實은 太宗ᄭᅴ셔 創開ᄒᆞ시고

四學은 中學、東學、西學、南學이오

集賢殿은 世宗ᄭᅴ셔 設ᄒᆞ신者니 文學士 成三問、申叔舟 等十人을 取ᄒᆞ야 顧問을 備ᄒᆞ

고 每日 朝夕에 宣飯ᄒᆞ시고 中官을 命ᄒᆞ야 客禮로 待ᄒᆞ며 一日은 叔舟ㅣ入直、讀書ᄒᆞ다가 鷄鳴에 始宿ᄒᆞᆯᄉᆡ 上이 覘知ᄒᆞ시고 豹裘ᄅᆞᆯ 解ᄒᆞ야 其身에 親覆ᄒᆞ시니 士林이、더옥 感奮ᄒᆞ니라

雅樂은 初에 高麗ㅣ 宋徽宗의 送ᄒᆞᆫ 樂을 用ᄒᆞ더니 紅賊亂에 散失ᄒᆞ고、오작 鐘、磬 二器ᄂᆞᆫ 一老伶이 池中에 投ᄒᆞ야 僅存ᄒᆞ고 國初에ᄂᆞᆫ 明의 樂을 用ᄒᆞ니 聲音이 律에 不中ᄒᆞ야 祭樂에 八音이 不備ᄒᆞᆫ지라、이에 磬은 瓦磬을 用ᄒᆞ고 鐘도、ᄯᅩᄒᆞᆫ 縋懸ᄒᆞ야 其數가 不具ᄒᆞ더니 世宗時에 秬黍가 海州에 生ᄒᆞ고 磬石은 南陽에서 出ᄒᆞ거ᄂᆞᆯ 上이 中樞院事 朴堧으로、ᄒᆞ야곰 編磬을 造ᄒᆞ라ᄒᆞ시니 堧이 海州의 秬黍ᄅᆞᆯ 取ᄒᆞ야 其分寸을 積ᄒᆞ고、ᄯᅩ 本國風氣ᄅᆞᆯ 因ᄒᆞ야 十二律을 成ᄒᆞ야 新磬二器ᄅᆞᆯ 製造ᄒᆞ거ᄂᆞᆯ 上이 驗視ᄒᆞ시고 曰 聲音이 淸美ᄒᆞ나、다만 夷則(律名) 一枚가 不諧ᄒᆞ다ᄒᆞ신ᄃᆡ 堧이 審視ᄒᆞ야 曰 限墨(限墨은 墨線이라)이 尙在ᄒᆞ니 此ᄂᆞᆫ 盡磨치아니ᄒᆞᆷ이라、ᄒᆞ고、곳 磨ᄒᆞ야 墨이 盡ᄒᆞᆫ後、聲이 諧ᄒᆞᄂᆞᆫ지라、이에 堧으로、ᄒᆞ야곰 樂事ᄅᆞᆯ 專掌케、ᄒᆞ시니 自此로 雅樂이 一新ᄒᆞ야 會禮에 女樂을 不用ᄒᆞ고、ᄯᅩ 祖宗의 功德을 述ᄒᆞ야 定大業과 與民樂 等 樂(岳音)을 作ᄒᆞ니라

先是에 李之蘭이 野人을 招撫ᄒᆞᆫ後에 北邊이 無事ᄒᆞ더니 婆猪江의 野人 李滿住가 遼東

侵掠ᄒᆞ니明의遼東軍民의被擄ᄒᆞᆫ者ㅣ我境에逃入ᄒᆞᄂᆞᆫ지라上이明國에解送ᄒᆞ니自此로滿住가含忿ᄒᆞ야邊境을屢侵ᄒᆞ거ᄂᆞᆯ崔潤德으로、ᄒᆞ야곰李順蒙、崔海山諸將을率ᄒᆞ고進勦ᄒᆞ니官軍이合萬五千餘人이다林哈剌賽里에至ᄒᆞ니滿住ㅣ遁去ᄒᆞ고餘賊이、다投降ᄒᆞ거ᄂᆞᆯ潤德이凱還ᄒᆞ니라

六鎭은初에上이謂ᄒᆞ시되慶源、慶興은國家의興王ᄒᆞᆫ地라祖宗브터府治를建ᄒᆞ더니後에守臣이失御ᄒᆞ야胡騎의游牧場이되고、또豆滿江의南은土地가沃饒ᄒᆞ야耕牧에宜ᄒᆞ니、맛당히巨鎭을設ᄒᆞ야關防을壯케、ᄒᆞᆫ다ᄒᆞ고寧北鎭은會寧에移ᄒᆞ고慶源府ᄂᆞᆫ蘇多老(慶源東四十里)에還置ᄒᆞᆯᄉᆡ金宗瑞로ᄡᅥ咸吉道觀察使를拜ᄒᆞ야形勢를往察ᄒᆞ고城堡를設ᄒᆞ라ᄒᆞ시니諫者ㅣ言ᄒᆞ되宗瑞ㅣ有限ᄒᆞᆫ人力으로不可成ᄒᆞᆯ役을開ᄒᆞᆫ다ᄒᆞ야誅키를請ᄒᆞᄂᆞᆫ지라宗瑞ㅣ이에利害六條를陳ᄒᆞᆫ대上이其言을從ᄒᆞ야、더욱勸勉ᄒᆞ시니宗瑞ㅣ感激ᄒᆞ야戮力、從事ᄒᆞ니此ᄂᆞᆫ即慶源、慶興、茂山、會寧、鍾城、穩城六鎭이오高麗時尹瓘、吳延寵의九城보다加拓ᄒᆞ얏더라宗瑞ㅣ六鎭을設ᄒᆞ고南民을移殖ᄒᆞᆯᄉᆡ每日에置酒、張樂ᄒᆞ고將士를大饗ᄒᆞ거ᄂᆞᆯ或이不可ᄒᆞᆷ을言ᄒᆞ니宗瑞ㅣ曰風沙絕塞에將士가苦飢ᄒᆞ거ᄂᆞᆯ吾ㅣ儉約으로始ᄒᆞ면後에ᄂᆞᆫ無終ᄒᆞ리라ᄒᆞ고一日은夜宴ᄒᆞᆯᄉᆡ反側者가酒樽을射中ᄒᆞ니左右ㅣ驚擾ᄒᆞᄂᆞᆫ지라宗瑞ㅣ自若ᄒᆞ야曰奸人이我를試ᄒᆞᆷ이라ᄒᆞ고時人이大虎라稱ᄒᆞ니라

訓民正音은世宗ᄭᅴ셔謂ᄒᆞ되他國은、다國文이有ᄒᆞ거ᄂᆞᆯ我國이獨無ᄒᆞ다ᄒᆞ사、이에國文二十八字를親製ᄒᆞ시니其字形이古篆을仿ᄒᆞ고初、中、終三聲을分ᄒᆞ야鄭麟趾、申叔舟、成三問、崔恒으로、ᄒᆞ야곰演繹ᄒᆞ야書가成ᄒᆞ니名曰訓民正音이오即今世에用ᄒᆞᄂᆞᆫ國文이라

許稠ᄂᆞᆫ權近의게受業ᄒᆞ고厲志、力學ᄒᆞ더니本朝에至ᄒᆞ야知製敎를拜ᄒᆞ니時에禮樂이散軼ᄒᆞ야太常이廢職ᄒᆞᆫ지라稠가其因循ᄒᆞ든舊弊를除ᄒᆞ고、다典故를遵ᄒᆞ며太宗時에書事ᄒᆞ다가忤旨ᄒᆞ야重典에置코자ᄒᆞᆯᄉᆡ廷詰ᄒᆞ기甚厲ᄒᆞ나稠가抗言不屈ᄒᆞ니上이其鯁直ᄒᆞᆷ을嘉ᄒᆞ시더라上이東宮의게問ᄒᆞ야曰寮友中에誰가最賢ᄒᆞᆫ고ᄒᆞ신되東宮이稠로ᄡᅥ對ᄒᆞ고其後禮曹叅議를拜ᄒᆞ니稠ㅣ言ᄒᆞ되麗季에五禮儀法가失傳ᄒᆞ얏다ᄒᆞ고、이에唐、宋典故를援ᄒᆞ야朝廟禮樂과士庶喪制에、다古今을叅酌ᄒᆞ야書를撰定ᄒᆞ고學堂을請設ᄒᆞ고四學을置ᄒᆞ소서ᄒᆞ거ᄂᆞᆯ、다從ᄒᆞ고世宗이受禪ᄒᆞᆫ後備宴ᄒᆞᆯᄉᆡ太宗이上의게謂曰斯人은眞宰相이오朕의柱石이라ᄒᆞ시고吏判時에官

吏久任法과、ᄯᅩ罪人不孥와諸律에緣坐치、아니ᄒᆞᆯ事ᄅᆞᆯ言ᄒᆞ니、다從ᄒᆞ고續文典을撰ᄒᆞᆯ시稠가言ᄒᆞ되此ᄂᆞᆫ國脈을培養ᄒᆞᄂᆞᆫ本이라ᄒᆞ고苛刻ᄒᆞᆫ法을盡除ᄒᆞ고右議政이되니先是에日人이濱海郡에來寓ᄒᆞ야魚塩을販ᄒᆞᄂᆞᆫ者ㅣ數千人이라稠가、다本國에發還키ᄅᆞᆯ請ᄒᆞ고稠ㅣ自少로學問으로律己ᄒᆞ고簡嚴方正ᄒᆞ고淸愼仁恕ᄒᆞ며守法奉公ᄒᆞ니人이私事로ᄡᅥ敢히干請치、못ᄒᆞ고四朝ᄅᆞᆯ歷事ᄒᆞ미愛國ᄒᆞ기家와如ᄒᆞ더라世人이我朝賢相을稱ᄒᆞᆯ시黃、許로ᄡᅥ爲首ᄒᆞ더라(我朝五百年中에賢相으로稱ᄒᆞᄂᆞᆫ者ㅣ黃許兩李라ᄒᆞ니兩李ᄂᆞᆫ即李浚慶、李元翼이러라)

孟思誠은十歲에母喪을遭ᄒᆞ야水漿을入口치、아니ᄒᆞᆫ者ㅣ七日이오、밋葬ᄒᆞ미墓에廬墓ᄒᆞ고啜粥ᄒᆞ기三年이오政丞이된後、大爵을持ᄒᆞ고平生에産業을不治ᄒᆞ야家屋이風雨ᄅᆞᆯ不蔽ᄒᆞ고每常에牛ᄅᆞᆯ騎ᄒᆞ고往來ᄒᆞ니人이其宰相으로知치、못ᄒᆞ고每日에笛을弄ᄒᆞ기三四聲이오賓客을不接ᄒᆞ더라

第九課 黃喜

黃喜ᄂᆞᆫ性이寬弘大度라細節에不拘ᄒᆞ야家人이其喜怒ᄅᆞᆯ見치、못ᄒᆞ나然ᄒᆞ나大事ᄅᆞᆯ臨ᄒᆞ면剛正、不撓ᄒᆞ니時에金宗瑞ᄂᆞᆫ兵判이라或一事가錯失ᄒᆞ면喜ㅣ곳詰折苛責ᄒᆞ고或其奴ᄅᆞᆯ笞ᄒᆞ니宗瑞ㅣ甚히困ᄒᆞᆫ지라孟相思誠이謂ᄒᆞ야曰金某ᄂᆞᆫ一代名卿이어ᄂᆞᆯ公의折辱이太甚ᄒᆞᆷ은何故오ᄒᆞᆫ데喜曰宗瑞의性이亢厲氣銳ᄒᆞ야作事가果敢ᄒᆞ니他日相位에居ᄒᆞ야愼重치、아니ᄒᆞ면必然僨事ᄒᆞ리니吾가摧折警勵ᄒᆞᆷ은其志氣ᄅᆞᆯ紡ᄒᆞ고臨事에持重케、ᄒᆞᆷ이니此ᄂᆞᆫ宗瑞ᄅᆞᆯ玉成ᄒᆞᆷ이라、ᄒᆞ더라

第十課 本朝歷代 四

文宗은世宗第一子오東宮에在ᄒᆞ신지二十餘年에學問에沈潛ᄒᆞ시고集賢殿直廬에步往ᄒᆞ야諸學士로、더브러經義ᄅᆞᆯ問難ᄒᆞ시고孝友가出天ᄒᆞ시며世宗이崩ᄒᆞ시ᄆᆡ上이柩前에셔即位ᄒᆞ시고悲痛을不勝ᄒᆞ야涕淚가衣袖에盡濕ᄒᆞ고居廬에水醬을入口치、아니ᄒᆞ시고哀毁ᄒᆞ기逾制ᄒᆞ시며

上의姿儀가秀偉ᄒᆞ시고性이寬弘簡重ᄒᆞ고明毅仁恕ᄒᆞ시며文章을爲ᄒᆞ미操紙、立書ᄒᆞ고至於天文、曆算、聲韻을、다精通ᄒᆞ고其他道德學問이凡類에超邁ᄒᆞ시고儒臣을命ᄒᆞ야東國兵鑑을撰ᄒᆞ고、ᄯᅩ五衛ᄅᆞᆯ置ᄒᆞ고陣法九篇을親製ᄒᆞ시니라

六臣의忠節

朴彭年은集賢殿에在ᄒᆞᆯ時에申叔舟、鄭麟趾、成三問等과、다一時에擅名ᄒᆞ나其中

幼年必讀卷三釋義

彭年이獨히大成을集ᄒᆞ니其經學、文章、筆法이俱善ᄒᆞᆷ이오上王을復位코자ᄒᆞ다가
事發ᄒᆞ야臨刑에人의게謂曰僞가我로ᄡᅥ亂臣이라謂치、말나ᄒᆞ고又見下
成三問은世祖가受禪時에不德ᄒᆞᆷ으로辭ᄒᆞ니左右從臣이、다失色ᄒᆞ고敢히出聲치、못ᄒᆞ거ᄂᆞᆯ三問이獨히國璽를抱ᄒᆞ고失聲痛哭ᄒᆞᄂᆞᆫ지라世祖ㅣ俯伏謙讓ᄒᆞ다가擧頭諦視ᄒᆞ더라時에朴彭年이慶會樓池上에셔自隕코자ᄒᆞ거ᄂᆞᆯ三問이沮止ᄒᆞ야曰方今에神器가、비록移ᄒᆞ얏스나上王이尙在ᄒᆞ시니我輩가不死ᄒᆞ면、오히려可爲ᄒᆞᆯ지라事가不成ᄒᆞᆫ後에死ᄒᆞ야도未晩이라ᄒᆞ고三問의父勝은禪位事를聞ᄒᆞ고奴子를政院에遣ᄒᆞ야三問의게問ᄒᆞ니三問이不答ᄒᆞ다가厠에如ᄒᆞ야仰天太息曰、事가畢ᄒᆞ얏다、ᄒᆞ니勝이聞ᄒᆞ고馬를促ᄒᆞ야歸家ᄒᆞᆫ後、家人이竊視ᄒᆞ니迸淚가雨와如ᄒᆞ더라
時에彭年이三問及三問의父勝과李塏、河緯地、柳誠源、金礩과武人兪應孚等으로、더브러上王을復位코자ᄒᆞ더니會에明國使臣이來ᄒᆞ거ᄂᆞᆯ世祖ㅣ昌德宮에셔設宴코자ᄒᆞ시니彭年、三問等이同謀諸臣과約ᄒᆞ야其日에大事를擧코자ᄒᆞ다가既而오東宮이不來ᄒᆞᄂᆞᆫ지라然이나應孚ᄂᆞᆫ、오히려擧事코자ᄒᆞ거ᄂᆞᆯ三問이勸止ᄒᆞ야曰、此ᄂᆞᆫ萬全計가、아니라ᄒᆞ고罷ᄒᆞ얏더니同謀人中金礩이事가不諧ᄒᆞᆷ을見ᄒᆞ고世祖의

告變ᄒᆞ니上이便殿에出御ᄒᆞ샤時에三問이承旨로入侍ᄒᆞ얏ᄂᆞᆫ지라上이武士로、ᄒᆞ야곰捽下ᄒᆞ고礩을召ᄒᆞ야對卞ᄒᆞ거ᄂᆞᆯ三問이聽ᄒᆞᆫ지良久에笑曰此言이皆是ᄒᆞ도다上王의春秋가方富ᄒᆞ시거ᄂᆞᆯ其復位코자ᄒᆞᆷ은人臣의當爲ᄒᆞᆯ바라、엇지問키를待ᄒᆞ리오ᄒᆞᆫ되上이其同黨을問ᄒᆞ니三問曰朴彭年、李塏、河緯地、柳誠源、兪應孚가其謀를知ᄒᆞᄂᆞ이다上曰何故로叛ᄒᆞᄂᆞᆫ고三問이厲聲曰舊主를復位코자ᄒᆞᆷ이니天下에其君을不愛ᄒᆞᄂᆞᆫ者ㅣ豈有ᄒᆞ리오我의心事ᄂᆞᆫ國人이皆知ᄒᆞᆯ지라足下가平日에周公에自比ᄒᆞ더니周公도此事가有ᄒᆞ냐ᄒᆞᆫ되上이怒甚ᄒᆞ야武士로、ᄒᆞ야곰鐵을灼ᄒᆞ야其脚을穿ᄒᆞ고其肱을斷ᄒᆞ되顔色이不變ᄒᆞ고既而오曰鐵이冷ᄒᆞ니更灼ᄒᆞ야來ᄒᆞ라進賜의刑法이慘毒ᄒᆞ다ᄒᆞ고時에叔舟가上前에在ᄒᆞᆫ지라三問이叱曰昔日에汝와同히集賢殿에入直ᄒᆞᆯ時에世宗께서上王을抱ᄒᆞ고庭中에셔逍遙ᄒᆞ사曰朕千秋萬歲後에爾等이此兒을念ᄒᆞ라、ᄒᆞ셧거ᄂᆞᆯ此言이耳에猶存ᄒᆞᆫ지라汝가忘ᄒᆞ얏나냐汝의惡이至此ᄒᆞᆷ을不料ᄒᆞ얏노라、ᄒᆞ고黨與를問ᄒᆞ니答曰彭年及吾父로라更問ᄒᆞ니曰吾父를不諱ᄒᆞ거든況他人이리오ᄒᆞ고
朴彭年은世祖가其才를愛ᄒᆞ야人으로ᄒᆞ야곰陰告曰汝가降ᄒᆞ면生ᄒᆞ리라ᄒᆞ니彭年

이 笑ᄒᆞ고 不答ᄒᆞ더라 臨鞫에 必曰進賜라、ᄒᆞᄂᆞᆫ지라 上이 大怒ᄒᆞ야 武士로、ᄒᆞ야곰 撲殺ᄒᆞ고

兪應孚ᄂᆞᆫ 被鞫ᄒᆞᆯ시 上曰 汝ᄂᆞᆫ 何爲코자ᄒᆞᄂᆞ뇨 對曰 一劒으로 足下를 廢ᄒᆞ고 故主를 復位코자ᄒᆞ더니 奸人의 告發ᄒᆞᆫ 비、되얏스니 言ᄒᆞᆫᄃᆞᆯ 何益고ᄒᆞ고 三問等을 顧謂曰 人이 言ᄒᆞ되 書生은 共事치 못ᄒᆞᆫ다、ᄒᆞ더니 果然이로다 曩者 請宴ᄒᆞ던 日에 汝輩가 沮止ᄒᆞ더니 今에 何如오 萬一 問情코자ᄒᆞ거든 外事ᄂᆞᆫ 彼豎儒의게 問ᄒᆞ라ᄒᆞ고、又閉口、不答ᄒᆞ며 灼鐵이 冷ᄒᆞᆫ後다시 鐵을 投ᄒᆞ야 ᄂᆡ 更히 灼來ᄒᆞ라ᄒᆞ고、맛ᄎᆞᆷ내 不服ᄒᆞ며

河緯地ᄂᆞᆫ 被鞫에 曰 旣爲叛逆이라 名ᄒᆞᆯ진ᄃᆡ 誅ᄒᆞᆯ지라 何를 問ᄒᆞ리오ᄒᆞᆫᄃᆡ 上이 怒弛ᄒᆞ야 灼刑을 不施ᄒᆞ고

柳誠源은 成均館에 在ᄒᆞ다가 三問事를 聞ᄒᆞ고 歸家ᄒᆞ야 其妻로、더브러 飮ᄒᆞ고 祠堂에 入ᄒᆞ야 久히 不下ᄒᆞᄂᆞᆫ지라 往視ᄒᆞ니 冠帶를 不脫ᄒᆞ고 自殺ᄒᆞ얏더라 旣而오 吏가 來ᄒᆞ야 其屍를 取去ᄒᆞ야 五臣과 幷히 磔殺ᄒᆞ고

李塏ᄂᆞᆫ 穡의 曾孫이라 臨刑에 賦詩ᄒᆞ야 曰 禹鼎이 重時에ᄂᆞᆫ 生亦大ᄒᆞ고 鴻毛가 輕處에ᄂᆞᆫ 死猶榮이라ᄒᆞ더라

端宗記事

世祖元年丙子、距今四百五十一年前六月에 端宗을 降封ᄒᆞ야 魯山君이라ᄒᆞ고 江原道寧越郡에 安置ᄒᆞ다 時에 世祖ㅣ 百官을 召集ᄒᆞ야 曰 吾가 初心을 保코자、ᄒᆞ얏더니 煽亂ᄒᆞᄂᆞᆫ 徒가 蹶起ᄒᆞ니 私恩으로 ᄡᅥ 大法을 廢치、못ᄒᆞᆫ다ᄒᆞ고 禁府都事로、ᄒᆞ야곰 魯山君을 押送ᄒᆞ야 寧越西江淸冷浦에 安置ᄒᆞ니라

이에 魯山君의셔 客舍東軒에 移寓ᄒᆞ야 每常에 人으로ᄒᆞ야곰 笛을 吹ᄒᆞ고、또 短句를 作ᄒᆞ야 曰、月白ᄒᆞᆫ 夜에 蜀魂이 啾々ᄒᆞᄂᆞᆫ도다 愁情을 含ᄒᆞ고 樓頭에 倚ᄒᆞ얏더니 爾의 啼ᄂᆞᆫ 悲ᄒᆞ고 我의 心이 苦ᄒᆞ도다 爾의 聲이 無ᄒᆞ면 我의 苦가 無ᄒᆞᆯ지라 世上勞苦人의게 寄語ᄒᆞ노니、愼히 春三月子規樓에 莫登ᄒᆞ라ᄒᆞ시니 國人이 聞ᄒᆞ고 流涕치、아니ᄒᆞᄂᆞᆫ者ㅣ 無ᄒᆞ니라

丁丑十月에 世祖ㅣ 申叔舟、鄭麟趾、鄭昌孫等과 議ᄒᆞ야 魯山君을 賜死ᄒᆞᆯ새 禁府都事 王邦衍을 遣ᄒᆞ니 邦衍이 死藥을 持ᄒᆞ고 寧越에 至ᄒᆞ야 敢히 入지、못ᄒᆞ거ᄂᆞᆯ 邏將이 時刻의 遲ᄒᆞᆷ을 責ᄒᆞ고 頓足、催促ᄒᆞᄂᆞᆫ지라 都事ㅣ 不得已 庭中에 入伏ᄒᆞᆫᄃᆡ 魯山이 翼善冠에 袞龍袍로 堂上에 御ᄒᆞ고 來由를 問ᄒᆞ시거ᄂᆞᆯ 都事ㅣ 對答지、못ᄒᆞ더니 一貢生

이行兇키로自請ᄒᆞ고弓弦으로써頸에繫ᄒᆞ야絕ᄒᆞ니時年이十七이오賁生은即時九竅에셔流血ᄒᆞ고斃ᄒᆞ며侍女와從人이郡의東江에爭投ᄒᆞ야死ᄒᆞ니浮屍가滿江ᄒᆞ고是日에雷雨가大作ᄒᆞ며烈風이木을拔ᄒᆞ고黑霧가彌空ᄒᆞ더라向者魯山이客舍에御ᄒᆞ시니村民이邑中에入ᄒᆞᄂᆞᆫ者ㅣ다樓下에셔拜謁ᄒᆞ더니是日에一人이、또入官ᄒᆞ다가見ᄒᆞ니魯山이白馬를乘ᄒᆞ고東谷으로往ᄒᆞ시ᄂᆞᆫ지라道左에伏謁ᄒᆞᆫᄃᆡ魯山이顧謂曰吾가太白山에往ᄒᆞᆫ다ᄒᆞ니其日은則遇害ᄒᆞᆫ日이러라魯山이被害ᄒᆞᆫ後에其體를江에投ᄒᆞ니玉體가洄洑에泛々ᄒᆞ야去ᄒᆞ다가復還ᄒᆞ미十指가纖纖히玉과如ᄒᆞ고水面에浮ᄒᆞᄂᆞᆫ지라郡吏某ㅣ玉體를潛收ᄒᆞ야葬ᄒᆞ니라

是月에世祖ㅣ一夢을得ᄒᆞ니顯德王后(端宗母后)ㅣ怫然히怒曰汝가吾兒를殺ᄒᆞ얏스니吾도汝兒를殺ᄒᆞᆫ다ᄒᆞ거ᄂᆞᆯ世祖ㅣ大驚ᄒᆞ야起ᄒᆞ니東宮이忽然이暴卒ᄒᆞᄂᆞᆫ지라世祖ㅣ怒ᄒᆞ야、곳顯德王后陵을掘ᄒᆞ니라

이에端宗의瘞處를掘ᄒᆞ라ᄒᆞ거ᄂᆞᆯ向者玉體를葬ᄒᆞ든郡吏가佯히掘取ᄒᆞᆫ다ᄒᆞ고、다시掩埋ᄒᆞ니라

南怡ᄂᆞᆫ太宗外孫이라世祖時에吉州人李施愛가叛ᄒᆞ니咸興以北의州郡이、다守令을殺ᄒᆞ고響應ᄒᆞᄂᆞᆫ지라康純、魚有沼、南怡로大將을拜ᄒᆞ야數萬兵을率ᄒᆞ고洪原、北靑에셔戰ᄒᆞ야賊을大破ᄒᆞ더니時에明、建州衛에李滿住가明을叛ᄒᆞ거ᄂᆞᆯ朝鮮이明兵과夾擊ᄒᆞᆯᄉᆡ有沼、怡等이咸吉道로브터直히建州衛를討ᄒᆞ야鴨綠江을渡ᄒᆞ야滿住父子를斬ᄒᆞ니自此로世祖의眷遇를得ᄒᆞ야兵判을拜ᄒᆞ니同列이忌ᄒᆞᄂᆞᆫ者ㅣ多ᄒᆞ고時에睿宗이東宮에在ᄒᆞ야、또ᄒᆞᆫ怡를惡ᄒᆞ더니、밋睿宗이即位ᄒᆞ시미柳子光이其機를乘ᄒᆞ야誣告ᄒᆞ되怡가謀逆ᄒᆞᆫ다ᄒᆞ야按誅ᄒᆞ니라怡가就鞫ᄒᆞᆯᄉᆡ康純이領相으로入參ᄒᆞ얏거ᄂᆞᆯ怡ㅣ告曰此事에康純도預謀ᄒᆞ얏다、ᄒᆞᆫᄃᆡ純曰臣이元來編戶로位가卿相에至ᄒᆞ얏스니、엇지怡와同謀ᄒᆞ리오、ᄒᆞ거ᄂᆞᆯ怡ㅣ다시告曰上이誣言을信ᄒᆞ야死ᄒᆞᆯ진ᄃᆡ罪人을安得ᄒᆞ리오ᄒᆞ니純의年이八十이라拷掠을不堪ᄒᆞ야自引ᄒᆞ고怡와同斬ᄒᆞᆯᄉᆡ呼曰南怡아汝가何怨이有ᄒᆞ야我를誣告ᄒᆞᄂᆞ뇨、ᄒᆞ거ᄂᆞᆯ怡曰寃ᄒᆞ기ᄂᆞᆫ汝我가同ᄒᆞ거ᄂᆞᆯ汝가首相이、되야吾寃을知ᄒᆞ고不救ᄒᆞ니寃死ᄒᆞᆷ이可ᄒᆞ다ᄒᆞᆫᄃᆡ純이對答지、못ᄒᆞ더라

第十一課　本朝歷代五

成宗께셔政事가明ᄒᆞ시고經國大典과輿地勝覽、東文選、東國通

纂을纂述ᄒᆞ얏다ᄂᆞᆫ句語

太祖、世宗以來로經國元典과續典의編輯이完全치、못ᄒᆞᆫ지라、이에世祖ᄭᅴ서詳定局을開ᄒᆞ고崔恒、金國光、韓繼禧等을命ᄒᆞ야會通을斟酌ᄒᆞ야萬世成法을作코자ᄒᆞ샤、다시經國大典을纂修ᄒᆞ셧스나上이在位ᄒᆞᆫ지十三年에完成치、못ᄒᆞ고臨崩에睿宗ᄭᅴ傳位ᄒᆞ시니睿宗元年에經國大典六卷이成ᄒᆞ얏스나發布키前에睿宗이崩ᄒᆞ시고嗣子가無ᄒᆞᆫ지라貞熹王后尹氏(世祖后)ᄭᅴ서成宗을立ᄒᆞ시니成宗은世祖의孫이오德宗의第二子(德宗은成宗時追崇이라)라年幼ᄒᆞ신故로王后ᄭᅴ서聽政ᄒᆞ시고七年에至ᄒᆞ야還政ᄒᆞ니라

成宗初에經國大典이告成ᄒᆞ얏스나疎漏處가多ᄒᆞ거ᄂᆞᆯ、다시崔恒等으로ᄒᆞ야곰修正ᄒᆞ야中外에頒行ᄒᆞ니大典은卽吏、戶、禮、兵、刑、工六典이오大抵唐의六典과明의會典等을仿ᄒᆞ야斟酌損益ᄒᆞ야國俗에合코자ᄒᆞᆷ이라然이나、오히려未盡ᄒᆞᆫ지라李克增、吳世謙等을命ᄒᆞ야、다시大典續錄一卷을撰ᄒᆞ야二十四年에頒行ᄒᆞ고

또五禮儀ᄂᆞᆫ世宗、世祖時에、이믜撰修ᄒᆞ얏스나未備處가多ᄒᆞᆫ지라申叔舟、姜希孟等을命ᄒᆞ야完成ᄒᆞ미朝鮮의制度文物이、이에大備ᄒᆞ니大抵太祖以來의政法을集

ᄒᆞ야大成ᄒᆞᆷ이라後世에서奉ᄒᆞ야圭臬을作ᄒᆞᆷ이오朝鮮五百年政治의骨髓가、되얏스니

吏典의官制ᄂᆞᆫ大體로分ᄒᆞ야東西兩班이、되니東班은文官이오西班은武職이라兩班이共히京官、外官의別이有ᄒᆞ니

東班의京官職은卽中央政府의重要ᄒᆞᆫ者니其議政府ᄂᆞᆫ百官을總ᄒᆞ고庶政을平ᄒᆞ며陰陽을理ᄒᆞ고邦國을經ᄒᆞᄂᆞᆫ者오義禁府ᄂᆞᆫ王命을奉ᄒᆞ야推鞫을掌ᄒᆞ고其次ᄂᆞᆫ吏曹(官吏의選叙와勳封과考課ᄅᆞᆯ掌ᄒᆞ고)戶曹(戶口租稅及財政을掌ᄒᆞ고)禮曹(禮樂과祭祀와宴享과朝聘과學校와科擧ᄅᆞᆯ掌ᄒᆞ고)兵曹(兵務ᄅᆞᆯ掌ᄒᆞ고)刑曹(法律과詞訟及奴婢ᄅᆞᆯ掌ᄒᆞ고)工曹(山澤과工匠과營繕과陶冶ᄅᆞᆯ掌ᄒᆞᆷ이라)六曹가有ᄒᆞ야各其行政一部ᄅᆞᆯ分掌ᄒᆞ니卽高麗의六部오其他司憲府(時政을論ᄒᆞ고百官을糾察ᄒᆞ며風俗을正ᄒᆞ고寃抑을伸ᄒᆞ고濫僞ᄅᆞᆯ禁ᄒᆞ고)承政院(王命을出納이라)司諫院은、다要職이오

東班의外職은卽地方官이니八道의州、府、郡、縣의別이有ᄒᆞ고道에觀察使(監司)가有ᄒᆞ고州、府에府尹、牧使、都護府使가有ᄒᆞ고郡에ᄂᆞᆫ守오縣에ᄂᆞᆫ令과監이有ᄒᆞ니觀察使ᄂᆞᆫ各道에一人ᄲᅮᆫ이오至於府尹以下ᄂᆞᆫ地方區劃의多小ᄅᆞᆯ因ᄒᆞ야定數가無ᄒᆞ니라

兩班의京職은其最高者ᄂᆞᆫ中樞府니中樞府ᄂᆞᆫ、오작文武堂上官中에實職이無ᄒᆞᆫ人

이라實權은無ᄒᆞ며五衛都摠府ᄂᆞᆫ即一、衛義興、龍驤、虎賁、忠佐、忠武의軍務ᄅᆞᆯ掌ᄒᆞ야全國兵이다此에分屬ᄒᆞ고其次에ᄂᆞᆫ內禁衛宿衛ᄅᆞᆯ掌ᄒᆞ고訓鍊院軍士의試才와學藝ᄅᆞᆯ掌ᄒᆞ고翊衛司東宮陪衛ᄅᆞᆯ掌ᄒᆞᆫ이라等이有ᄒᆞ고其外職은各道兵馬使以下諸官이有ᄒᆞ미其定員도、또ᄒᆞᆫ一樣치、아니ᄒᆞ니라

東班과西班을幷稱ᄒᆞ나西班의節度使以下ᄂᆞᆫ觀察使或牧使等의兼任ᄒᆞᆫ者ㅣ多ᄒᆞ니其實은西班이東班을不及ᄒᆞᆷ이오

戶典에ᄂᆞᆫ戶籍、量田、祿科、諸田官屯田、院田、津夫田類、職田、田宅、農桑、收稅等의規定이有ᄒᆞ고禮典에ᄂᆞᆫ科擧、儀章、學校成均館、四學、司譯院、喪服儀注、婚嫁、官府文字의式이有ᄒᆞ고兵典에ᄂᆞᆫ武官의配置와武科、兵船、敎閱、軍器、厩牧等이有ᄒᆞ고刑典에ᄂᆞᆫ二十三目決獄日限、囚禁推斷、禁刑濫刑、僞造、恤囚逃亡、白丁團聚、捕盜贓盜、元惡鄕吏、銀錢代用、罪犯准計、告尊長、禁制訴冤、停訟、賤妻妾子女、公賤、私賤、賤娶婢産等六十九條가有ᄒᆞ니其初ᄂᆞᆫ大明律을根本으로作ᄒᆞ고工典에ᄂᆞᆫ橋、路、營繕、院宇、栽植、鐵場이니凡官府에屬ᄒᆞᆫ百工이、다此에載ᄒᆞ얏ᄉᆞ니以上은大典의槪略이오當時에制度가具備ᄒᆞ니라

또成宗께셔天性이聰明ᄒᆞ시고學을好ᄒᆞ며、더욱風化에用心ᄒᆞ야治民官吏ᄅᆞᆯ重視ᄒᆞ고臺諫을崇奬ᄒᆞ시며籍田을親畊ᄒᆞ고王后가親蠶ᄒᆞ며太學에幸ᄒᆞ시고太學에幸ᄒᆞᆷ은太宗以來

로行ᄒᆞ셧ᄉᆞ나上에至ᄒᆞ야尤多ᄒᆞ고後世에成例가、되니라養老宴을宮中에開ᄒᆞ고外邑諸臣을命ᄒᆞ야羣老ᄅᆞᆯ宴케、ᄒᆞ시고尊經閣을作ᄒᆞ고養賢庫ᄅᆞᆯ設ᄒᆞ고弘文館을開ᄒᆞ고湖堂을建ᄒᆞ고成均館과鄕學에田을賜ᄒᆞ고經史ᄅᆞᆯ印ᄒᆞ야諸道에頒行ᄒᆞ고學士ᄅᆞᆯ命ᄒᆞ야諸書輿地勝覽、東國通鑑、東文選、樂學軌範、帝王明鑑、后妃明鑑ᄅᆞᆯ編纂ᄒᆞ고學問을奬勵ᄒᆞ며、또賢俊을登庸ᄒᆞ야士氣ᄅᆞᆯ振作ᄒᆞ시니故로、一時에人材가輩出ᄒᆞ니라

이에文化가蔚然ᄒᆞ야洋々히太平氣象이隆盛ᄒᆞᆫ運에達ᄒᆞ얏ᄉᆞ나國初以來로贓吏ᄅᆞᆯ嚴治ᄒᆞ야子孫을禁錮ᄒᆞ더니成宗時에ᄂᆞᆫ政事가寬厚ᄒᆞ야賄賂가漸行ᄒᆞ고上이、또宗室과宴ᄒᆞ실ᄉᆡ妓樂을備ᄒᆞ야後來에燕山의荒淫ᄒᆞᄂᆞᆫ習을開ᄒᆞ얏ᄉᆞ니成宗이在位二十五年間은盛極將衰ᄒᆞᆯ時러라

金宗直의號ᄂᆞᆫ佔畢齋니爲人이聰明ᄒᆞ야總角時에讀書ᄒᆞᆯᄉᆡ每日數萬言을記ᄒᆞ며弱冠에文名이大振ᄒᆞ고學行과文章이一時에儒宗이、되더니其所作ᄒᆞᆫ弔義帝文을小人이誣ᄒᆞ되世祖ᄅᆞᆯ譏斥ᄒᆞ얏다、ᄒᆞ야燕山時에禍가泉壤에及ᄒᆞ고其弟子等이、다大禍ᄅᆞᆯ被ᄒᆞ니라

許琮은世祖時에上疏ᄒᆞ야上이佛法을好ᄒᆞ고遊畋을喜ᄒᆞ며經筵을不御ᄒᆞ고幷히諫

諍을不納ᄒᆞᆷ을論ᄒᆞᆫ대上이佯怒ᄒᆞ야琮을捽下ᄒᆞ고、또匣劒을膝에橫ᄒᆞ고力士를命ᄒᆞ야曰吾劒이拔盡ᄒᆞ거든斬ᄒᆞ라ᄒᆞ고徐々히拔ᄒᆞ니劒光이閃々ᄒᆞ고末이垂露ᄒᆞᄂᆞᆫ지라左右侍者가、다失色ᄒᆞ거ᄂᆞᆯ琮이晏然、不動ᄒᆞ고隨問隨對ᄒᆞ기平日과如ᄒᆞᄂᆞᆫ지라上이大笑ᄒᆞ시고劒을匣中에還入ᄒᆞ야曰참大丈夫라ᄒᆞ시고、크게賞讚ᄒᆞ며酒를進ᄒᆞ니琮이徐徐히飮ᄒᆞ미進退가雍容ᄒᆞ고琮이魁顔廣顙에鬚髯이美ᄒᆞ고身長이十一尺에姿表가出人ᄒᆞ더라自此로上眷이日隆ᄒᆞ며政丞이、되미國事에盡瘁ᄒᆞ고博學、能文ᄒᆞ며所居가僅히風雨를蔽ᄒᆞ고

許琛은琮의弟라、또ᄒᆞᆫ名相이오兄琮으로더브러德業이俱著ᄒᆞ고姊가有ᄒᆞ니文行과識鑒이有ᄒᆞ야凡朝廷大議가有ᄒᆞ면、다參決ᄒᆞ야裨益이甚多ᄒᆞ더니成宗이尹后(燕山母后)를廢ᄒᆞᆯ時에姊가琛의게謂ᄒᆞ야曰東宮이在ᄒᆞ거ᄂᆞᆯ其母를殺ᄒᆞ면國家가、엇지太平ᄒᆞ리오。ᄒᆞᄂᆞᆫ지라、이에琛兄弟가其言을從ᄒᆞ야稱疾、不參ᄒᆞ니故로燕山時에其禍를免ᄒᆞ니라

徐居正은文衡을掌ᄒᆞᆫ지二十三年에取士ᄒᆞ기二十三榜이오其著述ᄒᆞᆫ歷代表와輿地勝覽二十五卷과東國通鑒五十七卷과筆苑雜記와東文選一百三十卷과此外에、또

太平閑話와四佳集等이世上에行ᄒᆞ니라

第十二課　孫舜孝

孫舜孝ᄂᆞᆫ成宗時에燕山이不肖ᄒᆞ거ᄂᆞᆯ舜孝ㅣ侍宴ᄒᆞ다가御榻에升ᄒᆞ야密啓曰此座가可惜ᄒᆞ다ᄒᆞ니此ᄂᆞᆫ燕山을廢ᄒᆞ소서、ᄒᆞᆷ이라上曰朕도此를知ᄒᆞ노라然이나其母가死ᄒᆞᆫ故로廢치못ᄒᆞᆫ다、ᄒᆞ시고

舜孝의家ㅣ南山下에在ᄒᆞᆫ지라一日은諸客과對酌ᄒᆞᆯᄉᆡ上이高臺에登ᄒᆞ얏다가遙히望見ᄒᆞ시고侍臣다려謂曰此ᄂᆞᆫ必然舜孝라家貧ᄒᆞ니酒肴가安有ᄒᆞ리오、ᄒᆞ시고一大案에酒食을盛備ᄒᆞ야武監으로ᄒᆞ야곰往給케、ᄒᆞ실ᄉᆡ武監이至ᄒᆞ니果然舜孝의家라上命을傳ᄒᆞᆫ대舜孝가俯伏涕泣ᄒᆞ고其客과歡飮ᄒᆞ니라

第十三課　九港口　三開市場

仁川濟物浦

仁川은京畿道西方에在ᄒᆞ니北緯三十七度二十八分이오東經百二十六度三十七分에位ᄒᆞ고江華灣內、漢江河口의東北岸에在ᄒᆞ야其港灣所在地를濟物浦라ᄒᆞ니其前에月尾島、小月尾島、中島等各小嶼가相擁ᄒᆞ고、다시小港灣이有ᄒᆞ니此ᄂᆞᆫ內港

이오其外面은外港이니內港에는一千噸、二千六百噸以上船舶은入치못ᄒᆞ고外港은
海灣이深ᄒᆞ야大艦巨舶이投錨키易ᄒᆞ며
本港의開放은距今二十四年前癸未에日本과定約開港ᄒᆞᆫ處라當時에는不過一小漁村
이러니近來에는非常히發達ᄒᆞ야各國人居住와貨物의輸入이甚多ᄒᆞ야곳釜山을
凌駕ᄒᆞ며
此港에本國監理署及警察署等官이有ᄒᆞ고日本及淸人의居留地가有ᄒᆞ며各國領事
와警察官等이有ᄒᆞ고此外에英、米、獨、佛、伊、葡、希、利等各國人이略一百人이오
本國人口는一萬一千餘오日本은男女가七千이오京仁鐵道가有ᄒᆞ야僅히一時間에
京城에達ᄒᆞ고船舶出入은四年前에一年中、汽船이千六十二隻이오帆船이九百九
隻이、되니라

東萊釜山港

釜山은慶尙道의東南角北緯三十五度六分과東經百二十九度三分에位ᄒᆞ니日本對
馬島와相距가一百二十里오港灣이廣闊深入ᄒᆞ야巨艦은可泊이오
灣口에絶影島가橫ᄒᆞ니大陸과相抱ᄒᆞ야釜山港을構成ᄒᆞ고此港이日本과近邇ᄒᆞ야

交通이至便ᄒᆞᆫ故로各開港中에、또ᄒᆞᆫ最古ᄒᆞ니初에對馬島主가朝鮮과交通을開ᄒᆞ
야熊川의薺浦와蔚山의鹽浦와、밋釜山浦라ᄒᆞᆫ三浦로써日本人의居留地로許ᄒᆞ얏
더니距今三百餘年前明宗時에朝鮮官吏를殺害ᄒᆞ야一時에隣交가絶ᄒᆞ더니、다시
講和ᄒᆞ고三浦居留民을、다만釜山一浦에移住케、ᄒᆞ더니既而오壬辰亂을因ᄒᆞ야隣
交가又絶ᄒᆞ고秀吉이死ᄒᆞᆫ後다시通商條約을締結ᄒᆞ다가其後船舶의出入이不便ᄒᆞ
야使臣을朝鮮에送來ᄒᆞ야移館키를求ᄒᆞ거ᄂᆞᆯ、드듸여草梁에移駐케ᄒᆞ니即現今居
留地라日本人口가數年前에一萬七百餘人이오汽船의出入은數年前에一年中、四
千二十八隻이오此外에日本漁業船이每年二千隻以上이、되니라

昌原馬山浦

馬山浦는慶尙道南端에位ᄒᆞ니東經一百二十八度三十四分이오北緯三十五度十二
分이라釜山을距ᄒᆞ기陸路로百餘里오水路는四十浬(英里)오對馬島와相距는僅히五
十浬에不過ᄒᆞ고其地가巨濟島北端으로브터西北約十五浬를灣入ᄒᆞᆫ處에在ᄒᆞ니灣
口는南面이오其西에遂原半島의丘陵과其東의熊川郡下의諸峯巒이左右에在ᄒᆞ고
灣中은猪島、舞鶴二峰이圍ᄒᆞ니라

其左右陸地와距離가不遠ᄒᆞ니其馬山浦의出入ᄒᆞᄂᆞᆫ道路ᄂᆞᆫ水深이八九尋이라大艦이自在히通過ᄒᆞ니昔年高麗時에合浦라稱ᄒᆞ고金方慶이元軍과合ᄒᆞ야日本을伐ᄒᆞᆯ時에其艦隊가此에셔發航ᄒᆞ니라

此浦의開港은距今八年前己亥에始ᄒᆞ니實로慶尙道의樞要ᄒᆞᆫ都邑을控ᄒᆞ야好位置ᄅᆞᆯ占ᄒᆞ얏스나灣入ᄒᆞᆷ이太曲ᄒᆞ야航路가迂回、不便ᄒᆞᆫ故로此가欠點이、되ᄂᆞ니라

各國居留地ᄂᆞᆫ馬山灣西岸의土地ᄅᆞᆯ區劃ᄒᆞ야設定ᄒᆞ니日本人口ᄂᆞᆫ數年前에男女가二百餘人이오每年漁業에得利ᄒᆞᄂᆞᆫ者ㅣ數十萬元이오韓國人口ᄂᆞᆫ四千五百餘오此地ᄂᆞᆫ向者露國이不凍港口一處ᄅᆞᆯ得코자ᄒᆞ야此港及鎭海灣에出入이頻繁ᄒᆞ니라

德源元山港

元山港은韓國三大港中의一이니北緯三十九度十一分이오東經百二十七度三十分에位ᄒᆞ니海參威와相距가三百三十海里오釜山은三百六海里니恰히釜山과海參威中間에當ᄒᆞ고距今二十七年前庚辰에開港ᄒᆞ니、곳韓國北岸에惟一ᄒᆞᆫ要港이오東은葛馬半島와北의大江半島岬角이相對ᄒᆞ고海水가擁包ᄒᆞ니此ᄂᆞᆫ永興灣이오會沙島、麗島、薪島、茅島等이灣口ᄅᆞᆯ掩ᄒᆞ고西南은長德山과其他丘陵이圍繞隱蔽ᄒᆞ고灣內ᄂᆞᆫ廣이六海里餘오水尋은艦船의出入이適宜ᄒᆞ고灣內南奧의一埠頭ᄂᆞᆫ卽元山港이니韓人市街와日本居留地가、다此處에在ᄒᆞ고一水ᄅᆞᆯ隔ᄒᆞ야東北으로松田港과相對ᄒᆞ고

此地의韓人街ᄂᆞᆫ元來北方의殷富ᄒᆞᆫ處라昔時에交濟倉及元山倉을置ᄒᆞ야北方貢稅ᄅᆞᆯ集合ᄒᆞ든三大津의一이오

人口ᄂᆞᆫ一萬餘오日本人은一千八百이오館房店舖가海岸에連ᄒᆞ야頗히繁盛ᄒᆞ고船舶의出入은數年前에一年中、一千餘隻이、되ᄂᆞ니라

吉州城津港

城津은距今八年前己亥에開港ᄒᆞᆫ地니咸鏡道沿岸八百五十里中央에位ᄒᆞ니元山과相距가五百里오城津港은臨溟灣西奧一小半島北方에位置ᄒᆞ니、곳北咸鏡道六鎭의咽喉樞要地라然이나港灣이淺ᄒᆞ야西南風이來ᄒᆞ면波浪을避키難ᄒᆞ고此地ᄂᆞᆫ往時水軍鎭을置ᄒᆞ고縣官이在ᄒᆞ든處오

日本居留地ᄂᆞᆫ北岸凹所에在ᄒᆞ고各國居留地도定ᄒᆞ얏스나歐洲人이拓集ᄒᆞ고韓人街ᄂᆞᆫ西岸에在ᄒᆞ니人口가數百에不過ᄒᆞ고海上交通은日本及元山、鏡城間에往來

ᄒᆞᄂᆞᆫ小汽船뿐이오陸上交通은元、鏡街道와慶興에達ᄒᆞᄂᆞᆫ道路오城津西南의有名ᄒᆞᆫ摩天嶺이有ᄒᆞ야虎患이多ᄒᆞ니라

三和甑南浦　一名鎭南浦

甑南浦ᄂᆞᆫ距今八年前己亥에開港ᄒᆞᆫ處니平壤과相距가二十七海浬(英海里)오北緯三十八度와東經百二十五度四十分에位ᄒᆞ니平安道西南端의大同江下流北岸을沿ᄒᆞ야江을隔ᄒᆞ고南은黃海道와相對ᄒᆞ니大同江上流의惟一ᄒᆞᆫ港口오灣內의廣은二千噸되ᄂᆞᆫ巨船이一時에四十隻을碇泊ᄒᆞ겟고其位置ᄂᆞᆫ平壤을東北으로控ᄒᆞ고北은義州를通ᄒᆞ고西方의一面은黃海를扼ᄒᆞ니實로北韓西部의重鎭이오

韓人街ᄂᆞᆫ居留地北方三和街道를沿ᄒᆞ야在ᄒᆞ니人口ᄂᆞᆫ二千五百이오居留地의繁盛ᄒᆞᆷ을隨ᄒᆞ야增加ᄒᆞ고

各國居留地ᄂᆞᆫ丘陵間에挾在ᄒᆞ니居留人이日本은一千二百餘人이오淸人은二百이오其他佛、米、獨三國人이有ᄒᆞ고

交通은海運에ᄂᆞᆫ日本의汽船等이定期來往ᄒᆞ고大同江의流域을沿ᄒᆞ야深히內地에入ᄒᆞ야平安、黃海兩道의大小都邑과交通의便이有ᄒᆞ고船舶의出入은數年前에一

年中、船數가一千九百三十餘隻이오陸路ᄂᆞᆫ平壤及安州에至ᄒᆞ니據히一路가、다坦平ᄒᆞ고大抵此地ᄂᆞᆫ米穀其他貨物이、다此道로由ᄒᆞ야運搬ᄒᆞ나六七月頃에ᄂᆞᆫ霖雨가有ᄒᆞ면道路가泥濘ᄒᆞ야車馬의通行이極難ᄒᆞ니라

沃溝羣山港

羣山港은全羅道西端의全羅、忠淸을劃ᄒᆞᆫ錦江河口南岸에在ᄒᆞ니江을隔ᄒᆞ야忠淸道長巖鎭과相對ᄒᆞ고灣內가稍廣ᄒᆞ야波浪의虞가少ᄒᆞ고水深은約三尋內外라然이나河口가淺ᄒᆞ야暗礁와堆砂等의出沒이有ᄒᆞᆫ故로三四百噸以上의汽船은入港키難ᄒᆞ고、또潮汐의差度가急激ᄒᆞ야小船의碇泊도難ᄒᆞᆯ時가有ᄒᆞ고本港의開港은此亦八年前己亥에創設ᄒᆞᆫ者오

地勢ᄂᆞᆫ北方의北亭丘를據ᄒᆞ야江에臨ᄒᆞ고西南은望月山을負ᄒᆞ고東南은岡陵을隔ᄒᆞ야全州曠野와連ᄒᆞ고北亭丘上에羣山鎭衙舍의遺棟이有ᄒᆞ고鎭後의米廩은舊時에轉運使를此에置ᄒᆞ야金溝、泰仁、長水、鎭安、沃溝諸郡의貢米及全州炮粮米를積聚ᄒᆞ야海路로京城에運輸ᄒᆞ든處라此地를又曰羣山倉이라ᄒᆞ니倉廩이在ᄒᆞ다ᄒᆞᆷ이오

各國居留地ᄂᆞᆫ元來稻田、蘆田等卑濕ᄒᆞᆫ地러니今에ᄂᆞᆫ道路가整然、不紊ᄒᆞ고日本居留民은數年前에一千七百餘人이오淸國人은五十餘人이오

交通은二三日間에仁川으로브터起ᄒᆞ야往來ᄒᆞ고船舶은每年八百餘隻이、되니라

務安木浦

木浦ᄂᆞᆫ距今九年前戊戌에開港ᄒᆞᆫ處니北緯三十四度四十七分이오東經百二十六度二十三分에位ᄒᆞ니全羅道中央을貫流ᄒᆞ야榮山江河口에在ᄒᆞ야背後ᄂᆞᆫ湖南數百里沃野를控ᄒᆞ고前面은衆多ᄒᆞᆫ海島를擁ᄒᆞ야海陸物産이豐裕ᄒᆞ고此地ᄂᆞᆫ古來에貢米集積地라麗末에倭寇가掠奪ᄒᆞ든處오

灣口ᄂᆞᆫ西向ᄒᆞ야開ᄒᆞ고東進ᄒᆞᄂᆞᆫ되로三灣이、되니一은海南郡北倉과通ᄒᆞ고一은靈巖郡西倉과、또一은羅州方面을向ᄒᆞ야灣回ᄒᆞ니木浦ᄂᆞᆫ卽三灣이合圍ᄒᆞᆫ西北岸上에突出ᄒᆞᆫ小山麓에在ᄒᆞ야此를木浦鎭이라ᄒᆞ니

港內가南北은廣ᄒᆞ고東北은狹ᄒᆞ며其前에弧下島가橫ᄒᆞ고沙島와達里島가其前에屛蔽ᄒᆞ미、곳括囊과如ᄒᆞ고海底ᄂᆞᆫ十八尋乃至二十五尋이오波浪이靜順ᄒᆞ고暗礁가無ᄒᆞ야船舶이岸邊에橫付키易ᄒᆞ고

弧下島ᄂᆞᆫ向年에露國이、크게垂涎ᄒᆞ든處오

居留地ᄂᆞᆫ港西方楡達山東麓에在ᄒᆞ니日本居留民이韓人街에雜在ᄒᆞᆫ者와並ᄒᆞ야千三百人이오歐洲人은四十名이오本港과各開港場의交通은米産地되ᄂᆞᆫ羅州、南平、潭陽、淳昌의平原과其地榮山江의流域各地方이오、또西部海岸의靈光으로브터羣山西方에至ᄒᆞᄂᆞᆫ海岸과並ᄒᆞ야南部諸郡及濟州島、珍島等各島嶼와交通ᄒᆞ니數年前에一年中汽船、帆船의出入이一千十餘隻이라水路交通은如此히便利ᄒᆞ나陸路交通은甚少ᄒᆞ니라

龍川龍巖浦

龍巖浦ᄂᆞᆫ鴨綠江口에在ᄒᆞ니義州로下ᄒᆞᄂᆞᆫ下流라其對岸淸國大東溝로、더브러煙波가縹緲ᄒᆞᆫ間에相向ᄒᆞ고港中央에龍巖山이有ᄒᆞ니此丘岡으로브터二에分ᄒᆞ야舊碇泊場及新碇泊場의區別이有ᄒᆞ고龍巖山上에登ᄒᆞ야一望ᄒᆞ면平地가開闊ᄒᆞ고龍巖浦의水深은高潮時에十七尺又二十尺이로되潮退時ᄂᆞᆫ僅히五尺에不過ᄒᆞ니滿潮時ᄂᆞᆫ一千噸以上의船舶이出入ᄒᆞᆯ지라向者露國運送船千五百噸되ᄂᆞᆫ者ㅣ此津頭에泊ᄒᆞ얏고

平安道一帶沿岸에二三碇泊地가有ᄒᆞ나黃海、平安二道에서流下ᄒᆞᄂᆞᆫ大同江口의甑南浦外에ᄂᆞᆫ本港과如ᄒᆞᆫ良港이無ᄒᆞ니、곳平安道의惟一되ᄂᆞᆫ良港이라故로數年前에露人이此를占領코자ᄒᆞ야其兵營、倉庫、家屋等의遺址가尙存ᄒᆞ고其下에耳湖浦、梨花浦가有ᄒᆞ니其對岸은淸國安東縣、大東溝、九連城、栗飾園等城市가有ᄒᆞ야、곳韓國北端의至要ᄒᆞᆫ商業地가、되니라

平壤開市場

平壤市의開放은距今八年前己亥에創始ᄒᆞᆫ者니市街ᄂᆞᆫ內城、中城、外城及東北城四區에分ᄒᆞ니內城은周圍가二十里에外郭이繞ᄒᆞ고大同、朱雀、靜海、七星四門을設ᄒᆞ고城內外에富豪가多ᄒᆞ고街衢ᄂᆞᆫ古都의舊觀이有ᄒᆞ야秩序가整然ᄒᆞ고戶數ᄂᆞᆫ七千餘에人口가三萬餘오住民의半은商業을營ᄒᆞ고

平壤은外人의居留地가一定處가無ᄒᆞ야內外人이雜居ᄒᆞ니米、佛人은外城에住ᄒᆞ고日本人은大同、朱雀兩門路及大同門外江岸에居ᄒᆞ고

交通은甑南浦로브터大同江에溯流ᄒᆞ되稍大ᄒᆞᆫ汽船은平壤十里以外下流萬景臺以上은溯ᄒᆞ지、못ᄒᆞ고一年中에冬期三個月은氷結ᄒᆞ야舟楫이不通ᄒᆞ고運輸가陸路

로由ᄒᆞᄂᆞ니라

義州開市場

義州ᄂᆞᆫ京城브터九百五十里되ᄂᆞᆫ韓國々境에在ᄒᆞ니西北은鴨綠을臨ᄒᆞ고江을隔ᄒᆞ야淸國의九連城과相對ᄒᆞ고東南은一帶丘陵이圍繞ᄒᆞ고城四周에堞壁이環ᄒᆞ고四方에各其一門이有ᄒᆞ니南門은曰海東第一關이라題額ᄒᆞ얏고各官衙의建築이甚히壯麗ᄒᆞ고城內人家ᄂᆞᆫ太半이、다瓦屋에戶數가二千餘오旅客의車馬往來가頻繁ᄒᆞ고城內의商業이有ᄒᆞ며

此地ᄂᆞᆫ古來柵門會市라向者政府에서支那北京에使臣을送ᄒᆞᆯ시十月에發ᄒᆞ야翌年二月에歸ᄒᆞ니此使臣이北京往來間에此地에柵門을開ᄒᆞ고韓、淸兩國民의通商貿易을許ᄒᆞ니此ᄂᆞᆫ、곳柵門會市오開市期ᄂᆞᆫ二月二十五日브터開ᄒᆞ야五月末日ᄭᆞ지至ᄒᆞ고其次ᄂᆞᆫ九月十日에開ᄒᆞ야十月末日ᄭᆞ지至ᄒᆞ고又其次ᄂᆞᆫ十一月二十日브터十二月末日ᄭᆞ지至ᄒᆞ니此開市中에兩國貨出入이二三百萬圓에達ᄒᆞ더니向者甲午日、淸戰爭後로此市가廢ᄒᆞ니라

慶興開市場

慶興은豆滿江을隔ᄒᆞ야海蔘威와隣ᄒᆞ니元山으로브터陸路로露國領地ᄭᆞ지通ᄒᆞᄂᆞᆫ最終地라距今二十年前에露國과慶興陸路貿易條約을締結ᄒᆞ야韓、露人이互市를通ᄒᆞ고露國貨幣가流通ᄒᆞ더니露國이其貿易이如意치、못홈으로、써其近地隆基灣과相換코자ᄒᆞ고此地人은移住民이多ᄒᆞ니라

第十四課 島嶼

濟州島

全羅道濟州ᄂᆞᆫ北緯三十三度十二分乃至三十一分이오東經百二十六度乃至五十七分間에位ᄒᆞ니東西ᄂᆞᆫ約二百十餘里오南北은約六十餘里니有名ᄒᆞᆫ漢拏山이島中央에聳立ᄒᆞ며高가六千五百五十八尺이라巍然히寰外에出ᄒᆞ고死火山이有ᄒᆞ며其頂上에舊噴火口가變ᄒᆞ야一大池가、되니라

本島ᄂᆞᆫ中央에在ᄒᆞᆫ漢拏山의山勢가四方으로擴延ᄒᆞ야慢緩ᄒᆞᆫ傾斜地가、되고南面은樹木이繁茂ᄒᆞ야松、樟、梅、椎等의溫帶植物의大部를占有ᄒᆞ고島周圍에斷崖와絶壁이圍繞ᄒᆞ야碇泊地가無ᄒᆞ고、또漢拏山의急下ᄒᆞᄂᆞᆫ風을因ᄒᆞ야船舶의困難이多ᄒᆞ고

全島를三郡에分ᄒᆞ야濟州、旌義、大靜이라ᄒᆞ고牧使를置ᄒᆞ야統轄ᄒᆞ니人口ᄂᆞᆫ二十萬이오氣候ᄂᆞᆫ溫煖ᄒᆞ야柑橘을産ᄒᆞ고古時ᄂᆞᆫ牧畜業이盛ᄒᆞ얏고

濟州島ᄂᆞᆫ本島의主邑이라人家ㅣ稠密ᄒᆞ고商務가繁盛ᄒᆞᆫ곳이오本島附近에牛島、甲沈島、飛揚島等이列在ᄒᆞ니라

巨濟島

巨濟島ᄂᆞᆫ南北이八十餘里오東西ᄂᆞᆫ廣處가五十餘里니馬山浦灣口의東과統營東南에橫在ᄒᆞ야東南은日本對馬島와相對ᄒᆞ고北은鎭海灣을隔ᄒᆞ야韓國大陸에面ᄒᆞ고東北은加德島가擁抱ᄒᆞ야馬山浦의航路海門을造ᄒᆞ고周圍屈曲이甚ᄒᆞ고中央에ᄂᆞᆫ鷄籠山이峙立ᄒᆞ고其餘脉이延ᄒᆞ야全島에亘ᄒᆞ니昔時에倭寇가此島로써根據地를作ᄒᆞ고壬辰亂에水軍必爭地가、되니라

島西岸에在ᄒᆞᆫ竹林浦ᄂᆞᆫ島中에第一良港이니、곳軍港에可合ᄒᆞ고鷄籠山이其後에屛障이、되고峯巒이島前에橫ᄒᆞ야恰然히一大湖水와如ᄒᆞ고水中에ᄂᆞᆫ暗礁가小ᄒᆞ야一時에十餘隻軍艦을可泊이오巨濟邑은其北奧岸에在ᄒᆞ니人家가稠密ᄒᆞ고船舶의往來가不絶ᄒᆞ고島東面에ᄂᆞᆫ玉浦가有ᄒᆞ야灣口가東北으로面ᄒᆞ고西南에灣入ᄒᆞ

니此는舊日水軍萬戶의處所오玉浦南二十里에知世浦가有니灣口는東南을向ᄒᆞ고曲折ᄒᆞ야南西로入ᄒᆞ니水가深ᄒᆞ고暗礁가稀ᄒᆞ야風浪을避ᄒᆞ기適宜ᄒᆞ니此亦舊日水軍萬戶의處所오

此外에白助羅浦、古多大浦等이有ᄒᆞ야漁船의碇繫가便ᄒᆞ니라

南海島

南海島는東은蛇梁、能良諸島를挾ᄒᆞ고固城半島及巨濟島와相對ᄒᆞ고北은一水를通ᄒᆞ야本土와接ᄒᆞ고西는全羅道突山島를望ᄒᆞ고南은大洋에濱ᄒᆞ고南海邑은島의東面에在ᄒᆞ고島南方에二三小屬島가有ᄒᆞ고其中央의形이瓢와如ᄒᆞᆫ者는鳥島니此島는西로브터東에延ᄒᆞ고岸中央에凹處가有ᄒᆞ야一小島와相抱ᄒᆞ야風浪을遮ᄒᆞ니此는船舶이東西에往來ᄒᆞ는要路오漁船이不絶ᄒᆞᄂᆞ니라

珍島

珍島는東西가六十餘里오南北이五十里니全羅道南角에셔曲히華盛頓灣을過ᄒᆞ고木浦에至ᄒᆞ는處와右水營前面에橫ᄒᆞ니島의東岸은海南縣三州院과相對ᄒᆞ야一髮峽水가通ᄒᆞ니此는島洋峽이라ᄒᆞ고

島前面碧波亭의江水가稍濶ᄒᆞ니昔年李忠武公舜臣이日本兵艦을大破ᄒᆞ든處라

江華島

江華島는仁川西北方漢江이黃海에排出ᄒᆞᆫ處에橫ᄒᆞᆫ一大島니東北은江流가此를繞ᄒᆞ고西南은海에濱ᄒᆞ고南北은延長이百餘里오東西는短ᄒᆞ야幅이四十里오島北部에聳立ᄒᆞᆫ者는摩尼山이오山下에江華府가有ᄒᆞ니石壁으로圍繞ᄒᆞ고人家가城內에櫛比ᄒᆞ고、또府內에는離宮、兵營、武庫等이有ᄒᆞ고生民은漁農이相半이오商工이其次오航海를營ᄒᆞ는者ㅣ亦多ᄒᆞ고物産은石材、莞草等이主要가、되ᄂᆞ니라

本島는通津邑과相對ᄒᆞ니古來韓國險要ᄒᆞᆫ地오本島의南方仁川港前面에在ᄒᆞᆫ永宗島를第一門이라ᄒᆞ고、다시北進ᄒᆞ면項山島가有ᄒᆞ야本島의草芝鎭과相對ᄒᆞ니此는第二門戶라ᄒᆞ고、다시進ᄒᆞ야數里許에江이曲ᄒᆞ고山이轉ᄒᆞ니此를孫石項이라ᄒᆞ니江上의第一要害되는地라兩岸에暗礁가多ᄒᆞ고潮汐이衝激ᄒᆞ야危險ᄒᆞ기形言키難ᄒᆞ고其岸上에砲臺가有ᄒᆞ니卽三十年前에米國軍艦을砲擊ᄒᆞ든處오、다시溯上ᄒᆞ야人家가點在ᄒᆞᆫ處에至ᄒᆞ면此는甲串이니漢江第三門의要害오右岸은文殊山의控海門이오左岸은江華島의鎭海門이니文殊山城은三十年前에佛國陸戰隊를破

ᄒᆞᄂᆞᆫ處오此險을過ᄒᆞ면江流가旋回ᄒᆞ고煙波가萬頃이라恰然히一大湖와如ᄒᆞ고此에서江流가二派에分ᄒᆞ야西流ᄒᆞ고江岸은、다石壁이라船泊地가乏ᄒᆞ니眞로天塹地오仁川開港後에此地에水兵을置ᄒᆞ야漢江을防禦ᄒᆞ니라

鬱陵島

鬱陵島ᄂᆞᆫ北緯自三十度四十五分乃至五十二分과東經三十七度三十四分乃至三十一分間에位ᄒᆞ니平海郡越松浦의南二百里海中에在ᄒᆞᆫ孤島라面積이五百方哩오中央에高山이屹立ᄒᆞ니高가四千呎이오沿岸에港灣이乏ᄒᆞ야船舶의碇繫가不便ᄒᆞ고全島에平地가小ᄒᆞ니其地質은古來브터落葉과枯草가堆積腐化ᄒᆞᆫ黑土一種으로成ᄒᆞᆫ故로土地가膏沃ᄒᆞ야肥料를不施ᄒᆞ야도農耕이容易ᄒᆞ고大豆ᄂᆞᆫ本島의土產이라每年產額이四五百石에至ᄒᆞ야日本에輸出이多ᄒᆞ고

林產은欅、桐、松、白檀等이有ᄒᆞ니其中欅樹ᄂᆞᆫ經이六尺되ᄂᆞᆫ巨材를產ᄒᆞ고桐은日本에서松島桐이라稱ᄒᆞᄂᆞᆫ珍奇ᄒᆞᆫ物이오往時에ᄂᆞᆫ此種樹木이全島에繁生ᄒᆞ더니近來日本人이濫伐ᄒᆞ야漸々減少ᄒᆞ고其他山葡萄가產出ᄒᆞ고、또沿海에產ᄒᆞᄂᆞᆫ石花菜가良好ᄒᆞ고產額이多ᄒᆞ며秋季에山鷄의類ᄂᆞᆫ非常히多ᄒᆞᆫ故로島民이、此를撲殺

ᄒᆞ야其肉은乾藏ᄒᆞ야年中의食物이、되고其脂肪은溶解ᄒᆞ야燈油에供ᄒᆞ고、또天產物이饒多ᄒᆞ기ᄂᆞᆫ全國中에比ᄒᆞᆫ處가少ᄒᆞ니라

住民은極히小ᄒᆞ더니近來에本國人及日人의移住가漸多ᄒᆞ야韓人戶數ᄂᆞᆫ四五百戶오日人은三百人以上이러니其後其國命令을因ᄒᆞ야退去ᄒᆞᆫ者ㅣ多ᄒᆞ고

本島ᄂᆞᆫ中古時에倭寇가一時根據地를作ᄒᆞ얏고數十年來로日本人이伐木ᄒᆞ거ᄂᆞᆯ我廷에서此를譴責ᄒᆞ나日人이依然히居住、伐木ᄒᆞ더니距今八年前에我廷에서日人의盜伐及居住를禁ᄒᆞ니、이에日本이其國人을一時退去케、ᄒᆞ얏스나、다退去치、아니ᄒᆞ니라

第十五課 本朝歷代六

燕山君

成宗께서崩ᄒᆞ시고燕山君이立ᄒᆞ니時ᄂᆞᆫ先王이人材를愛養ᄒᆞ고風節을激勵ᄒᆞᆫ後라英偉ᄒᆞᆫ士子ㅣ頗衆ᄒᆞ더니不幸히厄運을屢遭ᄒᆞ니其第一은即戊午士禍오第二ᄂᆞᆫ甲子士禍라

戊午士禍ᄂᆞᆫ初에金馹孫이史官이、되야李克墩이全羅監司時에先王喪을當ᄒᆞ야京

師에 進香ᄒᆞ시 妓女ᄅᆞᆯ載行ᄒᆞᆷ과、또世祖時事ᄅᆞᆯ記ᄒᆞ얏더니其後克墩이堂上官이、되야史草ᄅᆞᆯ見ᄒᆞ고大怒ᄒᆞ야此ᄅᆞᆯ排擠코자ᄒᆞᄂᆞ니時에柳子光이姦才가有ᄒᆞ야深히克墩과締結ᄒᆞ고、또尹弼商이力助ᄒᆞ야大獄을興ᄒᆞ시駙孫이金宗直의게受業ᄒᆞᆫ자라克墩等이誣ᄒᆞ되宗直이向者에弔義帝文을製ᄒᆞ야世祖ᄅᆞᆯ譏斥ᄒᆞ얏스니駙孫의惡은即宗直의指誨라ᄒᆞ야宗直의門人及關係가有ᄒᆞᆫ者ᄅᆞᆯ一網打盡코자ᄒᆞ고時에燕山도、또自謂ᄒᆞ되每事에自由치、못ᄒᆞᆷ은學士輩의所爲라ᄒᆞ야子光等의計策을從ᄒᆞᆯ식宗直은已死ᄒᆞᆫ지라、곳棺을剖ᄒᆞ야屍ᄅᆞᆯ斬ᄒᆞ고駙孫及權景裕ᄅᆞᆯ殺ᄒᆞ고李穆、許磐等以下ᄂᆞᆫ、竄逐ᄒᆞ니知名人士가被罪ᄒᆞᆫ者ㅣ數十人(姜謙、表沿沫、洪翰、鄭汝昌、茂豐副正總、姜景敍、李守恭、鄭希良、鄭承祖、李宗準、崔溥、李黿、金宏弼、曹偉、朴漢柱、任熙載、姜伯珍、柳廷秀、李繼孟、姜渾等)이니其事가燕山四年戊午라故로戊午士禍라、ᄒᆞᄂᆞ니라

戊午後數年에、또甲子士禍가有ᄒᆞ니初에燕山의母尹氏(成宗后)ㅣ驕恣妬忌ᄒᆞ야不遜ᄒᆞᆫ事가多ᄒᆞᆫ지라成宗ᄭᅴ서賜死ᄒᆞ시니燕山이母의非命으로死ᄒᆞᆷ을恨ᄒᆞ야十年(甲子)에追崇ᄒᆞ야王后라ᄒᆞ고、또當時廢死時에參論ᄒᆞᆫ人을罪ᄒᆞᆯ식尹弼商、李克均、成浚、李世佐、權柱、金宏弼、李胄等數十人을殺ᄒᆞ고韓致亨、韓明澮、鄭昌孫、魚世謙、沈

澮、李坡、鄭汝昌、南孝溫等은已死ᄒᆞᆫ지라棺을剖ᄒᆞ야屍ᄅᆞᆯ斬ᄒᆞ고骨을碎ᄒᆞ야風에飄ᄒᆞ고或은屍ᄅᆞᆯ江中에投ᄒᆞ고子弟와同族은幷히竄流徒配ᄒᆞ며慘酷暴戾ᄒᆞᆷ이無所不至ᄒᆞᆫ지라此ᄂᆞᆫ戊午禍보다、더욱激烈ᄒᆞ니大抵燕山의此事ᄂᆞᆫ、다任士洪等이引導ᄒᆞᆷ이오燕山이自此로常情을失ᄒᆞ니라

燕山이淫虐ᄒᆞ야再次士禍ᄅᆞᆯ起ᄒᆞ미賢人君子가漸少ᄒᆞᆫ지라、이에더욱驕恣ᄒᆞ야內官金子猿이機密을專掌ᄒᆞ고諸惡을慫慂ᄒᆞ야諸道에妓樂을設ᄒᆞ고號曰運平이라三百人을擇ᄒᆞ야闕內에入ᄒᆞ며地科興淸(近入ᄒᆞᆫ議)天科興淸(經幸ᄒᆞᆫ者)等名目이有ᄒᆞ고、또採紅駿使、採靑使ᄅᆞᆯ諸道에遣ᄒᆞ야美女와良馬ᄅᆞᆯ採ᄒᆞ고成均館은遊戲所가、되고弘文館을罷ᄒᆞ고司諫院을革ᄒᆞ고經筵을廢ᄒᆞ고司僕寺와掌樂院을增ᄒᆞ고淫虐、無道ᄒᆞ기日甚ᄒᆞ야宗社가將危ᄒᆞᆯ지라

이에十二年에前吏曹參判成希顏、知中樞朴元宗、吏曹判書柳順汀等이相謀ᄒᆞ고慈順太后尹氏(成宗繼后)의詔로ᄡᅥ王을廢ᄒᆞ야燕山君이라ᄒᆞ고喬桐에移ᄒᆞ고成宗大子晋城大君이即位ᄒᆞ시니即中宗이라、이에朴元宗、柳順汀、成希顏、柳子光(子光은罪人이라然이나反正時에有功ᄒᆞ야參勳ᄒᆞᆷ이라)等百餘人이靖國功臣이、되니라

第十六課 本朝歷代七

趙光祖의號ᄂᆞᆫ靜菴이니學問이純正ᄒᆞ고玉堂에選入ᄒᆞ야經筵上에서道德을崇ᄒᆞᆷ과人心을正ᄒᆞᆷ과、밋聖賢의至治의說로反復開陳ᄒᆞ야辭意가懇勤ᄒᆞ니中宗이專心傾聽ᄒᆞ야一歲中에副提學을超拜ᄒᆞᆫ지라光祖가自謂ᄒᆞ되不世의際遇라ᄒᆞ고淸流ᄅᆞᆯ引ᄒᆞ야朝廷에布列ᄒᆞ니自此로士林이興起ᄒᆞ나然ᄒᆞ나其中好名者ㅣ論說이太銳ᄒᆞ야急進을主ᄒᆞᄂᆞᆫ지라光祖ㅣ曰做事가太急ᄒᆞ면敗壞ᄒᆞ기易ᄒᆞ다ᄒᆞ야每常에抑制ᄒᆞ니、이에浮薄ᄒᆞᆫ徒가、도로혀光祖ᄅᆞᆯ咎ᄒᆞ더니先是中宗이反正時에錄勳人이冒入ᄒᆞᆫ者ㅣ多ᄒᆞᆫ지라新進諸臣이疾惡ᄒᆞ기太甚ᄒᆞ야其功勞ᄅᆞᆯ削코자ᄒᆞᆯ새上前에至ᄒᆞ야建白ᄒᆞᆯ時에允命키ᄅᆞᆯ期必ᄒᆞ야日昃토록不罷ᄒᆞ니上이倦色이有ᄒᆞ고、또光祖ᄂᆞᆫ大司憲으로持法이公平ᄒᆞ니人民이、다其德을頌慕ᄒᆞ야光祖가市街에過ᄒᆞ면市民數百이馬前에羅拜ᄒᆞᄂᆞᆫ지라自此로上이光祖ᄅᆞᆯ疑忌ᄒᆞ더니判書南袞과沈貞等이上意ᄅᆞᆯ揣知ᄒᆞ고敬嬪朴氏의問安婢ᄅᆞᆯ誘ᄒᆞ야浮言을流ᄒᆞ되光祖가全國人心을得ᄒᆞ얏다ᄒᆞ야禁中에傳播ᄒᆞ고、또上心을搖動코자ᄒᆞ야甘汁으로써禁中木葉上에寫ᄒᆞ되走肖爲王이라ᄒᆞ니山虫이其汁을隨ᄒᆞ야剝食ᄒᆞ미、곳完然히字形이成ᄒᆞᄂᆞᆫ지라、이에宮人으로ᄒᆞ야곰其葉을上께進ᄒᆞ야光祖가不久에大位ᄅᆞᆯ得ᄒᆞᆯ다ᄒᆞ고袞等이其黨으로더브러密啓ᄒᆞ야夜半에景福宮神武門北門을開ᄒᆞ고光祖ᄅᆞᆯ捕入ᄒᆞ야撲殺코자ᄒᆞ니時에鄭光弼은首相이라此事ᄅᆞᆯ聞ᄒᆞ고急히入宮ᄒᆞ야泣奏曰年少儒生이時宜ᄅᆞᆯ不知ᄒᆞ고妄히古事ᄅᆞᆯ引ᄒᆞ야人君으로ᄒᆞ야곰堯舜의治ᄅᆞᆯ成코자ᄒᆞᆷ이라、엇지他意가有ᄒᆞ리오、ᄒᆞ고力諫ᄒᆞ며、또南袞을顧謂曰君이、엇지柳子光事ᄅᆞᆯ效則ᄒᆞᄂᆞ뇨、ᄒᆞ니上이遽起ᄒᆞᄂᆞᆫ지라光弼이御裾ᄅᆞᆯ引ᄒᆞ고叩頭ᄒᆞ며

右議政安瑭이、또ᄒᆞᆫ力諫ᄒᆞ나上이不聽ᄒᆞ고、곳光祖等을下獄ᄒᆞ얏다가綾城으로竄ᄒᆞ고旣而오、다시賜死ᄒᆞ니時에竄黜及罪死ᄒᆞᆫ者ㅣ五十餘人이니、다一時名流라此ᄅᆞᆯ謂ᄒᆞ되北門大禍라、ᄒᆞᄂᆞ니라

仁宗ᄭᅴ서ᄂᆞᆫ孝友가出天ᄒᆞ시고幼時에中宗後宮敬嬪朴氏가妖術로써仁宗을謀危ᄒᆞ다가事覺ᄒᆞ니中宗이大怒ᄒᆞ야朴氏ᄅᆞᆯ竄廢ᄒᆞ고其子福城君嵋ᄂᆞᆫ賜死ᄒᆞ고其二女가、다得罪ᄒᆞ더니仁宗이長ᄒᆞ시미、비로소其事ᄅᆞᆯ知ᄒᆞ고上疏ᄒᆞ야其冤을訟ᄒᆞ니其疏에曰

天倫의親은一氣의分ᄒᆞᆫ비라喘息呼吸이彼此流通ᄒᆞ야友愛ᄒᆞᄂᆞᆫ情이自然不已

ᄒᆞᄂᆞ니、 비록非常ᄒᆞᆫ變이意外에出ᄒᆞᆯ지라도古人이恩으로써罪ᄅᆞᆯ掩ᄒᆞ거ᄂᆞᆯ向
者嵋의事ᄅᆞᆯ臣이年幼ᄒᆞ야其首末을知치、 못ᄒᆞ나其禍의慘ᄒᆞᆷ을忍言치、 못ᄒᆞᆯ
지니妖孽의作ᄒᆞᆷ이、 비록朴氏의所爲나嵋가、 엇지此ᄅᆞᆯ知ᄒᆞ리오或遐裔에
竄在ᄒᆞᆯ지라도、 오히려過ᄒᆞ거든况大獄이屢興ᄒᆞ야母子가踵死ᄒᆞ고洪礪(朴氏)
(出惠靜翁主의夫唐城尉)가杖下에殞命ᄒᆞ얏스니變故의極ᄒᆞᆷ이千古에罕有ᄒᆞᆯ지라臣이兄弟間
에何如ᄒᆞ오릿가死者ᄂᆞᆫ已矣어니와嵋의一女가民間에棄在ᄒᆞ야庶人과無異ᄒᆞ
고、 또孩提의女ᄂᆞᆫ何罪오며二妹ᄂᆞᆫ年幼女子니其事에不忝이明ᄒᆞᆯ지라然이나
屬籍에絕ᄒᆞ오니臣一身을由ᄒᆞ야兄弟의變이至此ᄒᆞ미臣이平日에怛懷痛悼ᄒᆞᆷ
을不勝ᄒᆞᄂᆞ이라今에臣은東宮에在ᄒᆞ고二妹와一侄은下賤에班ᄒᆞ면此ㅣ天理
라謂치、 못ᄒᆞᆯ지라臣이兄弟間에何怨何怒가有ᄒᆞ야此境에至ᄒᆞ오릿가伏願聖
上은垂憐ᄒᆞ소서ᄒᆞᆫ디
中宗이感悟ᄒᆞ야其爵을復ᄒᆞ고其後ᄅᆞᆯ立ᄒᆞ시더니後에孝惠公主(王妹)가早卒ᄒᆞᆫ지라
上이傷悼가過ᄒᆞ야成疾ᄒᆞ니其天性이如此ᄒᆞ시니라
仁宗이在位ᄒᆞ신지八月間에趙光祖의官爵을復ᄒᆞ고、 또光祖가中宗ᄭᅴ奏請ᄒᆞ야賢

良科ᄅᆞᆯ設ᄒᆞ고諸士ᄅᆞᆯ取ᄒᆞ얏다가光祖가被禍ᄒᆞᆫ後、 其科ᄅᆞᆯ削ᄒᆞ얏더니上이其人等
의게紅牌와職牒을還給ᄒᆞ고民間疾苦와賢才擢用으로晝夜孜々ᄒᆞ시니라
柳灌은仁宗初에朝野가洽然히治ᄅᆞᆯ望ᄒᆞ고善類가稍々히進用ᄒᆞᆯ셔柳灌이一時領袖
로相職에擢拜ᄒᆞ니灌이仁宗의知遇ᄅᆞᆯ感激ᄒᆞ야國事에盡心ᄒᆞ고判書柳仁淑은爲人
이剛正ᄒᆞ야名流ᄅᆞᆯ援引ᄒᆞ니羣小가、 크게疑懼ᄒᆞ야靡然히尹元衡의게附ᄒᆞ니元衡
은文定王后(明宗母后)의弟라初에李芑가兵判이、 되거ᄂᆞᆯ灌이沮止ᄒᆞ고、 또林百齡은尹
任의妾과相爭ᄒᆞᆫ事가有ᄒᆞᆷ으로尹任을怨ᄒᆞ고、 또鄭順朋은元來士林을嫉惡ᄒᆞ거ᄂᆞᆯ
元衡이、 이에李芑、鄭順朋等으로더브러合謀ᄒᆞ야尹任、柳仁淑、柳灌을除코자ᄒᆞᆯ셔
元衡이諺書ᄅᆞᆯ自作ᄒᆞ야尹任(仁宗后의兄)이恭懿殿(即仁宗后殿號)에上書ᄒᆞᆷ과如케ᄒᆞ야故히闕庭에遺
落ᄒᆞ야文定王后의心을驚動케ᄒᆞᆯ서其書意가大槪尹任이明宗의立ᄒᆞᆷ을不願ᄒᆞ고桂
林君瑠ᄅᆞᆯ立ᄒᆞ되灌과仁淑이助力ᄒᆞᆫ다ᄒᆞᆷ이라文定王后ㅣ크게疑惑ᄒᆞ야密旨ᄅᆞᆯ降ᄒᆞ
야元衡으로ᄒᆞ야곰尹任等의罪ᄅᆞᆯ論ᄒᆞ라ᄒᆞ니元衡이、 이에兩司諸官을會議ᄒᆞ니、
다不從ᄒᆞ고議論이不一ᄒᆞᆫ지라元衡이成事치、 못ᄒᆞᆯ가恐ᄒᆞ야鄭順朋、 李芑等으로
더브러諸大臣等을文定王后前에會集ᄒᆞ고此事ᄅᆞᆯ論케ᄒᆞ니時에名臣李彥迪、 白仁

傑、權綏等이 議ᄒᆞ야 曰 柳灌은 年老無子ᄒᆞ고、또 國恩을 深受ᄒᆞ얏스니 今에 何心이 有ᄒᆞ야 廢立ᄒᆞᆯ 意가 有ᄒᆞ며 至於尹任은 慈殿의 至親으로 一朝、被罪ᄒᆞ면 慈殿의 心이、엇지 慊悅ᄒᆞ시리오、또 柳仁淑은 老病庸生이라 位가 人臣에 極ᄒᆞ얏스니、엇지 他心이 有ᄒᆞ리오 眞一分明히 罪逆이 有ᄒᆞ면 其罪를 明正ᄒᆞ소서、ᄒᆞᄂᆞᆫ지라 然이나 元衡이 順明、芑等으로 더브러、더욱 文定王后를 恐動ᄒᆞ니 文定王后ㅣ 더욱 怒ᄒᆞ야 尹任、柳灌、柳仁淑 三人을 賜死ᄒᆞ고 桂林君瑠를 殺ᄒᆞ니라

備邊司를 設ᄒᆞ야 日本을 防備ᄒᆞᆫ다ᄂᆞᆫ 句語

日本은 成宗이 申叔舟의 遺言을 從ᄒᆞ야 日本과 和好코자 ᄒᆞ야 書幣를 對馬島에 送ᄒᆞ고 其後ᄂᆞᆫ、오직 日本使臣이 至ᄒᆞ면 接對ᄒᆞᆯ 뿐이러니 中宗時에 對馬島主 宗義盛이 謂ᄒᆞ되 朝鮮이 使者를 不納ᄒᆞ얏다 ᄒᆞ고 宗盛弘으로 ᄒᆞ야곰 兵二百을 率ᄒᆞ고 三浦(熊川薺浦、蔚山鹽浦、東萊釜山)의 居留ᄒᆞᆫ 日人과 謀ᄒᆞ야 釜山과 薺浦를 伐ᄒᆞ야 釜山僉使 李友曾을 殺ᄒᆞ고 薺浦僉使 金世均을 執ᄒᆞ고 東萊를 圍ᄒᆞ고 熊川城을 陷ᄒᆞ니 事가 猝起ᄒᆞᆫ지라 朝廷이 大驚ᄒᆞ야 崔潤德으로 都體察使를 拜ᄒᆞ고 黃衡、柳聃年으로 防禦使를 拜ᄒᆞ야 賊을 討平ᄒᆞ니 此를 謂ᄒᆞ되 三浦亂이오 其後 다시 和親ᄒᆞ야 對馬島로서 歲送ᄒᆞᄂᆞᆫ 船五十隻을 二十五隻으로 定ᄒᆞ고 三浦에 居留ᄒᆞᄂᆞᆫ 日本人을 廢ᄒᆞ고、오직 倭館을 釜山에 置ᄒᆞ야 使臣接待所라、ᄒᆞ더니 中宗末年에 至ᄒᆞ야ᄂᆞᆫ 兩南의 沿海地를 侵掠ᄒᆞ기 比ᄒᆞᆫ지라、이에 熊川海中에 在ᄒᆞᆫ 加德、天城等鎭을 設ᄒᆞ얏더니、또 慶尙道蛇梁을 寇ᄒᆞ야 交通이 絶ᄒᆞ더니 明宗十年距今三百六十年前에 條約을 定ᄒᆞ얏스나 其後 또 倭船七十餘隻이 全羅道達梁을 陷ᄒᆞ고 兵使元積과 府使韓蘊을 殺ᄒᆞ고 靈巖郡守李德堅을 擄ᄒᆞ고 殺掠이 甚多ᄒᆞᆫ지라 이에 李浚慶으로 써 都巡察使를 拜ᄒᆞ고 金景錫、南致勤으로 防禦使를 拜ᄒᆞ야 討伐ᄒᆞᆯ시 全州府尹 李潤慶이 力戰ᄒᆞ야 賊을 大破ᄒᆞ고 此年에 備邊司의 制를 定ᄒᆞ야 中外軍國機務를 摠領ᄒᆞ야 邊警을 備ᄒᆞ니라

第十七課 本朝歷代八

東西黨句語

初에 明宗時에 沈義謙이 舍人으로 領相尹元衡家에 往ᄒᆞ니 元衡書室中에 金孝元의 寢具가 有ᄒᆞ거ᄂᆞᆯ 義謙이 鄙ᄒᆞ야 曰 文學名士가、엇지 權門에 棲息ᄒᆞ리오 此ᄂᆞᆫ 介士가、아니라、ᄒᆞ더니 後에 孝元이 登科ᄒᆞ고 才名이 日盛ᄒᆞ며、또 律身ᄒᆞ기 淸苦ᄒᆞ고 當官에 盡職ᄒᆞ니 朝士가 爭相推奬ᄒᆞᆯ시 時에 義謙은 向者士林을 扶護ᄒᆞᆫ 力이 有ᄒᆞᆫ지라 故로

前輩의士類가、다許與ᄒᆞ고、또執權ᄒᆞᆫ勢가有ᄒᆞ더니吳健이孝元으로ᄡᅥ銓郞(吏曹正郞)
을薦ᄒᆞᆯᄉᆡ義謙이每次沮遏ᄒᆞᄂᆞᆫ지라故로孝元이郞僚에在ᄒᆞᆫ지六七年에、비로소銓
郞이、되야淸流를薦引ᄒᆞ고臨事에回撓가無ᄒᆞ니後輩士類가、더욱推重ᄒᆞ고孝元
은義謙을短ᄒᆞ야曰沈의爲人이愚ᄒᆞ고、또氣粗ᄒᆞ야柄用치、못ᄒᆞ리라、ᄒᆞ더니
會에義謙의弟忠謙을薦ᄒᆞᄂᆞᆫ者ㅣ有ᄒᆞ거ᄂᆞᆯ孝元이不許曰天官이엇지外戚家物이、
되야沈家에서必爲ᄒᆞ리오ᄒᆞ니大抵義謙은明宗의后仁順王后沈氏의弟라、이에義
謙의儕類가、다疑ᄒᆞ되孝元이報復ᄒᆞᆯ志가有ᄒᆞ다ᄒᆞ야至於小人으로指稱ᄒᆞᄂᆞᆫ者도
有ᄒᆞ고、또孝元의儕輩ᄂᆞᆫ義謙이正人을害ᄒᆞᆫ다ᄒᆞ야由是로士林의前後輩가釁隙이
生ᄒᆞ야朋黨의漸이成ᄒᆞ더니至是ᄒᆞ야孝元이司諫이되고許曄은大諫이、되니曄
은비록前輩나然이나孝元을推許ᄒᆞ니年少士類가尊ᄒᆞ야領袖를、삼고朴淳을劾ᄒᆞ
야淳이謝歸ᄒᆞ니此ᄂᆞᆫ淳이重望이有ᄒᆞ나或이謂ᄒᆞ되義謙의黨이라ᄒᆞᄂᆞᆫ故로及此ᄒᆞᆷ
이라、이에士林이、더욱孝元을疑ᄒᆞ되淳을攻ᄒᆞ야義謙의勢를孤케ᄒᆞᆷ이라、ᄒᆞ야
兆히嫌厭ᄒᆞ고自此로兩黨이分立ᄒᆞ야互相乖激ᄒᆞᄂᆞᆫ지라時判李珥가兩人을幷黜ᄒᆞᆯ
論을主ᄒᆞ고、또疏言ᄒᆞ되遠近이不同ᄒᆞ면衆心을服키難ᄒᆞ다ᄒᆞ야金은三陟府使를

除ᄒᆞ고沈은全州府尹을除ᄒᆞ야兩間을調停코자ᄒᆞ다가畢竟兩人의領袖가、되니沈
은西村에居ᄒᆞᆫ故로西人이라ᄒᆞ고金은東村에居ᄒᆞᆫ故로東人이라ᄒᆞᆷ이오時에相臣盧守
愼은其間에不與ᄒᆞ나士禍가作ᄒᆞᆯ가恐ᄒᆞ야榻前에서東西偏黨의弊를言ᄒᆞ고又言ᄒᆞ
되孝元은老母가有ᄒᆞ니三陟의遠除가不可ᄒᆞ다ᄒᆞᆫ되、이에兩人이守愼으로ᄡᅥ東人
이라指目ᄒᆞ고自此로東人이或補外或退去ᄒᆞ고西人이、비로소用事ᄒᆞ니라
後에李珥가朋黨의不解ᄒᆞᆷ을見ᄒᆞ고、비록極히調劑ᄒᆞ나畢竟不成ᄒᆞ고鄕里에歸ᄒᆞ
니라

南北黨論

初에柳成龍이李潑과有隙ᄒᆞ야成龍ㅣ隊에ᄂᆞᆫ金誠一、李誠中、李德馨等이羽翼이、
되고潑ㅣ隊에ᄂᆞᆫ鄭汝立、崔永慶、鄭仁弘이羽翼이、되야互相排斥ᄒᆞ나黨論이、
오히려著見치、아니ᄒᆞ다가其後仁弘이成龍을因ᄒᆞ야削爵ᄒᆞ니自此로仁弘이成龍
으로더브러仇敵이되야、비로소南北이分ᄒᆞ고
또禹性傳은盛名이有ᄒᆞ고其父가咸從縣令時에往來覲親ᄒᆞ다가平壤妓女를狎ᄒᆞ얏
더니未幾에禹父가病으로棄官ᄒᆞ고歸ᄒᆞᆯᄉᆡ監司ㅣ其妓를性傳家에送ᄒᆞ더니旣而오

禹父가死ᄒᆞ니女ㅣ披髮出人ᄒᆞᄂᆞᆫ지라李潑이言ᄒᆞ되性傳이其父가將死時에妓女를載歸ᄒᆞ얏다ᄒᆞ고禹를攻ᄒᆞ기甚力ᄒᆞ니禹의本事를知ᄒᆞᄂᆞᆫ者ㅣ其不然홈을明ᄒᆞ다가黨論이成ᄒᆞ니時에潑은北山下에在ᄒᆞᆫ故로曰北人이오禹ᄂᆞᆫ南山下에在ᄒᆞᆫ故로禹를救ᄒᆞᄂᆞᆫ者ᄂᆞᆫ南人이라ᄒᆞ니라

宣祖辛卯、距今三百十六年前에臺諫이劾奏ᄒᆞ되鄭澈이崔永慶을濫殺ᄒᆞ얏다ᄒᆞ야李山海가主論ᄒᆞ고玉堂도、箚子를上코자ᄒᆞᆯ시副學金睟가禹性傳家에往議ᄒᆞ니禹ㅣ不可라ᄒᆞ고金을挽止ᄒᆞ얏더니人諫洪汝諄이性傳을劾ᄒᆞ야削職ᄒᆞ니南北論이始歧ᄒᆞ고

壬辰에李山海、洪汝諄이被竄ᄒᆞ고柳成龍도亦罷ᄒᆞ얏다가還都後에成龍이、다시領相이、되고山海가被放ᄒᆞ니人이謂ᄒᆞ되山海의放홈은成龍의所爲라ᄒᆞ야南北의怨이尤深ᄒᆞ고、또其後南以恭、金藎國等이洪汝諄을劾論ᄒᆞ야、또大北小北으로分ᄒᆞ니李山海를主ᄒᆞᆫ者ᄂᆞᆫ大北이오南以恭、金藎國을主ᄒᆞᄂᆞᆫ者ᄂᆞᆫ小北이오其後에또分ᄒᆞ야中北、淸北、濁北、骨北、肉北의名이有ᄒᆞ다가、밋光海가廢母ᄒᆞᆫ後、大北이、다誅竄ᄒᆞ고中北以下ᄂᆞᆫ或小北에附ᄒᆞ고或西人의게附ᄒᆞ니大抵南北論은、다東人에서起ᄒᆞ고自此로東人은絶ᄒᆞ니라

鄭汝立이謀逆自殺ᄒᆞ얏다ᄂᆞᆫ句語

鄭汝立은幼時브터爲人이狠毒ᄒᆞ야年이七八에羣兒로、더브러嬉遊ᄒᆞᆯ시鵲雛를剉ᄒᆞ야嘴로브터趾ᄭᆞ지至ᄒᆞᄂᆞᆫ지라一稚婢가其父友曾의게告ᄒᆞ얏더니其夕에汝立이其婢를殺ᄒᆞ니隣人이聞ᄒᆞ고大驚會集ᄒᆞᆫ者ㅣ市와如ᄒᆞ거ᄂᆞᆯ汝立이出ᄒᆞ야曰此ᄂᆞᆫ我의所爲라ᄒᆞ고氣色이平日과無異ᄒᆞ며後에登第ᄒᆞ야官을棄ᄒᆞ고鄕里에歸ᄒᆞ야讀書ᄒᆞ니由此로名望이一道에重ᄒᆞ야竹島先生이라稱ᄒᆞ고

汝立의氣魄이盛壯ᄒᆞ야議論이風生ᄒᆞ고開口ᄒᆞ면是非를不問ᄒᆞ고滿座가、다稱歎ᄒᆞ더라宣祖ᄭᅴ셔其爲人을惡ᄒᆞ야屢次譴斥ᄒᆞ시니故로謀反이益切ᄒᆞ야講學ᄒᆞᆫ다稱ᄒᆞ고無賴輩及武士僧徒를招集ᄒᆞ야作亂코자ᄒᆞᆯ시機事가漸洩ᄒᆞᄂᆞᆫ지라、이에孚羣下를約束ᄒᆞ야京師를直犯코자ᄒᆞᆯ시海西의僧이響應ᄒᆞᄂᆞᆫ者ㅣ有ᄒᆞ더니其中一僧이上變ᄒᆞᄂᆞᆫ지라

上이、이에宣傳官을遣ᄒᆞ야全州에至ᄒᆞ니時에汝立이其子玉男으로、더브러鎭安竹島에在ᄒᆞ거ᄂᆞᆯ縣監閔仁伯으로ᄒᆞ야곰官軍을率ᄒᆞ고汝立을跟捕ᄒᆞ야生擒코자ᄒᆞ

니汝立이事敗ᄒᆞᆷ을知ᄒᆞ고、곳抉叙ᄒᆞ야玉男及同謀數人을先殺ᄒᆞ고、다시叙柄을地에植ᄒᆞ고又에自就ᄒᆞ야死ᄒᆞ니聲이牛吼와如ᄒᆞ더라

第十八課　壬辰亂 譯大東紀年

宣祖二十一年戊子、距今三百十九年前에日本이平義智와玄蘇等을遣來ᄒᆞ야通好ᄒᆞ고我國使臣과俱往키를請ᄒᆞᄂᆞᆫ지라先是에我邊民이日本에逃去ᄒᆞ야其兵을導來ᄒᆞ다ᄒᆞ거ᄂᆞᆯ朝廷이謂ᄒᆞ되日本이叛民을刷還ᄒᆞᆫ後、通信ᄒᆞ다ᄒᆞ니義智曰此ᄂᆞᆫ難事가、아니라、ᄒᆞ고平調信을其國에遣ᄒᆞ더니

翼年己丑七月에日本이我國의叛民을還送ᄒᆞ거ᄂᆞᆯ鞫問ᄒᆞᆫ後에斬ᄒᆞ고義智等의게賜宴ᄒᆞ니義智等이孔雀一雙과鳥銃數柄을獻ᄒᆞᄂᆞᆫ지라自此로我國에銃이始有ᄒᆞ니라

宣祖二十三年庚寅三月에黃允吉로뻐通信使를拜ᄒᆞ고金誠一로爲副ᄒᆞ고許箴은從事官이、되야平義智로더브러同히日本에還ᄒᆞ얏더니翼年三月에允吉等이日本으로브터其使臣平調信과偕來ᄒᆞᆯ시允吉이馳啓ᄒᆞ야兵禍가必有ᄒᆞ리라ᄒᆞ거ᄂᆞᆯ上이引見ᄒᆞ시고、詳問ᄒᆞ시니允吉은對ᄒᆞ기如前ᄒᆞ고誠一은曰臣은意컨ᄃᆡ允吉이論奏를張皇케ᄒᆞ야人心을搖動ᄒᆞᄂᆞ이다、ᄒᆞ거ᄂᆞᆯ上이秀吉의爲人을問ᄒᆞ신ᄃᆡ允吉曰其目

光이爍爍ᄒᆞ기電과如ᄒᆞ니膽智人이라ᄒᆞ고誠一은曰其目이鼠와如ᄒᆞ니可畏ᄒᆞᆯ비無ᄒᆞ다ᄒᆞ니此ᄂᆞᆫ向者允吉이日本에在ᄒᆞᆯ時에恇怯失體ᄒᆞᆷ을忿ᄒᆞ야其言의相左가如此ᄒᆞ니라

秀吉書에曰吾國의六十餘州가分離雜亂ᄒᆞ야朝令을不聽ᄒᆞ거ᄂᆞᆯ余가三四年間에叛賊을討伐ᄒᆞ야異域遠島가다掌握에歸ᄒᆞ나然ᄒᆞ나余가托胎時에慈母ㅣ夢ᄒᆞ되日輪이入懷ᄒᆞᆫ지라相士ㅣ曰日光所照에無不照臨이오壯年에ᄂᆞᆫ仁聲이八表에聞ᄒᆞ고威名이四海에震ᄒᆞᆫ다、ᄒᆞ얏ᄉᆞ니大抵人生이百齡에不滿ᄒᆞᆫ지라、엇지鬱鬱히此에久居ᄒᆞ리오今에大明國에超入ᄒᆞ야吾朝風俗을四百餘州에播傳코자ᄒᆞ노니貴國이、맛당이先驅가、될거시오余願은無他라佳名을三國에顯코자、ᄒᆞᆯᄲᅮᆫ이라、ᄒᆞ고其使平調信等이京城에至ᄒᆞ거ᄂᆞᆯ上이允吉等으로ᄒᆞ야곰其情形을察ᄒᆞ니玄蘇ㅣ密語ᄒᆞ야曰中國이日本을絶ᄒᆞ야朝貢을不通케ᄒᆞᄂᆞᆫ故로秀吉이忿恨ᄒᆞ야兵端을起코자ᄒᆞ미니朝鮮이萬一明國에告知ᄒᆞ야貢路가得通ᄒᆞ면無事ᄒᆞ리라ᄒᆞ거ᄂᆞᆯ誠一等이大義로뻐責ᄒᆞ니玄蘇ㅣ曰昔에高麗가元兵을導ᄒᆞ야日本을擊ᄒᆞᆫ故로朝鮮에報怨코자ᄒᆞ다、ᄒᆞ더라

玄蘇等이歸ᄒᆞ거ᄂᆞᆯ答書ᄒᆞ야曰貴我兩國이信義가交孚ᄒᆞ야鯨波萬里에聘問이不絶ᄒᆞ고今에ᄯᅩ舊好ᄅᆞᆯ重修ᄒᆞ니實로萬世의福이라然이나大明國에超入ᄒᆞᆫ다ᄒᆞᆷ은此言이何故ᄅᆞᆯ因ᄒᆞ야至此ᄒᆞᆫ뇨大抵我國은元來禮義로見稱ᄒᆞ고至於明國ᄒᆞ야ᄂᆞᆫ貴國에셔도向者에航海納貢ᄒᆞ얏고我邦은患難相救ᄒᆞ야家人父子와如ᄒᆞ니此ᄂᆞᆫ貴國의知ᄒᆞᄂᆞᆫ바라竊料컨ᄃᆡ貴國今日의 忿은萬國玉帛의列에見擯ᄒᆞᆷ을恥ᄒᆞᆯᄲᅮᆫ이라今에自省치、아니ᄒᆞ고、오작不臧을謀ᄒᆞ니可謂、不思ᄒᆞ기甚ᄒᆞ다ᄒᆞ니라

八月에明의遼東都司가我國에移咨ᄒᆞ야倭情을俱報ᄒᆞ라ᄒᆞ니此ᄂᆞᆫ明人許儀後가日本에在ᄒᆞ야明帝의게誣告ᄒᆞ되朝鮮이日本과合ᄒᆞ야明을攻ᄒᆞᆫ다ᄒᆞᆷ이라、이에韓應寅을明에遣ᄒᆞ야日本이明에入寇ᄒᆞᄂᆞᆫ狀을言ᄒᆞ고時에ᄯᅩ邊情이日急ᄒᆞᆫ지라金睟로ᄡᅥ慶尙監司ᄅᆞᆯ拜ᄒᆞ고李洸은全羅監司오尹先覺은忠淸監司ᄅᆞᆯ拜ᄒᆞ야器械ᄅᆞᆯ備ᄒᆞ고城池ᄅᆞᆯ修ᄒᆞ라ᄒᆞ니時에昇平ᄒᆞᆫ지日久ᄒᆞ야中外가狃安ᄒᆞ고人民이勞役을憚ᄒᆞ야怨聲이載路ᄒᆞ더라

宣祖二十五年壬辰、距今三百十五年春三月에申砬과李鎰을分遣ᄒᆞ야邊備ᄅᆞᆯ巡視ᄒᆞᆯᄉᆡ鎰은忠淸、全羅道에往ᄒᆞ고砬은京畿、黃海道에往ᄒᆞ니其點檢ᄒᆞᆷ이、오작弓矢

鎗刀ᄲᅮᆫ이다月餘에皆還ᄒᆞ니라

四月에賊이大擧入寇ᄒᆞ야釜山鎭을陷ᄒᆞ니僉使鄭撥이戰死ᄒᆞ고東萊ᄅᆞᆯ陷ᄒᆞ니府使宋象賢이死ᄒᆞ다平秀吉이我의借途치、아니ᄒᆞᆷ을怒ᄒᆞ야小西行長과加藤淸正과思政長政과島津義弘과小早川隆景等으로ᄒᆞ야곰諸島兵二十萬을率ᄒᆞ고一歧島에至ᄒᆞ야ᄂᆞᆫ對馬島主平義智及平調信、行長、玄蘇로ᄡᅥ先導ᄅᆞᆯ、삼고釜山을向ᄒᆞ니四五萬艘가海面을蔽ᄒᆞ더라曉霧ᄅᆞᆯ乘ᄒᆞ야渡海ᄒᆞ거ᄂᆞᆯ鄭撥이戰船을沈ᄒᆞ고兵民을率ᄒᆞ고城堞을守ᄒᆞ니賊이圍城ᄒᆞ기百匝이오砲發이雨와如ᄒᆞᆫ지라撥이拒戰ᄒᆞ기良久에矢가盡ᄒᆞ고、ᄯᅩ丸에中ᄒᆞ야死ᄒᆞ고宋象賢은民兵을盡驅ᄒᆞ야城을分守ᄒᆞ다가被圍ᄒᆞ니象賢이城南門樓에登ᄒᆞ야督戰ᄒᆞᆫ지半日에城이陷ᄒᆞ거ᄂᆞᆯ象賢이朝服으로椅子에坐ᄒᆞ야不動ᄒᆞ니賊이生執코자、ᄒᆞᄂᆞᆫ지라象賢이靴尖으로拒踢ᄒᆞ다가遇害ᄒᆞ니平調信이其忠義ᄅᆞᆯ感動ᄒᆞ야城外에埋ᄒᆞ니自此로南門上에恒常紫氣가亘天ᄒᆞ야數年、不滅ᄒᆞ더라

賊報가至ᄒᆞ니李鎰로ᄡᅥ巡邊使ᄅᆞᆯ拜ᄒᆞ야中路로下ᄒᆞ고成應吉은左防禦使니左道로下ᄒᆞ고趙儆은右防禦使니右路로下ᄒᆞ고劉克良、邊璣ᄂᆞᆫ助防將으로竹嶺과鳥嶺을

分守ᄒᆞ고邊應星은慶州府尹을除ᄒᆞ야即日發遣ᄒᆞᆯ식、다軍官을自辟ᄒᆞ야行케ᄒᆞ고。鎰은京兵을率去코자ᄒᆞᆯ식、다市井白徒라不得已單騎로去ᄒᆞ고柳成龍은都體察使를拜ᄒᆞ고金應南은副使가、되야諸將을檢督ᄒᆞ고申砬은都巡邊使오金汝岉은從事라上이砬을引見ᄒᆞ시고寶劍을賜ᄒᆞ야曰李鎰以下의用命치、아니ᄒᆞᄂᆞᆫ者를다斬ᄒᆞ라、ᄒᆞ시더라

賊이尙州에入ᄒᆞ니李鎰이兵潰走還ᄒᆞᆯ식聞慶에到ᄒᆞ야狀啓ᄒᆞ고申砬軍의게赴ᄒᆞ더라

賊이忠州에至ᄒᆞ니申砬이敗死ᄒᆞ다初에砬이忠州에到ᄒᆞ니本道兵의會者가八千餘人이라鳥嶺을守코자ᄒᆞ다가李鎰의敗報를聞ᄒᆞ고大驚ᄒᆞ야忠州로還ᄒᆞ거ᄂᆞᆯ金汝岉이曰賊이銳甚ᄒᆞ니爭鋒치、못ᄒᆞᆯ지라鳥嶺을固守ᄒᆞᆷ이可타ᄒᆞᆫ딕砬이不從曰彼步我騎니廣野에迎入ᄒᆞ야鐵騎로蹂蹙ᄒᆞ면賊을可破ᄒᆞᆫ다ᄒᆞ고、곳引兵ᄒᆞ야彈琴臺前에陣ᄒᆞ니賊이鳥嶺을踰ᄒᆞ고丹月驛에至ᄒᆞ야左右로分ᄒᆞ야左軍은達川으로下ᄒᆞ고右軍은上流로渡ᄒᆞ니炮響이震天ᄒᆞᄂᆞᆫ지라砬의兵이大潰ᄒᆞ고賊은、이믜四面으로圍來ᄒᆞ니人이江에投死ᄒᆞ야流屍가蔽江ᄒᆞᄂᆞᆫ지라砬이汝岉으로더브러賊數十人을射殺ᄒᆞ고、다赴水ᄒᆞ야死ᄒᆞ고李鎰은脫身ᄒᆞ야敗狀을馳啓ᄒᆞ니朝野가大震ᄒᆞ더라

李元翼으로平安道巡察使를拜ᄒᆞ고崔興源으로黃海、京畿兩道巡察使를拜ᄒᆞ야即日發行케ᄒᆞ니此ᄂᆞᆫ西幸ᄒᆞᆯ意가有ᄒᆞ미元翼、興源이、일즉惠政이有ᄒᆞ야民心이附從ᄒᆞᆫ故로先往撫喩ᄒᆞᆷ이러라

三十日(四月)에大駕가西巡ᄒᆞ시다忠州敗報가至ᄒᆞ거ᄂᆞᆯ上이諸臣과議ᄒᆞ시니領相李山海曰事勢가至此ᄒᆞ니暫時平壤에幸ᄒᆞ고明에請兵ᄒᆞ야恢復을圖ᄒᆞ쇼셔ᄒᆞ고掌令權悏은力言ᄒᆞ야京城을固守코자ᄒᆞ거ᄂᆞᆯ柳成龍曰悏의言이다忠直ᄒᆞ나然ᄒᆞ나事勢가不得不如此ᄒᆞ다ᄒᆞ고大臣이建儲키를請ᄒᆞ야人心을維繫코자ᄒᆞᆫ딕、이에臨海君珒은、비록長子나爲人이狂悖ᄒᆞᆫ지라光海君으로東宮을封ᄒᆞ야軍國事를監撫케ᄒᆞ고五道(京畿、黃海、平安、江原、咸鏡)에下喩ᄒᆞ야入援ᄒᆞ라ᄒᆞ고諸王子ᄂᆞᆫ各道에分遣ᄒᆞ야兵을呼召ᄒᆞᆯ식臨海君珒은咸鏡道로往ᄒᆞ니金貴榮、尹卓然이從ᄒᆞ고順和君珏ᄂᆞᆫ江原道로往ᄒᆞ니黃廷彧、黃赫、李墍가從ᄒᆞ고上이敦義門으로出ᄒᆞ야西幸ᄒᆞᆯ식祠官이宗社主板을奉ᄒᆞ야先行ᄒᆞ고東宮이隨行ᄒᆞ며王子信城君珝와定遠君(元宗)이從ᄒᆞ고上이戎服으로執鞭ᄒᆞ시고王后ᄂᆞᆫ仁和門에出ᄒᆞ니侍女數十이從ᄒᆞᆯ식夜黑ᄒᆞ고雨下ᄒᆞ야咫尺을不辨

이ᄂᆞ、오작都承旨李恒福이燭을執ᄒᆞ고前導ᄒᆞ거ᄂᆞᆯ上이姓名을問ᄒᆞ고慰勉ᄒᆞ시더라平明에駕가沙峴을踰ᄒᆞ니是日에大雨ᄒᆞ야一行이沾濕ᄒᆞ고碧蹄驛에至ᄒᆞ야ᄂᆞᆫ尹斗壽를召見ᄒᆞ시고佩刀를解與ᄒᆞ야曰卿兄弟ᄂᆞᆫ朕行에勿離ᄒᆞ라ᄒᆞ시고東坡館에至ᄒᆞ야大臣李山海、柳成龍等을召ᄒᆞ야曰事勢가至此ᄒᆞ니奈何오、ᄒᆞ신ᄃᆡ李恒福이曰今에暫時義州에駐駕ᄒᆞ얏다가萬一勢窮力盡ᄒᆞ거든、곳明에移駕ᄒᆞ쇼셔ᄒᆞ니尹斗壽ㅣ曰大駕가東土一步地를離ᄒᆞ면朝鮮이我의有ᄒᆞᆯ비、아니니이다上曰明에往ᄒᆞᆷ은朕의本意로라斗壽ㅣ曰今에東北諸道가如故ᄒᆞ고湖南忠義의士ㅣ不日에蜂起ᄒᆞ리니、엇지此事를遽論ᄒᆞ리오ᄒᆞ고斗壽ㅣ退ᄒᆞ야恒福을責曰何故로棄國論을輕發ᄒᆞᄂᆞᆫ뇨君이、비록道路에從死ᄒᆞᆯ지라도不過婦寺의忠이라此言이一出ᄒᆞ면人心이瓦解ᄒᆞ야、다시收拾지、못ᄒᆞ리라、ᄒᆞ니恒福이擢謝ᄒᆞ더라

五月初二日에上이開城에駐駕ᄒᆞ시고南門樓에出御ᄒᆞ야父老와人民을召ᄒᆞ야慰喩ᄒᆞ고各其所懷를言ᄒᆞ라ᄒᆞᆫᄃᆡ父老等이對曰今日事ᄂᆞᆫ李山海가金公諒(淑媛의兄이라)으로더브러表裏用事ᄒᆞ야寇賊이來ᄒᆞᆷ이니此ᄂᆞᆫ上이淑媛金氏를惑嬖ᄒᆞᆫ故라ᄒᆞ고、또鄭澈을召ᄒᆞ기를請ᄒᆞᄂᆞᆫ者ㅣ有ᄒᆞ거ᄂᆞᆯ、곳澈을赦ᄒᆞ고下旨、敎召ᄒᆞ시고李山海를免ᄒᆞ고

崔興源으로ᄡᅥ領議政을拜ᄒᆞ고尹斗壽로左議政을拜ᄒᆞ고兪泓으로右議政을拜ᄒᆞ니라

初二日에賊兵이京城에入ᄒᆞ니留都大將李陽元과都元帥金命元이退走ᄒᆞ다初에賊이東萊로브터三路로進ᄒᆞ니一路ᄂᆞᆫ慶尙左道長鬐、機張으로브터蔚山、慶州等을陷ᄒᆞ고龍宮河豊津을渡ᄒᆞ야中路兵과合ᄒᆞ야忠州에入ᄒᆞ고、또忠州로브터兩路에分ᄒᆞ니一은驪州에趨ᄒᆞ야楊根龍津으로京城에出ᄒᆞ고一은竹山、龍仁으로漢江에至ᄒᆞ며又一路ᄂᆞᆫ金海에서右道로出ᄒᆞ야星州、知禮、金山을歷ᄒᆞ고秋風嶺을踰ᄒᆞ야淸州에入ᄒᆞ고轉히京畿로向ᄒᆞ니旌旗와釰戟이千里에不絕ᄒᆞ고砲聲이相聞ᄒᆞ며所過에十里或五六十里에다險要를據ᄒᆞ야寨柵을設ᄒᆞ고擧火ᄒᆞ야相應ᄒᆞᆷ셔賊이漢江南에至ᄒᆞ니命元이兵士千餘를率ᄒᆞ고濟川亭에屯ᄒᆞ얏더니賊의砲丸이亭上에亂落ᄒᆞᄂᆞᆫ지라命元이敢히拒敵지、못ᄒᆞ고軍器를江中에沈ᄒᆞ고行在所로退赴ᄒᆞ니賊이곳渡江ᄒᆞ더라

金命元으로ᄒᆞ야곰臨津을守ᄒᆞ다命元이臨津에至ᄒᆞ야賊狀을報ᄒᆞ거ᄂᆞᆯ上이命元이無兵ᄒᆞᆷ으로ᄡᅥ退遁ᄒᆞᆫ罪를不問ᄒᆞ고、다시京畿、黃海兩道兵을徵ᄒᆞ야臨津을守ᄒᆞ

고兵使申砬로ᄒᆞ야곰守禦使ᄅᆞᆯ拜ᄒᆞ야同히臨津을守ᄒᆞ야賊의西下ᄒᆞᄂᆞᆫ勢ᄅᆞᆯ遏케ᄒᆞ니劉克良이、ᄯᅩᄒᆞᆫ領兵、來屬ᄒᆞ니라

初四日薄暮에車駕ㅣ開城에셔發ᄒᆞ야夜에金郊驛에至ᄒᆞ니是日에賊이、이믜京城에入ᄒᆞ야西向ᄒᆞᄂᆞᆫ지라上이倉黃이促駕ᄒᆞᆯᄉᆡ時에廟祠主ᄅᆞᆯ開城穆淸殿에奉安ᄒᆞᆫ지라、곳埋安ᄒᆞ고上이寶山站에至ᄒᆞ니尹斗壽ㅣ聞ᄒᆞ고急히禮官을遣ᄒᆞ야廟社主ᄅᆞᆯ陪來ᄒᆞ고上이平壤에至ᄒᆞ야李恒福을擢ᄒᆞ야刑判을拜ᄒᆞ시다가、다시兵判을拜ᄒᆞ고韓應寅은諸道巡察使ᄅᆞᆯ拜ᄒᆞ야臨津에進屯ᄒᆞ고、ᄯᅩ命元의節制ᄅᆞᆯ不受케、ᄒᆞ니라

副元帥申恪을斬ᄒᆞ다恪이漢江에셔潰去ᄒᆞ야李陽元을從ᄒᆞᆯᄉᆡ散卒을收合ᄒᆞ더니會에南兵使李渾의兵이至ᄒᆞ거ᄂᆞᆯ恪이其軍을合ᄒᆞ야賊을楊州蟹峴에셔迎ᄒᆞ야斬首가六百級이、되니倭變以來로、비로소此捷이有ᄒᆞᆫ지라遠近이聞ᄒᆞ고聳動ᄒᆞ더라然이나金命元이其擅恣히他適ᄒᆞ야號令을不聽ᄒᆞᆫ罪ᄅᆞᆯ請ᄒᆞ거ᄂᆞᆯ右議政俞泓이곳請誅ᄒᆞ야宣傳官이、이믜行ᄒᆞᆫ後、捷書가至ᄒᆞᄂᆞᆫ지라遣人、還止ᄒᆞ다가不及ᄒᆞ니人이다嗟惜ᄒᆞ더라

申砬等이臨津을渡ᄒᆞ야賊을擊ᄒᆞ다가大敗ᄒᆞ야死ᄒᆞ니都元帥金命元과諸道巡察使韓應寅等이退走ᄒᆞ다初에命元이諸將을擺布ᄒᆞ야申砬、劉克良、李蘋、李薦、邊璣等으로ᄒᆞ야곰臨津諸灘을阨守ᄒᆞ야防備가漸完ᄒᆞ니賊이南岸에至ᄒᆞ야相對ᄒᆞᆫ지八九日에能히渡치、못ᄒᆞ다가一日은賊이廬舍ᄅᆞᆯ焚ᄒᆞ고退遁ᄒᆞᄂᆞᆫ狀을作ᄒᆞ거ᄂᆞᆯ申砬이謂ᄒᆞ되賊이退遁ᄒᆞᆫ다ᄒᆞ야江을渡ᄒᆞ야追躡코자ᄒᆞ니劉克良이力言ᄒᆞ야輕擧치、말나ᄒᆞᆫᄃᆡ砬이克良을斬코자ᄒᆞ거ᄂᆞᆯ克良曰吾가結髮、從軍ᄒᆞᆫ지久ᄒᆞ니、엇지畏死ᄒᆞ리오ᄒᆞ고、곳其軍을率ᄒᆞ고先渡ᄒᆞ야賊의邏卒數人을斬ᄒᆞ고砬軍이畢渡ᄒᆞ니時에賊이山後에伏兵ᄒᆞ고不動ᄒᆞᄂᆞᆫ지라砬이進逼ᄒᆞ니賊이一時에俱起ᄒᆞ야丸銃이交接ᄒᆞ니諸軍이遂潰ᄒᆞᄂᆞᆫ지라克良이砬을呼ᄒᆞ야收陣코자ᄒᆞ니砬이不應ᄒᆞ고死ᄒᆞ거ᄂᆞᆯ克良이賊을射ᄒᆞ다가矢盡ᄒᆞ야死ᄒᆞ고軍士가江岸에逃至ᄒᆞ니賊이後에셔斫殺ᄒᆞ고其餘ᄂᆞᆫ다江에自投ᄒᆞ야死ᄒᆞᄂᆞᆫ지라命元과應寅이行在로退至ᄒᆞ니賊이江을渡ᄒᆞ야西ᄒᆞ더라

全羅左水使李舜臣이賊兵을巨濟洋中에셔破ᄒᆞ다賊이諸鎭을連陷ᄒᆞ고舟師ᄅᆞᆯ引ᄒᆞ야加德으로向ᄒᆞ거ᄂᆞᆯ慶尙左水使元均이戰船과火砲ᄅᆞᆯ沈ᄒᆞ고逃去코자ᄒᆞ니玉浦萬戶李雲龍이抗言ᄒᆞ야曰此地ᄂᆞᆫ兩湖의咽喉라此ᄅᆞᆯ失ᄒᆞ면兩湖가危ᄒᆞ리니今에吾衆

이、비록散亡ᄒᆞ얏스나、오히려可히保聚ᄒᆞᆯ거시오、또湖南水軍을請ᄒᆞ야相援케、ᄒᆞ라ᄒᆞᆫᄃᆡ均이從ᄒᆞ야栗浦萬戶李英男으로ᄒᆞ야곰舜臣의게請援ᄒᆞ거ᄂᆞᆯ舜臣이戰船八十餘艘ᄅᆞᆯ率ᄒᆞ고元均을閑山島에會ᄒᆞ야賊을玉浦에서擊ᄒᆞᆯᄉᆡ火筒을齊發ᄒᆞ야賊船二十六艘를焚ᄒᆞ니海波가盡赤ᄒᆞ고賊이敗走ᄒᆞ거ᄂᆞᆯ、다시露梁에서戰ᄒᆞ다가泗川洋에進至ᄒᆞ야十二船을焚ᄒᆞ니賊이다溺死ᄒᆞ더라此戰에舜臣이左肩에中丸ᄒᆞ얏스나、오히려終日、督戰ᄒᆞ고戰罷에、비로쇼人으로ᄒᆞ야곰刀尖으로丸을挑出ᄒᆞ니軍中이始知ᄒᆞ더라捷報가聞ᄒᆞ니百官이相賀ᄒᆞ고舜臣의게嘉善階를陞ᄒᆞ니라

先是에舜臣이龜船을創製ᄒᆞ니船上에板을鋪ᄒᆞ기龜背와如ᄒᆞ고上에十字細路가有ᄒᆞ야我人이通行케ᄒᆞ고其餘ᄂᆞᆫ다刃錐을列插ᄒᆞ며前은龍頭를作ᄒᆞ며口가銃穴이、되고後ᄂᆞᆫ龜尾오尾下에銃穴六이有ᄒᆞ고其底에兵士가在ᄒᆞ야四面으로發砲ᄒᆞ고進退가從容ᄒᆞ며捷速ᄒᆞ기飛鳥와如ᄒᆞ고戰時에ᄂᆞᆫ編茅를覆ᄒᆞ야錐刀가不露케ᄒᆞ니賊이超登ᄒᆞ면、곳錐刀에觸ᄒᆞ고掩圍ᄒᆞ면火銃이齊發ᄒᆞ야賊船中에橫行ᄒᆞᆯᄉᆡ所向에披靡ᄒᆞ야此로ᄡᅥ常勝ᄒᆞ니라

助防將元豪ㅣ驪江의賊을擊殲ᄒᆞ다豪가驪江甓寺에屯ᄒᆞ야津渡를斷ᄒᆞ더니會에江原監司柳永吉이豪를召ᄒᆞ거ᄂᆞᆯ豪가去ᄒᆞ니賊이、비로쇼江을渡ᄒᆞ야北上ᄒᆞ더라旣而오豪가再來ᄒᆞ야州兵을招集ᄒᆞ고賊을龜尾浦에서掩擊ᄒᆞ야五十餘級을斬ᄒᆞ니自此로賊이驪州路로不由ᄒᆞ더라

三道巡察使의兵이龍仁에서潰ᄒᆞ다先是에全羅巡察使李洸이節度使崔遠으로ᄒᆞ야곰本道를守케ᄒᆞ고四萬兵을自領ᄒᆞ고林川으로브터進ᄒᆞᆯᄉᆡ防禦使郭嶸이二萬兵을率ᄒᆞ고礪山을由ᄒᆞ야錦江을渡ᄒᆞ고慶尙巡察使金睟와忠淸巡察使尹國馨이各其來會ᄒᆞ니號曰十萬이라龍仁에至ᄒᆞ야北斗門山上에賊壘가有ᄒᆞᆷ을見ᄒᆞ고往擊코자ᄒᆞ거ᄂᆞᆯ中衛將權慄이曰京城이不遠ᄒᆞ니、맛당히祖江을渡ᄒᆞ야臨津을塞ᄒᆞᆯ거시오小賊과爭鋒ᄒᆞᆷ이不可ᄒᆞ다ᄒᆞᆫᄃᆡ洸이不聽ᄒᆞ고白光彦、李之詩로ᄒᆞ야곰山에登ᄒᆞ야挑戰ᄒᆞ니賊이久히不出ᄒᆞ다가旣而오賊이草伏膝行ᄒᆞ더니猝然히大呼突出ᄒᆞ야光彦과之詩等을斫殺ᄒᆞ거ᄂᆞᆯ明日에洸等이光敎山에移陣ᄒᆞ니賊이我軍의心怯ᄒᆞᆷ을知ᄒᆞ고四面으로揮進ᄒᆞᄂᆞᆫ지라忠淸兵使申益이先潰ᄒᆞ니三道兵이一時에皆散ᄒᆞᆯᄉᆡ洸等이印符와資糧을棄ᄒᆞ고逃亡ᄒᆞ니朝廷이聞ᄒᆞ고權慄로ᄡᅥ全羅巡察使를拜ᄒᆞ고洸과國馨은論罪ᄒᆞ니라

黃海兵使로新署ᄒᆞ야本道巡察使趙仁得으로ᄡᅥ移除ᄒᆞ고柳永慶으로ᄡᅥ巡察使를拜ᄒᆞ고慶尙道를左右에分ᄒᆞ니此ᄂᆞᆫ嶺南이地廣ᄒᆞ고、ᄯᅩ賊兵이中路를橫斷ᄒᆞᆫ故러라
李舜臣이賊兵을連破ᄒᆞ다舜臣이本營으로브터蛇梁에進陣ᄒᆞ야賊船을唐浦에서遇ᄒᆞ니賊將이大艦層樓上에在ᄒᆞ야督戰ᄒᆞᆯ시舜臣이麾兵、進擊ᄒᆞ야筒箭으로ᄡᅥ樓上을叢射ᄒᆞ니賊將이中箭ᄒᆞ야水에墜ᄒᆞ거ᄂᆞᆯ、곳掩擊大破ᄒᆞ얏더니旣而오右水使李億祺가舟師로來會ᄒᆞ거ᄂᆞᆯ、다시唐項浦에偕進ᄒᆞ야、ᄯᅩ賊船의樓上將을射殺ᄒᆞ야其首를取ᄒᆞ고三十船을破ᄒᆞ니賊이大敗ᄒᆞ야陸地로逃亡ᄒᆞ고、ᄯᅩ永登浦에서戰ᄒᆞ야全船을殲ᄒᆞ니自此로軍聲이大振ᄒᆞ더라

賊將平行長等이海西諸郡을歷ᄒᆞ고大同江南岸을犯ᄒᆞ거ᄂᆞᆯ時에李鎰이關東으로브터徒步ᄒᆞ야至ᄒᆞ니鎰은元來名將이라、비록奔敗顚連ᄒᆞ나人이다其來ᄒᆞᆷ을喜ᄒᆞ더니時에賊이鳳山을焚ᄒᆞ거ᄂᆞᆯ急히鎰로ᄒᆞ야곰大同江下流를守ᄒᆞ라ᄒᆞ니鎰이其地에至ᄒᆞ니賊兵數百이、이믜南岸에到ᄒᆞ얏거ᄂᆞᆯ鎰이武士十餘人으로ᄒᆞ야곰江中小島에入ᄒᆞ야强弓으로射ᄒᆞ니賊이乃却ᄒᆞ더라

上이平壤을去코자ᄒᆞᆯ시所向을未定이라群臣이다言ᄒᆞ되關北이便타ᄒᆞ거ᄂᆞᆯ上이從ᄒᆞ야后와王子가先發ᄒᆞ고上이平壤에出ᄒᆞ야寧邊으로向ᄒᆞᆯ시尹斗壽、金命元、李元翼으로ᄒᆞ야곰平壤을守케ᄒᆞ고崔興源、兪泓、鄭澈等이從ᄒᆞ고柳成龍은明兵을接候코자ᄒᆞ야平壤에留ᄒᆞ고上이肅川에至ᄒᆞ야李德馨으로ᄒᆞ야곰請援使를拜ᄒᆞ야遼東에告急ᄒᆞ니時에李恒福、李德馨이上ᄭᅴ請ᄒᆞ야寧邊에進駐ᄒᆞ고兩臣은遼東에請援코자ᄒᆞᆯ시彼此自往키를爭ᄒᆞ다가恒福은兵判이라故로遣치、못ᄒᆞ고德馨이往ᄒᆞ니라

尹斗壽ㅣ賊을擊ᄒᆞ다가不利ᄒᆞ야退ᄒᆞ니賊이、드듸여大同江을渡ᄒᆞ거ᄂᆞᆯ斗壽ㅣ防守치、못ᄒᆞᆷ을知ᄒᆞ고、몬져城內의老幼婦女를出ᄒᆞ고兵器를江中에沈ᄒᆞ고潛出ᄒᆞ니賊이平壤을入據ᄒᆞ더라

賊將淸正이關北에入ᄒᆞ니咸鏡監司柳永立이被執ᄒᆞ고南兵使李渾은賊民의게被殺ᄒᆞ다先是에淸正、行長이臨津을渡ᄒᆞ야車騎를追ᄒᆞ다가分路ᄒᆞ야進ᄒᆞᆯ시淸正의勇猛이諸軍에冠ᄒᆞ고其兵卒이、더옥精悍ᄒᆞᆫ지라谷山으로브터鐵嶺北에出ᄒᆞ야日行ᄒᆞ기數百里오北兵使韓克誠이六鎭兵을率ᄒᆞ고海汀倉에서遇ᄒᆞ니北兵이騎射에善ᄒᆞ야賊이支拒치、못ᄒᆞ고倉中에入ᄒᆞ야穀石으로ᄡᅥ城을作ᄒᆞ고矢石을避ᄒᆞ며、ᄯᅩ

鳥銃을發ᄒᆞ니我師가潰ᄒᆞᄂᆞᆫ지라克誠이嶺上에退屯ᄒᆞ얏더니賊이夜에潛圍ᄒᆞ고朝에또大霧ᄒᆞ니我軍이其事를不知ᄒᆞ고、오히려賊이嶺上에在ᄒᆞ다ᄒᆞ더니忽然히砲響이大震ᄒᆞ고四面이다賊兵이라諸軍이다驚潰ᄒᆞ야泥澤中에陷ᄒᆞ거ᄂᆞᆯ克誠은鏡城에遁入ᄒᆞ고監司柳永立은山峽으로退ᄒᆞ니土民이賊兵을引ᄒᆞ야執去ᄒᆞ고李渾은甲山에奔入ᄒᆞ다가叛民의게被殺ᄒᆞ고臨海、順和兩王子ᄂᆞᆫ賊兵이在後홈을聞ᄒᆞ고北으로摩天嶺을踰去ᄒᆞ니라

上이羣臣을召議ᄒᆞ시니皆言ᄒᆞ되今에封疆이已蹙ᄒᆞ고、오작咸鏡一道가兵多糧足ᄒᆞ니足히拒守ᄒᆞ겟다ᄒᆞ거ᄂᆞᆯ尹斗壽ㅣ曰咸鏡이形勢ᄂᆞᆫ、도로혀此를不及ᄒᆞᆯ지라萬一賊이逼迫ᄒᆞ면、다시可去ᄒᆞᆯ地가無ᄒᆞ고、또賊도、또ᄒᆞᆫ彼處에往ᄒᆞ리이다、ᄒᆞᆫ대李恒福曰義州에進ᄒᆞ야明兵을迎接ᄒᆞ다가不幸ᄒᆞ거든明國에往ᄒᆞ야徐히復國을圖홈이可ᄒᆞᆯ지라大抵北關은一條路ᄲᅮᆫ이니此를過ᄒᆞ면、곳胡地로이다ᄒᆞᆫ대上曰今에卿言을從코자ᄒᆞ나、다만內殿이已行ᄒᆞ얏스니奈何오、ᄒᆞ시고雲山郡守成大業으로ᄒᆞ야곰疾馳ᄒᆞ야迎還케、ᄒᆞ더니時에后ᄭᅴ서、또ᄒᆞᆫ賊이北路에在홈을聞ᄒᆞ시고、다시還ᄒᆞ다가博川에서相遇ᄒᆞ니라

遼東巡按使ㅣ鎭撫林世祿을遣來ᄒᆞ야賊情을探去ᄒᆞ다先是에遼東이賊의犯境홈을聞ᄒᆞᆫ지未幾에車駕ㅣ平壤에至ᄒᆞᆫ지라或이言ᄒᆞ되朝鮮이佯이假王을遣ᄒᆞ야遼東을向ᄒᆞᆫ다ᄒᆞ거ᄂᆞᆯ、드듸여世祿으로ᄒᆞ야곰倭情을探ᄒᆞᆫ다ᄒᆞ고上ᄭᅴ謁見키를請ᄒᆞᄂᆞᆫ지라上이大同館에서接見ᄒᆞ시더니至是ᄒᆞ야遼鎭이또世祿을遣來ᄒᆞ야援兵을送ᄒᆞᆫ다ᄒᆞ더라

光海(東宮)를命ᄒᆞ야廟祠主를奉ᄒᆞ고伊川에分朝ᄒᆞ야四方을呼召ᄒᆞ야恢復을圖ᄒᆞ라ᄒᆞᆯ식崔興源이從ᄒᆞ고上이博川에至ᄒᆞ야夜五皷에嘉山에至ᄒᆞ시니從臣鄭澈等이不過二十人이오李恒福、朴東亮이前導ᄒᆞᆯ식艱險이萬狀이오時에光海ᄂᆞᆫ寧邊에進至ᄒᆞ야分朝ᄒᆞᄂᆞᆫ意로中外에喩ᄒᆞ고扈從官司ᄂᆞᆫ曰撫軍司라ᄒᆞ고便宜從事케、ᄒᆞ니라

遼東遊擊將史遊와恭將郭夢徵이一千兵을率ᄒᆞ고宣川에至ᄒᆞ야言ᄒᆞ되我等이平壤을救치、못ᄒᆞᆯ지라祖總兵承訓이將至ᄒᆞ리니其時에議叶ᄒᆞ라ᄒᆞ고、곳義州에屯ᄒᆞ더라

車駕ㅣ義州에進次ᄒᆞ야知敎寧府事鄭崑壽로ᄒᆞ야곰明에如ᄒᆞ야請援ᄒᆞᆯ식上이面喩ᄒᆞ야曰國의存亡이此一擧에在ᄒᆞ니卿은勉旃ᄒᆞ라、ᄒᆞ시니라

諸道義兵이起ᄒᆞ다時에三道帥臣이衆心을失ᄒᆞ더니、 및道內巨族이朝命을承ᄒᆞ고倡義ᄒᆞ니聞者ㅣ奮激ᄒᆞ야遠近이應募ᄒᆞ니、 비록大克捷이無ᄒᆞ나人心과國命이此를賴ᄒᆞ야維持ᄒᆞᄂᆞᆫ지라、 이에湖南에ᄂᆞᆫ高敬命과金千鎰이오嶺南에ᄂᆞᆫ郭再祐、鄭仁弘이오湖西에ᄂᆞᆫ趙憲이、 몬져起兵ᄒᆞ니라

時에渡遼ᄒᆞᆯ議가定ᄒᆞ거ᄂᆞᆯ尹斗壽ㅣ力爭曰祖宗廟社와許多臣民을何處에托ᄒᆞ고强히匹夫의行을效ᄒᆞᄂᆞ뇨ᄒᆞᆫ되上이不從ᄒᆞ시고遼東에移咨ᄒᆞ니遼東巡撫御史郝杰이明帝의게馳奏ᄒᆞᆫ되兵部尙書石星이明帝의旨意로回報ᄒᆞ야曰倭賊이朝鮮을陷沒ᄒᆞ야國王이逃難ᄒᆞ니朕이甚히憫然ᄒᆞᆫ지라、 맛당히援兵을遣ᄒᆞ리니彼國大臣의게諭ᄒᆞ야盡忠、護國ᄒᆞ고各處兵馬를督集ᄒᆞ야城池를固守ᄒᆞ고恢復을力圖ᄒᆞ라ᄒᆞ며石星이銳意로我를助코자ᄒᆞᆯ시時에我使臣申點이會同館에在ᄒᆞ거ᄂᆞᆯ星이遼東의報變書를示ᄒᆞ니點이大驚呼慟ᄒᆞ고兵部에移文ᄒᆞ야援兵을請ᄒᆞ고柳夢鼎이繼至ᄒᆞ야兵部에哭訴ᄒᆞ야救兵을速發ᄒᆞ라ᄒᆞ니星이其意를感動ᄒᆞ야慰諭曰申包胥가此에過치、못ᄒᆞ리라、ᄒᆞ고兵部로서黃應暘을遣來ᄒᆞ거ᄂᆞᆯ上이龍灣館에셔引見ᄒᆞ니應暘이倭書를索驗ᄒᆞ거ᄂᆞᆯ李恒福이辛卯通信使의賚回ᄒᆞᆫ倭書를出示ᄒᆞᆯ시其中에言ᄒᆞ되、

이의明에報ᄒᆞ얏다ᄂᆞᆫ句가有ᄒᆞᆫ지라應暘이膺을叩ᄒᆞ고出涕曰朝鮮이明을代ᄒᆞ야兵火를受ᄒᆞ거ᄂᆞᆯ義聲이不暢ᄒᆞ고、도로혀惡名을被ᄒᆞ니天下에 엇지此理가有ᄒᆞ리오ᄒᆞ고、 드듸여兵部에歸告ᄒᆞ니星이大喜ᄒᆞ야東援의議가決ᄒᆞ니先是에ᄂᆞᆫ明이浮言을聞ᄒᆞ고我國이賊과合ᄒᆞ야明을伐ᄒᆞᆫ다ᄒᆞᆷ이라故로其疑가至今에야始釋ᄒᆞ니라

湖南義兵將金千鎰이領兵ᄒᆞ고北上ᄒᆞ다三道軍이潰ᄒᆞᆫ後로브터畿內가全혀殺掠을被ᄒᆞ고、 또賊의게附ᄒᆞ야都城에入ᄒᆞᆫ者ㅣ有ᄒᆞᆫ지라千鎰이義旅數千을糾合ᄒᆞ거ᄂᆞᆯ上이倡義使를拜ᄒᆞ니千鎰이水原에至ᄒᆞ야禿山古城을據ᄒᆞ고附賊ᄒᆞᆫ奸民을斬ᄒᆞ니畿內士民이歸赴者가甚多ᄒᆞ더라

秋七月에全羅道節制使權慄이賊을熊峙에셔破ᄒᆞ니金堤郡守鄭湛이死ᄒᆞ고、 또梨峙를犯ᄒᆞ거ᄂᆞᆯ同福縣監黃進이賊을破ᄒᆞ다時에賊이錦山으로브터熊峙를踰ᄒᆞ야全州로入코자、 ᄒᆞᄂᆞᆫ지라羅州判官李福男이義兵將黃璞과邵湛等으로더브러迎擊ᄒᆞ야賊을破ᄒᆞ얏더니翼曉에賊이大至ᄒᆞ니福男等이拒敵지、 못ᄒᆞ고退兵ᄒᆞᆯ시湛이獨히力戰ᄒᆞ야紅旗下에白馬將을射殺ᄒᆞ고旣而오孤軍이被圍ᄒᆞᆫ지라將佐가退陣코자ᄒᆞᆫ되湛이不聽ᄒᆞ고堅立、不動ᄒᆞ며矢를發ᄒᆞ야賊을射ᄒᆞ다가力屈ᄒᆞ야死ᄒᆞ니라

初에 湛이 乘輿의 播越홈을 聞ᄒᆞ고 涕泣發忿ᄒᆞ야 必死로써 誓ᄒᆞ고 發兵日에 犧牲을 殺ᄒᆞ야 告誓ᄒᆞ고 行ᄒᆞ니 郡人이 其忠義를 感動ᄒᆞ더라 旣而오 賊이 또 大擧ᄒᆞ야 梨峙를 犯ᄒᆞ거ᄂᆞᆯ 權慄이 黃進을 督ᄒᆞ야 褊將 魏大奇, 孔時億으로 더브러 梨峴을 據ᄒᆞ야 大戰홀ᄉᆡ 賊이 崖를 攀ᄒᆞ야 上ᄒᆞᄂᆞᆫ지라 進이 樹에 依ᄒᆞ야 丸을 欒ᄒᆞ고 矢를 放ᄒᆞ야 百發百中ᄒᆞ니 終日 交戰에 賊이 大敗ᄒᆞ야 伏屍가 流血에 草木이 다 腥臭ᄒᆞ더라 是日에 進이 中丸ᄒᆞ야 少沮ᄒᆞ더니 慄이 將士를 督ᄒᆞ야 繼後훈 故로 得捷ᄒᆞ고 賊이 稱ᄒᆞ되 朝鮮 三大捷中에 梨峙의 戰으로 第一이라 ᄒᆞ더라 賊이 熊峙의 戰亡훈 屍를 路邊에 埋ᄒᆞ야 一大塚을 成ᄒᆞ고 大書曰, 朝鮮國忠肝義膽을 吊ᄒᆞᆫ다 ᄒᆞ더라

義兵將 金俊民은 賊을 茂溪峴에서 破ᄒᆞ고 郭再祐가 또 玄風, 昌寧間에서 賊을 連破ᄒᆞ니 賊이 遁逃ᄒᆞ야 自此로 右道의 賊路가 斷絶ᄒᆞ니라

李舜臣이 賊을 固城 見乃梁에서 大破ᄒᆞ다 時에 賊이 舟師를 大發ᄒᆞ야 湖南으로 向ᄒᆞ거ᄂᆞᆯ 舜臣이 李億祺로 더브러 所部兵을 各率ᄒᆞ고 進ᄒᆞ야 賊을 見乃梁에서 遇ᄒᆞ야 元均이 곳 衝擊코자 ᄒᆞ거ᄂᆞᆯ 舜臣曰 此處ᄂᆞᆫ 海港이 淺隘ᄒᆞ야 用武치, 못홀지라, 맛당히 大海에 誘出ᄒᆞ야 擊홈이 可라 ᄒᆞ고 諸將으로 ᄒᆞ야 곰 佯히 敗北ᄒᆞ니 賊이 果然 乘勝ᄒᆞ야 閑山島

前洋에 追至ᄒᆞᄂᆞᆫ지라, 곳 還軍, 促戰ᄒᆞ니 砲焰이 沸海ᄒᆞ더라 賊船 七十餘艘를 盡破ᄒᆞ니 腥血이 海에 漲ᄒᆞ고, 또 其援兵을 安骨浦에서 逆擊大破ᄒᆞ니 賊이 登岸ᄒᆞ야 走ᄒᆞ거ᄂᆞᆯ 其船 四十餘艘를 燒ᄒᆞ니라 事聞ᄒᆞ니 舜臣의게 正憲資를 加ᄒᆞ고 下書, 褒美ᄒᆞ다

先是에 行長이 平壤에 至ᄒᆞ야 投書曰 日本舟師十萬이 또 西海로 從ᄒᆞ야 來ᄒᆞ니 不知케라 大王 龍馭가 自此로 何至ᄒᆞ리오 ᄒᆞ니 此ᄂᆞᆫ 賊이 元來 水陸, 合勢코자 ᄒᆞ다가 此一戰에 賊의 一臂를 斷ᄒᆞ민 行長이 勢孤ᄒᆞ야 敢히 進치, 못ᄒᆞ더라

都元帥 金命元 等을 命ᄒᆞ야 順安縣에서 賊을 拒ᄒᆞ다 初에 賊이 平壤에 入ᄒᆞ니 兵이 六七千이라 亂民을 招誘ᄒᆞ야 城을 守ᄒᆞ고, 다시 西路에 出치, 못ᄒᆞ니 此ᄂᆞᆫ 列屯兵이 所領을 各分ᄒᆞ민 兵이 不多ᄒᆞ야 賊兵의게 被迫홀가 恐홈이라 故로 命元이 李元翼으로 더브러 散卒과 밋 江邊士兵을 召募ᄒᆞ야, 다시 軍容이 成ᄒᆞ거ᄂᆞᆯ 韓應寅으로 더브러 順安에 進屯ᄒᆞ야 斧山院 峴界를 守ᄒᆞ니라

遼東副摠兵 祖承訓이 來援ᄒᆞ다 承訓은 遼左의 勇將이라 是行에 謂ᄒᆞ되 倭를 可取ᄒᆞ다 ᄒᆞ고 嘉山에 至ᄒᆞ야 問曰 平壤賊兵이 已走ᄒᆞ냐 ᄒᆞ거ᄂᆞᆯ 不退ᄒᆞ얏다 ᄒᆞ되 承訓이 酒盃를 擧ᄒᆞ고 仰天祝曰 賊이 猶在ᄒᆞ니 此ᄂᆞᆫ 天이 我로 써 成功케, 홈이라 ᄒᆞ거ᄂᆞᆯ 柳成龍, 金命

元等이勸ᄒᆞ야曰天雨路滑ᄒᆞ니急擊치 말나ᄒᆞ되承訓이不聽ᄒᆞ더니時에斥候將黃瓚이馳報ᄒᆞ되賊이京城으로趨向ᄒᆞ얏다ᄒᆞ니承訓이此報를聞ᄒᆞ고、곳平壤에進至ᄒᆞ니城門이不閉ᄒᆞᆫ지라平明에大軍이普通門으로入ᄒᆞᆯ시哨軍은、이믜大同舘前에到ᄒᆞ야呼喚ᄒᆞ기移時토록一賊이出치아니、ᄒᆞᄂᆞᆫ지라大軍이、드듸여馳至ᄒᆞ니賊이左右房屋으로브터壁穴을穿ᄒᆞ고一時에銃을放ᄒᆞ니聲이天地를震動ᄒᆞ고先鋒史儒가中丸ᄒᆞ야死ᄒᆞ거ᄂᆞᆯ承訓이곳策馬、先遁ᄒᆞ니大軍이潰亂ᄒᆞ야泥濘中에陷ᄒᆞ야、다賊의게被害ᄒᆞᄂᆞᆫ지라承訓이聲言ᄒᆞ되添兵、更進ᄒᆞᆫ다ᄒᆞ고、곳遼東으로捲還ᄒᆞ고獲罪ᄒᆞᆯ가恐ᄒᆞ야誣告ᄒᆞ되平壤城을攻ᄒᆞ야垂克ᄒᆞᆯ際에朝鮮兵一陣이賊의게投降、助戰ᄒᆞ야以此로見敗ᄒᆞ얏다ᄒᆞ니廣寧守將이移咨、詰責ᄒᆞ거ᄂᆞᆯ朝廷이尹斗壽를遣ᄒᆞ야其無理ᄒᆞᆫ狀을極卞ᄒᆞ니라

僧統을置ᄒᆞ고僧軍을招募ᄒᆞᆯ시香山僧休靜으로ᄒᆞ야곰僧兵을募케ᄒᆞ니休靜이諸寺로招聚ᄒᆞ야千餘人을得ᄒᆞ고弟子義嚴으로써摠攝을差ᄒᆞ야元帥에屬ᄒᆞ야聲援이되고、또弟子의게馳檄ᄒᆞ야關東惟政과湖南處英이各其本道에서起兵ᄒᆞ야數千人을得ᄒᆞ니惟政은膽智가有ᄒᆞ야屢次賊陣에入ᄒᆞ니賊이信服ᄒᆞ고大抵僧軍이接戰치는、못ᄒᆞ나警備에善ᄒᆞ고力役에勤ᄒᆞ야諸道가賴ᄒᆞ니라

賊이北界에入ᄒᆞ니兩王子와諸從臣이다被執ᄒᆞ다初에兩王子ㅣ避兵ᄒᆞ야會寧府에至ᄒᆞ니府吏鞠景仁이兩王子와金貴榮、黃廷彧、黃赫을縛ᄒᆞ야賊의게獻ᄒᆞ니淸正이其縛을解ᄒᆞ야軍中에置ᄒᆞ고景仁으로써判刑事를拜ᄒᆞ야北路를制禦케、ᄒᆞ더라

義兵將高敬命이錦山賊을討ᄒᆞ다가敗死ᄒᆞ다敬命이所募ᄒᆞᆫ兵士六七千으로北上ᄒᆞᆯ서礪山에至ᄒᆞ야賊이湖界에入ᄒᆞᆷ을聞ᄒᆞ고麾下將士가本道를顧念ᄒᆞ야、몬져內賊을討ᄒᆞᆫ後、北征코자ᄒᆞ거ᄂᆞᆯ敬命이其議를從ᄒᆞ야珍山으로移軍ᄒᆞ니時에賊이錦山을據ᄒᆞ야自固ᄒᆞᄂᆞᆫ지라敬命이防禦使郭嶸으로、더브러鎭을遂ᄒᆞ야錦山城에進迫ᄒᆞ고嶸이、몬져銳士數百으로ᄒᆞ야곰賊과挑戰ᄒᆞ다가賊의게被逐ᄒᆞ거ᄂᆞᆯ敬命이鳴鼓、督戰ᄒᆞ야賊을外城內에蹙ᄒᆞ고火砲를發ᄒᆞ야賊의舘舍를燒ᄒᆞ니賊이抵敵지、못ᄒᆞ거ᄂᆞᆯ明日에또郭嶸으로더브러城外에進兵ᄒᆞ야官軍은北門을攻ᄒᆞ고敬命은西門을攻ᄒᆞ더니賊이其衆을悉出ᄒᆞ야官軍을奮擊ᄒᆞ니官軍이大潰ᄒᆞᄂᆞᆫ지라敬命이軍士로ᄒᆞ야곰弓을持滿ᄒᆞ야待ᄒᆞᆯ시義兵이急呼ᄒᆞ야曰防禦使軍이潰ᄒᆞ얏다ᄒᆞ고因히奔ᄒᆞᄂᆞᆫ지라敬命이馬에墜ᄒᆞ니從事官安瑛이所乘馬로써騎케ᄒᆞ고徒步로從ᄒᆞ며從

事、官姻彭老ᄂᆞᆫ其僕의게謂曰大將이死乎아ᄒᆞ고、又策馬ᄒᆞ야亂軍中으로還入ᄒᆞ거
ᄂᆞᆯ敬命이顧謂曰吾가不免ᄒᆞ리니爾ᄂᆞᆫ馳出ᄒᆞ라ᄒᆞᆫᄃᆡ彭老ㅣ曰엇지大將을棄ᄒᆞ고獨
히求活ᄒᆞ리오ᄒᆞ고、드ᄃᆡ여賊으로더브러敬命을翼蔽ᄒᆞ다가同히賊의게死ᄒᆞ고敬
命의次子因厚도、ᄯᅩᄒᆞᆫ赴鬪ᄒᆞ다가死ᄒᆞ더라敬命은文學人이라ᄂᆡ馬에不嫻ᄒᆞ고、ᄯᅩ
年老ᄒᆞ더니至是ᄒᆞ야義兵을首倡ᄒᆞ고、오작忠義로士衆을激勵ᄒᆞ며險阨에深入ᄒᆞ
야賊을當ᄒᆞ다가死ᄒᆞ니功은、비록不成ᄒᆞ나義聲이天人을感動ᄒᆞ더라

熊人洪季男이起兵ᄒᆞ다季男은陽城人이라膽勇이有ᄒᆞ고騎射에善ᄒᆞ야勢軍에屬ᄒᆞ
더니至是ᄒᆞ야父彦秀가義兵將으로擊賊ᄒᆞ다가死ᄒᆞ거ᄂᆞᆯ季男이父의餘兵을收ᄒᆞ야
高山頂에築壘ᄒᆞ고陽、安(陽城安城)의地를俯瞰ᄒᆞ고賊의形勢를伺ᄒᆞ야四面으로抄擊ᄒᆞ야
斬殺이多ᄒᆞ니賊이敢히其境에入지、못ᄒᆞ니京畿와湖南各邑이賴安ᄒᆞ더라

八月에義兵將趙憲이淸州城을收復ᄒᆞ다憲이數千儒生으로더브러義兵千六百人을
募得ᄒᆞ고公州牧使許頊이義僧靈圭로ᄒᆞ야곰僧軍을率ᄒᆞ고憲을助ᄒᆞ거ᄂᆞᆯ憲이合兵
ᄒᆞ야淸州西門을直逼ᄒᆞ니賊이出戰ᄒᆞ다가敗還ᄒᆞ거ᄂᆞᆯ憲이衆을揮ᄒᆞ야城에登ᄒᆞ더
니忽然히驟雨가西北으로브터來ᄒᆞ야天地가晦冥ᄒᆞᄂᆞᆫ지라憲이嘆曰古人이云ᄒᆞ
되成敗가天에在ᄒᆞ다ᄒᆞ더니果然ᄒᆞ니ᄒᆞ고、다시其對峯에退陣ᄒᆞ야城中을臨ᄒᆞ니
是夜에賊이火를燃ᄒᆞ고旗를樹ᄒᆞ야疑兵을作ᄒᆞ고遁去ᄒᆞ더라

都元帥金命元等이平壤을攻ᄒᆞ다가不克ᄒᆞ야退ᄒᆞ다初에巡察使李元翼과巡邊使李
薲은順安에屯ᄒᆞ고防禦使金應瑞와別將朴命賢은三縣兵으로ᄡᅥ二十餘屯을列ᄒᆞ야
平壤의西를遏ᄒᆞ고金億秋ᄂᆞᆫ水軍을將ᄒᆞ야大同江을據ᄒᆞ고中和別將林重樑은二千
兵을率ᄒᆞ고行朝를守ᄒᆞ야、ᄡᅥᄒᆞ되賊勢가衰ᄒᆞ니我軍이足히進取ᄒᆞᆯ지라明兵을待
ᄒᆞᆯ비無ᄒᆞ다ᄒᆞ고急히進攻ᄒᆞᆯ서三路兵이一時에發矢ᄒᆞ야賊의探軍數十을殺ᄒᆞ더니
既而오賊이大至ᄒᆞ니官軍이驚潰ᄒᆞ야三路에退ᄒᆞ고、오작金應瑞一軍이不還ᄒᆞ더
니日暮ᄒᆞᆫ後、賊將을斬ᄒᆞ고白馬를奪還ᄒᆞ더라

時에行長의副將某가勇力이絶人ᄒᆞ고所妓桂月香을愛ᄒᆞ야桂月香이歸코자ᄒᆞ나不
得ᄒᆞᆯ지라賊의게請ᄒᆞ야西門에往ᄒᆞ야親屬을呼見ᄒᆞᆫ다ᄒᆞ니賊이許諾ᄒᆞ거ᄂᆞᆯ桂月香
이城에登ᄒᆞ야哀呼曰吾兄이何在오ᄒᆞᆫᄃᆡ金應瑞ㅣ應聲往赴ᄒᆞ야自稱月香의兄이라
ᄒᆞ고城에入ᄒᆞ니月香이賊의熟睡ᄒᆞ기를俟ᄒᆞ야應瑞를帳中에引入ᄒᆞ거ᄂᆞᆯ賊將이椅子
에踞ᄒᆞ야坐睡ᄒᆞᆯ서兩目을張ᄒᆞ고雙劍을拔ᄒᆞ며將且斫人ᄒᆞᆯ듯ᄒᆞᆫ지라應瑞ㅣ劍으로

로써擊斬ᄒᆞ니頭ᄂᆞᆫ,비록落地ᄒᆞ얏스나右手ᄂᆞᆫ、오히려劍을擲ᄒᆞ야柱에着ᄒᆞ니半刄이沒入ᄒᆞ더라應瑞ㅣ其頭ᄅᆞᆯ環ᄒᆞ고出門ᄒᆞ니月香이後에隨ᄒᆞ거ᄂᆞᆯ應瑞ㅣ其兩全치못ᄒᆞᆷ을知ᄒᆞ고月香을斬ᄒᆞ고踰城ᄒᆞ야還ᄒᆞ니翌曉에賊이覺知ᄒᆞ고、크게驚擾ᄒᆞ야氣勢가奪ᄒᆞ더라

向者祖承訓이敗ᄒᆞ미行在가大震ᄒᆞ야遼鎭에遣使ᄒᆞ야援兵을更請ᄒᆞ니明帝가遼東鎭撫使ᄅᆞᆯ命ᄒᆞ야精兵二枝로써應援ᄒᆞᆯ새銀二萬兩으로犒軍ᄒᆞ고、ᄯᅩ遊擊張奇功은軍餉을濟ᄒᆞ고參將駱尙志ᄂᆞᆫ南兵을率ᄒᆞ고北岸에屯ᄒᆞ니尙志ᄂᆞᆫ勇力이有ᄒᆞ야能히千斤을擧ᄒᆞᄂᆞᆫ지라號曰駱千斤이오威名이甚有ᄒᆞ더라

判官金時敏으로써晋州牧使ᄅᆞᆯ除授ᄒᆞ다時에時敏이晋州ᄅᆞᆯ安輯ᄒᆞ야出戰、皆捷ᄒᆞ니金山以下의諸賊이다遁去ᄒᆞ거ᄂᆞᆯ時敏이晋州에還ᄒᆞ야固守ᄒᆞ니라

前訓鍊判官權應銖ㅣ永川을收復ᄒᆞ다應銖ㅣ鄭大任等으로더브러鄕兵千餘ᄅᆞᆯ率ᄒᆞ고永川을圍ᄒᆞᆯ새士卒을先ᄒᆞ야城에踰入ᄒᆞ니賊이倉中으로遁入ᄒᆞ거ᄂᆞᆯ、곳火로ᄡᅥ攻ᄒᆞ야燒殺ᄒᆞ니安東以下賊이다尙州로還ᄒᆞ야左道數十邑이,비로소獲全ᄒᆞ니라

義兵將趙憲과僧靈圭가錦山賊을擊ᄒᆞ다가不克ᄒᆞ고死ᄒᆞ다憲이、이믜淸州ᄅᆞᆯ恢復ᄒᆞ고勤王코자ᄒᆞ야溫陽에至ᄒᆞ다가錦山의賊이,다시盛ᄒᆞᆷ을聞ᄒᆞ고、다만七百人으로더브러還赴ᄒᆞᆯ새僧將靈圭가來會ᄒᆞ야進ᄒᆞ니時에全羅巡察使權慄이約日齊擧코자ᄒᆞ다가、다시移書ᄒᆞ야期日을改ᄒᆞ더라然이나憲은、이믜錦山城에至ᄒᆞ니賊이後繼가無ᄒᆞᆷ을見ᄒᆞ고逆擊ᄒᆞ거ᄂᆞᆯ憲이下令曰今에有死ᄒᆞᆯᄲᅮᆫ이라ᄒᆞ니諸人이ᄒᆞᆫ가지로應諾ᄒᆞ고戰ᄒᆞᆫ지良久에賊이三進三北ᄒᆞ더라然이나憲軍은矢가盡ᄒᆞ고、ᄯᅩ日暮ᄒᆞᆫ지라吏士가人色이無ᄒᆞ거ᄂᆞᆯ憲이鳴鼓、督戰ᄒᆞ기益急ᄒᆞ니賊이帳中에闌入ᄒᆞᄂᆞᆫ지라左右가跳出키ᄅᆞᆯ請ᄒᆞᆫ듸憲曰丈夫ㅣ死ᄒᆞᆯᄲᅮᆫ이라、엇지苟活ᄒᆞ리오ᄒᆞ고枹ᄅᆞᆯ援ᄒᆞ야鼓ᄅᆞᆯ擊ᄒᆞ니士가爭히趨死ᄒᆞ야至於空拳으로相搏ᄒᆞ고一人도離次ᄒᆞᄂᆞᆫ者ㅣ無ᄒᆞ며가、다同死ᄒᆞ고賊衆은死者가過半이오哭聲이震地ᄒᆞ며屍ᄅᆞᆯ焚ᄒᆞ니火가三日、不滅ᄒᆞ더라翌日에憲의弟範이戰地에入ᄒᆞ야屍ᄅᆞᆯ收ᄒᆞ니憲은旗下에셔死ᄒᆞ고將卒이ᄯᅡ環向ᄒᆞ야死ᄒᆞ얏더라四日만에殯ᄒᆞ니顏色이生時와如ᄒᆞ고目이張ᄒᆞ고髥이掀ᄒᆞ야其死의久ᄒᆞᆷ을不知러라長子完基의狀貌가魁偉ᄒᆞᆫ지라軍敗時에故히其冠服을華飾ᄒᆞ야代死코자ᄒᆞ얏더니賊이主將으로知ᄒᆞ고完基ᄅᆞᆯ斫ᄒᆞ야同히死ᄒᆞ니라賊이退後에門生이其屍ᄅᆞᆯ收ᄒᆞ야一塚에埋ᄒᆞ고立石ᄒᆞ야曰一軍殉義碑라ᄒᆞ더라此戰에賊이、

비로勝ᄒᆞ얏스나死傷이甚衆ᄒᆞ야夜遁ᄒᆞ니湖南이復完ᄒᆞ고人이比ᄒᆞ되唐의張巡이
라ᄒᆞ더라憲의號ᄂᆞᆫ重峰이니家勢가寒微ᄒᆞᆫ지라力學躬耕ᄒᆞ야母親을奉ᄒᆞ고少時에
李珥와成渾을師事ᄒᆞ고己丑에ᄂᆞᆫ持斧、伏闕ᄒᆞ야時政을論ᄒᆞ다가吉州에竄ᄒᆞ고謫
中에셔上疏ᄒᆞ야倭使ᄅᆞᆯ斬ᄒᆞ라ᄒᆞ고、밋赦還ᄒᆞ야ᄂᆞᆫ、또言ᄒᆞ되秀吉이必然、背約ᄒᆞ
리니兵備ᄅᆞᆯ嚴케、ᄒᆞ라ᄒᆞ고石礎에叩頭ᄒᆞ야流血이被面ᄒᆞ며、일즉沃川山寺에遊ᄒᆞ
다가一日은忽然히悲泣ᄒᆞ고食을推ᄒᆞ야寺僧의게與ᄒᆞ야曰明年에倭亂이有ᄒᆞᆯ지라
我ㅣ擧義ᄒᆞ리니今日에此飯을共ᄒᆞᄂᆞᆫ者ᄂᆞᆫ又來ᄒᆞ야同事ᄒᆞ라ᄒᆞ거ᄂᆞᆯ僧이竊惟ᄒᆞ니
、다만憲을敬重ᄒᆞ야第應曰諾다ᄒᆞ더니後에二僧이다同死ᄒᆞ니라七月에憲이또錦
山峽碧樓에登ᄒᆞ니忽然히赤氣가東方으로브터二派에分ᄒᆞ야西北으로向ᄒᆞ고天을
亘ᄒᆞᄂᆞᆫ지라憲이謂人曰倭兵이動ᄒᆞ야明春에必然大擧深入ᄒᆞ기此氣와如ᄒᆞ리라ᄒᆞ
고壬辰春에ᄂᆞᆫ先廟에來省ᄒᆞ고文을作ᄒᆞ야祭ᄒᆞᆯ새亂이將作ᄒᆞ야永訣ᄒᆞᆫ意로告ᄒᆞ더
니忽然히東方에셔聲이有ᄒᆞ기巨雷와如ᄒᆞᆫ지라驚曰此ᄂᆞᆫ天鼓라賊이必然、渡海ᄒᆞ
리라ᄒᆞ더니、밋起兵ᄒᆞ미、한갓忠義로士子ᄅᆞᆯ激勸ᄒᆞ니、다愛戴ᄒᆞ야死ᄒᆞ기ᄅᆞᆯ樂ᄒᆞ
고、밋死ᄒᆞ믹士民이行素ᄒᆞ며泚至於服喪者가有ᄒᆞ더라時에海南縣監邊應井은初

에憲과約ᄒᆞ야共히錦山賊을攻코자ᄒᆞ다가旣而오官軍으로더브러、다後期ᄒᆞᆫ지라
憲의敗死ᄒᆞᆷ을聞ᄒᆞ고歎曰奈何로義將과約ᄒᆞ얏다가背ᄒᆞ리오ᄒᆞ고、곳提兵、獨進ᄒᆞ
야城下에至ᄒᆞ야格鬪ᄒᆞ다가死ᄒᆞ니라
九月에明이遊擊沈惟敬을賊營에遣ᄒᆞ얏다가還ᄒᆞ니라惟敬은本來游民이라敵情에
習ᄒᆞ거ᄂᆞᆯ兵部尙書石星이遊擊의號ᄅᆞᆯ假ᄒᆞ야我國에來ᄒᆞ야賊을規케ᄒᆞ니惟敬이順
安에至ᄒᆞ야、몬저一家丁을賊營에遣ᄒᆞ야明帝의旨意로賊의게問ᄒᆞ되朝鮮이、무
삼虧負가有ᄒᆞ야日本이興兵ᄒᆞᄂᆞ뇨ᄒᆞᆫ듸行長이回報ᄒᆞ고面見、議事코자ᄒᆞᄂᆞᆫ지라
惟敬이三四家丁을率ᄒᆞ고往赴ᄒᆞ니行長이兵威ᄅᆞᆯ盛陳ᄒᆞ고城北降福山下에出會ᄒᆞ
거ᄂᆞᆯ惟敬이盛言ᄒᆞ되明國이百萬兵으로境上에來壓ᄒᆞᆫ다ᄒᆞ고、또支蘇ᄅᆞᆯ責ᄒᆞ야曰
爾가이믜剃髮爲僧ᄒᆞ얏스니、엇지逆黃ᄅᆞᆯ從ᄒᆞ야隣國을荐餠ᄒᆞᄂᆞ냐ᄒᆞᆫ듸支蘇ㅣ叩
頭曰本國이明朝에久絶ᄒᆞᆫ故로朝鮮에假道ᄒᆞ야封貢을求ᄒᆞᆷ이라、ᄒᆞ거ᄂᆞᆯ惟敬曰爾
等이誠心으로効順ᄒᆞᆯ진댄明朝가、엇지封貢을惜ᄒᆞ리오ᄒᆞ니行長等이寶刀와錦袍
ᄅᆞᆯ贈ᄒᆞ더라惟敬이行長과約ᄒᆞ야曰我ㅣ五十日間에往返ᄒᆞ야封貢事ᄅᆞᆯ完成ᄒᆞ리니
爾等도또ᄒᆞᆫ勿出ᄒᆞ고我의回來ᄒᆞ기ᄅᆞᆯ俟ᄒᆞ라ᄒᆞ니行長이應諾ᄒᆞ고平壤十里에立木ᄒᆞ

야彼此間木槨外에不出ᄒᆞᆫ다ᄒᆞ더라

時에司成高性傳이義兵을起ᄒᆞ니畿內士民의從者ㅣ數千人이라江華에入ᄒᆞ야金千鎰과連兵ᄒᆞ고京畿監司沈岱ᄂᆞᆫ朔寧에셔賊의게襲殺ᄒᆞᆫ배 되더라岱가變後브터恒常奮憤ᄒᆞ야夷險을不避ᄒᆞ고京城을收復코자ᄒᆞ야每日京中에遣人ᄒᆞ야內應을約ᄒᆞ니城中人이來願ᄒᆞᄂᆞᆫ者ㅣ千百人으로計ᄒᆞᆯ깃고其中에、또ᄒᆞᆫ賊의耳目이되ᄂᆞᆫ者ㅣ有ᄒᆞ거ᄂᆞᆯ岱가此를不覺ᄒᆞ더니賊이곳乘夜、掩襲ᄒᆞ야岱를殺ᄒᆞ고其首를鍾街에懸ᄒᆞᆫ지五六日에面色이生時와如ᄒᆞᆫ지라都人이哀憐ᄒᆞ야贖金을賊의게與ᄒᆞ고故山에還葬ᄒᆞ니라

參議李廷馣이延安城을守ᄒᆞ거ᄂᆞᆯ招討使를進拜ᄒᆞ다廷馣이避兵ᄒᆞ야延安에至ᄒᆞ니府使가已走ᄒᆞ고時에賊將長政이三千兵을率ᄒᆞ고猝至ᄒᆞ거ᄂᆞᆯ廷馣이向時에延安倅가되야遺愛가有ᄒᆞᆫ지라吏民이其至ᄒᆞᆷ을聞ᄒᆞ고、다死守키를願ᄒᆞ거ᄂᆞᆯ廷馣이行伍를部署ᄒᆞ야城을分守ᄒᆞ고家屬을驅ᄒᆞ야公廨에置ᄒᆞ고其門은芻草로塞ᄒᆞ고、또城門上에積柴ᄒᆞ고其上에坐ᄒᆞ야曰賊이登城ᄒᆞ거든、곳火ᄒᆞ라我ㅣ家屬으로더브러賊刃에不汚ᄒᆞ리라ᄒᆞ니人이다感激ᄒᆞ더라旣而오賊이城에蟻附ᄒᆞ야登ᄒᆞ거ᄂᆞᆯ沸湯

으로灌ᄒᆞ고賊이負薪ᄒᆞ고進ᄒᆞ거ᄂᆞᆯ束火ᄒᆞ야投ᄒᆞ고賊이空棺을戴ᄒᆞ고上ᄒᆞ거ᄂᆞᆯ石으로擊ᄒᆞ니應手ᄒᆞ야墜ᄒᆞ더라大戰ᄒᆞᆫ지三日에賊이技窮ᄒᆞ야遁ᄒᆞ니라

賊이晉州를圍ᄒᆞ거ᄂᆞᆯ兵使金時敏이擊却ᄒᆞ다時敏이器械를修ᄒᆞ고城池를繕ᄒᆞ야湖嶺의保障이、되거ᄂᆞᆯ朝廷이牧使로擢授ᄒᆞ얏다가、또軍功으로兵使를授ᄒᆞ더니至是에賊이大擧來圍ᄒᆞ니城中兵이三千이라昆陽郡守李光岳軍百餘人으로더브러城堞을分守ᄒᆞᆯ시時敏이城中에傳令ᄒᆞ야一箭을妄費치、못케ᄒᆞ고賊이三隊로分ᄒᆞ야進ᄒᆞᆯ시白刃이耀日ᄒᆞ고殺氣가連空ᄒᆞ거ᄂᆞᆯ城中이不應ᄒᆞ야寂然히無人ᄒᆞᆷ과如케ᄒᆞ고翼日에賊衆이또長片箭으로城中에亂射ᄒᆞ고四散焚掠ᄒᆞᄂᆞᆫ지라時敏이樂工으로ᄒᆞ야곰門樓上에셔吹笛ᄒᆞ야閒暇ᄒᆞᆫ狀을示ᄒᆞ고賊이竹梯數千에網石을覆ᄒᆞ야鱗次로連排ᄒᆞ야一時에齊登코자ᄒᆞ고、또山棚三層을作ᄒᆞ야城堞을臨壓ᄒᆞ거ᄂᆞᆯ時敏이火具를預備ᄒᆞ고紙로써火藥을裹ᄒᆞ야束草에藏ᄒᆞ고城上에大砲와大石을設ᄒᆞ고女墻內에ᄂᆞᆫ釜에湯을沸ᄒᆞ야待ᄒᆞ더니賊이攻具를盡ᄒᆞ야肉薄登城ᄒᆞ거ᄂᆞᆯ城中에셔玄字砲로山棚賊을射ᄒᆞ야墜ᄒᆞ고火藥草로松林을焚ᄒᆞ고或沸湯을灌ᄒᆞ고或大石을投ᄒᆞ니賊이蹉跌을踏ᄒᆞ고弓弩와矢石에中ᄒᆞᆫ者ㅣ無算이오天明에賊勢가小挫ᄒᆞ더라

然ᄒᆞ나時敏이左額에中丸ᄒᆞ야人事를不省ᄒᆞᄂᆞᆫ지라李光岳이代ᄒᆞ야奮勇, 力戰ᄒᆞ니賊이解圍ᄒᆞ야退ᄒᆞ고時敏은軍中에셔卒ᄒᆞ니라

左兵使朴晋이慶州를收復ᄒᆞ다晋이安康縣에屯ᄒᆞ고夜에潛兵으로城外를從ᄒᆞ야飛擊震天雷를城中에射入ᄒᆞ야賊陣에墜ᄒᆞ니飛擊震天雷라ᄒᆞᆷ은其制가初無ᄒᆞ고火砲匠李長孫의創出이라震天雷를取ᄒᆞ야大碗砲口로써發ᄒᆞ니能히五六百步를飛至ᄒᆞ야墜ᄒᆞ며良久에火가內에셔出ᄒᆞ야, 가장陣을陷ᄒᆞᆫ者오後에用者가無ᄒᆞ더라時에賊이其制를不曉ᄒᆞ고爭聚觀光ᄒᆞ며彼此推轉揣摸ᄒᆞ더니旣而오砲가中에셔發ᄒᆞ야聲이天地를震動ᄒᆞ고鐵片이星碎ᄒᆞ야仆斃ᄒᆞᄂᆞᆫ者ㅣ數十人이오一陣이眩倒ᄒᆞ야神明이라稱ᄒᆞ고明日에棄城ᄒᆞ고西生浦山城로遁去ᄒᆞ거ᄂᆞᆯ晋이慶州에入ᄒᆞ야餘穀萬餘石을得ᄒᆞ니라

咸鏡北道評事鄭文孚ㅣ鏡城을收復ᄒᆞ다時에北界守將이다土人의게被執ᄒᆞ야賊에獻ᄒᆞ고逃出ᄒᆞᆫ者ㅣ無ᄒᆞ나, 오작文孚ᄂᆞᆫ校生을授書ᄒᆞᆫ故로變後에弟子數人이庇護ᄒᆞ야得脫ᄒᆞ더니校生及武士ㅣ文孚를推ᄒᆞ야義兵將을삼고士兵壯士數百人을團集ᄒᆞ야鏡城前萬戶姜文佑ㅣ先鋒이되고府城에直抵ᄒᆞ니時에鞠世弼이禮伯이라稱ᄒᆞ

고治府ᄒᆞ기自若ᄒᆞ다가猝然히兵至ᄒᆞᆷ을聞ᄒᆞ고閉城, 拒敵ᄒᆞ거ᄂᆞᆯ文佑等이禍福으로써喩ᄒᆞ니世弼이不敵ᄒᆞᆷ을知ᄒᆞ고開門, 迎入ᄒᆞ야印을納ᄒᆞ거ᄂᆞᆯ文孚ㅣ下令曰大小兵民은舊犯을勿問ᄒᆞ라ᄒᆞ고仍히世弼로, ᄒᆞ야곰領兵ᄒᆞ기如舊ᄒᆞ고, 다시南北州堡에傳檄ᄒᆞ야三千人을得ᄒᆞ고, 또精猛突騎를抄選ᄒᆞ야先鋒을, 삼으니賊이聞ᄒᆞ고城西에至ᄒᆞ거ᄂᆞᆯ文佑等이出擊ᄒᆞ야數十人을斬ᄒᆞ니餘賊이遁ᄒᆞ더라

復讐人을召募ᄒᆞ야起兵ᄒᆞ다初에高敬命의子從厚ㅣ縞素로從軍ᄒᆞ야父의餘兵으로써別軍을, 삼더니至是ᄒᆞ야體察使鄭澈이朝旨를宣ᄒᆞ고義兵將洪季男을勸喩ᄒᆞ야諸道에通文ᄒᆞ니趙憲의子完堵等이應ᄒᆞ거ᄂᆞᆯ, 또從厚로, ᄒᆞ야곰諸寺奴를發ᄒᆞ야從軍ᄒᆞ니라

十月에鄭文孚ㅣ賊兵을吉州에셔破ᄒᆞ고其城을圍ᄒᆞ다文孚ㅣ人民을安集ᄒᆞ니軍情이다擊賊自効코자ᄒᆞ거ᄂᆞᆯ,이에卜日出兵ᄒᆞᆯ새將發에將士ㅣ請曰大敵을討ᄒᆞᆯ時에, 엇지叛賊을容納ᄒᆞ리오ᄒᆞ고鞠世弼等十三人을斬ᄒᆞ야衆의게徇ᄒᆞ야曰當初에首倡은此輩뿐이라府人은毋疑ᄒᆞ라ᄒᆞ니衆이다歡悅ᄒᆞ고, 또다시六鎭에移檄ᄒᆞ야倡亂者를誅ᄒᆞ라ᄒᆞ니會寧儒生申起俊이起兵ᄒᆞ야鞠景仁을斬ᄒᆞ고餘鎭이다收復ᄒᆞ니라

文字ㅣ古站驛에進兵ᄒᆞ야明川叛賊鄭末守를斬ᄒᆞ야其城을復ᄒᆞ니吉州賊이、로뒤
여四出焚掠ᄒᆞᆯ시ㅣ技軍은明川海倉을攻ᄒᆞ거ᄂᆞᆯ文字ㅣ吉州南村에進兵ᄒᆞ야其歸路
를邀擊ᄒᆞ니賊이大敗ᄒᆞ여라六百級을斬ᄒᆞ고、또摩天嶺의賊으로더브러雙浦에서
戰ᄒᆞ야賊이敗走ᄒᆞ거ᄂᆞᆯ六十級을斬ᄒᆞ니自此로兩賊이다堅守、不出ᄒᆞ거ᄂᆞᆯ文字ㅣ
分兵、攻圍ᄒᆞ니라

十一月에鄭崑壽ㅣ明으로브터還ᄒᆞ야明이大兵으로來援ᄒᆞᆷ을告ᄒᆞ니崑壽ㅣ燕京에
至ᄒᆞ야國書를進呈ᄒᆞᆫ뒤明帝ㅣ兵部로、ᄒᆞ야곰覆議케、ᄒᆞ거ᄂᆞᆯ崑壽ㅣ兵部에呈文ᄒᆞ
고申請ᄒᆞ기를懇迫ᄒᆞ며、또兵部尙書石星의게詣ᄒᆞ야痛哭哀訴ᄒᆞ니星이또ᄒᆞᆫ感動、
出涕ᄒᆞ더라時에明朝에異議가紛然ᄒᆞ야或은니ᄅᆞ되中國地界를防備ᄒᆞᆯ지라兵馬를
多發ᄒᆞ면中國이先弊ᄒᆞ리라、ᄒᆞ거ᄂᆞᆯ獨히石星이發兵議를力主ᄒᆞ고、또身自東征키
를請ᄒᆞᆫ뒤明帝ㅣ許諾ᄒᆞ고、又兵部侍郞宋應昌으로써經略使를拜ᄒᆞ야、몬져一萬兵
을發ᄒᆞ고、또大兵을繼發코자ᄒᆞ고、또馬價銀二千兩을賜ᄒᆞ더라崑壽ㅣ此行에勞
苦를不憚ᄒᆞ고大事를成ᄒᆞ니上이嘉悅厚勞ᄒᆞ니라

軍功廳을設ᄒᆞ야軍功을査覈ᄒᆞ고湖南士民은義穀을聚ᄒᆞ야海路로義州에運送ᄒᆞ더
라

十二月에全羅巡察使權慄이水原禿城에進兵ᄒᆞ더時에賊이全州를逼ᄒᆞ니監司李洸
이遁ᄒᆞ거ᄂᆞᆯ權慄로써監司를拜ᄒᆞ니慄이軍中에서除書를拜ᄒᆞ고稽首西向痛哭ᄒᆞ고
防禦使로、ᄒᆞ야곰梨峴을代守ᄒᆞ고發兵、北上ᄒᆞᆯ시萬日野戰에節漲ᄒᆞᆷ을懲ᄒᆞ야禿
城을進據ᄒᆞ거ᄂᆞᆯ上이佩劍을解ᄒᆞ야賜ᄒᆞ야曰諸將中用命치、아니ᄒᆞᄂᆞᆫ者ᄂᆞᆫ此로써從
事ᄒᆞ라ᄒᆞ니라時에京城賊이各處에出ᄒᆞ야往來挑戰ᄒᆞ거ᄂᆞᆯ慄이堅壁、不出ᄒᆞ고、오
직銃卒을出ᄒᆞ야零賊을抄擊ᄒᆞ니賊이燒營遁去ᄒᆞ야自此로西路가復通ᄒᆞ고諸義兵
이擧次로畿界에進屯ᄒᆞ야明兵을待ᄒᆞ니라

明이、크게發兵、來援ᄒᆞ더明帝가、이믜宋應昌으로經略軍門都督을拜ᄒᆞ더니、다시
李如松으로提督軍務를拜ᄒᆞ고楊元은左脅大將을拜ᄒᆞ야王維禎、李如梅、李如栢、
査大受、李寧、葛逢夏等을統率ᄒᆞ고李如栢으로中脅大將을拜ᄒᆞ야李芳春、高策、錢
世禎、戚金、周弘謨等을統督ᄒᆞ고張世爵으로써右脅大將을拜ᄒᆞ야祖承訓、吳維
忠、王必迪、駱尙志、谷燧、梁心等을統率ᄒᆞ고方時春은中軍備禦오韓宗功은旗
鼓官이오劉黃裳、袁黃은贊畫이오艾維新은督餉官이니兵合四萬三千人이오繼出

ᄒᆞᆫ者ㅣ八千人이라二十五日로써鴨綠江을渡ᄒᆞ니旌旗가千里오金鼓가相聞ᄒᆞ더라
李如松이上을龍灣館에셔謁見ᄒᆞ고兵이安州에至ᄒᆞ거ᄂᆞᆯ柳成龍이本國地圖를袖傳ᄒᆞ야兵의所向ᄒᆞᆯ路를指示ᄒᆞ니如松이傾聽ᄒᆞ고朱筆로써點定ᄒᆞ더니成龍이出ᄒᆞᆫ後、如松이賚大受로、ᄒᆞ야곰賊을紿ᄒᆞ야曰明이이의許和ᄒᆞ얏다ᄒᆞ니玄蘇ㅣ喜ᄒᆞ야其將平好官으로ᄒᆞ야곰二十餘人을率ᄒᆞ고沈惟敬을順安에셔迎ᄒᆞ거ᄂᆞᆯ大受ㅣ與飮ᄒᆞ다가伏起縱擊ᄒᆞ야平好官을戮ᄒᆞ고逸去ᄒᆞᆫ者ㅣ三人이라賊이、비로소兵至ᄒᆞᆷ을知ᄒᆞ고大擾ᄒᆞ더라

二十六年癸巳春正月에我軍이明兵을聯合ᄒᆞ야平壤을復ᄒᆞ다時에明大軍이肅川에至ᄒᆞ야日暮에下營ᄒᆞᆯ시順安에셔戮倭ᄒᆞᆫ報가至ᄒᆞ거ᄂᆞᆯ如松이諸營을督ᄒᆞ야陸續進發ᄒᆞ야翌日에平壤을圍ᄒᆞ니賊이城北牡丹峰에登ᄒᆞ야靑白旗를建ᄒᆞ고發喊、投砲ᄒᆞ며、또賊萬餘가城上에擺立ᄒᆞ고前에鹿角棚子를植ᄒᆞ고盾을擁ᄒᆞ고劍을揚ᄒᆞ야形勢가甚히猖獗ᄒᆞ고內外가險阻ᄒᆞ야遽攻키難ᄒᆞ거ᄂᆞᆯ初八日黎明에三營大將이各部를分統ᄒᆞ고七星、普通、含毬等門外에陣ᄒᆞ고如松이親히往來指揮ᄒᆞ니將士ㅣ踴躍ᄒᆞ야、다盡力ᄒᆞ더라旣而오諸軍이漸進ᄒᆞ야火砲와火箭이一時幷發ᄒᆞ니砲聲이震地ᄒᆞ야山岳이皆動ᄒᆞ며火箭一枝가密德土窟에着ᄒᆞ더니少頃에赤焰이漲天ᄒᆞ고林木이皆焚ᄒᆞ니賊이鉛丸과湯水石塊等을用ᄒᆞ야死守ᄒᆞ고、또長槍大刀로外를向ᄒᆞ니刃의森列ᄒᆞᆷ이蝟毛와如ᄒᆞ거ᄂᆞᆯ如松이怯退者一人을手殺ᄒᆞ고大呼曰先登者ᄂᆞᆫ五十兩銀을賞ᄒᆞ리라、ᄒᆞ니駱尙志가奮勇先登ᄒᆞ고浙兵이鼓噪ᄒᆞ야從ᄒᆞ며明兵은普通、七星門으로入ᄒᆞ고我兵은含毬門으로入ᄒᆞ야四面斫殺ᄒᆞ니衆賊이崩潰ᄒᆞ더라斬獲ᄒᆞᆫ首級이一千二百八十五顆오馬가二千九百餘匹이오軍器가四萬五千餘件이오本國被擄男婦一千十五名을救出ᄒᆞ고、곳乘勝、縱火ᄒᆞ야房屋을盡燒ᄒᆞ니賊이投竄燒死ᄒᆞᆫ者ㅣ萬餘라臭가十餘里에聞ᄒᆞ고餘賊은風月樓小城에遁入ᄒᆞ거ᄂᆞᆯ如松이柴草를督運ᄒᆞ야四面에堆積ᄒᆞ고火箭을飛射ᄒᆞ야一時에焚燒ᄒᆞ야、다灰燼을成ᄒᆞ고其餘ᄂᆞᆫ跳城ᄒᆞ야江을過ᄒᆞ다가氷陷ᄒᆞ야溺死ᄒᆞᆫ者ㅣ其數를不計오平行長은練光亭下土窟에入據ᄒᆞ고諸酋ᄂᆞᆫ諸窟에連據ᄒᆞ야穴中으로放丸ᄒᆞ니明兵이多傷ᄒᆞ거ᄂᆞᆯ如松이行長을諭ᄒᆞ야曰我의兵力으로汝等을殲滅ᄒᆞᆯ지라然이나汝의生路를開ᄒᆞ노니速히諸酋를領ᄒᆞ고約束을來聽ᄒᆞ라ᄒᆞ니行長曰我等이退去ᄒᆞ리니後路를闕截치、말나ᄒᆞ거ᄂᆞᆯ如松이其窮寇致死ᄒᆞᆯ가慮ᄒᆞ야諸軍의게傳令ᄒᆞ야一路를撤ᄒᆞ니

夜半에行長이餘卒을率ᄒᆞ고乘氷、遁去ᄒᆞ더라

吉州賊이拔城、遁去ᄒᆞ거ᄂᆞᆯ鄭文孚ㅣ鏡城에還ᄒᆞ야義兵을罷遣ᄒᆞ고六鎭에巡行ᄒᆞ야叛民을搜誅ᄒᆞ고番胡를鎭定ᄒᆞ고諸堡를收復ᄒᆞ고將領을派置ᄒᆞ니北邊의復舊ᄂᆞᆫ다文孚의力이러라

明提督李如松이坡州에進兵ᄒᆞ야碧蹄에서戰ᄒᆞ다가敗ᄒᆞ야開城으로退駐ᄒᆞ다時에賊이京城으로還ᄒᆞ야我民이內應ᄒᆞᆯ가疑ᄒᆞ고、또平壤의敗ᄒᆞᆷ을忿ᄒᆞ야城中民庶數十萬을盡殺ᄒᆞ고西路에列屯ᄒᆞᆫ賊이다京城에會ᄒᆞᆯ시我將高彦伯이偵探으로出ᄒᆞ얏다가賊을碧蹄驛에서遇ᄒᆞ야百餘級을斬ᄒᆞ니如松이坡州에在ᄒᆞ다가聞ᄒᆞ고獨히家丁千餘騎를率ᄒᆞ고三脇大將이、또ᄒᆞᆫ家丁數十으로더브러相繼馳赴ᄒᆞᆯ시如松아惠陰嶺(高陽)을踰ᄒᆞ다가忽然히馬蹶、墜地ᄒᆞ야面을傷ᄒᆞ니其下가扶起ᄒᆞᆯ시時에賊이大衆을礪石嶺(高陽)後에匿ᄒᆞ고、다만數百人이嶺上에在ᄒᆞ거ᄂᆞᆯ如松이望見ᄒᆞ고其兵을兩翼에分ᄒᆞ야進ᄒᆞ니賊이、또ᄒᆞᆫ嶺에서下來ᄒᆞ야漸々相逼ᄒᆞ다가泥濘中에引入ᄒᆞ니明兵이泥濘에陷ᄒᆞ고賊의伏兵은萬餘라山後에서突出ᄒᆞ며時에如松의所領은다北騎라弓砲가不備ᄒᆞ고、다만短刀를持ᄒᆞᆯ뿐이오賊은다長鈒이오精利ᄒᆞ기無比ᄒᆞ

니敢히其鋒을當치、못ᄒᆞᆯ지라如松이勢의危殆ᄒᆞᆷ을見ᄒᆞ고急히後軍을徵ᄒᆞ나未至ᄒᆞ야標下李有升等八十餘人이다被殺ᄒᆞ고賊이左右로奇兵을出ᄒᆞ야如松의軍을截斷ᄒᆞ니如松이僅免ᄒᆞ고日暮에坡州에還至ᄒᆞ야其敗를隱諱ᄒᆞ나神氣가沮喪ᄒᆞ다가明日에ᄂᆞᆫ東坡로退軍코자ᄒᆞ거ᄂᆞᆯ柳成龍、金命元等이觀勢、更圖키를勸ᄒᆞ되不聽ᄒᆞ고至於張世爵은足으로李薲을蹴ᄒᆞ야退去ᄒᆞ라ᄒᆞ더니旣而오査大受로、ᄒᆞ야곰臨津을守ᄒᆞ고開城으로還ᄒᆞ더라

如松이自此로北還ᄒᆞᆯ意가有ᄒᆞ나機會를不得ᄒᆞ더니或이言ᄒᆞ되淸正이北道로브터陽、孟(陽德孟山)을踰ᄒᆞ야平壤을襲ᄒᆞᆫ다ᄒᆞ거ᄂᆞᆯ如松이곳聲言ᄒᆞ야曰平壤은根本地라萬一失守ᄒᆞ면大軍이歸路가無ᄒᆞ다ᄒᆞ고、곳平壤으로回軍ᄒᆞ고王必迪을留ᄒᆞ야開城을守케ᄒᆞ고時에上은義州로브터定州에還駐ᄒᆞ시고東宮은成川에서廟社主를奉ᄒᆞ고行在로來ᄒᆞ니라

二月에全羅巡察使權慄이幸州에서賊을大破ᄒᆞ다初에慄이明兵으로더브러京城을收復코자ᄒᆞ야兵使宣居怡의게全軍을畀ᄒᆞ고光敎山(水原)에屯ᄒᆞ야聲援이、되게ᄒᆞ고慄은、다만四千兵을自領ᄒᆞ고陽川으로브터幸州에陣ᄒᆞ고中軍趙儆의計를用ᄒᆞ야

木柵을設ᄒᆞ니賊이其孤懸深入ᄒᆞᆷ을見ᄒᆞ고數萬衆을出ᄒᆞ야曉半에柵을圍ᄒᆞ니鐃鼓가天地를動ᄒᆞ고卯時브터酉時ᄭᆞ지分軍、迭進ᄒᆞ야內外로死戰ᄒᆞᆯᄉᆡ賊은仰攻ᄒᆞ미丸道가不直ᄒᆞ고湖南의將軍은다善射ᄒᆞ야射ᄒᆞ면必中ᄒᆞ니賊이火로ᄡᅥ柵을燒ᄒᆞ거ᄂᆞᆯ水로ᄡᅥ撲滅ᄒᆞ고、또賊이柵의一間을燒ᄒᆞ니僧軍이少却ᄒᆞᄂᆞᆫ지라慄이退者數人을斬ᄒᆞ고、다시柵을立ᄒᆞ야拒敵ᄒᆞ고矢가將盡ᄒᆞᆯᄉᆡ京畿水使李蘋이箭數萬枝를舟에載來ᄒᆞ야繼發ᄒᆞ니賊이敗退ᄒᆞ거ᄂᆞᆯ慄이賊屍를磔裂ᄒᆞ야林木에掛ᄒᆞ얏더니明日에查大受가戰處를來視ᄒᆞ고大驚嘆賞ᄒᆞ야曰權公은果然大將軍이라ᄒᆞ더라慄이坡州山城에移陣ᄒᆞ야賊의西進ᄒᆞᄂᆞᆫ路를遏ᄒᆞ고諸將을分遣ᄒᆞ야出沒抄擊ᄒᆞ니自此로京城賊이探樵가路絕ᄒᆞ더라慄로ᄡᅥ都元帥를拜ᄒᆞ니라

三月에上이永柔에移駐ᄒᆞ시다時에大臣과諸宰가連請ᄒᆞ되內地에進駐ᄒᆞ야民望을繫ᄒᆞ소서ᄒᆞ거ᄂᆞᆯ上이遲疑、不從ᄒᆞ더니至是ᄒᆞ야中宮과東宮이定州에在ᄒᆞᆫ지라上이、드듸여永柔로移駐ᄒᆞ시니라

四月에沈惟敬이賊으로더브러議和ᄒᆞ다初에金千鎰軍中에李藎忠이라ᄒᆞᄂᆞᆫ者ㅣ京城의賊情을偵探ᄒᆞ다ᄒᆞ고城에入ᄒᆞ야二王子及黃廷彧等을見ᄒᆞ고還ᄒᆞ야言ᄒᆞ되賊이講和ᄒᆞᆯ意가有ᄒᆞ다ᄒᆞ더니會에賊이龍山舟師에投書ᄒᆞ야乞和ᄒᆞ거ᄂᆞᆯ千鎰이其書를柳成龍의게送ᄒᆞ니成龍이查大受의게示ᄒᆞᆫ듸、이에李如松이沈惟敬으로ᄒᆞ야곰來ᄒᆞ야淸正、行長으로더브러龍山船上에서議和ᄒᆞ라ᄒᆞ니行長等이謂ᄒᆞ되惟敬을圍住ᄒᆞ고京城을固守ᄒᆞ야明의封貢을要ᄒᆞᆷ이可라ᄒᆞ거ᄂᆞᆯ秀家와三成等이不從ᄒᆞ고、與諸營將三十七人으로더브러來謝ᄒᆞ고十九日에回兵키를約ᄒᆞ고京城에米穀二萬石을許留ᄒᆞ고釜山에到ᄒᆞᆫ後에兩王子를解還ᄒᆞᆫ다ᄒᆞ거ᄂᆞᆯ如松이聞ᄒᆞ고、다시提兵ᄒᆞ야開城에還ᄒᆞ더라

明帝가山東米十萬石을漕運ᄒᆞ야軍餉을濟ᄒᆞ니時에海路가不通ᄒᆞᆫ지二百年이라武官吳定邦으로ᄒᆞ야곰旅順口에서嚮導ᄒᆞ야來ᄒᆞ니라

軍粮의餘粟을發ᄒᆞ야飢民을賑救ᄒᆞ다時에賊이京城을據ᄒᆞᆫ지二年이라兇焰所被에千里가蕭然ᄒᆞ고民이耕種을不得ᄒᆞ야餓死殆盡ᄒᆞ더니會에全羅道의皮穀千石이至ᄒᆞ거ᄂᆞᆯ松葉으로作末ᄒᆞ야米屑을和ᄒᆞ야飮ᄒᆞ고時에飢民이白晝에剪屠相食ᄒᆞ고、더옥이疾疫이行ᄒᆞ야道路에死者가相枕ᄒᆞ고水口門外에ᄂᆞᆫ積屍가山과如ᄒᆞ며小兒ᄂᆞᆫ匍匐히死母의乳를吮ᄒᆞ고甚至於人相食ᄒᆞ야死骨을剝ᄒᆞ고其汁을咽ᄒᆞ다가、또

ᄒᆞᆫ即斃ᄒᆞ더라

李如松이京城에入ᄒᆞ니前一日에賊이、이믜出城ᄒᆞ고宗廟와三大闕과鍾樓와太學이蕩然히灰燼을成ᄒᆞ고、오작小公主宅은秀家의駐留ᄒᆞ든處인故로存ᄒᆞᆫ지라如松이居ᄒᆞ고柳成龍이進兵追趕키를勸ᄒᆞᆫ되如松이李如栢으로ᄒᆞ야곰兵萬餘를率ᄒᆞ고漢江에出ᄒᆞ니如栢이稱疾ᄒᆞ고還ᄒᆞ며時에權慄이坡州로브터入京ᄒᆞ얏다가賊을追殺코자ᄒᆞ니如松이沮止ᄒᆞ고遊擊戚金으로ᄒᆞ야곰津船을收回ᄒᆞ야渡江치、못게ᄒᆞ더라

時에李如松이沈惟敬을賊營에遣ᄒᆞ얏더니賊이嶺南으로下ᄒᆞᆯ시秀家、行長等이惟敬及二王子와金貴榮、黃廷彧等으로ᄒᆞ야곰前導ᄒᆞ고去ᄒᆞ더라

宣、靖二陵(成宗中宗의陵이니俱在廣州)의變報가至ᄒᆞ거ᄂᆞᆯ上이永柔行宮에서百官을率ᄒᆞ시고下庭望哭ᄒᆞ며體察使柳成龍이馳啓ᄒᆞ야曰臣이守門將으로ᄒᆞ야곰靖陵을奉審ᄒᆞᆫ즉陵內에瓦礫이積置ᄒᆞ고陵近處에衣服이片片破碎ᄒᆞ얏고、또宣陵에ᄂᆞᆫ外設ᄒᆞᆫ薄板이다燒盡ᄒᆞ얏다ᄒᆞ니時에賊이靖陵에ᄂᆞᆫ一屍를壙中에置ᄒᆞ매眞僞를不辨ᄒᆞ겟더라

五月에李如松이賊을追ᄒᆞ야聞慶에至ᄒᆞ다가還ᄒᆞ다經略宋應昌이賊의去ᄒᆞᆷ을聞ᄒᆞ

고、비로소進擊키를催督ᄒᆞ나賊이去ᄒᆞᆫ기ᄂᆞᆫ、이믜數十日이오如松이또途中에서遲留顧延ᄒᆞ야嶺을踰ᄒᆞ다가還ᄒᆞ더라賊이既退ᄒᆞᆷ믜海邊에分屯ᄒᆞ야蔚山西生浦로브터東萊、金海、熊川、巨濟ᄭᆞ지首尾가十六屯에다山과海를憑ᄒᆞ야城濠를作ᄒᆞ고久留코자ᄒᆞ더라明이또泗川総兵劉綎으로ᄒᆞ야곰福建西南蠻等處召募兵五千을率ᄒᆞ고星州에來屯ᄒᆞ고明將吳惟忠은善山에屯ᄒᆞ고李寧、祖承訓、葛逢夏ᄂᆞᆫ居昌에屯ᄒᆞ고駱尙志、王必迪은慶州에屯ᄒᆞ더라

都元帥金命元과巡邊使李薲과全羅兵使宣居怡가賊을追ᄒᆞ야嶺南으로下ᄒᆞ고忠淸兵使黃進과全羅防禦使李福男이各各其兵으로써會ᄒᆞ고權慄은新兵을領ᄒᆞ고雲峰을踰ᄒᆞ야嶺南의昌寧、宜寧等邑에列屯ᄒᆞ야賊境을臨ᄒᆞ니라

六月에賊將淸正이我의兩王子及宰臣等을還ᄒᆞ더라

賊이晋州를陷ᄒᆞ니倡義使金千鎰이其子象乾과慶尙兵使崔慶會와復讐將高從厚와佐郞梁山璹等으로더브러北向再拜ᄒᆞ고投江ᄒᆞ야死ᄒᆞ고李宗仁은鬪ᄒᆞ다가南江에至ᄒᆞ야ᄂᆞᆫ兩賊을挾ᄒᆞ고大呼投江ᄒᆞ야曰金海府使李宗仁이此에서死ᄒᆞᆫ다ᄒᆞ고巨濟縣令金俊民은馳馬巷戰ᄒᆞᆯ시左右突擊ᄒᆞ니賊衆이披靡ᄒᆞ고終日追逐에丸과鈒이

다不中ᄒᆞ더니畢竟其死處ᄅᆞᆯ不知오城中士女가奔波ᄒᆞ다가江에投死ᄒᆞ니流屍가塞江ᄒᆞ야死者ㅣ七萬이오壯士의得脫ᄒᆞᆫ者ᄂᆞᆫ數三人이러라賊이城郭을夷ᄒᆞ고閭舍ᄅᆞᆯ焚ᄒᆞ야一城이邱墟가되고被圍ᄒᆞᆫ지九晝夜大小百餘戰에賊의死者도ᄯᅩᄒᆞᆫ多ᄒᆞ야彼此相當ᄒᆞ나衆寡가不敵ᄒᆞ고外援이不至ᄒᆞᆫ故로諸將이力盡ᄒᆞ야死ᄒᆞ니賊至ᄒᆞᆫ以來로陷敗ᄒᆞᆫ慘과義烈의著ᄒᆞᆷ이晋州와如ᄒᆞᆫ者ㅣ未有ᄒᆞ더라

秋七月에三道水軍統制使ᄅᆞᆯ寘ᄒᆞ고李舜臣으로ᄒᆞ야곰兼行케ᄒᆞ다向者舜臣이閑山島에移營키ᄅᆞᆯ請ᄒᆞ거ᄂᆞᆯ從ᄒᆞ더니王이是ᄒᆞ야三道의水軍이彼此統攝지、못ᄒᆞᆫ지라故로統制使ᄅᆞᆯ特寘ᄒᆞ야主掌케ᄒᆞ니舜臣이言ᄒᆞ되陸地가軍興에困ᄒᆞ다ᄒᆞ고體府에請ᄒᆞ야海浦一面을付ᄒᆞ면粮械가自足ᄒᆞ겟다ᄒᆞ고海ᄅᆞᆯ煮ᄒᆞ야塩을販ᄒᆞ고積穀ᄒᆞ기數萬이오營舍와器械가完備ᄒᆞ고人民을募ᄒᆞ야完聚ᄒᆞ니、곳一巨鎭이、되더라

上이江西로브터海州에進次ᄒᆞ시니中宮과東宮이來會ᄒᆞ고臨海、順和兩王子가亦至ᄒᆞ고沈惟敬은賊營으로브터回ᄒᆞᆯᄉᆡ秀吉의納欵表文을持ᄒᆞ고、ᄯᅩ其官小西飛와同來ᄒᆞ더라

九月에經略宋應昌과提督李如松이明으로還ᄒᆞ고劉綎、吳惟忠과步卒萬餘人으로

我國에屯駐ᄒᆞ더라十月에車駕ㅣ還都ᄒᆞ야貞陵洞月山大君舊宅(今慶運宮)으로ᄡᅥ行宮을삼고沈義謙의家ᄂᆞᆫ東宮이되고沈連源의家ᄂᆞᆫ宗廟가되고、ᄯᅩ附近大小家로ᄡᅥ闕內各司ᄅᆞᆯ삼고中外에頒詔ᄒᆞ야曰三都(京都開城平壤)가潰裂ᄒᆞ민、곳蒼黃ᄒᆞᆫ計로西馬가飄零ᄒᆞᆫ지라、엇지朝夕의慮가有ᄒᆞ얏스며五廟鍾簴ᄂᆞᆫ久히月出의衣冠을廢ᄒᆞ고十代園陵에ᄂᆞᆫ寒食의麥飯을未灑ᄒᆞ얏도다城郭이猶存에山河ᄅᆞᆯ臠ᄒᆞ야慘目ᄒᆞ고威儀ᄅᆞᆯ復覩ᄒᆞ니父老ᄅᆞᆯ對ᄒᆞ야傷心ᄒᆞ도다ᄒᆞ시고禮曹判書李墹으로ᄒᆞ야곰儒生을率ᄒᆞ고文廟에哭ᄒᆞ고僧을募ᄒᆞ야都城內外의屍體ᄅᆞᆯ收埋ᄒᆞ고、ᄯᅩ賑廳을設ᄒᆞ야糜粥으로飢民을分賑ᄒᆞ니라

十二月에光州儒生金德齡이義兵을起ᄒᆞ다德齡이神力이有ᄒᆞ야勇健ᄒᆞ기飛鳥와如ᄒᆞ고氣節이有ᄒᆞ나元來儒業을習ᄒᆞ야謙晦、下人ᄒᆞᄂᆞᆫ故로人이知者가無ᄒᆞ고亂後에守制、家居ᄒᆞ더니其姊夫金應會ᄂᆞᆫ慷慨士라屢次、起兵키ᄅᆞᆯ勸ᄒᆞ거ᄂᆞᆯ德齡이猶豫、未決ᄒᆞ다가會에潭陽府使李景麟과長城縣監李貴가上疏ᄒᆞ야德齡을薦ᄒᆞ고、ᄯᅩ東宮의諭旨ᄅᆞᆯ下ᄒᆞ거ᄂᆞᆯ德齡이々에所善壯士崔聃齡等으로더브러起ᄒᆞᆯᄉᆡ田宅을賣ᄒᆞ야器仗을製ᄒᆞ고傳檄、募兵ᄒᆞ야精壯五千을得ᄒᆞ고都元帥權慄의게請命ᄒᆞ니

라德齡의所乘馬가日行ᄒᆞ기千里오所向에克捷ᄒᆞ야無人境에入ᄒᆞᆷ과如ᄒᆞ니賊이號曰飛將軍이라ᄒᆞ더라

二十七年甲午春正月에貢案을詳定ᄒᆞ다亂後에貢法이、더욱壞亂ᄒᆞ거ᄂᆞᆯ、이에舊案을減省ᄒᆞ고土產을從ᄒᆞ야增損釐正ᄒᆞ니貢物에作米ᄒᆞᄂᆞᆫ議가此에서起ᄒᆞ니라

土賊洪儒眞等이伏誅ᄒᆞ고發告人洪璘、洪燦은折衝啣을賞ᄒᆞ다時에儒眞이嘯聚刦掠ᄒᆞ니京師가震驚ᄒᆞ고、또密書를全州에投ᄒᆞ야曰主惡이不悛ᄒᆞ고朋黨이不解ᄒᆞ며賦役이煩重ᄒᆞ야民生、이不安ᄒᆞ니牧野鷹揚이、비록夷齊의게有愧ᄒᆞ나吊民、伐罪ᄂᆞᆫ湯武에有光ᄒᆞ다ᄒᆞ고賊이兵曹判書李德馨의勳名이盛大ᄒᆞᆷ을因ᄒᆞ야置對ᄒᆞᆯ際에藉稱이有ᄒᆞᆫ지라德馨이席藁待命ᄒᆞ기四十日에不許ᄒᆞ더라

二月에訓鍊都監을設ᄒᆞ다初에平壤이收復ᄒᆞᆫ後에上이李如松을引見ᄒᆞ시고明兵의前後勝敗가不同ᄒᆞᆷ을問ᄒᆞᆫ되如松이對曰前來ᄒᆞᆫ北將은防胡에習ᄒᆞᆫ故로不利ᄒᆞ얏고後來將士ᄂᆞᆫ戚繼光의紀效新書의禦倭法을用ᄒᆞᆫ故로勝ᄒᆞ얏ᄂᆞ이다ᄒᆞ거ᄂᆞᆯ上이、ᄉᆞ에戚書를購得ᄒᆞ야柳成龍으로ᄒᆞ야곰從事李時發과儒生韓嶠等으로더브러明將의게講質ᄒᆞ더니、밋還都ᄒᆞ매都監을設ᄒᆞ고成龍으로ᄡᅥ都監提調를拜ᄒᆞ고趙儆은大將

을拜ᄒᆞ고辛慶晋、李弘冑ᄂᆞᆫ郎廳이되고飢民을募ᄒᆞ야兵을編制ᄒᆞᆯᄉᆡ能히一巨石을擧ᄒᆞ고一丈墻을踰ᄒᆞᄂᆞᆫ者ᄂᆞᆫ入格케ᄒᆞ야旬日間에數千人을得ᄒᆞ고戚氏의三手砲射斫練技法을敎ᄒᆞ고把摠、哨官을置ᄒᆞ고部分演習ᄒᆞ야數月에軍容을成ᄒᆞᆫ지라自後로宿衛와扈從에專혀此軍을用ᄒᆞᆯᄉᆡ成龍이奏ᄒᆞ되糧餉을措置ᄒᆞ고一萬兵을加募ᄒᆞ야五營을置ᄒᆞ고營에二千을置ᄒᆞ야半은城中에서鍊習ᄒᆞ고半은城外에서屯田ᄒᆞ야兵食을厚ᄒᆞ고根本을固케、ᄒᆞ소셔ᄒᆞ거ᄂᆞᆯ上이從ᄒᆞ시다가畢竟、不行ᄒᆞ더라

三月에明摠兵劉綎이星州로브터南原에移陣ᄒᆞ다綎의所領兵이初에ᄂᆞᆫ萬餘러니至是ᄒᆞ야講和ᄒᆞ얏다稱ᄒᆞ고其兵을減放ᄒᆞ고、다만五千人을留ᄒᆞ고綎이또淸正으로더브러使者를相遣ᄒᆞ야通意ᄒᆞ더라

明經畧宋應昌이主和로ᄡᅥ被劾ᄒᆞ야遞職ᄒᆞ고兵部侍郎顧養謙이代ᄒᆞ야遼東에至ᄒᆞ거ᄂᆞᆯ金德齡을特拜ᄒᆞ야忠勇將軍이라ᄒᆞ고諸道義兵을罷ᄒᆞ야專혀德齡의게屬ᄒᆞ니라五月에明經畧顧養謙이參將胡澤을遣ᄒᆞ야我朝廷에移咨ᄒᆞ야曰倭奴가無端히貴國을侵犯ᄒᆞ야形勢가破竹과如ᄒᆞᆫ지라三都를據ᄒᆞ고王子를擄ᄒᆞ거ᄂᆞᆯ我皇上이赫然震怒ᄒᆞ야大兵所至에倭奴가遁逃ᄒᆞ야復地ᄒᆞ기二千餘里오所費ᄒᆞᆫ帑金이不貲ᄒᆞ며

兵馬가物故ᄒᆞᆫ者ㅣ ᄯᅩᄒᆞᆫ不少ᄒᆞ니我國이貴國에對ᄒᆞ야恩義가至此ᄒᆞ고倭奴도 ᄯᅩ
ᄒᆞᆫ畏威請降ᄒᆞ며 ᄯᅩ封貢을乞ᄒᆞ니我朝廷이將且許ᄒᆞ깃고貴國은糧食이盡ᄒᆞ야人
民이相食ᄒᆞ거ᄂᆞᆯ ᄯᅩ何를恃ᄒᆞ고請兵ᄒᆞᄂᆞ뇨兵餉을貴國에送치아니ᄒᆞ고 ᄯᅩ封貢
을倭奴의게絶ᄒᆞ면倭가必然貴國에發怒ᄒᆞ야貴國이必亡ᄒᆞᆯ지니 엇지早自計치
아니ᄒᆞᄂᆞ뇨貴國이萬一倭를爲ᄒᆞ야封貢을請ᄒᆞ면倭가必然我國을銜感ᄒᆞ고 ᄯᅩ貴
國을德ᄒᆞ야必然罷兵ᄒᆞ리니倭가去ᄒᆞ거든貴國君臣이臥薪嘗膽ᄒᆞ야越王의業
을修ᄒᆞ면天道가好還ᄒᆞᄂᆞ니 엇지報倭ᄒᆞᆯ日이無ᄒᆞ리오 ᄒᆞ얏거ᄂᆞᆯ領議政柳成龍
과左參贊成渾이入對ᄒᆞᆯ새上이其答書를問ᄒᆞ신ᄃᆡ渾이對曰今에國勢가危ᄒᆞ기一髮
과如ᄒᆞ니 맛당히兵鋒을少緩ᄒᆞ야自强키를徐圖ᄒᆞ깃고況顧養謙이大兵을擁ᄒᆞ미
高下가在心ᄒᆞ니我國이能히戰치못ᄒᆞ고 ᄯᅩ能히守치못ᄒᆞ거ᄂᆞᆯ 다만明의和議를
沮ᄒᆞ면此가失策일가ᄒᆞ노이다 ᄒᆞ고成龍은曰我國이이의自振치못ᄒᆞ고 다만明
을倚ᄒᆞ야興復을圖ᄒᆞ거ᄂᆞᆯ今에顧養謙의所言을一向堅拒ᄒᆞ면我國事가 더욱難
ᄒᆞ리이다ᄒᆞ고備局의諸議가다成龍의言과如ᄒᆞᆫ지라上이不得已ᄒᆞ야許頊을明에遣
ᄒᆞ야封倭ᄒᆞ기를請ᄒᆞ니라

八月에明將劉綎이還去ᄒᆞ고九月에沈惟敬이倭將小西飛로더브러倭營에還入ᄒᆞ니라
先是에許頊이明에至ᄒᆞ야封倭ᄒᆞᄂᆞᆫ咨文을傳致ᄒᆞ니兵部ㅣ大喜ᄒᆞ야明言ᄒᆞ되倭가誠
心으로納款ᄒᆞᄂᆞ냐ᄒᆞ고明帝의게奏請ᄒᆞ야小西飛를明에招致ᄒᆞ야三事로詰問ᄒᆞ니一
은封을求ᄒᆞ고貢을不求ᄒᆞ며二ᄂᆞᆫ倭가釜山에留치아니ᄒᆞ고三은永히朝鮮을不侵
ᄒᆞ라ᄒᆞ니小西飛가天을指ᄒᆞ야誓ᄒᆞ고約束을遵行ᄒᆞᆫ다ᄒᆞ거ᄂᆞᆯ 이에다시惟敬으로
ᄒᆞ야곰倭營에往ᄒᆞ야封ᄒᆞ기를許ᄒᆞ고撤兵歸國ᄒᆞ라ᄒᆞ며 ᄯᅩ臨淮侯李宗誠으로ᄒᆞ
야곰冊封日本正使를拜ᄒᆞ고楊方亨으로副使를拜ᄒᆞ니라
二十八年乙未에忠勇將金德齡을拿鞫ᄒᆞ니德齡이起兵ᄒᆞᆫ지二年에無功ᄒᆞ고 ᄯᅩ無
辜를多殺ᄒᆞ거ᄂᆞᆯ尹根壽ㅣ晉州에捉囚ᄒᆞ고馳啓拿鞫ᄒᆞ다가旣而오赦放ᄒᆞ니라
夏四月에封倭正使李宗誠等이京城에入ᄒᆞ니初에明이倭의納款을許ᄒᆞ고一倭도留
屯ᄒᆞᆷ을不許ᄒᆞ얏더니使臣이渡海ᄒᆞ기까지行長이節節稱托ᄒᆞᄂᆞᆫ지라宗誠이連次督
促ᄒᆞ니 이에行長이 몬저熊川巨濟의數陣을撤ᄒᆞ야信을示ᄒᆞ거ᄂᆞᆯ宗誠이追發ᄒᆞ
야釜山에至ᄒᆞ니라
是歲에 크게有年ᄒᆞ야木綿一疋에三四十斗를換ᄒᆞ니民이 비로소蘇活ᄒᆞ야酒食

으로ᄡᅥ爲樂ᄒᆞ니라

二十九年丙申夏四月에明의封倭正使李宗誠이逃歸ᄒᆞ다時에福建人蕭鶴鳴等이倭로브러來青ᄒᆞ되關白이受封ᄒᆞᆯ意가無ᄒᆞ고將且詔使를拘囚ᄒᆞᆫ다ᄒᆞ니宗誠이大懼ᄒᆞ야家丁으로더브러微服逃還ᄒᆞ니明이楊邦亨으로上使를陞ᄒᆞ고沈惟敬으로副使를拜ᄒᆞ고時에行長이또我國의信使를請ᄒᆞ거ᄂᆞᆯ黃愼으로通信正使를拜ᄒᆞ고朴弘長으로副使를拜ᄒᆞ야邦亨과同行ᄒᆞ고淸正이四十六屯을撤歸ᄒᆞ고、오작釜山에四屯만置ᄒᆞ더라

七月에鴻山賊李夢鶴이伏誅ᄒᆞ다夢鶴은京口의賤流라至是ᄒᆞ야作亂ᄒᆞᆯ식夜에鴻山을襲ᄒᆞ야縣監尹英賢을執ᄒᆞ고、또林川、靑陽、定山等六邑을陷ᄒᆞ니衆이數萬이라中外가震擾ᄒᆞ고夢鶴이또洪州를進攻ᄒᆞ거ᄂᆞᆯ牧使洪可臣이州人武將林得義、朴名賢과前兵使辛景恒을招ᄒᆞ야守城코자ᄒᆞᆯ식藍浦縣監朴東善이聞變ᄒᆞ고水使崔湖로、더브러領兵赴援ᄒᆞ니人心이始定ᄒᆞ더라初에夢鶴이衆을誑ᄒᆞ야曰金德齡이我와有約ᄒᆞ고都元帥와水使及義兵將洪季男이다我와通謀ᄒᆞ얏다ᄒᆞ니衆이信聽ᄒᆞ다가、밋水使가入城ᄒᆞᆷ을見ᄒᆞ고、비로소其虛言임을知ᄒᆞ고德齡도、또ᄒᆞᆫ引兵來赴

ᄒᆞ니賊이氣沮ᄒᆞ야是夕에軍潰ᄒᆞᄂᆞᆫ지라其下林儉明이夢鶴을斬ᄒᆞ야都元帥權慄의게獻ᄒᆞ거ᄂᆞᆯ慄이傳令搜捕ᄒᆞ야、다取服ᄒᆞ고洪可臣等四人을錄功ᄒᆞ니라

忠勇將金德齡을殺ᄒᆞ다德齡이恒常雙鐵椎를佩ᄒᆞ니重이各百斤이라一國이聳動ᄒᆞ야神將이라稱ᄒᆞ고倭人이畏ᄒᆞ야石底將軍이라ᄒᆞ더니功이未就에名이太盛ᄒᆞ다가至是ᄒᆞ야夢鶴文書에金、崔、洪(金德齡崔聃齡洪季男)의說이有ᄒᆞᆫ지라拿致코자ᄒᆞᆯ식其難擒ᄒᆞᆯ가慮ᄒᆞ니承旨徐渻이曰德齡은叛者가、아니라一使를遣ᄒᆞ면足히拿來ᄒᆞ리이다、ᄒᆞ거ᄂᆞᆯ上이渻으로ᄒᆞ야곰往捕ᄒᆞ라ᄒᆞ니時에權慄이이믜獄에執囚ᄒᆞ얏거ᄂᆞᆯ渻이德齡의就捕ᄒᆞᆷ을聞ᄒᆞ고狀聞ᄒᆞ야曰權慄이德齡으로ᄒᆞ야곰夢鶴을討ᄒᆞ라ᄒᆞ니四日遲留ᄒᆞ고成敗를觀望ᄒᆞᆫ故로囚ᄒᆞ얏다ᄒᆞ니此八字가德齡의斷案이되고時에大臣이其威名을忌ᄒᆞᄂᆞᆫ者ㅣ有ᄒᆞ야刑吏로ᄒᆞ야곰殺ᄒᆞ고崔聃齡도、또ᄒᆞᆫ獄中에死ᄒᆞ니倭人이聞ᄒᆞ고酌酒相賀ᄒᆞ더라

冬十月에明의封倭使楊邦亨、沈惟敬과我使黃愼等이日本으로브러還ᄒᆞ다先是八月에邦亨等이平調信으로더브러日本에至ᄒᆞ니秀吉이館宇를盛飾ᄒᆞ고待ᄒᆞᆯ식辭貌가倨傲ᄒᆞ며脚瘡이有ᄒᆞ다稱ᄒᆞ고屈膝치、아니ᄒᆞ며邦亨等을饗ᄒᆞ기欸甚ᄒᆞ다가忽

然이怒責曰我ㅣ朝鮮兩王子를放還ᄒᆞ얏스니朝鮮이、맛당히王子로、ᄒᆞ야곰來謝ᄒᆞ게거ᄂᆞᆯ今에使臣이官卑ᄒᆞ니此ᄂᆞᆫ謾我ᄒᆞᆷ이라我가明國皇帝의恩典을受ᄒᆞ얏스니感激이極ᄒᆞ나朝鮮인즉、맛당히加兵ᄒᆞ겟다ᄒᆞ고、또人으로ᄒᆞ야곰黃愼等을拒責曰朝鮮이四大罪가有ᄒᆞ니王子를放還ᄒᆞ얏거ᄂᆞᆯ來謝치、아니ᄒᆞ고卑官으로써苟充送來ᄒᆞ고爾ᄂᆞᆫ小邦이어ᄂᆞᆯ自前으로我를侮ᄒᆞ야聘問이不至ᄒᆞ고、또今에明의冊使가逃還ᄒᆞᆷ은、다汝國의所爲라ᄒᆞ고幷히國書와國幣를却ᄒᆞᄂᆞᆫ지라愼等이傳命치못ᄒᆞ고秀吉이또兩使를促ᄒᆞ야同回ᄒᆞ라ᄒᆞ고行長은、다시釜山에至ᄒᆞ고淸正은또西生浦에屯ᄒᆞ야聲言ᄒᆞ되王子를邀ᄒᆞ야來謝ᄒᆞᆫ後비로소鮮兵ᄒᆞᆫ다ᄒᆞ거ᄂᆞᆯ朝廷이곳明에遣使報知ᄒᆞ고邦亨은明에還ᄒᆞ야、비로소顚末을告ᄒᆞ야沈惟敬의게委罪ᄒᆞ고幷히石星及顧養謙의手書를進ᄒᆞ니明帝가、비로소惟敬의賣國ᄒᆞᆷ과石星의彌縫ᄒᆞᆫ狀을知ᄒᆞ고惟敬은棄市ᄒᆞ고石星은通倭醜悳ᄒᆞᆷ과賣國損威ᄒᆞ얏다ᄒᆞ야誅코자ᄒᆞ거ᄂᆞᆯ刑部尙書蕭大亨이力救ᄒᆞ나畢竟獄中에셔瘦死ᄒᆞ니世人이다哀寃ᄒᆞ더라(我國이京城에立祀ᄒᆞ셔石星及李如松을幷祀ᄒᆞ니라)

十一月에、다시體察使李元翼을遣ᄒᆞ야南下ᄒᆞ다時에和事가已敗ᄒᆞ니朝野ㅣ洶懼ᄒᆞ거ᄂᆞᆯ元翼等이淸野待變키를請ᄒᆞ거ᄂᆞᆯ上이元翼을諭ᄒᆞ야南方의防備를措置ᄒᆞ라ᄒᆞ고又曰卿이諸將으로더브러戮力効死ᄒᆞ야朕으로ᄒᆞ야곰、다시龍灣의厄이無케ᄒᆞ라ᄒᆞ시고出涕送去ᄒᆞ니라

統制使李舜臣을下獄ᄒᆞ얏다가削職從軍ᄒᆞ다先是에淸正等이舜臣을忌ᄒᆞ야反間을縱ᄒᆞᆯ시行長이要時羅로、ᄒᆞ야곰金應瑞陣에往來ᄒᆞ야納欵ᄒᆞ니應瑞ㅣ信ᄒᆞ고存恤이極ᄒᆞ다가至是ᄒᆞ야、또時羅로、ᄒᆞ야곰應瑞의게言ᄒᆞ야曰今에和事가不成ᄒᆞᆷ은淸正의故라吾가甚히憎惡ᄒᆞ노라某日은淸正이渡海ᄒᆞᆯ지니朝鮮人中에水戰에善ᄒᆞᄂᆞᆫ者ㅣ海中에셔邀擊ᄒᆞ면可히取勝ᄒᆞ리라ᄒᆞ거ᄂᆞᆯ應瑞ㅣ馳啓ᄒᆞᆫ되上이舜臣의게密喩ᄒᆞ시니舜臣曰海道가艱險ᄒᆞ니賊이必然伏兵을設ᄒᆞ야待ᄒᆞ리라ᄒᆞ고不行ᄒᆞ얏더니時羅ㅣ또應瑞의게謂曰淸正이今에、이믜下陸ᄒᆞᆫ지라、엇지洋中에셔邀截치、아니ᄒᆞ뇨ᄒᆞ고恨惜ᄒᆞ기甚ᄒᆞ거ᄂᆞᆯ事가聞ᄒᆞ니朝議가舜臣을咎ᄒᆞᄂᆞᆫ지라上이司成南以信으로ᄒᆞ야곰閑山島에往ᄒᆞ야廉訪ᄒᆞ라ᄒᆞ니回奏曰淸正이海上에留ᄒᆞᆫ지七日이어ᄂᆞᆯ舜臣이逗遛失機ᄒᆞ얏ᄂᆞ이다ᄒᆞᆫ되、이에拿鞫ᄒᆞ다가減死削職ᄒᆞ고白衣로從軍케ᄒᆞ며元均이代ᄒᆞ야統制使를拜ᄒᆞ니라

三十年丁酉春正月에倭人이또大擧入寇ᄒᆞ다賊將淸正等이兵船萬艘를率ᄒᆞ고渡海ᄒᆞ야、다시西生島山等地를據ᄒᆞ거ᄂᆞᆯ都元帥權慄이各道兵三萬三千餘人을集ᄒᆞ야賊의來路를守ᄒᆞ고南原府使崔濂은別將申浩로、더브러七邑兵을聚ᄒᆞ야蛟龍山城(在南原)을修ᄒᆞ고權怏等으로ᄒᆞ야곰明에告急ᄒᆞ니라

二月에明이右僉都御史楊鎬로ᄡᅥ經略을拜ᄒᆞ고刑部尙書邢玠ᄂᆞᆫ總督軍門이오總兵麻貴ᄂᆞᆫ提督이오楊元、吳維忠、牛伯英、陳愚衷、藩應宮、陳效等이來救ᄒᆞᆯᄉᆡ鎬가諸軍을率ᄒᆞ고次第로渡江ᄒᆞ야鎬ᄂᆞᆫ平壤에駐ᄒᆞ고麻貴ᄂᆞᆫ京城에駐ᄒᆞ야諸將을部分ᄒᆞ니楊元은南原을守ᄒᆞ고茅國基ᄂᆞᆫ星州에駐ᄒᆞ고陳愚衷은全州에屯ᄒᆞ고吳維忠은忠州를守ᄒᆞ더라

秋七月에賊이舟師를襲破ᄒᆞ니統制使元均과全羅水使李億祺가敗死ᄒᆞ다均이閑山島에至ᄒᆞ야舜臣의約束을悉變ᄒᆞ고每日醉酗ᄒᆞ며刑罰이無度ᄒᆞ니士卒이怨忿ᄒᆞ더라行長이또要時羅로 ᄒᆞ야곰應瑞를紿ᄒᆞ야曰倭船이某日에當至ᄒᆞ리니可히邀擊ᄒᆞ라ᄒᆞ거ᄂᆞᆯ應瑞ㅣ信ᄒᆞ고元帥의게言ᄒᆞ야元均으로ᄒᆞ야곰進兵케ᄒᆞ니均이戰船을盡率ᄒᆞ고絶影島에至ᄒᆞ다가風浪이大作ᄒᆞ고日이또昏黑ᄒᆞᆫ지라我船이四散分飄ᄒᆞ

고賊은島中에셔突出掩擊ᄒᆞ니均이將士를失亡ᄒᆞ고漆川島에退至ᄒᆞ거ᄂᆞᆯ權慄이、오히려進兵키를督促ᄒᆞᄂᆞᆫ지라均이、더욱忿懣ᄒᆞ야帳中에醉臥ᄒᆞ더니夜半에賊이來襲ᄒᆞ야軍이大潰ᄒᆞ거ᄂᆞᆯ均이舟를捨ᄒᆞ고登岸ᄒᆞ야走코자ᄒᆞ다가賊의게被殺ᄒᆞ고李億祺ᄂᆞᆫ赴水ᄒᆞ야死ᄒᆞ니라敗報가至ᄒᆞ니朝野ㅣ震駭ᄒᆞ거ᄂᆞᆯ兵判李恒福이奏請ᄒᆞ야、다시李舜臣으로ᄡᅥ統制使를拜ᄒᆞ니라

八月에賊이安陰의黃石山城을陷ᄒᆞ니縣監郭䞪과前郡守趙宗道ㅣ死ᄒᆞ다初에體察使李元翼이言ᄒᆞ되黃石山은嶺湖의咽喉니賊이必然爭ᄒᆞ리라ᄒᆞ고䞪으로ᄒᆞ야곰三邑兵으로防守ᄒᆞ더니至是ᄒᆞ야賊이至ᄒᆞ거ᄂᆞᆯ䞪이晝夜督戰ᄒᆞ다가城이陷ᄒᆞᄂᆞᆫ지라胡床에踞ᄒᆞ야顔色이不變ᄒᆞ더니畢竟遇害ᄒᆞ니라時에二子履常、履厚가䞪을抱持ᄒᆞ고罵賊ᄒᆞ다가同死ᄒᆞ고䞪의女ᄂᆞᆫ柳文虎의妻라文虎가賊의게被執ᄒᆞ니郭氏가聞ᄒᆞ고曰父死ᄒᆞ야도不死ᄒᆞᆷ은夫가在ᄒᆞᆷ이러니今에夫ㅣ또被執ᄒᆞ니吾가、엇지獨生ᄒᆞ리오ᄒᆞ고自經ᄒᆞ야死ᄒᆞ고趙宗道ᄂᆞᆫ前郡守로家居ᄒᆞ다가妻子를率ᄒᆞ고入城ᄒᆞ야䞪으로더브러同死ᄒᆞ니라

九月에賊이南原을陷ᄒᆞ니明總兵楊元은潰圍逃走ᄒᆞ고接伴使鄭期遠과兵使李福男

防禦使吳應井、助防將金敬老、別將申浩、府使任鉉、判官李德恢、縣監李元春이다死ᄒᆞ다閑山이敗ᄒᆞᄆᆡ賊이水陸幷至ᄒᆞ거ᄂᆞᆯ楊元이諸將을撤ᄒᆞ야同守ᄒᆞ고城外民家ᄅᆞᆯ盡燒ᄒᆞ니賊將行長、義智等이分道進兵ᄒᆞ야圍城ᄒᆞᆫ지累日에賊이草薪으로壕塹을塡ᄒᆞ고夜半에肉薄ᄒᆞ야城에登ᄒᆞ야飛丸을亂放ᄒᆞ니城中이大亂ᄒᆞᄂᆞᆫ지라楊元이麾下數人으로더브러走ᄒᆞ니明兵及我師가다被殺ᄒᆞ고中軍李新芳과千摠蔣表毛承先과接伴使鄭期遠等이다死ᄒᆞ고南原이陷ᄒᆞ니京師가大震ᄒᆞᄂᆞᆫ지라上이出避코자ᄒᆞ사中宮、東宮으로ᄒᆞ야곰、몬져遂安에幸ᄒᆞ다

統制使李舜臣이珍島碧波亭下에서賊兵을大破ᄒᆞ다舜臣이珍島에至ᄒᆞ야碧波亭下에兵船을列泊ᄒᆞ더니忽然히下令ᄒᆞ야曰今夜에賊이必然來襲ᄒᆞ리니各船은戒嚴ᄒᆞ라ᄒᆞ더니是夜에哨船이報ᄒᆞ되賊이來ᄒᆞᆫ다ᄒᆞ거ᄂᆞᆯ令ᄒᆞ야毋動ᄒᆞ라ᄒᆞ고寂然ᄒᆞ기無事ᄒᆞᆷ과如ᄒᆞ니時ᄂᆞᆫ月이西山에掛ᄒᆞ야山影이倒海ᄒᆞᆫ지라賊이陰黑中으로從來ᄒᆞ야我船에近ᄒᆞ거ᄂᆞᆯ、이에中軍이放砲吶喊ᄒᆞ고督戰ᄒᆞ기益急ᄒᆞ니賊이敢히犯치、못ᄒᆞ고退去ᄒᆞ더니天明에賊船五六百隻이蔽海ᄒᆞ야上ᄒᆞᆯ식其將馬多時ᄂᆞᆫ水戰에善ᄒᆞ야兩國이知ᄒᆞᄂᆞᆫ바라衆이다懾懼ᄒᆞ거ᄂᆞᆯ舜臣이、이에避亂船으로ᄒᆞ야곰排列ᄒᆞ야

疑兵을삼고自己ᄂᆞᆫ戰船을率ᄒᆞ고前에出ᄒᆞ야賊陣을直衝ᄒᆞ야賊의三十餘艘ᄅᆞᆯ破ᄒᆞ고枹을擊ᄒᆞ야衆의게誓ᄒᆞ고乘勝ᄒᆞ야進ᄒᆞ니賊이震駭ᄒᆞ야敢히抵敵치、못ᄒᆞ고逃亡ᄒᆞᄂᆞᆫ지라、드듸여馬多時ᄅᆞᆯ殺ᄒᆞ고寶花島로移軍ᄒᆞ니라

明經理楊鎬ㅣ副總兵觧生等을遣ᄒᆞ야稷山에서賊을大破ᄒᆞ다賊이이믜南原을陷ᄒᆞ고乘勝長驅ᄒᆞ야京畿ᄅᆞᆯ進逼ᄒᆞ거ᄂᆞᆯ楊鎬ㅣ平壤으로브터京城에馳入ᄒᆞ야提督等의不戰ᄒᆞᆫ狀을責ᄒᆞ고精騎ᄅᆞᆯ密選ᄒᆞ야解生、牛伯英、楊登、擺賽로、ᄒᆞ야곰稷山金烏坪에伏兵ᄒᆞ얏다가突騎로擊ᄒᆞ니賊이披靡ᄒᆞ야走死ᄒᆞᆫ者ㅣ山積ᄒᆞ고明日에賊이兩翼으로進ᄒᆞ거ᄂᆞᆯ解生이放砲突起ᄒᆞ야鐵椎로擊ᄒᆞ니中者ᄂᆞᆫ다瓜裂ᄒᆞ고賊이大潰ᄒᆞ야木川과淸州로奔逸ᄒᆞ더라是日에楊鎬ㅣ上씌請ᄒᆞ야江上에서觀兵ᄒᆞ니人心이洶懼ᄒᆞ야士庶ᄂᆞᆫ다荷擔ᄒᆞ고立ᄒᆞ얏다가捷報가至ᄒᆞ니京中이稍定ᄒᆞ니라

明經理楊鎬와提督麻貴가蔚山島山城을進攻ᄒᆞ다가不利ᄒᆞ야退ᄒᆞ다時에淸正이蔚山의南邊阧絶ᄒᆞᆫ處에築城ᄒᆞ고名曰島山이라大軍을屯ᄒᆞ거ᄂᆞᆯ楊鎬ㅣ麻貴로、더브러南下ᄒᆞ야諸將의所領ᄒᆞᆫ四萬餘衆으로三路幷進ᄒᆞᆯ식先鋒擺賽等으로ᄒᆞ야곰精兵을率ᄒᆞ고直히賊壘ᄅᆞᆯ迫ᄒᆞ고楊登으로더브러合擊ᄒᆞ야四百六十級을斬ᄒᆞ고三脇

將이俱進ᄒᆞᆯ서鎬ᄂᆞᆫ甲胄ᄅᆞᆯ擐ᄒᆞ고諸軍이皷噪奮擊ᄒᆞ야砲聲과火箭이俱發ᄒᆞ야賊幕을亂燒ᄒᆞ고、드듸여件頭亭、大和江의兩窟을拔ᄒᆞ니餘賊이島山으로逃入ᄒᆞ야固守ᄒᆞ고每夜에出城ᄒᆞ야水ᄅᆞᆯ汲ᄒᆞ거ᄂᆞᆯ別將金應瑞ㅣ降倭ᄅᆞᆯ率ᄒᆞ고泉傍에伏ᄒᆞ얏다가一夜에百餘人을擒ᄒᆞ니皆言ᄒᆞ되城中에糧絕ᄒᆞ고、또水가無ᄒᆞ야將且自潰ᄒᆞᆯ거시오、또天寒陰雨ᄒᆞ야兵卒의手指가墮落ᄒᆞ다ᄒᆞ고淸正의副將이兵使成允文의게通書ᄒᆞ야和親을請ᄒᆞ거ᄂᆞᆯ鎬가諭ᄒᆞ야曰淸正이來降ᄒᆞ면明國에奏ᄒᆞ야官을拜ᄒᆞ고

또厚賞이有ᄒᆞ리라ᄒᆞ니時에賊이大困ᄒᆞ고、더욱이糧盡井渴ᄒᆞ야死者가日積ᄒᆞᄂᆞᆫ지라淸正이自殺코자ᄒᆞ고或金寶ᄅᆞᆯ城外에投ᄒᆞ야我兵心을惰코자ᄒᆞ더니會에西南諸屯의賊이島山의被圍ᄒᆞᆷ을聞ᄒᆞ고來援ᄒᆞ거ᄂᆞᆯ鎬ㅣ諸軍을督ᄒᆞ야攻城ᄒᆞ다가不利ᄒᆞᆫ지라接伴使李德馨과元帥權慄과議ᄒᆞ야曰城이險ᄒᆞ야難拔이오、또救兵이勢大ᄒᆞ니解圍ᄒᆞ얏다가後擧ᄅᆞᆯ再圖ᄒᆞᆷ이可타ᄒᆞ고、드듸여撤兵ᄒᆞ야京城에還ᄒᆞ니是役에明兵도死傷이三千이오糧資와器械가蕩然ᄒᆞ더라

時에嶺南賊이久戍ᄒᆞᆷ을苦ᄒᆞ야投降ᄒᆞᄂᆞᆫ者ㅣ多ᄒᆞ고金應瑞의게來降ᄒᆞᆫ沙也可ᄂᆞᆫ所領兵이三千이라(本朝에서賜名曰金忠善이오慕華堂文集이有ᄒᆞ다)戰功을多立ᄒᆞ야官階가嘉善에至ᄒᆞ고此後로

降倭가大邱、密陽等地에居ᄒᆞ야子孫이繁衍ᄒᆞ고耕種을務ᄒᆞ니號曰降倭村이오其無功ᄒᆞᆫ者ᄂᆞᆫ西北에分處ᄒᆞ다가李适亂에死ᄒᆞ니라

三十一年戊戌春正月에明이提督董一元、劉綎과水師提督陳璘으로ᄒᆞ야곰水陸兵馬ᄅᆞᆯ統率ᄒᆞ고分道來援ᄒᆞᆯ시時에賊이兩邊에屯ᄒᆞ야人民이耕穫치、못ᄒᆞ고窮餒가日甚ᄒᆞ거ᄂᆞᆯ明廷이山東小米百萬斛을送ᄒᆞ야賑給ᄒᆞ니라

二月에水師提督陳璘이水軍五百艘ᄅᆞᆯ率ᄒᆞ고南下ᄒᆞ거ᄂᆞᆯ上이銅雀津에出餞ᄒᆞ다璘이水戰에善ᄒᆞ나性이悍鷙ᄒᆞ야人과多忤ᄒᆞᄂᆞᆫ지라舜臣이古今島에在ᄒᆞ다가其至ᄒᆞᆷ을聞ᄒᆞ고、크게酒饌을盛備ᄒᆞ고軍儀ᄅᆞᆯ備ᄒᆞ야遠迎ᄒᆞ고大宴으로璘의士卒을犒饋ᄒᆞ니將士가다醉飽ᄒᆞ고相語曰此ᄂᆞᆫ果然良將이라ᄒᆞ고璘도、또ᄒᆞᆫ心喜ᄒᆞ더니既而오賊首四十級을獲ᄒᆞ야、다璘의게送ᄒᆞ야功을讓ᄒᆞ니璘이、더욱喜ᄒᆞ기過望ᄒᆞ야自此로每事ᄅᆞᆯ다舜臣의게咨問ᄒᆞ고、또明兵을約束ᄒᆞ야我軍과無異케ᄒᆞ고民의一縷ᄅᆞᆯ奪ᄒᆞᆫ者라도、다治罪ᄒᆞ야敢히違令ᄒᆞᄂᆞᆫ者ㅣ無ᄒᆞ니島中이肅然ᄒᆞ더라璘이上씌上書曰李舜臣이經天緯地ᄒᆞᄂᆞᆫ才와補天浴日ᄒᆞᄂᆞᆫ功이有ᄒᆞ다ᄒᆞ더라

夏六月에明經理楊鎬ㅣ辭職疏ᄅᆞᆯ明에上ᄒᆞ고請罪求回ᄒᆞ다先是에兵部主事丁應泰

丨明帝의게上疏ᄒᆞ야鎬를劾ᄒᆞ되島山戰爭에糧資器械를遺棄ᄒᆞ고兵馬의死者가甚衆ᄒᆞ거ᄂᆞᆯ隱匿不聞ᄒᆞ고糧銀을乾沒ᄒᆞ야欺罔僨事ᄒᆞᆫ二十罪를論ᄒᆞ고、또總兵李如梅ᄂᆞᆫ貪猜喪師ᄒᆞ고釀亂欺罔ᄒᆞᆷ과幷히閣老張位의護黨ᄒᆞᆫ罪를言ᄒᆞ얏더라中軍彭友德이李德馨의게密言曰應泰의論劾ᄒᆞᆫ中五事ᄂᆞᆫ貴國에도有關ᄒᆞ니經理의不幸은곳貴國의不幸이라ᄒᆞ더라時에朝廷이楊鎬를倚重ᄒᆞᄂᆞᆫ지라崔天健을明에遣ᄒᆞ야島山의戰陣始末과楊鎬의被誣ᄒᆞᆷ을卞明ᄒᆞ니라

秋七月에明이楊鎬를罷ᄒᆞ고萬世德으로ᄡᅥ代ᄒᆞ다鎬가將還ᄒᆞᆯ식上이弘濟院에出餞ᄒᆞ시고爲ᄒᆞ야涕淚ᄒᆞ시니鎬가悲感辭去ᄒᆞ더라丁應泰가또本國을誣ᄒᆞ야曰倭寇의來ᄒᆞᆷ은首相李元翼이國王으로더브러引誘ᄒᆞ야遼河以東을奪取ᄒᆞ야朝鮮의舊土를恢復코자ᄒᆞᆷ이라、ᄒᆞ거ᄂᆞᆯ時에朝廷이楊鎬의銳意討賊ᄒᆞᆷ을思ᄒᆞ야李恒福、李廷龜로、ᄒᆞ야곰明에遣ᄒᆞ야其事를辨明ᄒᆞ니明帝가、이에禮部로、ᄒᆞ야곰回咨ᄒᆞ야曰엇지一小臣의妄訐로ᄡᅥ將士의勞苦와貴國의苦情을不念ᄒᆞ리오ᄒᆞ고丁應泰ᄂᆞᆫ削籍爲民ᄒᆞ더라

九月에明總督邢玠가諸將으로더브러四路進軍ᄒᆞ다가三路ᄂᆞᆫ不利ᄒᆞ고陳璘은李舜臣으로더브러賊을大破ᄒᆞ고舜臣은中丸ᄒᆞ야軍中에서卒ᄒᆞ다時에賊이沿海에盤據ᄒᆞ기千里에三窟로分ᄒᆞ야東路ᄂᆞᆫ淸正이島山을據ᄒᆞ고西路ᄂᆞᆫ行長이順天을據ᄒᆞ고中路ᄂᆞᆫ石曼子가泗川을據ᄒᆞ야聲援이、되더니至是ᄒᆞ야總督邢玠와經理萬世德이四路로分ᄒᆞ야進軍ᄒᆞᆯ식麻貴ᄂᆞᆫ二萬四千兵을率ᄒᆞ야東路를主ᄒᆞ고董一元은一萬三千으로中路를主ᄒᆞ고劉綎은一萬三千으로西路를主ᄒᆞ고陳璘은一萬三千餘로水路를主ᄒᆞ야陸續進發ᄒᆞ니號曰二十萬이라是日에麻貴가東萊로브터島山에進兵ᄒᆞ니淸正이去年受圍ᄒᆞᆫ以來로諸軍을聚合ᄒᆞ야幷力堅守ᄒᆞᄂᆞᆫ지라大軍이、비록臨城ᄒᆞ나計策이無ᄒᆞ야退師ᄒᆞ고董一元은晉州로브터、몬져泗川賊義弘을擊ᄒᆞ고縱兵追殺ᄒᆞ다가因ᄒᆞ야法叱串를圍ᄒᆞ니賊이登城備禦ᄒᆞᆯ식佯히羸弱을示ᄒᆞ거ᄂᆞᆯ一元이輕視ᄒᆞ고督軍ᄒᆞ야城에薄ᄒᆞ니賊이熖焇數斛을城外에埋ᄒᆞ고其傍에火具를置ᄒᆞ고領兵出戰ᄒᆞ다가佯敗ᄒᆞ야城에入ᄒᆞ거ᄂᆞᆯ明兵이追進ᄒᆞ얏더니猝然히火가發ᄒᆞ야士卒이驚潰ᄒᆞᄂᆞᆫ지라賊이鈒으로亂斫ᄒᆞ니一元은僅免ᄒᆞ고賊이晉州에追至ᄒᆞ야南江의軍糧萬餘石을奪ᄒᆞ고劉綎은行長을順天倭橋에서攻ᄒᆞᆯ식行長과約ᄒᆞ야講和ᄒᆞᆫ다稱ᄒᆞ고王之翰等으로ᄒᆞ야곰行長의出城키를乘ᄒᆞ야遮截生擒ᄒᆞ라ᄒᆞ고、몬져哨鎗을

中路에埋伏ᄒᆞ고放鴿ᄒᆞ기로爲號ᄒᆞ얏더니行長이軍勢의甚盛ᄒᆞᆷ을見ᄒᆞ고持疑不進ᄒᆞ다가既而오軍中에셔哨鴿을放ᄒᆞ거ᄂᆞᆯ東路兵이遽進ᄒᆞ니行長이驚駭ᄒᆞ야城으로還入ᄒᆞᄂᆞᆫ지라綎이諸軍을督ᄒᆞ야賊寨ᄅᆞᆯ進圍ᄒᆞ고陳璘의게密通ᄒᆞ야水陸夾攻코자ᄒᆞ니是夜에璘이潮水ᄅᆞᆯ乘ᄒᆞ야水寨ᄅᆞᆯ薄ᄒᆞ다가陸軍의鷄聲을聞ᄒᆞ고謂ᄒᆞ되明兵이、이믜入城死戰ᄒᆞᆫ다ᄒᆞ고先登ᄒᆞ더니忽然히潮水가退ᄒᆞ야船이陸地에掛ᄒᆞ고賊이亂入ᄒᆞ야圍殺ᄒᆞ니明兵이力屈ᄒᆞ야其船을自焚ᄒᆞ고僅히得脫ᄒᆞᄂᆞᆫ지라璘이大忿ᄒᆞ야劉綎의帥字旗ᄅᆞᆯ裂ᄒᆞ니綎이扣胸大痛ᄒᆞ야謝罪ᄒᆞ고既而오富有에還屯ᄒᆞ야賊으로더브러退師ᄒᆞ기ᄅᆞᆯ約ᄒᆞ고陳璘의게通ᄒᆞ야曰賊이解歸코자ᄒᆞ니、곳放還ᄒᆞ라ᄒᆞ거ᄂᆞᆯ璘이答ᄒᆞ야曰水陸의責任이異ᄒᆞ니各其自爲ᄒᆞᆫ다ᄒᆞ고賊船十餘隻을猫島에셔邀擊盡殺ᄒᆞ니行長이銀百兩과寶刀五十柄으로ᄡᅥ璘의게進ᄒᆞ야曰兵은血刃치、아님이貴ᄒᆞ니請컨ᄃᆡ假道ᄒᆞ야還國케、ᄒᆞ라ᄒᆞ거ᄂᆞᆯ璘이許諾ᄒᆞ나賊이、또몬져數船을發ᄒᆞ거ᄂᆞᆯ李舜臣이邀擊ᄒᆞ야殺ᄒᆞ니賊이또銃劍으로ᄡᅥ舜臣의게遺ᄒᆞ거ᄂᆞᆯ舜臣이不受ᄒᆞ고璘을責ᄒᆞ야曰此賊이貴國에縱赦ᄒᆞᆯ罪가有ᄒᆞ거ᄂᆞᆯ公이、도로혀受賂코자ᄒᆞ나냐、ᄒᆞ고是夜에舜臣이船上에셔天ᄭᅴ跪祝ᄒᆞ야曰今日에臣이決死코자ᄒᆞ노나願컨

ᄃᆡ天은此賊을殲ᄒᆞ쇼셔ᄒᆞ고祝畢에、몬져露梁에進ᄒᆞ야賊兵을擊破ᄒᆞ야賊船五十隻을焚ᄒᆞ고斬首ᄒᆞ기二百餘級이오戰酣에行長이外洋으로脫出ᄒᆞ고泗川의賊이舜臣을圍ᄒᆞ기屢重이라璘이突圍來救ᄒᆞ니賊이또璘을圍ᄒᆞᄂᆞᆫ지라明兵이高處로브터噴筒을賊船에散ᄒᆞ니風이急ᄒᆞ고火가烈ᄒᆞ야賊船數百이頃刻에焚燒ᄒᆞ고海波가盡赤ᄒᆞ더라舜臣이璘船의被圍ᄒᆞᆷ을見ᄒᆞ고合力血戰ᄒᆞ야賊船二百을焚ᄒᆞ고南海界에追至ᄒᆞ야ᄂᆞᆫ親히手로ᄡᅥ鼓ᄅᆞᆯ擊ᄒᆞᆯ시飛丸이其胸을中ᄒᆞᄂᆞᆫ지라左右가帳中에扶入ᄒᆞ니舜臣이曰戰이方急ᄒᆞ니我死ᄒᆞᆷ을勿言ᄒᆞ라ᄒᆞ고言訖에絕ᄒᆞ더라賊이既退ᄒᆞ미璘이人으로ᄒᆞ야곰求己ᄒᆞᆷ을謝ᄒᆞ다가統制船上士卒이首級을爭ᄒᆞᆷ을望見ᄒᆞ고搥胸大痛ᄒᆞ야曰統制가死ᄒᆞ얏다ᄒᆞ더니問ᄒᆞ나果然이러라

冬十二月에賊酋平秀吉이死ᄒᆞ고家康이執政ᄒᆞ야諸將妻子로爲質ᄒᆞ고其軍을收還ᄒᆞ니蔚山、泗川、順天三路의賊이다撤去ᄒᆞ더라

三十二年己亥春正月에韓應寅으로ᄡᅥ明에遣ᄒᆞ니其終始救援ᄒᆞ야兇賊이退去에邦城이重恢ᄒᆞᆷ을謝ᄒᆞᆷ이오四月에邢玠가諸將을率ᄒᆞ고西還ᄒᆞ거ᄂᆞᆯ上이弘濟院에出餞ᄒᆞ시고萬世德、杜潛、李承勳은京城에留ᄒᆞ니此ᄂᆞᆫ本國의請을從ᄒᆞᆷ이오明이我ᄅᆞᆯ

爲ᄒᆞ야前後에徵發ᄒᆞᆫ이浙、陝、湖、川、雲、貴、緬甸北의兵이二十一萬一千五百이오諸將及任事人이二百七十餘員이오糧銀이五百八十二萬一千餘兩이오米、豆、銀이二百萬兩이오賞用ᄒᆞᆫ本色糧米가數十萬斛이오賞銀이三千餘兩이오山東米가二十萬石이、되니라

三十三年庚子四月에對馬島主平義智가橘智正等을遣ᄒᆞ야被擄男婦三百餘人을刷還ᄒᆞ고和親을乞ᄒᆞ며關市를通코자ᄒᆞ거ᄂᆞᆯ明에遣使通知ᄒᆞ고九月에萬世德、杜潛等이大兵을撤ᄒᆞ야回去ᄒᆞ니此ᄂᆞᆫ戰爭이已完ᄒᆞᆷ이라南兵三千을請留ᄒᆞ야南方을守코자ᄒᆞ니明이許ᄒᆞ더라

三十四年辛丑夏五月에宣武功臣李舜臣等十八人과扈聖功臣李恒福等八十六人의功을錄ᄒᆞ고統制營을巨濟에移設ᄒᆞ니라

三十六年癸卯秋九月에對馬島主가開市를請ᄒᆞ거ᄂᆞᆯ朝議가云ᄒᆞ되我國이倭와一天을不戴ᄒᆞᆯ것이어ᄂᆞᆯ今에罷亂ᄒᆞᆫ지十年에、오히려死傷困餒ᄒᆞ야兵力과人心이可히恃ᄒᆞᆯ者ㅣ無ᄒᆞ니、오직羈縻ᄒᆞ야長策을徐圖ᄒᆞᆷ이可타ᄒᆞ고其事를將ᄒᆞ야明廷에通知ᄒᆞ니라

八道를量田ᄒᆞ니時ᄂᆞᆫ亂後라田結摠이一百五十一萬五千五百餘結이오稅米ᄂᆞᆫ黃豆幷ᄒᆞ야三十餘萬石이니其法이每結에六斗오每石은十五斗러라

三十七年甲辰春에橘智正이又來ᄒᆞ야通信을乞ᄒᆞ거ᄂᆞᆯ僧惟政으로ᄒᆞ야곰日本에往ᄒᆞ야探情ᄒᆞ얏더니明年에日本으로브터還ᄒᆞᆯ새我國男女三千餘人을刷還ᄒᆞ고

三十九年丙午四月에ᄂᆞᆫ琉球國、中山王世子尙寧이我國의恢復ᄒᆞᆷ을致賀ᄒᆞ고幷히綿紬二十端、黃石紬十端、花文紬十端、土扇二百把를獻來ᄒᆞ고日本이犯陵賊二人을縛送ᄒᆞ거ᄂᆞᆯ戮ᄒᆞ고仍히通信을許ᄒᆞ다初에賊이請和ᄒᆞ거ᄂᆞᆯ柳永慶이當國ᄒᆞ야答ᄒᆞ되犯陵賊을送ᄒᆞ면許和ᄒᆞ리다、ᄒᆞ얏더니至是ᄒᆞ야縛來ᄒᆞᆫ지라、이에和事가成ᄒᆞ니라

第二十一課 李舜臣

李舜臣은德水縣人이니兒時에英爽不羈ᄒᆞ고羣兒와戲ᄒᆞᆯ새恒常戰陣狀을作ᄒᆞ더니長ᄒᆞ매武學에從ᄒᆞ고騎射가絶倫ᄒᆞ며性이高簡靜默ᄒᆞ야口에數言이無ᄒᆞ니儕流가畏憚ᄒᆞ더라宣廟丙子에中第ᄒᆞ고干謁을不爲ᄒᆞ며兵曹判書金貴榮이女로妻코자ᄒᆞ거ᄂᆞᆯ舜臣이辭謝ᄒᆞ야曰仕路에初出ᄒᆞ야、엇지權門에托跡ᄒᆞ리오ᄒᆞ고吏曹判書

李舜가其名을聞ᄒᆞ고曰此ᄂᆞᆫ我의同宗이라ᄒᆞ고相見케ᄅᆞᆯ求ᄒᆞ거ᄂᆞᆯ舜臣이不肯曰同宗으로言ᄒᆞ면可見ᄒᆞ려니와銓地에在ᄒᆞ니可見치、못ᄒᆞᆫ다ᄒᆞ더라北邊의權管을調ᄒᆞ얏다가秩滿後에忠淸兵使의軍官이되미屈意徇人치、아니ᄒᆞ고鉢浦萬戶時에ᄂᆞᆫ水使成鎛이館舍의桐木을伐ᄒᆞ야琴을作코자ᄒᆞ거ᄂᆞᆯ舜臣이不許ᄒᆞ니鎛이大怒ᄒᆞ나敢히取去치、못ᄒᆞ고乾原堡權管時에ᄂᆞᆫ賊胡弓乙只乃가久히邊患이、되거ᄂᆞᆯ舜臣이奇計ᄅᆞᆯ設ᄒᆞ야生擒ᄒᆞ야兵使의게獻ᄒᆞ니兵使가其由己치、아니ᄒᆞᆷ을嫉忌ᄒᆞ야、도로혀擅兵으로政府에請罪ᄒᆞ더라

後에造山浦萬戶로在ᄒᆞ실ᄉᆡ方伯이建議ᄒᆞ야鹿屯島屯田을設ᄒᆞ고舜臣으로ᄒᆞ야곰兼管케、ᄒᆞ거ᄂᆞᆯ舜臣이地遠兵少ᄒᆞᆷ으로、ᄡᅢ屢次添兵키ᄅᆞᆯ請ᄒᆞ되兵使李鎰이不許ᄒᆞ더니秋熟時에虜가果然大擧ᄒᆞ야其柵을來搗ᄒᆞ거ᄂᆞᆯ舜臣이挺身拒戰ᄒᆞ야其酋ᄅᆞᆯ射仆ᄒᆞ고追擊ᄒᆞ야被擄ᄒᆞᆫ屯卒六十餘人을奪還ᄒᆞ니李鎰이邊胡의게挑釁ᄒᆞ얏다ᄒᆞ고刑具ᄅᆞᆯ陳ᄒᆞ고將且斬코자ᄒᆞ니軍官等이環視泣訣ᄒᆞ고酒ᄅᆞᆯ予ᄒᆞ거ᄂᆞᆯ舜臣이正色曰死生이有命ᄒᆞ니、엇지飮醉ᄒᆞ리오ᄒᆞ고、밋庭에就ᄒᆞ야抗辯不屈ᄒᆞ니李鎰이意沮ᄒᆞ야因繫ᄒᆞ고朝廷에聞ᄒᆞᄂᆞᆫ지라宣祖ㅣ其無罪ᄒᆞᆷ을察ᄒᆞ고從軍自効ᄒᆞ라ᄒᆞ시더니旣而오反胡ᄅᆞᆯ擊ᄒᆞ야其功으로赦還ᄒᆞ니時에全羅巡察使李洸이上에奏ᄒᆞ야全羅道副防將을除ᄒᆞ고其後에ᄂᆞᆫ井邑縣監을拜ᄒᆞ더니時에都事曺大中이鄭汝立獄事에干連ᄒᆞ야被執ᄒᆞ실ᄉᆡ金吾郞이大中文書ᄅᆞᆯ搜探ᄒᆞ다가舜臣의問答書가有ᄒᆞᆷ을見ᄒᆞ고拔去코자ᄒᆞ니舜臣曰吾書에他意가無ᄒᆞᆯ뿐아니라、또이믜搜巾에在ᄒᆞ니不可不朝廷에上ᄒᆞᆯ지라、엇지拔去ᄒᆞ리오ᄒᆞ더니旣而오大中의柩가邑前으로過ᄒᆞᄂᆞᆫ지라舜臣이奠禮ᄅᆞᆯ具ᄒᆞ고哭送曰彼가、이믜不服ᄒᆞ고死ᄒᆞ얏스니其罪ᄅᆞᆯ不可知오또此人이本道使客을經ᄒᆞ얏스니歧視치、못ᄒᆞᆫ다ᄒᆞ고時에相臣鄭彦信이、또ᄒᆞᆫ繫獄ᄒᆞ얏거ᄂᆞᆯ舜臣이京師에至ᄒᆞ얏다가其舊帥라ᄒᆞ야獄門에詣ᄒᆞ야候問ᄒᆞ더라備局이武臣을選ᄒᆞ실ᄉᆡ柳成龍이朝廷에力薦ᄒᆞ야高沙里僉使ᄅᆞᆯ陞ᄒᆞ니臺諫이其亟遷ᄒᆞᆷ을論ᄒᆞ더라旣而오滿浦僉使ᄅᆞᆯ除授ᄒᆞ얏다가、다시珍島郡守로全羅左道水軍節度使ᄅᆞᆯ拜ᄒᆞ니時에倭釁이已啓ᄒᆞ얏거ᄂᆞᆯ朝野가、오히려晏然ᄒᆞᄂᆞᆫ지라舜臣이獨히憂慮ᄒᆞ야備禦ᄅᆞᆯ修ᄒᆞ고鐵鎖ᄅᆞᆯ鑄ᄒᆞ야海港을橫截ᄒᆞ고龜船을製ᄒᆞ야上見恒常取勝ᄒᆞ더라

壬辰四月에倭寇가大至ᄒᆞ야釜山과東萊ᄅᆞᆯ陷ᄒᆞ고嶺南으로브터京師ᄅᆞᆯ直向ᄒᆞᄂᆞᆫ지라舜臣이移兵ᄒᆞ야擊코자ᄒᆞ니麾下가皆曰我鎭은左道라擅離치、못ᄒᆞᆫ다ᄒᆞ거ᄂᆞᆯ、

오작軍官宋希立과萬戶鄭運의議가合ᄒᆞᄂᆞᆫ지라舜臣曰今日事ᄂᆞᆫ、오작擊賊ᄒᆞ다가
死ᄒᆞᆯᄲᅮᆫ이라敢히違令者ᄂᆞᆫ斬ᄒᆞ리라ᄒᆞ고諸鎭堡兵을前洋에會合ᄒᆞ고戒期將發ᄒᆞᆯ시
會에慶尙右水使元均이舟師를盡喪ᄒᆞ고救援을請ᄒᆞ거ᄂᆞᆯ舜臣이곳引兵往赴ᄒᆞ니玉
浦萬戶李雲龍과永登萬戶禹致績이前導가、되야玉浦에至ᄒᆞ야ᄂᆞᆫ倭船二十艘를破
ᄒᆞ고固城에至ᄒᆞ야賊의入京과上의西行ᄒᆞ심을聞ᄒᆞ고舜臣이西向痛哭ᄒᆞ고露梁에
進至ᄒᆞ야倭船十二艘를破ᄒᆞ고泗川에至ᄒᆞ야ᄂᆞᆫ舜臣이左臂에中丸ᄒᆞ얏스나、오히
려弓을不釋ᄒᆞ고終日督戰ᄒᆞ다가戰罷에軍中이始知ᄒᆞ더라

六月에ᄂᆞᆫ唐浦에서樓船賊將을破ᄒᆞ고閑山島前洋에서ᄂᆞᆫ七十餘艘를破ᄒᆞ니賊將
平秀家ㅣ逃亡ᄒᆞ고死者가萬人이라賊이、크게震恐ᄒᆞ고、또安骨浦에서四十餘艘
를燒ᄒᆞ더라時에倭兵이諸路에彌滿ᄒᆞ야官軍과義兵이連敗ᄒᆞ되獨히舜臣은連次大
捷을奏ᄒᆞ더라舜臣이本營의地勢가偏僻ᄒᆞᆫ지라閑山島에移鎭ᄒᆞ야兩湖水路를控制
ᄒᆞ기를請ᄒᆞ니朝廷이、드ᄃᆡ여水軍統制使를置ᄒᆞ야本職으로兼領케、ᄒᆞ니라其後에賊
將要時羅의反間을拔ᄒᆞ야召鞫ᄒᆞ야殺코자ᄒᆞ니相臣鄭琢曰舜臣은名將이라、맛
ᄯᅡᆼ히赦罪責効ᄒᆞ소서ᄒᆞ거ᄂᆞᆯ上이、또ᄒᆞᆫ其功을念ᄒᆞ야赦ᄒᆞ고從軍自効ᄒᆞ라ᄒᆞ시더

라時에拇親이牙山에서病卒ᄒᆞ거ᄂᆞᆯ舜臣이便道奔哭ᄒᆞᆯ시數日哀哭의一心忠孝가到此
俱盡ᄒᆞ얏다ᄒᆞ니軍民이遮擁號泣ᄒᆞ고遠近이嗟惜ᄒᆞ더라時에元均이舜臣을譖ᄒᆞ야
統制使를拜ᄒᆞ고舜臣의軍政을盡變ᄒᆞ다가賊의게大敗ᄒᆞᆫ지라朝廷이、다시舜臣
으로써統制使를拜ᄒᆞ니舜臣이明將陳璘과合ᄒᆞ야賊을大破ᄒᆞ기隨次러니既而오
露梁에서中丸ᄒᆞ야卒ᄒᆞ니陳璘이聞ᄒᆞ고擲地大慟ᄒᆞ며兩陣에哭聲이震天ᄒᆞ더라舜
臣이居家에篤行이有ᄒᆞ고操守가貞介ᄒᆞ며治軍ᄒᆞᆷ이簡正有法ᄒᆞ야一人을妄殺치、
아니ᄒᆞ니三軍이一志ᄒᆞ야敢히違令치、못ᄒᆞ고臨陣對敵에意思가從容ᄒᆞ고見可ᄒᆞᆫ
後進ᄒᆞ고知難ᄒᆞ면退ᄒᆞ며斥候가遠ᄒᆞ고警備를嚴ᄒᆞ야賊이來ᄒᆞ면必知ᄒᆞᄂᆞᆫ故로士
卒이其神明을服ᄒᆞ고每夜에休士ᄒᆞᆯ시、반ᄃᆞ시箭羽를親理ᄒᆞ고空拳으로써射士의
게予ᄒᆞ얏다가賊船이逼近ᄒᆞᆫ後에야箭을散與ᄒᆞ고、또親히操弓齊射ᄒᆞᄂᆞᆫ지라將士
ㅣ扶擁諫止ᄒᆞ야曰엇지爲國自愛치、아니ᄒᆞᄂᆞ뇨、ᄒᆞᆫᄃᆡ舜臣이指天曰我命이在彼
ᄒᆞ니、엇지汝等으로ᄒᆞ야곰賊을獨當ᄒᆞ리오ᄒᆞ더라

舜臣이立身ᄒᆞᄂᆞᆫ節과死亂ᄒᆞᄂᆞᆫ忠과行師用兵의妙가當時元功ᄲᅮᆫ、아니라古名將이
라도可及ᄒᆞᆯ者ㅣ少ᄒᆞ더라

李浚慶은明宗時領議政이라時에上이無嗣ᄒᆞ고、또不豫ᄒᆞ신지라國本이未定ᄒᆞ야人心이危懼ᄒᆞ거ᄂᆞᆯ浚慶이大憂ᄒᆞ더니判書閔箕의言을聞ᄒᆞ고大悟ᄒᆞ야、곳建儲ᄒᆞ기ᄅᆞᆯ請ᄒᆞᆫᄃᆡ時에上의病이、이믜沈重ᄒᆞ야言치、못ᄒᆞᄂᆞᆫ지라仁順王后(明宗后)ㅣ下諭ᄒᆞ야曰上이德興君第三子(宣祖)의게屬意ᄒᆞ시다ᄒᆞ거ᄂᆞᆯ浚慶曰然ᄒᆞ면天意가在此ᄒᆞ다ᄒᆞ고、곳宣祖潛邸ᄅᆞᆯ扈衛케、ᄒᆞ더니旣而오上이疾間ᄒᆞᆫ지라浚慶이頓首啓曰聖候가未豫ᄒᆞ야擧國이恐懼ᄒᆞᄂᆞᆫ지라臣不肖가大臣으로待罪ᄒᆞ얏스니不得不宗社ᄅᆞᆯ爲ᄒᆞ야計ᄒᆞ얏ᄂᆞ이다、ᄒᆞᆫᄃᆡ上이不悅曰朕의病이死에至치、아니ᄒᆞ얏거ᄂᆞᆯ大臣이此事ᄅᆞᆯ預行ᄒᆞᄂᆞ뇨、ᄒᆞ시거ᄂᆞᆯ閔箕ㅣ袖中으로大學衍義의定國本章을進ᄒᆞ야曰大臣이謀國에、엇지身命을顧ᄒᆞ리잇가大抵古今의亂亡이繼嗣不定ᄒᆞᆫᄃᆡ서生ᄒᆞᄂᆞ니此書ᄅᆞᆯ見ᄒᆞ면、맛당이知ᄒᆞ시리이다、ᄒᆞᆫᄃᆡ明宗이諦視ᄒᆞ고、비로소顔色이和豫ᄒᆞ야曰首相이身으로ᄡᅥ殉國ᄒᆞ니可謂社稷臣이라、ᄒᆞ사니라

距今三百三十九年前丁卯六月에明宗의病患이猝重ᄒᆞ야夜半에仁順王后ᄭᅴ서大臣을急召ᄒᆞ시거ᄂᆞᆯ浚慶이諸臣으로더브러寢殿에入ᄒᆞ니上이、이믜言語치、못ᄒᆞ시고內人이冠帶로ᄡᅥ臥內에置ᄒᆞ얏거ᄂᆞᆯ浚慶이進前ᄒᆞ야大聲曰臣等이來ᄒᆞ얏ᄂᆞ이다、ᄒᆞᆫᄃᆡ上이不應ᄒᆞᄂᆞᆫ지라浚慶이、이에王后ᄭᅴ告曰事勢가至此ᄒᆞ니社稷을爲ᄒᆞ야定策ᄒᆞ소서ᄒᆞᆫᄃᆡ王后ㅣ答ᄒᆞ야曰向者大殿이一封書ᄅᆞᆯ下ᄒᆞ셧스니其人으로ᄡᅥ爲嗣ᄒᆞ라、ᄒᆞ시거ᄂᆞᆯ浚慶이、이에伏地曰社稷의計가定ᄒᆞ얏ᄂᆞ이다、ᄒᆞ더니旣而오上이手ᄅᆞᆯ擧ᄒᆞ야浚慶을御床에引升ᄒᆞ고流涕ᄒᆞ시ᄂᆞᆫ지라浚慶이、또ᄒᆞᆫ泣ᄒᆞ야曰儲嗣가未定ᄒᆞ니速히大計ᄅᆞᆯ定ᄒᆞ소서ᄒᆞᆫᄃᆡ上이言치、못ᄒᆞ시고、다만手로ᄡᅥ內殿의屛風을叩ᄒᆞᄂᆞᆫ지라浚慶이上意ᄅᆞᆯ知ᄒᆞ고內殿에向ᄒᆞ야啓曰聖候가至此ᄒᆞ시니願컨ᄃᆡ上의本意ᄅᆞᆯ敎ᄒᆞ소서ᄒᆞ니王后ᄭᅴ서、다시答ᄒᆞ야曰向者大漸時에德興君第三子로ᄡᅥ定ᄒᆞ얏노라、ᄒᆞ시거ᄂᆞᆯ浚慶이、이에他大臣及三司長官을召ᄒᆞ야此旨ᄅᆞᆯ與聞케ᄒᆞ고史官으로ᄒᆞ야금特書曰德興君第三子가入承大統이라ᄒᆞ고書畢에其書ᄅᆞᆯ親히玉几前에跪奉ᄒᆞ야曰上旨ᄅᆞᆯ因ᄒᆞ야內殿에稟ᄒᆞ니內殿의敎旨가如此ᄒᆞᆫ故로敢稟ᄒᆞ노이다、ᄒᆞᆫᄃᆡ上이含淚點首ᄒᆞ시더니、곳崩ᄒᆞ시니라

時에浚慶이또注書尹卓然을召ᄒᆞ야遺詔ᄅᆞᆯ書ᄒᆞᆯ셰卓然이第三子의三字ᄅᆞᆯ參字로ᄡᅥ書ᄒᆞ니라

沈通源은王后叔父라闕內에在ᄒᆞ거ᄂᆞᆯ浚慶이其異議ᄅᆞᆯ出ᄒᆞᆯ가恐ᄒᆞ야密히其門을鎖

호고、드듸여定策호얏더니既而오通源과左相李淏이至호야賓廳에會호셔是曉에
上이崩호신지라大臣이慶會樓南門에會坐호고都承旨李陽元과副承旨朴素立、注
書黃大受及侍衛壯士로、호야곰德興邸에往호야宣祖를迎入호셔陽元이、다만往迎
의命만受호고某君을不問호눈자라大受가陽元의帶를執호고問호되陽元曰已定호
事를問홈바、아니라호나大受ㅣ曰비록定호얏스나草々行事치、못호리라호고、이
에大臣을向호야問曰德興君의第幾子를迎來호리잇가호되大臣曰第三子河城君이
로라호니大受ㅣ곳紙에書호後大臣의게擧示호고出호셔時에陽元은闕門에至호니
輿馬가無호고德興邸가闕門과不遠호지라陽元이步往코자호거놀大受ㅣ曰비록倉
卒間이라도威儀를失치、못호다호되陽元曰何處에馬를得호리오호더니時에百官
의輿馬가門外에多호지라大受ㅣ이에其馬를得호야二承旨로、더브러騎호고德興
邸에至호니侍衛가未集에雜人이闖入호더니天이將曙에兵判元混이侍衛士를率호
고始至호눈지라陽元이곳上의舅鄭昌瑞를呼호야通謁호거놀大受ㅣ曰今日此事를
、엇지糊塗히做去호리오古人이搴簾호後拜호눈者ㅣ有호니今者宮中에王孫이三
人이라、엇지明言치아니호리오、맛당히三王孫을請호야親見호後扈衛호리라호되

陽元이不從호고昌瑞의게問曰何君이治裝호얏눈뇨호니昌瑞ㅣ答曰前日에定호河
城君이로라大受ㅣ또力言호야天顏을先見호다호되陽元이不得已謁見키를請호더
라時에雜人이言호되扈從者눈錄功호다호니諸人이爭集記名호야宮奴의게授호
고朝士도、또호求錄호눈者ㅣ有호더니宮奴가錄名簿로써大受의게授호야曰嗣子
씌셔命호셧다호거놀大受ㅣ不受호야曰嗣子가今日에、엇지命令이有호리오호더
라日이高昇호後陽元等이黑衣를服호고侍衛士눈吉服을着호고上은白衣烏帽로景
福宮에入호시니羣情이大安호더라

大抵李陽元이某君迎立홈을明言치、아니홈은不測의虞를防코자홈이라向者仁宗
이崩호신後、明宗씌셔介弟로遺命을受호야大統을承호시거놀羣奸이、오히려擇賢
호다눈說을倡호야士林을芟劉호얏거놀況今日은人心이危疑호고顧命이未顯호니
萬一奸人이他王孫을陰主호야意外에變이生호면今上을往迎호者ㅣ엇지免誅호리
오陽元의謀가、또호密호다호겟고、또此時에上이初崩호얏거놀侍衛臣이吉服을
着홈은何故오然이나嗣位가幾定에人心이大安호者눈李浚慶의鎭物호功이오黃大
受눈可謂職事를不負호얏다홀지라然이나、맛참닉沉滯終身호니可惜호도다

是日에闕門이洞開ᄒᆞ고百官及輿從이殿庭에서喧閙雜亂ᄒᆞ나禁止ᄒᆞᄂᆞᆫ者ㅣ無ᄒᆞ야疎闊이甚ᄒᆞᆫ지라然이나李浚慶은元來重望이有ᄒᆞ야國人이倚信ᄒᆞᄂᆞᆫ故로處置가、비록疎畧ᄒᆞ나世人의誹論이無ᄒᆞ니라

初에浚慶이顧命을受ᄒᆞ고賓廳에出ᄒᆞ야兵曹로、ᄒᆞ야곰部伍를整理ᄒᆞ고禮曹ᄂᆞᆫ迎立儀節을修케ᄒᆞ니陽元이三司長官을召ᄒᆞ야叅預ᄒᆞ라ᄒᆞᄂᆞᆫ지라浚慶이勵聲曰我가首相으로遺詔를承ᄒᆞ얏거ᄂᆞᆯ君이三司를招코자ᄒᆞ니將且何事를做ᄒᆞᄂᆞ뇨ᄒᆞ니陽元이惶恐失措ᄒᆞ더니、밋上이即位ᄒᆞ미陽元을罪코자ᄒᆞᄂᆞᆫ者ㅣ有ᄒᆞᆫ지라浚慶이曰李某가當時에、다만大事를愼重코자ᄒᆞᆷ뿐이라、엇자他意가有ᄒᆞ리오ᄒᆞ니議가遂沮ᄒᆞ더라然이나陽元이自安치、못ᄒᆞ야出外키를求ᄒᆞ거ᄂᆞᆯ上이嫌忌치、아니ᄒᆞ고、맛참ᄂᆡ大用ᄒᆞ시니라

左相沈通源은公座에서屢言ᄒᆞ야曰主上의承統ᄒᆞᆷ은我輩가、엇지無功타謂ᄒᆞ리오ᄒᆞ야貪功ᄒᆞᄂᆞᆫ色이有ᄒᆞ거ᄂᆞᆯ浚慶이正色不答ᄒᆞ니通源이意沮ᄒᆞ고、또僥倖ᄒᆞᆫ輩가坐集從駕ᄒᆞ야聯名成册ᄒᆞ고、또其時所爲ᄒᆞᆫ事를錄ᄒᆞ야至於策功으로言ᄒᆞᄂᆞᆫ者ㅣ有ᄒᆞᆫ지라浚慶이怒ᄒᆞ야其書를焚燒ᄒᆞ야曰此事ᄂᆞᆫ다內定ᄒᆞ심이니臣下ㅣ엇지其間에干預ᄒᆞ야敢히此言을發ᄒᆞᄂᆞ뇨ᄒᆞ더라

時에明使臣許國、魏亮이安州에來至ᄒᆞ거ᄂᆞᆯ朝廷이蒼黃間에訃書를傳치、못ᄒᆞᆫ지라既而오譯官洪純彦이國恤을告ᄒᆞᆫᄃᆡ兩使가含淚ᄒᆞ야曰千古所無ᄒᆞᆫ事라ᄒᆞ고、다시國中에有變ᄒᆞᆯ가恐ᄒᆞ야譯官의게問曰前王이有嗣ᄒᆞ나ᄒᆞ거ᄂᆞᆯ答曰無ᄒᆞ도다問曰首相이何人고曰李浚慶이로라曰國人이信ᄒᆞᄂᆞ나ᄒᆞ거ᄂᆞᆯ答曰賢相이라元來德量이有ᄒᆞ야國人이信ᄒᆞᆫ다ᄒᆞ니兩使ㅣ曰然ᄒᆞ면吾輩가無慮ᄒᆞ다ᄒᆞ고

時에明使가、크게疑懼ᄒᆞ야曰今에國君이無嗣ᄒᆞ니國內事를可知치、못ᄒᆞᆯ지라吾輩가、다시還去ᄒᆞ야國事가有屬ᄒᆞᆫ後、復來ᄒᆞᆷ이可타ᄒᆞ니副使ㅣ曰國이必亂ᄒᆞᆯ지라吾輩가君命을草野에棄ᄒᆞᆯ진ᄃᆡ此地에死ᄒᆞᆷ이可타ᄒᆞ고因ᄒᆞ야問曰相臣當國ᄒᆞᆫ者ㅣ何人이뇨文章或德望中에何를居ᄒᆞᆫ者냐、ᄒᆞ거ᄂᆞᆯ答曰首相은李浚慶이니文章德望이俱備ᄒᆞ야一國이倚重ᄒᆞᄂᆞᆫ비로라、ᄒᆞᆫᄃᆡ兩使ㅣ喜曰然ᄒᆞ면無患ᄒᆞ다ᄒᆞ고、오히려趦趄ᄒᆞᄂᆞᆫ色이有ᄒᆞ야、몬져其隨員으로ᄒᆞ야곰京城에馳來ᄒᆞ야喪禮를問ᄒᆞ니其實은事故를偵探코자ᄒᆞᆷ이러라

李滉의號ᄂᆞᆫ退溪니自幼로力學ᄒᆞ고禮法으로自律ᄒᆞ며老母가在ᄒᆞᆫ故로科第를出ᄒᆞ

야通顯에至ᄒᆞ나其志가、아니오初에洸이深히韜晦ᄒᆞᆫ故로朋友輩도、또ᄒᆞᆫ其道學을不知ᄒᆞ더니、밋年高德卲ᄒᆞ미充養ᄒᆞ기久ᄒᆞ야精華가自炳ᄒᆞᄂᆞᆫ지라自此로後學이다治然히尊師ᄒᆞ고禮安縣에退去ᄒᆞ니時人이仰ᄒᆞ기泰山北斗와如ᄒᆞ다가、밋尹元衡이死ᄒᆞ미明宗씌셔徵召ᄒᆞᄂᆞᆫ지라世人이다欣然ᄒᆞ고大提學을將拜ᄒᆞᆯ셔時에重望이洸의게屬ᄒᆞᆫ지라洪暹이其職을洸의게讓ᄒᆞ니라

朴淳은神姿ㅣ爽朗ᄒᆞ고擧止가雍容ᄒᆞ며大司諫으로在ᄒᆞᆯ時에大司憲李鐸의게謂曰吾가尹元衡의罪를正코자ᄒᆞ노니公은贊成ᄒᆞ라ᄒᆞᆫᄃᆡ鐸이大驚曰公이老夫의宗族을赤코자ᄒᆞᄂᆞᆫ가、ᄒᆞ거ᄂᆞᆯ淳이徐々히開論ᄒᆞ니鐸이從ᄒᆞ야元衡과沈通源을劾論ᄒᆞ야放逐ᄒᆞ니士論이始伸ᄒᆞ고朝廷이肅然ᄒᆞ니라

盧守愼은領相이라筵席에서臺諫金誠一이啓曰領相盧守愼이人의貂裘를受ᄒᆞ얏스니守愼이此事가有ᄒᆞᆷ은意外로소이다、ᄒᆞᆫᄃᆡ守愼이避席待罪ᄒᆞ야曰、金誠一의言이果是ᄒᆞ오이다臣의母가老ᄒᆞ고、또有病ᄒᆞ야冬日에耐寒치、못ᄒᆞᄂᆞᆫ故로果然邊帥處에請求ᄒᆞ얏ᄂᆞ이다、ᄒᆞ니上이稱賞ᄒᆞ야曰大臣과臺諫이다得體ᄒᆞ얏다ᄒᆞ고守愼이元來誠一과交好ᄒᆞ더니自此로、더욱敬重ᄒᆞ더라

柳成龍은文章과學行이一世의推重ᄒᆞᆫ비되고、비록三公이된지久ᄒᆞ나淸貧ᄒᆞᆷ이寒士와如ᄒᆞ고臨事에公正ᄒᆞ야人이敢히私事로干謁치、못ᄒᆞ며壬辰亂을當ᄒᆞ야羽書가傍午ᄒᆞ고文牒이山積ᄒᆞᆫ지라然이나成龍이諸文을口號ᄒᆞᆯ셔申欽으로ᄒᆞ야곰執筆ᄒᆞ야連篇累牘에欽의筆은迅疾ᄒᆞ기風雨와如ᄒᆞ고成龍의文은煥然히成章ᄒᆞ미分毫도差錯이無ᄒᆞ야、비록奏啓及國書等文字라도、다頃刻에成ᄒᆞ더라

臨卒에上이醫官을遣ᄒᆞ시니成龍이謂曰遠來에勤苦ᄒᆞ얏도다ᄒᆞ고、다시客을謝遣ᄒᆞ야曰安靜히歸化코자ᄒᆞᆫ다、ᄒᆞ고侍者를命ᄒᆞ야堂中에席을整ᄒᆞ고北向正坐ᄒᆞ야怡然히逝ᄒᆞ더라、밋葬ᄒᆞᆯ셔都民이다奔走會哭ᄒᆞ야曰公이、아니면吾屬이無類ᄒᆞ얏겟다ᄒᆞ더라

李恒福은自幼로義氣가有ᄒᆞ야十餘歲에新襦를着ᄒᆞ고出門ᄒᆞ얏다가隣兒의衣弊ᄒᆞᆫ者를見ᄒᆞ고、곳解與ᄒᆞ며履를脫ᄒᆞ야人의게贈ᄒᆞ고跣足으로歸ᄒᆞ니其疎財濟物ᄒᆞᄂᆞᆫ志가幼時브터他人의不及ᄒᆞᆯ비러라

成童時에氣力이雄健ᄒᆞ야角鬪를喜ᄒᆞᄂᆞᆫ지라母親崔夫人이切責ᄒᆞᆫᄃᆡ、곳折節力學ᄒᆞ고言辭가明敏ᄒᆞ야諸人의難辨處를一言에即解ᄒᆞ며大獄이屢起ᄒᆞ야寃者가多ᄒᆞ

거ᄂᆞᆯ恒福이其間에周旋ᄒᆞ야全活이甚多ᄒᆞ고士禍가起ᄒᆞ미鄭澈이禍首가、되야遠地에竄ᄒᆞᆯ시門生과故舊가敢히餞送치、못ᄒᆞ거ᄂᆞᆯ恒福이獨히歷訪ᄒᆞ니人이다危怵ᄒᆞ고時에臺諫이恒福을竄黜코자ᄒᆞ다가李元翼이力救ᄒᆞ야免ᄒᆞ니라

壬辰亂에明兵이水陸湊集ᄒᆞ야凡軍旅에關ᄒᆞᆫ者ᄂᆞᆫ恒福의게歸ᄒᆞ니此ᄂᆞᆫ恒福이兵判位에在ᄒᆞᆷ이오恒福이每事ᄅᆞᆯ善處ᄒᆞ야沛然히餘地가有ᄒᆞ고、또美布萬匹을常蓄ᄒᆞ야急時의用을備ᄒᆞᄂᆞᆫ지라明提督等이臨事ᄒᆞ면輒曰李尙書가何在오、ᄒᆞ더라

李德馨은壬辰亂에單騎로賊을江中에셔會ᄒᆞᆯ시是日에羣臣과諸將이다悚然히變色ᄒᆞ더라德馨이賊을見ᄒᆞ고大義로責ᄒᆞ미辭氣가壯烈ᄒᆞᆫ지라玄蘇가人의게稱ᄒᆞ야曰、倉卒間에辭語가平日과無異ᄒᆞ니果然大人이라ᄒᆞ더라

明經理楊鎬가年少氣銳ᄒᆞ야天下士ᄅᆞᆯ輕視ᄒᆞ고氣勢로人을壓倒ᄒᆞᄂᆞᆫ지라上이德馨을命ᄒᆞ야往見ᄒᆞ라ᄒᆞ신ᄃᆡ鎬가一見에곳傾倒ᄒᆞ고深히器重ᄒᆞ야曰、李某ᄂᆞᆫ、맛당이百寮의上이될지라、엇지下寮에屈ᄒᆞ요ᄒᆞ더라

明提督劉綎이密히行長으로ᄒᆞ야곰遁去ᄒᆞ라ᄒᆞ고己功을作코자ᄒᆞ거ᄂᆞᆯ德馨이其狀을知ᄒᆞ고、몬져李舜臣으로ᄒᆞ야곰陳璘의게告ᄒᆞ야賊을邀擊大破ᄒᆞ고德馨이또朝廷에密啓ᄒᆞ얏더니德馨을忌ᄒᆞᄂᆞᆫ者ㅣ綎의게聞ᄒᆞᄂᆞᆫ지라綎이大怒曰吾의三十年功名이李某ᄅᆞᆯ因ᄒᆞ야墮落ᄒᆞᄂᆞᆫ도다、ᄒᆞ더라

德馨의精神이秀朗凝遠ᄒᆞ며謙謹自持ᄒᆞ야一毫도矜高ᄒᆞᆫ色이無ᄒᆞ나然ᄒᆞ나事ᄅᆞᆯ遇ᄒᆞ면英氣가奮發ᄒᆞ고立朝三十餘年에鞠躬盡瘁ᄒᆞ야、맛참ᄂᆡ中興의業을成ᄒᆞ니라

李廷龜ᄂᆞᆫ六歲에能히屬文ᄒᆞ야一篇이出ᄒᆞ면、곳人을驚ᄒᆞᆯ지라世上이稱曰神童이라ᄒᆞ고壬辰亂이起ᄒᆞᆫ後에楊鎬가平壤에到ᄒᆞ야軍馬、城池、粮械ᄅᆞᆯ問ᄒᆞ거ᄂᆞᆯ上이廷龜로酬應ᄒᆞ고明使熊和의舘伴이、되미相得懽甚ᄒᆞ야先生이라稱ᄒᆞ고廷龜의詩ᄅᆞᆯ評ᄒᆞ야曰、字字가다唐人氣魄이라ᄒᆞ더라

明國에使ᄒᆞᆯ시鎭江守將丘坦이廷龜ᄅᆞᆯ慕仰ᄒᆞ야彩棚을設ᄒᆞ고供帳을盛케ᄒᆞ고道左에셔迎勞ᄒᆞ며所至에中國人이聚觀ᄒᆞ야曰、朝鮮李尙書가至ᄒᆞᆫ다ᄒᆞ더라

廷龜의文章이當世에冠이오兼히福祿을享ᄒᆞ니世人이高麗李齊賢의게比ᄒᆞ더라

閔泳煥은我韓世家오帝室戚臣이라禁闥에出入ᄒᆞ기三十年에昂々히社稷臣의風節이有ᄒᆞ고國家에大事가有ᄒᆞ면、곳直言極諫ᄒᆞ며天子를翊贊ᄒᆞ고國家를扶植ᄒᆞᆷ으로、써己任을作ᄒᆞ야一日도忘치、아니ᄒᆞ다가上이俄館으로播遷ᄒᆞ시든日에滿朝의元老와公卿을率ᄒᆞ고還御ᄒᆞ기를泣請ᄒᆞ고俄皇戴冠式에使節을秉ᄒᆞ고往回ᄒᆞ야世界大勢를洞知ᄒᆞ고、또英女皇即位五十年盛禮에往參ᄒᆞ며歐洲諸强國의偉人傑士를訪問ᄒᆞ고文明制度를視察ᄒᆞ미自國의萎靡不振ᄒᆞᆷ을憂慮ᄒᆞ야上前에至ᄒᆞ면侃々諤々에涕淚가沾衿ᄒᆞ야憂心忡々에自已치、못ᄒᆞ기十餘年이러니

日、俄交戰以來로日本政府에셔施政改善으로써韓廷에忠告ᄒᆞᆯ셔日本公使林權助가泳煥을推ᄒᆞ야參政에任ᄒᆞ거놀泳煥이時局의悲觀을抱ᄒᆞ고、곳去位ᄒᆞ니此는其時事가不可爲ᄒᆞᆷ을知ᄒᆞᆫ故오

旣而오日本伊藤博文이韓國에來ᄒᆞ야在廷諸臣을威脅ᄒᆞ야保護新約을勒成ᄒᆞ는지라泳煥이同志諸名士를率ᄒᆞ고上疏ᄒᆞ야其不可ᄒᆞᆷ을言ᄒᆞ더니其夜에곳自刎ᄒᆞ야死ᄒᆞ니其遺骸가私邸에歸ᄒᆞᆯ셔滿城人士가痛哭哀慟ᄒᆞ야聲이雲霄에達ᄒᆞ며至於外國人에來吊者가다慟哭流涕ᄒᆞᆯ뿐아니라勒約ᄒᆞ든伊藤博文及林權助도、또ᄒᆞᆫ其忠을動ᄒᆞ야悲淚를禁치、못ᄒᆞ고各國公使가半旗를下ᄒᆞ야吊意를示ᄒᆞ며

泳煥이上疏ᄒᆞ다가嚴旨를被ᄒᆞ야平理院에셔待罪ᄒᆞ더니、다시放釋의命을受ᄒᆞ고槐洞李完植家에至ᄒᆞ야悒鬱ᄒᆞᆫ態가自勝치、못ᄒᆞ더니旣而오囊中小刀를出ᄒᆞ야咽喉를爛刺ᄒᆞ야死ᄒᆞ니此는光武九年十一月三十日午前六時러라

泳煥이死ᄒᆞᆫ後에其衣帶中에遺書가有ᄒᆞ니其題에曰、警告我大韓人民이라ᄒᆞ니其文에曰

嗚呼라國恥民辱、乃至於此、我人民行將殄滅於生存競爭之中矣、夫要生者必死、期死者得生、諸公豈不諒只、泳煥願以一死仰報皇恩、以謝我二千萬同胞兄弟、泳煥死而不死、期助諸君於九泉之下、幸我同胞兄弟、千萬倍加奮勵、堅乃志氣、勉其學問、決心戮力復我自由獨立、則死者當喜笑於冥々之中矣、嗚呼少無失望、訣告我二千萬同胞라、ᄒᆞ얏고

또各國公使館에寄書ᄒᆞ니曰

泳煥、爲國不善、國勢民計乃至於此、徒以一死報我皇恩、謝我二千萬同胞、死者已矣、今我二千萬人民、行當殄滅於生存競爭之中矣、貴公使豈不諒曰

本之行爲耶、貴公使幸以天下公議爲重、歸報貴政府及人民、以助我人民之自由獨立、則死者當喜笑含感於冥々之中矣、嗚呼閣下幸勿輕視我大韓人民、諒解我人民之血心

第二十七課　二十八課　金德齡 一二

金德齡은光州石底村人이라身體가短少ᄒᆞ고神勇이絕倫ᄒᆞ며怒ᄒᆞ면目中에火光이出ᄒᆞ야、비록暗夜라도數十步를照ᄒᆞ고數仞樓閣을超越ᄒᆞ며或馬를馳驟ᄒᆞ야房闥에入ᄒᆞ얏다가回馬躍出ᄒᆞ야樓屋上에登ᄒᆞ야ᄂᆞᆫ、다시橫臥ᄒᆞ야溜轆ᄒᆞ다가簷으로墜ᄒᆞ야樓中에入ᄒᆞ며或은山坂에셔長劍을揮ᄒᆞ야左右로斫ᄒᆞ니所過에樹木이散落ᄒᆞ기風雨와如ᄒᆞᆫ지라李貴가深히推許ᄒᆞ야曰、龍虎를捕逐ᄒᆞ미空中에飛走ᄒᆞ야智略은孔明과如ᄒᆞ고勇力은關羽와同ᄒᆞ다ᄒᆞ더라德齡이元來氣節이有ᄒᆞ나自幼로儒業을習ᄒᆞ야端雅謙晦ᄒᆞᄂᆞᆫ故로人이知者가無ᄒᆞ더니壬辰亂에兄德弘이錦山에셔戰死ᄒᆞᆫ지라自此로世事에無意ᄒᆞ고母喪으로在家ᄒᆞᆯ시時에官軍과義兵이賊의게輒敗ᄒᆞᄂᆞᆫ지라姊夫金應會가屢次起兵키를勸ᄒᆞ거ᄂᆞᆯ德齡이持疑不決ᄒᆞ더니會에潭陽府使李景麟과長城縣監李貴가朝廷에交薦ᄒᆞ고監司ㅣ또戰具를給ᄒᆞ야赴難ᄒᆞ라ᄒᆞᆯ시時에光海君이東宮으로南下ᄒᆞ얏다가令旨로써諭ᄒᆞ거ᄂᆞᆯ德齡이其所善壯士崔聃齡等數十人으로더브러俱起ᄒᆞᆯ시田宅을賣ᄒᆞ야器仗을準備ᄒᆞ고四方에傳檄ᄒᆞ야兵士를募ᄒᆞ니應者가坌集ᄒᆞ야精壯五千餘人을得ᄒᆞ고德齡이親히陣法을敎授ᄒᆞ며光海君이賜號曰翼虎將軍이라ᄒᆞ니時年이二十六이러라雙鐵椎를佩ᄒᆞ니重이各百斤이오晉州牧場에惡馬가有ᄒᆞ야險高를超越ᄒᆞᆷ이飛鳥와如ᄒᆞ니人이敢近치못ᄒᆞ거ᄂᆞᆯ德齡이徐히其處에至ᄒᆞ야馬를鉗勒ᄒᆞ야騎ᄒᆞ미馴熟ᄒᆞ야敢히動치、못ᄒᆞ더라甲午正月上이金德齡의게遣使宣諭ᄒᆞ고軍號를賜ᄒᆞ야曰、忠勇이라ᄒᆞ시니、이에德齡이嶺南에進軍ᄒᆞᆯ시崔聃齡으로써別將을、삼으니賊이其名을聞ᄒᆞ고恐懼ᄒᆞ야稱曰石底將軍이라ᄒᆞ니此ᄂᆞᆫ賊이謂ᄒᆞ되德齡이石底에셔生ᄒᆞ얏다、ᄒᆞᆷ이러라德齡이權慄을見ᄒᆞ고其節制를受코자ᄒᆞ며、또郭再祐의게移書ᄒᆞ야共히討賊키를約ᄒᆞ니時에賊將淸正이德齡의至ᄒᆞᆷ을聞ᄒᆞ고畵師를潛遣ᄒᆞ야其像을圖ᄒᆞ야見ᄒᆞ고大驚曰、此ᄂᆞᆫ果然大將軍이라ᄒᆞ고、곳兵卒을斂戢ᄒᆞ야侵掠을禁ᄒᆞ고諸軍을合ᄒᆞ야三屯에作ᄒᆞ고自此로兇鋒이久蟄ᄒᆞ야邊徼가不聳ᄒᆞ더라是年四月에朝廷이義兵의供餽가浩大ᄒᆞᆷ으로、써諸義兵을盡罷ᄒᆞ야忠勇軍에屬ᄒᆞ니、이에鄭仁弘、任啓英、沈世貞等이

다 驛兵ᄒᆞ야 歸ᄒᆞ거ᄂᆞᆯ 德齡이 崔聃齡의 驍勇을 愛ᄒᆞ야 別將을 삼으니 軍勢가 益振ᄒᆞ더
라. 곳 引兵前進ᄒᆞ야 日本에 傳檄ᄒᆞ니 遠近이 響應ᄒᆞ고 將卒의 勇氣가 百倍라 踴躍히
戰코자 ᄒᆞ거ᄂᆞᆯ 會에 朝廷이 和議로ᄡᅥ 諸將을 戒ᄒᆞ야 交戰치 못ᄒᆞ니 德齡이 不得已,
晉州에 留屯ᄒᆞ고, 크게 兵士를 集合ᄒᆞ야 攻戰의 備를 治ᄒᆞ고 屯田을 廣置ᄒᆞ야 戰守計
를 成ᄒᆞ고 屢次 擊賊키를 請ᄒᆞ니 朝廷이 ᄯᅩ 不許ᄒᆞ더니 時에 德齡의 威名을 忌ᄒᆞᄂᆞᆫ 者ㅣ
百端으로 沮害ᄒᆞᄂᆞᆫ지라 德齡이 大功이 不成ᄒᆞ고 禍가 及己ᄒᆞᆷ을 知ᄒᆞ고, 이에 感激憂
忿ᄒᆞ야 心疾을 成ᄒᆞ더라 先是에 尹斗壽ㅣ 和議를 斥ᄒᆞ다가 至是에 都體察使가 되야,
몬저 巨濟의 賊을 攻코자 ᄒᆞ니 上이 許ᄒᆞ시ᄂᆞᆫ지라 斗壽ㅣ 南原에 至ᄒᆞ야 麾下兵數千으
로ᄡᅥ 宣居怡의게 予ᄒᆞ고 固城에 進屯ᄒᆞ야 權慄, 李蘋, 金德齡과 合兵ᄒᆞ야 巨濟를 攻
ᄒᆞ라 ᄒᆞ니 權慄이 郭再祐, 洪季男으로 ᄒᆞ야곰 助戰ᄒᆞᆯᄉᆡ 再祐ㅣ 德齡의게 謂曰, 將軍
이 巨濟의 賊을 何計로 破ᄒᆞᆯ고 ᄒᆞ거ᄂᆞᆯ 德齡曰, 今에 據海ᄒᆞᆫ 賊을 易制치, 못ᄒᆞᆯ지라 然
이나 朝命이 如此ᄒᆞ니 敢違치 못ᄒᆞ노라, ᄒᆞ니 再祐ㅣ 歎曰, 將軍의 名이 賊中에 振動
ᄒᆞ야 賊이 畏縮不動ᄒᆞ거ᄂᆞᆯ 今에 忽然히 輕進ᄒᆞ면, 오작 威名을 損ᄒᆞᆯ ᄲᅮᆫ이라 ᄒᆞ고, 곳
慄의게 馳報ᄒᆞ야 其不便ᄒᆞᆷ을 言ᄒᆞ기 三次로ᄃᆡ 慄이 不聽ᄒᆞᄂᆞᆫ지라 德齡等이 不得已,

海에 下ᄒᆞ야 舜臣과 連兵ᄒᆞ야 巨濟를 向ᄒᆞ니 軍威가 壯盛ᄒᆞ더라 德齡이 忠勇, 翼虎兩
旗를 船上에 竪ᄒᆞ고 鼓行ᄒᆞ야 進ᄒᆞ니 賊이 門을 閉ᄒᆞ고, 오작 城上에 伏兵ᄒᆞ야 待ᄒᆞᄂᆞᆫ
지라 德齡이 洪季男으로 더브러 上岸ᄒᆞ야 躍馬舞劍ᄒᆞ야 挑戰ᄒᆞ되 賊이, 맛참ᄂᆡ 不動
ᄒᆞ고 大砲를 連放ᄒᆞ야 近城ᄒᆞ면 輒傷ᄒᆞᄂᆞᆫ지라 諸將이 其可攻치, 못ᄒᆞᆷ을 知ᄒᆞ고 各各
引軍ᄒᆞ야 還ᄒᆞ니 自此로 德齡의 威名이 稍損ᄒᆞ고 構讒ᄒᆞᄂᆞᆫ 者ㅣ 尤衆ᄒᆞ더니 九月에 尹
根壽ㅣ 探訪使로 湖南에 至ᄒᆞ야 德齡의 軍令이 嚴酷ᄒᆞ다 ᄒᆞ고 晋州에 遞繫ᄒᆞ고 朝廷에
聞ᄒᆞ야 拏來囚鞫ᄒᆞ더니 丙申 二月에 南道士民이 上疏ᄒᆞ야 德齡을 宥還ᄒᆞ라, ᄒᆞᄂᆞᆫ지
라 右相 鄭琢이 力言曰, 讐賊이 未除에 壯士를 先殺ᄒᆞᆷ이 不可라, ᄒᆞ거ᄂᆞᆯ 上이 곳 釋放
ᄒᆞ더니 未幾에 鴻山人 李夢鶴이 叛ᄒᆞᄂᆞᆫ지라 都元帥 權慄과 全羅監司 朴弘老ㅣ 德齡으
로 더브러 引兵往討ᄒᆞᆯᄉᆡ 飛語가 有ᄒᆞ야 曰 金, 崔, 洪이 同叛ᄒᆞᆫ다 ᄒᆞ니 此ᄂᆞᆫ 德齡, 崔
聃齡, 洪季男을 指ᄒᆞᆷ이오, 및 賊黨이 就捕ᄒᆞ매 其招辭가 亦同ᄒᆞ며, ᄯᅩ 誣稱ᄒᆞ되 郭
再祐, 高彦伯이 다 我의 心腹이라 ᄒᆞ거ᄂᆞᆯ 李時言, 金應瑞ᄂᆞᆫ 平日에 德齡을 忌ᄒᆞᄂᆞᆫ 者
라 乘時ᄒᆞ야 殺코자 ᄒᆞᆯᄉᆡ 密啓ᄒᆞ되 德齡이 叛狀有ᄒᆞ다, ᄒᆞᄂᆞᆫ지라 上이 大驚曰, 德齡의
勇猛이 三軍에 冠ᄒᆞ고, ᄯᅩ 親兵이 有ᄒᆞ니 萬一 就捕치, 아니ᄒᆞ면 奈何오, 오작 計策으

로執홈이可타、ᄒᆞ신ᄃᆡ領相柳成龍曰、是慮가必無ᄒᆞ다ᄒᆞ고承旨徐渻은曰、德齡이叛者가、아니니一使를遣ᄒᆞ면可捕ᄒᆞᆯ지라、엇지設計行詐ᄒᆞ리잇가、ᄒᆞᆫᄃᆡ上이怒ᄒᆞ야渻의게謂曰、汝가往捕ᄒᆞ라、ᄒᆞ시ᄂᆞᆫ지라渻이發ᄒᆞ야晋州에未至ᄒᆞ더니時에權慄이牧使成允文으로더브러密旨를依ᄒᆞ야軍務를議ᄒᆞᆫ다稱ᄒᆞ고德齡을請ᄒᆞ니德齡이單騎로來詣ᄒᆞᄂᆞᆫ지라允文이其手를執ᄒᆞ야曰、朝命이君을捕ᄒᆞᆫ다ᄒᆞ니德齡이聞ᄒᆞ고、곳跪ᄒᆞ야曰、上이有命ᄒᆞ시거ᄂᆞᆯ、엇지我를禮接ᄒᆞ리오ᄒᆞ거ᄂᆞᆯ允文이其寃을哀ᄒᆞ야、다만其手足을鎖ᄒᆞ니諸將이다慘然相顧ᄒᆞ더라德齡이允文의게謂曰、我ㅣ虛名으로得禍ᄒᆞ얏스니公이、맛당히器械를嚴具ᄒᆞ야以次로傳詣ᄒᆞᆯ지라不然ᄒᆞ면公等의게貽害ᄒᆞᆫ다ᄒᆞ니滿座가泣下ᄒᆞ더라京師에至ᄒᆞ니士民이體府에訴寃ᄒᆞᄂᆞᆫ者ㅣ恒常數百人이라朝廷이、더욱疑ᄒᆞ야鐵鎖와巨木으로縛束ᄒᆞ니德齡이笑曰、我ㅣ叛코자ᄒᆞ면此ㅣ엇지禁ᄒᆞ리오ᄒᆞ고、곳身을奮振ᄒᆞ니鐵鎖가盡絶ᄒᆞ더라、드ᄃᆡ여就供ᄒᆞ야曰臣이國의厚恩을受ᄒᆞ야賊을剿滅코자ᄒᆞ니、엇지逆離를從ᄒᆞ야叛ᄒᆞ리오萬一、臣이異心이有ᄒᆞᆯ진ᄃᆡ夢鶴을討ᄒᆞᆯ時와夢鶴이就誅時에、또엇지按兵還屯ᄒᆞ오릿가臣의罪ᄂᆞᆫ、다만母喪을忘ᄒᆞ고擧義ᄒᆞ다가寸功이無ᄒᆞ얏스니

忠孝가다虧ᄒᆞᆫ지라此罪가當死오至於崔聃齡은無罪ᄒᆞ니臣을因ᄒᆞ야幷殺치、마르소셔、ᄒᆞ거ᄂᆞᆯ上이諸大臣의게問ᄒᆞ시니鄭琢、金應男等이齊言ᄒᆞ되德齡이、반다시不叛ᄒᆞ얏다ᄒᆞ되獨히柳成龍이不對ᄒᆞᄂᆞᆫ지라、곳嚴杖ᄒᆞ야獄에셔死ᄒᆞᆯ시臨死에脛骨이皆碎ᄒᆞ고身體에完膚가無ᄒᆞ나動止와辭氣가如常ᄒᆞ더라郭再祐、崔聃齡、崔岡等은繫獄ᄒᆞ얏다가、다得釋ᄒᆞ니라德齡이儒者氣象이有ᄒᆞ고、일즉有詩曰、絃歌가不是英雄事오釼舞要須玉帳遊라他日洗兵歸去後에江湖漁釣更何求아、ᄒᆞ더라初에國人이謂ᄒᆞ되神將이라ᄒᆞ더니對敵ᄒᆞᆫ지三年에大功을未遂ᄒᆞ고忌嫉者가多ᄒᆞ다가畢竟枉死를不免ᄒᆞ니國人이哀痛ᄒᆞ고自此로湖嶺間에父子兄弟가義兵으로ᄡᅧ相戒ᄒᆞ고、또相吊出涕ᄒᆞ야曰、吾屬이다魚肉이、되리라ᄒᆞ며時에賊은德齡의死ᄒᆞᆷ을聞ᄒᆞ고跳踉相慶ᄒᆞ야曰、兩湖를取ᄒᆞ기、곳反掌과如ᄒᆞ다ᄒᆞ니此ᄂᆞᆫ金人이宋岳飛의死ᄒᆞᆷ을聞ᄒᆞ고擧酒相賀ᄒᆞᆷ과如ᄒᆞ더라其弟德普ᄂᆞᆫ兄의非命을傷痛ᄒᆞ야智異山에隱居ᄒᆞ야屢徵ᄒᆞ되不起ᄒᆞ고妻李氏ᄂᆞᆫ丁酉亂에罵賊不屈ᄒᆞ다가死ᄒᆞ니라德齡이起兵時에無等山에入ᄒᆞ야長釼을鑄ᄒᆞᆯ석夜間에靑白氣가一洞에瀰滿ᄒᆞ고山鳴ᄒᆞ기、또五六日이라人이다奇詫ᄒᆞ더라德齡이死ᄒᆞᆫ後、一百五十年間에湖人이다

痛惜ᄒ니朝廷이、맛참ᄂ伸理치、아니ᄒ고李景夏이伸雪키를献議ᄒ니不從ᄒ더
니英祖初에李匡德이湖南觀察使로啓聞ᄒ야其冤을辨ᄒ야祠를立ᄒ고靈을安ᄒ
니士民이大悅ᄒ더라

第三十一課　적은일을賤ᄒ다말일二

德國得斿賜ᄂ新鎗을發明ᄒ야寃讐의法國을破ᄒ얏다ᄂ句語

普魯士國(今德)ᄂ歐羅巴洲의强國이라距今百餘年前에法帝拿坡崙第一의兵力이强盛
ᄒ야全歐가畏懼ᄒ거ᄂ늘普王維廉第三이大軍을擁ᄒ고自謂ᄒ되我의威力이足히拿
坡崙을拒ᄒ다ᄒ더니가屢次其敗衄을受ᄒ고忿恨을不堪ᄒ야兵馬를募集홀ᄉ王后路
擻은騎士服을裝ᄒ고伯靈(普國京都)市街에서跨馬馳走ᄒ야兵士를犒賞ᄒ더니距今百一
年前에拿坡崙과宣戰ᄒ야伊耶拿와奥斯蘇達二地에서戰ᄒ다가大敗ᄒ야死傷이二
萬이오被擄이四萬이라王이東走ᄒ야拿坡崙의게乞和홀ᄉ全國의半을割予ᄒ고人
民五百萬과償金一億四千萬福闌格(一福闌格은我國四十錢이라)을予ᄒ고拿坡崙이兵士十萬을駐屯
ᄒ고其軍食을供給케ᄒ니王이低頭聽命ᄒ야敢히拒逆치、못ᄒ더라
時에普人得斿賜의年이十九歲라元來鎗人子로鎗鋪師를從ᄒ야製鎗法을學ᄒ더니

此時를當ᄒ야其師를辭ᄒ고異國에遠遊ᄒ야手藝로ᄡ生活코자ᄒ실ᄉ節拿地方에至
ᄒ니時ᄂ法國兵이節拿를破ᄒ後라積屍가山과如ᄒ고流血이川을成ᄒ니卽普魯士
의將士가戰歿ᄒ處라得斿賜ㅣ傷心慘目ᄒ야淚落ᄒ기雨와如ᄒ더니偶然히道傍에
서一鎗을拾得ᄒ야詳히審視ᄒ고喟然長嘆曰此ᄂ歐洲鎗器의首라我國人이此를持
ᄒ고拿坡崙의兵을拒敵코자ᄒ니、엇지以卵擊石이、아니리오我ㅣ製鎗으로爲業ᄒ
니此를棄ᄒ고鎗을製ᄒᆷ은、곳ㅣ轉移間事라異日에一鎗을製ᄒ야法兵의鎗보다更
히精利케ᄒ면、곳法國을勝ᄒ기何難ᄒ리오ᄒ고、곳衆裝ᄒ야巴里(法京)에向ᄒ니大
抵國의盛衰ᄂ君王과執政의게、在ᄒ거ᄂ今에ᄂ皆、法盛衰의樞紐가竟히一鋼師의
게係ᄒ니天下奇事가此에莫過ᄒ겟더라
得斿賜가巴里에至ᄒ야瑞西國人包理를請見ᄒ니此人은元來洋鎗製造로爲業ᄒ야
法京에留ᄒ니法皇이寵遇ᄒ더라其廠에入ᄒ야使役을供ᄒ지數月에包理가得斿賜
의聰敏ᄒᆷ을愛ᄒ야甚히優待ᄒ고且曰法皇이我로、ᄒ야곰新式鎗을造케、ᄒᄂ지
라我ㅣ鎗後膛에藥彈을納入ᄒᄂ法을新創코자ᄒ노니此鎗이成ᄒ면、곳軍中의利
器오舊鎗은다廢物이、되리라ᄒ거ᄂ得斿賜가、더욱心動ᄒ야、곳日夜로覺思ᄒ

고包狸도、 또ᄒᆞᆫ心力을竭盡ᄒᆞ야新鎗을製ᄒᆞ더라

時에法國의威勢가古今에罕有ᄒᆞ고、 또拿坡崙은天下英雄이라萬一此後膛鎗이成ᄒᆞ면、 곳歐羅巴全洲의皇帝되기容易ᄒᆞ겟거놀、 밋包狸의鎗이成ᄒᆞᆫ後에ᄂᆞᆫ拿坡崙이卒ᄒᆞ야能히其志ᄅᆞᆯ遂치못ᄒᆞ고、 도로혀得賚賜의功業을成就ᄒᆞ얏더라

其時에包狸가後膛鎗을製就ᄒᆞ얏스나用法이靈便치、 못ᄒᆞ야廢置ᄒᆞ더니、 밋拿坡崙이被擒ᄒᆞᆫ歲에他匠이鎗彈의銅帽ᄅᆞᆯ製就ᄒᆞ야其機ᄅᆞᆯ一觸ᄒᆞ면星火가猝發ᄒᆞ야前日에火繩으로藥彈을發ᄒᆞ니보다、 크게不同ᄒᆞ더라得賚賜ㅣ此ᄅᆞᆯ知ᄒᆞ고、 몬저鑄就ᄒᆞᆫ銅帽ᄅᆞᆯ取ᄒᆞ야苦思力索ᄒᆞ야、 다시靈捷케、 ᄒᆞ고至於後膛에藥彈揷入ᄒᆞᄂᆞᆫ法을時時研究ᄒᆞ야二十年만에、 비로소毫髮도無憾ᄒᆞᆫ지라、 곳普王과普國兵部에무ᄒᆞ니普廷이得賚賜ᄅᆞᆯ命ᄒᆞ야鑄鎗大廠을建ᄒᆞ고各工匠을專督ᄒᆞ야後膛鎗을大鑄ᄒᆞ니名曰鍼鎗이라距今四十三年前甲子에普國이奧國과連兵ᄒᆞ야丹國을攻ᄒᆞᆯ時에普軍이、 이믜此鎗을用ᄒᆞ야敵陣을衝陷ᄒᆞ니精銳ᄒᆞ기他鎗보다駕軼ᄒᆞᆫ지라普王이大喜ᄒᆞ야得賚賜로ᄡᅥ世襲封爵을賞ᄒᆞ고또良工으로ᄒᆞ야곰鎗枝ᄅᆞᆯ添造ᄒᆞ야普國全軍이盡持케、 ᄒᆞ더라其後距今四十一年前丙寅에普軍이또奧國砲隊와相戰ᄒᆞᆯ시奧國의砲聲이連環轟發ᄒᆞ니普軍三千이竭力拒戰ᄒᆞ다가大敗ᄒᆞ야軍籍을點檢ᄒᆞ니受傷치아니ᄒᆞᆫ者ㅣ僅히三百人이라、 이에普軍이奧營을逼迫지、 못ᄒᆞ더니忽然히奧國右軍에鎗彈이飛入ᄒᆞ야霎時間에鎗聲과彈影이一時幷發ᄒᆞ야奧軍의死者가不知其數니此ᄂᆞᆫ普軍이다得賚賜의新鎗을持ᄒᆞ고、 또新式大砲가有ᄒᆞ야奧軍을破ᄒᆞᆷ이라

是役에奧軍의死傷이三萬二千人이러라

時에法皇拿坡崙第三이人의게誇言曰朕이用武치、 아니ᄒᆞ면歐洲全境이永히烽烟의警이無ᄒᆞ리라ᄒᆞ니大抵法國이歷年以來로自詡ᄒᆞ되歐洲의安危大局이其掌握에繫ᄒᆞ얏다ᄒᆞ더니今에普國形勢가勃興ᄒᆞᆷ을見ᄒᆞ고、 크게不悅ᄒᆞ며、 또新興ᄒᆞᆫ大國이法國으로더브러僅히一蘭因河ᄅᆞᆯ隔在ᄒᆞ니其情形이必然法國에不下ᄒᆞᆯ지라心中에甚히不安ᄒᆞ야、 몬저嘗試ᄒᆞᆫ策으로普相俾思麥의게致書曰貴國이奧國과交戰時에朕이沮止치、 아니ᄒᆞ얏더니今에果然大捷ᄒᆞ니朕이欣然ᄒᆞ노라然이나朕意ᄂᆞᆫ貴國이我國과毘連ᄒᆞᆫ地數處ᄅᆞᆯ我의게予ᄒᆞ면大好ᄒᆞ다ᄒᆞ니俾思麥이곳答書ᄒᆞ야曰我國에土地ᄂᆞᆫ一寸一尺이라도斷然코予人치、 못ᄒᆞᆫ다ᄒᆞ고、 또駐普ᄒᆞᆫ法國公使의게語ᄒᆞ야曰貴皇이萬一索地事ᄅᆞᆯ再及ᄒᆞ면大亂이곳眉睫에在ᄒᆞ리라ᄒᆞ니法皇이此報

를見ᄒᆞ고蕩怱難堪ᄒᆞ다가距今二十七年前庚午에法皇이普國과宣戰ᄒᆞ야戰ᄒᆞᆫ지七月에法皇이被擒ᄒᆞ고兩地를割予ᄒᆞ고償金을出ᄒᆞ고法國이幾亡ᄒᆞᆫ지라大抵此戰의勝捷은비록普國君臣의賢能이라然이나其臨陣衝鋒ᄒᆞ야到處勝戰ᄒᆞᆷ은得來賜의功이居多ᄒᆞ니라

此를見ᄒᆞ면得來賜ᄂᆞᆫ一小鐵匠으로大功을成ᄒᆞ야其國으로ᄒᆞ야곰至今世界에第一等國이되게ᄒᆞ얏스니我韓人士ᄂᆞᆫ此를深鑒ᄒᆞ야細事를輕視치말지어다

世上에時計가나기前에ᄂᆞᆫ瓶中에細沙를貯ᄒᆞ고或은器中에水를盛ᄒᆞ야其底小孔으로브터沙와水가溜出ᄒᆞᄂᆞᆫ分數를見ᄒᆞ고時刻을知ᄒᆞ더니至今도此와如케其法을用ᄒᆞᄂᆞᆫ國이有ᄒᆞ니此ᄂᆞᆫ人의頭顱와如ᄒᆞᆫ(코々)라ᄒᆞᄂᆞᆫ果實의皮를正中으로割ᄒᆞ야其一片의底에小孔을穿ᄒᆞ고水甕中에浮置ᄒᆞ면水가漸々小孔으로入ᄒᆞ다가一時間에水가滿ᄒᆞ면果皮가自然甕底에墮落ᄒᆞᄂᆞ니이에其墮落ᄒᆞᄂᆞᆫ聲으로時間을定ᄒᆞ더니

其後理學大家葛利禮午라ᄒᆞᄂᆞᆫ人이搖錘法을發明ᄒᆞᆫ以來로人々이다輕便ᄒᆞᆫ時計를持ᄒᆞ얏스니其發明ᄒᆞᆫ事가左와如ᄒᆞ니

一寺觀中에ᄂᆞᆫ掛燈을天障으로懸ᄒᆞ매風을因ᄒᆞ야振動ᄒᆞᆯ셰一定ᄒᆞᆫ距離로來往ᄒᆞ거ᄂᆞᆯ葛利禮午가其形容을熟視ᄒᆞ고深히硏究ᄒᆞ야맛참니一法을發明ᄒᆞ니名曰定振이라其法이今日에至ᄒᆞ야時計가成ᄒᆞ얏스니大抵時計가時를指ᄒᆞᆷ이其器械中에搖錘가有ᄒᆞᆫ故니라

第二十一課 鄭起龍

鄭起龍의字ᄂᆞᆫ景雲이라爲人이淸白慷慨ᄒᆞ고人의困乏을拯濟ᄒᆞ야己의利害를不恤ᄒᆞ더니壬辰亂에賊이慶尙道州郡을進陷ᄒᆞ니朝廷이趙儆으로ᄡᅥ右防禦使를拜ᄒᆞ야嶺南으로下ᄒᆞ거ᄂᆞᆯ起龍이自請從軍ᄒᆞᆯ셰儆의게謂曰賊이善謀ᄒᆞᆫ지久ᄒᆞ야卒銳器精ᄒᆞ니我의未鍊ᄒᆞᆫ卒로決勝치못ᄒᆞᆯ지라今에壯馬驍才를選ᄒᆞ야前行에置ᄒᆞ얏다가賊을遇ᄒᆞ거든奇兵으로其不意를衝ᄒᆞ고步軍이乘ᄒᆞ야聲勢를助ᄒᆞ면破ᄒᆞ기必易ᄒᆞᆯ거시오一勝ᄒᆞᆫ後에ᄂᆞᆫ賊이懼心이有ᄒᆞ고我도또ᄒᆞᆫ賊의長短을知ᄒᆞ야銳氣가生ᄒᆞ리라ᄒᆞ니儆이其志를壯ᄒᆞ야突擊將을삼으니라時에賊이金海로브터右道에入ᄒᆞ거ᄂᆞᆯ起龍이所部十騎를率ᄒᆞ고先進ᄒᆞ다가賊의前鋒五百을陜邑에서遇ᄒᆞ니部下가畏懼ᄒᆞᄂᆞᆫ지라起龍이躍馬先登ᄒᆞ야百餘級을斬ᄒᆞ니이에部下가爭進ᄒᆞ야破ᄒᆞ더

니既而오賊이星州와開寧을連陷ᄒᆞ고金山에至ᄒᆞ니趙璬이秋風驛에至ᄒᆞ얏다가
兵敗ᄒᆞ야賊의게被獲ᄒᆞ거ᄂᆞᆯ起龍이躍入ᄒᆞ야賊을斬ᄒᆞ고璬을脫歸ᄒᆞ니賊이다披靡
ᄒᆞ더라起龍이膽勇이絶人ᄒᆞ고目光이炬와如ᄒᆞ며敵陣에跳蕩ᄒᆞ기平地ᄅᆞᆯ履ᄒᆞᆷ과如
ᄒᆞ야賊이、비록萬銃으로齊發ᄒᆞ나不中ᄒᆞ고其酣戰時에飢渴ᄒᆞ면賊의身을剖ᄒᆞ야
其肝을大嚼ᄒᆞ고出ᄒᆞ미勇氣가彌厲ᄒᆞ고所騎ᄒᆞᆫ神馬가能히六丈을超越ᄒᆞ야絶磴과
危岑을騰起ᄒᆞ기鷹鶻과如ᄒᆞ더라、일즉八騎ᄅᆞᆯ率ᄒᆞ고居昌客舍에서宿ᄒᆞᆯ새夜半에
賊이大至ᄒᆞ니從騎가驚恐ᄒᆞ야人色이無ᄒᆞ거ᄂᆞᆯ起龍이安坐不動ᄒᆞ고天明에騎兵을
率ᄒᆞ고躍馬越塹ᄒᆞ야重圍ᄅᆞᆯ決ᄒᆞ고數人의頭ᄅᆞᆯ斬ᄒᆞ야鞍에懸ᄒᆞ고出ᄒᆞ니賊衆이急
追ᄒᆞᄂᆞᆫ지라起龍이十餘人을射倒ᄒᆞ니賊이敢히逼迫치、못ᄒᆞ고從騎가俱全ᄒᆞ더라
自此로麾下가다恃ᄒᆞ야無恐ᄒᆞ며所獲ᄒᆞᆫ首級은麾下의게分予ᄒᆞ니故로士卒이樂用
ᄒᆞ더라

時에趙璬이病劇ᄒᆞ야山寺에臥ᄒᆞ거ᄂᆞᆯ起龍이、이에璬을辭ᄒᆞ고昆陽郡守李光岳의
게往依ᄒᆞ니光岳이起龍으로ᄒᆞ야곰昆陽을守케ᄒᆞ고晉州로赴ᄒᆞᄂᆞᆫ지라、이에金誠
一이起龍의名을聞ᄒᆞ고召見大喜ᄒᆞ야尙州判官을啓差ᄒᆞ더라時에賊將毛利輝元이

尙州ᄅᆞᆯ守ᄒᆞ야賊屯이一境에絡繹ᄒᆞ고義兵과官兵이다敗ᄒᆞ고牧使李瀞ᄂᆞᆫ州西龍華
洞에避入ᄒᆞ니民人이其險阻ᄅᆞᆯ恃ᄒᆞ고、다往倚ᄒᆞ거ᄂᆞᆯ起龍이聞ᄒᆞ고倍道ᄒᆞ야直히
甲長山中尼菴에入ᄒᆞ야官兵과義兵을招集ᄒᆞ더니會에賊이龍華洞으로向ᄒᆞ거ᄂᆞᆯ急
히馳赴ᄒᆞ니賊이、이믜洞中에入ᄒᆞ야將且屠掠고자ᄒᆞᄂᆞᆫ지라起龍曰、急擊ᄒᆞ면必然
我民을先傷ᄒᆞ리라ᄒᆞ고、이에賊陣相望處에서立馬長嘯ᄒᆞ며仍히馬上에서或立或
臥ᄒᆞ고倏隱倏現ᄒᆞ야跳騰ᄒᆞ기百態라賊이聚觀驚怪ᄒᆞ야、곳並力追逐ᄒᆞ거ᄂᆞᆯ起龍
이且奔且止ᄒᆞ야平地에誘出ᄒᆞᆫ後에長鈒을奮ᄒᆞ야斬殺ᄒᆞ기殆盡ᄒᆞ니故로洞中民이
一人도傷者가無ᄒᆞᆫ지라人이謂ᄒᆞ되起龍이萬一半日만遲至ᄒᆞ얏스면尙州人이遺類
가無ᄒᆞ리라ᄒᆞ더라戰罷에洞中에入ᄒᆞ니李瀞가大喜ᄒᆞ야大小事ᄅᆞᆯ다咨謀ᄒᆞ더라、
이에起龍이單騎雙鈒으로出擊ᄒᆞ야三百餘級을抄斬ᄒᆞ니賊이畏ᄒᆞ야城中에聚入ᄒᆞ
고敢히輕出치、못ᄒᆞ니路가、비로소通ᄒᆞ거ᄂᆞᆯ起龍이瀞로、더브러州兵千餘ᄅᆞᆯ山
中에聚集ᄒᆞ야尙州ᄅᆞᆯ恢復코자ᄒᆞᆯ새每夜에鳴鼓申嚴ᄒᆞ야將且出襲ᄒᆞᆷ과如케ᄒᆞ니賊
이大驚ᄒᆞ야久ᄒᆞᆫ後乃定ᄒᆞ거ᄂᆞᆯ起龍이賊의疲懈ᄒᆞᆷ을見ᄒᆞ고夜半에城을環ᄒᆞ야長木
을列植ᄒᆞ고各其松明炬三四把ᄅᆞᆯ束ᄒᆞᆫ後、其下에柴ᄅᆞᆯ堆積ᄒᆞ야火攻ᄒᆞᆯ새諸將을約

東ᄒᆞ야西南北三門을攻ᄒᆞ고、오직東門을舍ᄒᆞ야走路를開ᄒᆞ고精兵을林藪中에伏ᄒᆞ고老弱은城外에分屯ᄒᆞ야聲勢를張ᄒᆞ고軍이畢到ᄒᆞᆫ後、萬炬가齊明ᄒᆞᄂᆞᆫ지라起龍이火炬를執ᄒᆞ고賊幕에躍入ᄒᆞ야四面으로縱火ᄒᆞ니烈焰이漲天ᄒᆞ고鼓噪ᄒᆞᄂᆞᆫ聲이天地를震動ᄒᆞᄂᆞᆫ지라賊이驚駭奔迸ᄒᆞ야、오직生路를覓ᄒᆞ야、東門으로奔出ᄒᆞ거ᄂᆞᆯ伏兵이起ᄒᆞ야掩擊大破ᄒᆞ니伏屍가滿野ᄒᆞ고流血이成川ᄒᆞ야毛利輝元等이開寧으로走ᄒᆞ더라

其後賊이咸昌唐橋를據ᄒᆞ니上은鳥嶺屯을接ᄒᆞ고下ᄂᆞᆫ左右道의咽喉라左監司韓孝純이兵使朴晋으로더브러安東에陣ᄒᆞ고、몬져左道諸義兵으로ᄒᆞ야곰往討ᄒᆞ다가、다大敗ᄒᆞ고其餘의諸將이또無功ᄒᆞ야起龍의게請援ᄒᆞ거ᄂᆞᆯ起龍이進軍ᄒᆞ야合擊大破ᄒᆞ니餘賊이大乘山으로走ᄒᆞ거ᄂᆞᆯ追擊盡殺ᄒᆞ고健將數十人으로ᄒᆞ야곰隣邑에散屯ᄒᆞ야賊을殺ᄒᆞ기數十百級이라賊이懼ᄒᆞ야敢히近逼치、못ᄒᆞ니尙州一境이賴安ᄒᆞ더라、이에戰骸를收瘞ᄒᆞ고賊級을賣ᄒᆞ야賊貨를易ᄒᆞ고穀米를貿ᄒᆞ야飢民을賑恤ᄒᆞ니遠近이輻湊ᄒᆞ야全活이甚衆ᄒᆞ거ᄂᆞᆯ因ᄒᆞ야其驍健者로ᄡᅥ兵伍에編入ᄒᆞ고屯田을開ᄒᆞ야破垣을修ᄒᆞ고饋餉을給ᄒᆞ고耕種을勸ᄒᆞ더니癸未에朝廷이起龍으로ᄡᅥ

尙州判官을除ᄒᆞ니時에起龍이또兩湖大賊을討平ᄒᆞᆫ지라其功으로尙州牧使를拜ᄒᆞ고李元翼이또二十八郡兵으로起龍의게屬ᄒᆞ야討賊ᄒᆞᆯ새起龍이高靈綠櫃田에서賊數萬과遇ᄒᆞ야迭相進退ᄒᆞ다가起龍이李同峴에設伏ᄒᆞ고賊을誘ᄒᆞ니賊이峴下에追至ᄒᆞ거ᄂᆞᆯ起龍이忽然히反旗鳴鼓ᄒᆞ고大刀를揮ᄒᆞ야其陣에躍入ᄒᆞ니一賊將이紅衣白馬로舞劒ᄒᆞ야前ᄒᆞ거ᄂᆞᆯ起龍이곳馬上에서擒下ᄒᆞ야大旗上에懸ᄒᆞ야賊의게示ᄒᆞ고、또鼓行ᄒᆞ야進ᄒᆞ니官軍이乘銳爭奮ᄒᆞ고伏兵이又發ᄒᆞ니、다紅衣絳笠이라賊陣을衝陷ᄒᆞ니賊이大亂ᄒᆞ거ᄂᆞᆯ起龍이縱兵四擊ᄒᆞ니餘賊의脫走ᄒᆞᆫ者ㅣ千人에不滿ᄒᆞ더라、이에高靈以下五邑賊이다望風遁走ᄒᆞ거ᄂᆞᆯ起龍이高靈縣에入ᄒᆞ야大射高會ᄒᆞ고將士가歡舞ᄒᆞ니威聲이大振ᄒᆞ더라、이에士大夫가軍門에爭詣ᄒᆞ야謝曰、公이、아니면吾等이魚肉이、되얏다ᄒᆞ고捷書가至ᄒᆞ니李元翼이大喜ᄒᆞ야曰、起龍은果然名將이라ᄒᆞ더라起龍이遊兵四百을率ᄒᆞ고報恩을入保ᄒᆞᆯ새會에淸正이素沙에서敗ᄒᆞ야舉軍遁走ᄒᆞ니其衆이數萬이라然이나起龍이意氣가自若ᄒᆞ야數百兵을率ᄒᆞ고當前立馬ᄒᆞ야數十賊을射殺ᄒᆞ니淸正이有備ᄒᆞᆫ가疑ᄒᆞ야敢히動치、못ᄒᆞ거ᄂᆞᆯ起龍이故히相持ᄒᆞ고快馬로、ᄒᆞ야곰前路士民의게奔告ᄒᆞ야避匿케ᄒᆞᆫ後、徐히引

去ᄒᆞ나 湖、嶺間避亂人이 賴免ᄒᆞᆫ 者ㅣ 數十萬이러라 慶尙右兵使를 拜ᄒᆞ나、 곳星州에 開營ᄒᆞ고 丁酉에 明將楊鎬、 麻貴가 諸將으로더브러 淸正을 蔚山에서 攻ᄒᆞ고 權慄은 高彦伯을 率ᄒᆞ니 鄭起龍이 從ᄒᆞᆯ시 先鋒擺賽가 起龍으로더브러 曉에 賊壘에 迫至ᄒᆞ야 大箭을 射ᄒᆞ야 挑戰ᄒᆞ니 賊이 出迎ᄒᆞ거ᄂᆞᆯ 賽가 陽退ᄒᆞ야 賊을 誘ᄒᆞ야 合擊大破ᄒᆞ고 島山戰에 明兵이 不利ᄒᆞ야 起龍이 賊의게 被圍ᄒᆞ더니 起龍이 縱馬揮劒ᄒᆞ야 出ᄒᆞ니 賊陣이 劃然히 中開ᄒᆞ거ᄂᆞᆯ 徐히 散卒을 收歸ᄒᆞ니 賊이 逼迫치、 못ᄒᆞ더라

時에 賊이 諸郡에 分屯ᄒᆞ거ᄂᆞᆯ 起龍이 遊兵을 率ᄒᆞ고 往來勦滅ᄒᆞ고 所獲六級은 明將의게 分予ᄒᆞ니 起龍의 麾下가 不過四百人이라 然이나、 오히려 奮身當敵ᄒᆞ야 屹然히 嶺右長城이、 되더라

起龍이 前後大小六十餘戰에 恒常少로ᄡᅥ 衆을 擊ᄒᆞ되 敗衄지、 아니ᄒᆞ며、 또 五十騎로 賊數千을 破ᄒᆞ고 每戰에、 반다시 先登ᄒᆞ되 一鎗瘢痕이 無ᄒᆞ고 御軍에 著ᄒᆞ야 所至에 市里가 晏如ᄒᆞ니 人이 甚히 畏愛ᄒᆞ고 世人이 傳ᄒᆞ되 賊俗에 兒啼를 止코자 ᄒᆞ면 其名을 呼ᄒᆞ야 恐怖케、 ᄒᆞᆫ다ᄒᆞ더라

幼年必讀卷二釋義終

光武十一年六月二十八日印刷
光武十一年六月三十日發行

上卷

著作及版權所有

發行兼編述者 玄 采

印刷者 漢城西小門內(電話三二五番) 日韓圖書印刷株式會社
右代表者 社長

印刷所 日韓圖書印刷株式會社

發賣所

皇城罷朝橋越邊 中央書館 朱翰榮
平安北道宣川邑川邊 中央書館支店新民書會 安濬
皇城大廣橋 高裕相書肆
同 鍾路 大東書市 金基鉉
同 承洞 耶蘇敎書會 鄭允洙
皇城大寺洞 李興行書肆
同 壽進洞下隅 金孝演書肆
同 松橋 廣華書館
平安南道平壤貫洞 耶蘇敎書院 鄭益魯

幼年必讀釋義 下

幼年必讀卷四釋義上教師用目錄

幼年必讀卷四釋義下教師用目錄

幼年必讀卷四釋義下敎師用目錄終

幼年必讀卷四釋義上 教師用

漢水玄采編述

第一課 學問一

高句麗時ᄂᆞᆫ學問을崇尙ᄒᆞ야街里常人도抽斂錢을出ᄒᆞ야子弟ᄅᆞᆯ教育ᄒᆞ다ᄂᆞᆫ句語

高句麗ᄂᆞᆫ小獸林王이大學을立ᄒᆞ야子弟ᄅᆞᆯ教ᄒᆞ고、또律令을發ᄒᆞ고其歷史ᄂᆞᆫ國初브터文字ᄅᆞᆯ用ᄒᆞ야時事紀一百卷이有ᄒᆞ니名曰留記라嬰陽王이大學博士李文眞을命ᄒᆞ야此ᄅᆞᆯ删修ᄒᆞ니新集이五卷이오大抵高句麗ᄂᆞᆫ街里厮養의家라도、다貨財ᄅᆞᆯ出ᄒᆞ야大屋을建ᄒᆞ니名曰局堂이라ᄒᆞ고子弟의未婚者ᄅᆞᆯ此堂에送ᄒᆞ야書ᄅᆞᆯ讀ᄒᆞ고射ᄅᆞᆯ習케、ᄒᆞ니라

第三課 本朝歷代九

光海君은宣祖의第二子라爲人이狂悖ᄒᆞ더니、밋卽位ᄒᆞᄆᆡ其兄臨海君珒이位逼年長ᄒᆞᆷ을慮ᄒᆞ야柳希奮으로ᄒᆞ야곰珒의罪ᄅᆞᆯ搆ᄒᆞ야遠地에竄ᄒᆞ얏다가殺ᄒᆞ고王太后

金氏ᄂᆞᆫ慶運宮에幽ᄒᆞ고太后의父金悌男을殺ᄒᆞ니此ᄂᆞᆫ其時에王太后의셔子永昌大君璘이有ᄒᆞᆫ데奸臣이言ᄒᆞ되王을廢ᄒᆞ고璘을立ᄒᆞᆫ다ᄒᆞ니王이怒ᄒᆞ야太后를廢ᄒᆞ고悌男은賜死ᄒᆞ고璘ᄂᆞᆫ江華에安置ᄒᆞ니璘의時年이七歲라后側에서涕泣ᄒᆞ야配所로送ᄒᆞ얏더니、又殺ᄒᆞ니라時에李德馨이前任領議政으로上疏論救코자ᄒᆞ니婦가老父에及ᄒᆞᆯ가慮ᄒᆞ야趦趄未決ᄒᆞ고每常에涕泣ᄒᆞᄂᆞᆫ지라父ㅣ問曰汝位가人臣에極ᄒᆞ니死生休戚을國家와共ᄒᆞᆯ지라、엇지含默ᄒᆞ야平生忠愛의心을負ᄒᆞᄂᆞ뇨ᄒᆞ거ᄂᆞᆯ德馨이、이에拜哭告訣ᄒᆞ고璘의冤枉ᄒᆞᆷ을極言ᄒᆞᆫ되王ㅣ大怒ᄒᆞ야官爵을削奪ᄒᆞᄂᆞᆫ지라德馨이楊州龍津에退臥ᄒᆞ야飮泣、却食ᄒᆞ다가卒ᄒᆞ니라

光海九年冬十一月에百官及宗室의게廢母議를收ᄒᆞ니廢論을從ᄒᆞᄂᆞᆫ者ㅣ千餘人이라領府事李恒福이東岡에在ᄒᆞ야朝政에不參ᄒᆞᆫ지五年이러니忽然히大雷가屋을越ᄒᆞᄂᆞᆫ지라恒福曰天이我를告ᄒᆞ신다ᄒᆞ더니既而오廳府郞官이來ᄒᆞ야收議ᄒᆞ거ᄂᆞᆯ恒福이奮筆書曰、誰가此計를畫ᄒᆞ얏ᄂᆞ뇨春秋에子가讎母ᄒᆞᄂᆞᆫ義가無ᄒᆞ니願컨디聖의孝를體ᄒᆞ야孝로써事ᄒᆞ소서ᄒᆞ니王이怒ᄒᆞ야、北遠竄ᄒᆞ니라

翌年에太后를廢黜ᄒᆞ야王册王寶를奪ᄒᆞ고西宮이라稱ᄒᆞ며宮墻을進築ᄒᆞ고武將四

人이軍官과別監等을率ᄒᆞ고守直ᄒᆞ며時에明이建州滿洲를伐ᄒᆞᆯ시本國에請兵ᄒᆞ거ᄂᆞᆯ姜弘立으로ᄒᆞ야곰兵二萬을率ᄒᆞ고往赴ᄒᆞ니라大抵此時에淸太祖努爾哈赤이漸々强ᄒᆞ야諸部落을幷呑ᄒᆞ고壬辰亂初에朝鮮에遣使ᄒᆞ야救援ᄒᆞᆯ意를示ᄒᆞ거ᄂᆞᆯ其後患이될가慮ᄒᆞ야辭謝ᄒᆞ고其後에努爾哈赤이光海八年에帝位에即ᄒᆞ야明의邊境을侵ᄒᆞᄂᆞᆫ지라明神宗이遼東經略楊鎬로、ᄒᆞ야곰二十四萬兵을率ᄒᆞ고瀋陽에集ᄒᆞ야淸을伐ᄒᆞᆯ시朝鮮에請援ᄒᆞ거ᄂᆞᆯ光海君이姜弘立으로ᄒᆞ야곰五道[illegible]都元帥를拜ᄒᆞ고金景瑞로副元帥를拜ᄒᆞ야二萬餘人을率ᄒᆞ고出戰ᄒᆞ더니既而오北路軍이다敗ᄒᆞ고寬奠堡로브터進ᄒᆞ야南路將劉綎、喬一琦等과合ᄒᆞ니弘立、景瑞等도富察野[illegible]에至ᄒᆞ얏더니、크게敗ᄒᆞ야劉綎、喬一琦及金應河宣川郡守等이戰死ᄒᆞ고弘立과景瑞ᄂᆞᆫ降ᄒᆞ니此ᄂᆞᆫ弘立이臨發時에王이弘立의게密囑ᄒᆞ야形勢를觀ᄒᆞ야向背를定ᄒᆞ라ᄒᆞᆫ故러라

光海十五年癸亥에綾陽君仁祖이金瑬、李貴等으로더브러擧義ᄒᆞ야太后의位를復ᄒᆞ시다時에王이淫虐이甚ᄒᆞ고奸兇이用事ᄒᆞ야僞獄이此多ᄒᆞ야一村域이殺盡ᄒᆞᆫ지라掌務官이問曰汝가何故로不軌를圖ᄒᆞ얏ᄂᆞ뇨ᄒᆞ니曰不軌라ᄒᆞᆷ은何事오ᄒᆞ거ᄂᆞᆯ官曰

謀逆이니라 曰謀逆은何를爲코자ᄒᆞᆷ인고 曰人君이、되고자ᄒᆞᆷ이니라 其人이慨然起立ᄒᆞ야曰窮民이柴薪을賣ᄒᆞ야糊口코자ᄒᆞ되恒常不給ᄒᆞ거든、엇지人君되기를望ᄒᆞ리오ᄒᆞ고因ᄒᆞ야仰天發誓ᄒᆞ야曰我가此心이有ᄒᆞ면狗子猫子라、ᄒᆞ더라時에告變이日多ᄒᆞ야村民이라도稍稍히稍離ᄒᆞ면、곳告變中에入ᄒᆞ더라

光海가愚暗이日甚ᄒᆞ야賣官法을立ᄒᆞ니方伯과兵使ᄂᆞᆫ三百兩이오守令은百兩이오及第ᄂᆞᆫ二十兩이오生員은十兩이오至於守令은進獻ᄒᆞᄂᆞᆫ者ㅣ大殿은錦紬五十匹이오中殿은四十匹이오東宮은三十匹이오其他宮人의게、다分進이有ᄒᆞ고許多ᄒᆞᆫ惡習과悖行이勝數키難ᄒᆞᆫ지라綾陽君이朝夕憂慮ᄒᆞ야武臣李曙、申景禛、具仁垕文臣金瑬、李貴、崔鳴吉、張維와儒生沈器遠、金自點等으로더브러密謀ᄒᆞ야議가定ᄒᆞ매曙ㅣ長湍府使가되지라、곳山城을德津에設ᄒᆞᆫ다稱ᄒᆞ고軍卒을鍊ᄒᆞ야約日起兵ᄒᆞᆯ새伊川府使李重老로、더브러坡州에서合兵ᄒᆞ더니人이王의게告變ᄒᆞᄂᆞᆫ지라王가後宮으로더브러酣飮ᄒᆞ야其事를留中ᄒᆞ거ᄂᆞᆯ是夜에綾陽君이親兵을率ᄒᆞ고曙軍을延曙驛에出迎ᄒᆞ야、드듸여彰義門을斬入ᄒᆞ니訓鍊大將李興立이闕外에詣階ᄒᆞ고軍前에迎拜ᄒᆞ거ᄂᆞᆯ義兵이敦化門에直入ᄒᆞ야宮舍에放火ᄒᆞ니王가聞變ᄒᆞ

고後苑을踰ᄒᆞ야走ᄒᆞᆯ새民人의衣服을換着ᄒᆞ고醫官安國臣의家에匿ᄒᆞ야被執ᄒᆞ니라綾陽君이仁政殿階上에坐ᄒᆞ야百官을召集ᄒᆞ시니兵判權縉等以下가다顚倒拜賀ᄒᆞ고獨히都承旨李德泂과輔德尹知敬이不拜ᄒᆞ야曰暮夜稱兵ᄒᆞᄂᆞᆫ者ㅣ何人고左右曰綾陽君이慈殿의命을奉ᄒᆞ야擧義ᄒᆞ얏노라ᄒᆞ니德泂曰然ᄒᆞ면何故로宮室을燒ᄒᆞᄂᆞ뇨曰軍卒이失火오故放ᄒᆞᆷ이、아니라ᄒᆞ니知敬이泫然히泣曰舊君은將且엇지措置ᄒᆞᄂᆞ뇨綾陽君曰不死로待ᄒᆞ리라、ᄒᆞ시니德泂等이、드듸여拜謁ᄒᆞ더라、이에李貴等으로ᄒᆞ야금威儀를備ᄒᆞ고內宮에往ᄒᆞ야慈殿을奉迎ᄒᆞ니慈殿이不許ᄒᆞ시ᄂᆞᆫ지라綾陽君이곳西宮에詣ᄒᆞ니慈殿이先王의虛位를設ᄒᆞ고嗣君을邀入ᄒᆞ시거ᄂᆞᆯ君이庭中에서大哭ᄒᆞ니慈殿이命止ᄒᆞ야曰此ᄂᆞᆫ宗社大慶이라、엇지哭ᄒᆞ리오ᄒᆞ고仍히諸臣의게敎曰逆魁ᄂᆞᆫ天地間에容留치、못ᄒᆞᆯ지니速히處置ᄒᆞᆫ後、移御ᄒᆞ리라ᄒᆞ고又曰十年幽閉에、다시今日을見ᄒᆞᄂᆞᆫ도다昨夜에先生이見夢ᄒᆞ시더니今에卿等이我를火焰中에援出ᄒᆞ니可謂社稷臣이라ᄒᆞ고、곳大寶로新君의게傳ᄒᆞ시ᄂᆞᆫ지라君이곳別堂에서卽位ᄒᆞ시고百官을率ᄒᆞ야陳賀ᄒᆞ고光海君은江華에安置ᄒᆞ고東宮禔은喬桐에放ᄒᆞ니라

永昌大君璜와臨海君珒과延興府院君金悌男等官爵을追復ᄒᆞ고延興府夫人盧氏를濟州로셔迎還ᄒᆞ니라

仁祖셔셔親政ᄒᆞ실ᄉᆡ李元翼으로ᄡᅥ領相을拜ᄒᆞ고申欽은吏判이오李廷龜ᄂᆞᆫ禮判이오徐渻은刑判이오吳允謙은大司憲이오宣諭御史ᄅᆞᆯ諸道에遣ᄒᆞ야納銀守令과國屬屯庄과諸道逋欠을蠲罷ᄒᆞ고

鍾路에結陣ᄒᆞ고百官이序立ᄒᆞ야奸臣李爾瞻、鄭仁弘、朴訒、韓纘男等을斬ᄒᆞ니라

第六課　本朝歷代　十

李适은武臣이라然이나能文善書ᄒᆞ야名稱이有ᄒᆞ더니仁祖反正時에金瑬와李貴等이密謀로ᄡᅥ告ᄒᆞᆫ딕适이慨然히從ᄒᆞ야反正日에金瑬가首謀人으로會處에不來ᄒᆞ거ᄂᆞᆯ李貴가适을勸ᄒᆞ야軍事ᄅᆞᆯ專管케ᄒᆞ더니、밋時가過ᄒᆞ미瑬가始至ᄒᆞ야兵事ᄅᆞᆯ專執ᄒᆞᄂᆞᆫ지라适이其後期와또擅恣ᄒᆞᆷ을怒ᄒᆞ야瑬ᄅᆞᆯ斬코자ᄒᆞ야、이에兩人이相爭不下ᄒᆞ거ᄂᆞᆯ貴가中間和解ᄒᆞ야事가成ᄒᆞ얏스나大抵部分과規畫이다适의게出ᄒᆞ더니、밋論功ᄒᆞᆯᄉᆡ适이新預ᄒᆞ얏다ᄒᆞ야一等勳에入ᄒᆞ니适이、크게不平ᄒᆞ고

反正ᄒᆞᆫ翌日에擧義諸臣이榻前에셔議事ᄒᆞᆯᄉᆡ李貴ㅣ奏曰昨日에适의功이居多ᄒᆞ니、맛당히兵判이、되겟ᄂᆞ이다、ᄒᆞ더니其後上이셔셔牛酒ᄅᆞᆯ大備ᄒᆞ야將士ᄅᆞᆯ郊外에셔餉ᄒᆞ야座次ᄅᆞᆯ定ᄒᆞᆯᄉᆡ李貴ᄂᆞᆫ扈衛大將으로北에坐ᄒᆞ고金瑬ᄂᆞᆫ擧義大將으로貴의上에坐ᄒᆞ고李适以下가다東西에分坐ᄒᆞ니适이其瑬下에在ᄒᆞᆷ을忿ᄒᆞ야却立睨視ᄒᆞ야怒氣가勃々ᄒᆞ거ᄂᆞᆯ貴가또溫言으로慰解ᄒᆞ니适이含怒就坐ᄒᆞ고旣而오또平安兵使ᄅᆞᆯ拜ᄒᆞ니适이、더욱憤恨ᄒᆞ더라

時에張晩으로ᄡᅥ都元帥ᄅᆞᆯ拜ᄒᆞ야平壤에開府ᄒᆞ고李适은副元帥로寧邊에開府ᄒᆞ니适이元來能兵으로稱ᄒᆞ고精卒數萬과降倭가屬ᄒᆞ얏더니

仁祖二年甲子、距今二百八十二年前正月에人이告變ᄒᆞ되奇自獻과李适及子旃과韓明璉及其子瀾과潤等이謀反ᄒᆞᆫ다ᄒᆞ거ᄂᆞᆯ上이諸臣과議ᄒᆞ야奇自獻等四十餘人을下獄ᄒᆞ고、또旃及明璉等을命拿ᄒᆞ고、또金吾郎을寧邊에遣ᄒᆞ야适을拿來ᄒᆞ라ᄒᆞ야都事가寧邊에至ᄒᆞ니适이곳門을閉ᄒᆞ고其屬奇益獻等과謀ᄒᆞ야曰吾가一子ᄲᅮᆫ이어ᄂᆞᆯ將且斧鑕에伏ᄒᆞᆯ지라、엇지子拿父全ᄒᆞᆯ理가有ᄒᆞ리오男兒가不死ᄒᆞ면已어니와死키ᄂᆞᆫ同ᄒᆞ니、엇지俛首就戮ᄒᆞ리오ᄒᆞ니益獻等이同聲對曰擧事코자ᄒᆞᆯ진딘來

使를殺ᄒ고軍中을威脅ᄒ야異論이無케、ᄒ라ᄒ니适이諸將을召至ᄒ야按劒號令曰敢히我令을違ᄒ는者는斬ᄒ리라ᄒ니左右가股慄ᄒ야、다唯々ᄒ더라、이에城內에布陣ᄒ고都事를召入ᄒ야、곳斬ᄒ니一軍이大驚ᄒ는지라、곳下令ᄒ야二十二日에發兵케ᄒ고、또近營守令의게傳令曰急ᄒ軍務가有ᄒ야面議코자ᄒ니、곳馳進ᄒ라ᄒ더라

适이叛ᄒᆯ셔軍中에令曰京城에有變ᄒ니、領兵入援ᄒ다ᄒ고手下精勇을分遣ᄒ야諸將을召ᄒ는지라時에都元帥張晩이平壤에在ᄒᆯ셔适이移檄ᄒ야曰聖明이在上에羣兇이滿朝ᄒ니君側의惡을除ᄒ다、ᄒ얏더라時에晩은兵力이弱少ᄒ야拒敵ᄒᆯ力이無ᄒ자라、이에列邑兵을平壤에召入ᄒ야固守코자ᄒ더라

二十二日에賊이寧邊에셔發ᄒ야間道로价川을經ᄒ고長驅ᄒ야來ᄒ니此는晩과交兵치、아니코자ᄒᆷ이오軍律이嚴ᄒ고部伍가또整齊ᄒ더라安州兵使鄭忠信이肅川府使鄭文翼으로ᄒ야곰安州를守ᄒ고元帥府에馳至ᄒ되晩이곳拿入ᄒ야本州擅離ᄒ罪를治코자ᄒ니忠信이對曰此賊의計가疾趨에在ᄒ야安州를不由ᄒᆯ거시오設令安州에來ᄒᆯ지라도形勢가抵當치、못ᄒᆯ지라其孤城을坐守ᄒ니보다府下에來ᄒ야

調用을聽ᄒᆷ이可타ᄒ니晩이其言을稱善ᄒ고精騎百餘를給ᄒ야安州를往守ᄒ라ᄒ거늘忠信이發往ᄒ다가中路에셔賊이价川에向ᄒᆷ을聞ᄒ고還報ᄒ야曰安州가、이믜賊後에在ᄒ니空城을守ᄒ고賊으로君의게遺ᄒᆷ이不可타、ᄒ더라

适이忠信이元帥와共事ᄒᆷ을聞ᄒ고憮然히懼色이有ᄒ고諸將을歷數ᄒ며、다輕易케知ᄒ고忠信의게至ᄒ야는曰此人은爭鋒키難ᄒ다ᄒ더라

晩이忠信의게問曰今에賊이計將安出고ᄒ되忠信曰賊이上中下三策이有ᄒ니賊이萬一新起ᄒ銳로곳漢江을渡ᄒ야乘輿를進逼ᄒ면安危를可知치、못ᄒ리니此는上策이오兩西를跨據ᄒ고毛文龍을結ᄒ야聲勢를張ᄒ면朝廷이、또ᄒ易制치、못ᄒᆯ지니此는中策이오 時에明의將軍毛文龍이鐵山椵島에來屯ᄒ야淸國을防禦ᄒᆷ이라 間道로京城에疾馳ᄒ야空城을守ᄒ면能事가無ᄒᆯ지라此는下策이니이다晩曰君으로써料ᄒ면何策에出ᄒᆯ고曰适이銳ᄒ나謀가無ᄒ니必然下策을用ᄒ리라ᄒ더라

龜城府使韓明璉이、또ᄒ都事를殺ᄒ고适의게赴ᄒ고二十四日에張晩의狀啓가入來ᄒ니都下가洶懼ᄒ더라李元翼으로써都體察使를拜ᄒ고李時發로爲副ᄒ고李曙는開城에陣ᄒ야賊路를防ᄒ니라

時에張晩이 兵使南以興의게ᄃᆞ려曰賊衆我寡ᄒᆞ니、 엇지取勝ᄒᆞᆯ고ᄒᆞᆫᄃᆡ以興曰賊將李胤緖가、 비록賊中에在ᄒᆞ나必然同心치、 아니ᄒᆞ리니可히招致ᄒᆞ다ᄒᆞ고、 이에晩으로ᄒᆞ야곰胤緖의奴ᄅᆞᆯ得ᄒᆞ야酒食을饋ᄒᆞ고以興의書ᄅᆞᆯ傳케ᄒᆞ니胤緖ㅣ果然其書ᄅᆞᆯ見ᄒᆞ고其下將官으로더브러夜半에軍門에出ᄒᆞ야放砲大呼曰我等이仗義歸順ᄒᆞ노니汝等은逆賊을從치말나ᄒᆞ고、 곳平壤에奔至ᄒᆞ야晩을見ᄒᆞ고慟哭ᄒᆞᄂᆞᆫ지라晩이下床ᄒᆞ야執手慰勞ᄒᆞ니是日에賊의潰者ㅣ二千餘人이라晩이또西門外에白旗ᄅᆞᆯ樹ᄒᆞ고降者ᄅᆞᆯ招入ᄒᆞ야謂曰能히我ᄅᆞᆯ殺ᄒᆞᆯ진ᄃᆡ殺ᄒᆞ고否者ᄂᆞᆫ我의調用을聽ᄒᆞ라ᄒᆞ나人이其量을感服ᄒᆞ더라李适이死士八人을募ᄒᆞ야晩과밋監司ᄅᆞᆯ殺코자ᄒᆞ다가邏卒의게被執ᄒᆞᄂᆞᆫ지라晩이酒ᄅᆞᆯ與ᄒᆞ고縱遣ᄒᆞ니此ᄂᆞᆫ賊으로ᄒᆞ야곰平壤에有備ᄒᆞᆷ을知케、 ᄒᆞᆷ이오晩이또檄文二百紙ᄅᆞᆯ各路傍에掛ᄒᆞ니賊의先鋒이見ᄒᆞ고相謂曰前에聞ᄒᆞ니元帥가此에與謀ᄒᆞ얏다ᄒᆞ더니今에檄文을見ᄒᆞ니前日의虛言을知ᄒᆞ겟다ᄒᆞ더라

二十八日에賊이平壤으로向치、 아니ᄒᆞᄂᆞᆫ지라張晩이出師코쟈ᄒᆞᆯ시或이言ᄒᆞ되今日은七殺이니兵家所忌라、 ᄒᆞ거ᄂᆞᆯ忠信曰엇지父의病을聞ᄒᆞ고擇日發行ᄒᆞᄂᆞᆫ者ㅣ

行ᄒᆞ리오ᄒᆞ니衆이乃服ᄒᆞ더라、 이에忠信으로ᄡᅥ前部大將을삼고朴永緖ᄂᆞᆫ前鋒이오柳孝傑、 張暾은左右協이되고南以興은繼援이되니摠히兵合一千八百이라是日에大同江을渡ᄒᆞ니라

黃州馬坍에至ᄒᆞ야官軍의列陣이未畢에賊兵이來逼ᄒᆞ니先鋒朴永緖가被執ᄒᆞ야不屈ᄒᆞ다가死ᄒᆞ고适이遂安에至ᄒᆞ야、 다시麒麟驛路ᄅᆞᆯ向ᄒᆞ거ᄂᆞᆯ晩이敗軍을收拾ᄒᆞ야其後ᄅᆞᆯ隨ᄒᆞ다가副元帥李守一을瑞興에서遇ᄒᆞ야平山에至ᄒᆞ니時에副體察使李時發과督戰御史崔睍과黃海監司林慴가平山山城에至ᄒᆞ야進兵키ᄅᆞᆯ議ᄒᆞᆯ시南兵使申景瑗이八百兵을率ᄒᆞ고亦至ᄒᆞ더라二月初六日에适이平山猪灘에至ᄒᆞ거ᄂᆞᆯ防禦使李重老、 李德符가各郡守ᄅᆞᆯ領ᄒᆞ고猪灘을來守코자ᄒᆞ더니賊이곳淺灘處ᄅᆞᆯ從ᄒᆞ야官軍을擊破ᄒᆞ니李重老等이赴水ᄒᆞ야死ᄒᆞ더라忠信이砲聲을聞ᄒᆞ고促兵進援ᄒᆞ니重老等이已敗ᄒᆞᆫ지라忠信이水ᄅᆞᆯ隔ᄒᆞ야對陣ᄒᆞ고相持ᄒᆞᆫ지移時에賊이一騎로、 ᄒᆞ야곰李重老等七將의首ᄅᆞᆯ截送ᄒᆞ니眉目이如生ᄒᆞᆫ지라． 軍이色沮ᄒᆞ거ᄂᆞᆯ南以興이紿ᄒᆞ야曰此人等은吾의稔知ᄒᆞᄂᆞᆫ비라今에其面目이皆非ᄒᆞ니此ᄂᆞᆫ곳軍卒이라ᄒᆞ니、 이에衆心이稍安ᄒᆞ더라

初七日에奇自獻等四十九人을殺ᄒᆞ다時에朝廷이震駭ᄒᆞ고金瑬가大懼ᄒᆞ야被逮ᄒᆞᆫ奇自獻等을誅ᄒᆞ야內應의患을絶ᄒᆞ소서ᄒᆞ거ᄂᆞᆯ上이從ᄒᆞ니李貴가力爭曰此輩ᄂᆞᆫ또高位宰臣이多ᄒᆞ니适과同히盡叛ᄒᆞᆯ理가無ᄒᆞᆯ지라國事가、비록危急ᄒᆞ나、엇지獄體ᄅᆞᆯ罔念ᄒᆞ고不辜ᄅᆞᆯ濫殺ᄒᆞ리오ᄒᆞ니上이大臣의게問ᄒᆞ신ᄃᆡ瑬가또入對ᄒᆞ야畢竟四十餘人을皆殺ᄒᆞᆯ시事가倉卒에起ᄒᆞ야梏訊치못ᄒᆞ고、다誅殺ᄒᆞ니此ᄂᆞᆫ千古에初有ᄒᆞᆫ事라宰臣權怙이謂人ᄒᆞ야曰冠玉이無後ᄒᆞ리라ᄒᆞ니冠玉은瑬의字러라初에瑬가适과有隙ᄒᆞ고、또适이初叛時ᄂᆞᆫ曰适이不叛ᄒᆞᆫ다ᄒᆞ다가、밋叛狀이顯著ᄒᆞ야此에至ᄒᆞ며、또禍가及己ᄒᆞᆯ가恐ᄒᆞ야此에至ᄒᆞᆷ이오至於李貴ᄂᆞᆫ、비록适을因ᄒᆞ야擧義時에成功ᄒᆞ얏스나及其适이怏怏怨望ᄒᆞᆷ을見ᄒᆞ고其反ᄒᆞᆷ을預知ᄒᆞᆫ지라故로上前에서其必反ᄒᆞᆷ을言ᄒᆞ얏고今에至ᄒᆞ야ᄂᆞᆫ、또奇自獻의無罪ᄒᆞᆷ을卞明ᄒᆞ니其爲人의明白正大ᄒᆞᆷ은可知러라

初에李元翼이進言ᄒᆞ야曰奇自獻은罪狀이不著ᄒᆞ고況此人이廢母時에獻議力爭ᄒᆞ다가遠竄에至ᄒᆞ얏스니此ᄂᆞᆫ可謂十世ᄅᆞᆯ宥ᄒᆞᆯ者라ᄒᆞ더니、밋适의叛書가至ᄒᆞ미勳臣等이悉誅키ᄅᆞᆯ請ᄒᆞ야畢竟盡殺ᄒᆞᆫ지라明日에元翼이聞ᄒᆞ고愕然曰夜間에、엇지

許多ᄒᆞᆫ人을盡殺ᄒᆞ얏ᄂᆞ뇨吾가首相으로與聞치、못ᄒᆞ니吾가老耄ᄒᆞ얏도다ᄒᆞ고恒居에咄咄不已ᄒᆞ더라

時에李曙ᄂᆞᆫ數千兵을率ᄒᆞ고松都靑石鎭에屯ᄒᆞ고李興立은水原兵三千으로坡州臨津을把守ᄒᆞ고初八日에ᄂᆞᆫ兩湖兵이漢江을渡ᄒᆞ야崇禮門外에結陣ᄒᆞ니라

時에賊兵이日迫ᄒᆞᄂᆞᆫ지라南幸ᄒᆞᆯ計ᄅᆞᆯ定ᄒᆞ고全羅監司李溟의게傳旨ᄒᆞ야境上에서御駕ᄅᆞᆯ親迎ᄒᆞ라ᄒᆞ니라

賊이李曙가靑石鎭에在ᄒᆞᆷ을聞ᄒᆞ고降倭數十人으로ᄒᆞ야곰夜에其軍에入ᄒᆞ야驚擾케ᄒᆞ고适은狻猊古路로直히臨津에至ᄒᆞ야淺灘을從ᄒᆞ야渡ᄒᆞ니敢히抵禦ᄒᆞᆯ者ㅣ無ᄒᆞ고張晩等은賊을追ᄒᆞ야臨津에至ᄒᆞ니賊이、이믜渡江ᄒᆞ얏더라

時에李貴가坡州에至ᄒᆞ야松都가陷ᄒᆞᆷ을聞ᄒᆞ고崔鳴吉은摠督副使로松都에往ᄒᆞ얏다가僅免ᄒᆞ고坡州에至ᄒᆞ야貴와相議曰我等이一處에共往ᄒᆞ야도無益이라ᄒᆞ고貴의子時昉을京城에遣ᄒᆞ야去邠의計ᄅᆞᆯ定케ᄒᆞ고貴가또單騎로闕下에馳赴ᄒᆞ야曰事急ᄒᆞ니今夕에漢江을渡ᄒᆞ야其鋒을避ᄒᆞ소서ᄒᆞ더라

初九日에賊兵이高陽碧蹄에至ᄒᆞ거ᄂᆞᆯ上이倉卒에崇禮門으로出ᄒᆞ야漢江에至ᄒᆞ니

日이已昏ᄒᆞ고人이다遁去ᄒᆞᆫ지라百官이顚蹶ᄒᆞ고舟船이다中流ᄒᆞ야呼ᄒᆞ야도不應
ᄒᆞ거ᄂᆞᆯ宣傳官禹尙重이江中에游至ᄒᆞ야船人을擊倒ᄒᆞ고五六小艇을得ᄒᆞ야終夜奔
涉ᄒᆞ더니明日에車駕ㅣ沙峴院에至ᄒᆞ야日晩도록闕膳ᄒᆞ고是日에慈殿이ᄯᅩᄒᆞᆫ追至
ᄒᆞ고車駕가公州에至ᄒᆞ니道路의艱苦ᄂᆞᆫ形言키難ᄒᆞ고湖西의父老가簞食으로哭迎ᄒᆞ
더라兩湖兵으로ᄒᆞ야곰山城及錦江을守ᄒᆞ고、ᄯᅩ全羅監司李淸이路左에迎拜ᄒᆞ니
部伍가條整ᄒᆞ더라

初九日午後에賊兵二十餘騎가、몬저京城에至ᄒᆞ야呼曰城中人은驚動치말나新王
이卽位ᄒᆞ얏다ᄒᆞ고十日에ᄂᆞᆫ李适이韓明璉으로더브러連轡入城ᄒᆞ니适의弟遯과李
忠吉及李時言의子樒等이募兵數千人을率ᄒᆞ고鞍峴山北에在ᄒᆞ야賊을迎ᄒᆞ고各司
의胥吏輿儓가冠服을具ᄒᆞ고出迎ᄒᆞ며坊民은道路를治ᄒᆞ고迎拜ᄒᆞ니适이京城에入
ᄒᆞ야景福宮舊基에屯ᄒᆞ더라

時에王子興安君瑅宣祖이扈從ᄒᆞ야渡江ᄒᆞ더니中途에서逃歸ᄒᆞ야适의게投入ᄒᆞ니
适이其爲人을心鄙ᄒᆞ나姑히僭號로尊ᄒᆞ야王이라ᄒᆞ고京畿防禦使李興立이迎降ᄒᆞ
거ᄂᆞᆯ适이大將을拜ᄒᆞ야賊을扈衛ᄒᆞ고适이李忠吉로ᄡᅥ大將을拜ᄒᆞ고都民의게榜示

ᄒᆞ야各其本業을守ᄒᆞ라ᄒᆞ고、ᄯᅩ親友를召ᄒᆞ야官員을拜ᄒᆞ야朝廷을成ᄒᆞ니失勢人
과無賴輩가陸續投入ᄒᆞ더라

張晩이坡州에至ᄒᆞ야大駕가播遷홈을聞ᄒᆞ고從事官李敏求로、ᄒᆞ야곰行朝에奔問
ᄒᆞ고初十日에惠陰嶺에至ᄒᆞ야諸將과會議ᄒᆞᆯ시晩曰今日에計策은二가有ᄒᆞ니今에
都民이다從賊지、아닐지라然이나萬一二兩日을遷延ᄒᆞ면人이다賊의게歸ᄒᆞ야攻ᄒᆞ
기不易ᄒᆞ리니此時를及ᄒᆞ야死戰을一決홈이一策이오、ᄯᅩ李曙로催促ᄒᆞ야東路를
守ᄒᆞ고申景禛은南路를守ᄒᆞ야四路를截ᄒᆞ고其糧道가絶ᄒᆞᆫ後諸道兵을待ᄒᆞ야併力
討伐ᄒᆞ면此ᄂᆞᆫ萬全計니此二者에何者가可ᄒᆞᆯ고ᄒᆞᆫᄃᆡ鄭忠信이大言曰吾等이、이믜
戮力破賊지、못ᄒᆞ야君父가播越ᄒᆞ니吾屬의罪가萬死ᄒᆞᆯ지라今에勝敗를勿論ᄒᆞ고
不得不一戰이오、ᄯᅩ北山을先據ᄒᆞᄂᆞᆫ者ㅣ勝ᄒᆞ리니今에鞍峴을據ᄒᆞ면都城이眼下
에在ᄒᆞ야賊이不得不戰ᄒᆞᆯ거시오戰ᄒᆞ면、是仰攻ᄒᆞ리니我가乘高ᄒᆞ야下를擊ᄒᆞ면
破賊ᄒᆞ기必ᄒᆞ리라ᄒᆞ니南以興等이力贊ᄒᆞ야晩이從ᄒᆞ거ᄂᆞᆯ忠信이躍馬先出ᄒᆞ고
諸軍이繼ᄒᆞᆯ시晩이下令ᄒᆞ야徐히形便을觀ᄒᆞ야進ᄒᆞ라ᄒᆞ거ᄂᆞᆯ忠信이衆의게大呼曰
元帥ㅣ令ᄒᆞ시되速히進兵ᄒᆞ라ᄒᆞᆫ다ᄒᆞ고揚鞭疾馳ᄒᆞ야進ᄒᆞ더니延曙에至ᄒᆞ야ᄂᆞᆫ金

良彦으로ᄒᆞ야곰二十騎를率ᄒᆞ고潛行으로嶺에上ᄒᆞ야烽燧卒을獲ᄒᆞ고擧烽ᄒᆞ기平日과如케ᄒᆞ며忠信이柳孝傑、李希建、金敬雲、趙時俊、崔興一、申景瑗等으로더브러大軍을率ᄒᆞ고淨土로由ᄒᆞ야進陣ᄒᆞ니日이、이믜昏黑ᄒᆞ얏더라忠信이諸將으로더브러嶺上에至ᄒᆞ야陣을成ᄒᆞ고朴鏴、李休復、成大勳、李希建、金敬雲으로ᄡᅥ前陣이、되게ᄒᆞ고南以興、邊瀚은嶺內를守ᄒᆞ고金完은嶺西를守ᄒᆞ고申景瑗、李埥은嶺北을守ᄒᆞ고黃瀷、安夢尹、崔應一、李禎은中堅이되고李廓으로ᄒᆞ야곰砲手二百을率ᄒᆞ고窦巖谷中에埋伏ᄒᆞ야彰義門路를防ᄒᆞ고分付가畢ᄒᆞ미諸軍이夜登ᄒᆞ나人馬가喧噺ᄒᆞ고是夕에東風이大作ᄒᆞ야城中에셔其聲을不聞ᄒᆞ더라李時發이空名帖數千을城中에潛送ᄒᆞ야都內士民으로ᄒᆞ야곰內應케ᄒᆞ야賊의歸路를防ᄒᆞ니라

時에張晩이李曙와林愔의兵을催督ᄒᆞ야駱山을據ᄒᆞ야犄角의勢를成코자ᄒᆞ니曙ㅣ晩의게馳書ᄒᆞ야曰賊이城中에在ᄒᆞ니攻키難ᄒᆞᆯ지라我兩軍이東西에在ᄒᆞ야其糧道를絕ᄒᆞ고、또南方의軍이至ᄒᆞᆫ後協擊ᄒᆞ라ᄒᆞ거ᄂᆞᆯ李時白이曰不然ᄒᆞ다賊이在城ᄒᆞ기久ᄒᆞ면聚衆ᄒᆞᆷ이益多ᄒᆞ리니其未定ᄒᆞᆫ時를乘ᄒᆞ야疾擊ᄒᆞᆷ이可타、ᄒᆞᄂᆞᆫ지라晩이從ᄒᆞ야忠信의게傳令코자ᄒᆞ니時白이曰我ㅣ料컨ᄃᆡ忠信이必然鞍嶺에登ᄒᆞ리라ᄒᆞ더니旣而오報ᄒᆞ되前軍이、이믜鞍嶺에上ᄒᆞ얏다ᄒᆞ거ᄂᆞᆯ晩이大驚賞讚ᄒᆞ더라

十一日에賊이官軍의來ᄒᆞᆷ을始知ᄒᆞ고或이李适을說ᄒᆞ야曰今에精銳가다先鋒에在ᄒᆞ고張晩은孤軍으로其後에在ᄒᆞ니萬一々枝兵으로ᄡᅥ彰義門을繞出ᄒᆞ야張晩을破ᄒᆞ면諸軍이鬪志가無ᄒᆞ야一擧에全勝ᄒᆞ리라ᄒᆞ니适이前軍의少ᄒᆞᆷ을見ᄒᆞ고曰此를破ᄒᆞ기易ᄒᆞ니多言치、말나ᄒᆞ고仍히軍中에令曰賊을破ᄒᆞᆫ後朝食ᄒᆞ라ᄒᆞ고、곳開門出兵ᄒᆞ야兩路로山을包圍ᄒᆞ야上ᄒᆞ니都民의觀望ᄒᆞᄂᆞᆫ者ㅣ曲城으로브터南山에至ᄒᆞ기ᄭᆞ지城堞에滿ᄒᆞ얏더라韓明璉이降倭를率ᄒᆞ고先鋒이되야、곳前營을迫ᄒᆞ고适은居中督戰ᄒᆞᆯ시時에東風이急ᄒᆞ니賊이乘風疾攻ᄒᆞ야矢石이雨와如ᄒᆞᆫ지라我軍이이믜絕頂에居ᄒᆞ미、다死戰ᄒᆞ다가差退ᄒᆞ기數十步에南以興과邊瀚이級을援ᄒᆞ고金敬雲、李希建은挺身衝突ᄒᆞ다가敬雲은中丸ᄒᆞ야死ᄒᆞ고戰이方酣에風이忽然히變ᄒᆞ야北風이大起ᄒᆞᄂᆞᆫ지라賊이下에在ᄒᆞ야風沙가面을撲ᄒᆞ니官軍의氣가益奮ᄒᆞ야大戰ᄒᆞᆯ시卯時브터巳時ᄭᆞ지至ᄒᆞ미賊將李壤이中丸ᄒᆞ야死ᄒᆞ고明璉은中箭ᄒᆞ야退ᄒᆞ더니會에适이陣次를易ᄒᆞ야旗가動ᄒᆞᄂᆞᆫ지라南以興이望見ᄒᆞ고大呼曰李

適이敗ᄒᆞ얏다ᄒᆞ니、이에賊兵이大奔ᄒᆞ야自相踐踏ᄒᆞ다가澗谷에墮死ᄒᆞᆫ者ㅣ不可勝數라官軍이乘勝追擊ᄒᆞ야叫呼踊躍ᄒᆞ야一人이곳百을當ᄒᆞ니賊이奔竄ᄒᆞ야各路로散走ᄒᆞ고麻浦와西江에投死ᄒᆞᆫ者ㅣ多ᄒᆞ더라都民이昭義、敦義兩西門을閉ᄒᆞ니賊이入지、못ᄒᆞ고崇禮門으로向ᄒᆞ거ᄂᆞᆯ忠信이追코자ᄒᆞ니以興이勸止ᄒᆞ야曰今日에戰捷은天이라數日內에兩賊의頭가必至ᄒᆞᆯ거시니何必窮追ᄒᆞ리오、또城中에陋巷이多ᄒᆞ니賊이設伏ᄒᆞ면奈何오ᄒᆞᆫ되忠信曰疾雷가掩耳ᄒᆞᆯ間이無ᄒᆞᆯ지라賊의魄이已褫ᄒᆞ얏스니奚暇에設謀ᄒᆞ리오疾追ᄒᆞ야入ᄒᆞ면廣通橋를不及ᄒᆞ야就擒ᄒᆞ리라ᄒᆞ거ᄂᆞᆯ以興이力止ᄒᆞ야、이에朴饗英으로ᄒᆞ야곰東郊에埋伏ᄒᆞ야賊을邀ᄒᆞ니라

時에鄭忠信이李時白으로더브러追賊코자ᄒᆞ니時白曰賊이不日에就擒ᄒᆞ리니我가敢히人의功을奪ᄒᆞ리오、ᄒᆞᆫ지라忠信이歎服ᄒᆞ더라

李守一、金起宗等이嶺上에對坐ᄒᆞ얏더니俄頃間에首級이積ᄒᆞ기丘山과如ᄒᆞ더라

夜二皷에李适과韓明璉이數百騎로水口門을潛出ᄒᆞ야十二日에三田渡를由ᄒᆞ야廣州를過ᄒᆞ다가牧使를殺ᄒᆞ고利北峴을過ᄒᆞ거ᄂᆞᆯ鄭忠信이柳孝傑等으로더브러慶安驛에追及ᄒᆞ니所將이二十七騎뿐이라然이나賊이後兵이有ᄒᆞᆯ가疑ᄒᆞ야望風奔潰ᄒᆞ

고是夕에賊이利川墨坊里에至ᄒᆞ니麾下奇益獻、李守白等이适、遂、旃、明璉等九人을斬ᄒᆞ야行朝에走獻ᄒᆞ고、또元帥府에報ᄒᆞ더라

王子瑅은仁慶宮으로브터曲城에上ᄒᆞ야觀戰ᄒᆞ다가、밋敗ᄒᆞ미左右가다散ᄒᆞᆫ지라廣州에走至ᄒᆞ야自稱元帥의軍官이라ᄒᆞ거ᄂᆞᆯ人民等이執ᄒᆞ야元帥府에獻ᄒᆞ니張晩이因ᄒᆞ야朝令을待코자ᄒᆞ거ᄂᆞᆯ都監大將申景禛等이言ᄒᆞ되瑅이、이믜僭號ᄒᆞ얏스니人々이다誅ᄒᆞ리라ᄒᆞ고敎化門前에서斬ᄒᆞ니事가聞ᄒᆞ미景禛等을禁府에下ᄒᆞ얏다가數日에赦ᄒᆞ니라

十一日에賊이敗ᄒᆞ고十五日에ᄂᆞᆫ賊馘이至ᄒᆞ거ᄂᆞᆯ上이親히廟社에告ᄒᆞ고庭試를設ᄒᆞ고車駕ㅣ公州에서發ᄒᆞ야二十一日에還都ᄒᆞ시니라

李守白、奇益獻은李适等을斬ᄒᆞᆫ故로其死를免ᄒᆞ고分配ᄒᆞ얏더니後數年에大赦를因ᄒᆞ야任便居住케ᄒᆞ고明璉의子潤等은建州(即滿洲淸太祖의地)로逃亡ᄒᆞ더니後에淸兵을導來ᄒᆞ야丙子亂을成ᄒᆞ니라

丙子亂　譯大東紀年

向者奇益獻이李适과韓明璉을斬ᄒᆞᆯ時에明璉의子潤이滿洲에入ᄒᆞ야姜弘立等의게

謂曰本國亂에 暫等妻子를 盡戮ᄒᆞ얏스니 今에 勝兵을 借ᄒᆞ야 復讐ᄒᆞ라ᄒᆞᆫ데 弘立과 朴
蘭英等(我人의降淸ᄒᆞᆫ者)이 信ᄒᆞ고 淸主를 勸ᄒᆞ야 東侵ᄒᆞ라ᄒᆞ니 自此로 淸人이 我國을 圖코자
ᄒᆞ더라 遂將徐孤臣이 本國에 報ᄒᆞ야 曰 近日에 虜人이 兵馬를 整頓ᄒᆞ고 粮械를 措備ᄒᆞ
니 必然東搶ᄒᆞᆯ지라 貴國이 防備ᄒᆞ라ᄒᆞ더니 至是ᄒᆞ야 平安監司가 啓聞ᄒᆞ거ᄂᆞᆯ 朝廷이
弘立의 子璹의게 官爵을 予ᄒᆞ고 滿洲에 送ᄒᆞ야 厚恤ᄒᆞᄂᆞᆫ 意를 示ᄒᆞ고 兼히 賊情을 探ᄒᆞ
라ᄒᆞ얏더니 賂穆ᄒᆞ야 得還치 못ᄒᆞ고 時에 明將毛文龍이 兵을 遣ᄒᆞ야 渡江ᄒᆞ며 寸功
이 無ᄒᆞ고 其將時可達等이 戰死ᄒᆞ얏스니 其敗를 隱ᄒᆞ고 每常에 勝捷으로 聞ᄒᆞ며 또
軍需를 覬覦ᄒᆞ고 權臣을 交結ᄒᆞ야 官이 都督에 至ᄒᆞ고 我國鐵山椵島에 來屯ᄒᆞ니 衆이
五六萬이오 本國에 向ᄒᆞ야 不測ᄒᆞᆫ 事가 多ᄒᆞ고 또 虜와 交通ᄒᆞ더라

仁祖四年丙寅 距今二百八十年前에 明의 經略袁崇煥이 寧遠을 鎭ᄒᆞᆯ시 智慮가 淵邃
ᄒᆞ고 用兵에 善ᄒᆞᆫ지라 淸主努兒哈赤이 屢次進攻ᄒᆞ다가 連次敗還ᄒᆞ고 또 重傷ᄒᆞ야
死ᄒᆞ니라

秋七月에 南漢山에 城ᄒᆞ니 南漢山은 卽百濟故都오 京師와 相距가 四十里라 山勢가 險
固ᄒᆞ더니 李适變後에 李元翼、李貴等이 築城키를 請ᄒᆞ야 李曙로、ᄒᆞ야곰 其上에 城

ᄒᆞ고 廣州邑治를 其內에 移ᄒᆞ고 廣州田二十結로ᄡᅥ 山城에 屬ᄒᆞ니라

仁祖五年丁卯春正月에 淸人이 大擧入寇ᄒᆞ거ᄂᆞᆯ 義州府尹李莞과 宣川府使奇協等이
死ᄒᆞ다 賊騎三萬이 鴨綠江을 潛渡ᄒᆞ거ᄂᆞᆯ 李莞이 醉臥ᄒᆞ얏다가 猝然히 賊報를 聞ᄒᆞ고
驅數衆兵ᄒᆞᆯ시 時에 韓潤이 姜弘立、朴蘭英、吳信男으로 더브러 嚮導가 되야 賊을 城中
에 引入ᄒᆞ야 軍器庫를 燒ᄒᆞ니 城中이 大亂ᄒᆞᄂᆞᆫ지라 賊이 隊伍에 城下에서 馳突ᄒᆞ니 叛
民이 城을 開ᄒᆞ고 賊을 迎入ᄒᆞ야 城이 陷ᄒᆞ니 莞이 被執ᄒᆞ야 死ᄒᆞ니라 賊이 移書ᄒᆞ야 責
曰 汝國이 四大罪가 有ᄒᆞ니 天可汗이 嗔ᄒᆞ되 兵致問치 아니ᄒᆞ고 宣川役에 一人을
不殺ᄒᆞ얏거ᄂᆞᆯ 遂使致謝치 아니ᄒᆞ고 毛文龍은 我의 大仇어ᄂᆞᆯ 容接ᄒᆞ야 內地에 留ᄒᆞ
고 粮餉을 給ᄒᆞ며 遼民은 我의 赤子어ᄂᆞᆯ 叛亡을 招納ᄒᆞ니 吾가 非恨ᄒᆞᆫ다ᄒᆞ고 賊兵이 長
驅ᄒᆞ야 郭川에 進ᄒᆞ거ᄂᆞᆯ 府使李希建이 棄城ᄒᆞ고 走ᄒᆞ다가 合起宗의 來ᄒᆞᆷ을 聞ᄒᆞ고 往
會ᄒᆞ니 朝廷이 其職을 奪ᄒᆞ고 白衣從軍케ᄒᆞ니 希建이 涕泣曰 罪大功微ᄒᆞ니 一死로ᄡᅥ
報國ᄒᆞᆫ다ᄒᆞ고 肅川에 馳至ᄒᆞ다가 賊의게 被殺ᄒᆞ니라

賊이 凌漢山城에 至ᄒᆞ야 飛雲長梯로ᄡᅥ 城에 架ᄒᆞ거ᄂᆞᆯ 我民이 防禦ᄒᆞ다가 力盡ᄒᆞ야 城
陷ᄒᆞ더라 賊이 到處에 宣言曰 今日事ᄂᆞᆫ 專혀 前王을 爲ᄒᆞ야 復仇ᄒᆞ고 事成後에ᄂᆞᆫ 各道

軍兵은十年復戶ᄒᆞ리라ᄒᆞ니此ᄂᆞᆫ韓潤의所敎러라

賊報가至ᄒᆞ니兵曹判書張晩으로써都元帥ᄅᆞᆯ拜ᄒᆞ야鄭忠信과申景瑗等을率ᄒᆞ고往禦ᄒᆞᆯ시訓鍊大將申景禛은京畿砲軍을率ᄒᆞ고臨津을夜守ᄒᆞ며沈器遠은都巡檢使오金長生은全羅道號召使오李曙ᄂᆞᆫ南漢山城을守ᄒᆞ고諸道에命ᄒᆞ야勤王兵을召ᄒᆞ니라賊이安州ᄅᆞᆯ陷ᄒᆞ니兵使南以興과牧使金浚等이死ᄒᆞ다賊이淸川江에在ᄒᆞ야巡城大呼ᄒᆞ야降服ᄒᆞ라ᄒᆞ거ᄂᆞᆯ牧使金浚이城上에셔呼曰我國은、다만戰과死ᄅᆞᆯ知ᄒᆞᆯ뿐이오元來降과和ᄂᆞᆫ不知ᄒᆞᆫ다ᄒᆞ더라翌日黎明에賊이鼓角을鳴ᄒᆞ고萬騎가騈進ᄒᆞ거ᄂᆞᆯ城中에셔砲射가俱發ᄒᆞ니賊이墜騎落壕ᄒᆞ야死者가山積ᄒᆞ나然ᄒᆞ나前人이仆ᄒᆞ면後人이繼ᄒᆞ야左右衝突ᄒᆞ며幷히駱駝로써長梯ᄅᆞᆯ輸來ᄒᆞ고一時에登城ᄒᆞ야短兵으로相搏ᄒᆞ고追逐亂殺ᄒᆞᄂᆞᆫ지라南以興이金浚으로더브러手에焇炮巾ᄅᆞᆯ執ᄒᆞ고營樓에倚ᄒᆞ야亂射ᄒᆞ더니衆賊이急히圍住ᄒᆞᄂᆞᆫ지라浚等이、드듸여焇炮巾ᄅᆞᆯ焚ᄒᆞ니、곳霹靂一聲에屋宇가騰空ᄒᆞ야以興父子及江界府使李尙安等十餘人이다燒死ᄒᆞ고賊의斃者도亦多ᄒᆞ더라時에宣傳官이奉命ᄒᆞ야來ᄒᆞ얏거ᄂᆞᆯ以興曰使臣이此에在ᄒᆞᆷ이不可타ᄒᆞ고血을刺ᄒᆞ야啓聞曰孤城이受圍에形勢가難支오監司尹暄이不救ᄒᆞ니臣等

이死ᄒᆞᆯ뿐이라ᄒᆞ더라時에以興從弟南以雄이明國에使往ᄒᆞ얏더니忽然히見ᄒᆞ니通衢上에紅旗ᄅᆞᆯ高揭ᄒᆞ고其上에以興의姓名을書ᄒᆞ얏거ᄂᆞᆯ問ᄒᆞ니曰此ᄂᆞᆫ貴國忠臣南某오我國에셔褒節ᄒᆞᄂᆞᆫ殊典이라ᄒᆞ더라以雄이、비로소知ᄒᆞ고其名下에哭臨ᄒᆞ니明人이其族人임을知ᄒᆞ고殊禮로써待ᄒᆞ더라

平安監司尹暄과黃海兵使丁好恕가다棄城ᄒᆞ고遁ᄒᆞ거ᄂᆞᆯ報가至ᄒᆞ니朝廷이震駭ᄒᆞ야金起宗으로써平安監司ᄅᆞᆯ拜ᄒᆞ고申景瑗으로써兵使ᄅᆞᆯ拜ᄒᆞ고李楷으로써黃海兵使ᄅᆞᆯ拜ᄒᆞ고都事ᄅᆞᆯ遣ᄒᆞ야暄과好恕ᄅᆞᆯ拿來ᄒᆞ다初에安州의陷報가平壤에至ᄒᆞ니兵民이驚擾ᄒᆞ야縋城逃散ᄒᆞᄂᆞᆫ지라曉喩ᄒᆞ야도不聽ᄒᆞ거ᄂᆞᆯ暄이賊의게致死코자ᄒᆞ다가、다시北關兵을收ᄒᆞ야奇功을成ᄒᆞᆫ다ᄒᆞ고成川에至ᄒᆞ야被逮ᄒᆞ니라

上이江都로播遷ᄒᆞ시다時에朝議가避兵코자ᄒᆞ야金尙容으로써留都大將을拜ᄒᆞ고呂祐吉은副가되야都城을守케ᄒᆞ고東宮으로ᄒᆞ야곰南下ᄒᆞᆯ시都體察使李元翼과右議政申欽과韓浚謙、李敏求、申翊聖等이從ᄒᆞ고二十七日에上이宗廟社主ᄅᆞᆯ奉ᄒᆞ고江都에避入ᄒᆞ시니領議政尹昉과右議政吳允謙과金瑬、李貴、李聖求、李廷龜、金藎國、崔鳴吉、金自點、張維等이從ᄒᆞ니라

二月에賊兵이黃州에至ᄒᆞ야和親을請ᄒᆞᆯᄉᆡ三事로써要ᄒᆞ니一은割地오二ᄂᆞᆫ毛文龍을捉홈이오三은兵一萬을借ᄒᆞ야明을伐ᄒᆞ라홈이라初九日에淸使劉海가姜弘立、朴蘭英으로더브러開城、豊德을由ᄒᆞ야行在에入朝ᄒᆞ거ᄂᆞᆯ上이軍威ᄅᆞᆯ設ᄒᆞ고延見ᄒᆞ며姜裀(弘立의叔父)으로써回答使ᄅᆞᆯ拜ᄒᆞ야賊陣을慰ᄒᆞ야和事가成ᄒᆞ니라時에淸兵이平山에屯ᄒᆞ니江都와距ᄒᆞ기百餘里오行朝ᄂᆞᆫ守備가單寡ᄒᆞ야人情이危懼ᄒᆞ니、비록斥和ᄒᆞᄂᆞᆫ者ㅣ外面으로大言ᄒᆞ나其實은和議의成홈을喜幸ᄒᆞ고、오작浮議ᄅᆞᆯ畏ᄒᆞ야敢言치、못ᄒᆞ며獨히崔鳴吉은事ᄅᆞᆯ遇ᄒᆞ면輒發ᄒᆞ야顧忌가無ᄒᆞ다가畢竟被劾ᄒᆞ니라

時에都中은賊兵이已迫ᄒᆞ야一時潰散ᄒᆞ니留都大將金尙容이急히放火ᄒᆞ야御庫及兵、戶曹、太倉、宣惠廳、京營諸倉庫가蕩然不存ᄒᆞ고尙容은江都로走ᄒᆞ더라

賊이昌城을逼ᄒᆞ니府使金時若이死ᄒᆞ다時若이諸將으로더브러守禦코자ᄒᆞᆯᄉᆡ至是ᄒᆞ야賊二百餘騎가突至ᄒᆞ야宣言曰汝國이盡陷ᄒᆞ고國王도去處ᄅᆞᆯ不知ᄒᆞ거ᄂᆞᆯ爾가一隅孤城으로敢히大衆을拒ᄒᆞᄂᆞ고ᄒᆞ더니是夕에軍卒이縋城ᄒᆞ야走出ᄒᆞ고城中人이一時에倒戈ᄒᆞᄂᆞᆫ지라時若曰老夫가土地ᄅᆞᆯ守ᄒᆞ얏스니封疆에서死홈이可라、ᄒᆞ

더니旣而오賊이入ᄒᆞ야時若을執ᄒᆞ야誘降ᄒᆞ거ᄂᆞᆯ不屈ᄒᆞ얏더니賊이殺ᄒᆞ더라

尹暄을江都에梟示ᄒᆞ고丁好恕ᄂᆞᆫ鏡城에安置ᄒᆞ다臺諫이暄等의失守ᄒᆞᆫ罪ᄅᆞᆯ請ᄒᆞ거ᄂᆞᆯ時에暄의兄昉이領相이오族黨이王室과連姻ᄒᆞᆫ지라故로上이示威코자ᄒᆞ야是命이有ᄒᆞ니世人이稱冤ᄒᆞ더라

劉海가平山으로브터江都에入ᄒᆞ야上께謁ᄒᆞ거ᄂᆞᆯ宗室原昌令義臣으로써王弟라稱ᄒᆞ고李弘望으로通信使ᄅᆞᆯ拜ᄒᆞ고禮幣ᄅᆞᆯ具ᄒᆞ야賊의게送ᄒᆞ니라和議가定ᄒᆞ미人이다痛恨ᄒᆞ고司諫尹煌은曰我國이無名ᄒᆞᆫ和ᄅᆞᆯ請ᄒᆞ니、엇지羞恥가아니리오、ᄒᆞ거ᄂᆞᆯ上이怒ᄒᆞ야削職ᄒᆞ니라

三月에宰臣을命ᄒᆞ야壇을江都에築ᄒᆞ고淸使와講和ᄒᆞᆯᄉᆡ宰臣으로ᄒᆞ야곰淸使와同히夜半에盟壇에會ᄒᆞ야白馬ᄅᆞᆯ刑ᄒᆞ고黑牛ᄅᆞᆯ殺ᄒᆞ야天께祭ᄒᆞ고盟誓ᄒᆞ니金國(卽淸國의當時國號)誓文에曰朝鮮國이金國二王子와 立誓ᄒᆞ야兩國이 講和ᄒᆞᆯᄉᆡ今後에 同心合意ᄒᆞ야朝鮮이萬一金國의仇ᄅᆞᆯ思ᄒᆞ야兵事ᄅᆞᆯ整理ᄒᆞ든지城堡ᄅᆞᆯ新築ᄒᆞ야存心ᄒᆞ기不善ᄒᆞ면皇天이降禍ᄒᆞ거시오、또金國二王子가不良ᄒᆞᆫ心을起ᄒᆞ면皇天도、또ᄒᆞᆫ降禍ᄒᆞ거시오兩國이同心同德ᄒᆞ야公道로偕處ᄒᆞ면皇天이保佑ᄒᆞ야獲福ᄒᆞ기萬萬이

라ᄒᆞ고本國誓文에ᄂᆞᆫ曰朝鮮國이丁卯年甲辰月某日에金國과立誓ᄒᆞ야和好ᄅᆞᆯ講定ᄒᆞ고今後에各其約誓ᄅᆞᆯ遵ᄒᆞ야封疆을各全ᄒᆞ고萬一我國이金國과計仇ᄒᆞ야興兵侵伐ᄒᆞ면皇天이降禍ᄒᆞᆯ거시오萬一金國이ᄯᅩ不良ᄒᆞᆫ心을起ᄒᆞ야和好ᄅᆞᆯ違背ᄒᆞ면皇天이、ᄯᅩᄒᆞᆫ降禍ᄒᆞ리니各君이各其善心을守ᄒᆞ고太平을共享ᄒᆞ리라ᄒᆞ고是日에李廷龜等이淸使ᄅᆞᆯ撫尾亭에往見ᄒᆞ고約條ᄅᆞᆯ論定ᄒᆞ고翼日에撤兵ᄒᆞ야還ᄒᆞᆯ새兄弟國이라稱ᄒᆞ고撤兵ᄒᆞᆫ後鴨綠江을復踰치、못ᄒᆞ며且我國이、비록貴國과和親ᄒᆞ얏스나明國은相仇치、못ᄒᆞᆯ다ᄒᆞ니劉海가拱手稱歎曰孤島에奔竄ᄒᆞ야國危ᄒᆞ기一髮에係ᄒᆞ니貴兵에萬一賊ᄒᆞ면、비록不亡코져ᄒᆞ나得ᄒᆞ리오然이나、오히려信義ᄅᆞᆯ不忘ᄒᆞ니誠實로可敬ᄒᆞᆯ지라我ㅣ此로ᄡᅥ二王子의게告ᄒᆞ리라ᄒᆞ고、곳馳書ᄒᆞ야問ᄒᆞ니二王子가答書ᄒᆞ되朝鮮이明國을不忘ᄒᆞ니、ᄯᅩᄒᆞᆫ好意라任從ᄒᆞ라ᄒᆞ더라海가歲幣ᄅᆞᆯ責ᄒᆞ기ᄅᆞᆯ獨徵ᄒᆞ거ᄂᆞᆯ延龜가ᄯᅩ力爭ᄒᆞ야盡罷ᄒᆞ고、다만若干物로ᄡᅥ送禮라稱ᄒᆞ야犒軍케、ᄒᆞ니라

賊이安州로撤還ᄒᆞ다初에賊이瑞興、平山에屯ᄒᆞ고游騎가出掠ᄒᆞ야牛馬穀食婦女ᄅᆞᆯ執ᄒᆞ야聚果驅去ᄒᆞ고平壤에兵三萬一千五百을留屯ᄒᆞ고各其婦女三四ᄅᆞᆯ帶ᄒᆞ야農事ᄅᆞᆯ大作ᄒᆞ더니至是ᄒᆞ야官舍ᄅᆞᆯ燒毁ᄒᆞ고安州로撤歸ᄒᆞ더라時이賊이謂ᄒᆞ되關西가其管內에入ᄒᆞ얏다ᄒᆞ고前萬戶姜貴龍으로ᄒᆞ야곰平壤을守케ᄒᆞ고其他安、定、宣、義諸州에다留守將을置ᄒᆞ야姜弘立의節制ᄅᆞᆯ受ᄒᆞᆯ새專혀漢人을殺掠ᄒᆞ고民財ᄅᆞᆯ規奪ᄒᆞ며倉庫ᄅᆞᆯ封閉ᄒᆞ야賊物을守護ᄒᆞᄂᆞᆫ지라監司金起宗이貴龍을梟示ᄒᆞᆫ後馳啓ᄒᆞ고時에對馬島主ᄂᆞᆫ淸亂이有ᄒᆞᆷ을聞ᄒᆞ고鳥銃、長鎗各三百柄과焰硝三百斤을獻ᄒᆞ고赴援키ᄅᆞᆯ請ᄒᆞ더라

四月에上이江華로브터還都ᄒᆞ야各道勤王兵을發還ᄒᆞ고江華府로ᄡᅥ留後營을、삼으니라

仁祖十年、距今二百七十四年前壬申十一月에金人이所道里等을遣來ᄒᆞ야曰舊日의兄弟盟을革ᄒᆞ고君臣의約을結ᄒᆞ라ᄒᆞ고、ᄯᅩ歲幣ᄅᆞᆯ索ᄒᆞ니曰黃、白金이各萬兩이오五色紬布가各十萬同이라本國이答ᄒᆞ되黃金은土産이、아니라ᄒᆞ야虎皮로ᄡᅥ代ᄒᆞ고春信使申得淵으로ᄒᆞ야곰金에送ᄒᆞᆯ새御單을修送ᄒᆞ얏더니得淵이瀋陽에至ᄒᆞ니金人이不納ᄒᆞᄂᆞᆫ지라朝廷이ᄯᅩ金大乾을遣ᄒᆞ야歲幣의不可ᄒᆞᆷ을言ᄒᆞ야絶和ᄒᆞᄂᆞᆫ意ᄅᆞᆯ示ᄒᆞᆫ딕都元帥金時讓이大乾을義州에留ᄒᆞ고上疏ᄒᆞ야強弱의不同ᄒᆞᆷ을言ᄒᆞ고

臣曰義帥之議ᄂᆞᆫ 聽의 不可ᄒᆞ니 其歡心을 再失ᄒᆞ소셔 ᄒᆞ고 鄭忠信이 또ᄒᆞᆫ 力諫ᄒᆞ거ᄂᆞᆯ 上曰金使之議ᄂᆞᆫ 鄭忠信이 死로ᄡᅥ 怕ᄒᆞ야 使臣을 挽留ᄒᆞ야 人心을 沮ᄒᆞᆫ다 ᄒᆞ고 減死定配ᄒᆞ시고 金自點으로 都元帥를 拜ᄒᆞ고 尹璛으로ᄡᅥ 副元帥를 拜ᄒᆞ니라

十一年癸酉春에 朴簪과 羅德憲으로 ᄒᆞ야곰 國書를 賚ᄒᆞ고 瀋陽에 送ᄒᆞ더니 得淵과 大乾等이 回ᄒᆞ거ᄂᆞᆯ 諫臣等이 朴簪의 春信行을 請止ᄒᆞ고 또ᄒᆞᆫ 譯官을 送ᄒᆞ야 絶和치 아니ᄒᆞᆷ을 示ᄒᆞ고 歲幣를 一定ᄒᆞ야 後悔를 無貽ᄒᆞ소셔 ᄒᆞᆫ대 上이 不從ᄒᆞ시고 朴簪等으로 ᄒᆞ야곰 金에 遣ᄒᆞ니 其國書에 曰 無窮ᄒᆞᆫ 者ᄂᆞᆫ 情이오 難强ᄒᆞᆫ 者ᄂᆞᆫ 力이라 古人이 情을 因ᄒᆞ야 禮를 制ᄒᆞ고 財를 因ᄒᆞ야 幣를 制ᄒᆞ미 오작 其盡力ᄒᆞᆷ과 不盡力ᄒᆞᆷ을 觀ᄒᆞᆯ 뿐이라 今에 此擧ᄂᆞᆫ 貴國의 言ᄒᆞᆫ 바 金、銀과 角弓이 土産이 아닌 外에 幷히 稱力斟定ᄒᆞ야 永히 一年一度의 恒式을 定ᄒᆞᆫ다 ᄒᆞ니 其歲送ᄒᆞᄂᆞᆫ 禮單이 各色綿紬八百疋、苧布、麻布八百疋、木綿八百疋、豹皮六十張、水獺皮三百張、霜華紙八百卷이러라

初에 毛文龍이 有罪ᄒᆞ야 明都督袁崇煥의게 被誅ᄒᆞ니 其舊下將士孔有德、耿仲明이 登州에 潛到ᄒᆞ야 賊黨을 誘聚ᄒᆞ야 竊發搶掠ᄒᆞᄂᆞᆫ지라 明이 討伐ᄒᆞ니 孔、耿二將이 本國으로 向ᄒᆞ거ᄂᆞᆯ 明兵이 追逐ᄒᆞ야 鴨綠江에 至ᄒᆞᄂᆞᆫ지라 金人이 王子로 ᄒᆞ야곰 迎援

ᄒᆞᆯᄉᆡ 中江에 駐ᄒᆞ고 金使가 義州에 至ᄒᆞ야 四萬兵糧을 索ᄒᆞ야 孔、耿等軍을 給코져 ᄒᆞ거ᄂᆞᆯ 不許ᄒᆞ얏더니 金使龍骨大等이 義州에 至ᄒᆞ야 牛畜을 搶掠ᄒᆞ고 또 米一千五百石을 索去ᄒᆞ고 六月에ᄂᆞᆫ 明兵이 다 椵子島로 向ᄒᆞ니 自此로 金人이 岸上에 屯住ᄒᆞ야 我와 右明ᄒᆞᆷ을 責ᄒᆞ고 恐喝侵侮ᄒᆞ며 明將은 我가 通金ᄒᆞ얏다 ᄒᆞ야 兩處에셔 需索ᄒᆞ니 我國이、비록 挾兵ᄒᆞᆫ계ᄂᆞᆫ、아니ᄒᆞ얏스나 國勢가 空竭ᄒᆞ야 支持치、못ᄒᆞ게 되고 孔、耿二賊이 金兵을 引ᄒᆞ야 旅順을 陷ᄒᆞ야 都督黃龍等이 死ᄒᆞ고 明年에 明使沈世魁가 來ᄒᆞ거ᄂᆞᆯ 賓接ᄒᆞ야 南漢山城에 置ᄒᆞ니라

仁祖十四年丙子、距今二百七十年前二月에 武臣羅德憲으로 春信使를 拜ᄒᆞ고 李廓으로 回答使를 拜ᄒᆞ야 瀋陽에 送ᄒᆞ니 此時에 金國의 汗弘他時가 國號를 改ᄒᆞ야 曰 清이라 ᄒᆞ고 寬溫仁聖皇帝를 稱ᄒᆞ고 改元曰 崇德이라 ᄒᆞ고 二月에 清使龍骨大、馬保大等이 仁烈王后의 喪을 弔ᄒᆞ고 蒙古數十騎를 率ᄒᆞ고 義州에 來ᄒᆞ야 十王子가 上의 上書ᄒᆞ니 其意가 上을 勸ᄒᆞ야 其汗을 推尊ᄒᆞ라 ᄒᆞᆷ이오 此ᄂᆞᆫ 本國의 答을 待ᄒᆞ야 加兵코져 ᄒᆞᆷ이라 時에 其使가 入京ᄒᆞ니 館學儒生이 上疏ᄒᆞ야 清書를 焚ᄒᆞ고 清使를 斬ᄒᆞ야 大義를 明케 ᄒᆞ소셔 ᄒᆞ고 掌令洪翼漢은 上疏曰 上이 大駕를 親ᄒᆞ고 松都에 進駐ᄒᆞ야 將士의 義氣

ᄅᆞᆯ振作ᄒᆞ소서ᄒᆞ고掌令洪翼漢은曰今에此虜의言이何故로至ᄒᆞ얏ᄂᆞ뇨向者에賊臣弘立이寇賊을引至ᄒᆞ야乘輿가播越에至ᄒᆞ얏스니萬一其時에、몬져弘立의首ᄅᆞᆯ斬ᄒᆞ야我의堂堂ᄒᆞᆫ大義ᄅᆞᆯ昭揭ᄒᆞ얏스면戎狄이、비록豺狼이라도必然我의禮義ᄅᆞᆯ欽艶感聳ᄒᆞ게ᄒᆞ거ᄂᆞᆯ計가出此치、아니ᄒᆞ고、오작弘立의게依ᄒᆞ야安危ᄅᆞᆯ作코자ᄒᆞ얏스니彼가我ᄅᆞᆯ左袒ᄒᆞ고我ᄅᆞᆯ臣妾코자홈이實로此에서由홈이라臣은請컨ᄃᆡ虜使ᄅᆞᆯ戮ᄒᆞ야其首ᄅᆞᆯ明에遣ᄒᆞ면義가益伸ᄒᆞ고氣가益張ᄒᆞ리이다、ᄒᆞ더라先是에淸將이來吊ᄒᆞᆯ時에殿上에設祭ᄒᆞ더니至是ᄒᆞ야ᄂᆞᆫ殿宇가傴側ᄒᆞ다ᄒᆞ고別로히禁川橋에空幄을設ᄒᆞ더니及其行禮時에風이吹ᄒᆞ야幄이開ᄒᆞ니淸使가、비로소知ᄒᆞ고怒意가有ᄒᆞ더니、또會에都監軍이後苑에서操練을私習ᄒᆞ다가闕下에會ᄒᆞ고宿衛禁軍이、또ᄒᆞᆫ替番ᄒᆞᆯ시戎器ᄅᆞᆯ持ᄒᆞ고幕後에在ᄒᆞ니淸使가見ᄒᆞ고其伏兵ᄒᆞᆫ가疑ᄒᆞ야破關出走ᄒᆞ니道路가驚駭ᄒᆞ고兒童이또瓦礫을投ᄒᆞ야爭逐ᄒᆞ니京城이震動ᄒᆞ더라、이에宰臣을遣ᄒᆞ야挽留ᄒᆞ나淸使가不聽ᄒᆞ고捲歸ᄒᆞᄂᆞᆫ지라領議政尹昉이請ᄒᆞ야斥和事로八路에通諭ᄒᆞ야忠義ᄅᆞᆯ激勵ᄒᆞ소서ᄒᆞ거ᄂᆞᆯ從ᄒᆞ니라

羅德憲、李廓이充軍ᄒᆞ다 先是에德憲이淸에至ᄒᆞ니時ᄂᆞᆫ汗이稱帝時라淸人이劫迫ᄒᆞ야買班에參ᄒᆞ라ᄒᆞ거ᄂᆞᆯ廓等이死爭不屈ᄒᆞ야甚至於捽辱이至ᄒᆞ나不從ᄒᆞ얏더니、밋還ᄒᆞᆯᄉᆡ汗이答書ᄅᆞᆯ付送ᄒᆞ니其中에帝라稱ᄒᆞ얏거ᄂᆞᆯ廓等이通遠堡에至ᄒᆞ야馬가有病ᄒᆞ야難載ᄒᆞ다ᄒᆞ고其堡의淸官의게留置ᄒᆞ고還ᄒᆞ얏더니平安監司洪命耇가言ᄒᆞ되廓等이初時에金汗의僭號ᄅᆞᆯ受ᄒᆞ얏다ᄒᆞ야梟示ᄒᆞ기ᄅᆞᆯ請ᄒᆞ고儒生等은斬키ᄅᆞᆯ請ᄒᆞᆫ故로是命이有ᄒᆞ니라

時에領議政金瑬가斥和ᄅᆞᆯ主ᄒᆞ니年少峻論者가隨聲附和ᄒᆞ야遠近의疏章이逐日沓至ᄒᆞ고大司諫尹煌은言ᄒᆞ되御供을減ᄒᆞ고廟樂을撤ᄒᆞ고江都行宮을焚ᄒᆞ고攻戰에專意ᄒᆞ소서ᄒᆞ고參議金德誠은平壤에進駐ᄒᆞ소서ᄒᆞ고時에天災와物怪가層生ᄒᆞ야富安山의移石과嶺南、關西의兎戰과大邱의鵠陣과青坡의蛙戰과竹嶺의蟾行과禮安江의流血과京兆의池가赤ᄒᆞ며都城의地震이二十七處오大水가猝至ᄒᆞ야東門에道路가絶ᄒᆞ고白虹이貫日ᄒᆞ야許多ᄒᆞᆫ變狀이一年內에叢萃ᄒᆞ며、또金瑬、洪瑞鳳、李弘胄等이爲相ᄒᆞ며和事가可恃ᄒᆞᆯ비無ᄒᆞ야戰守의講畫이無ᄒᆞ고、오작軍需府의貢米二十同을關西에送ᄒᆞ고武科ᄅᆞᆯ設ᄒᆞ야施賞케ᄒᆞ고、또各道에令ᄒᆞ야赴戰키ᄅᆞᆯ願ᄒᆞᄂᆞᆫ者ᄂᆞᆫ來試ᄒᆞ라ᄒᆞ니平安道武科에入格이一萬二百餘人이오鳥銃入格이

七百餘人이러라
時에敵防이已迫ᄒᆞᆫ지라判尹崔鳴吉이入對ᄒᆞ야送和使ᄅᆞᆯ請ᄒᆞᆫ대副校理吳達濟가上
疏曰臺閣은公論所在라公論이一發ᄒᆞ면、비록人主라도能히扶持치、못ᄒᆞ거든況
執鈞逢君ᄒᆞᄂᆞᆫ一小臣이敢히公論과相爭코ᄌᆞᄒᆞᄂᆞ이다向者崔鳴吉이通虜ᄒᆞᆯ意ᄅᆞᆯ朝
廷에發ᄒᆞ얏소니絶和後에ᄂᆞᆫ、오작裁擇取捨가君上에在ᄒᆞᆫ故로姑置不論ᄒᆞ얏더니
今에鳴吉이또任疇의旨ᄅᆞᆯ出ᄒᆞ야天聽을亂ᄒᆞ고公議ᄅᆞᆯ制코ᄌᆞᄒᆞ니其縱恣無憚ᄒᆞᆫ罪
ᄅᆞᆯ正ᄒᆞ소셔ᄒᆞ고又曰鳴吉이筵中에서承旨와史官을屛出ᄒᆞ고獨히進啓ᄒᆞ니大抵古
來로부터大奸慝의所爲가如此ᄒᆞᄂᆞ니其職을削ᄒᆞ소셔、ᄒᆞᄂᆞᆫ지라上이不許曰鳴吉의
言은다大事오其獨啓ᄒᆞᆷ은大事ᄅᆞᆯ輕洩ᄒᆞᆯ가恐ᄒᆞᆷ이라萬一爾等의言과同ᄒᆞᆯ진ᄃᆡ漢祖
의良、平이다萬古罪人이、되리라ᄒᆞ시더라、이에崔鳴吉이上疏曰今에戰守計ᄅᆞᆯ
不決ᄒᆞ고、또綏禍ᄒᆞᆯ策을不講ᄒᆞ얏다가一朝에虜騎가長驅ᄒᆞ야生靈이魚肉ᄒᆞ고宗
社가播越ᄒᆞ면此地에至ᄒᆞ야其咎ᄅᆞᆯ誰任ᄒᆞ리오臣의愚意ᄂᆞᆫ體臣과帥臣이、맛당히
平安道에府ᄅᆞᆯ開ᄒᆞ고諸將을約束ᄒᆞ야有進無退ᄒᆞ고、또瀋陽에移書ᄒᆞ야大義로ᄡᅥ
責ᄒᆞ며또虜情을探ᄒᆞᆯ거시오萬一此心이無ᄒᆞ거든前約을守ᄒᆞ고政事ᄅᆞᆯ內修ᄒᆞ야後

圖ᄅᆞᆯ計ᄒᆞ야石晋의前轍을反ᄒᆞ소셔、또萬一不然ᄒᆞ거든龍灣을固守ᄒᆞ고背城一戰
ᄒᆞ야安危ᄅᆞᆯ邊上에서決ᄒᆞᆯ지니此가、비록萬全은아니나、오히려束手待亾ᄒᆞ니보
다愈ᄒᆞᆯ지라此兩策을捨ᄒᆞ고進退가無據ᄒᆞ다가江氷이將合에大禍가目前에迫ᄒᆞ리
니古語所謂汝의議論이定ᄒᆞᆯ時ᄅᆞᆯ待ᄒᆞ면我ᄂᆞᆫ、이의渡江ᄒᆞᆫ다ᄒᆞᆷ이不幸이此와近ᄒᆞ
니이다ᄒᆞᆫ데、이에兩司의彈章이重發ᄒᆞᄂᆞᆫ지라鳴吉이또上疏曰虜로、ᄒᆞ야곰丁卯兄
弟盟을違ᄒᆞ고非禮로ᄡᅥ迫我ᄒᆞ면決斷코不從ᄒᆞ려니와今은不然ᄒᆞ야仍히隣國禮ᄅᆞᆯ
用ᄒᆞ니彼의僭號가我에何關이리오臣의羈縻코ᄌᆞᄒᆞᆷ은是非ᄅᆞᆯ不顧ᄒᆞ고、ᄒᆞᆫ갓利害
로君父ᄅᆞᆯ誤코ᄌᆞᄒᆞᆷ이아니라今에國力이方竭ᄒᆞ고虜兵이尙强ᄒᆞ니、오작丁卯約을
守ᄒᆞ야數年의禍ᄅᆞᆯ緩ᄒᆞ고我ᄂᆞᆫ其間에서仁政을施發ᄒᆞ고城을築ᄒᆞ고糧을儲ᄒᆞ고武
備ᄅᆞᆯ益固ᄒᆞ고斂兵不動ᄒᆞ야虜의釁을觀ᄒᆞᆯ지라國家計策이此右에出ᄒᆞᆯ者ㅣ無ᄒᆞᆫ故
로人의게屢言ᄒᆞ고榻前에入陳ᄒᆞ며大臣의게出爭ᄒᆞ야脣焦舌乾ᄒᆞ야知止치、못ᄒᆞ
얏사오니凡者此ᄒᆞᆫ者ᄂᆞᆫ、엇지他意가有ᄒᆞ리오宗國이將危ᄒᆞᆷ을閔ᄒᆞ야一身利害ᄅᆞᆯ
不計ᄒᆞᆷ이라朝廷上에서萬一惻隱心이有ᄒᆞ면、맛당히哀矜ᄒᆞ겟거놀、이에怒目相
視ᄒᆞ고攻擊이日及ᄒᆞ나此ᄂᆞᆫ何心인고噫라南宋의主和者ᄂᆞᆫ其害가國에歸ᄒᆞ고利ᄂᆞᆫ

身에歸ᄒᆞ얏거니와今에主和者ᄂᆞᆫ其害가身에歸ᄒᆞ고利ᄂᆞᆫ國에歸ᄒᆞ니此로執ᄒᆞ야言ᄒᆞ면人의賢邪와事의是非를難知치아니ᄒᆞ리이다ᄒᆞ더라

冬十一月에通事朴仁範으로ᄒᆞ야곰國書를賚ᄒᆞ고瀋陽에往ᄒᆞ야虜情을探ᄒᆞ라ᄒᆞ니金汗이言ᄒᆞ되爾國이萬一十一月二十五日前에王子大臣과밋斥和人을入送치아니ᄒᆞ면我가大擧東伐ᄒᆞᆫ다ᄒᆞ고龍骨大等이前日의奪ᄒᆞᆫ諭旨 是年春에斥和ᄒᆞ야로八道에追愉ᄒᆞ신西路에去ᄒᆞᆫ諭旨가龍骨大의게被奪ᄒᆞᆷ이러라 를出示ᄒᆞ야曰我國이몬져背約ᄒᆞᆷ이아니라爾國의渝盟ᄒᆞᆫ事가此書에在ᄒᆞ니엇지我로써몬져敗盟ᄒᆞ얏다ᄒᆞ리오ᄒᆞ고答國書에曰貴國이山城을多築ᄒᆞ니我ᄂᆞᆫ大路로從ᄒᆞ야京城에直向홀지라其可히山城으로써我를拒ᄒᆞ겟ᄂᆞ냐貴國의恃ᄒᆞᄂᆞᆫ者ᄂᆞᆫ江都라然이나我가八道로蹂躪ᄒᆞ면其可히一小島로써國을成ᄒᆞ겟ᄂᆞ냐貴國持論者ᄂᆞᆫ儒臣이라其可히筆을揮ᄒᆞ야退兵ᄒᆞ겟ᄂᆞ냐ᄒᆞ더라時에淸議가方峻ᄒᆞ야體察使金瑬ㅣ奏曰虜가入ᄒᆞ거든都元帥와關西監司ᄂᆞᆫ擧戮典을置ᄒᆞ소셔ᄒᆞ거ᄂᆞᆯ上曰然ᄒᆞ면體察使도免罪키難ᄒᆞ리라ᄒᆞ니瑬ᄂᆞᆫ向者斥和를主ᄒᆞ다가此旨를聞ᄒᆞ고懼ᄒᆞ야도로혀和議에附ᄒᆞ더라

十二月에金人이大擧入寇ᄒᆞᆯᄉᆡ虜兵十二萬이鴨綠江을氷渡ᄒᆞ야倍道疾進ᄒᆞ더라先是에都元帥金自點이處置ᄒᆞ야兩西重鎭을毀撤ᄒᆞ고義州ᄂᆞᆫ白馬에移ᄒᆞ고平壤은慈山에移ᄒᆞ고黃州ᄂᆞᆫ正方에移ᄒᆞ고平山은長水에移ᄒᆞ야近者ᄂᆞᆫ大路를距ᄒᆞ기三四十里오遠者ᄂᆞᆫ一二日程이라兩西大路의大鎭이다無人境이되게ᄒᆞᆯᄉᆡ自點이撥軍을役使ᄒᆞ야正方山城을築ᄒᆞ고또謂ᄒᆞ되虜가冬에ᄂᆞᆫ不來ᄒᆞᆫ다ᄒᆞ야守城軍을遙防치아니ᄒᆞ더니時에義州越邊龍骨山에烽燧를置ᄒᆞ야元帥所在處ᄭᆞ지ᄒᆞ더니十二月初六日以後로連次擧烽ᄒᆞ되自點曰此ᄂᆞᆫ朴蘭가往ᄒᆞᄆᆡ虜가來迎ᄒᆞᆷ이니馳啓ᄒᆞᆯ바아니라ᄒᆞ고初九日에비로소軍官申榕을義州에遣ᄒᆞ야探偵케ᄒᆞᄂᆞᆫ지라榕이順安에在ᄒᆞ니賊騎가이미遍滿ᄒᆞ얏거ᄂᆞᆯ榕이回報ᄒᆞᆫ되自點이其軍情을沮ᄒᆞᆫ다ᄒᆞ야斬코자ᄒᆞ더니旣而오急報가又至ᄒᆞᄂᆞᆫ지라自點이비로소狀啓ᄒᆞ니大抵賊兵이渡江ᄒᆞ야直히京城을向ᄒᆞᆯᄉᆡ講和ᄒᆞᆫ다稱ᄒᆞ고邊臣의狀啓를다奪取ᄒᆞᆫ故로朝廷이漠然不知ᄒᆞ얏더라賊兵이平壤에至ᄒᆞ니上下가遑忙ᄒᆞ야措置이無ᄒᆞ고廟議가將且江都로播遷코자ᄒᆞᆯᄉᆡ右議政李弘胄ㅣ金瑬의子慶徵을薦ᄒᆞ야都檢察使를拜ᄒᆞ고李敏求ᄂᆞᆫ副가되야江都를守케ᄒᆞ고大臣尹昉과金尙容等은廟社主를奉ᄒᆞ고嬪宮及大孫과鳳林麟坪兩大君과老病宰臣等이江都에先入ᄒᆞ고沈器遠을起復ᄒᆞ야留都

大將을삼고南銃으로贊畫使가되니라十四日에賊兵이幾甸에至ᄒᆞ니長湍府使黃進
이猝然히遇ᄒᆞ야其軍이다被擄ᄒᆞ고進은雙嶺을斷ᄒᆞ고胡賊을끔ᄒᆞ고前驅가되더라
上이避兵ᄒᆞ야南漢山城에入ᄒᆞ시다是日에上이宮으로브터崇禮門을出ᄒᆞ야江
都로向ᄒᆞᆯ시賊將馬保大가弘濟院에已到ᄒᆞ야陽川江을遮絶ᄒᆞᆫ지라上이城에還入
ᄒᆞ야南門樓를御ᄒᆞ시고羣臣의게謂曰事急ᄒᆞ니奈何오ᄒᆞᆫ대吏曹判書崔鳴吉이曰臣
이單騎로賊將을往見ᄒᆞ고敗盟ᄒᆞᆫ故를問ᄒᆞ야賊이萬一不聽ᄒᆞ면臣이馬蹄下에死ᄒᆞᆯ
거시오幸히接語ᄒᆞᆯ진ᄃᆡ其鋒을少駐케ᄒᆞ리니其間으로써疾馳ᄒᆞ야南漢에入ᄒᆞ야
其變을觀ᄒᆞ소서ᄒᆞ고又李景稷으로브터虜營에往ᄒᆞ고또都監大將申景禛으로
ᄒᆞ야금慕華館에出陣ᄒᆞ고上이回駕ᄒᆞ야銅峴路로브터水溝門으로出ᄒᆞ니城中士女
가號哭奔走ᄒᆞ야哭聲이振天ᄒᆞ고大駕와相雜ᄒᆞ야行ᄒᆞᆯ시酉時에松坡江을渡ᄒᆞ야僅
히山城에達ᄒᆞ니金瑬李聖求ㅣ上을勸ᄒᆞ야江都에移入ᄒᆞ소서ᄒᆞ거ᄂᆞᆯ上이從ᄒᆞ샤
더니時에雨雪이初收ᄒᆞ야烈風이甚緊ᄒᆞ고山坂에氷凍ᄒᆞ야人馬가着足치못ᄒᆞᆯ지
라上이下馬步行ᄒᆞ다가塵衣顚仆ᄒᆞ거ᄂᆞᆯ다시山城에還入ᄒᆞ얏더니後에聞ᄒᆞ니賊
이交河幸州等路에伏兵ᄒᆞ야邀擊고자ᄒᆞ얏더라

賊兵이山城을進圍ᄒᆞ다初에崔鳴吉이沙峴에至ᄒᆞ야賊將을遇ᄒᆞ고動兵ᄒᆞᆫ故를問ᄒᆞᆫ
ᄃᆡ馬保大ㅣ曰吾ㅣ背約ᄒᆞᆷ이아니라爾가몬져絶和ᄒᆞᆫ故로國王을見ᄒᆞ고問코자ᄒᆞ
ᄂᆞ라ᄒᆞ거ᄂᆞᆯ鳴吉曰我君이南漢山城에移御ᄒᆞ셧ᄉᆞ니相見키難ᄒᆞ다ᄒᆞ고鳴吉이京城
에還入ᄒᆞ야行在에馳啓ᄒᆞ니라明日에賊이南漢으로進兵ᄒᆞ거ᄂᆞᆯ鳴吉이다시賊陣
으로브터山城에入ᄒᆞ야奏曰虜意가三件事를定奪ᄒᆞᆫ外에他心이無ᄒᆞ오이다ᄒᆞᆫᄃᆡ上
曰卿이見欺ᄒᆞ얏도다엇지三件事를爲ᄒᆞ야到此ᄒᆞ얏ᄉᆞ리오ᄒᆞ시니大抵此ᄂᆞᆫ賊
이其大軍이未至ᄒᆞᆷ이아직甘言으로紿ᄒᆞᆷ이러라이에將帥를命ᄒᆞ야城을守ᄒᆞ고
體府ᄂᆞᆫ城中號令ᄒᆞ고都監大將申景禛은東城望月臺를守ᄒᆞ고摠戎使具宏은南將臺
를守ᄒᆞ고御營提調李曙ᄂᆞᆫ北門을守ᄒᆞ고守禦使李時白은西將臺를守ᄒᆞ고御營大將
元斗杓ᄂᆞᆫ北城을守ᄒᆞ고水原府使具仁垕ᄂᆞᆫ南門을守ᄒᆞ고其餘諸將은各城堞을守ᄒᆞ
고京外軍合이一萬二千餘人이오此外에雜人이千餘名이러라
金瑬가奏ᄒᆞ되賊의求ᄒᆞᄂᆞᆫ바ᄂᆞᆫ王子와大臣이니곳送ᄒᆞ소서ᄒᆞ야이에綾峰守로
써大君을封ᄒᆞ야王弟라稱ᄒᆞ고刑曹判書沈諿으로假大臣를拜ᄒᆞ야賊陣에送ᄒᆞ니馬
保大ㅣ其眞假를詰難ᄒᆞ거ᄂᆞᆯ諿曰我ㅣ平生에言이忠信ᄒᆞ니蠻貊이라도欺치못ᄒᆞᆯ

지라我ᄂᆞᆫ假卿人臣이오綾峰은宗室이오王弟가、아니라ᄒᆞ니綾峰曰吾言이誤ᄒᆞ도다我ᄂᆞᆫ實로王弟로라ᄒᆞᆫᄃᆡ馬保大曰我가本來王弟를指ᄒᆞᆷ이、아니라ᄒᆞ고、곳還送ᄒᆞ야曰王子가出來ᄒᆞᆫ後許和ᄒᆞᆫ다、ᄒᆞᄂᆞᆫ지라金瑬、洪瑞鳳、金藎國、崔鳴吉等이東宮을送ᄒᆞ소셔ᄒᆞᆫᄃᆡ上이不從ᄒᆞ고禮曹判書金尙憲은大言曰吾가此建議者를斬ᄒᆞᆫ다ᄒᆞ더라

이에洪瑞鳳으로ᄒᆞ야곰賊陣에往ᄒᆞ야曰今에大君一人이江都에在ᄒᆞ야送來치、못ᄒᆞᆫ다ᄒᆞᆫᄃᆡ馬保大曰東宮이不來ᄒᆞ면和親을不許ᄒᆞ리라ᄒᆞ더라使가還ᄒᆞ니東宮이請往ᄒᆞ거ᄂᆞᆯ上이泣下ᄒᆞ시ᄂᆞᆫ지라張維가建議曰東宮이可往이라ᄒᆞ니大臣이和應ᄒᆞ거ᄂᆞᆯ金尙憲이請對ᄒᆞ야面斥ᄒᆞ고義昌君珖은曰東宮도、ᄯᅩᄒᆞᆫ人君이라人臣이、엇지君으로ᄡᅥ賊의게與ᄒᆞ리오ᄒᆞ고痛哭ᄒᆞᄂᆞᆫ지라東陽尉申翊聖曰宋欽宗이、몬져被執ᄒᆞᆫ後徽宗이、ᄯᅩᄒᆞᆫ被擄ᄒᆞ얏ᄉᆞ니今에萬兵이城堞을守ᄒᆞ고東宮으로ᄡᅥ賊의게遺ᄒᆞ리오臣이首事者의頭를斬ᄒᆞ고東宮馬轡를執ᄒᆞ야同碎ᄒᆞᆫ다ᄒᆞ더라時에城中人이다固守ᄒᆞ야勤王兵을待코자ᄒᆞ거ᄂᆞᆯ上이巡城ᄒᆞ야、드ᄃᆡ여戰守策을決ᄒᆞ고都副元帥의게下諭ᄒᆞ야入援ᄒᆞ라ᄒᆞ니라

是日에上이闕門外에셔臣僚와軍民을集ᄒᆞ야哀痛詔를宣諭ᄒᆞ고、ᄯᅩ臣庶로、ᄒᆞ야곰戰守策을獻ᄒᆞ라ᄒᆞ니參奉沈光洙가伏地ᄒᆞ야崔鳴吉을斬ᄒᆞ소셔ᄒᆞ고、ᄯᅩ金尙憲을拜相ᄒᆞ야軍情을定ᄒᆞ소셔ᄒᆞ거ᄂᆞᆯ上이不答ᄒᆞ고兪伯曾으로ᄡᅥ協守使를拜ᄒᆞ고百官이城堞에分立ᄒᆞ야遠望ᄒᆞ니賊이近城外四五里에環伏ᄒᆞ고火를燃ᄒᆞ야達夜不滅ᄒᆞ고西方百里에烟焰이漲天ᄒᆞ더라

二十日에賊의通事鄭命壽(丁卯被虜人)가城外에來ᄒᆞ야議和ᄒᆞ거ᄂᆞᆯ羅萬甲을命ᄒᆞ야城上에셔問答ᄒᆞᆯ식其言이無理ᄒᆞ다ᄒᆞ야不許ᄒᆞ고上이萬甲의게問曰糧餉이幾日을支ᄒᆞᆯ고ᄒᆞ신ᄃᆡ對曰見糧이一萬三千餘石이니六十日을可支ᄒᆞ겟ᄂᆞ이다、ᄒᆞ더라時에別將李起築은西城에出ᄒᆞ야賊十餘級을斬ᄒᆞ고賊使가ᄯᅩ來ᄒᆞ야請和ᄒᆞ거ᄂᆞᆯ不許ᄒᆞ고北門의御營軍이ᄯᅩ賊十餘人을殺ᄒᆞ고申景禛은三十級을斬ᄒᆞ니라

二十五日에賊이松木을取ᄒᆞ야城外에列柵ᄒᆞ고八十步에繩을張ᄒᆞ고鈴을繫ᄒᆞ야人이踰越ᄒᆞ면錚然이聲이有ᄒᆞᆯ지라中外로、ᄒᆞ야곰不通ᄒᆞ고周가百餘里오高가數丈이러라時에忠淸監司鄭世規ᄂᆞᆫ黔丹山에進兵ᄒᆞ니賊이高峰으로브터壓擊ᄒᆞ야一軍이敗歿ᄒᆞ더라時에世規ᄂᆞᆫ絶壑에墜ᄒᆞ니一卒이背負ᄒᆞ야逃ᄒᆞ고南陽府使尹棨ᄂᆞᆫ湖

西에셔娶婦ᄒᆞ야委禽ᄒᆞ든夕에警報ᄅᆞᆯ聞ᄒᆞ고其曉에郡에馳至ᄒᆞ야起兵ᄒᆞᆯ셰會에賊이郡에至ᄒᆞ야庭下에旗ᄅᆞᆯ立ᄒᆞ고傑을執ᄒᆞ야下跪ᄒᆞ라ᄒᆞ거ᄂᆞᆯ傑이罵ᄒᆞ기不絶ᄒᆞ니賊이其舌을斷ᄒᆞ고亂刃으로殺ᄒᆞ더라

體察使金瑬ㅣ四城守將의게命ᄒᆞ야各其賊陣을往勦ᄒᆞ라ᄒᆞ거ᄂᆞᆯ四將이其非ᄅᆞᆯ力陳ᄒᆞᆫ덕瑬가不聽ᄒᆞ고北門에坐ᄒᆞ야大將旗鼓ᄅᆞᆯ建ᄒᆞ고揮兵ᄒᆞ야督戰ᄒᆞ니賊이處々에兵士ᄅᆞᆯ埋伏ᄒᆞ고大陣은古郡南四五百步外에退ᄒᆞ고屯兵을少留ᄒᆞ야我ᄅᆞᆯ誘ᄒᆞ거ᄂᆞᆯ我軍이相持ᄒᆞ고下山치、아니ᄒᆞ얏더니瑬가稗將으로ᄒᆞ야곰其不進者ᄅᆞᆯ斬ᄒᆞᄂᆞᆫ지라我軍이不得已、松栅에盡出ᄒᆞ니賊이策馬突入ᄒᆞ고伏兵이四起ᄒᆞ야頃刻에死者가二百人이라瑬가元斗杓의게不救ᄒᆞᆫ罪ᄅᆞᆯ歸ᄒᆞ야斬코자ᄒᆞ거ᄂᆞᆯ洪瑞鳳曰首將이失律ᄒᆞ고副帥의게歸罪ᄒᆞᆷ이不可라ᄒᆞᆫ덕瑬ㅣ不得已、待罪ᄒᆞ더라自此로士氣가沮喪ᄒᆞ고廟堂이、또ᄒᆞᆫ和親으로爲主ᄒᆞ더라

仁祖十五年丁丑春正月에金藎國、李景稷을賊營에遣ᄒᆞ야歲禮ᄅᆞᆯ修ᄒᆞ니龍骨大曰爾國文書에다我ᄅᆞᆯ謂ᄒᆞ되奴、賊이라ᄒᆞ니我가何人의奴이며、또我의行事가光明正大ᄒᆞ니誰가敢히賊이라稱ᄒᆞ리오ᄒᆞ고書ᄅᆞᆯ送ᄒᆞ야曰爾國이明을助ᄒᆞ야我國을荼

毒ᄒᆞᄂᆞᆫ지라故로朕이丁卯에興師ᄒᆞ얏스니此事도、또ᄒᆞᆫ强을恃ᄒᆞ고弱을淩ᄒᆞ야興師ᄒᆞᆷ인가其事가何故이며、또邇來에何故로、도로혀爾邊臣을諭ᄒᆞ야忠義士ᄂᆞᆫ各其策略을効ᄒᆞ고勇敢人은自願從征ᄒᆞ라ᄒᆞ더니今에朕이大兵을親統ᄒᆞ고來戰ᄒᆞ니爾ᄂᆞᆫ何故로忠義士와勇敢人이策略을効ᄒᆞ고、또從征치아니ᄒᆞᄂᆞᆫ고朕이爾ᄅᆞᆯ弟로써待ᄒᆞ거ᄂᆞᆯ爾ᄂᆞᆫ、더욱背逆ᄒᆞ야仇敵을自成ᄒᆞ고生民을塗炭에陷ᄒᆞ야城郭과宮殿을抛棄ᄒᆞ고僅히一身으로山城에逋入ᄒᆞ니縱히千年을延命ᄒᆞᆫ들何益이有ᄒᆞ리오朕의諸臣이朕을勸ᄒᆞ야帝號ᄅᆞᆯ進ᄒᆞ거ᄂᆞᆯ爾가言ᄒᆞ되此ᄂᆞᆫ我國君臣의不忍聞ᄒᆞᆯ비라ᄒᆞ니此言이또妄ᄒᆞ도다今에朕이大兵을提來ᄒᆞ야爾의八道ᄅᆞᆯ動ᄒᆞ니爾의親信ᄒᆞ든明國이엇지爾ᄅᆞᆯ救치、아니ᄒᆞᄂᆞᆫ고、ᄒᆞ얏더라、이에本國이答書ᄒᆞ야曰小邦이大國에獲戾ᄒᆞ야兵禍ᄅᆞᆯ自速ᄒᆞ고孤城에棲身ᄒᆞ야危迫이朝夕에在ᄒᆞᆫ지라專使로奉書ᄒᆞ야衷情을達코자ᄒᆞ나兵戈가阻絶ᄒᆞ야自通ᄒᆞᆯ路가無ᄒᆞ더니今에大國이舊盟을不忘ᄒᆞ고誨責을明賜ᄒᆞ니此ᄂᆞᆫ小邦의心事ᄅᆞᆯ得伸ᄒᆞᆯ日이라大抵邊民의採蔘及孔、耿時事ᄂᆞᆫ비록小邦의本情이、아니나自然間에疑阻ᄅᆞᆯ積成ᄒᆞ얏고至於上年春間事ᄂᆞᆫ實로其責을辭치、못ᄒᆞᆯ지라臣民의識見이淺陋ᄒᆞ야名義ᄅᆞᆯ膠守ᄒᆞ다가、맛ᄎᆞᆷ니使臣이

發怒徑去케、ᄒᆞ얏스니小邦이수에知罪ᄒᆞᆫ지라有罪ᄒᆞ면伐ᄒᆞ다가知罪ᄒᆞ면恕ᄒᆞᆷ이此ㅣ곳大國의天心을體ᄒᆞ야萬物을容ᄒᆞᄂᆞᆫ바라萬一丁卯誓天ᄒᆞ든約을念ᄒᆞ야小邦으로ᄒᆞ야곰改圖自新케ᄒᆞ면小邦의洗心從事ᄒᆞᆷ이今日브터始ᄒᆞ겟다ᄒᆞ니라

慶尙左水使許完과右水使閔㭽이雙嶺으로進兵ᄒᆞ다가軍敗ᄒᆞ야死ᄒᆞ다㭽等이軍士四萬을合ᄒᆞ야廣州雙嶺에至ᄒᆞ야左右岡에分屯ᄒᆞ고精砲를選ᄒᆞ야自衛ᄒᆞ니賊의先鋒이南山上峰으로브터魚貫과如케進ᄒᆞ야將且木柵에近ᄒᆞᄂᆞᆫ지라安東營將宣若海가獨히其鋒을當ᄒᆞ다가矢盡ᄒᆞ야死ᄒᆞ니賊이柵中으로突入ᄒᆞ거ᄂᆞᆯ完이慌怯ᄒᆞ야賊의게被殺ᄒᆞ고賊이또短兵으로亂砍ᄒᆞ니軍卒이崩潰ᄒᆞ더라賊이또㭽陣을向ᄒᆞ야砲丸이齊發ᄒᆞ니中者ᄂᆞᆫ輒死ᄒᆞ고、또急遽ᄒᆞᆫ際에軍中에서失火ᄒᆞ니賊이乘時衝突ᄒᆞ야軍이、드디여大潰ᄒᆞ고㭽은力戰ᄒᆞ다가死ᄒᆞ니라時에監司沈演은驪州에至ᄒᆞ얏다가雙嶺의敗ᄒᆞᆷ을聞ᄒᆞ고鳥嶺으로退去ᄒᆞ야倡義大將金湜과會合ᄒᆞ야鳥、竹兩嶺間에潛行ᄒᆞ다가賊至ᄒᆞᆷ을聞ᄒᆞ고走ᄒᆞ더라

全羅兵使金俊龍은精銳를選ᄒᆞ야水原光敎山을據ᄒᆞ니南漢과相距ㅣ三十里라屢次擊賊ᄒᆞ야頗히勝捷ᄒᆞ더니一日은賊이大至ᄒᆞ야、몬져前營을犯ᄒᆞᆯ서矢石이如雨ᄒᆞ더라然이나俊龍이堅壁不動ᄒᆞ더니既而오賊이北山으로브터其後를襲ᄒᆞ니光陽縣監崔澤이驚潰ᄒᆞᄂᆞᆫ지라俊龍이督兵力戰ᄒᆞ다가日暮ᄒᆞ야賊이罷戰ᄒᆞ거ᄂᆞᆯ俊龍이諸將의게謂曰矢盡粮竭ᄒᆞ니明日再戰ᄒᆞ면危殆ᄒᆞ리라ᄒᆞ고、이에水原에退陣ᄒᆞ니大軍이遂潰ᄒᆞ고全羅監司李時昉은宣言ᄒᆞ되慶尙監司沈演과合力進戰ᄒᆞᆫ다ᄒᆞ고陽城에駐屯ᄒᆞ다가光敎山의兵潰ᄒᆞᆷ을聞ᄒᆞ고退走ᄒᆞ더라

平安監司洪命耉와兵使柳琳이賊을金化에서破ᄒᆞ다命耉等이金化에至ᄒᆞ야賊을遇ᄒᆞ니琳은、몬져柏田山에陣ᄒᆞ야其形便을據ᄒᆞ고命耉ᄂᆞᆫ縣南塔谷에陣ᄒᆞ더니明日에賊이、大至ᄒᆞ거ᄂᆞᆯ壯士로、ᄒᆞ야곰迎擊ᄒᆞ야數百人을殪ᄒᆞ니賊이、더욱生力軍을添ᄒᆞ야一齊히進ᄒᆞᄂᆞᆫ지라麾下가避케를勸ᄒᆞᆫ되命耉ㅣ笑曰吾가死ᄒᆞᆯ지언졍何往ᄒᆞ리오ᄒᆞ고印符를小吏의게授ᄒᆞ고訣母書를作ᄒᆞ야侍者의게付ᄒᆞ고、곳遇害ᄒᆞ더라賊이乘勝ᄒᆞ야左陣으로向ᄒᆞ니琳이立馬ᄒᆞ고呼曰矢와丸이無多ᄒᆞ니浪費치말라我가旗를指ᄒᆞ리니旗를見ᄒᆞ고齊發ᄒᆞ라違者ᄂᆞᆫ斬ᄒᆞᆫ다ᄒᆞ고賊兵이進ᄒᆞᄂᆞᆫ되로亂射ᄒᆞ야斃ᄒᆞ니積屍가高ᄒᆞ기柵과如ᄒᆞ고日晡에白馬將이馳進ᄒᆞ거ᄂᆞᆯ琳이精卒十人으로ᄒᆞ야곰柵을潛踰ᄒᆞ야其將을砲殺ᄒᆞ니라賊이敗退ᄒᆞ야哭聲이震天ᄒᆞ거ᄂᆞᆯ琳曰矢

와丸이已盡ᄒᆞ며復戰치、못ᄒᆞᆯ지라勝捷을乘ᄒᆞ야移陣ᄒᆞᆷ이可라ᄒᆞ고軍中의破銃을收ᄒᆞ야藥을藏ᄒᆞ고繩을繫ᄒᆞ야、其長短을參差케ᄒᆞ고其端을焚ᄒᆞ야柏林에散掛ᄒᆞ고去ᄒᆞ니、곳砲聲이連發ᄒᆞ야竟夜不絶ᄒᆞᄂᆞᆫ지라賊이敢히逼迫지、못ᄒᆞ더니天明에賊이大至ᄒᆞ야覘ᄒᆞ니陣이已空ᄒᆞ얏더라

都元帥金自點이兎山에至ᄒᆞ얏다가敗績ᄒᆞ야走ᄒᆞ니라自點이黃海監司李培元과兵使李碩達로、ᄒᆞ야곰軍士五千과御營砲手數千을率ᄒᆞ고兎山에至ᄒᆞ야早發ᄒᆞᆯᄉᆡ賊兵이猝至ᄒᆞ야海西兵이盡歿ᄒᆞ니自點이單騎로走ᄒᆞ고從事官鄭太和와江陰縣監邊士紀ᄂᆞᆫ束手待縛ᄒᆞ더니會에御營軍이一時에放砲ᄒᆞ니賊兵이解去ᄒᆞ거ᄂᆞᆯ自點이、이에御營軍을率ᄒᆞ고彌原에至ᄒᆞ야沈器遠과밋諸道監兵使로、더브러坐待ᄒᆞᆫ지二十餘日에講和ᄒᆞᆫ報ᄅᆞᆯ聞ᄒᆞ고、비로소前進ᄒᆞ더라

時에協守使兪伯曾이上疏曰宰相尹昉은朝堂에伴食ᄒᆞ야人의笑罵ᄅᆞᆯ任ᄒᆞ다가昨年龍胡가來時에處事ᄒᆞ기乖富ᄒᆞ야兵釁을啓ᄒᆞ고金瑬ᄂᆞᆫ多怯無謀ᄒᆞ고强愎自用ᄒᆞ며權勢ᄂᆞᆫ將相을兼ᄒᆞ고賄賂가輻湊ᄒᆞ다가及其賊兵이長驅ᄒᆞ야大駕가去邠ᄒᆞ미時事가茫蒼ᄒᆞ거ᄂᆞᆯ瑬ᄂᆞᆫ卜馱가六十에夫人이駕轎ᄅᆞᆯ乘ᄒᆞ고玩寇度日ᄒᆞ야師老氣沮ᄒᆞ고醜虜의게上書ᄒᆞ야乞和ᄒᆞ야도不得ᄒᆞ니此兩臣을다誅ᄒᆞ소서ᄒᆞ거ᄂᆞᆯ伯曾의職을罷ᄒᆞ고李棨로ᄡᅥ代ᄒᆞ니라

金人이江都ᄅᆞᆯ陷ᄒᆞ니嬪宮及兩大君이被執ᄒᆞ고金尙容等이死ᄒᆞ다初에朝廷이江都로ᄡᅥ保障이라ᄒᆞ고檢察使金慶徵과副檢察李敏求와從事官洪命一이江都ᄅᆞᆯ入守ᄒᆞᆯᄉᆡ大臣尹昉金尙容과禮判呂爾徵等이嬪宮과太孫及鳳林、麟坪兩大君을陪從ᄒᆞ야往ᄒᆞ니時에慶徵은江都의險阻ᄅᆞᆯ恃ᄒᆞ고賊이飛渡치、못ᄒᆞᆫ다ᄒᆞ고每日縱酒爲樂ᄒᆞ야軍事에留心치、아니ᄒᆞ다가聞ᄒᆞ니賊이三江에屯聚ᄒᆞ고屋材ᄅᆞᆯ撤ᄒᆞ야船舶을造ᄒᆞ고、또童車에小舟ᄅᆞᆯ載ᄒᆞ야甲串渡로向ᄒᆞ니今夜潮水에必然渡江ᄒᆞ리라ᄒᆞ거ᄂᆞᆯ慶徵이大笑曰江氷이尙堅ᄒᆞ니、엇지陸地行船ᄒᆞ리오ᄒᆞ더니旣而오又報ᄒᆞ되賊이槖駝와童車에小舟ᄅᆞᆯ載來ᄒᆞ야渡江코자ᄒᆞᆫ다、ᄒᆞ거ᄂᆞᆯ慶徵이謂ᄒᆞ되軍情을亂ᄒᆞᆫ다ᄒᆞ야斬코자ᄒᆞ더니、또甲串守將의急報가至ᄒᆞᄂᆞᆫ지라慶徵이、비로소懼色이有ᄒᆞ야甲串에出ᄒᆞ야鎭海樓下에陣ᄒᆞ니賊이越邊에서紅夷大砲ᄅᆞᆯ放ᄒᆞ야聲이天地ᄅᆞᆯ震動ᄒᆞᄂᆞᆫ지라慶徵이敏求로、더브러恇怯失措ᄒᆞ야、곳城에退入ᄒᆞᆯᄉᆡ賊船이忽然히齊進ᄒᆞᄂᆞᆫ지라

忠淸水使姜晉昕이燕居亭으로브터七船을率ᄒᆞ고來戰ᄒᆞ야賊船數隻을陷ᄒᆞ고晉昕은敗矢를中ᄒᆞ더라然이나時에留守張紳은潮水가落ᄒᆞ야船을運轉치、못ᄒᆞ야不來ᄒᆞ니賊兵이곳登岸ᄒᆞ야白旗를一麾ᄒᆞ더니旣而오賊船이蔽海ᄒᆞ야來ᄒᆞ니敢히當ᄒᆞᆯ者ㅣ無ᄒᆞ고慶徵、敏求가皆走ᄒᆞ니賊이곳城府에入ᄒᆞ더라時에嬪宮이此報를聞ᄒᆞ고內官金仁忠을招ᄒᆞ야太孫으로써付托曰吾가大君과同死ᄒᆞ리니爾等은太孫을善保ᄒᆞ라ᄒᆞ거ᄂᆞᆯ仁忠等이太孫을抱ᄒᆞ고海上에至ᄒᆞ니船이岸에艤ᄒᆞ얏거ᄂᆞᆯ、곳喬桐으로馳往ᄒᆞ니賊이城에入ᄒᆞ야公私廬舍를盡焚ᄒᆞ고人民을斬伐繫累ᄒᆞ야一島가魚肉이오留ᄒᆞᆫ지九日에淑儀、嬪宮及兩大君夫人을逼出ᄒᆞ야江을渡ᄒᆞ야南漢으로向ᄒᆞᆯ시嬪宮一行은本國人으로ᄒᆞ야곰陪行ᄒᆞ고賊이後에隨ᄒᆞ야頗히致敬ᄒᆞ더라初에領府事金尙容이事去ᄒᆞᆷ을知ᄒᆞ고南門上에서火藥櫃에踞坐ᄒᆞ고所着ᄒᆞᆫ上衣를脫ᄒᆞ야從者로、ᄒᆞ야곰家人의게傳ᄒᆞ야信을삼고生員金益兼과別坐權順長이相守不去ᄒᆞ더라。이에煙管에點火ᄒᆞ야火藥櫃中에投ᄒᆞ니一時에人과樓가다飄蕩騰空ᄒᆞ고時에自殺及戰死ᄒᆞᆫ者ㅣ數百人이오婦女死節은不可勝計러라

朝議가將且斥和臣을送코자ᄒᆞᆯ시鄭蘊、金尙憲、尹煌、尹集、吳達濟、李命雄等

이다斥和로自首待命ᄒᆞ고守堞將士數百人은斥和人을出給ᄒᆞ라ᄒᆞ고體府에詣ᄒᆞ야攘鈸大呼ᄒᆞᄂᆞᆫ지라金瑬가百般誘勸ᄒᆞ야乃退ᄒᆞ니此ᄂᆞᆫ體府의中軍申景禋과南陽君洪振道等이各陣에往ᄒᆞ야煽動ᄒᆞᆷ이오獨히守禦使李時白의所領軍은不動ᄒᆞ더라

賊이西門으로브터我使李德洞、李聖求、崔鳴吉을呼ᄒᆞ야昨日에所傳ᄒᆞᆫ國書를授ᄒᆞ야曰皇帝가爾國의不從ᄒᆞᆷ을怒ᄒᆞ야殲滅코자ᄒᆞ고此役을十王子及龍、馬二將의게委托ᄒᆞ고明日에將發ᄒᆞᆯ지라發行後에ᄂᆞᆫ、비록和親코자ᄒᆞ야도不得ᄒᆞ리라ᄒᆞ고賊이大砲로써望月臺를射中ᄒᆞ야大將旗柱가折ᄒᆞ고、또城堞을連中ᄒᆞ야女墻이盡壞ᄒᆞ거ᄂᆞᆯ空苫數百으로써土를盛ᄒᆞ야水를灌ᄒᆞ니、곳成氷ᄒᆞ더라二十六日에將士等이또闕下에詣ᄒᆞ야斥和人을縛送ᄒᆞ라ᄒᆞ고喧譟ᄒᆞ더라時에洪瑞鳳等이賊營에往ᄒᆞ니賊이江都에서獲ᄒᆞᆫ宗室珍原君等을出示ᄒᆞ고、또大君의手書及宰臣尹昉의狀啓를授予ᄒᆞ야曰吾가江都를取ᄒᆞ야淑儀、嬪宮及大君夫人이明日에到此ᄒᆞᆯ지라、오작國王이出城ᄒᆞᆫ後太子와大君으로더브러北去ᄒᆞ리니君輩가疑惑不出ᄒᆞᆷ은何故오ᄒᆞ거ᄂᆞᆯ時에士大夫家屬이江都에入ᄒᆞᆫ者ㅣ十에八九라聞者가다痛哭ᄒᆞ고或은疑ᄒᆞ되其詐書로脅迫ᄒᆞᆷ이라ᄒᆞ거ᄂᆞᆯ上曰大君의手書가不誣ᄒᆞ다ᄒᆞ시고其夜에大臣을

召對ᄒᆞ야曰宗社가已危ᄒᆞ니可爲ᄒᆞᆯ者ㅣ無ᄒᆞ다ᄒᆞ고、이에文書中에賊이라稱ᄒᆞᄂᆞᆫ文牒을盡燒ᄒᆞ고明日에李弘冑와崔鳴吉等으로ᄒᆞ야곰國書를持ᄒᆞ고賊營에往ᄒᆞ야和親을請ᄒᆞ니라

禮判金尙憲이自裁코자ᄒᆞ니羅萬甲이救ᄒᆞ고吏參鄭蘊은其腹을自刺ᄒᆞ거ᄂᆞᆯ上이御醫를遣ᄒᆞ야救ᄒᆞ고吏議李敬輿ᄂᆞᆫ死守ᄒᆞᆯ義로入陳ᄒᆞ더라

大臣金瑬가斥和臣金尙憲、鄭蘊及尹煌父子와吳達濟、尹集、金壽翼、金益熙、鄭雷卿、李行遇、洪瑑等十一人을賊陣에送ᄒᆞ기를請ᄒᆞ거ᄂᆞᆯ大司諫朴潢曰數人을送ᄒᆞ야도可히塞責ᄒᆞ리니吳達濟와尹集이當初에斥和ᄒᆞ얏ᄉᆞ니此가私罪가、아니라今에兩人을送ᄒᆞ야도、오히려不忍ᄒᆞᆫ事라ᄒᆞᆫᄃᆡ遂曰取捨가難ᄒᆞᆫ故로至此ᄒᆞᆷ이라當初에可送ᄒᆞᆯ人을指的ᄒᆞᆫ진ᄃᆡ、엇지多請ᄒᆞ리오ᄒᆞ고、이에崔鳴吉로ᄒᆞ야곰吳達濟尹集을領去ᄒᆞᆯ서國書에曰小邦이、일즉浮議로써國事를壞誤ᄒᆞᆫ지라上年秋後에其尤甚者二人을軍前에送詣ᄒᆞ야處分을俟ᄒᆞᆫ다ᄒᆞ니라達濟가將行에拜辭ᄒᆞ거ᄂᆞᆯ上이賜酒ᄒᆞ야曰爾等이我로써爲君ᄒᆞᆫ故로至此ᄒᆞ얏다ᄒᆞ고泣下ᄒᆞ신ᄃᆡ對曰主辱ᄒᆞ면臣死ᄒᆞᆷ이、곳分義라今에其所를得ᄒᆞ얏ᄉᆞ니、엇지戚然ᄒᆞ리오ᄒᆞ거ᄂᆞᆯ上曰爾等의父母妻子ᄂᆞᆫ吾가顧恤ᄒᆞ리니勿念ᄒᆞ라ᄒᆞ시니라賊營에至ᄒᆞ니淸主가鳴吉等의게貂裘와酒饌을予ᄒᆞ고達濟의縛을解ᄒᆞ야留ᄒᆞ더라二十九日에洪瑞鳳、崔鳴吉、金藎國이賊營에往ᄒᆞ야和事가成ᄒᆞ고三十日에上이京城에還ᄒᆞ니閭閻이蕩殘ᄒᆞ고死屍가相連ᄒᆞ얏더라

二月에淸兵이解圍撤還ᄒᆞᆯ서東宮及嬪宮과鳳林大君及夫人이將且北行ᄒᆞ니陪從臣은南以雄、朴潢、朴篨、朴宗一、李起築、黃一皓、蔡裕後等이往ᄒᆞ니라

都元帥金自點、副元帥申景瑗、江原監司趙廷虎等이待罪ᄒᆞ거ᄂᆞᆯ、다下獄議罪ᄒᆞ야竄配ᄒᆞ고江都諸將의失律ᄒᆞᆫ張紳은賜死ᄒᆞ고金慶徵은遠竄ᄒᆞ니라

第七課　本朝歷代十一

斥和臣洪翼漢尹集吳達濟句語

初에尹集、吳達濟를淸營에送ᄒᆞᆫ後、洪翼漢은斥和臣으로平壤府任所에在ᄒᆞ거ᄂᆞᆯ淸兵이撤歸時에鐵山縣監邊大中으로ᄒᆞ야곰淸人의게執送ᄒᆞ라ᄒᆞ니大中이翼漢을束縛困辱ᄒᆞ야飮食을不與ᄒᆞ더니、밋三人이瀋陽에至ᄒᆞ니淸人이別館에囚ᄒᆞ고朝夕設宴ᄒᆞ야相誘ᄒᆞᄂᆞᆫ事가無ᄒᆞ거ᄂᆞᆯ、다不受ᄒᆞ니、이에淸主가兵威를盛陳ᄒᆞ고引問

ᄒᆞᄂᆞᆫ지라藏漢이屹立抗言ᄒᆞ고因ᄒᆞ야索筆大書曰我朝鮮이古來브터禮義ᄅᆞᆯ尙ᄒᆞ고諫官은直截을爲主ᄒᆞᄂᆞᆫ지라上年春에我가言官이되故로衛國의論題ᄒᆞᆷ을忿ᄒᆞ야斥和議ᄅᆞᆯ首建ᄒᆞ얏스니此ᄂᆞᆫ臣子職分이라然이나君親이在ᄒᆞ되扶護치、못ᄒᆞ고東宮과大君이爲質ᄒᆞ니我의一蹴가國家의狼狽ᄅᆞᆯ致ᄒᆞ야忠孝가掃地ᄒᆞᆫ지라、비록誅戮을萬被ᄒᆞᆯ지라도實로甘心이라ᄒᆞᆫᄃᆡ淸主가見ᄒᆞ고大怒ᄒᆞ야他處에別囚ᄒᆞ얏다가吳達濟等과同時被害ᄒᆞ고

尹集과吳達濟ᄂᆞᆫ淸兵이撤歸時에北去ᄒᆞᆯ시集이中路에서達濟의게謂曰困辱을備嘗ᄒᆞ고虜의게死ᄒᆞᆯ진ᄃᆡᆫ我境에서死ᄒᆞᆷ이可타ᄒᆞᆫᄃᆡ達濟曰不可ᄒᆞ다人이斯世에生ᄒᆞ야一死ᄒᆞᆷ은固有ᄒᆞᆫ事라死가其所ᄅᆞᆯ得ᄒᆞ야我節義ᄅᆞᆯ明ᄒᆞ면、엇지樂事가、아니리오ᄒᆞ고瀋陽에至ᄒᆞ야一小屋에囚ᄒᆞ더니四月에龍骨大가達濟ᄅᆞᆯ招ᄒᆞ야淸主의語ᄅᆞᆯ傳ᄒᆞ야曰汝輩가必然首倡이、아니라汝等이妻子ᄅᆞᆯ率來ᄒᆞ야此地에居ᄒᆞ라ᄒᆞ거ᄂᆞᆯ二人이答曰此ᄂᆞᆫ不可ᄒᆞ니速히殺我ᄒᆞ라ᄒᆞᆫᄃᆡ龍骨大가反復開說ᄒᆞ고、또劫勒ᄒᆞ거ᄂᆞᆯ、맛ᄎᆞᆷᄂᆡ不屈ᄒᆞ니、이에結縛ᄒᆞ야西門外로出ᄒᆞ니即淸人의刑殺處라二人이、오히려奮罵不已ᄒᆞ더라時에東宮陪從臣鄭雷卿이淸人의게懇乞ᄒᆞ야其屍ᄅᆞᆯ收코자ᄒᆞ니淸人이不許ᄒᆞ더라

崔鳴吉의號ᄂᆞᆫ遲川이니體幹이小ᄒᆞ나坐ᄒᆞ면其堅重ᄒᆞᆷ이山岳과如ᄒᆞ야精氣가傍侵ᄒᆞ니子弟가敢히仰視치、못ᄒᆞ고文章이浩瀚ᄒᆞ야出草時에ᄂᆞᆫ起頭가甚히平易ᄒᆞ다가中間에至ᄒᆞ야ᄂᆞᆫ詞理가條暢ᄒᆞ고篇末에ᄂᆞᆫ意致가明備ᄒᆞ야文氣가煥發ᄒᆞ니、곳接天ᄒᆞᄂᆞᆫ風浪이오鳴吉이丙子亂時ᄅᆞᆯ乘ᄒᆞ야一身을不顧ᄒᆞ고兼히淸議輩가國家大計ᄅᆞᆯ不知ᄒᆞ고妄히戰釁을啓ᄒᆞ거ᄂᆞᆯ鳴吉이其間에居ᄒᆞ야唇焦舌弊ᄒᆞ고心膽이俱裂ᄒᆞ나宗社ᄂᆞᆫ已傾ᄒᆞ고敵兵은深入ᄒᆞ야收拾ᄒᆞᆯ道가無ᄒᆞ거ᄂᆞᆯ鳴吉이羣謗을力排ᄒᆞ고獨히挺身自擔ᄒᆞ야畢竟宗社가僅存ᄒᆞᄂᆞᆫᄃᆡ至ᄒᆞ니此ᄂᆞᆫ다鳴吉의力이라萬一其時三學士와同聲相應ᄒᆞ야和議ᄅᆞᆯ斥ᄒᆞ얏스면何益이有ᄒᆞ리오

大抵我國의大亂은即壬辰及丙子亂이니壬辰事로言ᄒᆞ면當時賢臣李珥가養兵十萬키ᄅᆞᆯ請ᄒᆞ거ᄂᆞᆯ柳成龍이沮止ᄒᆞ다가及其搶攘ᄒᆞᆫ日을當ᄒᆞ야、비로소歎曰李文成은果然聖人이라、ᄒᆞ얏스니愚意로料컨ᄃᆡ其時執政이恬嬉度日ᄒᆞ야人心이已散ᄒᆞ고또黨爭을專事ᄒᆞ야金誠一의誤奏ᄒᆞᆷ을信ᄒᆞ고、도로혀善使ᄒᆞ얏다ᄒᆞ야堂上資ᄅᆞᆯ陞ᄒᆞ고防備ᄅᆞᆯ悉罷ᄒᆞ얏스니大抵其時에秀吉이我國의無備ᄒᆞᆷ을聞ᄒᆞ고、더욱急發ᄒᆞ

지라然則此ᄂᆞᆫ其促禍ᄒᆞᆷ도다我의咎오ᄯᅩ設令十萬兵을養ᄒᆞᆯ지라도秀吉의橫暴를抵當치、못ᄒᆞᆯ거시오、오직養兵事로國內가騷擾ᄒᆞᆯᄲᅮᆫ이라然이나其時李文成의意ᄂᆞᆫ、엇지此에만止ᄒᆞ얏스리오君心이先正ᄒᆞᆫ後에야兵事를可言ᄒᆞᆯ지라故로李文成의聖學輯要가곳第一件事니萬一、兵十萬으로能히壬辰亂을防ᄒᆞᆯ진ᄃᆡ李文成의賢으로、엇지柳成龍의一言沮止를因ᄒᆞ야、 곳力言치、아니ᄒᆞ얏스리오、ᄯᅩ設令力言ᄒᆞᆯ지라도其不成ᄒᆞᆷ을知ᄒᆞᆫ故로鄕里에歸臥ᄒᆞᆷ이라大抵國은自伐ᄒᆞᆫ後人이伐ᄒᆞᄂᆞ니壬辰大創을經ᄒᆞᆫ後에도國政을不修ᄒᆞ고、오직黨論을各開ᄒᆞ다가、다시ᄯᅩ丙子亂을致ᄒᆞ얏스니後人이言ᄒᆞ되丙子亂은곳淸人이强大ᄒᆞ야致此ᄒᆞᆷ이라謂ᄒᆞ나然ᄒᆞ나兩國의使臣은곳其國을代表ᄒᆞᆫ者니故로其使臣의恥辱이及ᄒᆞ면即其國의國威와國體가損傷ᄒᆞᄂᆞᆫ지라古昔支那列國時에ᄂᆞᆫ齊頃公이晉使의跛足ᄒᆞᆷ을笑ᄒᆞ야一時戱具를設ᄒᆞ다가四國의雄師를致ᄒᆞ야國이幾亡ᄒᆞ고寶器를輸ᄒᆞ며土地를割ᄒᆞ고良將이戰歿ᄒᆞ며國母로ᄡᅥ送質코자ᄒᆞ얏스니使臣의尊嚴이如此히極ᄒᆞ거ᄂᆞᆯ、이에此를不知ᄒᆞ고專혀褻慢侮辱으로能事라ᄒᆞ야金人이來弔ᄒᆞᆯ時에禮幄을空曠地에設ᄒᆞ야傲慢ᄒᆞᆫ野氣를示ᄒᆞ고、ᄯᅩ悍卒과愚兵으로ᄒᆞ야곰兇器를執ᄒᆞ고帳外에隱伏ᄒᆞ야異國의行人이

驚走케ᄒᆞ며、 더욱兒童이追逐罵辱에敬客ᄒᆞᄂᆞᆫ禮가全無ᄒᆞ고甚ᄒᆞᆫ者ᄂᆞᆫ瓦礫을投ᄒᆞ야犬羊을驅ᄒᆞᆷ과如케ᄒᆞ니此를理論ᄒᆞ면孰得孰失이며孰善孰惡이라ᄒᆞ리오況來者ᄂᆞᆫ禮로ᄡᅥ我의大喪을弔ᄒᆞᆷ이어ᄂᆞᆯ我ᄂᆞᆫ滿朝千官과擧國百姓이蠻習과悖行으로貴重ᄒᆞᆫ使臣을如此히待ᄒᆞ얏스니、 그彼怒를엇지免ᄒᆞ리오設令彼弱我强ᄒᆞᆯ지라도待人ᄒᆞᄂᆞᆫ道가如此치、아니ᄒᆞᆯ거시어ᄂᆞᆯ況金國은新起ᄒᆞᆫ大國이오其鋒銳所及에天下를睥睨ᄒᆞ야前金時에ᄂᆞᆫ宋徽欽이被擄ᄒᆞ고中原이蹂躪ᄒᆞ며其志가宇內를席捲코자ᄒᆞ거ᄂᆞᆯ此를不思ᄒᆞ고、 다만舊日思想으로國家大計를誤ᄒᆞ고君父의聰明을壅蔽ᄒᆞ야甚至於使臣을誅戮ᄒᆞ라ᄒᆞ며幷히國內에傳喩ᄒᆞ야强國과爲讐를計ᄒᆞ다가畢竟幾日을不踰ᄒᆞ야大駕가播遷ᄒᆞ고軍民이魚肉ᄒᆞ며和親을哀乞ᄒᆞ고國事가狼藉ᄒᆞ얏스니試問케라此輩의所爲가賢乎否乎며智乎愚乎아萬一鳴吉의言을早用ᄒᆞ얏스면金師가不來ᄒᆞᆯ거시오設令來ᄒᆞᆯ지라도國辱國恥가此에及지。 아닐지라數百載後에在ᄒᆞ야數百載前을溯想ᄒᆞ니、 엇지痛惜지아니리오此를因ᄒᆞ야自作自受ᄒᆞᆫ罪孽이後世ᄭᆞ지波及ᄒᆞ다가今日에至ᄒᆞ야ᄂᆞᆫ人民의思想이振發ᄒᆞᆯ力이無케ᄒᆞ고、 오직所餘ᄒᆞᆫ者ᄂᆞᆫ外人을見ᄒᆞ면何處何國人이든지輒曰胡虜夷狄이라ᄒᆞ야前日口頭惡習으로外國

人을惡ᄒᆞᆯ뿐이오其中、外人의壓制를受ᄒᆞ든餘波로敢히自拔自奮ᄒᆞᆯ心이無ᄒᆞ다가今日에至ᄒᆞ야、ᄯᅩ國事가如此ᄒᆞ얏스니其誤國殃民ᄒᆞᆫ罪를論ᄒᆞ면曩日에自高自義自是自賢ᄒᆞ든諸輩가其責을難免ᄒᆞ리로다

第八課 鄭忠信

鄭忠信은光州人이니生地가卑微ᄒᆞ야幼時에節度營의知印(通引)이、되얏더니一日은老妓가節度使의食床退饌을予ᄒᆞᄂᆞᆫ지라忠信이不受ᄒᆞ야曰大丈夫가、맛당히節度使가되야己의餘食으로人의게與ᄒᆞᆯ지라、엇지他人의下物을吃ᄒᆞ리오ᄒᆞ더라壬辰亂에光州牧使權慄이行在에赴ᄒᆞᆯ者를求ᄒᆞᆯ시應者가無ᄒᆞ더니忠信이奮然히請行ᄒᆞ니時年이十七이오賊兵이滿道ᄒᆞᆫ지라忠信이獨行으로杖釼西赴ᄒᆞ야行朝에達ᄒᆞ거ᄂᆞᆯ李恒福이其聰悟ᄒᆞᆷ을見ᄒᆞ고收留ᄒᆞ야經史를授ᄒᆞ니未幾에文義가大進ᄒᆞᄂᆞᆫ지라恒福이愛ᄒᆞ기己子와如ᄒᆞ고忠信의體貌가短小ᄒᆞ고目이曙星과如ᄒᆞ며容姿가美ᄒᆞ고辯才에能ᄒᆞ며氣義가有ᄒᆞ고料事에善ᄒᆞ야每常에奇中ᄒᆞ더라

滿浦僉使時에奉命ᄒᆞ고虜中(即滿洲清祖)에入ᄒᆞ야諸酋와語ᄒᆞᆯ시酋가言ᄒᆞ야曰僞國이我로ᄡᅥ賊이라ᄒᆞ니何故오、ᄒᆞ거ᄂᆞᆯ忠信이答曰爾曹가天下를盜ᄒᆞᆯ心이有ᄒᆞ니賊이、

아니고誰를賊이라謂ᄒᆞ고ᄒᆞ니諸酋가大笑ᄒᆞ더라忠信이歸ᄒᆞ야語人曰是虜가天下患이、되리니何必我國의憂뿐이리오、ᄒᆞ더라

忠信의性이甚히亢傲ᄒᆞ야、비록公卿大夫라도、다許交ᄒᆞ며丙子春에訛言이起ᄒᆞ야倭寇가又至ᄒᆞᆫ다ᄒᆞ거ᄂᆞᆯ忠信曰倭人은召ᄒᆞ야도不至ᄒᆞᆯ거시오國家大憂ᄂᆞᆫ北虜라ᄒᆞ더니、밋廷議가淸人의게送使ᄒᆞ야告絶ᄒᆞᆷ을聞ᄒᆞ고病臥ᄒᆞ다가蹶起太息曰國의存亡이今歲에決ᄒᆞᆫ다ᄒᆞ더니十二月에淸人이果然大入ᄒᆞ더라

金時讓이從容이問曰公이李适의叛ᄒᆞᆷ을聞ᄒᆞ고棄城逃亡ᄒᆞᆷ은何故오ᄒᆞᆫᄃᆡ答曰吾가李适로、더브러交誼가兄弟와如ᄒᆞᆷ은世人이皆知ᄒᆞᄂᆞᆫ비라其時에适이叛ᄒᆞ얏거ᄂᆞᆯ我가其近地에在ᄒᆞ면我의本心을誰가知ᄒᆞ리오當日逃亡ᄒᆞᆷ이、곳我心을表白ᄒᆞᆷ이라ᄒᆞ더라

第九課 十課 悔改ᄒᆞᆯ일 二

先是壬辰亂前에李珥가養兵十萬키를請ᄒᆞᆫᄃᆡ柳成龍이不聽ᄒᆞ더니、밋賊이大至ᄒᆞᄆᆡ成龍이歎曰李文成은聖人이라ᄒᆞ고金誠一은日本에使還ᄒᆞ야曰秀吉의目이鼠와如ᄒᆞ야可畏ᄒᆞᆯ비無ᄒᆞ다ᄒᆞ고黃允吉의兵禍說을抑制ᄒᆞ야軍備를中止ᄒᆞ고(見上)

丙子亂은淸人의强홈을不知ᄒᆞ고使臣을侮辱ᄒᆞ고、ᄯᅩ絕和書를送ᄒᆞ야其怒를致ᄒᆞ얏스니萬一崔鳴吉의言을從ᄒᆞ야兄弟盟을益敦ᄒᆞ얏스면淸人이長驅大進치아니홀것이오見上

壬午亂은大院君이失勢後에閔族이秉權홀ᄉᆡ兵卒의欠餉事로軍情이岐々ᄒᆞ더니旣而오兵餉을頒홀ᄉᆡ下吏가ᄯᅩ其量額을減ᄒᆞᄂᆞᆫ지라兵卒이大怒ᄒᆞ야其吏를殺ᄒᆞ고因ᄒᆞ야閔氏家屋을破壞ᄒᆞ고衆이相議曰吾等이大罪를犯ᄒᆞ얏스니必死홀지라、곳先發ᄒᆞ야閔族을盡殺홈이可타ᄒᆞ고大院君邸에至ᄒᆞ야其事를告ᄒᆞ니大院君이此를鎭壓ᄒᆞᆫ다ᄒᆞ고宮中에入ᄒᆞ야閔后가播越ᄒᆞ고京城이大亂ᄒᆞ고諸兵卒이閔族及當路諸人을殺ᄒᆞ고大院君이軍國大小事務를專決ᄒᆞ더니旣而오淸將馬建忠等이來ᄒᆞ야大院君이淸國으로去ᄒᆞ니大抵此事가軍餉을因ᄒᆞ야起ᄒᆞ얏스나其實은兩黨爭權에서出홈이라

甲申亂은壬午軍變後에我廷이朴泳孝、金晩植、徐光範을日本에遣ᄒᆞ니此는軍變時、日本使臣花房義質의遭難逃歸홈으로其國에慰謝홈이라時에閔泳翊、金玉均、李鼎煥二人이幷히同行ᄒᆞ니라

朴泳孝가日本東京에往ᄒᆞ야各國公使와接見홀ᄉᆡ向者朝鮮이各國에告ᄒᆞ되朝鮮이純全ᄒᆞᆫ獨立國이라、ᄒᆞ얏스나然이나此時를當ᄒᆞ야英、米公使가泳孝의게獨立與否를質問ᄒᆞᄂᆞᆫ지라泳孝ㅣ金晩植及閔泳翊을招議ᄒᆞ야所答을問ᄒᆞ니泳翊은淸國을恐ᄒᆞ야淸國屬國이라答ᄒᆞ리라ᄒᆞ며玉均도ᄯᅩᄒᆞᆫ泳翊의權勢를懼ᄒᆞ야其言을附和ᄒᆞᄂᆞᆫ지라故로一行이不和ᄒᆞ더니畢竟泳孝가毅然히英、米公使의게答曰我國은獨立國이라ᄒᆞ니、이에英米公使가獨立을認ᄒᆞ고此外各公使도、ᄯᅩᄒᆞᆫ各其々國政府에報ᄒᆞ야條約批準을得ᄒᆞ니라

甲申年에日公使竹添進一郞이我國에來ᄒᆞ야壬午軍變時賠償金中四十萬元을我國에還納ᄒᆞ니此는我陛下의셔宇內大勢를洞察ᄒᆞ야開明에留心ᄒᆞ심을賀ᄒᆞ야政治上資用을補코자홈이러라

朴泳孝가日本에使홀時에金玉均、洪英植、徐光範等이同往ᄒᆞ니此兩人은從來日本黨이오閔族의施政을不善ᄒᆞ며、ᄯᅩ閔族이淸廷과相通홈을忿恨ᄒᆞ더니及其東京에至ᄒᆞ야ᄂᆞᆫ朝野政士를廣交ᄒᆞ야稍히世界大勢를悟ᄒᆞ고國事를自任코자ᄒᆞ야自此로專혀朝鮮獨立說을倡ᄒᆞ니故로日本外務大臣井上馨이金、朴兩人과相會ᄒᆞ야結

托이 有ᄒᆞ고 民間에ᄂᆞᆫ 後藤象次郞、福澤諭吉等이 互相周旋ᄒᆞ야 金十七萬元을 貸與ᄒᆞ고、또 新聞을 發刊ᄒᆞ고 銃兵을 訓鍊ᄒᆞᆯ 目的으로 日人數名을 雇用ᄒᆞ니라

然이나 朴、金이 歸國ᄒᆞᆫ 後로 勢力이 不振ᄒᆞ야 朴은 廣州留守로 遷ᄒᆞ고 金은、다시 日本에 往ᄒᆞ고 洪、徐ᄂᆞᆫ 所事가 無ᄒᆞ고 雇聘ᄒᆞᆫ 日人은 時月을 空過ᄒᆞ다가 所成ᄒᆞᆫ 者ᄂᆞᆫ 漢城旬報뿐이러라

時에 趙寧夏ㅣ 淸國으로브터 德人穆麟德을 雇來ᄒᆞ니 外人雇用이 此에서 始ᄒᆞ고 閔泳穆、閔泳翊等이 附和ᄒᆞ며 時에 當五當十錢의 鼓鑄論이 有ᄒᆞ니 此ᄂᆞᆫ 淸將吳長慶이 發端ᄒᆞᆷ이오 閔台鎬、尹泰駿等이 其事를 主張ᄒᆞ거ᄂᆞᆯ 金玉均이 屢次勸沮ᄒᆞ얏더니 旣而오 泳翊이 奏曰 麟德은 外國人이라 必然學問이 優越ᄒᆞ리니 貨幣事를 顧問ᄒᆞ소서ᄒᆞ니 上이 곳 麟德과 玉均을 命ᄒᆞ야 會議ᄒᆞ라ᄒᆞ신지라、이에 兩人이 泳翊第에 會ᄒᆞ야 其事를 論ᄒᆞᆯ새 麟德曰 金銀貨幣를 均히 다 鑄造ᄒᆞᆯ것이오 今에 經用이 急ᄒᆞ니 當五當十과 幷히 當百을 鼓鑄ᄒᆞ야 目前의 急을 紓ᄒᆞ라ᄒᆞ거ᄂᆞᆯ 玉均曰 君은 歐洲人이라 財政上에 見聞이 有ᄒᆞᆯ지어ᄂᆞᆯ 今에 君言을 聞ᄒᆞ니 甚히 訝惑ᄒᆞ도다 貨幣ᄂᆞᆫ 造次間에 國의 禍毒이 되ᄂᆞ니、엇지 忽遽히 行ᄒᆞ리오、오작 日本을 向ᄒᆞ야 國債三百萬元을 貸ᄒᆞᆷ이 可타ᄒᆞ고 此

事를 上께 奏ᄒᆞ니 上이 許諾ᄒᆞ시거ᄂᆞᆯ 然이나 諸閔氏가 麟德으로더브러 不聽ᄒᆞ더니 畢竟 上께서 玉均을 命ᄒᆞ야 日本에 再往ᄒᆞ야 借款을 議케、ᄒᆞ시니 時에 竹添이 公使로 漢城에 在ᄒᆞ야 麟德의 言을 信ᄒᆞ고 玉均을 不喜ᄒᆞ며 及其 玉均이 日本에 往ᄒᆞᆫ 後에ᄂᆞᆫ 諸閔氏가 當五錢을 鑄ᄒᆞ야 其弊가 日甚ᄒᆞ고 竹添이 또 其政府에 言ᄒᆞ야 玉均을 疎外ᄒᆞ라ᄒᆞ니 此ᄂᆞᆫ 麟德의 反間이러라、이에 玉均이 事가 不成ᄒᆞ야 歸國ᄒᆞ니라

時에 閔泳翊은 米國에 使ᄒᆞ얏다가 歐洲에 遊ᄒᆞ고 歸國ᄒᆞ야 建白ᄒᆞᄂᆞᆫ 事ㅣ 有ᄒᆞ거ᄂᆞᆯ 玉均이 贊成或反對ᄒᆞ야 自此로 兩人이 不合ᄒᆞ고 當時今同은 閔台鎬、閔泳翊、閔應植、閔泳穆四人이 最히 有權ᄒᆞ고 李祖淵、韓圭稷、尹泰駿等도 頗히 有力ᄒᆞ며 當五錢의 弊ᄂᆞᆫ 日甚一日ᄒᆞ야 民生이 日困ᄒᆞ고 國勢가 日縮ᄒᆞᄂᆞᆫ지라、이에 當事者가 憂懼ᄒᆞ거ᄂᆞᆯ 穆麟德이 一計를 出ᄒᆞ야 曰 今에 朝鮮의 患은 當五錢뿐아니라 金玉均을 除ᄒᆞᆷ이 第一策이니 諸公은 何故로 其本을 不治ᄒᆞᄂᆞ뇨、오작 同心幷力ᄒᆞ야 玉均을 除ᄒᆞ라ᄒᆞ니、이에 閔泳翊이 淸黨領袖가 되야 閔泳穆等으로더브러 玉均黨을 內外夾攻ᄒᆞ야 事勢가 兩立지、못ᄒᆞᆯ지라 玉均의 勢가 甚孤ᄒᆞ니라

自此로 閔泳翊이 淸國을 依賴ᄒᆞ야 日本人을 憎惡ᄒᆞᄂᆞᆫ 色이 言語에 形ᄒᆞᄂᆞᆫ지라 日公館

書記島村이玉均을請ᄒᆞ야國家大勢ᄅᆞᆯ論ᄒᆞ거ᄂᆞᆯ玉均이因ᄒᆞ야朝鮮事勢ᄅᆞᆯ痛論ᄒᆞ고ᄯᅩ日本政府의無信ᄒᆞᆷ을言ᄒᆞ나島村曰此ᄂᆞᆫ竹添이穆麟德의讒을誤聽ᄒᆞᆷ이오今에東洋大勢로言ᄒᆞ면淸國이佛國과關係가甚急ᄒᆞ니公이政治ᄅᆞᆯ改革코자ᄒᆞ면此時ᄅᆞᆯ不失ᄒᆞᆯ것이오日本도ᄯᅩ助力ᄒᆞᆫ다ᄒᆞ더라

時에吳長慶、吳兆有、袁世凱ᄂᆞᆫ兵卒이三千이라京城內外에駐屯ᄒᆞ고日兵은僅히一百三十餘人이라淸人이威力을施ᄒᆞᆯᄲᅮᆫ아니라幷히恩澤으로朝鮮人을服코자ᄒᆞ야招商局名義로銀二十萬兩을貸予ᄒᆞ고、ᄯᅩ銃炮書籍等을贈予ᄒᆞ야干涉이過度ᄒᆞ고淸人이城內各處에開店ᄒᆞᆫ者二千人이라韓人商利ᄅᆞᆯ奪ᄒᆞ니、이에韓商이厭惡ᄒᆞᄂᆞᆫ지라故로淸人이韓國政治上에幾分間干涉을解ᄒᆞ고韓國自由ᄅᆞᆯ與ᄒᆞ나然이나兵權은依然히其手에握ᄒᆞ나大抵甲申事에妨害ᄒᆞᆷ이實로淸人의害러라

旣而오淸、佛戰爭이日急ᄒᆞ거ᄂᆞᆯ諸閔氏ᄂᆞᆫ言ᄒᆞ되淸國과存亡을共ᄒᆞᆷ이可라ᄒᆞ고露國黨은露國에依賴ᄒᆞ자ᄒᆞ고金玉均等은曰此時ᄅᆞᆯ乘ᄒᆞ야日本으로더브러我의獨立을謀ᄒᆞ야淸國干涉을免ᄒᆞ고閔族의專權을袪ᄒᆞᆫ다ᄒᆞ며、ᄯᅩ日本公使竹添進一郞이韓國獨立事로玉均、泳孝等과密謀ᄒᆞ야日本外務省에電告曰金玉均、朴泳孝等으로더브러韓國內政을改革ᄒᆞᆫ 다ᄒᆞ니伊藤博 文은其不可 ᄒᆞᆷ을論ᄒᆞ고外務卿井上馨이、ᄯᅩᄒᆞᆫ此事가重大ᄒᆞ니輕擧치、말나ᄒᆞ니其電報가竹添의게來ᄒᆞᄂᆞᆫ同時에京城事變이生ᄒᆞ니라

先是에金玉均이英領事雅樹敎을訪見曰、韓國內政이危急ᄒᆞ나今에淸、佛이折衝ᄒᆞᆯ時ᄅᆞᆯ當ᄒᆞ야內政을改革ᄒᆞᆷ이何如ᄒᆞ뇨ᄒᆞᆫ데雅樹敎曰、公等의心은余도亦知ᄒᆞᄂᆞᆫ비라然이나時機ᄅᆞᆯ待ᄒᆞ야動ᄒᆞᆷ이可라ᄒᆞ니玉均曰危急이朝夕에在ᄒᆞ니遲留치、못ᄒᆞᆯ지라余輩ᄂᆞᆫ朝鮮人이라死ᄒᆞ야도無悔라ᄒᆞ고

ᄯᅩ竹添과議ᄒᆞ야曰、第一策은大駕ᄅᆞᆯ奉ᄒᆞ야江華로播遷ᄒᆞᆯ지라ᄒᆞ니竹添이不肯曰大駕가江華에往ᄒᆞ심은不難ᄒᆞ나然ᄒᆞ나宮中后嬪ᄭᅴ셔同行ᄒᆞ시다가淸人手에落ᄒᆞ면善後策이難ᄒᆞ다ᄒᆞ더라

其後玉均이上ᄭᅴ奏曰今에天下大勢가日變ᄒᆞ고內國情況이日危ᄒᆞᆫ지라淸、佛이交兵ᄒᆞᆫ時ᄅᆞᆯ當ᄒᆞ야日、淸이ᄯᅩ不和ᄒᆞ며、ᄯᅩ露國은東略이日迫ᄒᆞ야十餘年來로西洋諸國이東洋에對ᄒᆞᄂᆞᆫ政策이頓變ᄒᆞ오니萬一舊規ᄅᆞᆯ墨守ᄒᆞ야自安키ᄅᆞᆯ望ᄒᆞ면危亡이立至ᄒᆞ리이다ᄒᆞ고、ᄯᅩ當五錢의弊와穆麟德이亂政ᄒᆞᆫ事와奸臣이壅蔽ᄒᆞᆫ事ᄅᆞᆯ奏ᄒᆞ

니時에坤殿이오셔鍵室로브터出ᄒᆞ야日事勢가如此切迫ᄒᆞ니計策이安出고ᄒᆞ시거
ᄂᆞᆯ玉均이日竹添이臣等과款懇ᄒᆞᆫ意ᄅᆞᆯ示ᄒᆞ니此ᄂᆞᆫ必然日本의政略이前日과異ᄒᆞᆷ이
라事竟、日清戰爭이在邇ᄒᆞ오니朝鮮이其時ᄅᆞᆯ當ᄒᆞ면將且何策으로自謀ᄒᆞ오릿가
上曰日、清이交兵ᄒᆞ면勝負가何如오玉均이曰勝敗ᄂᆞᆫ預料키難ᄒᆞ나今에日本이佛
國과合ᄒᆞ얏스니勝算이日本에在ᄒᆞ니이다上曰然ᄒᆞ다然이나我國의獨立은其計가
何如오玉均曰今에滿廷臣僚가다清國을依賴ᄒᆞ야其命을從ᄒᆞ니日本이設令獨立을
謀코자ᄒᆞ나不成ᄒᆞᆯ것이오、또臣이此言을出ᄒᆞᆫ後에ᄂᆞᆫ生死攸關이라然이나國家危
亡이朝夕에迫ᄒᆞᆫ故로敢히奏達ᄒᆞᄂᆞ이다、ᄒᆞ고
金玉均이、이에朴泳孝等으로더브러清黨諸人을殺코자ᄒᆞᆯ싀郵政局에開業宴式을
開ᄒᆞ니美、英、清諸公使와韓國貴紳等이供會ᄒᆞ고竹添은稱病不來ᄒᆞ니此ᄂᆞᆫ玉均等
과密謀가有ᄒᆞᆷ이오夜半에局後에셔火가起ᄒᆞ니即玉均黨의所爲라昌德宮闕門과景
祐宮門內에一隊徒黨을匿ᄒᆞ고又一隊ᄂᆞᆫ郵政局近傍人家에爆藥을投ᄒᆞ야放火ᄒᆞ
니、이에賓客이驚散ᄒᆞᆯ싀閔泳翊이先出ᄒᆞ다가刺客의게被傷ᄒᆞ니라
時에日兵이在京ᄒᆞᆫ者ᄂᆞᆫ一百二十餘人이오清兵은三千人이라是夕에玉均과泳孝二

人이宮中에入ᄒᆞ야奏曰清兵이起亂ᄒᆞ야閔泳翊을殺ᄒᆞ얏스니請컨ᄃᆡ日兵의來援을
求ᄒᆞ소셔ᄒᆞ고遂隆로、ᄒᆞ야곰竹添을招ᄒᆞ니、곳日使來衛四字라、이에竹添이護衛
兵을率ᄒᆞ고出ᄒᆞᆫ싀此時上씌셔景祐宮으로移御ᄒᆞ신지라竹添이景祐宮에進ᄒᆞ야拜
謁ᄒᆞ더니時에廷臣이聞變ᄒᆞ고馳詣ᄒᆞᄂᆞᆫ者ㅣ多ᄒᆞ거ᄂᆞᆯ玉均黨이尹泰駿、閔泳穆、閔
台鎬、趙寧夏、韓圭稷、李祖淵等을殺ᄒᆞ고翌朝에內閣을改革ᄒᆞᆯ싀洪英植은右議政
이오金玉均은戶曹參判이오徐光範은外務協辦이라一日間에凡二四次變更ᄒᆞ니라
洪英植이國政改革案을出ᄒᆞ니其要ᄂᆞᆫ國權을擴張ᄒᆞ야各國과對等交際ᄅᆞᆯ開ᄒᆞ고清
國關係ᄅᆞᆯ絶ᄒᆞ며貴族專權을抑ᄒᆞ고常民의게農工商權利ᄅᆞᆯ伸ᄒᆞ고人才ᄅᆞᆯ登用ᄒᆞᆷ事
러라
이에金玉均이速히還宮ᄒᆞ시기ᄅᆞᆯ請ᄒᆞ거ᄂᆞᆯ朴泳孝가不可曰、敵黨이我ᄅᆞᆯ目ᄒᆞ야逆
賊이라ᄒᆞ니今後事ᄅᆞᆯ可知치、못ᄒᆞᆯ지라清兵三千이在傍ᄒᆞ거ᄂᆞᆯ我兵은一千이로ᄃᆡ
反覆이無常ᄒᆞ고可恃ᄒᆞᆯ者ᄂᆞᆫ、오작日兵一百뿐이오、또金允植은應招ᄒᆞ야도不來
ᄒᆞ고清營에往ᄒᆞ얏다ᄒᆞ니然則我黨가、엇지晏然ᄒᆞᆯ배리오今에大駕ᄅᆞᆯ奉ᄒᆞ고또江
華에往ᄒᆞ야日本의게求援ᄅᆞᆯ請ᄒᆞᆷ이可타ᄒᆞ니衆이其言을從ᄒᆞ야竹添과議ᄒᆞᆫᄃᆡ竹添

이不從ᄒᆞ고還宮ᄒᆞ시기를勸ᄒᆞᄂᆞᆫ지라泳孝ㅣ이에大歎曰吁라豎子가大事를敗ᄒᆞ도다ᄒᆞ고是夕에大駕ㅣ還宮ᄒᆞ시니라

此日에淸將吳兆有、袁世凱二人이陛見을請ᄒᆞ거ᄂᆞᆯ不聽ᄒᆞ얏더니淸兵이東便宣仁門으로브터發銃亂入ᄒᆞ니韓兵이逃去ᄒᆞ고或은淸兵과合ᄒᆞ야日兵을亂射ᄒᆞ야彈丸이雨와如ᄒᆞ더니旣而오韓兵이大駕를奉ᄒᆞ고後門으로出ᄒᆞᄂᆞᆫ지라竹添이、이에其舘으로逃歸ᄒᆞᆯ시玉均、泳孝、徐光範、徐載弼、邊燧、柳赫魯等으로더브러同行ᄒᆞ니城內各處에火光이衝天ᄒᆞ고人民이坌集ᄒᆞ야日兵의過者ᄂᆞᆫ路傍屋內에서銃과瓦石을發擲ᄒᆞ며洪英植、朴泳教泳孝兄ᄂᆞᆫ大駕를從ᄒᆞ야北岳關羽廟에往ᄒᆞ다가被殺ᄒᆞ고竹添은泳孝、玉均等으로더브러仁川에逃往ᄒᆞ야汽船을乘ᄒᆞ고日本으로去ᄒᆞ니라

甲午亂은賣官鬻爵ᄒᆞ야百姓을割剝ᄒᆞᆫ緣故라ᄒᆞᄂᆞᆫ句語ᄂᆞᆫ本冊卷二第十六十七課風俗題下에詳載ᄒᆞ니라

乙巳新條約은乙未事變後에廷臣이日人을憎惡ᄒᆞ나報復ᄒᆞᆯ力이無ᄒᆞᆫ지라、이에俄人을藉ᄒᆞ야日本을壓制코자ᄒᆞ니此時日本은俄人의東略政策을憂慮ᄒᆞ야言ᄒᆞ되韓國이俄에入ᄒᆞ면日本은韓國을因ᄒᆞ야亡ᄒᆞᆫ다ᄒᆞ고戰備를大修ᄒᆞ야畢竟、日俄戰爭

이成ᄒᆞ더니、밋俄國을勝ᄒᆞᆫ後에ᄂᆞᆫ、또韓人이俄國及諸外國과通ᄒᆞᆯ가恐ᄒᆞ야外交權을奪ᄒᆞᆷ이라然則日人의此事가、또ᄒᆞᆫ不得已ᄒᆞᆷ이어니와今에富ᄒᆞ야ᄂᆞᆫ全國의權利와財產을盡棄ᄒᆞ야韓國은餘存ᄒᆞᆫ者ㅣ無ᄒᆞ니此ᄂᆞᆫ日本의計畫이大錯ᄒᆞᆫ處라故로韓人言에曰俄國의凶計ᄂᆞᆫ、오작我를愚弄ᄒᆞ야文明에不進케ᄒᆞ야畢竟、不知不覺中幷呑코자ᄒᆞ고所奪코자ᄒᆞᆫ者ᄂᆞᆫ一森林뿐이라顯著ᄒᆞᆫ慘狀이無ᄒᆞ야其禍가、오히려緩ᄒᆞ더니日本은곳萬般事를다侵奪管轄ᄒᆞ야韓人은主權이全無ᄒᆞ고奴隷滅亡이立至ᄒᆞ니向日日人이宣戰書로世界에公布ᄒᆞᆫ바獨立及扶植이何在오ᄒᆞ니大抵此言이固然ᄒᆞᆫ지라然이나他人을怨尤ᄒᆞᆷ은愚者의事라、오작我의精神을淬勵ᄒᆞ야世界文明을輸入ᄒᆞ면、비록日本이千方百計로我를蹂躪ᄒᆞᆯ지라도其勢가不長ᄒᆞ리니我韓人은着々進步ᄒᆞ야臥薪嘗膽ᄒᆞᆯ志를無忘ᄒᆞᆯ지라萬一不然ᄒᆞ면日本이、비록我를兄弟와如히對遇ᄒᆞᆯ지라도我ᄂᆞᆫ自亡乃已ᄒᆞ리니其故를深思ᄒᆞᆯ지어다

第十三課　十四課　林慶業　一二

林慶業은忠州人이라幼時에羣兒를率ᄒᆞ고戰陣을習ᄒᆞ니羣兒가慴伏ᄒᆞ야其約束을受ᄒᆞ고長ᄒᆞ미兵法을學ᄒᆞ고奇計를好ᄒᆞ며每常에嘆曰吾가天地의氣를受ᄒᆞ얏스

니、엇지空然히老ᄒᆞ리오ᄒᆞ고武科出身으로緞山防禦使ᄅᆞᆯ拜ᄒᆞ야西陲ᄅᆞᆯ防守ᄒᆞ더니既而오淸兵三百이東江(明將駐屯處)에詐降ᄒᆞ야明摠兵劉興治로、더브러淸國에走코자ᄒᆞ거ᄂᆞᆯ時에慶業이高處에登ᄒᆞ야望見ᄒᆞ고曰兵氣가有ᄒᆞ니獄垣을修ᄒᆞ라三日後에囚者가有ᄒᆞ리라ᄒᆞ니城中人이其意ᄅᆞᆯ莫測ᄒᆞ더니既而오劉興治가其麾下의게被殺ᄒᆞ고淸兵三百이慶業의게奔ᄒᆞ거ᄂᆞᆯ宣川府使李浚이淸兵을盡殺ᄒᆞ라、ᄒᆞᄂᆞᆫ지라慶業曰不可ᄒᆞ다淸人이必然來索ᄒᆞ리니少竢ᄒᆞ라ᄒᆞ더니果然數日內에瀋陽이將軍을遣ᄒᆞ야數萬騎ᄅᆞᆯ率ᄒᆞ고城下에來薄ᄒᆞᄂᆞᆫ지라慶業이其囚三百人을予ᄒᆞ니淸人이大悅ᄒᆞ더라

仁祖丙子春에義州府尹을復拜ᄒᆞ니慶業이辭朝時에備局에請ᄒᆞ야曰前日에賊情을備察ᄒᆞ니南進ᄒᆞᆯ機가已著ᄒᆞᆫ지라願컨ᄃᆡ二萬騎ᄅᆞᆯ得ᄒᆞ야禦敵ᄒᆞᆯ策을成케、ᄒᆞ소서ᄒᆞ니備局이、맛참ᄂᆡ不許ᄒᆞᄂᆞᆫ지라慶業이慨然히赴任ᄒᆞ야鴨江越邊松鶻、鳳凰二處에烽燧軍을置ᄒᆞ야斥候ᄅᆞᆯ遠케ᄒᆞ고、또十二屯의農穀及蒭草ᄅᆞᆯ將ᄒᆞ야城中에輸入ᄒᆞ고疫牛數百을脯乾ᄒᆞ야儲ᄒᆞ고柴ᄅᆞᆯ積ᄒᆞ야空苫으로覆ᄒᆞ야軍糧을峙ᄒᆞᆷ과如케ᄒᆞ고、또城中이元來乏水ᄒᆞ거ᄂᆞᆯ大池ᄅᆞᆯ多鑿ᄒᆞ고鯽魚ᄅᆞᆯ養ᄒᆞ얏다가淸人이來時에其

魚ᄅᆞᆯ饋ᄒᆞ고、또城完ᄒᆞ야難拔ᄒᆞᆯ勢ᄅᆞᆯ示ᄒᆞ며、또我人으로ᄒᆞ야곰胡服削髮ᄒᆞ고淸地에入ᄒᆞ야賊情을探ᄒᆞᆫ後朝廷에狀啓ᄒᆞ야奇兵으로ᄡᅥ竊發의憂ᄅᆞᆯ防코자ᄒᆞ니上이黃海의軍二萬을特許ᄒᆞ신ᄃᆡ慶業이大喜ᄒᆞ야柳琳의게謂曰我ㅣ二萬兵이有ᄒᆞ면、엇지賊兵을畏ᄒᆞ리오賊이、비록入境ᄒᆞᆯ지라도對敵지아니ᄒᆞ고、곳重兵으로其國을向ᄒᆞᆫ다ᄒᆞ면彼가歸去ᄒᆞᆯ지니伊時에ᄂᆞᆫ萬里外에暴露ᄒᆞᆫ兵馬가必然大困ᄒᆞ리니我ᄂᆞᆫ諸軍으로ᄡᅥ靑城과檜嶺에列陣ᄒᆞ얏다가乘時攻擊ᄒᆞ면此ᄂᆞᆫ一人이當百ᄒᆞᆯ策이라ᄒᆞ더니未幾에諫官이言ᄒᆞ되重兵으로ᄡᅥ邊臣의게屬지、못ᄒᆞᆫ다ᄒᆞ야事가遂止ᄒᆞ니라時에我廷이淸人의意ᄅᆞᆯ拂ᄒᆞ민其來寇ᄒᆞᆯ가恐ᄒᆞ야慶業으로ᄒᆞ야곰賊情을探ᄒᆞ라ᄒᆞ거ᄂᆞᆯ慶業이自思ᄒᆞ되賊의怒ᄅᆞᆯ惹ᄒᆞ얏스니必然來寇ᄒᆞ리라ᄒᆞ고通事ᄅᆞᆯ淸地에送ᄒᆞᆯ식戒曰中路에셔賊兵을遇ᄒᆞᆯ지니萬一白馬山城事ᄅᆞᆯ問ᄒᆞ거든答曰八員將帥가各其三營을率ᄒᆞ야境上에來屯ᄒᆞ고軍器ᄂᆞᆫ去年브터鳥銃과丸藥을運入ᄒᆞ고軍糧은積置ᄒᆞ기山과如ᄒᆞ며城中에大龍池가有ᄒᆞ야魚鼈이有ᄒᆞ다ᄒᆞ라、ᄒᆞ더니既而오通事가果然賊을通遠堡에셔遇ᄒᆞ야慶業의言과如히傳ᄒᆞ니賊曰今에白馬山城을屠ᄒᆞᆯ지라萬一汝言이有違ᄒᆞ면汝ᄅᆞᆯ戮ᄒᆞᆫ다ᄒᆞ고通事ᄅᆞᆯ載來ᄒᆞ더라十二月初六日에鳳凰、松

鴨의烽燧가一時에幷擧ᄒᆞ거ᄂᆞᆯ慶業이곳馳啓ᄒᆞ니元帥金自點이報變치、아니ᄒᆞ야大駕가蒼黃히南漢에僻入ᄒᆞ시니라慶業이向者에白布帳을作ᄒᆞ얏더니今에城上에連布ᄒᆞ니遠望ᄒᆞ미粉堞과如ᄒᆞ고城堞에ᄂᆞᆫ石塊ᄅᆞᆯ多積ᄒᆞ고老弱男女로、ᄒᆞ야곰守케ᄒᆞ며每三堞에一土室을築ᄒᆞ고土室中에各其數斗酒ᄅᆞᆯ釀ᄒᆞ고三堞守軍으로ᄒᆞ야곰休息ᄒᆞ고또、飮酒ᄒᆞ야防寒케ᄒᆞᆯ시前日積置ᄒᆞᆫ牛脯로써軍中에分餉ᄒᆞ니歡聲이動地ᄒᆞ더라賊이江을越ᄒᆞ야京城으로直向ᄒᆞ거ᄂᆞᆯ慶業이屯田兵을點視ᄒᆞ니僅히八百이라慶業이仰天大歎曰、無軍ᄒᆞᆫ將帥가何用고ᄒᆞ고頓足悲惶ᄒᆞ더라然이나賊의行師ᄅᆞᆯ緩코자ᄒᆞ야人으로ᄒᆞ야곰追問曰此行은何故로車馬가多ᄒᆞ뇨、또邊臣이在此ᄒᆞ니、엇지一言이無ᄒᆞ고京師로直向ᄒᆞᄂᆞ뇨ᄒᆞᆫ듸賊이答曰邊臣은可言ᄒᆞᆯ바아니라汝國政府와言ᄒᆞᆫ다ᄒᆞ고、곳長驅不止ᄒᆞ더라

賊이連日越江ᄒᆞ야六日에京師ᄅᆞᆯ犯ᄒᆞ더니未幾에賊이西路諸鎭이其後ᄅᆞᆯ絕ᄒᆞᆯ가恐ᄒᆞ야猛將要雖로、ᄒᆞ야곰精銳三百을率ᄒᆞ고其國으로還ᄒᆞᆯ시列邑이望風畏怯ᄒᆞ며要雖가勇猛이絕人ᄒᆞ고鐵衣兩重을着ᄒᆞ미雪色과如ᄒᆞ고馬ᄅᆞᆯ躍ᄒᆞ야陣에臨ᄒᆞ니人이敢히當치、못ᄒᆞᆯ지라慶業이곳士卒을先ᄒᆞ야直馳突擊ᄒᆞ고鴨綠江氷上에追至ᄒᆞ

야要雖ᄅᆞᆯ馬下에斬ᄒᆞ고其鐵衣兩重을脫ᄒᆞ야衣ᄒᆞ니重이、百斤이라其卒을盡殺ᄒᆞ고還ᄒᆞ니라

其後賊이南漢으로브터還ᄒᆞᆯ시慶業의게詰問曰、若이要雖ᄅᆞᆯ殺ᄒᆞ얏ᄂᆞ냐、ᄒᆞ거ᄂᆞᆯ答曰然ᄒᆞ다國恩을深蒙ᄒᆞ고久히境上에屯ᄒᆞ니、곳國의重任이라今에汝가邊陲ᄅᆞᆯ侵ᄒᆞ거ᄂᆞᆯ越視ᄒᆞ고不伐ᄒᆞ면邊臣의職이安在오ᄒᆞ니賊曰我가初來時에何故로不擊ᄒᆞ얏ᄂᆞ뇨慶業曰寡가衆을不敵ᄒᆞᆯ지라汝手에虛死ᄒᆞ면國恩을未報ᄒᆞ리니故로忍耐到此ᄒᆞ얏노라賊曰前의不擊ᄒᆞᆷ은固宜ᄒᆞ거니와今에不伐ᄒᆞᆷ은何故오慶業이慨然流涕曰、國運이不幸ᄒᆞ야我國王子와大君이다汝軍中에在ᄒᆞᆫ故로抑志不爲ᄒᆞ노라ᄒᆞ니賊이其義ᄅᆞᆯ感動ᄒᆞ더라

丁丑三月에淸이孔有德을遣ᄒᆞ야東江을攻ᄒᆞᆯ시椰琳을命ᄒᆞ야先鋒을삼고慶業은副將을삼고蛇浦에至ᄒᆞ거ᄂᆞᆯ慶業이人으로ᄒᆞ야곰有德의게謂曰、天下珍寶가다東江에聚ᄒᆞ얏거ᄂᆞᆯ慶業이先鋒이、되얏스니城陷ᄒᆞ거든所獲ᄒᆞᆫ珍寶貨財ᄂᆞᆫ다我의所有라願컨ᄃᆡ明信을立ᄒᆞ야滿洲兵이爭奪치、아니케ᄒᆞ라ᄒᆞ고、또軍中에令ᄒᆞ야歡舞케ᄒᆞ니、이에淸人이크게怨望ᄒᆞ야有德을環ᄒᆞ고叩頭曰、朝鮮兵으로써先鋒을、삼으

면此ᄂᆞᆫ滿洲의羞恥라ᄒᆞ니有德이、다시馬夫達로、ᄒᆞ야곰先鋒을、삼ᄂᆞᆫ지라慶業이佯爭曰我로써先鋒을삼앗다가、또改ᄒᆞᆷ은何故오ᄒᆞ고淸人이固請ᄒᆞᆫ後乃止ᄒᆞ다라旣而오夫達이銳卒三百을率ᄒᆞ고東江을攻ᄒᆞ니沈世魁가迎擊大破ᄒᆞ더니會에天이大霧ᄒᆞ거ᄂᆞᆯ夫達이小舟를引ᄒᆞ고蛇浦의背에登ᄒᆞ야、다시水下ᄒᆞ야、곳東江에抵ᄒᆞ고夜半에寨北을從ᄒᆞ야入ᄒᆞ거ᄂᆞᆯ慶業이金鑼器를預遣ᄒᆞ야高岸에登ᄒᆞ야旗를揮ᄒᆞ야世魁로、ᄒᆞ야곰知케ᄒᆞ나世魁의在處가海口를隔ᄒᆞ야省覺지、못ᄒᆞ고被執ᄒᆞ야東江이陷ᄒᆞ니淸人이慶業의게爵八級을賜ᄒᆞ고男女一百二名을給ᄒᆞᄂᆞᆫ지라慶業이其男女를還ᄒᆞ야我國被擄人을贖還ᄒᆞ니라時에慶業이、비록淸人의게失身ᄒᆞ나一時라도明의壬辰厚恩을忘치、아니ᄒᆞ고世魁의副將呂璧이義州로逃至ᄒᆞ거ᄂᆞᆯ慶業이厚遇ᄒᆞ고、또資送ᄒᆞ니璧이其義를感動ᄒᆞ더라

慶業이義州에在ᄒᆞᆯ時에淸主가人으로ᄒᆞ야곰慶業의所佩ᄒᆞᆫ一矢를竊去ᄒᆞ거ᄂᆞᆯ慶業이其事를揣知ᄒᆞ고善盜者를募ᄒᆞ야淸帝帳中에入ᄒᆞ야其所着紅帽를竊來ᄒᆞ야藏ᄒᆞ더니後에淸將이義州에至ᄒᆞ야矢로써慶業의게投ᄒᆞ야曰公의矢를還ᄒᆞᆫ다ᄒᆞ거ᄂᆞᆯ慶業이곳紅帽를出ᄒᆞ야淸將前에擲ᄒᆞ야曰爾主의紅帽를還ᄒᆞᆫ다ᄒᆞ니淸將이大慙ᄒᆞ더라時에上이慶業으로써平安節度使를拜ᄒᆞ야安州를鎭케ᄒᆞ시고、또明에使ᄒᆞᆯ者를求ᄒᆞ시더니會에明左都督洪承疇ㅣ浮屠獨步로、ᄒᆞ야곰瀋陽에如ᄒᆞ야鴨綠水에至ᄒᆞ다가慶業의得ᄒᆞᆫ빈、된지라上이聞ᄒᆞ시고慶業으로ᄒᆞ야곰獨步를裝送ᄒᆞ야山東에潛入ᄒᆞ얏더니仁祖十八年庚辰에淸人이또慶業을脅迫ᄒᆞ야舟師上將을삼고李浣으로써爲副ᄒᆞ고錦州에入ᄒᆞᆯ시旅順口에至ᄒᆞ야ᄂᆞᆫ淸國諸將이다趣戰코자ᄒᆞ야慶業等의게問曰幾日에大凌河에至ᄒᆞ겟ᄂᆞ냐、ᄒᆞ거ᄂᆞᆯ慶業이對曰船行의遲速은風便에在ᄒᆞ다ᄒᆞ고姑히淹留ᄒᆞ더니旣而오明兵이石城에至ᄒᆞ거ᄂᆞᆯ慶業이三船을明國에陰送ᄒᆞ고淸人을紿ᄒᆞ야曰漂風에失ᄒᆞ얏다ᄒᆞ더니其船이登州에至ᄒᆞ야淸의陰謀로써明都督洪承疇의게告ᄒᆞ고且曰慶業이、비록淸營에在ᄒᆞ나明의德恩을不忘ᄒᆞᆫ다ᄒᆞ니承疇ㅣ自此로其義를知ᄒᆞ더라慶業等이北汛口에至ᄒᆞ야明兵을遇ᄒᆞᆫ지라佯히相戰ᄒᆞᆯ시砲軍을誡ᄒᆞ야鉛丸을拔ᄒᆞ야虛放ᄒᆞ니承疇도、또ᄒᆞᆫ其射者를誡ᄒᆞ야曰、林將軍의兵이니射中치、말나ᄒᆞ니故로兩軍에一人도死者가無ᄒᆞ더라慶業이또二卒로、ᄒᆞ야곰海에沈ᄒᆞ야水中으로明軍에抵ᄒᆞ야淸의謀를告ᄒᆞ니明日에二卒이歸ᄒᆞ야明帝의詔를傳ᄒᆞ야曰昔에平秀吉이朝鮮을屠ᄒᆞ거ᄂᆞᆯ先帝가天下兵을暴露ᄒᆞ야拒禦ᄒᆞ

더니今에寇賊이中國을陵轢ᄒᆞ야中國이日削ᄒᆞ니朝鮮이、엇지先帝의德을忍忘ᄒᆞ고中國을不救ᄒᆞᄂᆞ뇨爾等이寇賊을縛來ᄒᆞ면朕이天下ᄅᆞᆯ分ᄒᆞ고萬戶侯ᄅᆞᆯ封ᄒᆞ리라ᄒᆞ얏거ᄂᆞᆯ慶業이事洩ᄒᆞᆯ가恐ᄒᆞ야其詔ᄅᆞᆯ焚ᄒᆞ고其書ᄅᆞᆯ謄ᄒᆞ야潛藏ᄒᆞ얏더니旣而오淸人이其事ᄅᆞᆯ知ᄒᆞ고軍中에大索ᄒᆞ나不得ᄒᆞ더라盖州에至ᄒᆞ니承疇가大海口ᄅᆞᆯ保守ᄒᆞᆯ셰其樓船의帆檣이遠見ᄒᆞᄂᆞᆫ지라慶業이軍士로、ᄒᆞ야곰砲聲을發ᄒᆞ야明兵이避케ᄒᆞ니淸人이怒曰明兵을襲取키易ᄒᆞ거ᄂᆞᆯ今에、도로혀聲張ᄒᆞ야遁去케ᄒᆞᆷ은何故오、ᄒᆞᄂᆞᆫ지라慶業이遜辭ᄒᆞ니라

初에淸人이慶業을忌ᄒᆞ야殺코자ᄒᆞᆯ셰相者로、ᄒᆞ야곰慶業을覘ᄒᆞ니慶業이脯肉을鞋巾에納ᄒᆞ고相見ᄒᆞᆫ듸相者ㅣ望見ᄒᆞ고曰一寸이短ᄒᆞ얏스면眞個名將이라ᄒᆞ니由此로得免ᄒᆞ니라

時에淸人이明境에漸入코자ᄒᆞ거ᄂᆞᆯ慶業이進去치、아니ᄒᆞ고舟人으로ᄒᆞ야곰每日에數三隻式、水에故沉ᄒᆞ니前後凡六十四船이라、이에器械ᄅᆞᆯ破ᄒᆞ고軍粮을棄ᄒᆞ야可行치、못ᄒᆞᆷ을示ᄒᆞ니淸人이詰責曰、若等이行時에ᄂᆞᆫ遲留ᄒᆞ고明兵을遇ᄒᆞ면攻擊지、아니ᄒᆞ며、또軍食과兵器ᄅᆞᆯ海에投ᄒᆞ니此ᄂᆞᆫ何意뇨、ᄒᆞ거ᄂᆞᆯ慶業이天을仰ᄒᆞ고發誓ᄒᆞ니淸人이不疑ᄒᆞ더라後十餘日에慶業等으로ᄒᆞ야곰登、萊州에入ᄒᆞ라ᄒᆞ거ᄂᆞᆯ慶業이曰久月도록浮海ᄒᆞ미死傷이甚衆ᄒᆞ고今에ᄂᆞᆫ舟楫이已壞ᄒᆞ며粮食이且絶ᄒᆞ야事勢가、다시大海ᄅᆞᆯ涉지、못ᄒᆞ리니進ᄒᆞ야도死ᄒᆞ고不進ᄒᆞ야도死ᄒᆞᆯ지라請컨ᄃᆡ此地에셔死ᄒᆞ리라ᄒᆞ니淸人이慶業이承疇와相攻치、아니ᄒᆞᆯ意ᄅᆞᆯ知ᄒᆞ나然ᄒᆞ나、또慮ᄒᆞ되慶業이山東에往ᄒᆞ야明人과合ᄒᆞ면瀋陽의患이될지라、이에歸國ᄒᆞ라ᄒᆞ거ᄂᆞᆯ慶業이辭謝ᄒᆞ야曰歸國ᄒᆞ면甚幸이라然이나舟楫이破ᄒᆞ야水行치、못ᄒᆞ겟다ᄒᆞ니淸人曰水行치、못ᄒᆞᆯ진ᄃᆡᆫ陸行ᄒᆞ라、ᄒᆞᄂᆞᆫ지라慶業이、이에遼陽北을從ᄒᆞ야瀋陽情形을窺ᄒᆞ고還ᄒᆞ니上이召見慰撫ᄒᆞ시니라

初에二卒이明軍으로브터歸ᄒᆞᆯ時에慶業이喟然히歎息曰、吾의平生心志ᄅᆞᆯ今에可見ᄒᆞ리라ᄒᆞ고脫身ᄒᆞ야明에往코자ᄒᆞ니李浣이曰子의志ᄂᆞᆫ善ᄒᆞ나禍가王室에及ᄒᆞ리니奈何오ᄒᆞᆫᄃᆡ慶業이乃止ᄒᆞ더라然이나往明ᄒᆞᆯ志가自此로決ᄒᆞ더니仁祖十九年辛巳에明이獨步ᄅᆞᆯ遣歸ᄒᆞ거ᄂᆞᆯ慶業이朝廷에謀ᄒᆞ고、다시獨步ᄅᆞᆯ明에送ᄒᆞ더니翼年에淸人이錦州ᄅᆞᆯ圍ᄒᆞ니洪承疇ㅣ其軍으로淸에降ᄒᆞᆯ셰其麾下ㅣ慶業이三船을遣ᄒᆞ야合謀ᄒᆞᆫ事ᄅᆞᆯ告ᄒᆞ고、또定州人高忠元이瀋陽獄에繫ᄒᆞ야慶業이獨步ᄅᆞᆯ送ᄒᆞᆫ事

로言ᄒᆞ니淸人이大怒ᄒᆞ야使者ᄅᆞᆯ遣來ᄒᆞ야慶業을執ᄒᆞᄂᆞᆫ지라慶業이歎曰大丈夫ㅣ엇지他人의게徒死ᄒᆞ리오ᄒᆞ고金郊驛에至ᄒᆞ다가逃亾ᄒᆞ야削髮爲僧ᄒᆞ고明에入코자ᄒᆞᆯᄉᆡ船人李武와金之避으로더브러買人을紿ᄒᆞ야曰, 錢穀이延安府內海上에有ᄒᆞ니能히錦江口에輸致ᄒᆞ면, 맛당히五分一을予ᄒᆞ리라ᄒᆞ니諸買人이其言을信ᄒᆞ고大船을具ᄒᆞ야慶業을載行ᄒᆞᆯᄉᆡ中流에至ᄒᆞ야慶業이裝中에서釼을出ᄒᆞ야船上人의게謂ᄒᆞ야曰我ᄂᆞᆫ義州府尹林慶業이라今에淸人을逐ᄒᆞ고遼陽을取코자ᄒᆞ니公等의力을賴ᄒᆞ야明에入ᄒᆞ면, 비록死ᄒᆞ야도無恨이라ᄒᆞ고威風이凜凜ᄒᆞᆫ지라船上人이大驚拜曰, 公이錢穀을輸ᄒᆞᆫ다ᄒᆞ더니今에明에往코자ᄒᆞᆷ은何故오, ᄒᆞ거ᄂᆞᆯ慶業이拔釼叱曰, 違令者ᄂᆞᆫ斬ᄒᆞ리라ᄒᆞ니衆人이恐懼流涕曰, 公의令을從ᄒᆞ리라ᄒᆞ더라, 이에慶業이登州에至ᄒᆞ야都督黃宗裔ᄅᆞᆯ見ᄒᆞ니宗裔가與語ᄒᆞ고, 크게驚異ᄒᆞ야精兵을予ᄒᆞ야山東土寇ᄅᆞᆯ擊ᄒᆞ라ᄒᆞ니此ᄂᆞᆫ賊이要害處의一島ᄅᆞᆯ據ᄒᆞ야明兵의漕運을襲ᄒᆞᆷ이러라慶業이, 이에請曰今에僕이其島의險夷와賊의强弱을不知ᄒᆞ니, 엇지輕動妄擧ᄒᆞ리오吾가獨히潛入ᄒᆞ야其形勢ᄅᆞᆯ見ᄒᆞᆫ後攻ᄒᆞᆷ이可타ᄒᆞ고, 이에旨酒數斗와大砲一門을載ᄒᆞ고八十精卒을選ᄒᆞ야行ᄒᆞᆯᄉᆡ其島에近ᄒᆞ니賊이果然出襲ᄒᆞ

ᄂᆞᆫ지라慶業曰我ᄂᆞᆫ朝鮮將帥라本國에得罪ᄒᆞ고登州에來ᄒᆞ얏더니登州人이我ᄅᆞᆯ疑ᄒᆞ야不納ᄒᆞ니故로我ㅣ依托ᄒᆞᆯ處가無ᄒᆞ더니今에將軍의名을聞ᄒᆞ고麾下되기ᄅᆞᆯ願ᄒᆞ노라ᄒᆞᆫᄃᆡ其人이守將의게告ᄒᆞ니守將이大喜ᄒᆞ야迎入코자ᄒᆞ거ᄂᆞᆯ慶業曰今에羣雄이角立ᄒᆞᆫ者ㅣ多ᄒᆞ나, 오히려得人치못ᄒᆞᆫ故로大興치, 아니ᄒᆞ미라然則將軍이擇主ᄒᆞ려니와吾도, 또ᄒᆞᆫ擇主ᄒᆞᆯ거시오吾가또聞ᄒᆞ니主人이, 모져賓客을見ᄒᆞᆫ다ᄒᆞ고賓客을坐招ᄒᆞᆷ은未聞ᄒᆞ얏노라ᄒᆞ니, 이에賊將이出ᄒᆞ야賓主禮로相見ᄒᆞ고共入키ᄅᆞᆯ請ᄒᆞ거ᄂᆞᆯ慶業曰主人이先入ᄒᆞ면我ㅣ隨入ᄒᆞᆫ다ᄒᆞ고相揖ᄒᆞ야還回ᄒᆞᆫ後에, 다시人을遣ᄒᆞ야謝曰主將이枉屈ᄒᆞ야接待가甚厚ᄒᆞ니感謝ᄒᆞ도다然이나吾가下舟키前에ᄂᆞᆫ오히려主客이, 되려니와軍中에一入ᄒᆞ면, 곳將卒分義가立ᄒᆞᆯ지니主客間에ᄂᆞᆫ禮相往來ᄒᆞᄂᆞᆫ지라今에答禮코자ᄒᆞ노니願컨ᄃᆡ忘勞下臨ᄒᆞ라ᄒᆞ니賊將이其言을聞ᄒᆞ고牙將四人을率ᄒᆞ고, 다시出ᄒᆞ야登舟相揖ᄒᆞ고答禮盃ᄅᆞᆯ行ᄒᆞᆯᄉᆡ慶業은陰히蜜水로酒ᄅᆞᆯ代ᄒᆞ고賊의게ᄂᆞᆫ旨酒ᄅᆞᆯ滿酌ᄒᆞ야予ᄒᆞ니賊이다泥醉ᄒᆞ거ᄂᆞᆯ慶業이곳纜을解ᄒᆞ고大砲ᄅᆞᆯ放ᄒᆞ니船이忽然히五里許로退ᄒᆞᄂᆞᆫ지라, 이에其賊五人과從者十餘人을縛ᄒᆞ야宗裔의게獻ᄒᆞ니宗裔가大喜ᄒᆞ야軍樂을設ᄒᆞ고出迎ᄒᆞ야曰비록古名

將이라도如此치、못ᄒᆞᆫ다ᄒᆞ더라、 이에慶業을請ᄒᆞ야曰山東의勇夫猛士와荊楚의
奇才劍客이다吾陣中에在ᄒᆞ나百年强寇를輕犯치、못ᄒᆞ니何計를用ᄒᆞ면可히淸寇
를北却ᄒᆞ고流賊을西擊ᄒᆞ야中原을廓淸ᄒᆞ리오ᄒᆞ거ᄂᆞᆯ慶業曰噫라吾가西方의流賊
을不知ᄒᆞ나北方의虜情은我가知ᄒᆞ노라我ㅣ義州府尹된지七年에其國에往ᄒᆞ기三
次라其虛實形勢强弱을覘知ᄒᆞ노니大抵九連、唐站、鳳凰三城은地險多阻ᄒᆞ야兵馬
를用키難ᄒᆞ니將軍의鋒銳로八千戰艦을出ᄒᆞ야伊州、盖州、海州沿海處에兵威를盛
陳ᄒᆞ고一枝兵은鳳城을據ᄒᆞ야屯田、九連、唐站에分兵ᄒᆞ며一枝兵은遼東과廣城을
入防ᄒᆞ고、 ᄯᅩ餘兵은伊、盖、海州等要害處에留屯ᄒᆞ고陸軍은兵車五六萬으로并力
長驅ᄒᆞ면錦州를可復이오、ᄯᅩ朝鮮이、비록虜의게受制ᄒᆞ나明國舊德을忘치、 아니
ᄒᆞᄂᆞ니萬一朝鮮에兵馬를徵ᄒᆞ면、ᄭᅩᆺ江界에渡兵ᄒᆞ야虜의吭을遮絶ᄒᆞ야相通치、못
게ᄒᆞ고、 ᄯᅩ西㺚과蒙古ᄂᆞᆫ貪財의徒라利로ᄡᅥ啖ᄒᆞ야西助케ᄒᆞ면此ᄂᆞᆫᄭᅩᆺ腹背受敵이
오ᄯᅩ我ㅣ見ᄒᆞ니漢人、朝鮮人、蒙古、靺鞨、四五國人이各其々國을思ᄒᆞ야歸코자ᄒᆞᆫ
지久ᄒᆞᆫ지라萬一我計와如ᄒᆞᆯ진ᄃᆡᆫ漢人이다將軍麾下에歸ᄒᆞᆯ거시오我國人은江界에
還ᄒᆞ고西㺚과蒙古도形勢를觀ᄒᆞ야各々其穴에返ᄒᆞ리니如此ᄒᆞ면虜의兵威가自然

日蹙ᄒᆞ야一戰을不待ᄒᆞ고其頸을可繫ᄒᆞ겟고數年을不過ᄒᆞ야兵에血刃치、 아니ᄒᆞ
고遼陽을克復ᄒᆞ고中原을掃淸ᄒᆞ리라ᄒᆞ니宗裔가大悅ᄒᆞ야再拜曰今者에先生의言
을聞ᄒᆞ니、 ᄭᅩᆺ綠水靑山이在前ᄒᆞᆷ과如ᄒᆞ다ᄒᆞ고其言으로ᄡᅥ明廷에達ᄒᆞ니時에明政
이閹人의게在ᄒᆞ야大臣이不協ᄒᆞ고國事가可爲치、 못ᄒᆞᆯ지라如此ᄒᆞᆫ지五閱月이오
時ᄂᆞᆫ甲申四月이라傳言ᄒᆞ되流賊이京師에入ᄒᆞ야明帝가殉社ᄒᆞ고滿城이魚肉이라
ᄒᆞ니宗裔軍이震恐ᄒᆞ거ᄂᆞᆯ宗裔가慶業을請ᄒᆞ야曰我ᄂᆞᆫ朱氏의族이라重兵을握ᄒᆞ야
安危를佩ᄒᆞ더니時事가如此ᄒᆞ니我ㅣ領兵赴難코자ᄒᆞ노라、 ᄒᆞ거ᄂᆞᆯ慶業曰將軍이
大兵을委ᄒᆞ고去ᄒᆞ면虜가必然長驅大進ᄒᆞ리니請컨ᄃᆡ將軍은衆心을鎭撫ᄒᆞ고權變
을察ᄒᆞ야去就를定ᄒᆞ라ᄒᆞ니宗裔가其言을聽ᄒᆞ더니旣而오軍事를中軍馬弘周의게
委托ᄒᆞ고中夜에脫身ᄒᆞ야獨히南京으로往赴ᄒᆞ니一鎭의將士가다不知ᄒᆞ더라慶業
이宗裔가去ᄒᆞᆫ後로브터魚의失水ᄒᆞᆷ과如ᄒᆞ고功勳을建立ᄒᆞᆯ望이無ᄒᆞᆫ지라、 이에自
殺코자ᄒᆞ니弘周曰小子가先生으로더브러軍事를共治코자ᄒᆞ노니願컨ᄃᆡ先生은小
子를敎誨ᄒᆞ기宗裔와如케、 ᄒᆞ쇼서ᄒᆞ거ᄂᆞᆯ慶業이、 이에弘周로、더브러軍卒을撫恤
ᄒᆞ야放砲와練兵을行ᄒᆞ더니未幾에忽然히報ᄒᆞ되山海關守將吳三桂가虜兵을請ᄒᆞ

야流賊李自成을擊ᄒᆞ더니賊가仍히北京을陷ᄒᆞ앗다ᄒᆞ거ᄂᆞᆯ弘周ㅣ懼ᄒᆞ야曰登州가北京과不遠ᄒᆞ니賊가猝至ᄒᆞ면奈何오今에石城은、가장廣大ᄒᆞ고土地가肥沃ᄒᆞ야士馬를可容ᄒᆞᆯ지라願컨ᄃᆡ先生과共히石城을保ᄒᆞᆫ다ᄒᆞ고石城에移屯ᄒᆞ야日夜로備禦策을講ᄒᆞ더니一日은見ᄒᆞ니弘周의擧措가荒廢ᄒᆞ야前日과大異ᄒᆞᆫ지라慶業이驚曰向者宗裔가我를棄ᄒᆞ고夜遁ᄒᆞ더니今에將軍의氣色이、또ᄒᆞᆫ前日과不同ᄒᆞ니吾가恐컨ᄃᆡ將軍이宗裔의舊轍을蹈ᄒᆞᆯ지라願컨ᄃᆡ其詳을知코자ᄒᆞ노라。ᄒᆞᆫᄃᆡ弘周ㅣ曰此島에久留ᄒᆞ야南北消息이隔絶ᄒᆞ고、또我의妻子ᄂᆞᆫ北京에서被擒ᄒᆞ고糧道가已絶ᄒᆞ야將卒이食盡ᄒᆞ니向者先生이胡淸을排斥ᄒᆞ고萬死到此ᄒᆞ미忠誠이日月을貫ᄒᆞᆯ지라小子가先生으로ᄒᆞ야곰共降키難ᄒᆞ니願컨ᄃᆡ先生은任意自計ᄒᆞ라ᄒᆞ거ᄂᆞᆯ慶業이其詭計가有ᄒᆞᆷ을知ᄒᆞ니隻手孤立ᄒᆞ야計無所出이라正히搔頭咄々ᄒᆞ더니會에商船이南京으로브터來ᄒᆞ거ᄂᆞᆯ慶業이其船에附ᄒᆞ야潛逃코자ᄒᆞᆯ서獨步로ᄒᆞ야곰弘周를往見ᄒᆞ고其就宿ᄒᆞᆫ後同走키를約ᄒᆞ얏더니獨步가其財를貪ᄒᆞ고、또地遠ᄒᆞᆷ을嫌ᄒᆞ야、도로혀其計를弘周의게告ᄒᆞ니弘周ㅣ軍中에傳令ᄒᆞ야曰流賊이本島를襲코자ᄒᆞ니、곳將軍堅守ᄒᆞ라ᄒᆞ고各處를把守ᄒᆞ야慶業의走路를絶ᄒᆞ거ᄂᆞᆯ慶業이

獨步를大叱曰吾ㅣ汝를骨肉과如히待ᄒᆞ거ᄂᆞᆯ汝가今에大事를壞ᄒᆞ니我ㅣ汝를斬ᄒᆞ야晋忿을洩ᄒᆞ리라ᄒᆞ니左右가極力救免ᄒᆞ더라旣而오船五隻이有ᄒᆞ야自稱南京人이오宗裔의言을傳ᄒᆞ야曰此地가賊과近ᄒᆞ니久留치、못ᄒᆞᆯ지라馬將軍이林先生과同舟ᄒᆞ야來ᄒᆞ라ᄒᆞᆫ다、ᄒᆞ더니旣而오弘周ㅣ慶業을請ᄒᆞ야引兵ᄒᆞ야南ᄒᆞᆯ서忽然히五百騎가沿海ᄒᆞ야慶業의船을圍ᄒᆞ고四面으로把守ᄒᆞ고好賢浦에至ᄒᆞ야ᄂᆞᆫ三隻船이出迎ᄒᆞ야曰吾等은宗裔使者라林先生을來迎ᄒᆞᆫ다ᄒᆞ고、곳慶業을擁去ᄒᆞ더니旣而오淸人固山이胡床에坐ᄒᆞ야馬弘周와밋諸將士의髮을削ᄒᆞ고、또慶業의게及ᄒᆞᄂᆞᆫ지라慶業이勵聲大叱ᄒᆞ니固山曰天이汝로써我의게授ᄒᆞ얏스니我言을不聽ᄒᆞ고將且何往코자ᄒᆞᄂᆞ뇨慶業曰吾ㅣ汝를滅코자ᄒᆞ얏더니不幸히馬賊의게賣ᄒᆞ야至此ᄒᆞᆷ이라、엇지天이我로ᄡᅥ汝의게授ᄒᆞ얏스리오、ᄒᆞᆫᄃᆡ固山曰天이我를不助ᄒᆞ얏스면、엇지至此ᄒᆞ리오今에明帝가被擒ᄒᆞ야天下가已定ᄒᆞ고、오직李自成은險島에入據ᄒᆞ얏스니此도刻日就擒ᄒᆞᆯ지라汝가今에誰를爲ᄒᆞ야如此苦心ᄒᆞᄂᆞ뇨慶業이泣曰我ㅣ惜死ᄒᆞᄂᆞᆫ人이、아니니速히我를殺ᄒᆞ라不然ᄒᆞ면我를送歸ᄒᆞ야吾君前에서死ᄒᆞ면恨이無ᄒᆞ리로다、ᄒᆞᆫᄃᆡ固山曰吾가、이의汝를不殺ᄒᆞᆫ다ᄒᆞ얏스니我ㅣ一言을不

爲ᄒᆞᆯ거시오汝가今에削髮ᄒᆞ야我와同事ᄒᆞ면、곳王侯를封ᄒᆞ고富貴가無窮ᄒᆞ리라
ᄒᆞ거ᄂᆞᆯ慶業曰富貴ᄂᆞᆫ浮雲과如ᄒᆞ니我ㅣ我國에서도高官이、되얏스나財祿을不喜
ᄒᆞ고、오작國家를憂ᄒᆞ얏거ᄂᆞᆯ今에此地에셔、엇지富貴를慕ᄒᆞ리오汝가細事로我
國을凌虐ᄒᆞ야大臣을拘致ᄒᆞ고繫紲이相望ᄒᆞ며國君을侵辱ᄒᆞ기其極이無ᄒᆞ니無道
無信ᄒᆞᆷ이汝와如ᄒᆞᆫ者ㅣ無ᄒᆞᆯ지라我ㅣ天地에誓心ᄒᆞ고腥羶을掃ᄒᆞ고汝의酋長을斬
ᄒᆞ고我王子와大君을脫ᄒᆞ야宗廟에歸謁ᄒᆞᆷ이我의大願이어ᄂᆞᆯ時命이大謬ᄒᆞ야志願
이未伸에我身이被虜ᄒᆞ얏스니死ᄒᆞ기를甘心이오偷生치、아니리라ᄒᆞᆫᄃᆡ固山이大
笑ᄒᆞ고下床執手曰、汝의此言이我國에ᄂᆞᆫ大逆이오汝國에ᄂᆞᆫ忠臣이니我가汝를殺
ᄒᆞ면不義라ᄒᆞ고北京에執送ᄒᆞᄃᆡ一路의觀者가流涕ᄒᆞ더라北京에至ᄒᆞ니待ᄒᆞ기甚
厚ᄒᆞ고因繫ᄒᆞᆫ지七八朔에脅服이萬端이라然ᄒᆞ나不屈ᄒᆞ고淸帝ㅣ謂曰汝가所言이
有ᄒᆞ거든悉陳ᄒᆞ라ᄒᆞ거ᄂᆞᆯ慶業이曰吾意ᄂᆞᆫ二君을不事ᄒᆞᆯ지라今에、엇지犬豕를事
ᄒᆞ리오天位와大寶를汝가、이믜自有ᄒᆞ얏스니此ᄂᆞᆫ곳豪傑이라我가汝를事ᄒᆞ면富
貴를必得ᄒᆞ려니와吾ᄂᆞᆫ抗節人이라、엇지富貴를願ᄒᆞ리오汝가我를送回ᄒᆞ면天이
必然感動ᄒᆞ야汝를助ᄒᆞᆯ거시오我도、또ᄒᆞᆫ報德ᄒᆞ리니昔에關雲長이曹操의德을報

ᄒᆞ얏스니我ㅣ、비록無信ᄒᆞ나、엇지雲長을不及ᄒᆞ리오ᄒᆞᆫᄃᆡ淸主曰汝의忠誠이可
感이라然이나虎를養ᄒᆞ면患을遺ᄒᆞ리니我ㅣ엇지此를行ᄒᆞ리오ᄒᆞ고手足을鎖ᄒᆞ야
牢獄에繫ᄒᆞ더라時에金自點이淸國에往ᄒᆞ얏다가淸主의게告曰慶業이本國을背叛
ᄒᆞ고南京에往ᄒᆞ야大國을犯코자ᄒᆞ니其罪가大ᄒᆞᆫ지라、곳殺ᄒᆞ라ᄒᆞ거ᄂᆞᆯ淸主ㅣ不
聽ᄒᆞ더라其後使臣李景奭、金堉等이燕에往ᄒᆞ야送還키를請ᄒᆞ야、이에押還ᄒᆞ니
時ᄂᆞᆫ仁祖二十四年丙戌五月이러라鴨綠江에至ᄒᆞ니灣人이擁呼ᄒᆞ야曰將軍이至ᄒᆞ
얏다ᄒᆞ고、다流涕ᄒᆞ더라初에沈器遠이謀逆ᄒᆞ다가被鞫時에慶業을援引ᄒᆞ더니至
是ᄒᆞ야上이諸臣의게問ᄒᆞ시니金自點이言ᄒᆞ되慶業이器遠과甚히親密ᄒᆞ다ᄒᆞ고南
以雄은言ᄒᆞ되慶業이功勞가多ᄒᆞ고、또慶業이中途에셔逃亡ᄒᆞ얏스니、엇지器遠
의謀를知ᄒᆞ리오、다만亡命ᄒᆞᆫ罪를治ᄒᆞᆷ이可라ᄒᆞᆫᄃᆡ上이親鞫ᄒᆞ야曰汝가器遠과嫌
怨이有ᄒᆞᆫ진ᄃᆡ何故로汝의게贈金ᄒᆞ얏스며、또汝가器遠과同謀치、아니ᄒᆞ얏스면
賊黨이、또엇지汝의乘船ᄒᆞᆫ日을知ᄒᆞ리오ᄒᆞ신ᄃᆡ慶業이對曰贈銀ᄒᆞᆷ은國家를爲ᄒᆞᆷ
이라故로受ᄒᆞ얏고乘船ᄒᆞᆫ日을賊黨이知ᄒᆞᆷ은臣이實로不知ᄒᆞᄂᆞ이다ᄒᆞᆫᄃᆡ上이推官
의게下旨曰慶業의事가寃枉ᄒᆞ니卿等이更思ᄒᆞ라ᄒᆞ신ᄃᆡ自點이其同謀ᄒᆞᆫ狀을力言

ᄒᆞ거ᄂᆞᆯ上曰器遠이爲一國謀ᄒᆞᆫ진ᄃᆡ何故로中國에遠送ᄒᆞ리오慶業이常時에高談大言이有ᄒᆞᆫ故로器遠이此를藉重ᄒᆞ야同黨의게誇詡ᄒᆞ더니其中國에送ᄒᆞᆫ後에ᄂᆞᆫ、비록同謀코자ᄒᆞ야도不得ᄒᆞ리라ᄒᆞ시더니既而오獄官이慶業의物故單子를上ᄒᆞ거ᄂᆞᆯ上이大驚嗟悼ᄒᆞ시고此日브터草木이枯凋ᄒᆞ기霜露를被ᄒᆞᆷ과如ᄒᆞ기三日에至ᄒᆞ니時ᄂᆞᆫ六月이러라大抵此時에自點이兇謀가有ᄒᆞ니所忌者ᄂᆞᆫ、오직慶業이라故로獄官을嗾ᄒᆞ야殺ᄒᆞ얏더라慶業이死ᄒᆞᆫ日에此馬로太僕司에納ᄒᆞ얏더니閑人이馬前에立ᄒᆞ야謂曰爾主가今에死ᄒᆞ얏다ᄒᆞ니馬가곳低首推眉ᄒᆞ고兩眼에淚流ᄒᆞ며長嘶一聲에躑躅ᄒᆞ다가自斃ᄒᆞ니라

第十五課 本朝歷代十二

孝宗은大同法을行ᄒᆞ셧다ᄂᆞᆫ句語

先是仁祖時에領相李元翼이三道에大同法을行코자ᄒᆞ다가、다만京畿와嶺東에行ᄒᆞ고其後忠淸觀察權盼이元翼의法을取ᄒᆞ야、道田役을다停ᄒᆞ고製法籍을作ᄒᆞ야藏ᄒᆞ더니、또其後觀察金堉이其籍을見ᄒᆞ고嘆曰裕民ᄒᆞᄂᆞᆫ道가此에在ᄒᆞ다ᄒᆞ고、이에其法을推演ᄒᆞ야、더욱詳密케ᄒᆞ고馳啓ᄒᆞ야曰大同法이救民ᄒᆞᄂᆞᆫ데切要ᄒᆞᆫ지라ᄒᆞᆫ、대ᄒᆞ되道内田結을總計ᄒᆞ야每結에綿布一疋과米一斗를出케ᄒᆞ면進上貢物과本道雜役이다其中에在ᄒᆞ야、다시催徵ᄒᆞᆯ弊가無ᄒᆞ다ᄒᆞᆫ되上이其議를政府에下ᄒᆞ셧더니衆議가不一ᄒᆞ야未果ᄒᆞ더니

仁祖二十七年己丑、距今二百五十七年前孝宗即位初에金堉이右議政이라、또大同法을請行ᄒᆞ거ᄂᆞᆯ、몬져湖西에試ᄒᆞᆫ後八道에均行코자ᄒᆞ심새、또李時昉으로ᄒᆞ야곰參劃케ᄒᆞ니其法이邑의大小를不問ᄒᆞ고、오직田結의多寡로米를出ᄒᆞ야京畿ᄂᆞᆫ十二斗오湖西ᄂᆞᆫ十二斗라船運ᄒᆞ야上京케ᄒᆞ고其遠海ᄒᆞᆫ山邑은米를準數ᄒᆞ야布를出ᄒᆞ야京師에輸納ᄒᆞ니、이에御供과밋祭祀와、接賓客으로브터燕秣薪蒭의屬ㅅ지凡百需用을다此에서取辦ᄒᆞ셔米布를貢物主人의게頒給ᄒᆞ야措排케ᄒᆞ니、이에官은其間에셔濫徵橫斂ᄒᆞᆯ弊가無ᄒᆞ고吏ᄂᆞᆫ또偷縮乾沒ᄒᆞᆯ患이無ᄒᆞ며人民은外他賦役이無ᄒᆞ니民間이심히便安ᄒᆞ니라

向者仁祖時에金自點이淸人의게附ᄒᆞ야國柄을弄ᄒᆞ고朝廷을濁亂ᄒᆞ니中外가다憤歎ᄒᆞ거ᄂᆞᆯ大司諫金慶餘等이自點을劾奏ᄒᆞ야自點의相職을免ᄒᆞ얏더니自點이譯官李馨長을暗囑ᄒᆞ야淸國에告曰本國이舊臣을退黜ᄒᆞ고他人을進ᄒᆞᆷ은淸國을伐코자

ᄒᆞᆷ이라、ᄒᆞ니淸이、크게疑慮ᄒᆞ야重兵으로境上에壓ᄒᆞ고使者六輩가査事가有ᄒᆞ다ᄒᆞ고連續히來ᄒᆞᄂᆞᆫ지라上이大驚ᄒᆞ야諸臣과議ᄒᆞ시니相臣李景奭이對曰臣이灣上에馳往ᄒᆞ야事機를察ᄒᆞᆫ다ᄒᆞ고遠接使元斗杓로、더브러義州에馳至ᄒᆞ니時에淸使가鳳凰城에至ᄒᆞ야、크게恐喝ᄒᆞ다가景奭이來ᄒᆞᆷ을聞ᄒᆞ고大喜ᄒᆞ야舊疑가氷釋ᄒᆞᆫ지라、이에其彼此諸事를妥議ᄒᆞ고還ᄒᆞ더니孝宗元年에淸使가京師에來ᄒᆞ야國諱를傳ᄒᆞ니卽我國이日本과合ᄒᆞ얏다ᄒᆞᆷ이니此ᄂᆞᆫ向者仁祖末年에自點이首相時에東萊府使盧協과慶尙監司李曼狀啓中에倭情이難測ᄒᆞ다ᄂᆞᆫ語가有ᄒᆞᆫ지라右相鄭太和가此를因ᄒᆞ야使燕時에淸人의게言ᄒᆞ야城池와甲兵을繕修ᄒᆞᆫ다ᄒᆞ니此ᄂᆞᆫ丙子講和時에不許ᄒᆞᆷ이라至是ᄒᆞ야淸人이此로ᄡᅥ執釁코자ᄒᆞᆷ새是日에淸使가諸公卿을對ᄒᆞ야各事를盤詰ᄒᆞ야、다上躬에及ᄒᆞ고咆哮가特甚ᄒᆞᆫ지라景奭曰此ᄂᆞᆫ다吾의做錯이라吾王이不知ᄒᆞ시ᄂᆞᆫ비라、ᄒᆞᆫ되淸使ㅣ其時、國書製進人을問ᄒᆞ거ᄂᆞᆯ景奭曰吾가首相이、되얏ᄉᆞ니事가未盡ᄒᆞ면、다吾責이라ᄒᆞ니淸使ㅣ不荅ᄒᆞ고、또李曼、盧協을招問ᄒᆞ니協이隱諱코자ᄒᆞ다가語窮ᄒᆞ고曼은曰吾가邊臣으로邊將의申言을聞ᄒᆞᆯᄲᅮᆫ이라、ᄒᆞ니淸使ㅣ大怒曰然則朝鮮이倭로、더브러我를謀ᄒᆞ얏도다、ᄒᆞᄂᆞᆫ지라景奭이徐曰此輩가恇㤼ᄒᆞ야失對ᄒᆞᆷ이라ᄒᆞ니淸使ㅣ曰國書의措語를誰爲ᄒᆞ얏ᄂᆞ뇨景奭曰我의所作이라ᄒᆞᆫ되淸譯鄭命壽ㅣ高聲曰領相이獨爲ᄒᆞ고餘人은不知ᄒᆞᄂᆞ냐ᄒᆞ거ᄂᆞᆯ戶曹判書李基祚ㅣ曰此ㅣ엇지首相의獨爲리오吾輩도、또ᄒᆞᆫ共爲ᄒᆞᆷ이라ᄒᆞ더라、이에淸使가景奭을獨留ᄒᆞ고責曰公이大國을欺罔ᄒᆞ니其罪가何如ᄒᆞᆫ고ᄒᆞ니是日에滿廷諸臣이다惴惴ᄒᆞ거ᄂᆞᆯ獨히景奭은神思가整暇ᄒᆞ고應對가從容ᄒᆞᆫ지라觀者가嘖嘖ᄒᆞ고淸人이、또ᄒᆞᆫ相謂曰東國에、오작李相國一人ᄲᅮᆫ이라ᄒᆞ더라是夕에上이命饋로、ᄒᆞ야곰淸使의게致意ᄒᆞ야反覆救解ᄒᆞ야淸使가、비로소歸去ᄒᆞ더라、이에諸臣이金自點의搆捏ᄒᆞᆫ罪狀을論ᄒᆞ야遠竄ᄒᆞ니라

孝宗二年에金自點과其子鈼이謀逆ᄒᆞ다가伏誅ᄒᆞ다初에鈼의子世龍이仁祖後宮趙氏의女、孝明翁主를尙ᄒᆞ미內外를締結ᄒᆞ야兇謀가猥藉ᄒᆞ고咀呪ᄂᆞᆫ內에서起ᄒᆞ며逆節이外에셔萌ᄒᆞᄂᆞᆫ지라三司가趙氏母女를置法코자ᄒᆞ니上이不聽ᄒᆞ시더니至是ᄒᆞ야自點이水原府使邊士紀로、더브러謀逆ᄒᆞ야將且崇善君澂과樂善君潚을推戴코자ᄒᆞ니澂과潚은다趙後宮의所生이라綢繆排布가具備ᄒᆞ야禍機가急ᄒᆞ거ᄂᆞᆯ會에海原令暎이上變ᄒᆞᄂᆞᆫ지라上이鈼을親鞫ᄒᆞ야其情을盡得ᄒᆞ고自點、鈼、世龍、士

紀等을誅ᄒᆞ고趙氏ᄂᆞᆫ賜死ᄒᆞ고李發長은往燕ᄒᆞ얏다가義州에至ᄒᆞ거ᄂᆞᆯ鞫問取服ᄒᆞ야斬ᄒᆞ니라

許堅等이謀逆ᄒᆞ다ᄂᆞᆫ句語

先是에仁祖第三子麟坪大君㴭의子福昌君楨과福善君柟이宮女를奸ᄒᆞᆫ事로竄謫ᄒᆞ얏다가未幾에釋還ᄒᆞ더니肅宗時에領相許積의子堅이ᄯᅩ楨、柟等과通ᄒᆞ야不軌를謀ᄒᆞ다가事洩ᄒᆞ야楨、柟及堅이被戮ᄒᆞ고許積、尹鑴等도、ᄯᅩᄒᆞᆫ死ᄒᆞ며金錫冑等은保社勳에錄ᄒᆞ니時에此獄이蔓延ᄒᆞ야七處에設鞫ᄒᆞ고八方에譏察ᄒᆞ야百道로羅織ᄒᆞ다가畢竟堅은謀逆으로死ᄒᆞ고積이、ᄯᅩᄒᆞᆫ不免ᄒᆞ며其無辜히株連ᄒᆞᆫ者가幾千人이오其時에大將柳赫然도被殺ᄒᆞᆫ지라錫冑가策勳ᄒᆞᆫ後로深居隱處ᄒᆞ야夜에ᄂᆞᆫ防慮ᄒᆞᆷ이大敵을遇ᄒᆞᆷ과如ᄒᆞ며晩年에ᄂᆞᆫ白晝에大聲白呼曰許積、柳赫然이我를來殺ᄒᆞᆫ다ᄒᆞ더니畢竟暴死ᄒᆞ고後人이論ᄒᆞ야曰此獄에、오작楨、堅이有罪ᄒᆞ니罰이其身에止ᄒᆞᆯ지라至於許積、尹鑴等은寃死ᄒᆞ얏다ᄒᆞ더라

老小論分黨句語

先是顯宗十五年甲寅에宋時烈門人尹拯이其父宣擧의墓誌를時烈의게請ᄒᆞᆫᄃᆡ時烈

이、다만朴世采의撰ᄒᆞᆫ行狀을引重ᄒᆞ야總論을作지、아니ᄒᆞᄂᆞᆫ지라拯이世采로、더브러屢請ᄒᆞ니時烈이、맛참ᄂᆡ宣擧가生時에尹鑴即許積과同히被罪ᄒᆞᆫ人이라을不絶ᄒᆞᆷ과、ᄯᅩ拯이尹鑴의奠誄를受ᄒᆞ얏다ᄒᆞ야改撰을不許ᄒᆞᄂᆞᆫ지라拯이、이에크게痛刻ᄒᆞ더니肅宗十年甲子、距今二百二十三年前에尹拯이時烈의게致書曰門下가鄙家事에ᄂᆞᆫ一事의微細와一言의疑似라도可히先人을害ᄒᆞᆯ者가有ᄒᆞ면、다後生의게暴揚ᄒᆞ고、ᄯᅩ私心에痛迫ᄒᆞᆫ者ᄂᆞᆫ門下가、일즉故金尙書의言을引ᄒᆞ야先人을指ᄒᆞ야忍人이라ᄒᆞ니宣擧가其妻를逼殺ᄒᆞ얏다ᄒᆞᆷ이나人子의心에、엇지安ᄒᆞ리오ᄒᆞ고、ᄯᅩ史局에抵書ᄒᆞ야曰今人이江都事로先人을詬病코자ᄒᆞ니此ᄂᆞᆫ栗谷을指ᄒᆞ야妄으로晒塞詆ᄒᆞᆫ다ᄒᆞᆷ과何異ᄒᆞ리오然이나栗谷은、오히려入山事佛ᄒᆞᆫ失이有ᄒᆞ나至於我先人이江都에서不死ᄒᆞᆷ은可死ᄒᆞᆯ義가無ᄒᆞᆫ故라ᄒᆞ니、이에四學儒生金盛大等이通文을發ᄒᆞ야聲罪曰、栗谷先生은道高德重ᄒᆞ거ᄂᆞᆯ不意에尹拯이、비록其父江都事에過失이無ᄒᆞ다ᄒᆞᆯ지라도、엇지敢히先生을牽捲ᄒᆞ야一科에混染ᄒᆞ고、ᄯᅩ譏斥壓倒ᄒᆞ기若此無嚴ᄒᆞ리오我等士林이不得不明卞痛斥ᄒᆞ야人으로더브더棄ᄒᆞᆫ다ᄒᆞ거ᄂᆞᆯ翰林金洪福이言ᄒᆞ되盛大等이人의文字를抉摘ᄒᆞ야用意陷人ᄒᆞᆫ다ᄒᆞ고盛大等을停擧ᄒᆞ니、이에沃川生

員李寅華等이上疏ᄒᆞ야自此로師生의是非가紛紜ᄒᆞ고老少論黨이分ᄒᆞ니라

肅宗께셔坤殿을廢ᄒᆞ니吳斗寅朴泰輔等이死ᄒᆞ고上이다시坤殿을復位ᄒᆞ셧다ᄂᆞᆫ句語

肅宗十四年戊辰에王子가生ᄒᆞ니昭儀張氏의出이라翌年正月에王子名號를定ᄒᆞ고張氏를封ᄒᆞ야禧嬪을、삼을ᄉᆡ上이領相金壽興等의게謂曰今에國本이未定ᄒᆞ야民心이慊係ᄒᆞ니王子의名號를定홈이可타ᄒᆞ시거ᄂᆞᆯ吏判南龍翼曰今에內殿의春秋가方盛ᄒᆞ시니前頭事를可知치、못ᄒᆞᆯ지라定號가太遽ᄒᆞᆯ가、ᄒᆞ노이다ᄒᆞ고吏判柳尙運은曰來日에正宮이斯男의慶이無ᄒᆞ면國本이自定ᄒᆞ리니、엇지今日에當ᄒᆞ야名號定不定에在ᄒᆞ리오ᄒᆞ고金壽興은曰古人이太子의게教養과成就로ᄡᅥ當務를삼고名號로爲急홈이無ᄒᆞ얏ᄂᆞ이다、ᄒᆞᆫᄃᆡ上曰宗社大計가此에莫過ᄒᆞ니、곳擧行ᄒᆞ라ᄒᆞ시고幼學柳緯漢은上疏曰今日人君의急홈이根本을早定ᄒᆞᄂᆞᆫ데在ᄒᆞ거ᄂᆞᆯ羣臣中에一人도國家에效忠ᄒᆞᄂᆞᆫ者ㅣ無ᄒᆞ더니幸히天이聖衷을誘ᄒᆞ야名號를早定코자ᄒᆞ시니臣愚ᄂᆞᆫ써ᄒᆞ되、곳東宮을封ᄒᆞ야國本을建ᄒᆞ소셔ᄒᆞ더라

時에宋時烈이또疏爭ᄒᆞ니上이其名號가定ᄒᆞᆫ後에陳疏ᄒᆞᆷ을怒ᄒᆞ야官爵을削奪ᄒᆞ고

濟州에竄配ᄒᆞ며金壽興은罷職ᄒᆞ고其後에上이三司의게謂曰國家가不幸ᄒᆞ야宮闈間에妬恚ᄒᆞᄂᆞᆫ風으로先王과先后를假托ᄒᆞ고矯誣說夢ᄒᆞ며外間을交通ᄒᆞ고亂語로造謗ᄒᆞ야將來禍亂을測度키難ᄒᆞ니此ᄂᆞᆫ朕의深憂로라、ᄒᆞ시거ᄂᆞᆯ校理姜銑이曰中宮이一國에母臨ᄒᆞ기于今十年이라失德이無ᄒᆞ거ᄂᆞᆯ、엇지此旨가有ᄒᆞ시ᄂᆞ잇고ᄒᆞ고承旨李蓍晩은曰古人이痛哭流涕라、ᄒᆞ더니臣이此教를聞ᄒᆞ니、또ᄒᆞᆫ痛哭流涕코자ᄒᆞ노이다、ᄒᆞᆫᄃᆡ上이怒ᄒᆞ야幷히罷職ᄒᆞ시니라

中宮誕辰에上이賓廳에下旨曰自古로國家의治亂이다后妃의게由ᄒᆞ거ᄂᆞᆯ今에宮闈間에幽閒貞靜ᄒᆞᆫ德이無ᄒᆞ고呂、霍의怯悖ᄒᆞᆫ行이有ᄒᆞ니噫라祖宗이冥佑ᄒᆞ사元良이誕降ᄒᆞᆫ後에前日姦情이益彰ᄒᆞ니此ᄂᆞᆫ宗社罪人이라、엇지一日이라도一國에母臨ᄒᆞ리오謹히舊典을依ᄒᆞ야王后를廢ᄒᆞ라ᄒᆞ시니、이에羣臣이極諫ᄒᆞ다가、다被罪ᄒᆞ니라

前判書吳斗寅、前監司李世華、應教朴泰輔等이上疏曰惟我母后가一國에君臨ᄒᆞᆫ지九年이라中外에過失을不聞ᄒᆞ야臣民의仰戴가方切ᄒᆞ니、엇지聖明世에此傷恩害義ᄒᆞᄂᆞᆫ擧가有ᄒᆞ리오頃年에嬪御를命選홈이內殿의勸導에出ᄒᆞ얏스니其儲嗣가

久曠ᄒᆞ믈悶ᄒᆞ고有我ᄒᆞᆫ私心이無ᄒᆞᆷ은可見ᄒᆞᆯ지라然則今에元良이載誕ᄒᆞ믜、도로
혀不平을懷ᄒᆞ야慍懟의色이有ᄒᆞ다ᄒᆞᆷ은常情으로揆컨ᄃᆡ、반다시此理가無ᄒᆞᆯ거
시오、또傳에曰父母의所愛ᄅᆞᆯ亦愛ᄒᆞᆫ다、ᄒᆞ얏스니今에內殿의處事가或聖心에不
當ᄒᆞᆯ지라도萬一我先后의當日撫愛ᄒᆞ시든意ᄅᆞᆯ念及ᄒᆞᆯ진ᄃᆡ、엇지廢絀ᄒᆞ리오ᄒᆞ니
踰入ᄒᆞᆫ夜一鼓에上이仁政門에出御ᄒᆞ야庭鞫을設ᄒᆞ시고吳斗寅、朴泰輔ᄅᆞᆯ次第拿
入ᄒᆞ니世華가不屈ᄒᆞ고就訊ᄒᆞ다가據膝歎曰此身이內外官을歷ᄒᆞ야國恩이肌膚에
浹ᄒᆞ얏스니今日에杖을受ᄒᆞᆯ지라도、엇지痛楚를言ᄒᆞ리오ᄒᆞ고泰輔ᄂᆞᆫ戰跪로ᄡᅥ自
首ᄒᆞ다가、더욱慘刑을被ᄒᆞ나抗言不屈ᄒᆞᄂᆞᆫ지라、又絶島에圍籬安置ᄒᆞ라신杖瘡이
發ᄒᆞ야道中에서死ᄒᆞ고其餘ᄂᆞᆫ다杖流ᄒᆞ고王后閔氏ᄅᆞᆯ私第에黜ᄒᆞ야庶人을、삼으
니是日에閔后가素屋轎ᄅᆞᆯ乘ᄒᆞ고安國坊舊私第로出ᄒᆞ시니儒生數百이路下에拜哭
ᄒᆞ고館學儒生은捲堂ᄒᆞ더라

上이禧嬪張氏ᄅᆞᆯ冊ᄒᆞ야王后ᄅᆞᆯ封ᄒᆞ고其父張炯은玉山府院君이되고母尹氏ᄂᆞᆫ坡山
府夫人을贈ᄒᆞ고宗廟에告ᄒᆞ니라

肅宗二十年甲戌에上이下旨曰廢后가別宮에移處ᄒᆞᆫ後로辭意가悽惻ᄒᆞ고悔心이殊

切ᄒᆞ니人으로ᄒᆞ야곰感動ᄒᆞᆯ지라西宮景福堂에移處케ᄒᆞ고供奉은依法ᄒᆞ야行ᄒᆞ고
入宮時導從을磨鍊ᄒᆞ고驪陽府院君閔維重과海豐府夫人의爵號ᄅᆞᆯ復ᄒᆞ라ᄒᆞ시니后
의廢位가其間六年이러라、이에張氏의王后璽綬ᄅᆞᆯ收ᄒᆞ고仍히舊號로賜ᄒᆞ시니라
二十七年에皇后閔氏가崩ᄒᆞ시니諡曰仁顯이오明陵에葬ᄒᆞ고禧嬪張氏의게賜死ᄒᆞ
니라備忘記에曰大行王后가違豫ᄒᆞᆫ지二載에張氏가、다만一次起居가無ᄒᆞᆯᄲᅮᆫ아니
라中宮이라稱치、아니ᄒᆞ고閔氏라稱ᄒᆞ며、또神堂을就善堂에潛設ᄒᆞ고一二婢僕
으로더브러屏人祈禱ᄒᆞ니此ᄅᆞᆯ可忍ᄒᆞ고何ᄅᆞᆯ不忍ᄒᆞ리오萬一趁時若處치、아니ᄒᆞ
면他日에難形ᄒᆞᆯ事가有ᄒᆞ리니今에朕이宗社와東宮을爲ᄒᆞᆷ이라ᄒᆞ시고禧嬪張氏ᄂᆞᆫ自
盡케ᄒᆞ고其兄希載及巫女等은다伏誅ᄒᆞ니라

端宗을追崇ᄒᆞ다ᄂᆞᆫ句語

肅宗二十四年戊寅、距今二百十年前에縣監申奎가上疏ᄒᆞ야魯山君位號ᄅᆞᆯ請復ᄒᆞ
거ᄂᆞᆯ大臣의게議ᄒᆞ니左相尹趾善、右相李世白、左參贊尹拯等은異議가無ᄒᆞ고、오
직領相柳尙運과領府事南九萬이持難ᄒᆞᄂᆞᆫ지라上曰光廟가受禪初에魯山을尊ᄒᆞ야
太上王으로崇ᄒᆞ시고每月에起居ᄅᆞᆯ一行ᄒᆞᄂᆞᆫ禮ᄅᆞᆯ命ᄒᆞ더니不幸히未決處分이有ᄒᆞ

얏스나其實은光廟의本意가、아니오其源이六臣의게셔由ᄒᆞ얏거ᄂᆞᆯ六臣은、이믜其忠節을褒美ᄒᆞ얏스니今에魯山을追復ᄒᆞ면、더욱盛德에有光ᄒᆞ다ᄒᆞ시고魯山君位號ᄅᆞᆯ追上ᄒᆞ야曰端宗이오夫人宋氏의諡號ᄂᆞᆫ定順王后라ᄒᆞ고上이神主ᄅᆞᆯ奉ᄒᆞ고太廟에詣ᄒᆞ야永寧殿에祔ᄒᆞ시니라

北漢山城을築ᄒᆞ얏다ᄂᆞᆫ句語

肅宗三十七年辛卯距今一百九十六年前에北漢을修築ᄒᆞ니北漢은卽百濟의古城이라判府事李濡가建白ᄒᆞ거ᄂᆞᆯ上이諸臣으로ᄒᆞ야곰便否ᄅᆞᆯ各陳ᄒᆞ라ᄒᆞ시니諸議가不一ᄒᆞᄂᆞᆫ지라上曰都城咫尺에如此ᄒᆞᆫ天險이有ᄒᆞ니爲一修築지、아니ᄒᆞ면何時ᄅᆞᆯ待ᄒᆞ리오ᄒᆞ시고、곳築城ᄒᆞ니라

第十六課 本朝歷代 十三

景宗時四大臣被禍句語

景宗이卽位ᄒᆞ시니趙重遇가上疏ᄒᆞ야張禧嬪의名號ᄅᆞᆯ正ᄒᆞ소셔ᄒᆞ고尹志述은李頤命이撰ᄒᆞᆫ肅宗誌文에闕漏가有ᄒᆞ다ᄒᆞ야朝論이紛然ᄒᆞ더니時에景宗ᄭᅴ셔ᄂᆞᆫ病患이有ᄒᆞ야嗣續의望이無ᄒᆞᆫ지라正言李廷熽의上疏ᄅᆞᆯ因ᄒᆞ야領相金昌集과左相李健命

과判中樞趙泰采等이上의弟延礽君(英祖)으로東宮을封코자ᄒᆞ고、또執義趙聖復은東宮이聽政ᄒᆞ소셔ᄒᆞ니、이에少論이此ᄅᆞᆯ反對ᄒᆞ야司直柳鳳輝ᄂᆞᆫ東宮封ᄒᆞᆷ을論斥ᄒᆞ고右相趙泰耉ᄂᆞᆫ代理ᄅᆞᆯ不可라ᄒᆞ고左參贊崔錫恒과戶參趙泰億、司直李光佐朴泰恒等이相繼疏爭ᄒᆞ고承旨金一鏡은金昌集等을論斥ᄒᆞ기最甚ᄒᆞ더니旣而오上이金昌集、李健命、趙泰采、李頤命(領中樞)等을遠竄ᄒᆞ시고趙泰耉ᄂᆞᆫ領相을拜ᄒᆞ고崔奎瑞、崔錫鼎은左右相이、되니라時에宮人과宦官이東宮을害코자ᄒᆞ다가不果ᄒᆞ고睦虎龍은上變ᄒᆞ되李頤命을推戴ᄒᆞᆫ다ᄒᆞ거ᄂᆞᆯ、이에李頤命、金昌集、李健命、趙泰采等을謀逆ᄒᆞ얏다ᄒᆞ야殺ᄒᆞ고白望、鄭麟重、金龍澤、李天紀等數十人을誅竄ᄒᆞ고其他連累ᄒᆞᆫ者가甚多ᄒᆞ고睦虎龍은扶社功으로錄勳ᄒᆞ고少論이要路에在ᄒᆞ야會盟祭ᄅᆞᆯ行ᄒᆞ고討逆試ᄅᆞᆯ設ᄒᆞ고、더욱老論을攻擊ᄒᆞ야其黨類ᄅᆞᆯ竄逐ᄒᆞ고其施設을改ᄒᆞ니라

李麟佐鄭希亮反叛句語

景宗이在位四年에崩ᄒᆞ시고英祖ᄭᅴ셔卽位ᄒᆞ야初政에柳鳳輝、李光佐、趙泰億으로拜相ᄒᆞ시니幼學李義淵等이上疏ᄒᆞ야盛히少論을攻擊ᄒᆞ고少論은또老論을排斥

ᄒᆞ시ᄂᆞᆫ上이李義淵、金一鏡을因ᄒᆞ시니此ᄂᆞᆫ二人이兩黨中에偏執이最甚ᄒᆞᆫ者라既而오一鏡을刑問ᄒᆞ야其黨李天紀、尹就商、李師尙을殺ᄒᆞ고柳鳳輝、李光佐、趙泰億은竄黜ᄒᆞ고金昌集、李頤命、李健命、趙泰采의官을復ᄒᆞ고鄭澔、閔鎭遠、李觀命으로拜相ᄒᆞ야、크게老論을用ᄒᆞ시더니四年에至ᄒᆞ야金一鏡餘黨李麟佐가忠淸道에셔舉兵ᄒᆞ야宗室密豐君坦을推戴ᄒᆞ더ᄒᆞ고鄭希亮은慶尙道에셔起兵ᄒᆞ야麟佐를應ᄒᆞᄂᆞᆫ지라、平安兵使李思晟과禁軍別將南泰徵이表裏相應ᄒᆞ더니麟佐ᄂᆞᆫ忠淸兵使李鳳祥과營將南延年을殺ᄒᆞ고北上ᄒᆞ야安城에至ᄒᆞ거ᄂᆞᆯ兵判吳命恒으로都巡撫使를拜ᄒᆞ야討平ᄒᆞ고其後東宮의巫蠱事를因ᄒᆞ야麟佐의餘黨鄭思孝를誅ᄒᆞ고李光佐를罷官ᄒᆞ고趙泰耉、柳鳳輝等官을追奪ᄒᆞ고三十一年에尹就商의子志와李夏徵等을誅ᄒᆞ니景宗以來數十年間에連綿ᄒᆞ던不平黨을盡除ᄒᆞ니라

城內開川句語

英祖三十六年庚辰、距今一百四十七年前에都民의水患을念ᄒᆞ야民丁을發ᄒᆞ야城內川渠를濬ᄒᆞ고柳樹로써編結ᄒᆞ고濬川司를設ᄒᆞ야每年修濬ᄒᆞ더니其後癸巳에、다시石을築ᄒᆞ야柳樹를代ᄒᆞ니라

文獻備考

英祖四十六年庚寅、距今一百三十七年前에文獻備考가成ᄒᆞ니此ᄂᆞᆫ我國의儀文을纂輯ᄒᆞᆷ이오凡一百餘卷에萬餘葉이라歷代及本朝以來、禮樂刑政과山川風土及全國事를盡錄ᄒᆞ야考據ᄒᆞ기便易케ᄒᆞ니、곳我國文獻中第一冊이니라

幼年必讀卷四釋義下　敎師用

漢水玄采編述

第十八課　人類二

越南亡國史　　支那梁啓超纂

世界에公理가何有ᄒ리오、오작强權뿐이라歷史上에國名이千으로數ᄒᄂ者ㅣ今에ᄂ所餘가數十이오此數十中에도危亡에瀕ᄒᄂ者ㅣ十에七八이오、또此危亡에瀕ᄒᆫ者ㅣ我와隔遠ᄒᆫ國이아니라、其雞犬이相聞ᄒᄂ隣國이러니今에此數國이、또安在ᄒᆫ뇨不過數十年來로其社ᄂ屋이되고、皆은齋를成ᄒ야蔓秀ᄒ기漸々ᄒ고黍黍가油々ᄒ도다近日에越南亡命客巢南子가我의게來ᄒ야其國事狀을言ᄒ되我로、ᄒ야곰涕泗가縱橫ᄒ믈不覺ᄒ깃도다然이나我가自哀치、아니ᄒ고他人을哀ᄒᄂ지他人이將且我를哀ᄒᆯ지라惟願我國人은此編을讀ᄒ고自哀心을變ᄒ야自權心을生ᄒ면國家가其或瞭誐ᄒᆯ진져

乙巳九月日飮氷室主人梁啓超識

年月日에飮氷室主人梁啓超가丈室에獨坐ᄒᆞ더니忽然히一人이一書를進ᄒᆞ니其書에
曰吾儕亡人은南海遺族이라豺狼驚魂으로、더브러日夕相處ᄒᆞ더니僕이磨眼、望天
ᄒᆞ고拔劍、斫地ᄒᆞ야髀々裕々ᄒᆞᆫ心이生活ᄒᆞᆯ意가全無ᄒᆞ니吾가且死ᄒᆞᆯ지라、엇지
生人의趣가有ᄒᆞ리오、ᄒᆞ얏거ᄂᆞᆯ予가愕然이客을揖ᄒᆞ야坐定ᄒᆞᆫ後、其遠道跋涉ᄒᆞᆷ
을問ᄒᆞ니客이曰、我越南이亡ᄒᆞᆫ後로法國政府가海禁을嚴立ᄒᆞ야私히越境ᄒᆞᄂᆞᆫ者
ᄂᆞᆫ其罪가死에處ᄒᆞ고、비록航海ᄒᆞᆯ지라도海島에錮置ᄒᆞ니至於僕은敵의最히忌疾
ᄒᆞᄂᆞᆫ비라、且國內에通涉ᄒᆞᄂᆞᆫ關津券이라도得지、못ᄒᆞᆯ지니、엇지出境키를望ᄒᆞ
리오故로僕이行時에淸人衣服을着ᄒᆞ고淸人의屬籍을作ᄒᆞ야僅히得脫ᄒᆞ얏노라然
이나一人이逃亡ᄒᆞ면五族이繫累ᄒᆞᄂᆞᆫ故로僕이蹐跼、忍痛ᄒᆞ고母親을奉ᄒᆞ야其天
年을終ᄒᆞᆫ後비로소今番遠航이有ᄒᆞ얏다、ᄒᆞ거ᄂᆞᆯ

予曰傷哉라君이여客曰此事ᄂᆞᆫ、엇지鄙人뿐이리오我越南國中에貴族、長老ᄂᆞᆫ慘
厄이此에서益甚ᄒᆞ다ᄒᆞ고其懷中에서一紙를出ᄒᆞ야相示ᄒᆞ니、且其國侯爵이法人
의게通行券을乞ᄒᆞᆷ이라其文에曰、卑官이隨帶家人一名을率ᄒᆞ고父母舊山에往ᄒᆞ

야其骸骨을收拾移埋ᄒᆞᆯ지라伏乞貴保護總督은此情을憐憫ᄒᆞ야通行券을許給ᄒᆞ
야沿路에妨碍가無케、ᄒᆞ소서ᄒᆞ니其紙ᄂᆞᆫ法政府의印稅紙오法總督의名을署ᄒᆞᆫ者
라

予가此를讀ᄒᆞ기一遍에滿淚가承睫ᄒᆞ야曰、傷哉傷哉라古詩에云ᄒᆞ되腰下寶玦靑
瑚々에可憐王孫이泣路隅라問之不敢道姓名ᄒᆞ고但道困苦乞爲奴라、ᄒᆞ더니今에
亡國貴胄가其現狀이果然如此ᄒᆞ도다宋代의歸姬、稱子ᄂᆞᆫ、오히려天上人이라、
ᄒᆞᆫ디客이此言을聞ᄒᆞ고、더욱悲感ᄒᆞ야淚落ᄒᆞ기雨霰와如ᄒᆞ야衫袖가盡濕ᄒᆞ거ᄂᆞᆯ
予曰客은此를止ᄒᆞ고其詞를畢ᄒᆞ라、또予가問ᄒᆞ니越南國에、오히려人君이有ᄒᆞ
다、ᄒᆞ더니今에ᄂᆞᆫ何如오客曰乙酉役에法人이我君咸宜帝를南阿非加洲、阿爾熱城
에囚ᄒᆞ고越人을禁絶ᄒᆞ야通問치、못게ᄒᆞᆫ지于今二十餘年에生死를誰가知ᄒᆞ리오
今皇帝ᄂᆞᆫ號曰成泰니即昔의廢王으로法國이擁立ᄒᆞᆫ비라即位時에年이十歲니、且
越南에長君이有ᄒᆞᆷ을不喜ᄒᆞᆷ이라故로此幼兒를立ᄒᆞᆫ後、歲俸六千을予ᄒᆞᆯ뿐이오此
外에職賞이九品以上과刑罰이杖十以上은、다法人의게稟白ᄒᆞ니我皇帝ᄂᆞᆫ、且其
間에贅疣이라、무삼權位가有ᄒᆞ리오

客이又曰我國이亡키前에其假鬼된者ㅣ謂ᄒᆞ되私利가有ᄒᆞ리라、ᄒᆞ야法人을引導ᄒᆞ니其一은天主教徒오其一은諂附ᄒᆞᄂᆞᆫ輩라此輩가、엇지君俘社屋과鳥盡弓藏ᄒᆞᆷ을知ᄒᆞ리오法人이此輩를視ᄒᆞ기奴隷와同ᄒᆞ야前此亡國키前에ᄂᆞᆫ特別ᄒᆞᆫ利益을與ᄒᆞ다가今에至ᄒᆞ야剝奪侵迫이甚ᄒᆞᆫ中에天主教師가、더욱束縛魚肉ᄒᆞᄂᆞᆫ故로天主教徒의怨毒이尤極ᄒᆞ야十年前에教徒等이英國兵船을私邀ᄒᆞ야洩忿코자、ᄒᆞ다가機事가不密ᄒᆞ야被逮燒死ᄒᆞᆫ者ㅣ數百이、되니此ᄂᆞᆫ、다昔日에法人의鷹犬되든者오至於法人官署ㅅ傭役ᄒᆞ든者ㅣ初에ᄂᆞᆫ詞色을假ᄒᆞ야功狗가、되미獵弋所獲에其餘를唉케、ᄒᆞ더니及其貲財가小盈ᄒᆞ면、곳一擧攫取ᄒᆞ니彼輩ᄂᆞᆫ、곳法虜의撲滿撲滿은小兒가錢을儲蓄ᄒᆞᄂᆞᆫ器니即俗語에、벙어리라이라奴顔婢膝ᄒᆞ기二十年에羸餘ᄒᆞᆫ者ㅣ僅히凍餓를免ᄒᆞᆯ뿐이오他益이奚有ᄒᆞ리오故로今에ᄂᆞᆫ彼輩도、또ᄒᆞᆫ知悔ᄒᆞ나、다만噬臍ᄒᆞᆯ뿐、이로라、ᄒᆞ거ᄂᆞᆯ予가此言을聞ᄒᆞ고憮然ᄒᆞ기有間에能히置答지、못ᄒᆞ고切히自念曰、何法을用ᄒᆞ야我滿洲와山東人으로、ᄒᆞ야곰此言을聞케、ᄒᆞ며、또何法을用ᄒᆞ야我擧國人으로、ᄒᆞ야곰此言을聞케、ᄒᆞ리오、ᄒᆞ더니

客이又曰、安南國의面積이十六萬三千英方里라日本과相似ᄒᆞ고全國人口ᄂᆞᆫ法人

의籍有ᄒᆞᆫ身稅搜銀丁簿에云ᄒᆞ되二千五百萬이라、ᄒᆞ얏스나其實은搜銀此ᄂᆞᆫ人口를隨ᄒᆞ야收稅ᄒᆞᆷ이라이甚重ᄒᆞᆫ故로掩匿이亦多ᄒᆞ야統以計ᄒᆞ면全國人口가五千萬이、되리니人數도、또ᄒᆞᆫ日本과同ᄒᆞᆫ지라萬一豪傑이起ᄒᆞ야撫用ᄒᆞᆯ진ᄃᆡ、또ᄒᆞᆫ覇王의資가、되리라、ᄒᆞ고客이又曰、法兵의駐越ᄒᆞᆫ者ㅣ五千에不逾ᄒᆞ고其訓鍊ᄒᆞᆫ越兵은四十萬이라守禦ᄒᆞᄂᆞᆫ役은越兵의게一任ᄒᆞ니萬一間隙을得ᄒᆞ면一擧에法人을殲ᄒᆞ기指顧間事라、ᄒᆞ거ᄂᆞᆯ予曰、如此ᄒᆞ면法人이何才로何道를用ᄒᆞ야夷然히安坐無憂ᄒᆞ야四十萬越兵으로、ᄒᆞ야곰跋々히其制限을受ᄒᆞᄂᆞ뇨客曰外援이無ᄒᆞ고暴動ᄒᆞ면、비록內에서法人을盡殺ᄒᆞ기ᄂᆞᆫ無慮ᄒᆞ나、外에서拒禦ᄒᆞᆯ力이無ᄒᆞ리니此ᄂᆞᆫ前日에도屢試ᄒᆞ얏고事敗後ᄂᆞᆫ隣保에株及ᄒᆞ며宗族에夷及ᄒᆞᆯ지라萬一不然ᄒᆞ면我越人의義憤이、곳鼎鑊에赴ᄒᆞᆯ지라도不顧ᄒᆞ리니、엇지此에至ᄒᆞ리오、또法人이箝制ᄒᆞᄂᆞᆫ法은非他오、곳族誅와發塚이라東方野蠻의法律로써、도로혀東方人을治ᄒᆞᄂᆞᆫ故로我越人이輕擧치、못ᄒᆞᆷ이此에拘ᄒᆞᆷ이라、ᄒᆞ거ᄂᆞᆯ

予가瞿然ᄒᆞ야曰、世界第一等專制ᄒᆞ든中國으로도近日에ᄂᆞᆫ此種蠻法을、거의廢革ᄒᆞ얏거ᄂᆞᆯ所謂法蘭西人은自稱ᄒᆞ되文明이니人道이니自命ᄒᆞᄂᆞᆫ國으로此法을行

ᄒᆞᄂᆞᆫ도다 嗚呼라 世上에 所謂文明과 所謂人道ᄅᆞᆯ 누가 知ᄒᆞ깃도다

予曰, 貴國人心의 憤懣이 如此ᄒᆞ니 其中에 團體ᄅᆞᆯ 組織ᄒᆞ야 光復을 圖ᄒᆞᄂᆞᆫ 者ㅣ 有ᄒᆞᆫ가, ᄯᅩ 公이 言ᄒᆞ되 貴國의 民氣ᄂᆞᆫ 有餘ᄒᆞ나 民智가 不足ᄒᆞ다, ᄒᆞ얏스니 公等과 如ᄒᆞᆫ 志士가 子弟ᄅᆞᆯ 海外에 遣ᄒᆞ야 自樹立ᄒᆞᆯ 遠計ᄅᆞᆯ 行ᄒᆞᄂᆞᆫ 者ㅣ 幾人고 ᄒᆞᆫᄃᆡ 客曰 諺云ᄒᆞ되 何不食肉糜리오, ᄒᆞᄃᆡ 今에 先生의 言이 此와 同ᄒᆞ도다 今에 法人의 法律이 一家眷屬外ᄂᆞᆫ 敢히 四人이 一室에 集聚ᄒᆞᆯ지라도 提騎巡捕가 立至ᄒᆞᄂᆞ니 組織團體가 何有ᄒᆞ리오, ᄯᅩ 如此ᄲᅮᆫ, 아니라 人民이 此省에서 彼省에 往코자, ᄒᆞ야도 法人의 許可ᄅᆞᆯ 得ᄒᆞᆫ後, 行ᄒᆞ고, ᄯᅩ 舟에서 車로 移ᄒᆞ든지 車에서 舟로 移ᄒᆞ든지, ᄃᆡ 憑票ᄅᆞᆯ 易ᄒᆞ야 符信이 有ᄒᆞᆫ後에 敢行ᄒᆞ고 不然이면, 곳 奸諜으로 論ᄒᆞᆫ서 或百里間에 易券ᄒᆞ기 二四次라, 엇지 異國에 遠遊進學기ᄅᆞᆯ 論ᄒᆞ리오 設令 一二人이 冒險越空ᄒᆞ야 逃出ᄒᆞᆯ지라도 父母가 爲戮ᄒᆞ고 墳墓가 暴骨ᄒᆞᄂᆞ니 誰가 人子가, 아니리오, 엇지 此ᄅᆞᆯ 忍行ᄒᆞ리오 嗚呼라 越南이 從此로 永已ᄒᆞ리로다

客이 又曰, 法人이 越南을 滅削ᄒᆞᆷ이 極度에 臻ᄒᆞᆫ지라 其口算稅ᄂᆞᆫ 每人에 每歲一元이러니 十年前에 增加ᄒᆞ야 倍가, 되고 今에ᄂᆞᆫ 三倍가, 되얏고 人民住宅에 梁이 有稅ᄒᆞ고 窓이 有稅ᄒᆞ고 戶가 有稅ᄒᆞ고 室에 一窓一戶ᄅᆞᆯ 增ᄒᆞ면 稅가, 곳 隨ᄒᆞ며 其城市에 宅ᄒᆞᆫ 者ᄂᆞᆫ 一椽을 葺ᄒᆞ든지 一瓦ᄅᆞᆯ 易ᄒᆞ든지 鳴鼓一聲[illegible]과 讌客一度에, 다 山譚所에 聯白ᄒᆞ야 免許狀을 乞ᄒᆞ고 不然ᄒᆞ면 違憲으로 論ᄒᆞ니 山譚所라, ᄒᆞᆷ은 警察署오 免許狀은 價値가 三十錢이오 畜牛ᄂᆞᆫ 一歲에 稅金이 五圓이오 豕ᄂᆞᆫ 一歲에 三圓이오 狗ᄂᆞᆫ 一圓이오 猫도 亦同ᄒᆞ며 鷄ᄂᆞᆫ 猫, 狗보다 半이오 塩은 越人의 最嗜者라 需要額의 多ᄒᆞᆷ이 淸人보다 半이어ᄂᆞᆯ 法人이 塩地에 征稅ᄒᆞ고, ᄯᅩ 塩市에 征稅ᄒᆞ니 前此에ᄂᆞᆫ 塩一升價値가 銅貨二四十文이러니 今에ᄂᆞᆫ 銀貨二四圓이오 人民의 生產者ᄂᆞᆫ 初丁稅가 一圓이오 死亡者ᄂᆞᆫ 官驗稅가 五圓이라 故로 一家中에 生死가 [illegible]來ᄒᆞ면, 곳 破產ᄒᆞᆯ지라 然則 他事ᄅᆞᆯ 奚論ᄒᆞ며, ᄯᅩ 結婚者ᄂᆞᆫ 貲貨로ᄡᅥ 教堂에 納ᄒᆞ니 號曰 攝婚銀이라 三等에 分ᄒᆞ야 徵ᄒᆞᆷ서 上等은 二百圓이오 次ᄂᆞᆫ 百圓이오 其最下ᄂᆞᆫ 五十圓이오 至於普通生計中에 菜, 花, 牙, 角과 林木, 藥品, 砂仁, 荳蔻等類와 一切地貨及酒, 米諸通行品을 法人이, 다 掌執ᄒᆞ며 越人은 營業ᄒᆞᆯ 者ㅣ 無ᄒᆞ고 所需가 有ᄒᆞ면 政府에 禀呈ᄒᆞ야 乞買ᄒᆞᆯ지라 擧其一言으로 蔽ᄒᆞ야 曰, 法人의 立法ᄒᆞᆷ이, 곳 吾越人으로, ᄒᆞ야 곰 畫服ᄒᆞ야 食ᄒᆞᆫ外에ᄂᆞᆫ, 다시 一絲一粟의 贏餘가 無케, ᄒᆞᆷ이라 嗚

呼라我의身勢가如此홀진딘生世쳐、아니홈이可홀지라彼蒼者天이여、엇지此五
千萬僇民을生ᄒᆞ얏ᄂᆞᆫ고

客이又曰、往事ᄂᆞᆫ可追쳐、못홀지라吾儕가、엇지敢히法人을怨ᄒᆞ리오吾越人이、
또敗亡을取ᄒᆞ얏스니萬一法人이我越人民을進發ᄒᆞ야民智를開ᄒᆞ고民力을滋ᄒᆞ야
吾越의數百年腐敗ᄒᆞᆫ政敎를掃除ᄒᆞ야可히振拔홀道가有ᄒᆞ얏스면數十年後에英雄
이起ᄒᆞ야恢復ᄒᆞ기未晩홀지라故로法人이此를深知ᄒᆞ야、이믜困阨케、ᄒᆞ고、또
愚昧케ᄒᆞ니嗚呼라、다시數四年을經ᄒᆞ면越人이折半이亡ᄒᆞ고、다시十餘年이、
되면越人이遺類가無ᄒᆞ리니此가過慮홈이、아니라彼法人이我를人道로待치、아
니ᄒᆞ고畜類로待홈이라、ᄒᆞ고客이語ᄒᆞ기至此에淚가汪々히下ᄒᆞ더라

이에飮氷室主人、梁啓超가、다시正衿危坐ᄒᆞ야曰、予가客과語ᄒᆞ기終日이라客
의語ᄒᆞᆫ바安南國現狀을隨聞隨錄ᄒᆞ얏스나予의寫哀ᄒᆞᄂᆞᆫ筆로써其十ㆍ을釋記치、
못홀지라嗚呼라近世에憂憤士子가往往히亡國慘狀을懸擬ᄒᆞ야詩歌에播傳ᄒᆞ고說
部에托人ᄒᆞ야天下耳目을聳動코자、ᄒᆞᄂᆞ니其志가、엇지可悲치、아니리오
今에歐洲各國文明은、다羅馬의惡習餘波라羅馬全盛時代에、곳其殖民地와人民

의生命財産을掠奪ᄒᆞ야其都會를莊嚴ᄒᆞ고其左右를頤使ᄒᆞ니羅馬의文明은實로無
數ᄒᆞᆫ人類의寃血과苦淚로써搆結ᄒᆞᆫ晶體라天道가無親ᄒᆞ야、오작强者를佑ᄒᆞᄂᆞᆫ故
로羅馬의聲譽가數千載로록天壤에照耀ᄒᆞ더니今에其嗣統ᄒᆞᆫ國中에所謂歐洲의某
强某雄이라、ᄒᆞᄂᆞᆫ國이其心法을受ᄒᆞ야大地에鴟張ᄒᆞᄂᆞᆫ者ㅣ엇지法蘭西뿐이며、
또其毒을受ᄒᆞᄂᆞᆫ者도、또엇지一越南뿐이리오天下가滔滔皆是라美國이獨立ᄒᆞᆫ以
來로所謂殖民政策이라ᄒᆞᄂᆞᆫ者ㅣ其形式이若干一變ᄒᆞ니昔에ᄂᆞᆫ殖民地脂膏써母國
의揮霍을供ᄒᆞ더니今에ᄂᆞᆫ其非計됨을略知ᄒᆞᆫ故로英屬의澳洲及加拿大에其人民의
權利義務가百年前美國과大異ᄒᆞ얏ᄂᆞᆫ지라然이나此ᄂᆞᆫ其同種人인故로然홈이오至
於美國의紅番과澳洲의黑蠻은此와大異ᄒᆞ얏고予가、또印度에来往ᄒᆞ얏스니其印
度人의權利義務가越南과何如ᄒᆞᆫ지不知ᄒᆞ거니와至於日本人이臺灣에셔行ᄒᆞᄂᆞᆫ術
도、또ᄒᆞᆫ此와異ᄒᆞ니此ᄂᆞᆫ彼의計畫이十年以後에ᄂᆞᆫ臺灣人으로、ᄒᆞ야곰、다日本
人을化成코자、홈이라로故恒常噓咻保護ᄒᆞ고其患害를除ᄒᆞ야其懽心을結ᄒᆞᄂᆞ니
即中國古代所謂行仁政이라然이나臺灣과越南이易主ᄒᆞ기ᄂᆞᆫ同一ᄒᆞ거ᄂᆞᆯ表面으로
論ᄒᆞ면臺灣은、곳天上人과如ᄒᆞᆫ지라然ᄒᆞ나今時越人은求死ᄒᆞ야도不得ᄒᆞ되將來

世界上에或오히려越南人이有ᄒᆞ거시오今에臺灣人은熙熙焉이其生을樂ᄒᆞ나十年
以後에ᄂᆞᆫ世界上에、다시臺灣人이無ᄒᆞ리니孰禍孰福은、엇지知ᄒᆞ리오莊生이言
ᄒᆞ되彼不材ᄒᆞᆫ木은所用ᄒᆞᆯ處가無ᄒᆞᆫ故로若此三오ᄅᆞᆯ壽ᄒᆞᆫ다ᄒᆞ니臺灣의區區ᄒᆞᆫ三百萬
人에海賊山番이十中七八이라日本의力이足히吞吐變化케有餘ᄒᆞᆫ故로其假借ᄒᆞ고
撫納ᄒᆞᆷ이果然事理에合ᄒᆞ거니와至於越南은五千萬되ᄂᆞᆫ半開化ᄒᆞᆫ國民이라其內狀
이現然히可畏ᄒᆞᆯ者ㅣ有ᄒᆞ니然則此事가、엇지法人뿐如此ᄒᆞ리오設令日本으로、
ᄒᆞ야곰易地ᄒᆞᆯ지라도畢竟法人과同히壓制ᄒᆞᆯ지니今에一年以內에日本이朝鮮待遇
ᄒᆞᄂᆞᆫ事ᄅᆞᆯ見ᄒᆞᆯ지어다今에戰事가未畢ᄒᆞ얏스니무릇第二越南의現象이見ᄒᆞ야向者
日本이處心、積慮ᄒᆞ야朝鮮을謀ᄒᆞᆫ지數十年이라其第一着은朝鮮을中國에離ᄒᆞᆷ이
니其原因이天津條約을本ᄒᆞ야結果가中、日戰爭에在ᄒᆞ고其第二着은朝鮮을日本
에幷코자ᄒᆞᆷ시其原因이日、英同盟에本ᄒᆞ야結果가日、俄戰爭에在ᄒᆞᆫ지라自此로
日本이後援이有ᄒᆞ미、더욱朝鮮을幷呑코자ᄒᆞᆷ이滿洲보다尤甚ᄒᆞᆫ지라、이에駐韓
日公使林權助가韓國外部와議定書ᄅᆞᆯ立ᄒᆞ고自此로朝鮮이、英國의埃及이、되니
其所謂獨立이라ᄒᆞᆷ은、其形式上뿐이오니、俄開戰後로ᄂᆞᆫ日本이朝鮮에軍事上外

에ᄂᆞᆫ特別ᄒᆞᆫ擧動이無ᄒᆞ니韓人이坦然心安ᄒᆞ거ᄂᆞᆯ日本國輿論은其政略의遲緩을責
ᄒᆞ다가、이에長森爲名人으로、ᄒᆞ야곰私人資格으로朝鮮全國荒蕪地ᄅᆞᆯ占領코자、
ᄒᆞᄂᆞᆫ지라、이에韓國上下人民이、크게激動ᄒᆞ야四方에傳檄ᄒᆞ고自此로排日運動
이大起ᄒᆞ야鐘路大街上에日日集會ᄒᆞ고處處演說ᄒᆞᆷ시切齒、裂眦에揮汗奔走ᄒᆞ며
其全國에在ᄒᆞᆫ貧寒商은不安、咸鏡兩道에出沒ᄒᆞ야電線을斷ᄒᆞ고鐵路ᄅᆞᆯ毁ᄒᆞ며或
은日本軍情을俄國에洩ᄒᆞᆷ시種種ᄒᆞᆫ擧動이實로韓廷有力大臣의陰主ᄒᆞᆫ바라日本各
報에曰此ᄂᆞᆫ亂民이오暴人이라稱ᄒᆞ나公眼으로觀ᄒᆞ면如此ᄒᆞᆫ敵愾心도無ᄒᆞᆯ진되、
其奮厲와如ᄒᆞᆯ지라、엇지韓人을責ᄒᆞ리오

이에日人의專制政策이日甚一日ᄒᆞ야其軍隊로、ᄒᆞ야곰會黨首領元世性을捕縛ᄒᆞ
고集會自由ᄅᆞᆯ禁ᄒᆞ고出版自由ᄅᆞᆯ禁ᄒᆞ야其皇城、帝國兩新聞은日本警官이檢閱ᄒᆞ
고一句一語라도日本의行爲ᄅᆞᆯ誹謗ᄒᆞ면、其監禁ᄒᆞᄂᆞᆫ지라、이에日本輿論이其政
府의處置가妥當ᄒᆞᆷ을贊議ᄒᆞ고又曰長森은一私人이라韓國全土大權을畀與ᄒᆞ야對
韓政策의大綱이未立에、足히韓人惡情을招ᄒᆞᆫ다、ᄒᆞ거ᄂᆞᆯ

其後日延이、佐幾度商議ᄒᆞᆫ後에所謂韓國內政改革이라稱ᄒᆞ고韓國의財政權軍政

權, 外交權을奪ᄒᆞ니此二者가無ᄒᆞ면, 곳亡國과何異ᄒᆞ리오, 또其所謂借欵이라ᄒᆞᆷ은, 곳英國이埃及에對ᄒᆞᄂᆞᆫ政策과何異ᄒᆞ리오然이나, 더욱可笑ᄒᆞᆫ者ᄂᆞᆫ埃及은借欵ᄒᆞ다가財政權을失ᄒᆞ얏거ᄂᆞᆯ韓國은財政權을失ᄒᆞᆫ後, 借欵ᄒᆞ얏스니此ᄂᆞᆫ, 곳日本이臺灣行政廳과同히待遇ᄒᆞᆷ이니嗟夫嗟夫라此所謂朝鮮滅亡이라, ᄒᆞ노라

以上을觀ᄒᆞ면同一ᄒᆞᆫ日本이어ᄂᆞᆯ臺灣과朝鮮을待ᄒᆞ기如此判異ᄒᆞ니其故ᄅᆞᆯ可思ᄒᆞᆯ지라越南과朝鮮이如此ᄒᆞ거든況可畏ᄒᆞ기越南, 朝鮮보다十倍되ᄂᆞᆫ中國이리오.

大抵人이痛ᄒᆞ기ᄂᆞᆫ無國ᄒᆞᄂᆞᆫ데서, 더痛ᄒᆞᆫ者가無ᄒᆞ고, 또痛ᄒᆞ기ᄂᆞᆫ無國ᄒᆞᆫ人으로國事ᄅᆞᆯ論ᄒᆞᄂᆞᆫ데서, 더痛ᄒᆞᆫ者가無ᄒᆞᆫ지라予가此文을쓰고자ᄒᆞ되淚盡血枯ᄒᆞ야, 거의一字ᄅᆞᆯ道及지, 못ᄒᆞ겟도다嗚呼라飮氷室主人, 梁啓超가, 다시筆을勸ᄒᆞ야發言曰, 噫라吾가子로, 더브러病이同ᄒᆞ도다今에法人이越國에在ᄒᆞ야種種ᄒᆞᆫ苛酷慘狀을擧世에知者가無ᄒᆞ니子가我ᄅᆞᆯ爲ᄒᆞ야言ᄒᆞᆯ지어다我ㅣ子ᄅᆞᆯ爲ᄒᆞ야盡力播傳ᄒᆞ면或可히世界輿論을萬分一나에喚起ᄒᆞ리라彼美人의放奴事ᄂᆞᆫ著書者의力이오俄, 土戰爭도, 또ᄒᆞᆫ新聞紙로其波瀾을助ᄒᆞᆷ이니子가越南前途에無意ᄒᆞ면已어

니와萬一有意ᄒᆞᆯ진ᄃᆡ越南現象을盡言無諱ᄒᆞ라, 또吾가私語ᄒᆞᆯ者ㅣ有ᄒᆞ니今에我支那人은火ᄅᆞᆯ抱ᄒᆞ고積薪에臥ᄒᆞᆷ과如ᄒᆞ야擧國이酣嬉怠玩ᄒᆞ야時日을度ᄒᆞ고危亡ᄒᆞᆫ事ᄅᆞᆯ言ᄒᆞ면聽ᄒᆞ기藐藐ᄒᆞᄂᆞ니吾子ᄂᆞᆫ越國前事ᄅᆞᆯ言ᄒᆞ라或我支那의多數ᄒᆞᆫ人이此事ᄅᆞᆯ聞ᄒᆞ고自悔自惕ᄒᆞ야蹶然히起ᄒᆞ야天日을復見ᄒᆞᆯ一日이有ᄒᆞᆯ진ᄃᆡ此事가, 엇지我國에만有益ᄒᆞ리오, 곳貴國에도來頭機會가有ᄒᆞ리라, ᄒᆞᆫᄃᆡ巢南子ㅣ其言을感動ᄒᆞ야淚ᄅᆞᆯ拭ᄒᆞ고是篇을著ᄒᆞ니

越南亡國原因及事實

巢南子ㅣ曰越南이漢, 唐以前에ᄂᆞᆫ, 오작交趾ㅣ部뿐이라林邑과占城으로, 더브러同히鄙野未開ᄒᆞᆫ人族이러니秦, 趙尉佗時와漢, 馬伏波時에漸漸一小小部落을成ᄒᆞ더가宋以後에交趾의英雄丁璉(丁先皇), 李公蘊(李太祖)等이繼起ᄒᆞ야開拓이漸大ᄒᆞ야琼崖와象郡, 文郞, 越裳各部ᄅᆞᆯ全有ᄒᆞ고漸漸一國을成ᄒᆞ더가元時에至ᄒᆞ야ᄂᆞᆫ陳國峻, 陳光啓ᄂᆞᆫ越國人傑이라蒙人과戰ᄒᆞ야元將唆都ᄅᆞᆯ戮ᄒᆞ고元太子烏馬兒ᄅᆞᆯ虜ᄒᆞ얏스니

其時에ᄂᆞᆫ人人이, 다進步ᄅᆞᆯ思ᄒᆞ야事事히開發ᄒᆞᄂᆞᆫ故로國勢가日强ᄒᆞ고黎朝에ᄂᆞᆫ

明兵을戰退ᄒᆞ고、또占城國을收ᄒᆞ고林邑全地를併有ᄒᆞ고前阮光中君도極ᄒᆞᆫ英雄이라暹羅를攻敗ᄒᆞ고洋艦을殺退ᄒᆞ야英威偉烈이世人으로、ᄒᆞ야곰欽仰케、ᄒᆞ고今朝阮氏가建國ᄒᆞ든初에도人才가甚多ᄒᆞ야占城을全有ᄒᆞ고、또富貴、眞臘等地(今柬埔寨)를得ᄒᆞ고西으로高蠻、萬象을撫綏ᄒᆞ고西北은哀牢、鎭寧、樂丸이오南은崑崙島에至ᄒᆞ고北은兩廣、雲南을合ᄒᆞ야一越南國을建立ᄒᆞ얏스니其時越南은唐時以前의交趾部와比ᄒᆞᆯ진된、곳五六倍라萬一越人으로、ᄒᆞ야곰君臣이恒常進步를思ᄒᆞ야民智를益ᄒᆞ고人才를長ᄒᆞ고國計와兵謀에事事히、다進步를求ᄒᆞ얏스면、엇지烈火가鉅柴를得ᄒᆞᆷ과如ᄒᆞ야炎炎爀爀ᄒᆞᆫ光焰이雲霄를亘치、아니ᄒᆞ얏스리오人이有言ᄒᆞ되器가滿ᄒᆞ면傾이라、ᄒᆞ더니越人이伊時에果然自顧已滿ᄒᆞᆫ지라擁金、睥睨ᄒᆞ야井蛙가無天ᄒᆞ며文恬武嬉ᄒᆞ고日甚一日ᄒᆞ야其間積腐ᄒᆞᆫ政教가事々히다明、淸을仿ᄒᆞ야文人은陳編을兎守ᄒᆞ고僞學을鴉塗ᄒᆞ야其得志를自矜ᄒᆞ고武人은旗鼓美觀과拳棍兒戲로自謂ᄒᆞ되無前勇武라、ᄒᆞ고其最可鄙ᄒᆞᆫ者ᄂᆞᆫ民權을抑制ᄒᆞ고輿論을芻狗ᄒᆞ야凡國家謀議에民黨이從傍咨嗟ᄒᆞᆯ뿐이라孟子가言ᄒᆞ되國은自伐ᄒᆞᆫ後、人이伐ᄒᆞᆫ다、ᄒᆞ얏스니、이런故로數萬里外洋의法蘭西人이來ᄒᆞ얏노라(南人이ᄅᆞᄃᆡ大法이라)

法蘭西가、百年前에其教徒로、ᄒᆞ야곰西貢、河仙等處에來ᄒᆞ야傳道키를請ᄒᆞ니此時에法人이이믜越南을窺覦ᄒᆞᆫ志가有ᄒᆞ나越南의君臣이輯睦ᄒᆞ고政教가無缺ᄒᆞ며、또國中虛實을不知ᄒᆞ야動치、못ᄒᆞ다가嗣德初年에至ᄒᆞ야越南이政教가腐敗ᄒᆞ고民權이日削ᄒᆞ야公論이不伸ᄒᆞᄂᆞᆫ지라、이에越南의垂亡ᄒᆞᆯ時候를知ᄒᆞ고法國이教徒를遣ᄒᆞ야通商을乞ᄒᆞ고、또商船을西貢에大集ᄒᆞ고兵船으로、써不意에沱㶟(越南扼要海口)에入ᄒᆞ야攻伐ᄒᆞ기三年에得志치、못ᄒᆞ고去ᄒᆞ더니自此로、더욱畜忿潛謀ᄒᆞ야眈覗ᄒᆞ기更甚ᄒᆞ니此ᄂᆞᆫ法人이越南을取ᄒᆞᄂᆞᆫ第一舉라

越南이萬一此時에兵政을大脩ᄒᆞ고民權을大振ᄒᆞ며君臣上下가勵精、圖治ᄒᆞ야外洋智學을深求ᄒᆞ고積腐ᄒᆞᆫ規模를洗刷ᄒᆞ얏스면、오히려國을可爲ᄒᆞ겟거ᄂᆞᆯ、이에越南은不然ᄒᆞ야君黨을尊ᄒᆞ고民權을抑ᄒᆞ며虛文을崇尙ᄒᆞ고武士를賤視ᄒᆞ야盜賊이庭에서伺ᄒᆞ거ᄂᆞᆯ妻兒ᄂᆞᆫ室에서酣睡ᄒᆞ며主人은臥床에서擁被ᄒᆞ고時々로一欠伸ᄒᆞᆯ뿐이라嗚呼危哉岌々乎로다

果然嗣德十五年에至ᄒᆞ야法人이重兵을西貢에厚集ᄒᆞ고越南을要ᄒᆞ야講盟코자ᄒᆞ

거ᄂᆞᆯ越君이欽差大臣을遣ᄒᆞ야往會케、ᄒᆞ니越大臣이國章을奉ᄒᆞ고西貢에如ᄒᆞ니法人이兵으로、써規盟ᄒᆞ야曰、越南國君臣이情愿으로大法國保護를受ᄒᆞ고六省으로、써讓地를作ᄒᆞ마ᄒᆞ야圖章을押訖ᄒᆞᆫ後또約章을定ᄒᆞ야曰、越南이、이믜大法國保護를自願ᄒᆞ얏스니、다시他外國과交涉지、못ᄒᆞ리라、ᄒᆞ니此一條가、곳法人이越南을取ᄒᆞᄂᆞᆫ第二法이오

其時에三十省이完然存在ᄒᆞ고兵財가裕充ᄒᆞ얏스니萬一、奉命講和人이膽氣와機略이有ᄒᆞ야、다만通商約을講ᄒᆞ고謂々與爭ᄒᆞ얏스면如此히權利를盡失치ᄂᆞᆫ、아닐지라、또最可恨ᄒᆞᆫ者ᄂᆞᆫ當時에潘淸簡、林維義가欽差大臣으로其肝은羊豚이오其技ᄂᆞᆫ狐鼠라法人을見ᄒᆞ고、곳觳々慄々ᄒᆞ야恭々敬々히國家를雙手로奉獻ᄒᆞ얏도다

此六省은人民이勁悍ᄒᆞ고財粟이豊饒ᄒᆞ니實로越南의天府라法人이其地를經營ᄒᆞᆫ지四五十年이러니至是ᄒᆞ야狠毒ᄒᆞᆫ手段을出ᄒᆞ야越南의堂奧가、곳寂然히他人의게屬ᄒᆞ얏ᄂᆞᆫ지라

時에鄕進士阮勳과武擧人阮忠直과鄕團戶張白이擧義ᄒᆞ야法人과抗戰ᄒᆞ기屢百次라然이나、맛참니軍械가法人을不及ᄒᆞ야敗ᄒᆞᆫ지라全家가被戮ᄒᆞ고墳墓가一空ᄒᆞ니阮勳은가장烈々ᄒᆞᆫ人이라起兵時에法人의게被擒ᄒᆞ기三次오脫獄ᄒᆞ기再次라臨刑時에行詩ᄒᆞ야曰、縱死已驚胡虜魄이오不降甘斷將軍頭라ᄒᆞ고、맛참니不屈ᄒᆞ니法人이其首를梟ᄒᆞ야海에投入ᄒᆞ고

嗣德三十五年에法人이東京河內城을取ᄒᆞ거ᄂᆞᆯ城臣黃耀가血書로遺表를作ᄒᆞ고自縊ᄒᆞ니其文에曰、臣이城亡에莫救ᄒᆞ니北畿人士에多慙ᄒᆞᆫ지라願컨ᄃᆡ先臣阮知方을地下에從ᄒᆞ리다、ᄒᆞ니此ᄂᆞᆫ向者法兵이東京을襲ᄒᆞᆯ時에知方이殉難ᄒᆞ얏고時에休官、在家ᄒᆞ다가起義、死難ᄒᆞᆫ者ᄂᆞᆫ解元阮高니黨千餘를聚集ᄒᆞ야省城을謀復ᄒᆞ다가法人의게被擒ᄒᆞ야手刀로其腹을自剖ᄒᆞ니不死ᄒᆞᄂᆞᆫ지라、다시其舌을自斷ᄒᆞ야死ᄒᆞ니高가死ᄒᆞ매法人이、오히려自手로殺害치、못ᄒᆞᆷ을恨ᄒᆞ야其首를斷ᄒᆞ야梟示ᄒᆞ고未幾에諸省이相繼淪陷ᄒᆞ더니甲申建福元年、距今二十三年前(光武十年丙午計下仿此)에法兵이順京海口로入ᄒᆞ야越南에서淸國의封王ᄒᆞᆫ璽章을規ᄒᆞ야淸國에還ᄒᆞ고乙酉年에法兵이京城을攻ᄒᆞ니咸宜帝가乂安省에出奔ᄒᆞ야四方에下詔ᄒᆞ야勤王ᄒᆞ라ᄒᆞ실ᄉᆡ大臣阮福은廣東에赴ᄒᆞ야粤總督으로、ᄒᆞ야곰淸廷에乞援ᄒᆞ니法人이知ᄒᆞ

고淸廷을向ᄒ야其事를阻止ᄒ고、또越南人의來意를詰ᄒ거ᄂᆞᆯ淸廷이法人을懼ᄒ야越南人을韶州에安置ᄒ고

法兵이乂安을掠取ᄒ고咸宜帝를奪ᄒ야法京巴黎에徙ᄒ더니旣而오帝가歸國ᄒᆯ志가有ᄒ다ᄒ고南阿非利加洲、阿爾熱城에移ᄒ고越人의往來를禁ᄒ야音問이不通ᄒ고

越南의地勢가險要ᄒ고人兵이勁捷ᄒ야法人이容易히取치、못ᄒ겟거ᄂᆞᆯ嗣德帝時에奸臣陳踐誠、阮文祥이當國ᄒ니此二人은虎狠面目이오狐猾肝腸이라然而文祥이더욱奸巧ᄒ야帝心을得ᄒ고恒常簒奪ᄒᆯ志가有ᄒ더니時에國政이內腐ᄒ고法虜가外寇ᄒᆯ셰各國中에法勢가强盛ᄒᆫ지라文祥이、드ᄃᆡ여外交를借ᄒ야朝廷을脅制ᄒ고陰히其志를行ᄒ며法人의게重賂ᄒ야法人의內應이、되고彼ᄂᆞᆫ機密大臣으로機事를遇ᄒ면、몬저法人의게洩ᄒ니法人이、또ᄒᆫ重賂를予ᄒ야凡越人이英德等과通ᄒᄂᆞᆫ事를文祥이、다宣露致敗ᄒ고國中에、또范太后ᄂᆞᆫ愚貪ᄒ니此ᄂᆞᆫ嗣德帝의生母라朝政을干預ᄒ거ᄂᆞᆯ嗣德帝가事事를、다母后의게稟ᄒᆫ後、行ᄒ니阮文祥이、이에法人의賂遺로、써母后心을結ᄒ야表裏、用權ᄒ야國政을顚倒ᄒ고正人君子를陷害ᄒ야或은刀斧를橫被ᄒ고或은削黜放逐ᄒ고順京이失守時에ᄂᆞᆫ文祥이法兵을引入ᄒᆯ시阮福이出兵、迎敵코자ᄒ야文祥의게濟師를請ᄒᆫᄃᆡ文祥이、곳法營에通知ᄒ고彈藥을不給ᄒ야城이遂陷ᄒ거ᄂᆞᆯ法人이得城ᄒᆫ後에文祥이其功을恃ᄒ고封王ᄒ기를求ᄒᄂᆞᆫ지라法人이其反側ᄒᆯ가恐ᄒ야海에徙ᄒ얏다가殺ᄒ야其屍를溺ᄒ고柴鐵棺으로、써回ᄒ야文祥의子孫으로、ᄒ야곰十萬金을出ᄒ야贖ᄒ라ᄒ니法人의狡猾가如此ᄒ더라然이나虎를引ᄒ야入室ᄒ얏다가虎의게被噬ᄒ니彼虎威를假ᄒ야逞志ᄒᄂᆞᆫ者ᄂᆞᆫ祥賊으로、써爲鑑ᄒᆯ지어다

小人이當國ᄒ며朝廷이空虛ᄒᆫ지라向者京城이亡ᄒᆯ時에勤王詔가下ᄒ니應詔ᄒ야死事ᄒᆫ者ㅣ다邊郡의左遷ᄒᆫ者가、아니면、곳江湖의閒散ᄒᆫ無職、無位의仁人君子라手에寸鐵이無ᄒ고、오작義憤所激에死를視ᄒ기歸ᄒᆷ과如ᄒ니、곳此時西貢은淪沒ᄒᆫ지久ᄒ야覊束이太嚴ᄒᆫ故로法國과爲梗ᄒᆫ者ㅣ無ᄒ고此外에南北兩畿의諸省과山邊海徼ᄭᅡ지漢族과淸變이到處에斬木、揭竿ᄒ야法人을拒敵ᄒᆯ시久者ᄂᆞᆫ二十年이오近者ᄂᆞᆫ一二年이니其法人과戰死者도有ᄒ고法人의게被捕ᄒ야死ᄒᆫ者도有ᄒ고法人의招誘를不屈ᄒ다가死ᄒᆫ者도有ᄒ고法臣을陽爲ᄒ고義黨을陰結ᄒ

다가法人의게被覺ᄒᆞ야死ᄒᆞᆫ者도有ᄒᆞ고忿極、塡胸ᄒᆞ야自殺ᄒᆞᆫ者도有ᄒᆞ니可惜ᄒᆞ도다幾千年江山精氣의所種ᄒᆞᆫ英人傑士가厄을遇ᄒᆞ야蘭蕉玉焚ᄒᆞ야南海怒潮로化ᄒᆞ야逝去ᄒᆞ니寃哉痛哉라言이此에及ᄒᆞ미鼻酸心痛ᄒᆞ야撫膺大慟에言코자ᄒᆞ니忍言치、못ᄒᆞ겟고不言코자ᄒᆞ니、또忍ᄒᆞ야不言치、못ᄒᆞᆯ지라嗟乎嗟乎라海河가淸晏ᄒᆞ면廟堂上에庸夫愚豎가高枕、飽餐ᄒᆞ고天地가塵氣ᄒᆞ면鋒矢塲에壯士豪傑이捐軀、呑恨ᄒᆞ도다大抵數千百義人壯士로、ᄒᆞ야곰國亡치前에廟堂에居ᄒᆞ고州郡에遁ᄒᆞ얏던들國이亡코자ᄒᆞ나得乎아此事를誰가爲ᄒᆞᆫ고此事를誰가爲ᄒᆞᆫ고此數千百義人壯士가泉下에셔其有知乎아其意에必然國破君亡ᄒᆞ야一身忠烈의名을買키不樂ᄒᆞ리니哀哉痛哉라有國者가其國으로、ᄒᆞ야곰、엇지忠義의名이偏有ᄒᆞ기를望ᄒᆞ리오

國亡時志士小傳

阮碧은南定人이라法人이興安을取ᄒᆞ거ᄂᆞᆯ碧이巡撫가、되야嬰城、死戰ᄒᆞ다가城陷ᄒᆞᄂᆞᆫ지라妻子를棄ᄒᆞ고山에入ᄒᆞ야義士를結ᄒᆞ니北畿人이、다麾下에隷ᄒᆞ더라二年餘에法人과累戰ᄒᆞ더니會에勤王詔가下ᄒᆞ거ᄂᆞᆯ、드듸여詔를奉ᄒᆞ고粤에如ᄒᆞ

야淸兵을引ᄒᆞ야法人과戰ᄒᆞ다가死ᄒᆞ니碧의家가戰地와相距ㅣ數千里라法人이謂ᄒᆞ되碧의死가詐言이라ᄒᆞ고全家를逮捕ᄒᆞᆯ시時에碧의母夫人이年七十餘라坡室(法人獄名)에因ᄒᆞ야屢年、不鮮ᄒᆞ고碧의所居程浦社ᄂᆞᆫ碧의事를因ᄒᆞ야法人이其豪傑을幽ᄒᆞ고其財産을籍沒ᄒᆞ야多方凌轢ᄒᆞ니此ᄂᆞᆫ碧을搜出ᄒᆞ라、ᄒᆞᆷ이라一人이盡忠에全鄕이蹂躪ᄒᆞ니文明國의流毒이甚ᄒᆞ도다

武有利ᄂᆞᆫ南定人이라南定이失守ᄒᆞ거ᄂᆞᆯ有利가督學官으로在ᄒᆞ다가棄官ᄒᆞ고歸ᄒᆞ야(法人이越國을初取ᄒᆞᆯ時에一城을下ᄒᆞ면、其投降者의官爵을依舊授予ᄒᆞ고奴隷와同히使役ᄒᆞᆷ이라)其友杜輝僚로、더브러收復을陰圖ᄒᆞ다가勤王詔를得ᄒᆞ고、곳起兵ᄒᆞ니法人이壓擊ᄒᆞ나不得ᄒᆞ더니時에沅文豹라、ᄒᆞᄂᆞᆫ者ㅣ有ᄒᆞ니奸佞人이라法人이美官으로賂ᄒᆞ거ᄂᆞᆯ豹ᄂᆞᆫ有利의同年이라有利의게就ᄒᆞ니有利가信用ᄒᆞ얏더니豹가法兵을引入ᄒᆞ야、이에被執ᄒᆞ니時에北畿가未定ᄒᆞᆫ지라法人이官으로써人心을收拾코자、ᄒᆞ거ᄂᆞᆯ有利가不屈ᄒᆞ야畢竟其年十二月에南城市上에梟首ᄒᆞ니라

阮敎節은淸花人이니倜儻히大志가有ᄒᆞ야義兵을擧코자、ᄒᆞ다가事泄ᄒᆞ야法人이杖鞫ᄒᆞ고其黨을問ᄒᆞ거ᄂᆞᆯ不答ᄒᆞᆫ듸法人이斬刑者를示ᄒᆞ기數次가、되니此ᄂᆞᆫ敎

節로、ᄒᆞ야곰 悅服케、ᄒᆞ리오、또 叛逆ᄒᆞ야 其全家를 殲ᄒᆞ고자、ᄒᆞ미라 然이나 敎師이 畢竟不對ᄒᆞ니 法人이 因此에 驅ᄒᆞ더라 敎師이、々에 緇衣를 着ᄒᆞ고 枷鎖을 荷ᄒᆞ고 役刀를 執ᄒᆞ고 法兵背後로 從ᄒᆞ야 擔荷役을 供ᄒᆞ니 嗚呼라 此人은 四十年前에 儒冠文履에 日相徜徉ᄒᆞ든 阮敎師이라 敎師이 元來進士로 知府官을 歷ᄒᆞ고 國難을 憤ᄒᆞ야 山寨好漢을 結ᄒᆞ더니 今에 此不死ᄒᆞᆷ은 惜死ᄒᆞᆷ이、아니라 嗟呼라 此老心事가 何日에야 一含泉下笑를 作ᄒᆞ리오

丁文質은 又安人이니 應詔ᄒᆞ야 義兵을 起ᄒᆞ더니 兵敗ᄒᆞ야 被執ᄒᆞ니 法人이 其屍를 梟ᄒᆞ야 屍가 爛ᄒᆞᆫ지라 門人이 收葬키를 請ᄒᆞ니 法人이、다만 屍身을 予ᄒᆞ고 其首를 奪ᄒᆞ야 燒ᄒᆞ니 時에 丁의 父親과 其弟ᄂᆞᆫ 國難에 死ᄒᆞ고 一男 一女가 有ᄒᆞ니、다 年幼ᄒᆞ거ᄂᆞᆯ 法人이 盡戮ᄒᆞ니 文明國의 暗殺ᄒᆞᆷ이 如此ᄒᆞ더라

阮効와 潘伯雨은 廣南人이라 散官으로 起義ᄒᆞ야 血戰ᄒᆞ기 三年에 法人이 屢敗ᄒᆞ더니 時에 廣義人 阮紳이 初에ᄂᆞᆫ 義會에 附名ᄒᆞ더니 後에 義會를 叛ᄒᆞ고 法人의게 投ᄒᆞ니 又法人奴隷中에 最著名ᄒᆞᆫ 者오 其謀猿猱이、또ᄒᆞᆫ 法人의 黠猾가、되야 効、雨 二人의 所在處를 極力蹤跡ᄒᆞ니 法人이、々에 紳、謀로써 偵鬼를 作ᄒᆞ야 効、雨 二人을 捕ᄒᆞ기 急ᄒᆞ거ᄂᆞᆯ 効、雨이 自思ᄒᆞ되 兵이 敗ᄒᆞ면 全 三省義士가、다 法人의 魚肉이、되리라 ᄒᆞ고、이에 効가 雨의게 謂曰、三省義會ᄂᆞᆫ 君吾 二人이 主張ᄒᆞᆫ 者라 事가 不成ᄒᆞ면 有死ᄒᆞᆯ 분이니 然이나 俱死ᄒᆞ야도 無益ᄒᆞᆯ지라 君이 先死ᄒᆞ면 我ᄂᆞᆫ 其黨을 散ᄒᆞ고 吾가 身으로써 法人의게 任ᄒᆞ야 法人이 我를 鞫問ᄒᆞ거든 我ㅣ 極力으로 吾黨을 爲ᄒᆞ야 脫死케、ᄒᆞ리니 我 一人의 死ᄒᆞᆷ은 可惜ᄒᆞᆯ비 無ᄒᆞ고 吾黨을 存ᄒᆞ얏다가 他日에 吾志를 成ᄒᆞ면 此ᄂᆞᆫ 吾가 生ᄒᆞᆷ이라、ᄒᆞ니 雨이 慨然히 許諾ᄒᆞ고 冠帶를 着ᄒᆞ고 望闕五拜ᄒᆞ고、또 效를 向ᄒᆞ야 再拜曰、君은 勉旃ᄒᆞ라 我가 去ᄒᆞᆫ다ᄒᆞ고、又藥囊을 傾ᄒᆞ야 一飮에 命이 盡ᄒᆞ니 大抵 雨이 起兵時브터 衣囊中에 鴆藥을 貯ᄒᆞ야 死志를 懷ᄒᆞᆫ지 久ᄒᆞ더라、이에 効가 被擒ᄒᆞ야 順京에 解赴ᄒᆞ니 法人이 刑官을 集ᄒᆞ고 廷鞫ᄒᆞᆯ시 廣南 三省義士가 數百人이라 然이나 効가 言ᄒᆞ되 三省人中에 甘心으로 此事를 起ᄒᆞᆫ 者ᄂᆞᆫ、오직 我 一人뿐이오 其餘ᄂᆞᆫ 다 我의 力脅이라 彼가 我의 燒殺을 懼ᄒᆞ야 不得已 來從ᄒᆞᆷ이오 他心이 無ᄒᆞ니、오직 我 一人을 斬ᄒᆞ라ᄒᆞ야 獄이 成ᄒᆞ도록 畢竟 一言이 無ᄒᆞ고 頸을 伸ᄒᆞ야 就戮ᄒᆞ며 時에 其麾下士 胡學은 市役으로 起兵ᄒᆞ야 驍將名이 有ᄒᆞ더니、또ᄒᆞᆫ 被戮ᄒᆞ니 嗚呼라 此 二人이여 家破ᄒᆞ야도 不問ᄒᆞ고 身死ᄒᆞ야도 不恤ᄒᆞ고、오직 區々히 其黨을 存ᄒᆞ야 後圖

로成코자ᄒᆞ니此ᄂᆞᆫ人眼中腦中에ᄂᆞᆫ、다만祖國과同胞뿐이라此等肝腸은眞是天地가欲ᄒᆞ고鬼神이保ᄒᆞᆯ지로다

阮壯ᄂᆞᆫ乂安人이니本來綠林豪傑이라人生家業을不事ᄒᆞ고每常에短刀로自隨ᄒᆞ야法人의名을聞ᄒᆞ면、곳怒目切齒로頭髮이上指ᄒᆞ야曰、此賊을必殺ᄒᆞ리라、ᄒᆞ고義黨에投ᄒᆞ야百餘戰을經ᄒᆞ되賊을避치、아니ᄒᆞ고士卒을善撫ᄒᆞ야恩愛가備至ᄒᆞ고鎗械와貨銀을部下에分予ᄒᆞ고一文도入囊치、아니ᄒᆞ며死ᄒᆞᆫ後에法人이墓를發ᄒᆞ고

義兵擧營高勝과義兵提領阮樘은、다河靜人이니勝은果敢善戰ᄒᆞ고洋砲를一見ᄒᆞ되其式을仿ᄒᆞ야製造ᄒᆞ니精妙ᄒᆞ기法人에不下ᄒᆞ며法人을殺ᄒᆞ기最多ᄒᆞ니法兵이相戒ᄒᆞ야勝을遇ᄒᆞ면遠避ᄒᆞ더라勝이死ᄒᆞ니法人이其所居鄕里를燬ᄒᆞ고阮樘은果敢ᄒᆞ기高勝에不下ᄒᆞ고謀略은勝보다過ᄒᆞ더라法人이初來時에樘이、곳法兵에投ᄒᆞ야細作이、되고法兵을引ᄒᆞ야匪徒를拿ᄒᆞᆯ시陰히徒黨을謀ᄒᆞ야酒食으로써法兵을餉ᄒᆞ고其醉ᄒᆞᆷ을乘ᄒᆞ야誅ᄒᆞ고其砲械를奪ᄒᆞ야義黨에奔ᄒᆞ야出帝의詔를奉ᄒᆞ고兵士를領ᄒᆞ야赴戰ᄒᆞᆯ시能히遊銃擊背ᄒᆞ고以逸、待勞ᄒᆞ며臨變從容에應機ᄒᆞ기神速ᄒᆞ야古名將의風이有ᄒᆞ며屢次法人과交鋒ᄒᆞ되敗時가無ᄒᆞ더라然이나大勢가已傾ᄒᆞ야畢竟死ᄒᆞ니라樘、勝이死ᄒᆞ되河靜에、다시名將이無ᄒᆞ니樘、勝은、다潘廷逢의麾下라逢이御史가、되더니會에權奸이當國ᄒᆞ야帝를廢立ᄒᆞᆯ시刀斧가林立ᄒᆞ고朝臣을集ᄒᆞ야聽命ᄒᆞ라ᄒᆞ니擧朝가屛息ᄒᆞ거ᄂᆞᆯ逢이獨히抗章、斥劾ᄒᆞ야義氣가凜々ᄒᆞ고鼎鑊을不避ᄒᆞᆷ이如此ᄒᆞ더라勤王詔가下ᄒᆞ되逢이山屯을築ᄒᆞ고法堡를掠ᄒᆞ며諸道義兵을董率ᄒᆞ더라時에一省人民이法人의게臨附ᄒᆞ야號令이不行ᄒᆞ고法人의게歸降ᄒᆞᆫ黃高啓ᄂᆞᆫ逢의同邑人이라甘言厚幣로誘ᄒᆞ거ᄂᆞᆯ不聽ᄒᆞ고、또新君이法國에被劫ᄒᆞᆫ後또誘ᄒᆞ거ᄂᆞᆯ、또不從ᄒᆞ니法人이其眷屬을執ᄒᆞ고其先墓를發ᄒᆞᄂᆞᆫ지라逢의子弟가哭告ᄒᆞᆫ대逢이曰國恩을世受ᄒᆞ얏스니國으로、더브러禍를同受ᄒᆞᆯ지라此ᄂᆞᆫ、곳我先人의甘心ᄒᆞᆯ배니吾가先志를成ᄒᆞᆷ이라ᄒᆞ고、드듸여據險、養兵ᄒᆞ고儲糧、造械ᄒᆞ야、더욱進取코자ᄒᆞ니聲勢가兩畿에行ᄒᆞ더라然이나會에廣義降賊阮紳이法人의獵犬이、되야其麾兵數千과法兵數千을率ᄒᆞ고分道、進拒ᄒᆞ야兵이入境키前에逢이罹病ᄒᆞ야死ᄒᆞ니法兵이、드듸여勦捕ᄒᆞ고時에高勝과阮樘이已死ᄒᆞ야兵이潰ᄒᆞ니라逢이死ᄒᆞ되法人이逢의屍를厚賞으로購ᄒᆞ거ᄂᆞᆯ麾下에指引ᄒᆞᄂᆞᆫ者가無ᄒᆞ더니法人이諸山中에遍求ᄒᆞ야得ᄒᆞᆫ後、其屍를火油에燒ᄒᆞ고또、欲

灰ᄒᆞ야葬ᄒᆞᆯ가慮ᄒᆞ야、다시其骸灰를風에飄散ᄒᆞ니古今以來에如此히慘刑酷狀은初見ᄒᆞᆯ지로다

乙酉年七月에潘廷逢이死ᄒᆞ고義黨이潰散ᄒᆞ니法人이軍費二十萬圓을四省民의게賠償케ᄒᆞ고越國을定ᄒᆞᆫ지라、이에三十六省의一百二十餘府縣의土地와五千萬男婦老幼와至於山巒洞丁ᄭᆞ지、다法人管轄에歸ᄒᆞ니此ᄂᆞᆫ法人이越南을取ᄒᆞᆫ結局이라法人이此後로其毒手段을出ᄒᆞ야越南을蹂躪ᄒᆞ니라

法人이越南人을困弱愚蟄ᄒᆞᄂᆞᆫ情狀

嗚呼라越南人이三十年來로干戈가僅畢에水火가至ᄒᆞ고水火가纔畢에刀鈒이又至ᄒᆞ야幾番蹂躪에餘喘이僅存ᄒᆞ니此後ᄂᆞᆫ、엇지、또法人의毒手段을堪ᄒᆞ리오方今에割剝魚肉ᄒᆞ기日甚一日ᄒᆞ야早晩에越人의遺種이無ᄒᆞᆯ지라

今에法人의毒手段을說코자ᄒᆞ나、다만恐컨ᄃᆡ聽者가言者의過度ᄒᆞᆷ을疑ᄒᆞᆯ지로다然이나大抵法國은强盛ᄒᆞᆫ國이라弱小ᄒᆞᆫ越國을魚肉愚蟄ᄒᆞ기如此ᄒᆞᆫ故로今에我의耳目所及者를擧ᄒᆞ야說出ᄒᆞ고聽說假言이、아니니萬一一毫라도虛謊ᄒᆞᆫ語가有ᄒᆞ면天地가容饒치、아닐지라大抵越南은人君이有ᄒᆞ거ᄂᆞᆯ今에法人이如何케處置ᄒᆞᆷ을言ᄒᆞ리라

越南故君은咸宜帝니冲齡에在位ᄒᆞ엿스니何如ᄒᆞᆫ失德과何如ᄒᆞᆫ罪惡이有ᄒᆞ리오然이나法人이京城을攻下ᄒᆞ니咸宜帝가出走ᄒᆞ거ᄂᆞᆯ法人이追執ᄒᆞ야絶域에遷ᄒᆞ니曰、南亞非利加洲의亞爾熱城이라密室에幽囚ᄒᆞ고外人과交通을絶ᄒᆞ며幷히越人의音信을絶ᄒᆞ니如此ᄒᆞᆫ幼君을異域에出囚ᄒᆞ고法人이此君으로써奇貨를作ᄒᆞ야每年에三萬金을取ᄒᆞ야曰、越帝를供養ᄒᆞᄂᆞᆫ費라ᄒᆞ고法人이越國收入常賦를三欵에分ᄒᆞ야其二欵은法人의게全歸ᄒᆞ야越人이干預치、못ᄒᆞ고其一欵은越國의君臣을收養ᄒᆞᄂᆞᆫ費를作ᄒᆞᆯᄉᆡ每年此一欵中에서舊越帝幽囚供養費를抽出ᄒᆞᆫ다ᄒᆞ나其實은供養與否를越人이不知ᄒᆞ며

越南에現君은成泰帝라法人이宮內에一殿을留ᄒᆞ야居住케ᄒᆞ고稱曰皇帝라ᄒᆞ며法兵이殿門을環守ᄒᆞ야一出一入에法兵이看管ᄒᆞ고國君이都門一步를出ᄒᆞ면法人의號令을奉ᄒᆞ고國中의一切政令과詔旨를、다法人의게稟白ᄒᆞ야法人이見許ᄒᆞᆫ後에야敢히施行ᄒᆞ고、또法人이懿旨를自出ᄒᆞ면越人中法人의奴隷된者ㅣ곳見君ᄒᆞᄂᆞᆫ五拜三叩頭禮를行ᄒᆞᆫ後、惟々遵辦ᄒᆞ고那皇帝ᄂᆞᆫ拳立拱々ᄒᆞ야頭를一點ᄒᆞᆯᄲᅮᆫ이오、

다시開口ᄒᆞ야一聲을開치、못ᄒᆞ니如此히越帝가無權無勢히孩兒와一般이어ᄂᆞᆯ法人은、오히려公然히大法、大越兩國皇帝라諧ᄒᆞ야此木居、土坐ᄒᆞᆫ虛位를留ᄒᆞ고種々惡虐ᄒᆞᆫ事를國中에頒布ᄒᆞ며、또外國에傳播ᄒᆞ야曰、此ᄂᆞᆫ越南國君臣의所願이오此ᄂᆞᆫ越南國君臣의順受ᄒᆞᄂᆞᆫ事라ᄒᆞ고

法人이、또保護二字로써五洲各國을瞞ᄒᆞᆯ시大抵約章上에一國이有利ᄒᆞ면各國이均沾ᄒᆞᆫ다、ᄒᆞ이어ᄂᆞᆯ法人이自思ᄒᆞ되法人의種々ᄒᆞᆫ惡行爲를他國이知ᄒᆞ면貲言이有ᄒᆞᆯ가恐ᄒᆞ야越國王族을緊々縛束ᄒᆞ며每月에兩三次式、王의族譜를點檢ᄒᆞ야按名、照驗ᄒᆞ다가欠名者가有ᄒᆞ면、반다시四面窮追ᄒᆞ야嚴刑、治罪ᄒᆞ니此ᄂᆞᆫ秘密事를漏洩ᄒᆞᆯ가恐ᄒᆞᆷ이오法人이近來에ᄂᆞᆫ、또王族의口食을絕ᄒᆞ니王族이貧困ᄒᆞ야生活ᄒᆞᆯ道가無ᄒᆞᆫ지라奚暇에出外、控訴ᄒᆞᆯ力이有ᄒᆞ리오

越南國은臣子가有ᄒᆞᆫ國이라法人이越南臣子를如何케處置ᄒᆞᆷ을我同人이聽ᄒᆞᆯ지어다越南이國破君亡ᄒᆞ야如此히可痛可恨ᄒᆞᆫ데至ᄒᆞ얏스니此時에越南臣子가國王의水土恩澤을受ᄒᆞᆫ지라、엇지偸生過活키를望ᄒᆞ리오然이나越人의氣力이萬々코法人을不當ᄒᆞᆯ지라譬컨되三歲兒가孟賁과烏獲을拒抗ᄒᆞᆷ과如ᄒᆞ니、엇지不敗ᄒᆞ리오、

이에越人이敗ᄒᆞᆫ後、屈服치、아니ᄒᆞ고忿極自死ᄒᆞᆫ者도有ᄒᆞ고、또投首、求免者도有ᄒᆞ니大抵法人을抗拒ᄒᆞᄂᆞᆫ者ᄂᆞᆫ極히毒手를下ᄒᆞ야他의妻子를囚繫ᄒᆞ고他의鄕族을連累ᄒᆞ고他의墳墓를掘ᄒᆞ니其不服者ᄂᆞᆫ其受罪ᄒᆞᆷ이或應當ᄒᆞᆫ事라、엇지法人을怨恨ᄒᆞ리오然이나其生者ᄂᆞᆫ、오히려言ᄒᆞᆯ비、아니오、오직더욱可憐ᄒᆞᆫ者ᄂᆞᆫ法人이死者의骸骨을碎解ᄒᆞ야城門에懸ᄒᆞ고水火에投ᄒᆞ니此가、엇지天理에合當타、ᄒᆞ리오至於阮高와何文美ᄂᆞᆫ元來、無罪ᄒᆞᆫ人이라其妻子가困苦、無依ᄒᆞ야寃哭愁呻에天裂地崩ᄒᆞ니其一滴血이入地ᄒᆞᆫ들法國에何損ᄒᆞ리오然이나今에法人은積忿을洩코자ᄒᆞ야其屍를搜出燒爛ᄒᆞ고其首ᄂᆞᆫ割ᄒᆞ야梟示ᄒᆞ니彼窮鬼殘屍가、엇지作賊ᄒᆞ리오然이나黑禿々ᄒᆞᆫ髑髏가天地에最慘惡刑을受ᄒᆞ거ᄂᆞᆯ法人은、도로혀拍手、稱快ᄒᆞ야歡喜、不已ᄒᆞ니此가、곳人情上에駭惋莫測ᄒᆞᆯ비오、또投首、求免ᄒᆞᄂᆞᆫ阮娍、潘仲謀、阮光琚等一般人은他가、곳怯怯蠢蠢ᄒᆞᆫ一漢子라低首、下氣ᄒᆞ야向人、乞哀ᄒᆞ니留ᄒᆞ기可嫌이오殺키도不忍ᄒᆞ거니와至於法人으로論ᄒᆞ면他가、이믜降伏ᄒᆞ얏스니、엇지他를殺ᄒᆞᆫ後에야快樂ᄒᆞ리오然이나法人은不然ᄒᆞ야、곳投降ᄒᆞᆫ數百人을北門外에驅出ᄒᆞ야一叙으로揮殺ᄒᆞ고、또其心에不足ᄒᆞ야他의家

族으로、ᄒᆞ야곰認屍、收葬을禁ᄒᆞ야暴骨、流血에行人이絶跡ᄒᆞ며法人은、또極히狡猾ᄒᆞ야初時에ᄂᆞᆫ其來降者ᄅᆞᆯ甘言賞ᄒᆞ야他로、ᄒᆞ야곰自相牽引ᄒᆞ야陸續俱出케、ᄒᆞ고山中에巢穴이空ᄒᆞᆫ後에ᄂᆞᆫ、곳北門에引出ᄒᆞ야向者出首人ᄭᅡ지幷히戮殺ᄒᆞ얏스니大抵汝越南人아兩目을睜開ᄒᆞ고仔細看觀ᄒᆞ야法人을可恃라謂치、말지어다彼法人이越南、未定時에ᄂᆞᆫ出首、免罪文을揭示ᄒᆞ야千口萬口로叮嚀明白ᄒᆞ더니今에法人이何如ᄒᆞ고汝越南人이至今에도、오히려法人을恃ᄒᆞᄂᆞᆫ가法人이、또越南을初取時에ᄂᆞᆫ美官醲賞으로越人을餌ᄒᆞ야獵犬과假鬼ᄅᆞᆯ作ᄒᆞ다가及其歲月이積ᄒᆞ야臭囊에金帛이多ᄒᆞ면、곳瑕垢ᄅᆞᆯ吹索ᄒᆞ야其囊을全奪ᄒᆞ니、이에保護統監은其利ᄅᆞᆯ坐享ᄒᆞ고惡名은此輩가分任ᄒᆞ니其奸譎홈이古今에無二오

또汝越南國人民아法人이何如케越民을處置ᄒᆞᄂᆞᆫ지、또仔細聽省ᄒᆞᆯ지어다越民이國亡키前에ᄂᆞᆫ其稅出ᄒᆞᄂᆞᆫ稅錢이、오작庸과租二者ᄲᅮᆫ이라此外에ᄂᆞᆫ、다시雜稅가無ᄒᆞ니其庸이라홈은、곳身稅錢이니每戶에、다만八九千或二三千文이라每人에銅錢三百文에不過ᄒᆞ고、또其中에凋殘、不堪ᄒᆞᆫ者ᄂᆞᆫ、다시蠲免ᄒᆞ고其租錢은即田土稅니三四十畝에一畝稅ᄅᆞᆯ出ᄒᆞ야政府에셔人民의게待遇ᄒᆞ기其寬ᄒᆞᆫ故로姑息政體가變ᄒᆞ야懶惰ᄒᆞᆫ氣習을成ᄒᆞ얏스니今에法人이得國ᄒᆞᆫ後、萬一興滯、振弊에留意ᄒᆞ야人民으로ᄒᆞ야곰錢銀을出ᄒᆞ야民智와民利을開ᄒᆞ얏스면、엇지大幸치、아니리오마ᄂᆞᆫ法人은此思想이全無ᄒᆞ고一切利權을法人이全혀掌握ᄒᆞ야絲毫도分潤이無ᄒᆞ고民財民力과民膏民脂ᄅᆞᆯ萬端으로索取ᄒᆞᄂᆞᆫ故로越人이朝食을夕에야食ᄒᆞ고夕食은翌朝에食ᄒᆞ야如此히數年을歷ᄒᆞ면越人은、곳衣가無ᄒᆞ고食이無ᄒᆞ야、다餓殍가、될지라今에其大者로ᄡᅥ我同胞의게垂聽키ᄅᆞᆯ供ᄒᆞ노라

一은曰、田土稅니初에法人이人民으로、ᄒᆞ야곰田土ᄅᆞᆯ盡括ᄒᆞ야官에沒入ᄒᆞ고其隱瞞을告發ᄒᆞ면重賞이有ᄒᆞ니即現今陳日省은通辯人이라丁田을查出ᄒᆞᆫ功으로按察使에至ᄒᆞ니此ᄂᆞᆫ法人이鷹犬을豢養ᄒᆞᄂᆞᆫ一道라田土ᄅᆞᆯ三等에分ᄒᆞ야上等은每畝에稅銀이一圓이오其他土地도亦然ᄒᆞ며中等과下等은此ᄅᆞᆯ準ᄒᆞ야降殺ᄒᆞᆯ식人民과訂約ᄒᆞ야永히其例ᄅᆞᆯ作ᄒᆞᆫ다ᄒᆞ더니僅히一年을經ᄒᆞ야法人이謂ᄒᆞ되越民의遺荒ᄒᆞᆫ田土가多ᄒᆞ니稅額을增加ᄒᆞ여야越人이、비로소農業에勤ᄒᆞᆫ다ᄒᆞ고法人이一事ᄅᆞᆯ行ᄒᆞᆯ時에ᄂᆞᆫ、반다시仁義의說을巧飾ᄒᆞ야人의耳目을瞞ᄒᆞ니其說이、곳越南을保護ᄒᆞᄂᆞᆫ話頭라、곳田土稅도如此히逐年增加ᄒᆞ야下等은中等이、되고中等은上等

미、되니如此훈後에는其上等田은可加훌法이無훈지라、이에田簿上에其畝數를增加훌ᄉᆡ百畝에는十畝를增ᄒᆞ고十畝에는一畝를增ᄒᆞ야數年間에田土가、다만上等中等稅가有ᄒᆞ고下等稅는無훈지라(民丁簿冊도亦然ᄒᆞ야百에增十ᄒᆞ고十에增一이러라) 人民이其苦를不堪ᄒᆞ는者ㅣ法人을請ᄒᆞ야勘定ᄒᆞ라ᄒᆞ면法人이、곳究問치、아니ᄒᆞ고其田土를法國農官의게予ᄒᆞ야耕墾케ᄒᆞ고其稅는其里正(卽收稅ᄒᆞ는越官이라)의게賠出ᄒᆞ니自此로越民이出稅ᄒᆞ는田을法農이占奪ᄒᆞ야越人은稅錢만出ᄒᆞ고田土가無ᄒᆞ나越人은呼訴훌處가無ᄒᆞ고二는曰、人口稅니法人이言ᄒᆞ되民人이國家에供役훔은古今通義라萬一終歲安業코자ᄒᆞ면身稅外에、또另히役錢을出ᄒᆞ라ᄒᆞ야其人口稅銀은名曰公搜銀이니每歲에一壯丁이金二圓二十錢을出ᄒᆞ고、또役錢은曰公益銀이니每歲에一壯丁이金八十錢을出ᄒᆞ니此는每歲에一壯丁所出이三圓이라其初下令時에는다만一圓되든者가遞年增加ᄒᆞ야至今은西貢民이每丁에歲納이五六圓이、되얏고越南某村에서는其全盛時에丁口가甚多ᄒᆞ다가兵火後에其太半이死ᄒᆞ얏거ᄂᆞᆯ法人의收斛ᄒᆞ는例式은有增、無减훈지라其村人이一貧如洗ᄒᆞ야公搜、公益兩件銀을納훌道가無훈지라、이에相聚謀議曰、窮窘이到此ᄒᆞ미無天、可上이오無地、可入이라我們이所

有훈人丁을率ᄒᆞ고法國保護官의게往訴ᄒᆞ야法人의烹宰를任훌지니如此ᄒᆞ면保護官이我輩를盡殺훌理가無ᄒᆞ고必然別般措處가有ᄒᆞ리라ᄒᆞ고、곳衆民이法人의게往訴훈ᄃᆡ法人이謂ᄒᆞ되汝等이妻子、家屋、田地等을賣ᄒᆞ야上納ᄒᆞ라、ᄒᆞ거ᄂᆞᆯ村民이、크게寃結ᄒᆞ야痛哭ᄒᆞ야曰、妻兒도賣ᄒᆞ얏고家屋도賣ᄒᆞ얏고田地도賣ᄒᆞ얏고、오쟉賣치、못훈者는一片天뿐이로이다、훈ᄃᆡ法人이拍案、大笑曰、汝等이、々믜一片天을未賣ᄒᆞ얏거든其天을我의게賣ᄒᆞ야券契를寫予ᄒᆞ면我ㅣ汝等의搜銀을免ᄒᆞ리라、ᄒᆞ는지라其村民이面々相覷ᄒᆞ야如何케回答훌지不知ᄒᆞ더니此時法人이紙筆을持來ᄒᆞ야賣天ᄒᆞ는文券을寫ᄒᆞ고寫訖에村民으로、ᄒᆞ야곰手訣을畵押ᄒᆞ라ᄒᆞ고押訖에村民을驅出ᄒᆞ는지라村民이出ᄒᆞ야法人이如何케處置훌지不知ᄒᆞ고憂喜가相半ᄒᆞ미畢竟法人의意想을未解ᄒᆞ다가及其村中에歸來ᄒᆞ니忽然히一隊法兵이四面으로其村을圍住ᄒᆞ야城池를攻훔과同ᄒᆞ고、다만聞ᄒᆞ니法兵이高聲大呼ᄒᆞ되汝村民아天을賣ᄒᆞ야我大法國에納ᄒᆞ얏스니上面의天은大法國이管有ᄒᆞ고汝村民의게는無關이니汝村民은天이照臨훈地에行走치、못훌것시오、또天光을曝曬치、못훌지라汝等이萬一屋墻外에向ᄒᆞ야頭面을露出ᄒᆞ면此는곳

我大法國의天을褻見홈이오我大法國의天을侵犯홈이니此는死罪라我大法國이
決斷코、輕饒치、아니리라、ᄒᆞ고虎狼과如ᄒᆞᆫ法兵數百이三日을把守ᄒᆞ니該村民
이、곳水洩、不通ᄒᆞ야晝에日光을不見ᄒᆞ고夜에、또月星을望치못ᄒᆞᆯ지라村民이
크게窮乏ᄒᆞ야法兵의게萬般哀乞ᄒᆞ야該村上에一片天을贖回ᄒᆞᆫ다ᄒᆞ고、곳妻子를
賣ᄒᆞ고家屋과田地를賣ᄒᆞ야搜銀을淸帳ᄒᆞ니法兵이、이에回去ᄒᆞ고
또寓越ᄒᆞᆫ淸商은越民의身稅보다逾重ᄒᆞ야上等身稅는六十圓이오中等은三十圓이
오下等은至少ᄒᆞ야도十圓以上이오至於越人이內地他處에遊商코자ᄒᆞ야法官의通
行文憑을乞ᄒᆞᆯ時에는法官의게銀元을納ᄒᆞᆯ시住限의遲速으로銀의多少를定ᄒᆞ고其
紙牌를領ᄒᆞᆫ後에야客店에居住ᄒᆞ되萬一紙牌가無ᄒᆞᆫ者를容接ᄒᆞ면巡警兵이法官의
게拿往ᄒᆞ야主客을同罰ᄒᆞ고、또民間은、비록公益銀을納ᄒᆞ나其徭役은依舊히不
減ᄒᆞ야民人을役ᄒᆞᆯ時에必曰雇役錢을給ᄒᆞᆫ다ᄒᆞ고初時에는幾文錢을予ᄒᆞ다가少頃
에、곳其說을變易ᄒᆞ는지라、이에人民이裹錢、裹飯ᄒᆞ야其役을自爲ᄒᆞ고
三은曰、屋居稅니房을照ᄒᆞ야欵을定ᄒᆞ고逐項、徵收ᄒᆞᆯ시其例가不一ᄒᆞ야城廂에
環ᄒᆞᆫ者는上等房屋에歲出銀이九十圓或百圓이오中等房屋은歲出銀이五十圓、六

十圓이오下等房屋은歲出銀이二十圓、三十圓이오房屋前後는堂軒稅를出ᄒᆞ고堂
外에는庭稅를出ᄒᆞ고庭外에는門欄稅오門欄外에는園居稅가有ᄒᆞ나、또一定ᄒᆞᆫ規
則이無ᄒᆞ고、오직房屋例를照ᄒᆞ야增減ᄒᆞᆯ시各人門外에、다法文으로記號를寫明
ᄒᆞ고無者는瞞稅ᄒᆞ얏다ᄒᆞ야、곳重罰ᄒᆞ고立時逐去ᄒᆞ며
四는曰、渡頭稅니江河橫渡處에、다만數尺水가隔ᄒᆞ야도、곳收稅ᄒᆞ는公司가有
ᄒᆞ야其役은越人이執ᄒᆞ고其銀은法員의게納ᄒᆞᆯ시每大江一津에一人이渡江ᄒᆞ면、
곳三四十文이오至小ᄒᆞ야도一人에六七文이라貧人의貿易生涯가極히困苦ᄒᆞ고
五는曰、生死稅니男女가生ᄒᆞ면、곳法人衆辦堂에銀을무納ᄒᆞ고男女가死時에도
法人衆辦堂에向ᄒᆞ야驗視ᄒᆞ기를乞ᄒᆞᆯ시乞驗銀을納ᄒᆞ기는其人의貧富를視ᄒᆞ야差別
이有ᄒᆞ니此는身稅를逃漏ᄒᆞᆯ가恐홈이오
六은曰、契券稅니越國에雇借、賣買、田土、家屋、詞訟等憑單에用紙가多ᄒᆞᆫ지라
法人이一術을出ᄒᆞ야越南紙中에法人의印信을押下ᄒᆞ고以上所用各件을、다法人
의게向ᄒᆞ야此紙를取ᄒᆞᆯ시銀을納ᄒᆞ고買去ᄒᆞ되此紙를不用ᄒᆞ면國法을犯ᄒᆞ얏다、
ᄒᆞ고一切事件을不行케ᄒᆞ며

七은曰、人事雜稅니或僧을請ᄒᆞ든지或忌臘祭享과或一椽을改ᄒᆞ든지一瓦를易ᄒᆞ든지凡送葬、慶賀等事에聚會ᄒᆞ기一筵에一時辰과一聲鼓吹와一口簫까지貴賤及何等人家를不問ᄒᆞ고、다法官의게銀三十錢或五十錢을納ᄒᆞ고

八은曰、船戶稅니此稅도、또ᄒᆞᆫ房屋稅를照ᄒᆞ야上中下三等에分ᄒᆞ니上等은稅納이百圓或二百圓이오中等은此에半이오下等은、또此에서半이、되고其最慘ᄒᆞᆫ者ᄂᆞᆫ漁戶니漁戶ᄂᆞᆫ元來田地와房屋이無ᄒᆞ고、또工商各藝를不知ᄒᆞ야、오직一葉船으로生涯를、삼ᄂᆞᆫ지라故로從前越廷이此等의게征取가無ᄒᆞ야、다만水役을供ᄒᆞ고役錢을給ᄒᆞᆯ뿐이러니今에ᄂᆞᆫ法人이一々徵收ᄒᆞ야一漁民의幾隻船과一船의幾人口를査出ᄒᆞ야每人아人口銀을出ᄒᆞ고、또船屋錢을出ᄒᆞ며及其魚를得ᄒᆞ야市塲에向ᄒᆞ면、또魚稅錢을取ᄒᆞ니以上諸船稅ᄂᆞᆫ船頭에、다法文記號가無ᄒᆞᆫ者ᄂᆞᆫ重罰ᄒᆞ며

九ᄂᆞᆫ曰、商賈稅라其最重者ᄂᆞᆫ旅商店이니、또ᄒᆞᆫ大中小三項에分ᄒᆞ고其貨物을照ᄒᆞ야銀을收ᄒᆞᆯ식大項은歲出이二三百圓이오中項은半이오小項은、또此에半이라、곳一小々商壓幾件賣品까지、다有稅ᄒᆞ고至於賣漿、賣菜、賣柴等種小生涯라도、또ᄒᆞᆫ稅錢이有ᄒᆞ고

十은曰市廛稅니市廛을大中小三等에分ᄒᆞ야所在處에銀을法人의게納ᄒᆞ니大市ᄂᆞᆫ七八百圓이오中小ᄂᆞᆫ降殺ᄒᆞ며、또行市者의稅ᄂᆞᆫ一肩柴、一籃菜에도、또納稅ᄒᆞ여야市中에入ᄒᆞ니故로樵夫와野人이歸路에、다만嗷々相向ᄒᆞ야稅錢의多少를問ᄒᆞᆯ뿐이오他語가無ᄒᆞ며

十一은壚、酒稅니其初에ᄂᆞᆫ法人이、다만賣壚戶의게壚田稅를責納ᄒᆞ더니後에越人의嗜壚ᄒᆞᆷ을見ᄒᆞ고國內에令ᄒᆞ야壚田이有ᄒᆞᆫ者ᄂᆞᆫ其稅를出ᄒᆞ기田土例와同히徵收ᄒᆞ되其額은一倍가、되고其壚貨ᄂᆞᆫ法人이自煮ᄒᆞ고壚戶로、ᄒᆞ야곰其役을供케ᄒᆞᆫ後、若干式其價錢을少還ᄒᆞ며壚이資成ᄒᆞ면賣壚을業ᄒᆞᄂᆞᆫ者ㅣ銀을出ᄒᆞ야壚을買ᄒᆞᆯ식法人이銀을照ᄒᆞ야、곳壚을授ᄒᆞᆫ後에一紙牌를給予ᄒᆞ니此紙牌ᄂᆞᆫ其所買壚의多少를受ᄒᆞ얏다ᄂᆞᆫ意를寫ᄒᆞᆷ이라自此로一升壚에、곳兩重稅가、되니一은壚田稅오一은買壚紙牌稅오及其其人이買壚ᄒᆞᆫ後에ᄂᆞᆫ、또法人商政司에至ᄒᆞ야勘驗케를乞ᄒᆞ면商政司에서若干斤、若干重을秤定ᄒᆞᆫ後、銀을納ᄒᆞ고賣壚稅牌를取ᄒᆞ니前兩重稅ᄂᆞᆫ盜賣을防ᄒᆞᆷ이오此一重稅ᄂᆞᆫ市上에往賣ᄒᆞᆷ을許ᄒᆞᆷ이라、이에一升壚이三重稅가、되고三重稅를納ᄒᆞᆫ後에야、비로소壚을持ᄒᆞ고市에往ᄒᆞᆯ식入市時에、

또市稅를納ᄒᆞ야以上合이四重稅라稅額이如此ᄒᆞ록夥多ᄒᆞ니壚産이、엇지窮乏치아니며壚價가、엇지騰昂치、아니리오前日에ᄂᆞᆫ一升壚이五六十文銅錢되든者ㅣ今에ᄂᆞᆫ四五圓銀이、되ᄂᆞᆫ지라海濱居民이、오작壚으로써生命을作ᄒᆞ거ᄂᆞᆯ法人의暴虐이至此ᄒᆞ니越人이엇지堪耐ᄒᆞ리오、이에越民이私히隣里間에自相貿易ᄒᆞ얏더니法人의偵探이極密ᄒᆞ야發覺이、되면全家가被罪ᄒᆞ고酒稅도、또ᄒᆞᆫ壚稅와同ᄒᆞ야法人이自釀ᄒᆞᆫ後、賣酒를業ᄒᆞᄂᆞᆫ者ㅣ또ᄒᆞᆫ法人을向ᄒᆞ야賣酒紙牌를領ᄒᆞ니此ᄂᆞᆫ、오작兩重稅뿐이오

十二ᄂᆞᆫ殿寺稅니人間殿宇를大中小三項에分ᄒᆞ야法員의게納稅ᄒᆞ고法文門牌를領取ᄒᆞᆫ後에奉祀케ᄒᆞ니大項은每歲五十圓이오中項은三十圓이오小項은十五圓이라故로現今西貢의廟宇가一空ᄒᆞ며

十三ᄂᆞᆫ工藝稅니越國에工藝人이多ᄒᆞ야專村에居住ᄒᆞᆯ서其地에居ᄒᆞᆫ者ㅣ其業을專ᄒᆞ니鉢場에業陶와楓林에業履와文林에鐵匠等類라法人이身稅外에工藝稅를徵ᄒᆞᆯ서業의貴賤을隨ᄒᆞ야稅의多少를定ᄒᆞ고每人에紙牌一張을給ᄒᆞ야無ᄒᆞᆫ者ᄂᆞᆫ其生涯를禁ᄒᆞ고

十四ᄂᆞᆫ地産稅니山産에ᄂᆞᆫ象牙、犀角、錦石、玉石等이오海産에ᄂᆞᆫ玳瑁、珊瑚、燕巢、珠貝等이오淸燮의桂와廣南의飴糖과乂安의鐵材、黃草와西貢의砂仁、荳蔲、椅楠、沈香과南定海陽의茶、烟草와平定의蚕絲等一切土地所産貨品에、다專稅가有ᄒᆞ고至於法人이自占ᄒᆞ야越人의關係가無ᄒᆞᆫ者ᄂᆞᆫ地稅를出ᄒᆞᆯ뿐이오貨稅ᄂᆞᆫ無ᄒᆞ고此項外에、또稅額이甚繁ᄒᆞ니今에、다만茶、烟草의稅一欵을擧ᄒᆞ야言ᄒᆞ리라

十五ᄂᆞᆫ種烟田의稅니種煙家에서法公司를向ᄒᆞ야田稅를納ᄒᆞᆯ서常田보다一倍를出ᄒᆞᆫ後비로소下種ᄒᆞ니稅가一이오

十六은生烟稅니煙草를田間에서採出ᄒᆞ야三五日內에割切ᄒᆞ야成片ᄒᆞᆫ後、若干斤、若干兩이、되면、곳法公司에納稅ᄒᆞᆫ後、出賣ᄒᆞ니稅가二오

十七은熟烟稅니烟商을業ᄒᆞᄂᆞᆫ者ㅣ造煙家에서買回ᄒᆞᆫ後、곳商政司에呈ᄒᆞ야若干斤을秤定ᄒᆞ고稅錢을納淸ᄒᆞ야稅紙牌를得ᄒᆞᆫ後에야、비로소他處에轉運ᄒᆞ니此稅ᄂᆞᆫ烟商이出ᄒᆞᆷ이니稅가三이오

十八은公局烟稅니業商者가此省에서他省으로轉運코자ᄒᆞ면、곳其所在處商政司

에納稅ᄒᆞᆫ後 紙牌를得ᄒᆞ여야 비로소散賣케ᄒᆞᄂᆞ니稅가四오
十九ᄂᆞᆫ私局烟稅니 一切諸小本商家에셔ᄂᆞᆫ大商處로向ᄒᆞ야零碎分買ᄒᆞ되 또반다
시某某處小局商政分司로向ᄒᆞ야勘定ᄒᆞ고稅牌를領ᄒᆞᆫ後에야 비로소店前에셔販
賣ᄒᆞᄂᆞ니此ᄂᆞᆫ坐商의納稅오 至於一肩의擔과一掌의提이라도 또ᄒᆞᆫ市司에納稅ᄒᆞ며
야 비로소市間에셔賣ᄒᆞᆯ시大抵法人이越人을與防ᄒᆞ기太深ᄒᆞ고越貨를[illegible]嗜ᄒᆞ기
太甚ᄒᆞ야百端營謀에萬端索取ᄒᆞ니總히越人은一線生路가無ᄒᆞᆫ後에야法人의志願
이滿足ᄒᆞᆯ지라

大抵貨項의稅가甚繁ᄒᆞᆷ은勿論ᄒᆞ고商政司에入ᄒᆞᆫ者ᄂᆞᆫ十斤에稅가有ᄒᆞ고市政司에入
ᄒᆞᄂᆞᆫ者ᄂᆞᆫ其價値가十文以上者가稅가有ᄒᆞ고巡警司에入ᄒᆞᄂᆞᆫ者ᄂᆞᆫ何人何件事를無
論ᄒᆞ고 다銀錢이 곳護身符가 되고

法人이 또人財를白取ᄒᆞᄂᆞᆫ一妙法이有ᄒᆞ니曰 共議會라法人이民間의豪猾姦黠
로鄕曲의賤業ᄒᆞᄂᆞᆫ者를選ᄒᆞ되每地方에一二三人式聚會ᄒᆞ니名曰 共議會라每月에
一個禮拜日을定ᄒᆞ야公事堂에會ᄒᆞ야利路를指畫ᄒᆞᆯ시某處에ᄂᆞᆫ某款을可히征收ᄒᆞ
겟고某事에ᄂᆞᆫ某利가有ᄒᆞ니 맛당히收拾ᄒᆞ리라 ᄒᆞ면法人이 곳此輩로써假鬼

를作ᄒᆞ야日改月新에搜幽索隱ᄒᆞ야畢竟一文도不遺ᄒᆞ고一絲도必摘ᄒᆞ여야 비
로소其意에合ᄒᆞᆫ지라此輩人等이學問과心術이無ᄒᆞ고 오직惡事에ᄂᆞᆫ[illegible]
과如ᄒᆞ니此ᄂᆞᆫ法人의用人ᄒᆞᄂᆞᆫ最善ᄒᆞᆫ處라文明國에如此手段이有ᄒᆞᆫ지可知치 못
ᄒᆞ겟고

또法人의絶妙ᄒᆞᆫ手段은人國을陰히空虛케ᄒᆞᄂᆞᆫ妙法이有ᄒᆞ니世界五洲中文明國의
所無ᄒᆞᆫ事라此ᄂᆞᆫ 곳惡兵隊(法人의募兵名)니法人이惡兵隊兵을補給ᄒᆞᆯ時에無父母 無兄
弟 無家屋 無資業ᄒᆞᆫ惡棍(流氓)을擇ᄒᆞ고 또他의面貌를察ᄒᆞ되果然極凶 極惡
極狠 極貪 極醜ᄒᆞᆫ人이라야 비로소入選ᄒᆞᆯ시其入選時에法人이該惡棍을命ᄒᆞ
야天을向ᄒᆞ야一聲大罵케ᄒᆞ고 또他의父祖를喚ᄒᆞ야極口罵詈ᄒᆞᆫ後에야法人이欣
欣歡歡히重金으로賞ᄒᆞ고該惡棍을引ᄒᆞ야入隊ᄒᆞ니此ᄂᆞᆫ法人이謂ᄒᆞ되如此히無所忌
憚ᄒᆞᆫ人이라야巡捕와偵探에善ᄒᆞᆫ다ᄒᆞᆫ지라此輩가入隊後에叅細를搜探ᄒᆞ고遺漏로
[illegible] 또夜行을禁ᄒᆞ며偶語를禁ᄒᆞ며博酒를禁ᄒᆞ며私塩盜賣를禁ᄒᆞ며竊偷貯
藏을禁ᄒᆞ며[illegible]犬與猪를禁ᄒᆞ야法網이四布에[illegible]ᄒᆞᆯ시全越
[illegible]ᄂᆞᆫ無天 無地 無身이오 오직法人의[illegible]을悅ᄒᆞ고法人의

金을取홈으로、써第一件事를、삼고平地에風波를起ᄒᆞ며無中에生有ᄒᆞ야法庭에一到ᄒᆞ면太半이、다舉空謊語라法人도其裏許를深悉ᄒᆞ야甚히憐悶ᄒᆞ나然ᄒᆞ나罰銀을出ᄒᆞ야我心이快ᄒᆞᆫ後、釋出ᄒᆞᆯ지라故로絲毫事라도罰銀이皆有ᄒᆞ니今日에罰銀이未淸에明日에罰銀이又至ᄒᆞ며

ᄯᅩ法人의一法이有ᄒᆞ니、곳民家女를劫迫ᄒᆞ야入娼ᄒᆞᄂᆞᆫ事라法人이各都會城廂處에、다娼樓를設ᄒᆞ고妓女稅錢을徵ᄒᆞᆯ시其稅가三等에分ᄒᆞ니上等은每年三十元이오中下等은此를擬ᄒᆞ야降殺ᄒᆞ고黃紙一片을給予ᄒᆞ며法文印記가有ᄒᆞ야此紙가有ᄒᆞᆫ後에야、비로소賣淫ᄒᆞ니此等女人은遊惰、無業ᄒᆞ고煙花生涯라實로人間에極賤品이니稅錢을重收홈도、ᄯᅩᄒᆞᆫ可커니와、다만法人의所爲ᄂᆞᆫ此와大異ᄒᆞ야每夜에巡警兵으로、ᄒᆞ야곰娼樓에偵探ᄒᆞ야黃紙牌가無ᄒᆞ고男子를私引ᄒᆞᄂᆞᆫ者ᄂᆞᆫ刑曹에押赴ᄒᆞ야重罰ᄒᆞ고其女ᄂᆞᆫ其本銀을納ᄒᆞ되巡警兵이娼樓稅를多得ᄒᆞ면重賞이有ᄒᆞᆫ지라、이에巡警兵이乘風、生事ᄒᆞ야人家에零丁寡婦와流落孤娘에父母兄弟가無ᄒᆞᆫ者ᄂᆞᆫ黑夜에其家에闖入ᄒᆞ야養漢、偸姦ᄒᆞᆫ다稱ᄒᆞ고恐喝이無所不至ᄒᆞᄂᆞᆫ지라彼孤窮無依ᄒᆞᆫ女子流가中訴處가無ᄒᆞ고、ᄯᅩ雷霆의威를懾ᄒᆞ야、곳歛啼、忍淚ᄒᆞ고

黃紙를乞領ᄒᆞ니從此로明明白白ᄒᆞᆫ良人이、곳賤妓場中에入ᄒᆞ야生活을求ᄒᆞᄂᆞᆫ지라自此로娼樓稅ᄂᆞᆫ日加ᄒᆞ고巡警의聲勢가愈大ᄒᆞ니嗟呼라黃紙가一番其膚에貼ᄒᆞ면、곳終身토록地獄에落ᄒᆞᆯ지라零丁弱婦가何罪를得ᄒᆞ야如此히奇慘ᄒᆞᆫ事를遭ᄒᆞᆫ고

法人이、ᄯᅩ人國을黑迷ᄒᆞᄂᆞᆫ一妙法이有ᄒᆞ니大抵越人은聰慧ᄒᆞ야敎育키易ᄒᆞ고、ᄯᅩ孔孟書를讀ᄒᆞ야道理를稍解ᄒᆞᄂᆞᆫ지라然이나法人이思ᄒᆞ되民智가開ᄒᆞ고士習이變ᄒᆞ면容易히播弄치、못ᄒᆞᆯ거시오其心思와障蔽를開ᄒᆞ면畢竟他人宇下에久居치、아니ᄒᆞ리라ᄒᆞ야、곳黔閉牢籠ᄒᆞᄂᆞᆫ術로極力舞弄ᄒᆞᆯ시越國이從前에ᄂᆞᆫ取士法이文武二科가有ᄒᆞ야國中에幷行ᄒᆞ니此ᄂᆞᆫ越國千年來腐敗ᄒᆞᆫ政治라、다可觀ᄒᆞᆯ者ㅣ無ᄒᆞ나然ᄒᆞ나至於武科ᄂᆞᆫ偏히剛彊奮勵ᄒᆞᆫ氣象이有ᄒᆞ고文科ᄂᆞᆫ武科에比ᄒᆞ면委靡柔懦ᄒᆞᆫ거ᄂᆞᆯ法人이得國ᄒᆞᆫ後에、곳武科를廢除ᄒᆞ고、오작文科를仍用ᄒᆞ니此ᄂᆞᆫ越人이元來此無用ᄒᆞᆫ賤事를癖好ᄒᆞ미此一條를留ᄒᆞ야幾個聰明少年을痴惑蒙昧케ᄒᆞ고此聰明少年이萬一此科에不由ᄒᆞ면、곳百般驅役ᄒᆞ야饑苦를不堪케、ᄒᆞᄂᆞᆫ지라自此로人才가太半이나此文科에壞敗ᄒᆞ며如此ᄒᆞᆫ지數年에越國人才가漸壞ᄒᆞ거

ᄂᆞᆫ法人이、또思ᄒᆞ되文科法도、오히려士子로、ᄒᆞ야곰讀書를喜ᄒᆞ다가其中에或知識이開ᄒᆞ야自拔키를思ᄒᆞᆯ者가有ᄒᆞᆯ지라、이에此途를掃去ᄒᆞ야讀書種子가盡絶ᄒᆞ면、곳驅策키易ᄒᆞ다ᄒᆞ고、다시一計를出ᄒᆞ야、오작法語를稍解ᄒᆞ고讀書를不知ᄒᆞᄂᆞᆫ一般人을崇重ᄒᆞ야現在에要官과美階ᄂᆞᆫ、다此輩를用ᄒᆞ고其科目으로進ᄒᆞᆫ者ᄂᆞᆫ十中에一二라大抵此輩가科目으로出身ᄒᆞᆫ者ᄂᆞᆫ元來廉恥가無ᄒᆞ야面目이不成ᄒᆞᆫ者어ᄂᆞᆯ法人이、오히려嫌忌斥退ᄒᆞ거든況眞正ᄒᆞᆫ人才야、엇지忌憚치、아니리오、이에一禁令을下ᄒᆞ니、곳呼天、拍地에嗚咽ᄒᆞ야出聲치못ᄒᆞᆯ事라法人이國中에大法學場一所와法越學場一所를設ᄒᆞ고、다만法文과法語를敎ᄒᆞ다가其人이能히法人의奴隷役을供케되면、곳卒業証을予ᄒᆞ야其業을罷ᄒᆞ고其一切精博處와一切有用事ᄂᆞᆫ越人이冊名도不知ᄒᆞ고法學場外에萬一出洋、遊學커나、밋外洋人과交通ᄒᆞ야各國言語文字를學코자ᄒᆞᄂᆞᆫ者ᄂᆞᆫ外人暗通에潛圖不軌律을照ᄒᆞ야擬罪ᄒᆞᆯ식、반다시嚴捕拿獲ᄒᆞ야該人을戮ᄒᆞ고父母妻子兄弟ᄂᆞᆫ干連이、되고不獲時에ᄂᆞᆫ其家産을籍沒ᄒᆞ고其墳墓를掘發ᄒᆞ고父母兄弟妻子ᄂᆞᆫ嚴囚擬罪ᄒᆞ니大抵此條禁例가不識케라法人意向에外國遊學과外人語言文字를學ᄒᆞᆷ이何罪가有ᄒᆞᆫ지法人이如

此히嚴禁ᄒᆞ니(現今日本人이越南의東京、西貢等處에妓館이有ᄒᆞ나、法人이또ᄒᆞᆫ越人의往來를禁ᄒᆞ니라)此ㅣ엇지越南人을愚瞽蒙昧케、ᄒᆞᆷ이아니리오、또此事가越南人을愚瞽ᄒᆞᆯ뿐아니라幷히五洲文明各强國새지、다彼의瞞飾遮掩이、되더라

法人이、또一箇法術이有ᄒᆞ니、이미銀을攘奪ᄒᆞ고、또國人을愚弄ᄒᆞ니、엇지妙絶치、아니리오法人이國中에二報館을設ᄒᆞ니一曰大法日報館이오一曰大南日報館(大南二字가奇絶ᄒᆞ도다越南이明明白白히國이無ᄒᆞ거ᄂᆞᆯ大字ᄂᆞᆫ何處에加ᄒᆞ리오法人이欺天ᄒᆞᆷ인지欺人ᄒᆞᆷ인지可知치、못ᄒᆞ리로다)이라ᄒᆞ고、다東京에在ᄒᆞ니法報館은法人이掌ᄒᆞ야報章中記載ᄒᆞᄂᆞᆫ事ᄂᆞᆫ오작法人이知ᄒᆞ고越人은看過치、못ᄒᆞ며大南報館에ᄂᆞᆫ越人이分司ᄒᆞ고法人이主席ᄒᆞ야其無廉無恥ᄒᆞᆫ數輩를選入ᄒᆞ야法人을推崇ᄒᆞ고法國을尊奉ᄒᆞ며法人이一令을出코자ᄒᆞ면、곳預先히其保護統監의盛德을讚揚ᄒᆞ고保護統監의政令을歌誦ᄒᆞ며至於時政을謗議ᄒᆞ거나時事를悲忿ᄒᆞᄂᆞᆫ語氣ᄂᆞᆫ敢히一句半字라도記載치、못ᄒᆞ고法人이報章을各處에郵寄ᄒᆞᆯ식各府縣社村에서、다報章의價銀을出ᄒᆞ니大府縣은每月에三十圓이오小府縣은十五圓이오各社村에大者ᄂᆞᆫ六圓이오小者ᄂᆞᆫ三圓이라法人외게、다輸入ᄒᆞ니每月에幾萬元이오越人은곳霧中에看天이라、엇지可哀치、아니리오

越南의將來

飮氷室主人梁啓超가此語를聞ᄒᆞ고掩面嗚咽ᄒᆞ야成聲치、못ᄒᆞ다가旣而오熱顔竪眉로巢南子를向ᄒᆞ야問曰

果然果然이면越南國이맛참니亡ᄒᆞ고越南人種이다水面의沙虫과火中의螻蟻가、되야五千萬許人種이白人種의게淪滅ᄒᆞ깃ᄂᆞᆫ가曰此ᄂᆞᆫ可知치、못ᄒᆞᆯ지라申胥ᄂᆞᆫ一身이能히存楚ᄒᆞ고楚國은三戶라도秦을亡ᄒᆞ얏스니越國에萬一人心이有ᄒᆞ면其亡不亡을可知치、못ᄒᆞᆯ지라強弱大小ᄂᆞᆫ有形ᄒᆞᆫ軀體오勇怯誠僞ᄂᆞᆫ無形ᄒᆞᆫ精神이라精神이軀體로、더브러爭衡ᄒᆞᆯ時에愈磨鍊ᄒᆞ면愈堅ᄒᆞ고愈頹唐ᄒᆞ면愈壯ᄒᆞ며始에ᄂᆞᆫ不勝ᄒᆞ나終에必勝ᄒᆞᄂᆞ니、오작勇不勇과誠不誠을爭ᄒᆞᆯ분이라萬一越人이一腔愛國心으로萬死、赴仇ᄒᆞ야痴勇과熱誠으로一刻이라도懈怠心이無ᄒᆞ면精神이飽健에閑暇가益猛ᄒᆞ야同仇敵愾ᄒᆞᄂᆞᆫ心으로法人을拒敵ᄒᆞ면越人의興復을可期ᄒᆞ리로다

曰然ᄒᆞ나越南人心이何如오曰此ᄂᆞᆫ難言ᄒᆞ니萬一顯著ᄒᆞᆫ事狀을據ᄒᆞ면一個人도越國人心이無ᄒᆞ다、ᄒᆞ깃고萬一其刻々嚼々ᄒᆞᆫ情狀을據ᄒᆞ면一個人도越國人心이無ᄒᆞᆫ者가無ᄒᆞᆯ지라其人이肝腸을把ᄒᆞ야我의게示치、아니ᄒᆞ고我가、또他의肚裏로出치、아니ᄒᆞ얏스니其心은洞知치、못ᄒᆞ나然ᄒᆞ나越國은人種國이오獸種國이、아니니我ㅣ人理로써精想ᄒᆞ야公의게問ᄒᆞ리로다

我越國의一般人은閥閱高門과詩書望族으로國恩을世受ᄒᆞ야鐘鳴鼎食ᄒᆞᆷ이、다越人의膏血이오輕裘肥馬도越人의頭顱러니可憐ᄒᆞ도다今에天崩地塌ᄒᆞ야桑田碧海라此輩가中夜、攬髮ᄒᆞ고捫心、自思에試問ᄒᆞ노니祖宗과父母가何處에서生長ᄒᆞ고妻孥服食이何處에서供奉ᄒᆞ얏ᄂᆞᆫ지一朝에異種人으로任意妄行에全國을糜滅ᄒᆞ니我ㅣ엇지忍過ᄒᆞ리오我가牛豚이、아니오我가木石이、아니라我ㅣ엇지法人을甘事ᄒᆞ리오張子房의破産은、오작五世韓恩을知ᄒᆞᆷ이오文天祥의散財ᄂᆞᆫ百年養士를不負ᄒᆞᆷ이라古人의肝腸을言ᄒᆞ면越南故家子弟가必然奮發ᄒᆞ야曰、彼何人乎何人고、ᄒᆞᆯ것이오

또此外一般人은淳良ᄒᆞᆫ赤子라一人이荀戈에全家가邱墟를成ᄒᆞ니賊人을討ᄒᆞᆷ이何罪완ᄃᆡ、이에子가臨機에父ᄂᆞᆫ入牢ᄒᆞ니彼法人이汝의父母師長을誅戮ᄒᆞ고汝의兄弟妻子를割殺ᄒᆞ고汝의家屋을燒毁ᄒᆞ고汝의財産을籍沒ᄒᆞ얏스니汝가一日이라도

能히忘ᄒᆞ며一日이라도忍히忘ᄒᆞ리오汝의家屋과財産은汝가忘ᄒᆞ기容或無怪ᄒᆞ거니와汝의父母、師長이今에安在ᄒᆞ뇨此가法人의誅戮을被ᄒᆞ얏고汝의兄弟、妻子가今에安在ᄒᆞ뇨此ᄂᆞᆫ法人의殺割이라出門ᄒᆞ면男子라稱ᄒᆞ니此ᄂᆞᆫ世界上美名이어ᄂᆞᆯ靦顔으로仇人을事ᄒᆞ니、곳宇宙間穢物이라汝가汝食을飽ᄒᆞ고汝衣ᄅᆞᆯ暖케ᄒᆞ야法人과幷處키ᄅᆞᆯ樂ᄒᆞ면汝의父母、師長、兄弟、妻兒가地下에含寃ᄒᆞ리니我ㅣ知케라汝ᄂᆞᆫ越南人種이오汝ᄂᆞᆫ男兒血性이오豚犬의性이、아니니我ㅣ知케라汝가、반다시洸然思ᄒᆞ고猛然起ᄒᆞ야扼臂、大呼曰、仇人仇人아吾가此法人을殄滅ᄒᆞ겟다、ᄒᆞ리로다

ᄯᅩᄒᆞᆫ此外一般人은祖宗과父母가越國人民이오子弟妻兒ᄂᆞᆫ耶蘇敎ᄅᆞᆯ奉ᄒᆞ야幷生幷育에誰가食毛、踐土치、아니며斯世斯人이、다一天을戴ᄒᆞ얏스니、다吾兄이오吾弟라何嫌이有ᄒᆞ고何疑가有ᄒᆞ리오前日法人의謀에陷ᄒᆞᆷ은姑且勿論ᄒᆞ고、다만今日法人의禍ᄅᆞᆯ被ᄒᆞᆷ을言ᄒᆞᆯ지라法人이數十年來에重刑重罰이一事도耶蘇敎人을爲ᄒᆞ야寬恕치、아니ᄒᆞ얏고搜銀과稅銀에一文도耶蘇敎人을爲ᄒᆞ야減省치、아니ᄒᆞ니彼法人의不測ᄒᆞᆫ肝膓을可知ᄒᆞᆯ지라其屈膝ᄒᆞ야仇人을事ᄒᆞ니보다同心同力으로吾宗族을保全ᄒᆞᆷ이何如ᄒᆞ고死後에天堂은來頭事오現在困厄을何堪ᄒᆞ고生前에地獄이堪憐ᄒᆞ니如此塗炭을忍視ᄒᆞᆯ가我耶蘇敎人도越南人이니、반다시越南國을保ᄒᆞᆯ것이오越南國을禍치"아닐지라如此ᄒᆞ여야"비로소天主敎人이오如此ᄒᆞ여야天主救世敎人이오如此ᄒᆞ여야越南國의同胞人이라萬一法人을誅치、아니ᄒᆞ고法人을縱ᄒᆞ야越人을禍케ᄒᆞ면此ᄂᆞᆫ天主敎人이、아니오、곳天主救世敎中에도此道理가無ᄒᆞ고越南國同胞中에도此人種이無ᄒᆞ리로다

ᄯᅩ此外一般人은碌碌、營生에畝々、待哺ᄒᆞ야窮年膏血은搜稅ᄅᆞᆯ供ᄒᆞ다가無餘ᄒᆞ고終日事役은壇場에奔走ᄒᆞ야도未足이라妻子의啼號ᄅᆞᆯ遑恤ᄒᆞᆯ가、다만吏役이叩門ᄒᆞᆷ을憂ᄒᆞ고父師의督責은猶寬이라、다만巡丁의捉捕ᄅᆞᆯ恐ᄒᆞ야如此情境으로、엇지生活ᄒᆞ며如此形軀ᄂᆞᆫ苦히不死ᄒᆞ야我가魚肉이、아니어ᄂᆞᆯ刀俎ᄅᆞᆯ恐ᄒᆞ고世에英雄이無ᄒᆞ야江山이寂寞ᄒᆞᆫ지라

萬事가到此ᄒᆞ얏스니一場捨命ᄒᆞ다가不幸히死ᄒᆞᆯ지라도、오히려勇死快死ᄒᆞ야死ᄒᆞ야도有名ᄒᆞᆯ지라其憔悴銷磨ᄒᆞ야奄奄、待死에餓狗가、되야死ᄒᆞ고枯魚가、되야死ᄒᆞ면死ᄂᆞᆫ同ᄒᆞ나死가無名ᄒᆞ리니其榮辱과貴賤이何如ᄒᆞ고況五千萬國民이同

心協力ᄒᆞ야彼ᄂᆞᆫ摩拳ᄒᆞ고此ᄂᆞᆫ擦掌ᄒᆞ며彼ᄂᆞᆫ吹火ᄒᆞ고此ᄂᆞᆫ搬柴ᄒᆞ야幷足齊步로法人과爭ᄒᆞ면萬越人이必然法百人을殺ᄒᆞ고千越人이必然法十人을殺ᄒᆞ고百越人이必然法一人을殺ᄒᆞ리니如此ᄒᆞ면四五千法人을、다만四五十萬越人으로殺ᄒᆞᆯ지라如此ᄒᆞ면越南人은必不死ᄒᆞ고越南人이必生ᄒᆞ리라、ᄒᆞ리니吾가知케라越南人이窮困ᄒᆞᆫ思想이至此ᄒᆞ면必然踴々躍躍ᄒᆞ야法人과决鬥ᄒᆞ야越南國中에一個胡鬚灰眼의白種이無케、ᄒᆞ리로다

此外에、또一般人은果然眞正ᄒᆞᆫ人種이오眞正ᄒᆞᆫ黃人種이오眞正ᄒᆞᆫ越南國人男子種人이니此人은國의恩도不較ᄒᆞ고法의仇도不較ᄒᆞ고、다만知ᄒᆞ되黃種人이白種人의魚肉됨을不許ᄒᆞ야戴天、履地에覆載間我身이有ᄒᆞᆷ을知ᄒᆞ고超海、倒山에轉移가任我ᄒᆞᆫ다、ᄒᆞᆯ지라然이나此一般人은我越南國中에一人도無ᄒᆞᆯ지니、엇지可羞치、아니리오然이나吾가願ᄒᆞᄂᆞᆫ바ᄂᆞᆫ越南國에此人이有ᄒᆞ라ᄒᆞ며、또吾가敢히越南國中에必然此人이有ᄒᆞ다ᄒᆞ노니何也오此ᄂᆞᆫ我ㅣ人理로써越南國을論ᄒᆞᆷ이오獸國으로越南國을待ᄒᆞᆷ이、아니니越南國은、곳人國의人種이라此等人이必有ᄒᆞ리라、ᄒᆞ노라

以上은巢南子의言이라飮氷室主人、梁啓超가聽畢에、다시抱膝正襟ᄒᆞ야曰、客言이、다不信ᄒᆞ도다我ㅣ聞ᄒᆞ니越南이法人占領後로越人이個個히法人奴隷가、되야黃高啓와阮紳은極히法人을爲ᄒᆞ야越南人을戕賊ᄒᆞ고異種을助ᄒᆞ야同種을魚肉ᄒᆞ얏거ᄂᆞᆯ汝가謂ᄒᆞ되越南國에人心이有ᄒᆞ다ᄒᆞ니吾ᄂᆞᆫ不信ᄒᆞ노라、ᄒᆞᆫᄃᆡ巢南子ㅣ聽罷에對曰、嗚呼噫嘻라越南國人心을我가正히此輩를因ᄒᆞ야信ᄒᆞ고此輩를因ᄒᆞ야望ᄒᆞ노라古語에云ᄒᆞ되一女子가有ᄒᆞ야東家西家가爭娶ᄒᆞᆯ새西家ᄂᆞᆫ美ᄒᆞ나貧ᄒᆞ고東家ᄂᆞᆫ醜ᄒᆞ나富ᄒᆞᆫ지라女의所願을問ᄒᆞ니曰、東家吃飯ᄒᆞ고西家眠이라、ᄒᆞ얏ᄉᆞ니阮紳과黃高啓가何獨不然이리오彼가醜漢婦되기를樂爲ᄒᆞᆷ이、아니오吃飯코자ᄒᆞᆷ이라今에阮紳은越南國世臣이라元來名家子로讀書、論事에娓々可聽이오黃高啓ᄂᆞᆫ少年頭角으로功名을樹立코자ᄒᆞ니今日에、비록法人의臣僕이、되얏스나此ᄂᆞᆫ時驅勢迫ᄒᆞ야路徑을走錯ᄒᆞᆷ이오或機會가有ᄒᆞ기를俟ᄒᆞ야擧事코자ᄒᆞᆷ도、또ᄒᆞᆫ可知치、못ᄒᆞ겟고、또兎死ᄒᆞ면狗烹ᄒᆞ고鳥盡ᄒᆞ면弓藏ᄒᆞ며、또阮文祥의前鑑이昭然ᄒᆞ니此阮、黃二人은智略이有ᄒᆞᆫ人이니必然改過、自新ᄒᆞ야祖宗을爲ᄒᆞ야國恩을報ᄒᆞ고同胞를救ᄒᆞᆯ거시오、또此二人勢力이他人보다甚大ᄒᆞ니此人이必然越

肯國脈을保有ᄒᆞ리로라
飮氷室主人이聽罷에又曰、我ㅣ聞ᄒᆞ니越國人의法兵된者ㅣ小府縣에ᄂᆞᆫ數百人이오大省에ᄂᆞᆫ數千人이라全國鍊兵이三四十萬이、될지니越人의鬚眉와面目으로法人을爲ᄒᆞ야鎗을肩ᄒᆞ고彈을腰ᄒᆞ야法人의指嗾로蒼髥黑齒의無數ᄒᆞᆫ越南人을拳打脚踢ᄒᆞ야終日不厭ᄒᆞ니如此ᄒᆞᆫ人을、오히려人心이有ᄒᆞ다ᄒᆞ리오巢南子ㅣ曰公의言이然ᄒᆞ다然ᄒᆞ나彼가其父母、兄弟를束縛ᄒᆞ고其族黨、州閭를窮餓ᄒᆞ고其人을驅策ᄒᆞ야爪牙의任을作ᄒᆞ다가、도로혀其挐攫이、됨은當然ᄒᆞᆫ理致라越國三四十萬鍊兵은、다法人의操鍊이오法人軍械ᄂᆞᆫ鍊兵의掌握ᄒᆞᆫ바라法人의軍械를執ᄒᆞ고法人을戰場에從ᄒᆞ니外面으로觀ᄒᆞ면可謂法國의忠臣이라ᄒᆞᆯ지라然ᄒᆞ나鍊兵의父母、妻子를何人이束縛ᄒᆞ며鍊兵의族黨、州閭를何人이困餓케ᄒᆞᆷ을鍊兵이、다涕泣相訴ᄒᆞ며況法人이鍊兵을待ᄒᆞ기極히無恩ᄒᆞ야約束이日繁ᄒᆞ고勞役이日繁ᄒᆞ며月餉이日薄ᄒᆞ야前日에一鍊兵에月銀이十元、十五元이러니今에ᄂᆞᆫ月銀이八元、六元或四五元이、되고彊埸이有事ᄒᆞ면重視ᄒᆞ기天神과如ᄒᆞ고邊烽이不驚ᄒᆞ면薄待ᄒᆞ기草芥와如ᄒᆞ야馬蒭를採ᄒᆞᆷ도鍊兵이오垣塗를修ᄒᆞᆷ도鍊兵이니前日에ᄂᆞᆫ無此

ᄒᆞ얏고至於薪水雜役等도、다鍊兵이라今에法人의兇狠이如此ᄒᆞ고法人의鬼蜮이如此ᄒᆞ니故로鍊兵이側目、含恨ᄒᆞᆫ지久ᄒᆞᆫ지라大抵何人이父母、兄弟가無ᄒᆞ며何人이族黨、州閭가無ᄒᆞ며、또何人이血性과面目이無ᄒᆞ리오汝父母、兄弟의肉을割ᄒᆞ야汝를啖ᄒᆞ면汝心에安ᄒᆞ며汝族黨、州閭의血을奪ᄒᆞ야汝를飮ᄒᆞ면汝心에樂ᄒᆞ리오汝의所得은月銀이十元이로되汝의皮膚ᄂᆞᆫ剝盡ᄒᆞ얏고法人이汝의鄕族、親戚의게侵奪ᄒᆞᆷ은每月에幾千萬元이어ᄂᆞᆯ法人의誅求가、오히려已時가無ᄒᆞ니嗚呼라哀哉痛哉로다我同種을煎熬ᄒᆞ야異種人의貪饕를充ᄒᆞᆯ서我ᄂᆞᆫ、또오히려搬柴、吹火ᄒᆞ야其煎熬力이增케ᄒᆞ니此ㅣ엇지人情의必爲ᄒᆞᆯ者ㅣ리오所謂鍊兵이法國에忠ᄒᆞ고鍊兵이越南을背ᄒᆞ고法人을助ᄒᆞ야越人을攻ᄒᆞᆫ다ᄒᆞᆷ은鍊兵이斷斷코此理가無ᄒᆞᆯ지라鍊兵鍊兵이여此亦人種이라、엇지此背天、違理ᄒᆞᆫ惡習이有ᄒᆞ리오故로鍊兵이每日에軍歌를唱ᄒᆞ미其意가、다法人을戮殺殲盡ᄒᆞᆫ다ᄂᆞᆫ語오此同仇敵愾ᄒᆞ야法人을殲코자ᄒᆞᆷ은、다만鍊兵뿐、아니라法人의通辯과至於法人의書記와法人의陪丁이、다越南人種이오此諸人이、다鍊兵과同心이라彼가、엇지其祖宗、父母를忘ᄒᆞ고法人奴隷되기甘心ᄒᆞ며彼가、또엇지其祖宗、父母國을魚肉ᄒᆞ리오法人、

法人이며危哉殆哉라其亡人을殲盡ᄒᆞᆯ日이有ᄒᆞ리로다

附越法兩國交涉　上海新民叢報社社員編

法國이越南을窺ᄒᆞᆫ지久ᄒᆞ야其傳敎師를派遣ᄒᆞ기ᄂᆞᆫ西曆一千七百三十年、距今一百七十七年前光武十年丙午計下倣此에法兵艦이交趾에泊ᄒᆞ고士官三人이登陸ᄒᆞ야平順省에至ᄒᆞ거ᄂᆞᆯ土人이厚集ᄒᆞ야王의게縛獻ᄒᆞ니艦長이在交ᄒᆞᆫ傳敎師와相議ᄒᆞ고金으로써贖還ᄒᆞ니此ᄂᆞᆫ法、越交涉의始오

其後十九年에法王路易十五가皮利로써全權大臣을拜ᄒᆞ야順化府에至ᄒᆞ야通商을請ᄒᆞ거ᄂᆞᆯ王이不許[illegible]에越人이天主敎徒를窘迫ᄒᆞ니敎徒가印度로逃亡ᄒᆞ고一千七百八十六[illegible]百二十一年前에越國에內亂이起ᄒᆞ야阮文岳이自稱越王이라ᄒᆞ거ᄂᆞᆯ阮[illegible]京叡로、ᄒᆞ야곰法國에往ᄒᆞ야乞援ᄒᆞ고法、越同盟을結ᄒᆞ야崑崙島의茶[illegible]ᄂᆞ니此ᄂᆞᆫ法人이越南에서最初根據地를經營ᄒᆞᆷ이라

未幾에違約ᄒᆞ야割[illegible]아니ᄒᆞ고

一千八百二十年、距[illegible]年前에越王이下詔ᄒᆞ야法人을殺ᄒᆞ니此ᄂᆞᆫ法將狄亞一軍艦으로써海口를[illegible]의國人이激昂ᄒᆞ야攘夷說이盛行ᄒᆞᆫ故오一千八百四十七年、距今六十年前에法人이兵艦으로茶麟에至ᄒᆞ야越軍을大破ᄒᆞ고一千八百六十二年、距今四十五年前에法帝拿坡崙第三이海軍으로써越南을伐ᄒᆞ야茶麟港을奪ᄒᆞ고交趾를割ᄒᆞ고慶和、嘉定、定祥三省에通商口岸을開ᄒᆞ고償金이二千萬佛猿每佛猿은四十錢이라이라自此로法人이越國에根據地를定ᄒᆞ니嘉定省은即西貢地오今越南의第一都會오

其後四年에法人이、또交趾南部의三省을割取ᄒᆞ니自此로下交趾六省이、다法國에屬ᄒᆞ고

一千八百七十四年、距今三十二年前에、다시西貢條約을結ᄒᆞ니其

第二欵에曰、法國이越南王은自主權이有ᄒᆞ야他國에遵服지、아니ᄒᆞᆷ을認ᄒᆞ고越南에萬一內患과外寇가有ᄒᆞ면國王의請願을依ᄒᆞ야法國이隨機、相助ᄒᆞ고

第三欵에曰、越南이、이믜法國의保護를約ᄒᆞ야此後ᄂᆞᆫ越南이各外國과交通ᄒᆞᆯ진ᄃᆡ法國意向과同ᄒᆞᆫ後에行ᄒᆞ고今後越南이他國과立盟互市ᄒᆞ거든法國에知照ᄒᆞᆯ다ᄒᆞ니

此約이凡二十餘欵에第二欵에即曰越南이自主國이라ᄒᆞ니此ᄂᆞᆫ歐人이東方諸國에

對ᄒᆞ야外面으로其體面을粧飾ᄒᆞᄂᆞᆫ慣技오其下文에、이믜保護性質을含有ᄒᆞ얏고、곳第三欵에ᄂᆞᆫ曰保護라ᄒᆞ니此ᄂᆞᆫ法人이、곳宣言、無憚홈이라

西貢條約이已成ᄒᆞ매越人의擧國上下가、다忿悔ᄒᆞ더니一千八百八十二年、距今二十四年癸未에淸人劉永福이遊勇을率ᄒᆞ고越南에入ᄒᆞ거ᄂᆞᆯ越人이劉永福을用ᄒᆞ야法人을放逐코자ᄒᆞ야全境이騷然ᄒᆞᄂᆞᆫ지라法人이、곳兵士로河南을陷沒ᄒᆞ니國王이詔書를下ᄒᆞ야劉永福으로、ᄒᆞ야곰法兵을拒ᄒᆞ라ᄒᆞ다가、또法人의게敗ᄒᆞ야城下盟을結ᄒᆞ고一千八百八十三年、距今二十三年前甲申에條約을結ᄒᆞ니

一은越南이法蘭西保護國이오

二ᄂᆞᆫ平順省을割予ᄒᆞ고

三은法國이越南各要隘에設兵ᄒᆞ고、또紅河沿岸에哨所를設ᄒᆞ고

四ᄂᆞᆫ越京及其他大小部府에法國이、다設官、駐劄ᄒᆞ고

五ᄂᆞᆫ下列各件이、다駐劄官의監督을受홈이니

甲　諸大市警察

乙　稅務

丙　平順省으로브터東京ᄭᆞ지一切官吏及東京의大小官員ᄭᆞ지

六은下列各件을法國駐劄官이執行ᄒᆞ니

甲　外交事務

乙　稅關事務

丙　內外交涉의司法事務

七은三港을增開ᄒᆞ야通商口岸을作ᄒᆞ고

八은西貢河內間道路에電線을架設ᄒᆞᆫ다ᄒᆞ니

此條約이成ᄒᆞᆫ後로브터越南이全然히法國羈軛下에永在ᄒᆞ니라

滅國新法論

支那梁啓超纂

今日世界ᄂᆞᆫ新世界라思想이新ᄒᆞ고學問이新ᄒᆞ고政體가新ᄒᆞ고法律과軍備가新ᄒᆞ고社會와人物이新ᄒᆞ야凡全世界에有形、無形ᄒᆞᆫ事物을一一히前古에未有ᄒᆞᆫ者를闢ᄒᆞ야一新天地를別立ᄒᆞ니美盛타新法이어美盛타新法이어此ᄂᆞᆫ人人이知ᄒᆞ고人人이慕ᄒᆞ니吾論을不竢ᄒᆞ려니와然이나吾가不得不論ᄒᆞᆯ者ᄂᆞᆫ何事오、곳滅國新法論이라

滅國이라홈은天演ᄒᆞᆫ公例라人이世間에在ᄒᆞ면自存을爭ᄒᆞ고自存을爭ᄒᆞ면優劣이有ᄒᆞ고優劣이有ᄒᆞ면勝敗가有ᄒᆞ니故로其劣ᄒᆞ야敗ᄒᆞᆫ者ᄂᆞᆫ其權利가、반다시優ᄒᆞ야勝ᄒᆞᆫ者의게吞幷이、되ᄂᆞ니此ᄂᆞᆫ곳滅國ᄒᆞᄂᆞᆫ理致라世界에서人類가有ᄒᆞᆫ以來로、곳此天則을循ᄒᆞ야相搏、相噬、相續、相代ᄒᆞ다가今日에至ᄒᆞ야ᄂᆞᆫ全地球에國ᄒᆞᆫ者ㅣ僅히百數十이오滅國ᄒᆞᄂᆞᆫ되新法이有홈은、또ᄒᆞᆫ進化ᄒᆞᄂᆞᆫ公例가使然케、홈이라昔日에ᄂᆞᆫ國으로써一人과一家의國으로知ᄒᆞᄂᆞᆫ故로滅國ᄒᆞᄂᆞᆫ者ㅣ、반다시其君을虜ᄒᆞ고其宮을瀦ᄒᆞ며其宗廟를毁ᄒᆞ고其重器를遷ᄒᆞᄂᆞᆫ지라故로一人一家가滅홈으로、써國이滅ᄒᆞ얏다、ᄒᆞ더니今에ᄂᆞᆫ不然ᄒᆞ야學理가大明ᄒᆞᆫ故로國이一人의公產이、아님을知ᄒᆞᆫ지라、이에一人一家의關係로、더브러甚히遼遠ᄒᆞ야人國을滅코자ᄒᆞ면、반다시其全國을滅ᄒᆞ고一人과一家로더브러爲難치、아니ᄒᆞ며、또如此홈ᄲᅮᆫ아니라恒常一人一家의力을借ᄒᆞ야其滅國ᄒᆞᄂᆞᆫ手段을助ᄒᆞᄂᆞ니故로昔日에ᄂᆞᆫ人國을滅홀時에撻之伐之로써滅ᄒᆞ더니今에ᄂᆞᆫ人國을滅ᄒᆞᆯ時에噢之咻之로써滅ᄒᆞ며昔日에ᄂᆞᆫ人國을滅홈이驟ᄒᆞ더니今에ᄂᆞᆫ人國을滅홈이漸으로進ᄒᆞ며昔의人國을滅홈은顯ᄒᆞ더니今의人國을滅홈은微로써入ᄒᆞ며昔에ᄂᆞᆫ人으로、ᄒᆞ야곰知ᄒᆞ야備케、ᄒᆞ더니今에ᄂᆞᆫ人으로、ᄒᆞ야곰親ᄒᆞ야引케ᄒᆞ며昔의滅國홈은虎狼과如ᄒᆞ더니今의滅國홈은狐狸와如ᄒᆞ야或은通商으로滅ᄒᆞ고或은放債로滅ᄒᆞ고或은練兵을代ᄒᆞ다가滅ᄒᆞ고或은顧問을設ᄒᆞ다가滅ᄒᆞ고或은道路를通ᄒᆞ다가滅ᄒᆞ고或은黨爭을煽ᄒᆞ다가滅ᄒᆞ고或은內亂을平ᄒᆞ다가滅ᄒᆞ고或은革命을助ᄒᆞ다가滅홈ᄉᆡ其精華가已竭ᄒᆞ고機會가已熟ᄒᆞᆫ後에ᄂᆞᆫ一舉에其國을易ᄒᆞ고其地圖의顏色을變ᄒᆞᄂᆞ니嗚呼라泰西의列强이此新法으로써弱小國에施ᄒᆞᆫ기其數를不知ᄒᆞᆯ지라予ㅣ言不信ᄒᆞᆯ진ᄃᆡ其例를請言ᄒᆞ리라

一은埃及에徵ᄒᆞᆯ지라埃及이蘇彛士河를開通ᄒᆞᆫ後로、비로소外國에借債ᄒᆞᆯᄉᆡ其時歐洲各國의物產이過度ᄒᆞ야金價가停滯ᄒᆞᆫ지라資本家가金이有ᄒᆞ나用處가難ᄒᆞ거ᄂᆞᆯ、이에己國의强홈을恃ᄒᆞ고重利로써借貸術을行ᄒᆞᆯᄉᆡ一千八百六十二年距今四十五年前壬戌(…)에一千八百五十萬打拉(…)을借ᄒᆞ고其六十四年에ᄂᆞᆫ一千八百五十一萬打拉을借與ᄒᆞ니此中에經手周旋費(…)를除ᄒᆞ고埃及政府에所得ᄒᆞᆫ額은僅히十分의七이오其初에ᄂᆞᆫ多金을驟進ᄒᆞᆷ이外觀이忽然히繁盛ᄒᆞᆫ지라埃王이外債의利를心醉ᄒᆞ야、다시其明年、再明年에三千餘萬打拉을借來ᄒᆞ고一年

을經ᄒᆞ야英、法兩國都城에五千九百四十五萬打拉을借來ᄒᆞ니時에土耳其ᄂᆞᆫ埃及의上國이라其後患을慮ᄒᆞ야禁制ᄒᆞ얏더니埃王左右에歐人顧問官이富國學의哲理로써埃王을誘惑ᄒᆞ야、다시一千八百七年、距今三十七年前庚午(光武十年丙午計下仿此)에新國債三千五百七十萬打拉을借ᄒᆞ거ᄂᆞᆯ土國政府가、또禁制ᄒᆞᄂᆞᆫ지라、이에歐人資本家가、더욱趁來ᄒᆞ야畢竟四百五十萬打拉을土廷에行賂ᄒᆞ고其埃及借債를禁ᄒᆞᄂᆞᆫ詔令을廢케ᄒᆞ야其結局에ᄂᆞᆫ埃及政府에셔外債를借ᄒᆞ기五億三千二百餘萬打拉에至ᄒᆞ니大抵英、法資本家가、엇지埃及의貧弱을不知ᄒᆞ야此重債를負擔케、ᄒᆞ얏ᄉᆞ리오其所謂顧問官이라ᄒᆞᄂᆞᆫ者ᄂᆞᆫ、다埃及의祿을受ᄒᆞᆫ者오其各國政府官吏도、또다文明을言ᄒᆞ고和親을言ᄒᆞ야埃廷과時常往來ᄒᆞᄂᆞᆫ者라然이나孳孳懇懇히甘言과重賂로써其鉅萬貨財를紛濁、不可知ᄒᆞᆯ地에送ᄒᆞ얏ᄉᆞ니如此ᄒᆞᆫ事ᄂᆞᆫ舊日滅國時代의法으로ᄂᆞᆫ百思、不到ᄒᆞ든者라果然幾時를不過ᄒᆞ야一千八百七十四年、距今三十三年前甲戌에埃及財政이掃地、無餘ᄒᆞ야收拾지、못ᄒᆞᆯ지라、이에債主ᄂᆞᆫ逾迫ᄒᆞ고國帑이全空ᄒᆞ거ᄂᆞᆯ英國領事가埃王을迫ᄒᆞ야理財에善ᄒᆞᆫ英人으로써顧問官을作ᄒᆞ고民債를募ᄒᆞ고租稅를加ᄒᆞ나補益이毫無ᄒᆞᆫ지라各國領事가埃王을迫ᄒᆞ야

財政局을設立ᄒᆞ고英、法兩國人으로써局長을、삼앗더니局長이履任初에本國戶部大臣과議論이不合ᄒᆞ거ᄂᆞᆯ、곳其大臣을重典에置ᄒᆞ고、드듸여外人으로、ᄒᆞ야곰歲入을監督ᄒᆞ고鐵道를掌ᄒᆞ고關稅를掌ᄒᆞ야財權이全혀外移ᄒᆞ고七十三年、距今三十年前丙子에財政局에셔數十歐人을增聘ᄒᆞ니俸給이十七萬五千打拉이오未幾에、또領事의勸으로債主의게厚祿을給ᄒᆞ며此뿐、아니라關稅權이、이믜外國에握ᄒᆞ미歐人、在埃ᄒᆞᆫ者十萬이、다私히貨物을販運ᄒᆞ야納稅치、아니ᄒᆞ거ᄂᆞᆯ埃廷이此事를詰責ᄒᆞ니英、法領事가依違、不答ᄒᆞ고經年ᄒᆞᆫ後에ᄂᆞᆫ、또埃及內政이不脩ᄒᆞ얏다ᄒᆞ고、더욱橫行、無忌ᄒᆞ며、또埃及으로、ᄒᆞ야곰人頭稅ᄂᆞᆫ二倍에增ᄒᆞ고營業稅ᄂᆞᆫ三倍로加ᄒᆞ야其前債利息으로計ᄒᆞᆯ셔每年稅入이四千七百餘萬打拉中에僅히五百三十五萬打拉을本國에用ᄒᆞ고其餘ᄂᆞᆫ、다外人의게投ᄒᆞ며全國官吏ᄂᆞᆫ數月을經ᄒᆞ도록俸給을不予ᄒᆞ고未幾에歐人이埃王을訟ᄒᆞ야歐人의會審法院에셔裁判ᄒᆞ고埃王의所有財産을歐客의게典質ᄒᆞ야債息을償ᄒᆞ더니、또未幾에埃及의歲入歲出權을全혀外人의게付予ᄒᆞ야英、法二國人이戶部、工部兩大臣이、되니七十九年、距今二十八年前己卯브터四年間에全國官吏를次第로擅易ᄒᆞ야歐人

외在官者가一千二百二十五人에俸給이一百八十六萬五千打拉이오其名은、오히려言ᄒᆞ되埃及을代ᄒᆞ야內治를振興ᄒᆞ고財政을整理ᄒᆞᆫ다、ᄒᆞ더니及其山窮水盡ᄒᆞ고羅掘이俱空ᄒᆞᆯ時에ᄂᆞᆫ、또다시兵士의餉을裁減ᄒᆞ야軍隊로、ᄒᆞ야곰抵抗力이無케ᄒᆞ고貴族의稅를增加ᄒᆞ야怨望으로ᄒᆞ야곰、다시自立치、못케ᄒᆞ며通國의田畝를清査ᄒᆞ야農民이騷動ᄒᆞ고雞犬이不安ᄒᆞ며、또不足ᄒᆞ야小民을甘言으로誘ᄒᆞ고强威로脅ᄒᆞ야全國土地로、ᄒᆞ야곰太半이나歐人營業에歸ᄒᆞ니埃民이得食ᄒᆞᆯ道가無ᄒᆞᆫ지라家畜과器物을賣ᄒᆞ야糊口ᄒᆞ니餓莩가載道ᄒᆞ고囹圄가充滿ᄒᆞ더니埃王은畢竟、被廢ᄒᆞ고新主를擁立ᄒᆞᆫ權이債主의게入ᄒᆞᆫ지라時에埃民이虐政을不堪ᄒᆞ고生路가全絶ᄒᆞ야不得已擧起ᄒᆞ야外敵과爲難ᄒᆞ얏더니、이에文明道義를守ᄒᆞ던大英國과基督敎를奉ᄒᆞ야自由를唱ᄒᆞᄂᆞᆫ大法國이數萬雄師로埃境을壓ᄒᆞ고埃王을挾ᄒᆞ야埃民을伐ᄒᆞ니埃民의事勢가、곳石、卵의不敵이라義旗가遂靡ᄒᆞ고愛國志士ᄂᆞᆫ俯首、繫頸ᄒᆞ야異洲孤島에竄ᄒᆞ고全埃에生機가絶ᄒᆞ얏ᄂᆞ니嗚呼라外債를借ᄒᆞ고客卿을用ᄒᆞ야救國策이라ᄒᆞᄂᆞᆫ者ᄂᆞᆫ願컨ᄃᆡ埃及의前途를一觀ᄒᆞᆯ지어다然이나吾ᄂᆞᆫ其事를不悔라、ᄒᆞ노니滅國ᄒᆞᄂᆞᆫ新法이如此ᄒᆞᆷ이오

其二ᄂᆞᆫ波蘭에驗ᄒᆞᆯ지니波蘭은歐洲에千年名國이라一千六百年代初에波政이始衰ᄒᆞ거ᄂᆞᆯ瑞典王이波王을廢ᄒᆞ고別로히新王을立ᄒᆞ더니未幾에前王이俄援을得ᄒᆞ야復位ᄒᆞ고俄皇勢力下에隱息ᄒᆞᆷ서國中에兩黨이有ᄒᆞ니一은英、法의庇護를仰ᄒᆞ고一은俄國을藉ᄒᆞ야後援을作ᄒᆞᆷ서政治와宗敎上에鬪爭이不息ᄒᆞ거ᄂᆞᆯ俄人이外貌로慈誠博愛를施ᄒᆞ고甘言狡計로其歡心을結ᄒᆞ며、또黨爭을釀ᄒᆞ야、매우劇烈케、ᄒᆞ더니、다시公義를扶助ᄒᆞᆫ다稱ᄒᆞ고四萬兵을波蘭境上에屯ᄒᆞ야聲援을作ᄒᆞᆫ後人으로ᄒᆞ야곰俄黨의게二事를請ᄒᆞ니一은曰波王의게君臣分義를絶ᄒᆞ라、ᄒᆞᆷ이오二ᄂᆞᆫ曰俄皇이內政을干涉케ᄒᆞᆷ이라、이에俄黨이其術中에陷ᄒᆞ야服지不得ᄒᆞᆫ지라俄軍이貴族議院前에砲臺를築ᄒᆞ고兵卒로、ᄒᆞ야곰砲側에서火를燃ᄒᆞ야待케ᄒᆞ고全院議員을迫ᄒᆞ야許諾ᄒᆞ라ᄒᆞ며此後에ᄂᆞᆫ俄公使가波王을廢置ᄒᆞᆷ과波民의生殺ᄒᆞᄂᆞᆫ權을操ᄒᆞ기數十年이러라自此로十耳其、普魯士、奧地利諸國이此를効尤ᄒᆞ고國內黨爭이、또ᄒᆞᆫ屢々、不已ᄒᆞ며俄人은始終間에波王을挾ᄒᆞ야波民을令ᄒᆞ고其位ᄂᆞᆫ姑히不廢ᄒᆞ더니、밋國民同盟黨이蜂起ᄒᆞᆯ時에ᄂᆞᆫ王室을藉ᄒᆞ야壓制ᄒᆞᆯᄉᆡ一切義士를叛民이라稱ᄒᆞ고殺戮竄流ᄒᆞ야無所不至ᄒᆞ더니其國民의氣가復振치、못ᄒᆞᆷ을知ᄒᆞ

고、곳其國을豆剖瓜分ᄒᆞ야一千七百七十二年、距今一百三十五年前에ᄂᆞᆫ波蘭國名이、드듸여地圖上에絕ᄒᆞ얏스니世人이黨派를爭ᄒᆞ고外國을聯ᄒᆞ야祿位를自保코자ᄒᆞᄂᆞᆫ者ᄂᆞᆫ願컨ᄃᆡ波蘭의覆轍을觀ᄒᆞᆯ지어다然이나我ᄂᆞᆫ其事를不惟타、ᄒᆞ노니滅國新法이如此ᄒᆞᆷ이오

其三은印度에徵ᄒᆞᆯ지니印度의滅亡은可謂千古에奇聞이라自古로國으로써人國을滅ᄒᆞᆷ은聞ᄒᆞ얏거니와無國으로써人國을滅ᄒᆞᆷ은未聞ᄒᆞ얏거ᄂᆞᆯ至於近世의印度ᄂᆞᆫ其地方ㅣ百八十萬英方哩와二億九千萬人口를擧ᄒᆞ야英皇維多利亞의게置ᄒᆞᆷ은誰人인고、곳區々ᄒᆞᆫ七萬磅(每磅은銀錢十元이라)되ᄂᆞᆫ小資本의東印度公司라英人이印度를經略ᄒᆞ기ᄂᆞᆫ一千六百三十九年、距今二百六十八年前에其東岸에서六英里되ᄂᆞᆫ地方을得ᄒᆞ더니二十七年을經ᄒᆞ야、비로소孟買島를得ᄒᆞ고每歲에稅金十磅을英王의게納ᄒᆞ야其主權을讓受ᄒᆞ더니今에ᄂᆞᆫ其方六里地로百八十萬方里를敷衍ᄒᆞ고十磅歲入이五六千萬磅에至ᄒᆞ니其此偉業을成就ᄒᆞ기ᄂᆞᆫ何道로由ᄒᆞᆷ인지常理로言ᄒᆞ면必然莫大ᄒᆞᆫ軍隊를暴露ᄒᆞ고無量ᄒᆞᆫ軍費를耗ᄒᆞᆫ後에야及此ᄒᆞ리라、ᄒᆞ얏더니此則크게不然ᄒᆞ야英人의印度를滅ᄒᆞᆷ은英國의力으로滅ᄒᆞᆷ이、아니오印度의力으로滅ᄒᆞᆷ이라昔에法人焦白禮가印度를幷呑코자ᄒᆞᆯ셰新法二端을思ᄒᆞ니一曰印度土人을募ᄒᆞ야歐洲兵律을敎ᄒᆞ고歐人이將帥가、되야指揮ᄒᆞᆷ이오二曰印度主權을握고자、ᄒᆞᆯ진ᄃᆡ其本國君侯와酋長으로써傀儡를、삼고其民을率ᄒᆞ야我의게服從케、ᄒᆞᆷ이라ᄒᆞ더니嗚呼라其後英人이全印을呑食ᄒᆞᆫ者ㅣ다此術을用ᄒᆞ얏스니如此히驚天、動地ᄒᆞᄂᆞᆫ事業을英廷에서ᄂᆞᆫ一兵과一矢를派치、아니ᄒᆞ고一錢의租稅와一銖의國債를不用ᄒᆞ고一千七百七十三年、距今一百三十四年前에征略事業이大定ᄒᆞ니此ᄂᆞᆫ實로東印度公司가全盛ᄒᆞᆫ時代오在印ᄒᆞᆫ英兵은不過九千人에其兵이、또公司의兵이라英國國兵이、아니오其餘ᄂᆞᆫ、다土兵이라一千八百五十七年、距今五十年前에ᄂᆞᆫ所養ᄒᆞᆫ印兵이二十萬五千人이、되니其侵畧ᄒᆞᆯ始에ᄂᆞᆫ印度를攻ᄒᆞᆫ者ㅣ印度人이오其戡定ᄒᆞᆫ後에印度를統監ᄒᆞᆫ者도印度人이라自初至終에戰兵과防兵ᄒᆞᄂᆞᆫ費에金穀絹帛과一絲一黍가、다印度人의게出ᄒᆞ고今者世界上에英皇이赫赫히五印度大后帝名이有ᄒᆞ고大后帝下에其君侯와酋長이有ᄒᆞ야各其其國에君ᄒᆞ고其民을子ᄒᆞᄂᆞᆫ者ㅣ오히려萬으로計ᄒᆞᆯ지니彼의此萬數되ᄂᆞᆫ酋長附下에服從ᄒᆞᄂᆞᆫ羣氓이其謂ᄒᆞ되自國이已滅ᄒᆞ얏다、ᄒᆞᄂᆞᆫ지未滅ᄒᆞ얏다、ᄒᆞᄂᆞᆫ지吾의能히知ᄒᆞᆯ빈、아니오、또如

此ᄒᆞᆫ者ㅣ엇지印度뿐、 이리오英國이南洋羣島ᄅᆞᆯ待ᄒᆞᆷ과法國이安南을待ᄒᆞᆷ이、 다此術을用ᄒᆞᆷ이라嗚呼라世人이異種의게獻媚ᄒᆞ야同種을殘ᄒᆞ고自稱有功ᄒᆞ다ᄒᆞᄂᆞᆫ者여請컨ᄃᆡ印度의遺墟ᄅᆞᆯ一遊ᄒᆞᆯ지어다然이나吾ᄂᆞᆫ此事ᄅᆞᆯ不恠타、 ᄒᆞ노니滅國ᄒᆞᄂᆞᆫ新法이如此ᄒᆞ니라

其四ᄂᆞᆫ波亞에徵ᄒᆞᆯ지니波亞ᄂᆞᆫ南阿非利加洲의强健ᄒᆞᆫ民族이라波亞人種이本來好望角地에繁殖ᄒᆞ더니百年來로屢次英人의逼迫을被ᄒᆞ야其地ᄅᆞᆯ棄ᄒᆞ고內地에漸入ᄒᆞ야杜蘭斯哇兒와阿耶治의兩民主國을建ᄒᆞ고父子、 兄弟와宗族鄰里가相聚ᄒᆞ야農ᄒᆞ고牧ᄒᆞ고獵ᄒᆞ야此小天地에서優遊自在ᄒᆞ야謂ᄒᆞ되可히安堵、 樂業ᄒᆞ야鷄犬의驚이無ᄒᆞ리라、 ᄒᆞ더니一千八百六十五年、 距今四十二年前甲子에其歐人이其地에遊歷ᄒᆞ다가金礦이有ᄒᆞᆷ을見ᄒᆞ고、 이에杜國의地質圖ᄅᆞᆯ測製ᄒᆞ고八十五年、 距今二十二年前乙酉에其地舒抗의大金穴을查出ᄒᆞ야好望角의某英商이鉅萬貲財ᄅᆞᆯ得ᄒᆞ니、 이에錐刀의類가相率麕至ᄒᆞ야前後十二年에歐人이此地에大公司ᄅᆞᆯ設ᄒᆞ기七十二家라前者에ᄂᆞᆫ蓬艾가滿目ᄒᆞ고麋鹿이羣遊ᄒᆞ든地러니今에ᄂᆞᆫ忽然히居民十五萬되ᄂᆞᆫ巨鎭이、 되고杜國政府의財權이專혀此金市城에移ᄒᆞ고其權을握ᄒᆞ기

ᄂᆞᆫ實로英人이라英人이、 이에前此兵力으로幷呑ᄒᆞ든謀ᄅᆞᆯ變ᄒᆞ고富力侵略策을用ᄒᆞ야杜國政府ᄅᆞᆯ迫ᄒᆞ야一鐵路ᄅᆞᆯ開ᄒᆞᆯᄉᆡ杜京으로브터金市ᄅᆞᆯ經ᄒᆞ고好望角에達코자ᄒᆞ니杜國統領이此擧의禍胎됨을知ᄒᆞ고、 이에別로히一鐵路ᄅᆞᆯ自築ᄒᆞ야印度洋을通ᄒᆞ니英人이其謀가沮ᄒᆞ야禍機가始息ᄒᆞ고英人이金市에在ᄒᆞᆫ者ㅣ또自治權利ᄅᆞᆯ得ᄒᆞ야杜國內政을干預코자ᄒᆞ니大抵杜國京師에ᄂᆞᆫ居民이一萬에不逾ᄒᆞ고金市의戶口ᄂᆞᆫ十五萬이오富力과財力이、 다此에集ᄒᆞ얏ᄉᆞ니金市에老猾ᄒᆞᆫ英商이杜京의質樸ᄒᆞᆫ人民으로、 더브러同히一議院中에서上下驅馳ᄒᆞ면全國政權이轉瞬間에英族에歸ᄒᆞᆯ지니英人의處心積慮ᄅᆞᆯ波亞人의熟察炯知ᄒᆞᄂᆞᆫ바라此議가始開ᄒᆞ거ᄂᆞᆯ杜人이堅執拒絶ᄒᆞ얏더니一千八百九十五年、 距今十二年前乙未에英公司의董事裨桑이六百兵을率ᄒᆞ고金市ᄅᆞᆯ誘襲ᄒᆞ니其主動은英國의好望角總督이라此蠻暴ᄒᆞᆫ事가波亞人의先發所制가、 되야其志ᄅᆞᆯ不遂ᄒᆞ고九十九年、 距今八年己亥에杜國에流寓ᄒᆞᆫ英人이英廷에聯名請求ᄒᆞ야杜國政治ᄅᆞᆯ干涉코자、 ᄒᆞ거ᄂᆞᆯ英廷이大國의威力을恃ᄒᆞ고强制手段을用ᄒᆞ야杜國에來住ᄒᆞᆫ지五年된者ᄂᆞᆫ參政權을得ᄒᆞ리라、 ᄒᆞ야此事의交涉이未畢에、 또主權問題에移ᄒᆞ야杜國을指ᄒᆞ되英國屬邦이라ᄒᆞ고

交文讓往復과玉帛이未備ᄒᆞᆯ時에示威運動으로兵隊를陰調ᄒᆞ야境上에陳ᄒᆞ니此는英人이杜國에셔敢히一戰키를不惜ᄒᆞᆷ이오大抵杜國은蕞爾小邦이라엇지能히世界의第一强國과抗衡ᄒᆞ리오이에惟然히埃及과印度를待ᄒᆞ든故智로써杜國을待ᄒᆞ니杜國이果然數年戰爭에支距치못ᄒᆞ얏스나오히려轟轟烈烈히名譽가有ᄒᆞᆫ敗績이되얏고至於英人의文明道德이라ᄒᆞ든者ㅣ果然如此ᄒᆞᆫ지世人이開礦權鐵路權及租界自治權을外人의게授予ᄒᆞᆷ으로써國體에大損이無ᄒᆞ다ᄒᆞᄂᆞᆫ者ㅣ請컨ᄃᆡ英杜戰史를一觀ᄒᆞᆯ지어다然이나吾ᄂᆞᆫ此等를不恠ᄒᆞ노니滅國ᄒᆞᄂᆞᆫ新法이如此ᄒᆞ니라

其五ᄂᆞᆫ菲律賓에譏ᄒᆞᆯ지라菲律賓은我同洲同種國人民이라白種人과戰爭ᄒᆞ기兩次에百折不撓ᄒᆞᆫ者니我輩가맛당히南望頂禮ᄒᆞ야五體가投地ᄒᆞ리로다大抵西班牙의力이菲律賓을滅치못ᄒᆞ얏스니此ᄂᆞᆫ且論치말고吾가將且美國이菲國과交涉ᄒᆞ든事를言ᄒᆞ리라大抵美國이또ᄒᆞᆫ엇지菲國을滅ᄒᆞᆯ人이리오마ᄂᆞᆫ其滅ᄒᆞᆫ者ᄂᆞᆫ또ᄒᆞᆫ新法을持ᄒᆞᆫ故라向者美國이西班牙와交戰ᄒᆞᆯ時에菲國이오히려西班牙의게受壓ᄒᆞᄂᆞᆫ지라美人이兵艦으로써菲島를摘ᄒᆞ야班力을奪코자ᄒᆞᆯ새其力이不逮ᄒᆞᆫ지라이에菲國의豪傑阿軍雅度將軍을引ᄒᆞ야自重ᄒᆞ니阿將軍은向者에革命이未成ᄒᆞ야香港에晦跡ᄒᆞᆫ지라新嘉坡의美領事가이에密約相會ᄒᆞ고訂議ᄒᆞᆫ바가有ᄒᆞ야電報로써華盛頓政府及海軍提督杜威의게往復ᄒᆞ더니畢竟美兵艦으로써阿將軍을護送ᄒᆞ야故國에反케ᄒᆞ니大抵阿將軍의歸ᄒᆞᆷ은該全島同胞의權利義務를爲ᄒᆞᆷ이오美國의鷹犬이되야本國을驅除코자ᄒᆞᆷ이아니어ᄂᆞᆯ今에美國現政府ᄂᆞᆫ其相傳ᄒᆞ던門羅主義即外國을不侵ᄒᆞᄂᆞᆫ義ㅣ라를棄ᄒᆞ고帝國侵略政策을用ᄒᆞ야一商業兵事의根據地를此岸에求得코자ᄒᆞᆫ지久ᄒᆞ더니이에禍心을包ᄒᆞ야菲人을紿ᄒᆞ야曰兵艦의來ᄒᆞᆷ은菲島의獨立을助ᄒᆞ야西班牙의羈軛을脫케ᄒᆞᆷ이라ᄒᆞ니菲人이自思ᄒᆞ되美國은文明義俠이天下에著名ᄒᆞᆫ지久ᄒᆞ다ᄒᆞ고坦然이信ᄒᆞ고一千八百九十八年距今九年前戊戌에菲國獨立軍이成功ᄒᆞ야民主政府를建設ᄒᆞ니其時에菲政府의管轄은一萬六千方里오人民은九百二十九萬五千이오美國의侵略領有ᄒᆞᆫ者ᄂᆞᆫ不過十二方里에人口ᄂᆞᆫ二十萬뿐이라菲國이美兵의力을借ᄒᆞ야國權을復ᄒᆞᆷ이아니오美國이도로혀菲國聲援을藉ᄒᆞ야西班牙를摧折ᄒᆞ얏스니菲美兩國關係가如此ᄒᆞᆫ뿐이어ᄂᆞᆯ千萬意外에美人이大國의兵을挾ᄒᆞ고戰勝ᄒᆞᆫ餘威로一朝에反攻ᄒᆞ야菲人의게向ᄒᆞ니

이에非人이血戰ᄒᆞᆫ지二年에死傷과癘疫이英人을懲创ᄒᆞᆫ者ㅣ甚大日劇ᄒᆞ얏스니畢竟今日에至ᄒᆞ야ᄂᆞᆫ刀鈌矢絶ᄒᆞ야大將이被俘ᄒᆞ고百戰山河에、ᄯᅩ新主를易ᄒᆞ니嗚呼라天道가難知ᄒᆞ야、오직强權者가他人을壓制ᄒᆞᄂᆞ니世人이外國의力을借ᄒᆞ야維新革命의功을成코자ᄒᆞᄂᆞᆫ者ᄂᆞᆫ請컨ᄃᆡ菲律賓의殷鑑을見ᄒᆞᆯ지어다然이나吾ᄂᆞᆫ此事를不忙ᄒᆞ리、ᄒᆞ노니滅國新法이如此ᄒᆞ니라

以上에列擧ᄒᆞᆫ數國은其大槪를略言ᄒᆞ얏스니大抵數百年來로所謂優勝ᄒᆞᆫ다ᄂᆞᆫ人種의滅國手段을略見ᄒᆞᆯ지라甚々五洲內에被滅ᄒᆞᆫ國이百數十이、다此殺中에入ᄒᆞᆫ者라此를觀ᄒᆞ면所謂文明과公法이安在ᄒᆞ며所謂愛人、如己와親敵、如友라ᄒᆞᄂᆞᆫ者가、ᄯᅩ安在ᄒᆞ뇨西國哲人이有言ᄒᆞ되兩平等者가相遇ᄒᆞ면所謂權力이라ᄒᆞᄂᆞᆫ者ᄂᆞᆫ無ᄒᆞ고道理가卽權力이、되며兩不平等者가相遇ᄒᆞ면所謂道理라ᄒᆞᄂᆞᆫ者ㅣ無ᄒᆞ고權力이卽道理라故로彼歐洲諸國이相遇ᄒᆞ야ᄂᆞᆫ道理로ᄡᅥ權力을、삼고其歐洲以外諸國과相遇ᄒᆞ야ᄂᆞᆫ權力이卽道理가、되니此ᄂᆞᆫ天演의所必至오物競의所固然이라然則何를恃ᄒᆞ며何를懟ᄒᆞ리오、오직最難堪ᄒᆞᆫ者ᄂᆞᆫ洋業劣敗ᄒᆞᆫ國이將滅未滅ᄒᆞᆯ時를當ᄒᆞ야、엇지爲情ᄒᆞ리오

天下事가中立ᄒᆞᆫ者ㅣ無ᄒᆞ야不滅ᄒᆞ면興ᄒᆞ고不興ᄒᆞ면滅ᄒᆞᄂᆞ니何去何從ᄒᆞᆯ지其間에髮을不容ᄒᆞᆯ지라、이에我中國四億萬人이興國ᄒᆞᆯ策을不講ᄒᆞ고竊竊히滅亡을免코자ᄒᆞ니此가、곳滅亡ᄒᆞᆯ第一根源이라人의愛我ᄒᆞᆷ이果然何如ᄒᆞᆫ지未知ᄒᆞ거니와大抵天下에、엇지己國의利益을不顧ᄒᆞ고他國을爲ᄒᆞ야利益을求ᄒᆞᄂᆞᆫ者ㅣ有ᄒᆞ리오然이나我中國四億萬人은列强이中國을瓜分ᄒᆞᆫ다ᄒᆞ면、곳惴然히憂ᄒᆞ다가列强이中國을保全ᄒᆞᆫ다ᄒᆞ면、ᄯᅩ釋然히安ᄒᆞ고列强이中國을協助ᄒᆞᆫ다ᄒᆞ면、곳色然히喜ᄒᆞ니此ᄂᆞᆫ、ᄯᅩ滅亡ᄒᆞᄂᆞᆫ第一根源이라吾가今에危言空論으로世俗을驚駭코자ᄒᆞᆷ이、아니오、다만近事의一二를擧ᄒᆞ야各亡國의成案으로、더브러比較ᄒᆞ리라

埃及의亡ᄒᆞᆷ은、곳國債라中國이二十年前에ᄂᆞᆫ國債가無ᄒᆞ더니光緖四年、距今二十九年前에、비로소德國國債二百五十萬元을借ᄒᆞ니其息이每年五分半이오其後二十年內에外債가增ᄒᆞ야五億四千六百萬元에每年增計息銀이二千萬元이라今에國帑이空竭ᄒᆞ야甲午以前債項本息에僅히二百萬元을還ᄒᆞᆫ故로、오직第一次德債에本銀七十五萬을償還ᄒᆞ고其他ᄂᆞᆫ報償이無ᄒᆞ며乙未和議後에ᄂᆞᆫ、곳新舊諸債를不論ᄒᆞ고一本도不還ᄒᆞ니、다만其息으로言ᄒᆞ야도每年二千萬元이、될지니今에中國

債項五億萬元을將ᄒᆞ야一年을不還ᄒᆞ면其息三千萬元을幷ᄒᆞ야共히五億三千萬元이、될거시오

또一年을積ᄒᆞ면其息이三千一百八十萬元이오本息合五億六千一百八十萬元이、되리니此五億六千一百八十萬元을將ᄒᆞ야八年을不還ᄒᆞ면其息이三億三千三百萬元餘라本息이八億九千五百萬餘元이오此八億九千五百餘萬元을將ᄒᆞ야十年을不還ᄒᆞ면其息이十二億六千八百萬餘元이니本息合이二十八億七千一百萬元餘가、될지니

然則不過三十年에息銀이本銀보다、거의五倍라本銀과合ᄒᆞ면共히六倍가、되리니大抵中國이光緖五年브터至今光緖十八年ᄭᅡ지銀一千六百餘萬元의本錢을不還ᄒᆞ얏스니然則中東戰後光緖三十年에至ᄒᆞ도록五億萬元의本銀을不還ᄒᆞᆷ이分明ᄒᆞ니三十年以前의今日로도三千萬元利息을不還ᄒᆞᆯ진ᄃᆡ其三十年後에二十二億萬元의利息을不還ᄒᆞ기、또分明ᄒᆞ고、또此次新債四億五千萬兩에舊債를幷ᄒᆞ야計ᄒᆞ면三十年後에中國에新舊債가、맛당히六七十億萬兩以上이、되리니、곳內患과外憂가不起ᄒᆞᆯ지라도三十年後中國이何狀을作ᄒᆞᆯ지未可知오、또三十年後ᄂᆞᆫ姑舍勿論ᄒᆞ고數年後에、곳十億萬兩이、되리니中國政府ᄂᆞᆫ將且何道로써此를待ᄒᆞᄂᆞ뇨

大抵外國이我의게借債ᄒᆞᆷ이大慾이有치、아니면各國이何必此權을爭ᄒᆞ기、곳蟻가附羶ᄒᆞᆷ과狗가奪骨ᄒᆞᆷ과如케彼此寸毫를不讓ᄒᆞ리오試問ᄒᆞ노니光緖二十一年借欵에俄國이何故로我를爲ᄒᆞ야中保를作ᄒᆞ얏스며二十四年借欵에ᄂᆞᆫ俄、英兩國이何故로大衝突을生ᄒᆞ야、거의干戈로相見ᄒᆞᄂᆞᆫᄃᆡ至ᄒᆞ얏ᄂᆞ뇨大抵中國政府의財政이困難ᄒᆞᆷ은天下萬國이、다熟知ᄒᆞᄂᆞᆫ바이라、이의知ᄒᆞ고、다시爭ᄒᆞ기如此ᄒᆞ니願컨ᄃᆡ我憂國士ᄂᆞᆫ其故를一思ᄒᆞᆯ지라今에中國은厖然ᄒᆞᆫ一大物이라精華가未竭ᄒᆞᆫ故로西人이前日埃及、待ᄒᆞ든者로相待치、아니ᄒᆞ나大抵債主의權이日重ᄒᆞ면中央財政이必然其手에移ᄒᆞᆯ지라然後에ᄂᆞᆫ、곳埃及覆轍을蹈ᄒᆞ겟거ᄂᆞᆯ彼庸腐奸險ᄒᆞᆫ張之洞은去年에督、撫가國債를自借ᄒᆞᄂᆞᆫ例를創開ᄒᆞ야五十萬兩銀을英國에借ᄒᆞ야兵備를置ᄒᆞ야同胞를殘害ᄒᆞ고、또鐵政局을爲名ᄒᆞ고日本에借債ᄒᆞ니彼其意에云ᄒᆞ되我가外人의信을得ᄒᆞ야此鉅欵을得ᄒᆞ얏다、ᄒᆞ야目前揮霍을供ᄒᆞ고、또吾가死ᄒᆞ든지或去官ᄒᆞ면其責任이我에不在ᄒᆞ다ᄒᆞ니自此로政府官吏ᄂᆞᆫ、비록百變ᄒᆞᆯ지라도民間의脂膏ᄂᆞᆫ、이믜彼에在ᄒᆞ야我吭을搤ᄒᆞ고我胷을搥ᄒᆞ얏스니、엇지

本息의不償을盡ᄒᆞ리오此ᄂᆞᆫ業債ㅣ오彼ᄂᆞᆫ業子ᄒᆞ야一筃에五十萬兩이라二十筃에
千萬兩이、될거시오一年에千萬兩이면十年後에ᄂᆞᆫ萬々兩이、될거시니此事가今
次에起點ᄒᆞ얏스니大抵中央政府의外債ᄂᆞᆫ、오작中央財權을他人에賜ᄒᆞᆯ이어니와
各省團體의外債ᄂᆞᆫ、곳地方財權을將ᄒᆞ야他人의게賜ᄒᆞᆷ이라吾가預言ᄒᆞ노니京師
의戶部、內務部及各省布政司에大臣長官이將且外人의坐席이、되리니嗚呼라吾
가埃及近世史를讀ᄒᆞ고股慄을不禁ᄒᆞ노라
또借款의危險ᄒᆞᆷ이以上所論과如ᄒᆞᆷ뿐아니라近來疆吏가借款을得ᄒᆞ야維新事業을
辦ᄒᆞᆫ다ᄒᆞᄂᆞᆫ者ㅣ即鐵路라、ᄒᆞᄂᆞ니大抵鐵路라ᄒᆞᆷ은興利코자、ᄒᆞᆷ이니興利코자、
ᄒᆞᆯ진ᄃᆡ不得不、籌算을持握ᄒᆞ야錙銖를計及ᄒᆞᆯ거시어ᄂᆞᆯ今에借款은不然ᄒᆞ야凡借款
을得ᄒᆞᄂᆞᆫ者ᄂᆞᆫ其實收數額이不過十分의九라、곳償還ᄒᆞᆯ지라도其利息一分을加ᄒᆞ
면一千萬元을借ᄒᆞᆫ者ㅣ곳二百萬元을短縮ᄒᆞᆷ이오此ᄂᆞᆫ、오히려金價가不定ᄒᆞᆫ時로
言ᄒᆞᆷ이오萬一還期에至ᄒᆞ면外國豪商이金價를高擡ᄒᆞ야、곳光緒四五年時、借項
百萬元에二百萬을還ᄒᆞᆷ과如ᄒᆞ리니此ᄂᆞᆫ借款이淸還ᄒᆞᆯ日이無ᄒᆞ리니、엇지可歎치
아니며、또鐵路라ᄒᆞᆷ은中國의地라洋債를借ᄒᆞᆫ時에鐵路로써典當치、아니ᄒᆞ면不

可ᄒᆞ고路ᄂᆞᆫ中國의路라國家擔保가、아니면不可ᄒᆞ리니即今은暫時間靡隨이無ᄒᆞ
나萬一嫌隙가稍有ᄒᆞ면債主가、곳其鐵路를執ᄒᆞ야借欵의本息을責ᄒᆞ리니如此ᄒᆞ
게數次에鐵路ᄂᆞᆫ、곳外人의게歸ᄒᆞ고鐵路가歸ᄒᆞᆫ後라도其本息은依舊히存在ᄒᆞ야
中國債項이山積ᄒᆞ리니奈何오嗚呼라今에文明事業을言ᄒᆞᄂᆞᆫ者ㅣ다借款을得ᄒᆞ야
各般事業을經始ᄒᆞᆫ다云ᄒᆞ나其實은事業이始ᄒᆞᄂᆞᆫᄃᆡ로國은隨亡ᄒᆞᆯ지니奈何오
또俄人이波蘭을亡ᄒᆞᆷ은俄人이亡ᄒᆞᆷ이、아니오波國貴官豪族이俄人을結ᄒᆞ야其國
을亡케、ᄒᆞᆷ이라嗚呼라我ㅣ中國近事를見ᄒᆞ니、엇지相類ᄒᆞ기如此ᄒᆞ뇨團匪變以
來로東南疆臣이各國과互保約을結ᄒᆞ니此가、곳列國으로、ᄒᆞ야곰勢力範圍를確
定ᄒᆞᄂᆞᆫ基礎라張之洞이政府에見忌ᄒᆞᆯ가恐ᄒᆞ야各國에乞ᄒᆞ야其兩湖總督의任을仍
存ᄒᆞ고、또互保ᄒᆞᄂᆞᆫ功을恃ᄒᆞ고各國領事를縱恣ᄒᆞ야其異黨을仇殺ᄒᆞ야誅官이己
와不協ᄒᆞᆫ者를排除ᄒᆞ니此ㅣ엇지他意가有ᄒᆞ리오、곳一時私利와一己私益을爲ᄒᆞᆷ
뿐이오其冥々中에長江一帶의選擧、調撥、生殺의權을將ᄒᆞ야外國人의게全畀ᄒᆞᆷ을
不覺ᄒᆞᆫ지라、이에揚子江流域에督、撫가英國翼下에生息ᄒᆞ기、곳印度의酋長
과如ᄒᆞ고自此로匪匪를起ᄒᆞ든榮祿은俄、法兩使의力으로罪譴을免ᄒᆞ야京師와西

安의 大吏는 俄人卵翼下에 生息ᄒᆞ기 恰히 高麗王과 如ᄒᆞ야 一國中에 紛々擾々ᄒᆞ야 此人은 英、日黨이오 彼人은 俄、法黨이라 大國에 附ᄒᆞ야 奴隷가 된 後에는 栩々然히 得計라ᄒᆞ니 嗚呼라 今日은 俄人이 砲臺를 築ᄒᆞ야 波蘭議院에 臨홈과 不如ᄒᆞ거늘 在廷諸臣이 此를 不憶ᄒᆞ는도다 大抵人이 我를 瓜分치、아니ᄒᆞ거늘 我가、몬저 我國을 瓜分ᄒᆞ야 各强國의 奴隷가、되니 彼官吏의 目前計는 可謂得計라、ᄒᆞ리로다 然이나 我國民으로、ᄒᆞ야곰 自今以往으로 永히 奴隷의 奴隷가、되야 萬劫로록 不復ᄒᆞ리로다

嗚呼라 天下의 最奇最險ᄒᆞᆫ 現象을 觀ᄒᆞ니 拳匪亂과 如ᄒᆞᆫ 者가 未有ᄒᆞ도다 列强이 中國을 瓜分코자 홈이 十餘年이러나 無端히 義和團의 事가 有ᄒᆞᆫ지라 議者가 皆謂ᄒᆞ되 瓜分이 今日에 實行ᄒᆞ리라、ᄒᆞ더니 意外에 各國이 瓜分을 不行ᄒᆞᆯ뿐아니라 地球上의 政治家가 政策을 一變ᄒᆞ야 曰、支那를 保合ᄒᆞᆫ다ᄒᆞ야 每日各新聞上에 記載ᄒᆞ고 北京에 在ᄒᆞᆫ 各公使도 前日威嚇逼脅ᄒᆞ든 故技를 盡變ᄒᆞ고 溫柔噓咻ᄒᆞ는 手段으로 我中國人을 對ᄒᆞ니 嗚呼다 吾ㅣ 不知케라 列强이 此役을 經ᄒᆞᆫ 後에 中國을 何故로 愛ᄒᆞ야 方針을 變ᄒᆞ기 如此ᄒᆞ뇨 大抵團匪事는 西后와、밋 諸大臣의 所爲라 萬目이 共覩ᄒᆞ고 衆口가 一詞어ᄂᆞᆯ 歐人이、오히려 淸廷을 尊崇ᄒᆞ야 正統이라 稱ᄒᆞ고 其謝罪ᄒᆞ는 使臣을 歡迎ᄒᆞ고 其賠償의 策을 代籌ᄒᆞ야 赤子를 保홈과 如ᄒᆞ니 噫嘻라 此는 何故오 狙公이 狙를 飼ᄒᆞᆯ서 朝三暮四ᄒᆞ면 諸狙가 怒ᄒᆞ고 朝四暮三ᄒᆞ면 諸狙가 喜ᄒᆞ니 中國人의 性質을 歐洲人이 知ᄒᆞᆫ지라 瓜分으로써 瓜分ᄒᆞᆫ다 홈이 不瓜分으로써 瓜分홈이 何如ᄒᆞ뇨 實利를 求ᄒᆞ는 者는 虛名을 不務ᄒᆞ고 將且大取ᄒᆞᆯ 者는、반다시 小爭을 不務ᄒᆞ느니 彼가 吾國民을 破釜、沈舟ᄒᆞ는 地에 陷ᄒᆞ야 其獨立排外思想을 益ᄒᆞ면 他日에 箝制鎭撫ᄒᆞ기 難ᄒᆞᆯ지라 故로 今日에 瓜分을 不行ᄒᆞ고、도로혀 保全ᄒᆞᆫ다는 言을 出ᄒᆞ야 吾國民으로、ᄒᆞ야곰 死囚가 獲赦홈과 如히 再造ᄒᆞᆫ 恩을 感ᄒᆞ고 來蘇의 頌을 興ᄒᆞ야 其前此에 蓄怨積怒가 變ᄒᆞ고 畏懼、歆羡、感謝ᄒᆞ는 三種이 次第并起케、홈이라 如此ᄒᆞ면 中國은、곳 歐洲의 中國이、되고 中國人民이、또 歐洲人民이、되리로라 向者歐人赫德氏가 中國實測論을 著ᄒᆞ야 曰

今에 中國問題가 三策에 不外ᄒᆞ니 一은 曰 其國土를 分割홈이오 二는 曰 其皇統을 變更홈이오 三은 曰 滿洲政府를 扶植홈이라 然이나 皇統을 變更ᄒᆞ는 策은 實行키 難ᄒᆞ니 此는 今日中國에 一人도 全國에 君臨ᄒᆞᆯ 資格人이 無ᄒᆞ니 萬一 此策을 更出ᄒᆞ면 騷擾가 相繼ᄒᆞ야 寧日이 無ᄒᆞᆯ지니 策의 最易行ᄒᆞᆯ 者는 滿洲朝廷을 扶植홈이

라然이나漫然히扶植ᄒᆞ면、또ᄒᆞᆫ後來禍根을絕치、못ᄒᆞᆯ지니故로中國最終事를論ᄒᆞ면瓜分을不免ᄒᆞᆯ거시어니와瓜分政策은、또今日에遽行치、못ᄒᆞᆯ지라大抵中國人이十數年來로沈睡中에在ᄒᆞ다가今日에ᄂᆞᆫ大夢이將覺ᄒᆞ야漸漸中國은中國人의中國이라ᄒᆞᄂᆞᆫ思想이有ᄒᆞᆫ故로義和團의運動이實로其愛國心에서出ᄒᆞ야中國을强케、ᄒᆞ야外人을拒코자ᄒᆞᆷ이라今에初起時를當ᄒᆞ야人才가無ᄒᆞ고器械가無ᄒᆞᆫ故로一敗塗地ᄒᆞ얏스나羽檄이一飛ᄒᆞ미四方이響應ᄒᆞ얏스니此가無故히作ᄒᆞᆷ이、아니라自今以往으로ᄂᆞᆫ此種精神이、다시人心에深入ᄒᆞ야全國에瀰滿ᄒᆞ다가他日에ᄂᆞᆫ必然義和團의子孫이格林砲를奪ᄒᆞ고毛瑟鎗을肩ᄒᆞ야今日義和團의未克ᄒᆞᆫ志를行ᄒᆞᆯ지라故로爲今計컨ᄃᆡ列國이、맛당히瓜分으로써最後에一定ᄒᆞᆫ目的을作ᄒᆞ고一面으로中國人의感情을順케ᄒᆞ야其軍事思想을忘ᄒᆞ고我歐人의게傾服케、ᄒᆞᆯ지라如此ᄒᆞ면黃禍說(西人이中國人을指ᄒᆞ야黃禍說이有ᄒᆞᆷ이)이可히煙消爐滅ᄒᆞ리라、ᄒᆞ얏더라

嗚呼라此語가、비록赫德一人의私言이나然이나此ᄂᆞᆫ、곳歐洲各國의公言이니此를觀ᄒᆞ면今日에紛紜히中國을保全ᄒᆞᆫ다ᄂᆞᆫ者ㅣ其中國을爲ᄒᆞᆷ이幾何오、또此ᄲᅮᆫ아니라彼西人은民權과國權이相待ᄒᆞ야立ᄒᆞᆷ을知ᄒᆞᄂᆞ니萬一我四億萬으로、ᄒᆞ야곰能히自起ᄒᆞ야一政府를組織ᄒᆞ고其內治를脩ᄒᆞ야實力을充ᄒᆞ면白人이永히亞洲大陸에染指치、못ᄒᆞᆯ거시오、또民權의興起ᄂᆞᆫ元動力及反動力兩者가磨盪ᄒᆞᄂᆞᆫ데서由ᄒᆞᆷ을知ᄒᆞᄂᆞᆫ故로、반다시支那全國의動機를力壓ᄒᆞ야數千年되ᄂᆞᆫ永靜性을保ᄒᆞᆫ後에야、비로소可히其分裂ᄒᆞᆯ排布를成ᄒᆞᆯ지라故로和平을維持ᄒᆞᆷ으로、써第一義를삼고、또中國民族은一姓을奴事ᄒᆞ야民賊(指人君)을崇拜ᄒᆞᄂᆞᆫ性質이有ᄒᆞᆷ을知ᄒᆞᄂᆞᆫ故로自謂ᄒᆞ되其取ᄒᆞ야代ᄒᆞ니보다因히用ᄒᆞ야中國人으로、ᄒᆞ야곰中國人을陵ᄒᆞ고中國人을制ᄒᆞ면其人民이俯首、帖耳ᄒᆞ야相謂ᄒᆞ되我祖宗以來로、다如此ᄒᆞ다ᄒᆞ고習性이곳此에安ᄒᆞ야分義에當然ᄒᆞ다ᄒᆞ고、비록殘暴桎梏ᄒᆞᆷ이歐洲人보다十倍가、될지라도民氣의安靖ᄒᆞᆷ이依然ᄒᆞᆯ지라故로、더욱滿洲現政府를扶植ᄒᆞᆷ으로第一法門을作ᄒᆞᄂᆞ니嗚呼라我가請컨ᄃᆡ一言으로四億萬人의게告ᄒᆞ야曰、子ᄂᆞᆫ他人이爾의社稷을顚覆ᄒᆞ고爾의朝廷을廢置ᄒᆞᆯ가恐懼치、말지어다大抵謀人ᄒᆞᄂᆞᆫ心이有ᄒᆞᄂᆞᆫ者ᄂᆞᆫ其人의愚昧ᄒᆞᆷ을喜ᄒᆞ고其人의明哲ᄒᆞᆷ을忌ᄒᆞ며其人의弱을喜ᄒᆞ고其一의强을忌ᄒᆞ며其人의亂을喜ᄒᆞ고其人의治를忌ᄒᆞᄂᆞ니今에中國이極히愚弱ᄒᆞ야

足히致亂ᄒᆞᆫ者ᄂᆞᆫ滿洲政府와如ᄒᆞᆫ者ㅣ未有ᄒᆞ니萬一變更이有ᄒᆞ야今政府보다稍勝ᄒᆞᆫ者ㅣ立朝ᄒᆞ면彼의謀我ᄒᆞᆷ이必然今日과如히容易치、못ᄒᆞᆯ지라列强이、비록措ᄒᆞ나、엇지此計ᄅᆞᆯ出ᄒᆞ리오、또此事가同是壓制오同是凌辱이로ᄃᆡ己에셔出ᄒᆞ면己ᄂᆞᆫ甚勢ᄒᆞᆯᄲᅮᆫ아니라、다시惡名을受ᄒᆞᆯ거시오人의게假手ᄒᆞ면己ᄂᆞᆫ甚逸ᄒᆞ고、또市惠가、되리니各國政府가其計ᄒᆞᆷ이熟ᄒᆞ도다大抵列强으로、ᄒᆞ야곰直接으로我民을抗ᄒᆞ면我民이抗拒ᄒᆞ야謂ᄒᆞ되外敵을抗ᄒᆞᆫ다ᄒᆞ고義士라愛國이라稱ᄒᆞ야鐵擔ᄒᆞ기無名ᄒᆞ리니、오작滿洲政府ᄅᆞᆯ使用ᄒᆞ야間接으로中國人民을治ᄒᆞ다가民이抗拒ᄒᆞ거든政府ᄅᆞᆯ抗ᄒᆞ얏다ᄒᆞ며、또亂民이라叛逆이라稱ᄒᆞ면討伐이有辭ᄒᆞᆯ지라故로、다만政府官吏로써登場ᄒᆞᆫ傀儡ᄅᆞᆯ作ᄒᆞ고列强은幕下에隱在ᄒᆞ야繩을持ᄒᆞ고傀儡ᄅᆞᆯ舞弄ᄒᆞ면政府ᄂᆞᆫ外國奴隷오人民의主人이라主人이外國의奴隷가、되면主人의奴隷ᄂᆞᆫ何物이、되리오印度酋長은印度人의主人이오英皇은印度主人의主人이오安南(即越南)王은安南의主人이오法國統監은安南主人의主人이、될거시오吾中國에도主人이有ᄒᆞ야主人의威嚴이可畏ᄒᆞᆯ지라此ᄂᆞᆫ吾國民의知ᄒᆞᄂᆞᆫ바라然이나其上에、또主人이有ᄒᆞ미其主人이中國主人의威嚴을借ᄒᆞ야威嚴을施ᄒᆞᆷ은吾國民이

不知ᄒᆞ고今에論者가外國奴隷됨을憂ᄒᆞᆯᄲᅮᆫ이라然이나外國이我가奴隷됨을不屑ᄒᆞ고我로、ᄒᆞ야곰奴隷의奴隷가、되게ᄒᆞᄂᆞ니大抵奴隷가되면、오히려或憂慮ᄒᆞ야救國ᄒᆞᄂᆞᆫ道ᄅᆞᆯ思ᄒᆞ려니와奴隷의奴隷가되면、곳冥然罔覺ᄒᆞ고帖然相安ᄒᆞ며栩然自得ᄒᆞᄂᆞ니嗚呼라此가果然九死ᄒᆞ야도不悔ᄒᆞ고萬刼이라도不復ᄒᆞᆯㅣ者라滅國新法의造妙、入神ᄒᆞᆷ이至此ᄒᆞ야極ᄒᆞ도다大抵彼列强이其利益을自顧ᄒᆞ고其政略을自行ᄒᆞᆷ은其例가應然ᄒᆞᆯ지라、엇지恠異타、ᄒᆞ리오、오작我四億萬愚痴人民이偏僻히此特別ᄒᆞᆫ性質을具ᄒᆞ야其政略의利用을供ᄒᆞ고今日에至ᄒᆞ야ᄂᆞᆫ奔走相慶에趁蹌恐後ᄒᆞ야써云ᄒᆞ되列强이愛我、恤我、撫我、字我ᄒᆞ고我ᄅᆞᆯ瓜分치、아니ᄒᆞ고我ᄅᆞᆯ保全ᄒᆞ니我中國이從此로億萬年이나泰平ᄒᆞᆯ基礎가今日브터定ᄒᆞ얏다ᄒᆞ니此ᄂᆞᆫ果然魔鬼로、ᄒᆞ야곰掀髯大笑케ᄒᆞ며、비록上帝ᄭᅴ셔라도愛助치、못ᄒᆞᆯ실者로다

大抵支那ᄅᆞᆯ保全ᄒᆞᆫ다ᄒᆞᄂᆞᆫ者ㅣ必然門戶ᄅᆞᆯ開放ᄒᆞ라、ᄒᆞ리니門戶開放이、엇지美事가、아니리오彼英國은門戶ᄅᆞᆯ全開ᄒᆞᆫ國이라然이나吾中國은治外法權이無ᄒᆞᆫ故로凡西人의商力所及處ᄂᆞᆫ、곳其國力所及地가、되ᄂᆞ니中國의上海、漢口等이稱號ᄂᆞᆫ曰租界라ᄒᆞ나其實은殖民地라今에全國을擧ᄒᆞ야通商口岸을開ᄒᆞ면、곳擧國이

殖民地가 되지니 兩國人이 殖民地를保全ᄒᆞᆷ에必然盡力ᄒᆞᆯ지라
然則또其交通機關을整理ᄒᆞ리니今에內河는 이믜外人을許ᄒᆞ야小輪船을行ᄒᆞ얏ᄉᆞ니列國이 또鐵路를速辦ᄒᆞᆯ지라大抵他人이資金을出ᄒᆞ야我의官築ᄒᆞᆫ鐵路는代築ᄒᆞᆫ後에는 其路權이他人의게屬ᄒᆞᄂᆞ니鐵路와土地는密接關係가有ᄒᆞ니鐵路所及은 其兵力所及이라一省의鐵路가盡通ᄒᆞ면 一省의地가 다吾有가 아니오

또支那의秩序를維持코자ᄒᆞ면必然我國의警察制度를代興ᄒᆞ리니大抵警察은維治ᄒᆞᄂᆞᆫ要具라此權을外人이全執ᄒᆞ고祖國政府의게假手ᄒᆞ야民氣를摧挫ᄒᆞ기極히容易ᄒᆞ리니昔者波蘭境內에俄人警察이 가장周密ᄒᆞ얏ᄉᆞ니其波蘭을利ᄒᆞᆷ인지波蘭을害ᄒᆞᆷ인지此는言ᄒᆞᆯ바아니오 또今者俄國本境에警察의嚴密ᄒᆞᆷ이地球上에第一이 되니俄政府의自許ᄂᆞᆫ善ᄒᆞ나全俄人民은此專制虐政下에呻吟ᄒᆞ야九淵에沈淪ᄒᆞ얏ᄉᆞ니大抵俄國은法制가嚴明ᄒᆞ고主權이確定ᄒᆞᆫ國이라然이나 오히려如此ᄒᆞ거든況中國이리오警察力으로中國을保全ᄒᆞᆫ다ᄒᆞᆷ은 其譏盜의게利刃을予ᄒᆞᆷ이오
또列國이必然中國의財政을紊亂ᄒᆞᆯ지니中國의財富ᄒᆞᆷ이地面보다泮ᄒᆞ야地中에隱塞ᄒᆞᆫ者ㅣ天下에셔莫及ᄒᆞ리니濬ᄒᆞ야出ᄒᆞ고流ᄒᆞ야布ᄒᆞ면可히萬國을操縱ᄒᆞ고五洲를雄視ᄒᆞ겟거ᄂᆞᆯ今에商權 工權 政權이 다他人手에握持가 되얏ᄉᆞ니此後富源이愈開ᄒᆞᆯ사록吾民의衣食을謀ᄒᆞᄂᆞᆫ者ㅣ不得不 彼族의게仰息ᄒᆞᆯ지라今日歐美社會를見ᄒᆞᆯ지어다大公司設立이 이믜日多ᄒᆞ매資本家와勞力者가劃然히兩途에分ᄒᆞ야富者ᄂᆞᆫ愈富ᄒᆞ고貧者ᄂᆞᆫ愈貧ᄒᆞ야其中間에隙地가無ᄒᆞᆫ지라故로中等小康의家ᄂᆞᆫ容接處가無ᄒᆞᄂᆞ니今에中國資本家가能히外人과相爭ᄒᆞᆯ者ㅣ無ᄒᆞ야不得不 勞力者가 되겟시니將昔에小康ᄒᆞ든家가自此以往으로低首 下聲ᄒᆞ고胼手胝足ᄒᆞ야各省洋行의司理人을向ᄒᆞ야一勞役을求ᄒᆞᆯ거시오

또外人이必然敎育을興ᄒᆞ리니敎育은國家元氣라然이나吾가聞ᄒᆞ니數月以來에京師及各省都會에서繙譯及通辯人의聲價가驟增ᄒᆞ야勢力이極盛ᄒᆞ고都中人士가 다欣羨艶羨ᄒᆞ야昔日에科第를望ᄒᆞ든者ㅣ今에ᄂᆞᆫ此途에從事ᄒᆞ야達官과華胄가其嬌妻와愛女를出ᄒᆞ야外國將軍의歡笑를供ᄒᆞᆷ으로 써榮幸이라ᄒᆞᄂᆞᆫ者ㅣ有ᄒᆞ니此ᄂᆞᆫ外國敎育의勢가日漲ᄒᆞᄂᆞᆫ디로此等風氣가日開ᄒᆞ야前日義和團의損失을償ᄒᆞᄂᆞᆫ法이如此ᄒᆞᆫ것이라 이에國民敎育과奴隸敎育이一過渡가作ᄒᆞ니奴隸의奴隸敎育

이、다시言辭로擁護ᄒᆞ되、아니라嗟呼라列國의所謂支那를保全ᄒᆞᆫ다ᄂᆞᆫ者ㅣ如此ᄒᆞᆯᄲᅮᆫ이오支那의所謂自國을保全ᄒᆞᆫ다ᄂᆞᆫ者가、또如此ᄒᆞᆯᄲᅮᆫ이로다

大抵瓜分政策은或死地에置ᄒᆞᆫ後、幾生ᄒᆞᄂᆞᆫ道가有ᄒᆞ려니와保全政策이라ᄒᆞᆷ은、곳魚爛ᄒᆞ야自亡ᄒᆞᆯᄲᅮᆫ이니新法新法이여前車가覆折ᄒᆞᆫ되來軫이方遒ᄒᆞ고飮鴆ᄒᆞ기飴와如ᄒᆞ야骨이灰를成ᄒᆞ야도不悟ᄒᆞ니吾가誰를尤ᄒᆞ며誰를尤ᄒᆞ리오

附日本의朝鮮　　支那梁啓超纂

子가朝鮮亡國史略을著ᄒᆞ니此ᄂᆞᆫ其國을哀ᄒᆞᆷ이오自此以來로日人이朝鮮에加ᄒᆞᄂᆞᆫ者ㅣ日出、無窮ᄒᆞ기로日本報에ᄂᆞᆫ隱諱ᄒᆞ얏스니子가實地調査가無ᄒᆞ매能히悉舉치、못ᄒᆞᆯ지라、오직近日에朝鮮의警察全權이日本에入ᄒᆞ얏스니

陽曆甲辰十一月二十日에朝鮮新會의會員이某處에會集ᄒᆞ야政府를向ᄒᆞ야改革을求ᄒᆞ니韓廷이警察을命ᄒᆞ야彈壓ᄒᆞ니不聽ᄒᆞᄂᆞᆫ지라旣而오警吏가拔劍、殺傷ᄒᆞ야其會員數十人을傷ᄒᆞ니日本의駐韓憲兵이、또ᄒᆞᆫ會集ᄒᆞᆯ시韓人中에石을擲ᄒᆞ야日本步兵一名을傷ᄒᆞᆫ지라日兵이急히傳令ᄒᆞ야韓人數百을捕縛ᄒᆞ고翌二十一日에公使林權助가駐韓司令長官長谷川으로、더브러韓廷을對ᄒᆞ야嚴重히談判ᄒᆞ고新歲一

月二日에ᄂᆞᆫ長谷川이韓廷에要求ᄒᆞ되韓國警察力이治安을維持치、못ᄒᆞ니自今으로全國警察權을移ᄒᆞ야日本軍事警察의命令을服從ᄒᆞ라ᄒᆞ니此ᄂᆞᆫ第四第五日事라一月六日에長谷川이軍事警察條例十九條를全韓境內에頒布ᄒᆞ되此條例를犯ᄒᆞᄂᆞᆫ者ᄂᆞᆫ日本司令官의手를經ᄒᆞ야直接으로刑事上處分을行ᄒᆞᆫ다ᄒᆞ니

其條例中에云ᄒᆞ되結黨ᄒᆞ야日本을反抗ᄒᆞ든지或日本의게抗敵行爲가有ᄒᆞᄂᆞᆫ者와、또集會結社ᄒᆞ든지或新聞雜誌廣告이나、或其他手段으로公安秩序를紊亂케ᄒᆞᄂᆞᆫ者와、밋軍司令官의命令을違ᄒᆞᄂᆞᆫ者라ᄒᆞ니

此ᄂᆞᆫ其中一二條라其他가大率다如是ᄒᆞ니嗚呼라朝鮮이、오히려朝鮮人의朝鮮이、될는지嗚呼라其國이眞箇、亡ᄒᆞ얏도다

大抵此役에朝鮮人이日本에對ᄒᆞ야所犯이、오직擲石一事ᄲᅮᆫ이오所傷은一步兵에、또死ᄒᆞᆷ도、아니오、곳輕傷이오、또重傷이、아니라然이나所獲ᄒᆞᆫ報酬ᄂᆞᆫ全國私法權을奪ᄒᆞ얏스니傳에云ᄒᆞ되牛蹊ᄒᆞᆷ으로、써其牛를奪ᄒᆞ얏다、ᄒᆞ더니嗚呼라余가此를見ᄒᆞ니強權者의眞相을識ᄒᆞ리로다如此ᄒᆞᆫ細事에如此ᄒᆞᆫ驚天動地ᄒᆞᄂᆞᆫ事를強作ᄒᆞ야全國警權을奪ᄒᆞ기、곳無事ᄒᆞᆷ과如ᄒᆞ도다

雖然이나韓廷은其無罪를謂홀가誰가汝로、ᄒᆞ야곰警察을設ᄒᆞ야民을衛安케、아니ᄒᆞ고民을壓制ᄒᆞ얏스며誰가汝로、ᄒᆞ야곰奸惡을納詐케、아니ᄒᆞ고新黨을逐蔑ᄒᆞ라、ᄒᆞ얏ᄂᆞᆫ지米報에云ᄒᆞ되長谷川이韓皇을謁ᄒᆞ야曰、人民이法律下에在ᄒᆞ니平和로改革을求ᄒᆞᄂᆞᆫ者ᄂᆞᆫ政府에셔威暴手段으로待홈이不可ᄒᆞ다ᄒᆞ얏스니嗚呼라日人도、오히려此言을出ᄒᆞ거ᄂᆞᆯ韓廷은至今까지夢夢然ᄒᆞ도다今에會員을放逐ᄒᆞ니其心에固히快快ᄒᆞ거니와警吏의威虐이、任意妄作ᄒᆞ고古語에云ᄒᆞ되兄弟가爭室에閉門、揖盜가、곳此라自此로朝鮮이朝鮮人의朝鮮이、아니오日本의朝鮮이로다

第十九課　本朝歷代 十四

正祖씌셔景慕宮을建ᄒᆞ시니此ᄂᆞᆫ莊祖皇帝를哀慕ᄒᆞ심이라莊祖씌셔薨ᄒᆞᆫ時에慘酷ᄒᆞᆫ禍를被ᄒᆞ신故로上이、더욱哀痛ᄒᆞ사此에廟를建ᄒᆞ고時日로往拜ᄒᆞ샬ᄉᆡ其便近ᄒᆞᆷ을取ᄒᆞ야月覲門을建ᄒᆞ시니라

大典通編

向者世宗씌셔六典을創ᄒᆞ시고世祖가經國大典을著ᄒᆞ시고成宗時에續錄이有ᄒᆞ고肅宗時에輯錄通考가有ᄒᆞ고英祖時에續大典이有ᄒᆞ니、다各其一書로成ᄒᆞ야考據에艱ᄒᆞᆫ지라上이其書를取ᄒᆞ야一冊을合成ᄒᆞ야頒行케、ᄒᆞ시니라

禁購買敎書等句語

支那明末에西人利瑪竇等이支那에入홀時에朝鮮使臣이支那로브터還ᄒᆞ야西人의學術과工藝를稱贊ᄒᆞ고仁祖時에使臣이回奏ᄒᆞ되西人의學이다天人의道라其立敎가孔、孟과無異ᄒᆞ고生死의理ᄂᆞᆫ佛法과近ᄒᆞ다ᄒᆞ고仁祖時에鄭斗源、金堉等이明에使ᄒᆞ얏다가歐洲의書籍과器械等을携歸ᄒᆞ니라

其後正祖時에李承薰、李蘗薰兄弟及丁若鏞等은當世名儒라天主敎書를讀ᄒᆞ고深히尊信ᄒᆞ더니가二人이絕島에竄死ᄒᆞ고自此로其敎가漸行ᄒᆞ더니正祖十年丙午、距今一百二十一年前에西敎의害를恐ᄒᆞ야往燕ᄒᆞᄂᆞᆫ使臣의게西書購來를禁ᄒᆞ고十五年에ᄂᆞᆫ西書를焚ᄒᆞ고其奉敎人은刑殺ᄒᆞ고純祖五年乙丑距今一百二年前에ᄂᆞᆫ其敎가滋蔓ᄒᆞ거ᄂᆞᆯ、크게鋤治ᄒᆞ고諸道로、ᄒᆞ야곰糾察ᄒᆞ야每月에登聞케、ᄒᆞ더니時에黃嗣永이潛히支那蘇州人周文謨를邀入ᄒᆞ거ᄂᆞᆯ政府에셔謂ᄒᆞ되此輩가外人을請ᄒᆞ야不軌를謀ᄒᆞᆫ다ᄒᆞ고大逆律로誅ᄒᆞ니此ᄂᆞᆫ다支那로브터再傳ᄒᆞ야朝鮮에

人ᄒᆞ얏고至於歐洲宣教師ᄂᆞᆫ其後憲宗ㅅ時에入ᄒᆞ니라

第二十課　丁若鏞

丁若鏞은若鍾의弟라其兄이被罪ᄒᆞᆫ後、全羅道康津에竄配ᄒᆞ야當世에見擯ᄒᆞᆫ지라、오작著書로自娛ᄒᆞᆯ셰其著撰ᄒᆞᆫ三百餘卷이다當世에適合ᄒᆞ야見者가追慕師範ᄒᆞ니、곳我國五百年來에第一經濟家라其政治、農、工、醫藥及刑名諸書가叅古酌今ᄒᆞ야現今西洋新文明과相較ᄒᆞ야도毫末、不錯ᄒᆞᆫ지라世人이謂ᄒᆞ되此人으로ᄒᆞ야곰今時에生ᄒᆞ얏스면其西洋의有名ᄒᆞᆫ諸學者라도不及ᄒᆞ리라ᄒᆞ니、곳千古一人이오此ᄂᆞᆫ天이此人으로ᄒᆞ야곰我韓人을開牖ᄒᆞᆷ이라然이나後學이其志ᄅᆞᆯ不繼ᄒᆞ야國勢가此에至ᄒᆞ니今人은곳其罪人이라、ᄒᆞ리로라

第二十一課　清國關係　第二十二課　露國關係　第二十三課　日本關係　第二十四課　美國

清國은世界의第一龐大ᄒᆞᆫ國이라文物과聲名이輝耀ᄒᆞ더니今에ᄂᆞᆫ驕傲怠惰心이生ᄒᆞ야外國은夷狄으로視ᄒᆞ고政令과風俗이漸壞ᄒᆞ야最孱弱ᄒᆞᆫ老大國이、되얏스니、엇지可歎치、아니리오然이나、其國이我韓과密接關係가有ᄒᆞ야憂樂을與共ᄒᆞᆯ勢가有ᄒᆞᆫ故로甲午戰爭이有ᄒᆞ더니畢竟日本의게敗ᄒᆞ야世界의恥笑ᄅᆞᆯ受ᄒᆞ고其後戊戌政變과庚子團匪亂이生ᄒᆞ야至今ᄭᆞ지振作지、못ᄒᆞ니其原因을思ᄒᆞᆯ진ᄃᆡ當初에清國이我의獨立을不許ᄒᆞ고、오작舊日思想으로因循姑息고자、ᄒᆞ얏스니其咎가、다만天下大勢ᄅᆞᆯ不知ᄒᆞᆯᄲᅮᆫ이오我韓에對ᄒᆞ야惡意가有ᄒᆞᆷ은、아니라然이나畢竟我韓을因ᄒᆞ야國勢가危亡에至ᄒᆞ니我韓人士된者ㅣ엇지清國을爲ᄒᆞ야慨悶치、아니리오

露國은元來人國을佔奪ᄒᆞ고他種을滅絶ᄒᆞᄂᆞᆫ國이라向者甲午、日清戰爭後에我韓人을誘說ᄒᆞ야政治改革을沮遏ᄒᆞ니此ᄂᆞᆫ我韓을愚弄ᄒᆞ야他日幷呑ᄒᆞᆯ策을成코자ᄒᆞᆷ이어ᄂᆞᆯ世人이不知ᄒᆞ고、오히려露國에昵就코자ᄒᆞ니、엇지自取其禍가、아니리오

日本은新興ᄒᆞᆫ國이오我韓과隣處ᄒᆞ미我韓이獨立지、못ᄒᆞ면日本이危殆ᄒᆞᆫ故로清國을勸ᄒᆞ야我國政治ᄅᆞᆯ改革ᄒᆞ야東亞三國이鼎足의勢로世界平和ᄅᆞᆯ保有코자、ᄒᆞ얏더니清國이執迷不從ᄒᆞᄂᆞᆫ지라故로甲午戰爭이起ᄒᆞ얏고、또日、露戰爭도其實은我韓이露國의侵略을防코자ᄒᆞᆷ이니其苦心經營이何如ᄒᆞᆫ고然이나甲午戰爭을因ᄒᆞ

야淸國이瓜分의形을成ᄒᆞ야東洋局面이大壞ᄒᆞᆫ지라此를論ᄒᆞ면、곳日本이自計에急ᄒᆞ야手足과頭面을自傷ᄒᆞᆷ이오、또日、露戰爭時에天下에公言ᄒᆞ야曰、韓國獨立을保全ᄒᆞᆫ다ᄒᆞ더니今에至ᄒᆞ야ᄂᆞᆫ露國을戰勝ᄒᆞᆫ餘威를我韓에施ᄒᆞ야措置가過當ᄒᆞ고事爲가秦侈ᄒᆞ야隣誼를頓忘ᄒᆞᆷ과如ᄒᆞ니然則日本의數十年來倡言ᄒᆞ든義聲이變ᄒᆞ야侵略併呑과同ᄒᆞᆫ지라此事가、엇지同種人의相扶ᄒᆞᄂᆞᆫ道리오然이나其故를推原ᄒᆞ면、다我의自取라政治가腐敗ᄒᆞ고國家思想이頓無ᄒᆞ야人侮를招ᄒᆞᆷ이오

美國은華盛頓이開國以來로侵略을不事ᄒᆞ고專혀文治를崇尙ᄒᆞ야世界에最上等國이라向者日本維新時에도此國의指導가多ᄒᆞ얏고今에世界事情을因ᄒᆞ야菲律賓等島를占奪ᄒᆞ얏스나此ᄂᆞᆫ其國事勢에不得已ᄒᆞᆫ事오露國과如히兇暴心이小ᄒᆞᆫ지라故로向年淸人黃遵憲朝鮮策略에曰、美國을聯合ᄒᆞᆷ이朝鮮의善策이라、ᄒᆞ얏스니此를觀ᄒᆞ면其國의和平公共ᄒᆞᆫ心을可知로다

第二十八課　本朝歷代 十五

平安道洪景來句語

純祖十一年辛未、距今九十六年前十二月에關西에洪景來가黨與를聚集ᄒᆞ야嘉山

을破ᄒᆞ고郡守鄭蓍를殺ᄒᆞ거ᄂᆞᆯ上이大臣을召ᄒᆞ야討賊ᄒᆞᆯ策을議ᄒᆞ시고李堯憲으로써兩西巡撫使를拜ᄒᆞ고京營軍을調發ᄒᆞ실ᄉᆡ尙方劒을賜ᄒᆞ야曰、節度使以下에用命치、아니ᄒᆞᄂᆞᆫ者를斬ᄒᆞ고軍務ᄂᆞᆫ便宜從事ᄒᆞ고鄭晩錫으로關西慰撫使를拜ᄒᆞ야軍務를參聞케、ᄒᆞ시니라

十二年正月에賊이定州城에入據ᄒᆞ고、또分兵ᄒᆞ야四掠ᄒᆞᆯᄉᆡ淸北各邑과諸山城이다賊의巢窟이。되거ᄂᆞᆯ上이李堯憲을督ᄒᆞ야前進ᄒᆞᆯᄉᆡ時에賊이博川松林洞에屯聚ᄒᆞ야安州를犯코자ᄒᆞ거ᄂᆞᆯ牧使趙鍾永이民衆을激勵ᄒᆞ야城을固守ᄒᆞ니賊이犯치、못ᄒᆞ고兵使李海愚ᄂᆞᆫ虞候李海昇과咸從府使尹郁烈、郭山郡守李祐植、熙川郡守吳致壽等을遣ᄒᆞ야進擊ᄒᆞ니賊이大潰ᄒᆞ야定州로入ᄒᆞ더라郁烈祐植等이進兵ᄒᆞ야郭山、宣川을收復ᄒᆞ고義州府尹趙興鎭은義兵將金見臣을遣ᄒᆞ야龍川、鐵山及諸山城을收復ᄒᆞ니。이에郭山以北의路가通ᄒᆞ고獨히定州賊이城을據ᄒᆞ야不出ᄒᆞ거ᄂᆞᆯ巡撫中軍朴基豐이城外雞川浦에陣ᄒᆞ고諸將을召募ᄒᆞ야巡撫麾下에屬ᄒᆞ니라

二月에巡撫中軍朴基豐의官을削ᄒᆞ고柳孝源으로써代ᄒᆞ다先是에基豐이定州를攻ᄒᆞᆫ지屢次에不利ᄒᆞ거ᄂᆞᆯ朝廷이其頓兵、玩寇ᄒᆞᆫ罪를治코자ᄒᆞ나臨陣、易將이制勝

ᄒᆞᄂᆞᆫ良策이、아니라、ᄒᆞ더니至是에敗報가又至ᄒᆞᆫ故로此命이有ᄒᆞ니라
四月에大軍이定州를收復ᄒᆞ다柳孝源이諸將와게方略을指授ᄒᆞ야東城에ᄂᆞᆫ閘을築ᄒᆞ야其外를障蔽ᄒᆞ고北城에ᄂᆞᆫ土를掘ᄒᆞ야地道를穿ᄒᆞ고火藥을埋ᄒᆞᆫ後、其傍을從ᄒᆞ야火ᄒᆞ니少頃에城이崩ᄒᆞ야守堞ᄒᆞ든賊이다壓死ᄒᆞ고餘ᄂᆞᆫ奔竄ᄒᆞ거ᄂᆞᆯ大軍이鼓兵、入城ᄒᆞ야四圍搜捕ᄒᆞ니洪景來ᄂᆞᆫ中丸ᄒᆞ야死ᄒᆞᆫ지라其首를函上ᄒᆞ고餘賊은檻車로京師에載送ᄒᆞ니라

洪景來ᄂᆞᆫ桀黠ᄒᆞᆫ徒라京師에入ᄒᆞ야權貴家에往來ᄒᆞ더니時에朝廷이閥閱을崇尙ᄒᆞ야鄕里人을不用ᄒᆞᄂᆞᆫ지라景來가、크게忿恨ᄒᆞ고數百年沉滯積鬱ᄒᆞᆫ氣를洩코자ᄒᆞ야鄕里에歸ᄒᆞ야徒黨을號召ᄒᆞ니數月間에來者가數萬이라、이에各城池를陷ᄒᆞ고東上코자ᄒᆞ다가死ᄒᆞ니라

第二十九課　三十課　三十一課

本朝歷代　十六　十七　十八

哲宗이在位ᄒᆞᆫ지十四年에崩ᄒᆞ시고嗣子가無ᄒᆞᆫ지라、이에神貞翼皇后趙氏文祖翼皇帝의后라께서諸大臣과議ᄒᆞ사興宣君昰應의第二子를迎立코자ᄒᆞ니、곳今太皇帝陛下시라領府事金左根과領敎寧金興根이不肯ᄒᆞ야曰、我邦이古來브터生存ᄒᆞᆫ大院君이無ᄒᆞ니萬一興宣君이太上의尊을恃ᄒᆞ고朝政을攪亂ᄒᆞ면奈何오ᄒᆞ야議論이不決ᄒᆞ더니時에神貞翼皇后外에또憲宗王后洪氏와哲宗王后金氏가在ᄒᆞ시니領相趙斗淳은新王을援立ᄒᆞ야翼宗의統을繼코자ᄒᆞ고判書洪淳穆은洪氏族長으로新王이憲宗께繼嗣코자ᄒᆞ고、오작王后金氏께서ᄂᆞᆫ悲哀ᄒᆞ신中에또金氏宗族이强盛ᄒᆞᆫ지라謂ᄒᆞ되新王이必然哲宗의嗣가、되리라ᄒᆞ야、이에前領相鄭元容으로써院相을拜ᄒᆞ야上을迎入ᄒᆞ야上이入宮ᄒᆞ시니神貞翼皇后께서、곳外殿에至ᄒᆞ사上의手를執ᄒᆞ고內殿에入ᄒᆞ야玉座를設ᄒᆞ고后께서玉座後에垂簾ᄒᆞ시고大臣을召ᄒᆞ야下詔曰、嗣王은翼宗의統을承ᄒᆞᆯ지라、곳中外에布告ᄒᆞ라ᄒᆞ시니諸大臣이錯愕ᄒᆞ나敢히拒逆지、못ᄒᆞ고謹히承命ᄒᆞ야上이翼宗의統을承ᄒᆞ시니上의時年이十二오距今四十三年前甲子라

上이即位ᄒᆞ시니趙后神貞翼皇后께셔太皇太后가、되시고洪后ᄂᆞᆫ王太后가、되시고金后ᄂᆞᆫ太后오、이에興宣君을封ᄒᆞ야大院君이라ᄒᆞ고母夫人閔氏ᄂᆞᆫ府大夫人이오興宣君邸ᄂᆞᆫ號曰、雲峴宮이오翼皇后께서下詔ᄒᆞ사大院君은不臣禮로待ᄒᆞ고上이每

月初에雲峴宮에往觀ᄒᆞ신다ᄒᆞ니此ᄂᆞᆫ政事에干預치、아니케ᄒᆞᆷ이라既而오趙斗淳이駁論ᄒᆞ야、다시趙后詔命을下ᄒᆞ야曰、嗣王이年幼ᄒᆞ시고國事가多艱ᄒᆞ니大院君이大政을協贊ᄒᆞ고其儀節은諸大臣과同ᄒᆞ나、오작上前에趨拜와稱名이無케、ᄒᆞ라ᄒᆞ고、ᄯᅩ命ᄒᆞ야百官有司로、ᄒᆞ야곰大院君의指揮ᄅᆞᆯ聽ᄒᆞ라ᄒᆞ시고、ᄯᅩ三軍營의兵勇을選ᄒᆞ야護衛ᄒᆞ며籃輿ᄅᆞᆯ乘ᄒᆞ고闕門에入케ᄒᆞ니、이에政權이全혀大院君의게歸ᄒᆞ야金氏의權이漸替ᄒᆞ니라

ᄯᅩ朝鮮은古來브터宗室이科擧에赴치、못ᄒᆞ고、ᄯᅩ朝政을干涉지、못ᄒᆞᄂᆞᆫ지라然이나向者世祖ᄭᅴ서即位前에領議政이、되셧고其後에ᄂᆞᆫ龜城君浚(世宗孫)이將相을兼ᄒᆞ얏ᄉᆞ나浚이誅ᄒᆞᆫ後에防禁이益密ᄒᆞ더니大院君에至ᄒᆞ야實로破格이、되니라

大院君이政權을握ᄒᆞ미大히朝官을變更ᄒᆞᆯᄉᆡ趙斗淳으로領議政을拜ᄒᆞ고金炳學은右議政이오李宜翼、鄭基世、金世均은吏、兵、戶三曹判書가되고李升輔ᄂᆞᆫ宣惠堂上이오李景夏ᄂᆞᆫ訓鍊大將이오李漳濂은禁衛大將이오李景宇ᄂᆞᆫ御營大將이오李邦鉉은總戎使오申命純은右捕盜大將이、되니라大院君이新事業을立코자ᄒᆞ야景福宮을重建ᄒᆞ니景福宮은太祖時에營建ᄒᆞᆫ者오壬辰에灰燼이、되얏더니憲宗이重建

코자ᄒᆞ시다가工費가巨大ᄒᆞᆫ지라、이에內帑을私蓄ᄒᆞ야數百萬兩에及ᄒᆞ더니至是에大院君이其志ᄅᆞᆯ成코자ᄒᆞ야重修令을下ᄒᆞᆯᄉᆡ田一結에錢一百文을斂ᄒᆞ니名曰、結頭錢이오李景夏로營建都監提調ᄅᆞᆯ拜ᄒᆞ야其事ᄅᆞᆯ董ᄒᆞ나然이나新宮이未成에財力이已乏ᄒᆞᆫ지라、이에人民을脅制ᄒᆞ야錢을納ᄒᆞ니名曰願納이라ᄒᆞ고、맛참ᄂᆡ新宮이成ᄒᆞ거ᄂᆞᆯ、다시六曹衙門及諸官舍ᄅᆞᆯ修ᄒᆞ고大皇帝ᄭᅴ서即位ᄒᆞ신지四年에移御ᄒᆞ니라

大院君이、이에國政을一新코자ᄒᆞ야、크게制度ᄅᆞᆯ改ᄒᆞᆯᄉᆡ備邊司ᄅᆞᆯ廢ᄒᆞ고三軍府ᄅᆞᆯ設ᄒᆞ야現任將相으로ᄒᆞ야곰兼任케ᄒᆞ고江華府ᄅᆞᆯ陞ᄒᆞ야鎭撫營이라ᄒᆞ고壯勇을募ᄒᆞ야別驍士라ᄒᆞ야其營에屬ᄒᆞ고咸鏡道北邊에茂山、厚州等四郡을置ᄒᆞ고人民을徙ᄒᆞ야開拓ᄒᆞ고、ᄯᅩ武臣의乘轎ᄅᆞᆯ禁ᄒᆞ야公私出入에다馬ᄅᆞᆯ乘ᄒᆞ며、ᄯᅩ滿洲로서馬匹을購來ᄒᆞ야富民으로ᄒᆞ야곰一二匹式畜케ᄒᆞ고大典會通을修ᄒᆞ야正祖以來의敎式은補輯ᄒᆞ고春官通考千餘卷을校正ᄒᆞ야本朝故事ᄅᆞᆯ撰集ᄒᆞ고衣服의制ᄅᆞᆯ改ᄒᆞ고官妓、娼妓의風俗을矯正ᄒᆞ니라

大院君이貧困中에서長ᄒᆞ야閭巷事情을通ᄒᆞᄂᆞᆫ지라書院의弊가多ᄒᆞ고儒生이跋扈

强梁ᄒᆞ야人民을侵虐ᄒᆞ거ᄂᆞᆯ、곳下令ᄒᆞ야各道書院을毁ᄒᆞ고院儒ᄅᆞᆯ逐ᄒᆞᆯ셔不從者ᄂᆞᆫ殺ᄒᆞᆫ다ᄒᆞ니士族等이大驚ᄒᆞ야闕門에詣ᄒᆞ야呼訴ᄒᆞᄂᆞᆫ者ㅣ數萬人이되고

旣而오또諫ᄒᆞᄂᆞᆫ者ㅣ有ᄒᆞ야曰、先賢의祀ᄅᆞᆯ尊崇ᄒᆞ야士氣ᄅᆞᆯ培養ᄒᆞᆯ지라書院毁撤令을收回ᄒᆞ소셔ᄒᆞᆫ대大院君이大怒曰、民人의게害되ᄂᆞᆫ事ᄂᆞᆫ、비록先儒가復生ᄒᆞ야도吾ㅣ容恕치、아니ᄒᆞ겟거든況書院은先儒ᄅᆞᆯ祀ᄒᆞᆫ다稱ᄒᆞ고盜賊의淵藪가된者니、엇지容留ᄒᆞ리오ᄒᆞ고、드ᄃᆡ여刑曹及漢城府의兵卒을命ᄒᆞ야闕門外에集ᄒᆞᆫ儒生을江外에驅逐ᄒᆞ고各道書院一千餘處ᄅᆞᆯ一時에毁撤ᄒᆞ고、또密使ᄅᆞᆯ八道에發遣ᄒᆞ야士族의虐民者ᄂᆞᆫ其身을罪ᄒᆞ고其産을籍沒ᄒᆞ니、이에士族과儒生의跋扈ᄒᆞ든氣習이一變ᄒᆞ고

또當時에老論、少論、南人、小北四黨이有ᄒᆞ나大院君의用人ᄒᆞᆷ이黨派ᄅᆞᆯ不拘ᄒᆞ야四黨의名은有ᄒᆞ되其實은舊習이太半이나變ᄒᆞ야至於吳甲良은會寧人으로正卿을拜ᄒᆞ니此ᄂᆞᆫ北道에初有ᄒᆞᆫ事오

또其他元來忠勳人子孫의身布ᄅᆞᆯ免除ᄒᆞ든法을廢ᄒᆞ야、다納布케ᄒᆞ고八道監司ᄅᆞᆯ命ᄒᆞ야士族의租稅欠缺을徵케ᄒᆞ고地方官吏의賄賂ᄅᆞᆯ禁ᄒᆞᆯ셔其甚ᄒᆞᆫ者ᄂᆞᆫ鍾路에서

決杖ᄒᆞ니大抵大院君의行政이瑕와瑜가相參ᄒᆞ야得失이居半이오其剛毅果決ᄒᆞᆫ故로暴厲가亦甚ᄒᆞ고顧忌가少無ᄒᆞᆫ지라故로令이行ᄒᆞ고禁ᄒᆞ면止ᄒᆞᆯ셔此ᄂᆞᆫ內政에만然ᄒᆞᆯ뿐아니라外國에對ᄒᆞ야도亦然ᄒᆞ니라

歐米及淸日의關係

朝鮮이歐、米各國과關係가生ᄒᆞᆫ事ᄅᆞᆯ言ᄒᆞ면其初에ᄂᆞᆫ天主敎의傳播라、이에其敎徒ᄅᆞᆯ殺戮ᄒᆞ기屢次오至於歐、米人과交戰ᄒᆞᆷ도、다大院君의決心이라

朝鮮의天主敎가其始ᄂᆞᆫ未詳ᄒᆞ나大抵支那明末에西人利瑪竇等이支那에入ᄒᆞᆫ際에、朝鮮使臣이支那로브터還ᄒᆞ야盛히西人의學術工藝ᄅᆞᆯ稱道ᄒᆞ야上疏ᄒᆞᆫ지라其根源이此에서起ᄒᆞ니라

其後正祖時에李家煥、李承薰、丁若鍾等은다一時名儒로其敎에染ᄒᆞ얏다ᄒᆞ야坐死ᄒᆞ고丁若鏞은若鍾의弟라被訊不服ᄒᆞ다가康津에竄ᄒᆞ니若鏞은聰悟가絶人ᄒᆞ야九流百家에無所不通이오經濟學에尤深ᄒᆞ야本朝五百年來에第一通才라、ᄒᆞᄂᆞ니라

自此로西敎가漸行ᄒᆞ다니正祖十年丙午、距今一百二十一年前에西敎의害ᄅᆞᆯ受ᄒᆞᆫ

가恐ᄒᆞ야燕京에往ᄒᆞᄂᆞᆫ使臣을申飭ᄒᆞ야其書를不購케ᄒᆞ고十五年辛亥에ᄂᆞᆫ西書를焚ᄒᆞ고西敎를奉ᄒᆞᄂᆞᆫ者ᄂᆞᆫ或刑或喩ᄒᆞ야禁制ᄒᆞ얏고純祖元年辛酉、距今一百六年前에ᄂᆞᆫ其敎가、크게滋蔓ᄒᆞᄂᆞᆫ지라、이에盡力鋤治ᄒᆞ야諸道로、ᄒᆞ야곰每月에登聞케ᄒᆞᆯ시時에黃嗣永이라ᄒᆞᄂᆞᆫ人이其敎를深信ᄒᆞ야淸國蘇州人周文謨를邀入ᄒᆞ거ᄂᆞᆯ其外國力을假ᄒᆞ야謀逆ᄒᆞᆫ다稱ᄒᆞ고文謨를斬ᄒᆞ니大抵此等은다支那로브터再傳ᄒᆞ고歐洲宣敎師가朝鮮에入ᄒᆞᆷ은其後憲宗時러라

憲宗初、距今七十餘年前以來로佛國天主敎의僧侶三人이義州地方으로서京城에竊入ᄒᆞ야宣敎에從事ᄒᆞ고、또朝鮮少年三人을支那澳門에遣ᄒᆞ야留學케ᄒᆞ니信徒가漸盛ᄒᆞᄂᆞᆫ지라朝廷이、크게憎惡ᄒᆞ야五年己亥、距今六十八年前에佛國僧侶三人과信徒百五十餘人을殺ᄒᆞ나然ᄒᆞ나其後에敎師等이、오히려千辛萬苦를犯ᄒᆞ고來ᄒᆞ야傳敎ᄒᆞᆫ者ㅣ不絶ᄒᆞ고向者澳門에留學ᄒᆞ든崔某ᄂᆞᆫ憲宗末에回來ᄒᆞ야國文으로써數種敎書를飜譯ᄒᆞ야印刷頒布ᄒᆞ고哲宗時에ᄂᆞᆫ、더욱增加ᄒᆞ야二萬人에達ᄒᆞ니라

今皇帝陛下時에ᄂᆞᆫ宮內乳母朴氏와承旨南鍾三과洪鳳周、李身逵等이天主敎를崇

信ᄒᆞᆯ시鍾三은佛國敎師張敬一等을其家에延至ᄒᆞ더니會에露國軍艦一隻이元山에來ᄒᆞ야通商을求ᄒᆞ거ᄂᆞᆯ鍾三等이好機가至ᄒᆞ얏다ᄒᆞ고大院君의게言ᄒᆞ되英、佛을結ᄒᆞ야露國을防禦ᄒᆞ소서ᄒᆞ니大院君이佯히許諾ᄒᆞ고心腹을遣ᄒᆞ야其情을探知ᄒᆞ다가外國人의藏匿ᄒᆞᆷ을知ᄒᆞ고、곳左捕廳에命ᄒᆞ야鍾三、鳳周、身逵等과밋佛人을捕ᄒᆞ야處殺ᄒᆞ고、또國內信徒數千人을捕戮ᄒᆞ니라

距今四十一年前丙寅에佛國人(리데루)가逃難ᄒᆞ야忠淸道內浦로서英國船을乘ᄒᆞ고淸國芝罘를經ᄒᆞ야天津에在ᄒᆞᆫ佛國水師提督盧濟의게告急ᄒᆞ니盧濟ㅣ이에支那에駐箚ᄒᆞᆫ代理公使(페로네)의命으로軍艦七隻에陸戰隊六百人을率ᄒᆞ고來犯ᄒᆞ야宣敎師、殺ᄒᆞᆫ事를問ᄒᆞ거ᄂᆞᆯ大院君이八道에傳檄ᄒᆞ야兵勇을徵ᄒᆞ고李景夏로巡撫使를拜ᄒᆞ고梁憲洙와魚在淵은左右先鋒이되고韓聖根과李涼濂은遊擊將軍이라文殊山通津과廣城과草芝에陣ᄒᆞ야防禦ᄒᆞᆯ시佛兵이廣城을攻破ᄒᆞ야魚在淵이死ᄒᆞ니佛兵이乘勝ᄒᆞ야江華城을進陷ᄒᆞᄂᆞᆫ지라大院君이、다시獵虎銃手八百人을募ᄒᆞ야佛軍을大破ᄒᆞ니盧濟가江華城에放火ᄒᆞ고支那로逃亡ᄒᆞ니大抵佛人의此擧ᄂᆞᆫ젼혀公使(페로네)의專斷이오其本國政府ᄂᆞᆫ不知ᄒᆞ더라大院君이이에一石碑를鍾路에立

ᄒᆞ야曰、洋夷侵犯、非戰則和、主和賣國이라ᄒᆞ니此ᄂᆞᆫ永히洋人과勿和ᄒᆞᆯ意오또墨工을命ᄒᆞ야墨面에以上十二字ᄅᆞᆯ印記ᄒᆞ고、더욱武備ᄅᆞᆯ修ᄒᆞ고巨砲ᄅᆞᆯ製ᄒᆞ고砲臺ᄅᆞᆯ沿海各處에築ᄒᆞ더니其後壬午軍變後에毁撤ᄒᆞ니라

後에獨、佛、米三國人이共謀ᄒᆞ야牙山灣으로上陸ᄒᆞ야德山(忠淸道)에至ᄒᆞ야大院君의先塋을發掘ᄒᆞ다가未果ᄒᆞ고去ᄒᆞ니自此로大院君이、더욱西教徒ᄅᆞᆯ惡ᄒᆞ야其徒ᄅᆞᆯ益殺ᄒᆞ고、또佛國이來寇ᄒᆞ든年에米國船一隻이平壤大同江에至ᄒᆞ거ᄂᆞᆯ士人이掩擊ᄒᆞ야其船을焚ᄒᆞ고船下ᄅᆞᆯ殺ᄒᆞ니時에米國은、이믜日本과條約을結ᄒᆞ얏고後에또朝鮮을開化ᄒᆞᆫ다ᄂᆞᆫ議論이漸盛ᄒᆞ다가、드듸여支那駐箚公使魯와밋亞細亞艦隊司令長官路子周의게命ᄒᆞ야朝鮮에往ᄒᆞ야遭難ᄒᆞᆫ艦을救護ᄒᆞ고、또貿易條約을結ᄒᆞ라ᄒᆞ니、이에魯와路子周ㅣ軍艦五隻을率ᄒᆞ고日本長崎(此時長崎ᄂᆞᆫ艦隊根據地라)로發ᄒᆞ야江華에入ᄒᆞ야測量艦隊로、ᄒᆞ야곰漢江에泝至ᄒᆞ니大院君이此ᄅᆞᆯ聞ᄒᆞ고下令ᄒᆞ야砲擊ᄒᆞ니米艦陸戰隊가、다시上陸ᄒᆞ야廣城及其他砲臺ᄅᆞᆯ陷ᄒᆞ나然ᄒᆞ나兵力이微少ᄒᆞ야進犯치、못ᄒᆞᆫ지라、이에條約을商議치、못ᄒᆞ고支那의芝罘ᄅᆞᆯ向ᄒᆞ야班師ᄒᆞ니此ᄂᆞᆫ八年辛未、距今三十六年前이라

大院君이再次佛、米二國軍艦을擯斥ᄒᆞ고自此로歐、米外國을侮ᄒᆞ기尤甚ᄒᆞ고、또西教徒ᄅᆞᆯ殺ᄒᆞ니其政權을執ᄒᆞᆫ十年間에西教人의死者가二十餘萬이라、ᄒᆞᄂᆞ니라

大院君의勢力이內外에震動ᄒᆞ기十年이、되더니其後에閔氏와軋轢이生ᄒᆞ니初에陛下卽位三年丙寅、距今四十一年前에后ᄅᆞᆯ立ᄒᆞ고자ᄒᆞ실ᄉᆡ府大夫人의弟閔升鎬가其族閔(致祿)의게出繼ᄒᆞ니(致祿)의女ㅣ書史ᄅᆞᆯ通ᄒᆞ야聲譽가有ᄒᆞ시거ᄂᆞᆯ大院君이神貞王后ᄭᅴ薦ᄒᆞ야閔氏ᄅᆞᆯ迎入ᄒᆞ니卽明成皇后오父親을追封ᄒᆞ야驪興府院君이오其後六七年에政事가紊亂ᄒᆞ야人民의怨이多ᄒᆞᆫ지라、이에閔升鎬와趙寧夏等이上ᄭᅴ親政ᄒᆞ심을奏請ᄒᆞ더니會에崔益鉉等이大院君의失政ᄒᆞᆫ事ᄅᆞᆯ痛論ᄒᆞ거ᄂᆞᆯ大院君이怒ᄒᆞ야右議政朴珪壽와議論ᄒᆞ니珪壽ㅣ또ᄒᆞᆫ還政ᄒᆞᆷ을勸ᄒᆞᄂᆞᆫ지라大院君이怒ᄒᆞ야德山에往居ᄒᆞ거ᄂᆞᆯ上이곳迎入ᄒᆞ시나然이나政權은、이믜閔氏의게歸ᄒᆞ야大院君의勢力이全去ᄒᆞ고、또日本關係도大院君의失勢ᄒᆞᆷ을因ᄒᆞ야、비로소條約을結ᄒᆞ니라

日本이距今三百年前에德川家康이執政初브터朝鮮과久히使聘을通ᄒᆞ더니、밋日

本이歐、米諸國과講和ᄒᆞᆫ後에ᄂᆞᆫ朝鮮이日本을疑ᄒᆞ야交聘의儀가始絶ᄒᆞ다가日本이維新初에宗重正으로ᄒᆞ야곰國書ᄅᆞᆯ持ᄒᆞ고朝鮮에來ᄒᆞ야舊好ᄅᆞᆯ修코자ᄒᆞ거ᄂᆞᆯ時에大院君이其書辭와印章이前과不同ᄒᆞᆷ을責ᄒᆞ야不受ᄒᆞ고 前時에ᄂᆞᆫ關白이書契로我禮曹에書와往復ᄒᆞ더니今에ᄂᆞᆫ日本이言ᄒᆞ되王政이復古되얏다ᄒᆞ고宗重正이持來ᄒᆞᆫ書中에日本皇帝及勅書等句가有ᄒᆞᆫ지라故로大院君이前日書契와、갓치修來ᄒᆞ라ᄒᆞ야不受ᄒᆞᆷ이라 其後에ᄯᅩ遣使ᄒᆞ야對馬島의貿易船을罷ᄒᆞ고官吏ᄅᆞᆯ釜山에駐箚ᄒᆞ더니大院君이又言ᄒᆞ되釜山에在ᄒᆞᆫ日本官吏의服裝이前과異ᄒᆞ니此ᄂᆞᆫ夷狄의게受制ᄒᆞᆷ이라ᄒᆞ고 時에日本官吏가洋服을着ᄒᆞᆷ이라 더욱輕侮ᄒᆞ며、ᄯᅩ八道에布告ᄒᆞ야日本을絶ᄒᆞ라ᄒᆞ니自後로日本이言ᄒᆞ되朝鮮에用兵치、아니ᄒᆞ면此事ᄅᆞᆯ分辨치、못ᄒᆞ리라ᄒᆞ야所謂征韓論이紛々ᄒᆞ다가畢竟出兵치、못ᄒᆞ니라

大院君이失勢ᄒᆞ고閔奎鎬와閔泳翊이相繼ᄒᆞ야執政ᄒᆞ미東萊府使로、ᄒᆞ야곰修好ᄒᆞᆯ意로日本에致ᄒᆞ더니既而오慶尙、忠淸、全羅三道儒生의上疏ᄅᆞᆯ因ᄒᆞ야、다시大院君을請ᄒᆞ야執權케ᄒᆞ나大院君의勢가不張ᄒᆞ야前日과、갓치日本을排斥지ᄂᆞᆫ、아니ᄒᆞ나此ᄅᆞᆯ因ᄒᆞ야條約이未成ᄒᆞ니라

大皇帝十三年丙子、距今三十一年前에日本의軍艦雲揚號가支那로브터還ᄒᆞ다가漢江口에碇泊ᄒᆞ고艦長井上良馨이端艇을乘ᄒᆞ고漢江을溯上ᄒᆞ거ᄂᆞᆯ江華島의守兵이砲擊ᄒᆞ니日兵이應戰ᄒᆞ야永宗島砲臺ᄅᆞᆯ拔ᄒᆞ고其城을焚ᄒᆞ고還去ᄒᆞ더니、이에日本이黑田淸隆으로ᄡᅥ全權大使ᄅᆞᆯ拜ᄒᆞ고井上馨은副使가되야我國에來ᄒᆞ야前日에國書ᄅᆞᆯ拒絶ᄒᆞᆷ과、ᄯᅩ雲揚艦砲擊事ᄅᆞᆯ詰問ᄒᆞ거ᄂᆞᆯ判中樞府事申櫶과都摠府副摠管尹滋承으로ᄒᆞ야곰此事ᄅᆞᆯ議ᄒᆞ니大院君이修好說을力斥ᄒᆞᆯ시領議政李最應과左議政金炳國과知中樞府事洪淳穆等이다其言을從ᄒᆞ고獨히右議政朴珪壽와譯官吳慶錫二人이衆議ᄅᆞᆯ排斥ᄒᆞ고盛히通交의利益을言ᄒᆞᄂᆞᆫ지라、이에上이日本의要請을從ᄒᆞ사修好條規十二條ᄅᆞᆯ締結ᄒᆞ니라

朝鮮이久히淸國의壓制ᄅᆞᆯ受ᄒᆞ야頗히屬國禮ᄅᆞᆯ執ᄒᆞᄂᆞᆫ지라故로向者佛國宣敎師ᄅᆞᆯ殺ᄒᆞᆯ時에佛國이淸國을向ᄒᆞ야詰責ᄒᆞ니時에淸國은騷亂이相繼ᄒᆞ야國步가艱難ᄒᆞᆫ지라、이에答ᄒᆞ되朝鮮은淸國屬國이、아니라ᄒᆞ고其後米國의軍艦을砲擊ᄒᆞᆯ時에ᄯᅩ米國이、ᄯᅩᄒᆞᆫ淸國에問罪ᄒᆞ니淸國이ᄯᅩ答ᄒᆞ되朝鮮의宣戰과媾和權은朝鮮이自行ᄒᆞᆫ다ᄒᆞ야、이에淸國이歐、米各邦에對ᄒᆞ야朝鮮이淸國屬國아님을公言ᄒᆞ고其後淸國이日本에對ᄒᆞ야言ᄒᆞ기도、ᄯᅩ米國과如ᄒᆞ더니至是ᄒᆞ야日本이海外各國과

修好條約을結ᄒᆞ야朝鮮이獨立國됨을世界에公言ᄒᆞ니라
自後로條約을依ᄒᆞ야釜山外(釜山은三百年前開港地)에元山、仁川二港을開ᄒᆞ고修信使金弘集을日本에遣ᄒᆞ야隣交를修ᄒᆞ니日本이花房義質로써公使를拜ᄒᆞ야來ᄒᆞ매交際가漸密ᄒᆞ고、또日本의陸軍中尉堀本禮造를聘來ᄒᆞ야衛兵으로ᄒᆞ야곰訓鍊을受ᄒᆞ고金玉均、徐光範은日本에遣ᄒᆞ야其學藝와施政을觀察ᄒᆞ니라 (以下壬午甲申亂은見上ᄒᆞ다)
甲申亂後에淸、日兩國外에또英、露各國外交上에種々ᄒᆞᆫ問題가有ᄒᆞ니英國은二十年癸未、距今二十四年前에、이미條約을結ᄒᆞ얏스나其後中央亞細亞境界事로紛議가出ᄒᆞᆫ後브터英、露兩國이將且干戈로相交ᄒᆞ더니二十二年乙酉、距今二十二年前에英國이露國에對ᄒᆞ야攻守上에關係가有ᄒᆞᆫ지라、突然ᄒᆞᆫ艦隊로써巨文島를占領ᄒᆞ고砲臺를築ᄒᆞ니巨文島ᄂᆞᆫ곳三山島라三山이相抱ᄒᆞ고其間에一港이有ᄒᆞ니全羅道興陽縣에屬ᄒᆞ고南海의要地라
此時朝鮮은一言을不發ᄒᆞ고、오직露國이淸國을向ᄒᆞ야其許可與否를問ᄒᆞ니淸國이丁汝昌으로ᄒᆞ야곰軍艦二隻을率ᄒᆞ고日本長崎에至ᄒᆞ야英國艦隊司令長官을見ᄒᆞ고其不法을詰責ᄒᆞ니英國이其言을從ᄒᆞ야其島를棄ᄒᆞ기ᄂᆞᆫ淸國이또露國을向ᄒᆞ

야他日巨文島를占領치、못ᄒᆞᆯ을約ᄒᆞ고其誓約으로써英國에示ᄒᆞ고因ᄒᆞ야二十四年丁亥、距今二十年前에英國이、맛참ᄂᆡ巨文島占領을罷ᄒᆞ야朝鮮에還ᄒᆞ니라
露國은哲宗十一年庚申、距今四十七年前에英、佛同盟軍이淸國을逼迫ᄒᆞᆯ時를當ᄒᆞ야滿洲數千里地를淸國에割取ᄒᆞ니自此로疆土가朝鮮과相接ᄒᆞ더니其後에朝鮮에來ᄒᆞ야通商을求ᄒᆞ다가不成ᄒᆞ고、밋淸國李鴻章이穆麟德을薦ᄒᆞ야朝鮮顧問官이될時에ᄂᆞᆫ穆麟德이露國을依ᄒᆞ야用事코자ᄒᆞ니、이에露國이駐淸公使韋貝로써全權委員을拜ᄒᆞ야朝鮮에來ᄒᆞ야通商條約을定ᄒᆞ니此ᄂᆞᆫ二十一年甲申、距今二十三年前이오、이에韋貝가駐韓公使로京城에來駐ᄒᆞ니라
金玉均亂後로政權이守舊黨의게歸ᄒᆞ얏스나外國에遊ᄒᆞᄂᆞᆫ者ㅣ議論ᄒᆞ야曰、淸國을依恃치、못ᄒᆞᆯ것이오日本은怨이有ᄒᆞ니露國과親ᄒᆞᆷ이可ᄒᆞ다ᄒᆞ야、이에露國과結好코자ᄒᆞ고二十二年乙酉에ᄂᆞᆫ大院君이淸國으로브터還ᄒᆞ니라
此時에露國이漸々勢力을伸張ᄒᆞ야公使韋貝ᄂᆞᆫ陸路貿易을開코자ᄒᆞ며穆麟德이、또ᄒᆞᆫ幇助ᄒᆞ더니淸國李鴻章이其利害를論ᄒᆞ고、또穆麟德을淸國에召還ᄒᆞ야其議가不成ᄒᆞ고、다시米人德尼가來ᄒᆞ니此亦鴻章의薦擧라然이나此二人이淸國을爲ᄒᆞᆫ事

卞難ᄒᆞ고 德尼는 京城에至ᄒᆞ야、又ᄂᆡ、韓論을著ᄒᆞ야淸廷의施設과袁世凱의行爲를排斥ᄒᆞ고、또朝鮮獨立이露國을依ᄒᆞᆷ이可타ᄒᆞ니韋貝가此機를乘ᄒᆞ야二十五年戊子、距今十九年前에露國과陸路通商條約을訂ᄒᆞ야明年에慶興(咸鏡)市를開ᄒᆞ니라

此外亞米利加와獨逸과伊太利、佛蘭西等各國도다漸次로條約을締結ᄒᆞ니

如此히內外가多端ᄒᆞ나外戚이久히政權을執ᄒᆞ고時에朴泳孝、金玉均等은日本에在ᄒᆞ더니三十一年甲午、距今十二年前에刺客李逸稙、洪鍾宇等이玉均等을殺코자ᄒᆞᆯᄉᆡ泳孝ᄂᆞᆫ免ᄒᆞ고玉均은鍾宇의게被誘ᄒᆞ야上海에셔見殺ᄒᆞ니、이에淸國이軍艦威遠號로ᄡᅥ其屍를送還ᄒᆞ거ᄂᆞᆯ、곳支解ᄒᆞ야四方에梟示ᄒᆞ니라

此時를當ᄒᆞ야全羅道에東學黨의亂이起ᄒᆞ니東學黨은四十年前브터一派가團結ᄒᆞ더니今에至ᄒᆞ야ᄂᆞᆫ國政이日非ᄒᆞ고貪官汚吏가專橫ᄒᆞ며外勢가또侵入ᄒᆞᄂᆞᆫ지라、이에크게擧事코자ᄒᆞ니亂民이附和ᄒᆞ야形勢가、더욱盛ᄒᆞ거ᄂᆞᆯ洪啓薰으로ᄒᆞ야곰兩湖招討使를拜ᄒᆞ야討伐ᄒᆞ다가不克ᄒᆞ고全州가陷沒ᄒᆞᄂᆞᆫ지라、이에袁世凱와議ᄒᆞ야淸國援兵을求ᄒᆞ고、또一面은、더욱發兵ᄒᆞ야巡邊使李元會로、ᄒᆞ야곰全羅

道에往ᄒᆞ야東學黨의北上을備케、ᄒᆞ더니時에李鴻章이世凱의請을從ᄒᆞ야提督葉志超、聶士成으로ᄒᆞ야곰將兵ᄒᆞ고牙山에上陸ᄒᆞ고聲言ᄒᆞ야曰、屬國朝鮮에內亂이有ᄒᆞ미其請을從ᄒᆞ야動兵ᄒᆞᆫ다ᄒᆞ고日本에此意를通知ᄒᆞ니라

이에日本이答ᄒᆞ되朝鮮이淸의屬國이、아니라ᄒᆞ고日本이、또ᄒᆞᆫ朝鮮에出兵ᄒᆞ니時에東學黨이淸、日大兵의至ᄒᆞᆷ을聞ᄒᆞ고、크게恐懼ᄒᆞ야潰散ᄒᆞ고全州가回復ᄒᆞ얏스나大抵東學黨의起ᄒᆞᆷ은弊政의緣故라萬一其弊政을革新치、아니ᄒᆞ면禍亂이不絶ᄒᆞᆯ지라、이에日本이淸國을勸ᄒᆞ야朝鮮의內政을改革코자ᄒᆞ니淸國이不聽ᄒᆞ거ᄂᆞᆯ日本公使大鳥圭介가改革案五條를朝鮮에勸告ᄒᆞ니朝廷의議論이紛紜ᄒᆞ니라

然이나陛下ᄭᅦ셔校正廳을宮中에設ᄒᆞ시고領議政沈舜澤과左議政趙秉世等으로ᄡᅥ總裁를拜ᄒᆞ고堂上十數人을置ᄒᆞ고外戚諸臣을罷職ᄒᆞ야開化의端緖가始開ᄒᆞ더니然이나李鴻章、袁世凱가從中指示ᄒᆞᆷ을因ᄒᆞ야局面이轉變ᄒᆞ고日兵의撤回키를求ᄒᆞ니、이에日本이直히兵力으로宮內에闖入ᄒᆞ고大鳥圭介가日本의本意를發達ᄒᆞ니袁世凱가形勢의漸非ᄒᆞᆷ을知ᄒᆞ고本國으로逃回ᄒᆞ고外戚도다逃亡ᄒᆞ거ᄂᆞᆯ、이에大院君이內外政務를專管ᄒᆞᆯᄉᆡ軍國機務所를設ᄒᆞ고右議政金弘集은總裁가되야獎

政改革에從事ᄒᆞ고、또日本兵은牙山에在ᄒᆞᆫ淸兵을攻코자ᄒᆞ야旅團長大島義昌이出兵ᄒᆞ더라

時에淸國은軍艦을牙山에送ᄒᆞ야豐島附近에서日艦과開戰ᄒᆞ고兩國이共히宣戰書를公佈ᄒᆞᆯ식淸國은、이의提督衛汝貴와左寶貴等으로ᄒᆞ야곰北方에進兵ᄒᆞ야平壤을占領ᄒᆞ고大同江의險要를扼ᄒᆞ야陣ᄒᆞ며防禦가嚴ᄒᆞ고、또牙山의敗將葉志超가來會ᄒᆞ며日本은山縣有朋이征淸第一軍司令官이되야野津道貫과大島義昌等으로ᄒᆞ야곰平壤을攻陷ᄒᆞ고、또日本艦隊ᄂᆞᆫ淸國艦隊를海洋島附近에서破ᄒᆞ야海陸이相應ᄒᆞᆯ식第一軍은鴨綠江을渡ᄒᆞ야九連、鳳凰等諸城을拔ᄒᆞ고大山巖은第二軍을率ᄒᆞ고遂東花園口에서上陸ᄒᆞ야旅順口를陷ᄒᆞ고兩軍이協力ᄒᆞ야牛莊、田庄臺를進取ᄒᆞ고、또別로히海陸으로幷히威海衛를攻陷ᄒᆞ야淸國北洋艦隊를殲滅ᄒᆞ고全軍이將且直隷城을擣코자ᄒᆞ니、이에淸國이李鴻章을日本에遣ᄒᆞ야議和ᄒᆞ니라

先是에朝鮮이軍國機務所를設ᄒᆞ고新官制를定ᄒᆞ야議政府以下에內務、外務、軍務、法務、農商務、學務、工務七衙門을設ᄒᆞ고金弘集은議政府總理大臣을任ᄒᆞ고、또日本에ᄂᆞᆫ淸國을對ᄒᆞ야攻守相助의盟을約ᄒᆞ얏스나平壤兵은、이의淸軍에

屬ᄒᆞ고此外에또淸兵과通款ᄒᆞᄂᆞᆫ者ㅣ多ᄒᆞ야淸、日兩國의平壤勝敗로向背를定코자ᄒᆞ야新官制가名만有ᄒᆞ고其實이無ᄒᆞ며時에東學黨이、다시蜂起ᄒᆞ야日兵을攘斥ᄒᆞᆫ다ᄒᆞ고朝廷은平壤이陷落ᄒᆞᆫ後에또朋黨의軋轢과弊政이未革ᄒᆞ니라

이에日本이內務大臣井上馨으로ᄡᅥ全權公使를拜ᄒᆞ야大鳥圭介를代ᄒᆞ니井上馨이京城에至ᄒᆞ야上에告ᄒᆞ야大院君의執政을罷ᄒᆞ고改革二十條를告ᄒᆞ니時에外戚이오히려用事ᄒᆞ다가、다辭退ᄒᆞ고井上馨의言을從ᄒᆞ야冬至日에獨立基礎를建ᄒᆞᆷ과밋改革新政等事를宗廟에誓告ᄒᆞ시고朴泳孝ᄂᆞᆫ內務大臣으로總理大臣이、되더니旣而오朴泳孝와金弘集兩派가有ᄒᆞ고、또前日外戚의紛爭이有ᄒᆞ야內政이擾攘ᄒᆞ며積年宿弊를容易히革除치、못ᄒᆞ겟고時에淸、日兩國은、이의媾和約條를定ᄒᆞ미其第一條가곳淸國이朝鮮의獨立을確認ᄒᆞᆫ다ᄒᆞ야自此로朝鮮이全혀淸國의羈絆을脫ᄒᆞ고獨立國이되니此ᄂᆞᆫ三十二年乙未、距今十二年前이라

國權이라ᄒᆞᆷ은譬컨ᄃᆡ個人의人權과如ᄒᆞ야彼此侵侮치、못ᄒᆞᄂᆞ니國權도亦然ᄒᆞ야世界萬國이곳彼此同等으로對遇ᄒᆞ며萬一、一言一句라도失禮ᄒᆞᄂᆞᆫ事가有ᄒᆞ면、곳仇敵으로待ᄒᆞ야我의國威와國光을損失치、아니ᄒᆞ고或卑屈壓制ᄒᆞᄂᆞᆫ辱을當ᄒᆞ

면其國民이萬死一生ᄒᆞᆯ지라도此羞恥를雪ᄒᆞᄂᆞ니今에我國은不然ᄒᆞ야主權을自操치못ᄒᆞ고土地를自守치、못ᄒᆞ고人民을自保치、못ᄒᆞ고大小事務를다人의게聽命ᄒᆞ니此ᄂᆞᆫ奴隷라上天이賦畀ᄒᆞ신我靈種이、엇지人의奴隷를甘作ᄒᆞ야滅國滅種의禍를自取ᄒᆞ리오仁人志士가、맛당히國艱을救ᄒᆞ야、비록碎身粉骨ᄒᆞᆯ지라도不辭ᄒᆞᆯ것이니라

第三十二課 猶太와波蘭國民

猶太ᄂᆞᆫ亞細亞洲의古名國이라耶蘇가此國에서生ᄒᆞ야人民의게傳敎ᄒᆞ니、다邪道에惑ᄒᆞ야耶蘇의言을不聽ᄒᆞᄂᆞᆫ지라耶蘇가歎息曰、此聖殿(即天主를崇拜ᄒᆞᄂᆞᆫ殿이라)이異日에全毀ᄒᆞ야石셕지聯ᄒᆞᆫ者ㅣ無ᄒᆞ게觀破ᄒᆞᆯ지라其時에ᄂᆞᆫ國內에在ᄒᆞᆫ者ᄂᆞᆫ、맛당히山에逃ᄒᆞ고屋上에在ᄒᆞᆫ者ᄂᆞᆫ下ᄒᆞ야諸物을取치말고郊外에在ᄒᆞᆫ者ᄂᆞᆫ回來攜衣치、말지어다人人이將且鋒鏑에死ᄒᆞ고、또異邦에被擄ᄒᆞ며都城이蹂躪ᄒᆞ고民庶가離竄ᄒᆞ리라ᄒᆞ더니(此ᄂᆞᆫ耶蘇를殺ᄒᆞ야其罪로猶太全國人이罰을受ᄒᆞᆷ다ᄒᆞᆷ이라)其後에果然耶蘇를十字架에釘殺ᄒᆞᆫ지四十年을不及ᄒᆞ야猶太國이羅馬王子悌度의滅ᄒᆞᆫ비되야其慘狀이耶蘇의遺言과同ᄒᆞ고其地ᄂᆞᆫ永히人民이居치、못ᄒᆞ니此ᄂᆞᆫ其土地가變ᄒᆞ야家屋을建코자ᄒᆞ면變故가生ᄒᆞᄂᆞᆫ

故로能히建築지、못ᄒᆞᆷ이라其隣近一國王이此를聞ᄒᆞ고不信ᄒᆞ야曰엇지此理가有ᄒᆞ리오ᄒᆞ고累巨萬貫金을出ᄒᆞ야城堞을建築ᄒᆞ다가、또不成ᄒᆞ고自後로其國이永히廢地가되고其國人의子孫은四方에流離ᄒᆞ야至今셕지歐洲各國에寓居ᄒᆞ서到處에淩虐을受ᄒᆞ야聊生키難ᄒᆞ고至於距今五年前에俄國에서ᄂᆞᆫ猶太人七千餘名을虐殺ᄒᆞ얏스나其哀憐ᄒᆞᆫ情狀을救恤ᄒᆞᆯ人이無ᄒᆞ니亡國人種은處處皆然ᄒᆞ니라、

波蘭人은前述이有ᄒᆞᆫ故로不贅ᄒᆞ노라

第三十三課 臥薪嘗膽

支那春秋時에吳王闔廬ㅣ越國을伐ᄒᆞ거ᄂᆞᆯ越王勾踐이出禦ᄒᆞᆯᄉᆡ戈로써闔廬를擊ᄒᆞ야將指를傷ᄒᆞ니闔廬ㅣ還ᄒᆞ야卒ᄒᆞᄂᆞᆫ지라其子夫差가人으로ᄒᆞ야곰庭에立ᄒᆞ고出入時에大聲으로呼ᄒᆞ야曰夫差야爾가越王이爾父를殺ᄒᆞᆫ讐를忘ᄒᆞ얏ᄂᆞ냐ᄒᆞ면夫差ㅣ對曰不敢忘이라ᄒᆞ더니三年에越王勾踐을伐ᄒᆞ야受降ᄒᆞ더니

句踐이降服ᄒᆞᆫ後、吳國에在ᄒᆞ야艱苦를備嘗ᄒᆞ다가返國ᄒᆞ야苦心焦思ᄒᆞ고膽을置ᄒᆞ야坐臥에膽을仰視ᄒᆞ며飮食時에膽을嘗ᄒᆞ고夏에ᄂᆞᆫ火를握ᄒᆞ고冬에ᄂᆞᆫ氷을抱ᄒᆞ더니其後에吳를滅ᄒᆞ니夫差ㅣ自經ᄒᆞ야死ᄒᆞ니라

附安鍾悳言事疏　甲辰五月二十一日　陽曆七月四日

伏以昔燭之武有言曰臣之少也尙不如人今老矣臣昔三復其言竊歎其自知之明而深悲其感慨之情也伏念臣以草茅之賤菅蒯之微晩出蔭塗兇攢中外無往非踰濫而蒙邱山之恩處涓埃之報時自循省若隕淵谷今又老矣五官失守百病侵身更無以藉手事陛下以補中興之業耳惟有謝免歸於江湖塡犬馬於溝壑是爲臣究竟事而猶以所帶之職即我皇上勅授之言官也隨行旅進五年于玆而徒懷仗馬之戒久被噤鳥之譏今臣去就雖不足有無而區區願忠之誠無間貴賤若以千慮之無得竟不一言而長休則臣於此生永作負心之鬼而終抱不瞑之恨矣思欲於職名未解之前敢効獻芹之忱以答詢蕘之意者是所蓄積也竊伏見五月陽曆二十一日勅諭下者煌煌五百八十六言反覆丁寧嚴正惻怛其所以反躬自責飭勵羣工如日月之明如金石之固遠述堯舜禹典謨之遺則而詳密過之近紹先聖祖傳授之心法而節目備矣就其中御書八字益伏見五十年聖學中所深得而道出來者自古聖帝明王治天下之大經大法賢臣碩輔佐天子嘉猷不外乎是矣蓋廉者義禮之方也勤者知行之勇也公者仁之大德也信者德之所以立也橫看則孟氏之四端也竪看則中庸之三德也苟非人欲淨盡天德昭曠則何能到得此也臣雙擎九頓伏

讀仰歎於乎大哉於乎一哉行此四者五帝可六三王可四第五倫之一見決聖臣亦云也將見山東父老奉天悍卒懽欣而流涕矣爲陛下之臣民者有不感激思効仰體聖意而敢背乎四者之訓者無人臣之義也天必殛之然臣之愚忠猶有古人憂明主感治世之意敢以陛下之所責勵者反爲陛下仰復焉竊觀陛下自壬午以來數十年間凡有憂難輒下明詔不知幾千百言而其哀痛惻怛之旨何嘗不如今日之切至也其所以責躬而勵下者亦何嘗不以廉勤公信爲期也而曾未幾時官吏之貪黷聚歛猶復前也庶事之怠惰恬嬉猶復前也法律之私枉不公猶復前也政令之飜覆無信猶復前也無一奮礪作新之効而世道之漸就汚陷如江河之日下玆曷故焉臣聞以言感人者淺以心感人者深言者心之聲也人心之動因言以宣故易曰同心之言其臭如蘭又曰鳴鶴在陰其子和之蓋謂言之出乎身而加乎民發乎邇而行乎遠也言行君子所以動天地也故君子言顧行行顧言言不顧行不如無言殷宗之恭默思道終能致中興之化楚莊之不飛不鳴猶能成五霸之業竊恐陛下之所以感人者以言而不以心也人主一心爲萬化之源心不純一則身亦不可修況於人乎況於天下國家乎臣何以知陛下之感人者以言而不以心也臣敢冒死而歷陳之夫下之從上如影之隨形草之偃風其上廉下孰敢貪其上勤下孰敢怠其上公下孰敢

私其上信下孰敢僞今陛下好廉而朝廷之臣有簠簋不飾之羞郡縣之民多杼軸旣空之歎賄賂成市而官方淆濫貪虐充斥而盜賊繁興此其故何哉臣謂正由陛下實不留心於廉也何以知其然也夫廉者淸也儉也潔也不濫濁也漢史曰寡廉鮮恥俗不長厚也董子曰古之君子下高其行而從其敎民化其廉而不貪鄙繇是言之陛下之不留心於廉斯可知矣凡度支惟正之供皆陛下有也又何爲別設內藏院必使聚斂之臣主之一切公田私土陂池魚塩萊礦之屬應入於度支者刮取而盡藏之於是度支經用渴無以給科祿餼料興作之費則輒稱內帑而貸充之又從以責其償若厥償焉近又取國內原野山林江海堤堰漁獵之可以開墾種植擴張整理者而不歸之度支特稱御供院而管領之夫御供之重獨可以此等閑曠荒蕪廢棄之物而供之乎此皆示民以不廉也俗何以長厚民何以不貪鄙乎此外又有至不忍之事恐非陛下之所盡知而臣不敢不一陳於陛下也惟英親王陛下之愛子也人之愛其子賢愚之所同然聖人之愛子也將以養其德而修其福也愚人之愛子也欲以多其財而損其志也今英王尙未出閤而先設邸府便嬖貪佞之徒托以買置宮庄使者四出求索無藝膏腴遍國中稅歛達江海而半歸私橐虛實未核被奪之怨勒買之訟所在騷耳人雖不歸怨於幼冲之地而悖入悖出理之常也此不但有損於陛下之廉

德其於爲英王成就德性之道恐有妨也古之河間東平必無是也陛下何憂乎英王之貧而一任奸細人之簧弄如是乎臣切痛之臣願兩院亟令革罷其所有財政一歸於度支以示淸儉不濫濁之意若英邸事務亦令府官照察凡其莊園課稅毫涉民怨者一切罷之以明養德修福之意焉又最是賣官一事實古今亡國之轍也漢之西苑晉之私門皆可驗矣陛下何忍躬駕而隨之乎夫內外百官者天職也王者之所共理天下者也是豈公然沽販之貨哉彼奸橐猾胥以其頑冥無恥之性敢生徼倖射利之計富者傾産貧者驅債先輸十倍之直賺得百里之任其意將爲公乎爲私乎其償負獲嬴之方將於何取辦而其自到官之日孜孜爲之者將何事乎又有賂遺私納節次續續無是則失其本矣如是而其爲政也果能廉乎貪乎是猶割人之赤子以奉其父母之左右而自噉其餘父母喜左右之飽而不救其赤子於刀俎之下也嗚呼爲陛下之赤子者獨不冤乎由是而盜賊搶刼公私蕩然贓逋踵生囹圄常滿府庫之支用恒絀兵校之剿討不勝張角葛榮之亂已現其兆未知由來貪得之利足能充其費而止其禍乎今其利害得失果何如矣廷臣之稍能解事者莫不憂歎而及其爲陛下謀者不過曰嚴贓律以徵逋也曰設方略以戢盜也未有一人爲端本澄源之論者間之則曰此難言也有若陛下眞樂乎此而非臣下之所能諫也是可謂陳善閉

邪之甚乎臣竊爲陛下痛之李而望惠及此近云殿塞而左右之失餉已數月矣又豈無巧
言寶襲慈敎聖聰串敦官而復踏之乎惟在陛下一心號正謹守明詔中廉一字而已矣昔季
康子問盜孔子曰苟子之不欲雖賞之不竊也夫季氏諸侯之大夫也而不欲猶能止盜況
天子一正心則其效何止於止盜而已乎惟聖明察之若夫土木興作之役雖有國之不可
已者如一向無節亦足以亡國歷代前轍昭可鑑矣如宮殿殘廢祠壇廨宇之歲久當葺者
是所謂不可已者然亦宜度時量力以存節儉之戒若其離宮別館諸祠佛宇之屬無益於
國有害於民者何可措府庫之一金費生民之一力哉竊觀陛下御極四十餘載絕無逸豫
侈靡之好而獨於興作之事未嘗暫輟監董匠役之徒不離於禁中木石輸運之車相屬於
道路斤斲鑿斷之聲不絕於耳邊殊不知此皆不可已之役歟抑或可已而不已者歟嗚呼
乙未之後車駕之移御於慶運宮即一時處變權宜之舉也逼隘湫陋不能無略加葺理而
其規模句踐之山棲衛文公之野處亦已侈且大矣臣愚死罪以爲陛下苟有此灑復讐之
志則角冠布衣臥薪嘗膽生聚敎訓等許多大事且將日不暇給矣奚暇爲經營締造宴安
粉飾之計哉伏況景福昌德兩闕即我高皇帝定鼎之舊基列聖朝儀居之法宮在陛下履
其位踐其祚之義不宜久相離者乎惟此慶運宮院今我肯肅觀瞻之日尊卑而臨御之差以

兵燹之餘舊闕燒殘未及重建故也殿宇逼仄制度拙陋然終豈爲之世而不加改不惟聖
朝之要養民力有如是也時宮闕甫毀蕩殘之際志存興復不遑於宮室之安也不然御玆十
六年豈無修繕張大之力耶是所以光復舊物昭蘇遺緒永垂我無疆之業也今陛下之所
御構比宮闕何如而顧乃雍容暇豫留心宴安也哉不幸爵飲之火適發於外兵入都之時
并與國家舊典傳世寶器而一燒之此非小變也無乃天所以示警者歟故宜恐懼修省以
謝天意即日還御先王之舊居以行先王之舊政是天地神人之所共悅豫也竊聞陛下當
火未滅之日而即召匠役以謀重建此豈側身敬天之道哉顧今財力之艱絀時局之擾攘
實屬深一之憂惟恐天意人心有不順者矣語曰順天者興順人之道無他焉在順人心也願
聖明順人心以順天也且聞西京之役尙未訖而一路之民力先竭蓋是役也始於么麼姦
細之物做出謊妄不經之說以欺至尊而爲憑托剝民之計也及其奸狀敗露罪合誅殛而
當路諸臣又從以贊成之何也臣愚死罪不知西京之關究有何益於國家而積民怨爲宮
爲殿遠遠奉莫重之御容眷眞而安其上抑何意也於古有此事否此亦不可以已者乎現方
强隣之兵爭於境上而西京適在其衝將不知禍於何底臣願御眞姑爲奉安命奉還簡其儀
衛沿道上來恐不可緩也宮役則亦令罷止以舒內民之力焉且今京外新造之佛宇淫祠

臣實不知幾何而悉皆虛靡經用徒煩民力利歸奸人害及國家者也一併廢止已建者撤
之將建者罷之使四方之民曉然知聖意之實不樂此焉蓋土木興作由於不師儉也不儉
則非廉也當此匱乏之際荐之以饑饉加之以師旅又從以役民實恐大有損於陛下之廉
德臣敢索言之不已惟聖明察之今陛下好勤而朝著有恬嬉之習庶事無成就之期政府
之會議幾聚而旋散各部之課仕屢飭而多闕守令有缺而經歲未差銓臣之怠贓罪囚在
獄而閱序不決法官之慢歟學校絕絃誦之聲田野多游食之民百隷之懈怠風俗之媮惰
日以益甚此其故何哉臣恐陛下之勤有失於當勤之道也何以知其然也夫勤者勞力也
書曰戒爾卿士功崇惟志業廣惟勤蓋帝王之勤有異於卿士之勞力故曰勤於求賢逸於
得人天下之事一日萬幾苟得其人而任其職臣自勞於下而君可逸於上矣皐陶之歌曰
元首叢脞哉股肱惰哉萬事隳哉叢脞者細碎之謂也細碎者有似乎勤而其臣則惰其事
則隳同一勤也其效之相反乃如是也秦皇之衡石量書隋文之衛士傳餐乃有司之事非
帝王之勤也猗歟我陛下臨御以來無盤游之樂絕聲色之娛宵衣旰食日不暇給誠天下
之誼主也但憂之過而察及細務慮之深而惡人自專察之細故大體或疎忌其專故讒間
易入大體疎則小人之欺罔至讒間入則大官之遞易數是所謂叢脞也上執斲木琢玉之

權下失奴隷綱紀之體臣執事之臣形格勢阻莫敢着手當遴選則待旨下掌刑獄則奉旨
意股肱安得不惰哉萬事安得不隳哉臣於是敢謂陛下之勤失當勤之道也當勤之道者
何求賢是已惟聖明察之今陛下好公而朝廷之上私欲滔天縉紳之間偏黨分岐媒進者
結托奧援夤緣者依附外勢匪材濫職盡是世族之姻戚有罪倖免皆由權門之干囑有官
當差則僥倖先於上夫有利可得則攘奪甚於寇盜天下之能事惟私一字而已此其故何
哉臣恐陛下之公非實心之公也何以知其然也夫公者天理之正也無一毫人欲之私然
後斯可謂公也先賢所謂不世之大功易立而至微之本心難保中原之戎虜易逐而一己
之私欲難除者甚可畏也竊未知陛下於燕閒蠖濩之中淸明應物之地果能純於公而無
一毫私欲之萌乎此則陛下之所獨知而非臣之所得與也然而竊以政令事爲之發於外
者有以揣聖心或不粹然一出於公也夫自更張以後有所謂勅奏判任之別而無一不承
順上旨者也竊觀近日朝紙勅奏判任官人之除每下於近習私昵卜祝左道之流者何也
此輩中亦豈曰全無可用之人而明王誼辟未嘗有尊寵信任之者蓋以此輩關通內外蹊
徑無礙崇信邪術志譸秘讖內之可以行毁譽訿是非外之可以立門庭招權勢於是流俗
之嗜利無恥者爭相趨附競爲阿黨排擠異己斥逐忠賢其勢必至於亡人之國而後已也

可不戒哉今內外大小官人太半具無恥冒濫之徒若其粗具廉恥稍持風節者或乍除而旋遞或暫進而固退者始因陛下之公心而來終爲此輩之所軋而去也古之聖人嚮晦宴息朝氣淸明廣厦細旃肅嚴靜整凝旒面陽心曠體胖賢士大夫晝晉三接上論唐虞之道下念民生之艱所言者公王者無私此乃聖主所以養心出治之方也宮省事禁臣未詳知而竊聞陛下向晨入寢過午而興朝膳幾御日已昃矣脩門下鑰永巷如市閭里猥雜之類鄙曲齷齪之蹤肩磨踵接瞬目恣睢更進迭退於至尊之前所言者何謀所圖者何事至於宰輔執事之官經幄論思之臣終歲而不見天顔惟奉行文書尸素苟充而已如是而讜獻之出於其中而政令之行乎四方者其果公乎私乎若是者不惟有損於明主致治之體亦將有妨於聖人節宣之方臣甚憂之臣竊料陛下潛心治道博觀故典其於是非公私之辨治亂得失之迹察之熟矣豈不知近習私昵之布列朝端淆雜左道之出入禁密實有累於聖德而非盛世之事乎然猶若有所使而不能自已者何也得非治不徯志屢經禍亂俯察乎廷臣之庸碌而生厭薄之心深念乎禍變之無窮而有疑懼之情遂欲廣置親昵密訪術數擬爲蓍龜之用歟陛下之慮或出於此則尤非大公之道也夫天地之所以廣大無外人主之所以尊而無對以其無私也若天而有私覆則有所不覆而爲不大矣地而有私載則有所不載而爲不廣矣人主而有私比則有所不照而爲不尊矣如苟能擇賢任能開誠佈公一視同仁咸得其心則朝廷百官孰非陛下之四體六軍萬姓孰非陛下之赤子而不幸遇難孰不爲陛下捐軀者乎此之不圖而顧彼之行蹤則親昵者無幾而餘皆疏遠之人矣陛下之有不亦狹乎陛下之勢不亦孤乎彼所謂親昵者非患亂之所可恃也伏願陛下恢弘公道屛斥私昵廣收人望列之庶位圖事揆策則詢于朝而弗謀于家爲官擇人則求之恬退忠直之士而不求諸交通結托秘詭幽陰之類天位天職與賢者共之不敢爲私恩之賚則日月之更萬方咸仰朝廷淸明遠近悅服而王化大行矣惟聖明察之今陛下好信而左右之欺蔽成習中外之騷訛朋興哀痛之詔屢頒而朝野無激感之效嚴威之勅頻降而贓汚無警懼之實甚至盜梗化而勦撫無方外交未孚而嘖言備至豚魚之化已矣無論鯨鯢之患迫哉斯急此其故何哉臣恐陛下之信未及於民也何以知其然也夫信者誠也不疑也無差爽也人道非信不立天道非信不行非信無以修身非信無以爲國故孔子欲去食去兵而不去信又曰天之所助者順也人之所助者信也履信思乎順是以自天佑之吉無不利也嗚呼信之道大矣哉魏侯建國而不失一會之期商鞅變法而先立三丈之木雖戰國之術猶不可以失信而爲政況帝王之道乎竊觀陛下之所以御世者以言而不

以心如上所云故信之及於物者亦淺矣每於詔勅之發未嘗不信誓朝々而退而觀其行則無一事踐其實矣有曰淸宮禁而濫雜之類愈斥而愈進有曰罷雜稅而討索之官旋召而旋送有曰懲貪墨而府彈則掩而不下有曰察民隱而覈案則寘之不問爲人擇官則大臣協辦遷易如奕棊爲人所求則觀察郡守往來如逆旅職制則昨變而今改法律則蹁重而踦輕如是而朝廷命令何以信及民也且官職之複雜太多旣有度支則內藏院不必寘也旣有軍部則元帥府不必崇也旣有外部則禮式院又何設也旣有警廳則警衛院又何加也法部在矣一國之刑政宜專而軍法院之分權何也宮府在矣宮內之苑囿盡管而秘苑之別立何也以至漢城府裁判所有獨權則京尹爲冗官矣平理院裁判長爲兼職則法官非專任矣摠之一分一合一廢一寘皆所以亂法法亂則民不信民不信則令不行令不行則事不理事不理則國遂亾矣良由陛下之一心不足於信也陛下久道化成凡羣臣之賢不肖靡不洞悉未嘗無善々惡々之心而善者難進惡者易隮由是觀之陛下不惟不信人亦不能自信也善善而不能用惡惡而不能去郭公之所以亡也此非人之所能勸惟陛下之所自勉也至若外交尤貴乎信也雖委巷匹庶之倫無信不可以交人況國與國之交際乎今宇內紛競我韓疲弊兵申財力固不足以抗衡而惟所守者信而已信者自立也彼

以其強我以吾義彼以其富我以吾仁吾行吾事絶毋怵依附之心則雖晉楚之强不能有加於鄒魯也顧以三千里之地五百年之業坐失獨立自主之權甘聽倚勢誘脅之人北至則附北國之利源不擇輕重而與之東至則附東國之主權不分存亡而輸之侮辱日至而不能禦要索無厭而不敢拒將至內政外務一皆伺人之鼻息而國非其國也寧不痛哉究其源則信不立爲之祟也管子曰權重之人不論才能而得尊位則民倍本行而求外勢也以今觀之其言不已驗乎此政陛下之所當深察也今國家誠貧矣而度支之歲入猶可爲六七千萬緡誠能用臣之計先罷內藏院而屬之度支幷與各宮及內司勳府等藏而合之則殆可爲數萬萬緡也昔我英祖大王爲除良役之弊幷取各宮私稅而屬之均役廳以補三營之需民至今賴之苟能仰體祖宗之意而用之以節行之以信則可以養數十萬兵而有餘矣其視一成之田一旅之衆不旣多乎鍊之以伎藝敎之以親上死長之義則何守而不固何戰而不勝進可以爭雄列國退可以自保疆埸其與藏財於內而消無益之費遂國於外而迫危亾之患者得失顧何如哉財可富矣兵可强矣而國勢之至此岌業誰之咎歟世之論者皆言韓無人也韓國誠無人焉臣愚死罪以爲不患國之無人而獨患陛下之一心不足於信也惟陛下一立乎信則以上廉勤公三者不待加勉而自行矣古人有言曰美

言不信々言不美又曰輕諾必寡信多易必多難陛下常欲美其言故言多不信又常輕諾而多易故寡信而多難也願自今凡遇事必先自度於心曰此事廉乎貪乎勤乎怠乎公乎私乎廉則進之貪則退之勤則勉之怠則戒之公則行之私則已之一以信固守之如是數年而政不理國不振財不富兵不强而四鄰不服臣請伏誣罔之誅矣嗚呼子夏之言曰信而後諫也其君未信則以爲謗己也臣以疏逖之蹤卑鄙之分無所取信於聖主而徒以職忝言官故乃敢觸犯威尊言人之所不敢言必將自致謗訕之疑而不免於犯分之誅矣自知臣之智不足以當權貴臣之吭不足以敵斧鉞而故爲此狂妄之說而不知懼者豈病瘋而然哉當此危亂之時陛下旣有意於厲勤公信以爲安民之本而責群臣之不能導達此致歡亂思治轉危爲安之機也臣敢盡言之不諱庶冀萬一有補於維新之化而臣身禍福非所計也願陛下察臣之心若一毫出於謗訕則卽加誅戮以警人臣之不恭者萬一出於忠愛而不知有身則寧嚴納而敢行焉身雖被誅言或得行則臣雖死猶生而抑滅實之不省旣不罪之又不納之如向時疏臣之辭諫則不惟臣死有遺憾亦非聖主之所待下以信也惟聖明之裁擇焉仍伏乞臣之所帶中樞院議官之職卽賜鐫免俾遂首邱之願焉臣擧拜章言不知裁謹昧死稽不勝瀝血臣無任感慨激切惶恐屛營之至

幼年必讀卷四釋義下終

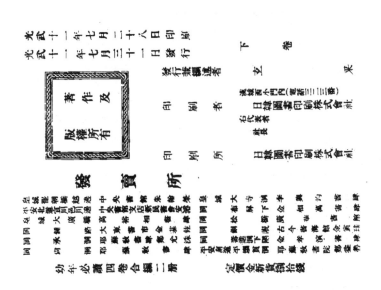

光武十一年七月二十八日印刷
光武十一年七月三十一日發行

下卷

發行兼編述者　玄采

印刷者　漢城西小門內(電話三二三番)　日韓圖書印刷株式會社
右代表者　社長

印刷所　日韓圖書印刷株式會社

發賣所
皇城鍾路橋越邊 中央書館 朱翰榮
平安北道宣川邑川邊 中央書館支店新民書會安濬
皇城大廣橋 高裕相書肆
同 鍾路 大東書市 金基鉉
同 承洞 耶蘇敎書肆 鄭允洙
同 苑洞 耶蘇敎書肆
皇城大寺洞 李興均書肆
同 布屛下 金相萬書肆
同 松橋 廣韓書館
同 鍾峴 古今書海館 金寶珪
同 壽進洞下隅 金孝演書肆
平安南道平壤貫洞 耶蘇敎書院 鄭益[illegible]

幼年必讀四卷合編二冊　定價金新貨捌拾錢

초등여학독본

(初等女學讀本)

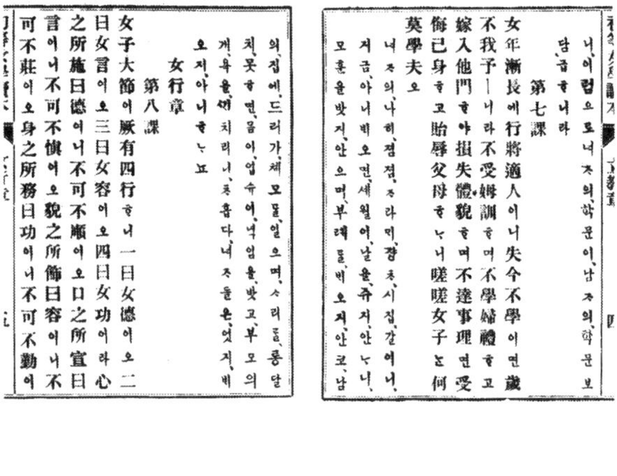

니、어렵으로녀ᄌᆞ의、학문이、남ᄌᆞ의、학문보
담、곱ᄒᆞ니라

第七課

女年漸長에行將適人이니失今不學이면歲
不我予ㅣ니라不受姆訓ᄒᆞ며不學婦禮ᄒᆞ고
嫁入他門ᄒᆞ야損失體貌ᄒᆞ며不達事理면受
侮己身ᄒᆞ고貽辱父母ᄒᆞᄂᆞ니嗟嗟女子ᄂᆞᆫ何
莫學夫오

녀ᄌᆞ의、나히、졈졈、ᄌᆞ라미、쟝ᄎᆞ、시집、갈어니、
지금、아니ᄇᆡ오면、세월이、날을、쥬지、안ᄂᆞ니、
모훈을밧지、안으며、부례ᄅᆞᆯ、ᄇᆡ오지、안코、남
의、집에、드러가、체모ᄅᆞᆯ、일으며、ᄉᆞ리ᄅᆞᆯ、통달
치、못ᄒᆞ면、몸이、업슈이、넉임을、밧고、부모의
게、욕을、ᄭᅵ치리니、ᄎᆞᄒᆞᆸ다、녀ᄌᆞ들은、엇지、ᄇᆡ
오지、아니ᄒᆞᄂᆞ뇨

女行章

第八課

女子大節이厥有四行ᄒᆞ니一曰女德이오二
曰女言이오三曰女容이오四曰女功이라心
之所施曰德이니不可不順이오口之所宣曰
言이니不可不愼이오貌之所飾曰容이니不
可不莊이오身之所務曰功이니不可不勤이

初等女學讀本

初等女學讀本

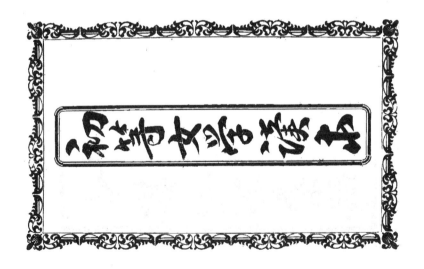

序言

教育은智育과體育으로爲用ᄒᆞ고德育으로爲基ᄒᆞᄂᆞ니凡教育을事ᄒᆞᄂᆞᆫ者ㅣ皆以此로模範을作爲ᄒᆞ되女學의德育이爲尤要ᄒᆞ니何則고我國女子ᄂᆞᆫ教育이素無ᄒᆞ야自立ᄒᆞᆯ쥴을不知ᄒᆞ고所學이다만縫衣炊飯ᄒᆞ야供人之具를事ᄒᆞ고塗脂抹粉ᄒᆞ야悅己之容을作ᄒᆞᆷ에不過ᄒᆞ니所謂德이烏乎在오往往이能文ᄒᆞᄂᆞᆫ女子ㅣ不乏ᄒᆞ건만은惟以吟風詠月之詞와託興寄情之言으로佳人才女의名만博得ᄒᆞ고觀者로ᄒᆞ야곰心志가放蕩케ᄒᆞ

니無益ᄒᆞᆯ뿐이아니라適足以風化를傷ᄒᆞᄂᆞ
故로乃曰女子無才ㅣ便是德이라ᄒᆞ야遂使
女子로幽閉ᄒᆞ야二千萬民族에半數ᄂᆞᆫ無用
之人을作ᄒᆞ니嗚呼라現今에風氣가大開ᄒᆞ
고女權이釋放ᄒᆞ며女學이男學보담急ᄒᆞ니
入學之初에修身을宜先敎之ᄒᆞ야德育으로
爲基ᄒᆞ고他日學成에智育과體育이相輔以
行ᄒᆞ면女子界進化가將與男子로同權矣리
니不佞이所以로女誡와內則과家訓에女子
의日用常行之道를採取ᄒᆞ야女學讀本을編
成ᄒᆞ니每課所言이皆切實可行이오古人에

言行만呆敍ᄒᆞᆷ이아니라固陋를不揣ᄒᆞ고女
校의一助를窃望ᄒᆞ노라
隆熙二年二月上澣　著者識

初等女學第一年一學期讀本

目次

明倫章

立教章

事夫章

事舅姑章

初等女學第一年第一學期讀本

李源兢 著
邊瑩中 校

明倫章

第一課

人道의有五倫ᄒᆞ니父子有親ᄒᆞ며君臣有義ᄒᆞ며夫婦有別ᄒᆞ며長幼有序ᄒᆞ며朋友有信이是謂五倫이라盖人倫이始于夫婦ᄒᆞ니太初에
上帝ㅣ造一男一女ᄒᆞ시고祝之曰生育이衆多ᄒᆞ야昌盛於地ᄒᆞ라ᄒᆞ시니라

ᄉᆞ람、도、에、다섯、린륜이、잇스니、부ᄌᆞ는、친이、
잇스며、군신은、의가、잇스며、부부는、분별이、
잇스며、쟝유는、차뎨가、잇스며、붕우는、신이、
잇스니、이를、오륜이라、일음이라、뎌긔、린륜
이、부부에、비로셧스니、텬쵸의、하나님끠셔、
일남、일녀를、만드시고、비려、갈ᄋᆞᄉᆞ되、싱육
이、만코、만아、ᄯᆞ의셔、챵셩ᄒᆞ라、ᄒᆞ시니라

第二課

君義臣忠ᄒᆞ며父慈子孝ᄒᆞ며夫和婦順ᄒᆞ며
兄友弟恭ᄒᆞ며朋友ᄂᆞᆫ輔仁ᄒᆞᄂᆞ니五倫者ᄂᆞᆫ
天賦之良性이오人有之懿德이라人而不知

有五常이면其違禽獸ㅣ不遠矣리라
인군은、오르시고、신하는、충성ᄒᆞ며、아비는、
ᄉᆞ랑ᄒᆞ고、아달은、효도ᄒᆞ며、지아비는、화ᄒᆞ
고、지어미는、순ᄒᆞ며、형은、우이ᄒᆞ고、아우는、
공손ᄒᆞ며、벗은、어진거스로、돕ᄂᆞ니、오륜은、
하나님이、쥬신、어진、셩품이오、ᄉᆞ람의、잇는、
아람다온、덕이라、ᄉᆞ람이、오륜을、모르면、셔
와、김싱에、가기가、머지、아니리라

第三課

陰陽이殊性ᄒᆞ고男女ㅣ異行ᄒᆞ니男子ᄂᆞᆫ陽
剛爲德ᄒᆞ고女子ᄂᆞᆫ陰柔爲用이라然이나生

民之初에人權은男女同等ᄒᆞ야原有自由ᄒᆞ고知能은男女同具ᄒᆞ야各有所長이어ᄂᆞᆯ重男而不重女ᄒᆞ니不亦蔽乎아

음양이、셩품이、다르고、남녀가、힘홈이、다르니、남ᄌᆞᄂᆞᆫ、양의、굿센거스로、덕을숨고、녀ᄌᆞᄂᆞᆫ、음의부드러운、거스로、쓰임을、숨으나、그러나、빅셩을、니든、초에、ᄉᆞ람의、권리ᄂᆞᆫ、남녀가、동등ᄒᆞ야、본ᄃᆡ、ᄌᆞ유가、잇고、지능은、남녀가、동구ᄒᆞ야、각각、소쟝이、잇거ᄂᆞᆯ、남ᄌᆞ만、듕히녁이고、녀ᄌᆞᄂᆞᆫ、듕히、아니녁이니、또한、편폐치、아니냐

立敎章

第四課

禮에曰男女六歲의敎以數目方名ᄒᆞ며七歲에男女不同食ᄒᆞ며不同席ᄒᆞ고八歲에女就姆敎ᄒᆞ야訓以禮讓ᄒᆞ며十五而笄ᄒᆞ고二十而嫁ᄒᆞᄂᆞ니未嫁之前에須學女範ᄒᆞ라幼而學之ᄂᆞᆫ長而行之니라

례긔에、갈오ᄃᆡ、남녀ㅣ、여섯살의、슈와、방위、일흠을、가르치고、일곱솔에、남녀ㅣ、갓치、먹지아니며、ᄌᆞ리를、갓치、아니ᄒᆞ고、여ᄃᆞᆲ솔에、녀ᄌᆞᄂᆞᆫ、례양으로、가르치며、열、다셧실에、비

녀를쫏고、스무술에、시집、가ᄂᆞ니。시집、가기
젼에、모롬이、녀범을、비올지라、어려셔、비오
는、거슨、쟝셩ᄒᆞ야、힝ᄒᆞ라는、거시니라

第五課

凡爲女子者ㅣ先學立身이니立身之法은惟
貞與烈이라貞則志一ᄒᆞ고烈則行全ᄒᆞᄂᆞ니
古來女士의貞操烈行이載在靑史ᄒᆞ니是則
是儆ᄒᆞ야勉而行之ᄒᆞ라

무릇、녀ᄌᆞ된ᄌᆞㅣ、몬져、닙신올、비올지니、닙
신ᄒᆞ는、법은、다만정렬、ᄲᅮᆫ이라、정ᄒᆞᆫ즉、ᄯᅳᆺ지、
한결갓고、렬ᄒᆞᆫ즉、힝실이、온젼ᄒᆞᄂᆞ니、녯젹、

녀ᄌᆞ의정ᄒᆞᆫ、지됴와、렬ᄒᆞᆫ、힝실이、ᄉᆞ긔에、잇
ᄉᆞ니、법、밧고、본、밧아、힘써、힝ᄒᆞ라

第六課

國之本은在民ᄒᆞ고家之本은在女ᄒᆞ니女子
不學이면家無賢妻ᄒᆞ고家無賢妻면亦無賢
母ᄒᆞ야家庭敎育을無所於受ᄒᆞ리니是以女
學이急於男學이니라

나라、근본은、ᄇᆡᆨ셩에、잇고、집、근본은、녀ᄌᆞ의
게、잇ᄉᆞ니、녀ᄌᆞ가、ᄇᆡ오지、아니면、집에、어진、
안ᄒᆡ가、업고、어진、안ᄒᆡ가、업시면、ᄯᅩᄒᆞᆫ、어진、
어미가、업셔、가정교육을、밧을데가、업ᄉᆞ리

니,이럼으로녀ᄌ의,학문이,남ᄌ의,학문보
담,급ᄒ니라

第七課

女年漸長에行將適人이니失今不學이면歲不我予ㅣ니라不受姆訓ᄒ며不學婦禮ᄒ고嫁入他門ᄒ야損失體貌ᄒ며不達事理면受侮己身ᄒ고貽辱父母ᄒᄂ니嗟嗟女子ᄂ何莫學夫오

녀ᄌ의,나히,졈졈,ᄌ라미,쟝ᄎ,시집,갈이니,지금,아니비오면,세월이,날을,쥬지,안ᄂ니,모훈을밧지,안으며,부례를,비오지,안코,남의,집에,드러가,체모를,일으며,ᄉ리를,통달치,못ᄒ면,몸이,업슈이,녁임을,밧고,부모의게,욕을,씨치리니,ᄎ홉다,녀ᄌ들은,엇지,비오지,아니ᄒᄂ뇨

女行章

第八課

女子大節이厥有四行ᄒ니一曰女德이오二曰女言이오三曰女容이오四曰女功이라心之所施曰德이니不可不順이오口之所宣曰言이니不可不愼이오貌之所飾曰容이니不可不莊이오身之所務曰功이니不可不勤이

니라
녀ᄌᆞ의,힝실이,넷시,잇ᄉᆞ니,일왈,녀덕이오,
이왈,녀언이오 숨왈,녀용이오,ᄉᆞ왈,녀공이
라.마음의,베푸는,거시,덕이니,불가불,슌ᄒᆞᆯ
거시오,닙의,베푸는 거시,말이니,불가불,솜
갈,거시오,모양의,ᄭᅮ미는,거시,얼골이니,불
가불,씩씩ᄒᆞᆯ 거시오,몸의,힘쓰는,거시,공이
니,불가불,부지런ᄒᆞᆯ,것시니라

第九課

才慧聰明이 非女德이니 才勝則德薄이오 利
口辯辭ㅣ 非女言이니 多言則多失이오 顔色
美麗ㅣ 非女容이니 甚美者는 必有甚惡이오
技術精巧ㅣ 非女功이니 一針雙龍이 未免窮
相이니라
재조와,지혜가,총명ᄒᆞᆫ 거시,녀덕이,아니니,
재조가,승ᄒᆞᆫ즉,덕이,엷고,닙이,재고,말,잘ᄒᆞ
는 거시,녀언이,아니니,말이,만은즉,실슈가,
만코,안석이,아름답고,고은,거시,녀용이,아
니니,심히,아름다온 ᄌᆞ는,심히,악ᄒᆞᆫ 거시,잇
고,슈재가,정교ᄒᆞᆫ 겨시,녀공이,아니니,바늘,
하ᄂᆞ로,쌍룡을,슈,노아도,궁상을,면치,못ᄒᆞ
ᄂᆞ니라

第十課

幽閑貞靜은性之德也오孝敬柔順은行之德也니禮節을恪守ᄒᆞ야規模ㅣ整齊ᄒᆞ며處身을克恭ᄒᆞ야行止有度ㅣ是謂女德이니有德者ᄂᆞᆫ有福ᄒᆞ야一生이平康ᄒᆞᄂᆞ니라

ᄆᆞᆰ고, 한가ᄒᆞ고, 곱고, 고요ᄒᆞᆫ거ᄉᆞᆫ, 셩품에, 덕이오, 효도ᄒᆞ고, 공경ᄒᆞ고, 부드럽고, 슌ᄒᆞᆫ거ᄉᆞᆫ, 힝실에, 덕이니, 례졀을, 각근이, 직혀, 규모가, 졍졔ᄒᆞ고, 쳐신을, 극히공손ᄒᆞ야, 힝ᄒᆞ고, 긋치ᄂᆞᆫ, 거시, 법도, 잇ᄂᆞᆫ거시녀덕이니, 덕이잇ᄂᆞᆫ, ᄌᆞᄂᆞᆫ, 복이잇셔, 일ᄉᆡᆼ이, 평강ᄒᆞᄂᆞ니라

第十一課

擇言而發에不道惡言ᄒᆞ며緘口內修ᄒᆞ야非禮勿言ᄒᆞ고言必中節이是謂女言이니故로曰言者ᄂᆞᆫ心之聲也라善人心은積善而著於善ᄒᆞ고惡人心은積惡而著於惡ᄒᆞᄂᆞ니라

말을, 갈여ᄒᆞ되, 악ᄒᆞᆫ, 말은, ᄒᆞ지, 아니ᄒᆞ며, 닙을, 봉ᄒᆞ고, 안으로, 닥ᄭᅳ, 례가, 아니어든, 말을안코, 말을, ᄒᆞ면, 반드시, 졀조에, 맛ᄂᆞᆫ거시, 녀언이니, 그런고로, 갈아ᄃᆡ, 말은, 마ᄋᆞᆷ에, 소리라, 착ᄒᆞᆫ, ᄉᆞ람의, 마ᄋᆞᆷ은, 착ᄒᆞᆫ, 거시, ᄡᅡ이여, 착ᄒᆞᆫ거시, 낫타ᄂᆞ고, 악ᄒᆞᆫ, ᄉᆞ람의, 마ᄋᆞᆷ은, 악ᄒᆞᆫ

거시、쓰이여、악ᄒᆞᆫ거시、낫타ᄂᆞᄂᆞ니라

第十二課

沐浴以時ᄒᆞ야身無垢汚ᄒᆞ며澣濯以時ᄒᆞ야衣常鮮潔ᄒᆞ고不施脂粉에容光粹然이是謂女容이니是故로女不矜色이오其容在德이라無鹽이雖陋ᄂᆞ言用於齊ᄒᆞ야國以大治ᄒᆞ니라

목욕을、ᄯᅢ로、ᄒᆞ야、몸에、ᄯᅢ가、업고、ᄲᆞᆯ내를、ᄯᅢ로、ᄒᆞ야、옷시、항상、ᄭᅢᆨ긋ᄒᆞ고、조촐ᄒᆞ며、분을、아니、발ᄂᆞ도、얼골이ᄭᅢᆨ긋ᄒᆞᆫ거시、이녀용이니、이런고로、녀ᄌᆞᄂᆞᆫ、셕을、자랑치、안코、그얼골이、덕에、잇ᄂᆞᆫ지라、무염이、비록、더러우나、말이、졔ᄉᆞ나라에、쓰여、나라이、크게、다ᄉᆞ리니라

第十三課

精五飯ᄒᆞ며冪酒漿ᄒᆞ며縫衣裳ᄒᆞ야但有閨門之修ᄒᆞ고而無梱外之志ㅣ是謂女功이니凡女子在家에廣學女事ᄒᆞ야筐筥井臼之役을無所不能이라야異日出嫁ᄒᆞ야可以治產이니라

다섯、가지、밥을、정히、ᄒᆞ며、술과、장을、더푸며、의상을、지봉ᄒᆞ야、다만、도장안만、닥고、문밧、

쓰이、업ᄂᆞᆫ거시、녀공이니、무릇、녀ᄌᆞㅣ、본、집
에、잇슬적의、녀래피、일을、비와、키질、비질、물、깃
기、결구질、ᄉᆞ지라도、다、릉히、ᄒᆞ여야、시집、가
셔、살림을、잘ᄒᆞ리라

專心章

第十四課

女子所貴ᄂᆞᆫ專一其心ᄒᆞ며端正其貌ᄒᆞ야耳
不竊聽ᄒᆞ며目不偷視ᄒᆞ며出無治容ᄒᆞ며入
無廢飾ᄒᆞ며勿聚會女伴ᄒᆞ야諠浪笑語ᄒᆞ며
勿閑行鄰里ᄒᆞ야妄談是非ᄒᆞ라

녀ᄌᆞ의、귀ᄒᆞᆫ、바ᄂᆞᆫ、그、마음을、젼일이、ᄒᆞ며、그、
모양을、단졍이、ᄒᆞ야귀ᄂᆞᆫ、엿、듯지、말며、눈은、
엿、보지、말며、나들이에、모양을、내지、말며、드
러와、장식을、폐치말며、동무를、모다、갈락질
과、웃고、떠드지말며、이웃、동네로、다니며、시
비를、망녕도이、말、ᄒᆞ지말나

第十五課

行莫回頭ᄒᆞ며語莫掀唇ᄒᆞ며坐莫動膝ᄒᆞ며
立莫搰裙ᄒᆞ라此ᄂᆞᆫ女子之賤相이오喜莫大
笑ᄒᆞ며怒莫高聲ᄒᆞ라此ᄂᆞᆫ女子之輕相이니
小心謹慎ᄒᆞ야切勿有此ᄒᆞ라

단일제、머리를、두루지、말며、말ᄒᆞᆯ제、닙쏠을、

드러、너지말며、안져셔、무릅을、움즉이지、말며、서셔、치마를、만지지、말며、깃버도、크게、웃지말며、셩이、나도、놉히、쇼리를、말나、이、여러가지는、녀ᄌᆞ의、천상이오、경상이니、됴심ᄒᆞ여、여긔、범치말지어다

第十六課

男子ᄂᆞᆫ居外ᄒᆞ며女子ᄂᆞᆫ居內ᄒᆞ니男女異群이오內外各處라女子無故에不出外庭ᄒᆞ며有客臨門에勿窺門隙ᄒᆞ고遇有外出커든低頭顧步ᄒᆞ야毋失其儀ᄒᆞ고夜行秉燭이니無燭則止ᄒᆞᄂᆞ니라

남ᄌᆞᄂᆞᆫ、밧게、거ᄒᆞ며、녀ᄌᆞᄂᆞᆫ、안에、거ᄒᆞ니、남녀ㅣ、무리가、다르고、내외、각쳐ᄒᆞᄂᆞᆫ지라、녀ᄌᆞㅣ、일、업시、외졍의나가지。아니며、손이、잇스면、문、틈으로、엿보지말고、만일、밧게、나갈일이、잇거든、고ᄀᆡ를숙이고、거름만、도라、보아、의용을、일치말며、밤나드리에ᄂᆞᆫ、쵹불을、잡ᄂᆞ니、쵹불이、업시면、그만、두ᄂᆞ니라

第十七課

心猶首面ᄒᆞ니首不飾則亂ᄒᆞ고面不洗則醜라心不修則惡은曷不自思오對鏡拭面에思潔其心ᄒᆞ며傅粉에思和其心ᄒᆞ며澤髮에思

潤其心ᄒᆞ며梳髮에思理其心ᄒᆞ며立髻에思正其心ᄒᆞ며攝鬢에思整其心ᄒᆞ라

마암이、머리와、낫과、갓ᄒᆞᄂᆞ니、머리ᄂᆞᆫ、ᄯᅡᆨ미지、아니면、어질업고、낫슨、씻지、아니면、더러운지라、마암을、닥지、아니면、악ᄒᆞᆫ、줄은、엇지、싱각지、못ᄒᆞᄂᆞ뇨、거울을、ᄃᆡᄒᆞ야、낫、씨슬제、그、마음、ᄭᅢ긋ᄒᆞ기를、싱각ᄒᆞ며、분、발을제、그、마음、화ᄒᆞ기를、싱각ᄒᆞ며、머리에、기름、발올제、그、마음、윤택ᄒᆞ기를、생각ᄒᆞ며、머리、빗슬제、그、마음、다ᄉᆞ리기를、생각ᄒᆞ며、ᄯᅥᆫ、머리、세울제、그、마음、바르기를、생각ᄒᆞ며、살쥭、샙을제、그、마음、정대ᄒᆞ기를、생각ᄒᆞ라

第十八課

三時澡浴이非修身이오五采盛服이非修身이라糈德謹言ᄒᆞ며修容勤功이是爲修身이니四行에闕一ᄒᆞ면女行不備라欲備女行이면宜修其身이오欲修其身인ᄃᆡᆫ宜專其心이니라

숨시로、목욕ᄒᆞᄂᆞᆫ거시、슈신이、아니오、오치로、셩복、ᄒᆞᄂᆞᆫ거시、슈신이、아니라、덕을、힘쓰며、말을、삼가며、얼골을、닥그며、녀공을、부지런니ᄒᆞᄂᆞᆫ것이、슈신이니、ᄉᆞ힝에、ᄒᆞ나이、궐

ᄒᆞ면、너힝이、가초지、못ᄒᆞᆯ지라、너힝을、가초
고ᄌᆞ、ᄒᆞ거든、맛당이、슈신、ᄒᆞᆯ거시오、슈신코
ᄌᆞ、ᄒᆞ면、맛당이、젼심、ᄒᆞᆯ지니라

事父母章

第十九課

孝敬父母ᄂᆞᆫ男女無間ᄒᆞ니女子在家에事父母호ᄃᆡ雞鳴盥櫛ᄒᆞ고敬問寢安ᄒᆞ며疾痛苛癢에敬抑搔之ᄒᆞ며戶庭出入에敬扶持之ᄒᆞ며奉水進盥ᄒᆞ고盥卒授巾ᄒᆞ며

부모를、효경、ᄒᆞ기ᄂᆞᆫ、남녀가、간격이、업스니、녀ᄌᆞㅣ、집에、잇서、부모를、셤기되、ᄃᆞᆰ이、울거

든、세슈ᄒᆞ고、머리、빗고、부모、침소에、가서、문안ᄒᆞ며、압흔데와、가려운데를、쥬물으고、글거、드리며、호졍출립、ᄒᆞᆯ제、붓들어、들이며、ᄃᆡ야의、물을、밧드러、세슈를、나오고、세슈、다、ᄒᆞ신、후에、슈건을、드리며

第二十課

問何食飮ᄒᆞ야飯饘酒醴와毛羹菽水를敬進所欲ᄒᆞ며斂衾襑ᄒᆞ며掃室堂ᄒᆞ고父母ㅣ將坐어시든奉席請何向ᄒᆞ며將臥어시든奉衽請何趾ᄒᆞ고父母의枕几杖屨를置有常處ᄒᆞ야不移ᄒᆞᄂᆞ니라

무엇을、잡슈시며、마시깃ᄂᆞ、물어、밥과、미음
과、술과、단술과、잡탕과、슈슈를、소욕ᄃᆡ로、나、
와、드리며、이불과、뇨를、깃키며、방과、말우를
쓸며、부모ㅣ안지랴、ᄒᆞ시거든、방석을、밧들
고、어ᄃᆡ로、향ᄒᆞ기를、쳥ᄒᆞ며、누으랴、ᄒᆞ시거
든、자리ᄭᅡᆷ을밧들고、어ᄃᆡ로、발ᄡᅥᆺ기를、쳥ᄒᆞ
며、부모의、벼ᄀᆡ와、안셕과、집행이와、신을、두
ᄂᆞᆫ、곳시、잇셔、옴기지、안ᄂᆞ니라

第二十一課

飮食은養口體ᄒᆞ고承順은養親志니食而不
敬이면徒食非養이오事而不順이면徒養非
孝라飮食은供甘旨ᄒᆞ고應對ᄂᆞᆫ順指使ᄒᆞ라
奉侍父母ᄂᆞᆫ女勝於男ᄒᆞ니라

음식은、구톄를、길으고、승순은、ᄯᅳᆺ슬、기르ᄂᆞ
니、먹이고、공경치、아니면、ᄒᆞᆫ갓、먹이기만、ᄒᆞ
고、길으ᄂᆞᆫ、거시、아니오、셤기고、승슌치、아니
면ᄒᆞᆫ갓、길으기만ᄒᆞ고、효도ᄒᆞᄂᆞᆫ、거시아니
라、음식은、달고、맛ᄂᆞᆫ、거스로、이바지ᄒᆞ며、응
ᄃᆡᄂᆞᆫ、가라치고、시기ᄂᆞᆫᄃᆡ로、승슌ᄒᆞ라、부모
를、밧들어、뫼시기ᄂᆞᆫ、ᄯᆞᆯ이、아달보담、나、호니
라

第二十二課

身爲獨女ᄒᆞ야終鮮兄弟면父母所依ㅣ惟我一女ㅣ니尤當竭力ᄒᆞ야以事父母니라古有至老不嫁ᄒᆞ고以養父母者ᄒᆞ니不必效此로되在家爲女之日은少ᄒᆞ고出嫁爲婦之年은多ᄒᆞ니라

몸이、외、ᄯᆞᆯ이、되야、다른、형뎨가、업스면、부모의、의지、ᄒᆞ시는바는、오직、ᄯᆞᆯ、ᄒᆞᆫ아、ᄲᅮᆫ이니、더욱、맛당이、힘을、다、ᄒᆞ야、부모를、셤길지라、녯적의、늙도록、시집、아니가고、부모를、길은ᄌᆞㅣ、잇스니、반다시、이를、본、밧을、거시、아니로되、집에、잇셔、ᄯᆞᆯ、노릇ᄒᆞᆯ、날은、적고、출가ᄒᆞ야、며ᄂᆞ리、노릇ᄒᆞᆯ、히는、만으니라

第二十三課

父母ㅣ有愼아어시든不離牀側ᄒᆞ야夜不解衣ᄒᆞ며睡不交睫ᄒᆞ고湯藥을手煎ᄒᆞ며冷熱을唇嘗ᄒᆞ야溫語勸進ᄒᆞ며深更密室에切禱上帝ᄒᆞ야冀復安康ᄒᆞ라至誠은感神이니라」

부모ㅣ、병환이、게시거든、ᄌᆞ리、겻을、ᄯᅥ나지말고、밤에、옷슬벗지、아니며、눈을감고、졸지아니ᄒᆞ고、탕약을、손슈、다려、ᄎᆞ고、더운것을닙으로、맛보아、잡슈시기를、권ᄒᆞ며、깁흔、밤、골방에셔、ᄒᆞ나님ᄭᅴ、간절히、긔도ᄒᆞ야、회복

ᄒᆞ시기를、바라라、지극ᄒᆞᆫ정셩은、ᄒᆞ나님이、
감동、ᄒᆞ시ᄂᆞ니라

第二十四課

父母ㅣ有責이어시든愼勿勃怒ᄒᆞ고低首敬聽ᄒᆞ며亦勿慌忙ᄒᆞ야轉致誤事ᄒᆞ고自問自心ᄒᆞ되如何無過며如何免責ᄒᆞ야悔改己罪ᄒᆞ며仰慰母心ᄒᆞ라

부모ㅣ、ᄭᅮ지럼、ᄒᆞ시거든、부ᄃᆡ、발ᄭᅳᆫ、셩、ᄂᆡ지、말고、머리를、슉이고、공경이、들으며、ᄯᅩ、ᄒᆞᆫ、황망ᄒᆞ야、일을、져질지、말나、ᄂᆡ、마음을、스스로、물어보되、엇지ᄒᆞ면、허물이、업시며、엇지ᄒᆞ

十四

면ᄭᅮ지럼을、아니ᄒᆞ시게ᄒᆞᆯ고、ᄒᆞ야、제。죄를、회개ᄒᆞ고、어머님、마음을、안위ᄒᆞ라

第二十五課

父母ㅣ惡之어시든懼而不怨ᄒᆞ며父母ㅣ愛之어시든喜而不忘ᄒᆞ라父母所命을敬遵毋違ᄒᆞ고勿爲覆逆ᄒᆞ야自作聰明ᄒᆞ라或有未解면從容問母ᄒᆞ야聽其方便ᄒᆞ라

부모ㅣ、믜워、ᄒᆞ시거든、두려워、ᄒᆞ고、원망을、아니며、부모ㅣ、ᄉᆞ랑、ᄒᆞ시거든、깃버ᄒᆞ고、잇지、말나、부모의、명령을、슌종ᄒᆞ야、어긔지말며총명ᄒᆞᆫ체、ᄒᆞ고、복역、ᄒᆞ지말나、혹、아지、못

十五

홀일이、잇거든、죵용이、어머님게、물어、방편을、들으라

第二十六課

貴養之女는驕慾成性ᄒᆞ야父母之言을不肯聽從ᄒᆞ며偶有責言이면泣而反唇ᄒᆞ고每當歲時에貪取衣資ᄒᆞ야以充嫁具ᄒᆞ며私殖貨財ᄒᆞ야不顧父母ᄒᆞᄂᆞ니如此之女는愼勿效之ᄒᆞ라

귀히、길은、ᄯᆞᆯ은、교만과、음셕이、셩품을、일우어、부모의、말ᄉᆞᆷ을、듯지、아니ᄒᆞ며、우연이、ᄭᅮ지람이、잇스면、울며、말ᄃᆡ답ᄒᆞ고、매양、셰시를、당ᄒᆞ면、옷、감을、탐ᄒᆞ야、시집、옷만、장만ᄒᆞ고、ᄉᆞ저를、식리ᄒᆞ야、부모를、도라보지、아니ᄒᆞᄂᆞ니、이갓흔、녀ᄌᆞ는、부듸、본、밧지、말지어다

事夫章

第二十七課

夫惟一婦오婦惟一夫는上帝所命이시니女子從夫는一身之主라義同君臣ᄒᆞ고服喪三年ᄒᆞ니親比父子오父母를共事ᄒᆞ니情若兄弟오異姓이相合ᄒᆞ니誼兼朋友라是故로人之五倫이備于夫婦ᄒᆞ니라

지아비는,다만,지어미,ᄒᆞᆫ아이오,지어미는,다만,지아비,ᄒᆞᆫ아인거슨,하나님의,명ᄒᆞ신,바이니,녀ᄌᆞ의,남편,좃ᄂᆞᆫ거슨,녀,몸애,쥬인이라,의가,군신과,갓고,삼년상을,닙으니,친ᄒᆞᆷ이,부ᄌᆞ의,비ᄒᆞ고,부모를,갓치,섬기니,졍이,형뎨와,갓고,이셩이,서로,합ᄒᆞ엿스니,의가,붕우를,겸ᄒᆞᆫ지라,그런고로,사람의,오륜이,부부에,갓초앗ᄂᆞ니라

第二十八課

女子于歸에母ㅣ臨門送之曰必敬必戒ᄒᆞ야毋違丈夫ᄒᆞ며善事舅姑ᄒᆞ라ᄒᆞ시니婦當服夫오夫亦愛妻如己라婦不得自主其身ᄒᆞ고惟夫主之ᄒᆞ니婦不可離夫오夫亦不可離婦니라

녀ᄌᆞㅣ,신힝ᄒᆞ야,올제,어마니가,문에셔,보너며,갈ᄋᆞᄉᆞ뎌,반드시,공경ᄒᆞ고,반드시,경계ᄒᆞ야,쟝부를,어긔지,말며,구고를,잘,섬가라,ᄒᆞ셧스니,안히가,맛당히,남편을,복죵ᄒᆞᆯ거시오,남편도,맛당히,안히,ᄉᆞ랑ᄒᆞ기를,몸과,갓치,ᄒᆞᆯ지라,안히가,그,몸을,ᄌᆞ쥬치,못ᄒᆞ고,오직,남편이,쥬쟝ᄒᆞ니,안히가,가히,남편을,떼지,못ᄒᆞᆯ거시오,남편이,가이,안히를,떼

지、못홀지니라

第二十九課

敬順은爲婦之道오事夫之本이라敬待如賓則恩愛不衰ᄒᆞ고順服如君則情意相孚ᄒᆞ야家或食貧이라도糟糠을不厭ᄒᆞ며身雖勞悴ᄂᆞ井臼ᄅᆞᆯ不辭ᄒᆞᄂᆞ니是故로夫婦好合이如鼓瑟琴이니라

공경과、유슌ᄒᆞᆫ것은、부녀된、도리오、남편、섬기ᄂᆞᆫ、근본이라、손님처럼、경ᄃᆡᄒᆞᆫ즉、은ᄋᆡ가、불쇠ᄒᆞ고、인군처럼、슌복ᄒᆞᆫ즉、졍의가、상부ᄒᆞ야、집이、후、간난ᄒᆞ여도、지겸이ᄅᆞᆯ、시려、ᄒᆞ지아니며、몸이、비록、로췌ᄒᆞ여도、졍구지역을、ᄉᆞ양치、안ᄂᆞ니、이런고로、부부호합이、금슬과、갓타니라

第三十課

夫婦之好ㅣ終身不離ᄒᆞᄂᆞ房室周旋에易生狎侮ㅣ니狎侮ㅣ既生이면語言이過矣오語言既過면放恣必作이오放恣既作이면侮夫之心이生矣니此由不敬이니라

부부에、조혼것이、종신토록、셔ᄂᆞ지、아니ᄒᆞᄂᆞ、한방에셔쥬션ᄒᆞ매、너무、친압ᄒᆞ고、셜만ᄒᆞ니、친압과、셜만이、싱기면、언어의、허물이、

잇고,어언의,허물이,쇠ᄒᆞ면,방쟈ᄒᆞ고,방쟈
ᄒᆞ면,남편,엽슈히,녁이ᄂᆞᆫ,마음이,생기ᄂᆞ니,
이ᄂᆞᆫ,不敬ᄒᆞᆫ데셔,말매암ᄂᆞ니라

第三十一課

夫不能作業ᄒᆞ며婦不克持家ᄒᆞ야柴米無儲
어ᄂᆞ衣服無着이면空然生嗔ᄒᆞ야打兒罵女
에語輒侵夫ᄒᆞ야使夫忿怒ᄒᆞᄂᆞ니此由不順
이니라

남편이,릉히,실업을,못ᄒᆞ고,안히가,릉히,술
림을,못슬어,나무와,쌀이,셔러지고,의복이,
닙을것이,업스면,공연이,셩을ᄂᆡ여,아ᄃᆞᆯ을,
치며,ᄯᆞᆯ을,ᄭᅮ지져,말곗치,남편을,침노ᄒᆞ면,
남편이,또ᄒᆞᆫ,분이,ᄂᆞ고,셩이,ᄂᆞ게ᄒᆞ니,이ᄂᆞᆫ,
불순ᄒᆞᆫ데셔,말매암ᄂᆞ니라

第三十二課

侮夫不已면呵責必至오忿怒不止면毆罵必
至니呵責旣宣이면何義之有며毆罵旣行이
면何恩之有리오不敬不順이終乃不和ᄒᆞ야
不孝父母ᄒᆞ며獲罪上帝니라

남편,업슈이녁이기를,마지아니면,ᄭᅮ지고,
책망이,반드시,일을,거시오,분과,로홈이,곳
치지,아니면,쥬여박고,욕ᄒᆞᄂᆞᆫ거서,반드시,

일으리니、우짓고、책망ᄒᆞ면、무슨、의가、잇스
며、쥬여박고、욕ᄒᆞ면、무슨、은혜가、잇스리오、
불경과、불순이、맛ᄎᆞᆷ니、불화ᄒᆞ야、부모의게、
불효ᄒᆞ고、하나님ᄭᅴ、죄를、엇ᄂᆞ니라

第三十三課

是故로夫婦之言은謹於微細ᄒᆞ며夫婦之禮
ᄂᆞᆫ愼於終始니夫有所言이면靡有不從ᄒᆞ되
如行非禮면殷殷諫止ᄒᆞ야勿使吾夫로陷於
罪惡ᄒᆞ라聖經에曰婦焉不救夫며夫焉不救
婦오ᄒᆞ니夫婦相救ᄂᆞᆫ夫婦之義니라
어린고로、부부의말은、미세ᄒᆞᆫ데、삼가고、부

부의、례ᄂᆞᆫ、죵시를、삼갈지니、남편이、말이、잇
거든、좃지아님이、업스되、만일、비례를、힝ᄒᆞ
거든、은은이、간ᄒᆞ야、나의、남편으로、ᄒᆞ야곰、
죄악에、ᄲᅡ지지、말게ᄒᆞ라、셩경에、갈오ᄉᆞ되、
안히가、엇지、남편을、아니、구원ᄒᆞ며、남편이、
엇지、안히를、아니、구원ᄒᆞ리오、ᄒᆞ얏스니、부
부상구ᄂᆞᆫ、부부에、의니라

第三十四課

夫ㅣ若發怒어든倍加小心ᄒᆞ야婉容柔色으
로低頭供事ᄒᆞ며慇勤勸餐ᄒᆞ야願止其怒ᄒᆞ
라止怒之方은莫如無辨이니라誰家潑婦ᄂᆞᆫ

每自尋端ᄒᆞ야與夫爭鬪ᄒᆞ니如此之婦ᄂᆞᆫ可以爲戒이라

남편이、만일、셩을、너거든、비ᄂᆞ、조심ᄒᆞ야、순ᄒᆞᆫ、얼골에、부드러운、빗스로、머리를、슉이고、슈종ᄒᆞ며、온근이、밥을、권ᄒᆞ면셔、그만、지로ᄒᆞ기를、원ᄒᆞ라、로를、그치기ᄂᆞᆫ、발명、업ᄂᆞᆫ、것시、묘방이니라、뉘집、난봉의、계집은、매양、ᄉᆞ단을、고심ᄒᆞ야、셔방과、ᄊᆞ오ᄂᆞ니、이런、계집은、가이、경계ᄒᆞᆯ진져

第三十五課

夫ㅣ若有病이면蚤夜勞焦ᄒᆞ야問議醫藥ᄒᆞ며禱求神明ᄒᆞ야夫病이稍愈어든飮食衣服을益加謹愼ᄒᆞ야調理安全을小心勿怠ᄒᆞ라誰家愚婦ᄂᆞᆫ任夫臥病ᄒᆞ고全不經心ᄒᆞ도다

남편이、만일、병이、잇시면、쥬야로、초조ᄒᆞ야、의약을、문의ᄒᆞ며、신명에、긔도ᄒᆞ야、병이、조곰、낫거든、음식과、의복을、더욱근신ᄒᆞ야、조리안젼ᄒᆞᆯ동안에、조심ᄒᆞ야、게을게말ᄂᆞ、뉘집、못ᄂᆞᆫ、게집은、셔방의、병을、버려、두고、젼연이、관심치、안ᄂᆞᆫ도다、

第三十六課

夫ㅣ若遠征ᄒᆞ야久客未還이면兼治外事ᄒᆞ

夫飯이로다

납편이、만일、멀리、가셔、오릭、도라오지、아니면、밧것、일을、겸치ᄒ야、집안을、졍돈ᄒ며、갓가이、츌입ᄒ야、날이、져무러도、도라오지、안커든、등쓸을、도두고、밥을、쌋둣시、뭇어노코、문、소리를、기다리라、뉘집、게으른、지어미는、셔방이、니가、도라오지、안닌데、등쓸을、ᄭᅳ고、몬져、ᄌᆞᄂᆞᆫ또다

第三十七課

懶婦之性은 只顧耽睡ᄒ야 黃昏閉戶에 日高不起ᄒ야 每遭夫讁ᄒ며 亦被姑嗔ᄒ야 慵起無力ᄒ고 梳洗靡遑이라 黽勉入厨ᄒ니 手脚이 慌忙ᄒ야 炊飯失時ᄒ고 烹飪昧方이로다

게을은、지어미에、셩품은、다만、ᄌᆞᆷ만、탐ᄒ야、황혼에、문을、닷고、ᄒᆡ가、놉도록、이러나지、아니매、납편이、남으라고、시어미가、ᄭᅮ지지니、ᄌᆞᆷ을、ᄭᆡ여、무력ᄒ고、소셰ᄒᆞᆯ、겨를이、업ᄂᆞᆫ지라、간신이、부억에、드러가니、슈각이、황망ᄒ야、밥짓는、거슨、실시ᄒ고、찬슈도、졍치못ᄒ

니라

第三十八課

嗟哉賢婦ᄂᆞᆫ每日早起ᄒᆞ야盥面櫛髮에薄施淡粧ᄒᆞ고入廚洗鼎ᄒᆞ며揀柴吹火ᄒᆞ야爲飯爲羹에克潔克精ᄒᆞ고一日三飱을不失其時ᄒᆞ며不辭其勞ᄒᆞ고習以爲常이로다

ᄎᆞ홉다、현쳘ᄒᆞᆫ、부인은、매일、일즉、이러나셔、낫、씻고、머리、빗고、담장을、잠간ᄒᆞ고、부억에、드러가、솟슬、씻스며、나무를、집어、불을、불며、밥을、짓고、국을、ᄭᅳ리믹、극히、졍ᄒᆞ고、극히、ᄭᅢ긋ᄒᆞ며、ᄒᆞ루、세ᄭᅢ를、실시치、안코、슈고를、ᄉᆞ양치아니ᄒᆞᄂᆞᆫ도다

第三十九課

女子有行이遠父母兄弟니一入夫家에莫頻覲行ᄒᆞ라說辛道苦ᄒᆞ야貽憂父母ᄒᆞ며率來送往에致勞兄弟니라治産之婦ᄂᆞᆫ況離家오家貧萬事ㅣ惟賴賢妻니라

녀ᄌᆞ、유ᄒᆡᆼ이、부모와、형뎨를、물리ᄒᆞᄂᆞ니、ᄒᆞᆫ번、부가에、드러가미、근친길을、ᄌᆞ조、말ᄂᆞ、미우니、쓰니、이야기ᄒᆞ야、부모ᄭᅴ、이우ᄒᆞ고、다려오고、보내ᄂᆞᆫ데、형뎨의게、슈고를、깃치ᄂᆞ니라、살림ᄒᆞᄂᆞᆫ、부인은、ᄒᆞ물며、셔날슈、업고、

간난ᄒᆞᆫ집、만ᄉᆞᄂᆞᆫ、오직、현처를、생각ᄒᆞᄂᆞ니
라

第四十課

女子之心은常多依賴ᄒᆞ야夫或不貴어ᄂᆞ家或不富면詈其媒妁ᄒᆞ며怨其父母ᄒᆞ야曰奚爲嫁余오ᄒᆞᄂᆞ니嗟今之世ᄂᆞᆫ男女同權이라女子有學이면可以商矣오可以仕矣니何須靠夫리오

녀ᄌᆞ의、마음은、의뢰가、만아、남편이、귀ᄒᆞ지、못ᄒᆞ거ᄂᆞ、시집이、견듸지、못ᄒᆞ면、중ᄆᆡ를、ᄭᅮ지지며、부모를、원망ᄒᆞ여、왈、엇지ᄒᆞ여、날을시집、보냇소、ᄒᆞᄂᆞ니、이졔、세상은、남녀동권이라、녀ᄌᆞ라도、학문만、잇스면、가히、장ᄉᆞ도ᄒᆞ고、가히、벼슬도、ᄒᆞᆯ거이니、엇지、남편만、의뢰ᄒᆞ리오

事舅姑章

第四十一課

女子從夫에事舅姑를如事父母니舅姑之所의朝夕問安ᄒᆞ며舅姑所諭之言을少勿拒逆ᄒᆞ며舅姑所使之事를奉行勿滯ᄒᆞ야樂其心ᄒᆞ며順其志ᄒᆞ고每事를必問ᄒᆞ야唯命是從이니라

녀ᄌᆞㅣ,남편을,좃ᄎᆞᄆᆡ,구고,섬기기를,부모
와,갓치,ᄒᆞᆯ지니,구고의게,조셕,문안ᄒᆞ며,구
고의,일으는,말ᄉᆞᆷ을,조곰도,거역지,말며,구
고의,시기는,일을,곳,ᄒᆞ야,지체ᄒᆞ지,말고,그,
마음을,질겁게,ᄒᆞ며,그,뜻을,순이ᄒᆞ야,ᄆᆡᄉᆞ
를,반드시,물어,구고의,뜻ᄃᆡ로,좃ᄂᆞ니라

第四十二課

事舅姑有法ᄒᆞ니每事를必曲從ᄒᆞ라姑ㅣ以非爲是라도知其非而從其是ᄒᆞ며姑ㅣ以曲爲直이라도知其曲而從其直ᄒᆞ야是非曲直을勿與姑爭이면可得姑心이니라

구고,섬기는,법이,잇스니,ᄆᆡᄉᆞ를,반드시,뜻
을,굽혀,곡종ᄒᆞ라,시어머니가,그른거을,가
지고,올타,ᄒᆞ거든,그른걸,알고도,올타는거
슬,좃치며,굽은거을,가지고,곳다,ᄒᆞ거든,굽
은걸,알고도,곳다는,거을,좃치라,시비곡직
을,시어머니와,더부러,닷토지,아니면,시어
머니,마음을,가히,어들지니라

第四十三課

姑ㅣ若愛婦면舅自愛婦오舅姑ㅣ愛婦면夫自愛妻니欲得夫愛면舅姑之愛를務得이오舅姑之愛를欲得이면舅姑之意를曲從ᄒᆞ라

舅姑ㅣ不愛면失愛難保ㅣ니라

시어머니가、며ᄂᆞ리를、ᄉᆞ랑ᄒᆞ면、시아버지ᄂᆞᆫ、졀노、며ᄂᆞ리를、ᄉᆞ랑ᄒᆞ고、구고가、ᄉᆞ랑ᄒᆞ면、남편은、졀노、안해를、ᄉᆞ랑ᄒᆞᄂᆞ니、남편의、ᄉᆞ랑을、엇고자、ᄒᆞ면、구고의、ᄉᆞ랑을、아모조록、엇들거시오、구고의、ᄉᆞ랑을、엇고자、ᄒᆞ면、구고의、뜻을、부듸、곡죵ᄒᆞ라、구고가、ᄉᆞ랑치、아니면、남편의、ᄉᆞ랑을、보젼ᄒᆞ기、어려우니라

第四十四課

女憲에曰順從舅姑를若影隨形ᄒᆞ며如響應聲ᄒᆞ면焉有不得이며焉有不賞이리오ᄒᆞ니

舅姑所愛를婦亦愛之ᄒᆞ며舅姑所好를婦亦好之면可爲孝婦니라

녀헌에、갈오듸、구고、슌종ᄒᆞ기를、그림ᄌᆞ가、형상을、ᄯᆞ르는것、갓고、운향이、음셩을、응ᄒᆞ드시、ᄒᆞ면、엇지、상득지、아니며、엇지、칭찬치、아니리요、ᄒᆞ니、구고의、ᄉᆞ랑ᄒᆞᄂᆞᆫ、바를、며ᄂᆞ리도、ᄉᆞ랑ᄒᆞ며、구고의、쵸아ᄒᆞᄂᆞᆫ、바를、며ᄂᆞ리도、조아ᄒᆞ면、가히、효부가、되리라

第四十五課

爲人冢婦ᄒᆞ면婦職이尤重ᄒᆞ니衣服은以備輕暖ᄒᆞ며食飮은以供嗜好ᄒᆞ되悉經婦手ᄒᆞ

고勿誘他人ᄒᆞ며又掌內政ᄒᆞᄂᆞ니日用粮饌을務要撙節ᄒᆞ고叔妹妯娌와宗族賓客을善視善待ᄒᆞ라

남의、맛、며ᄂᆞ리가、되면、며ᄂᆞ리、직분이、더욱、즁ᄒᆞ니、구고의、의복은、가ᄇᆡ얍고、더운、것으로、예비ᄒᆞ며、음식은、질기고、조아、ᄒᆞᄂᆞᆫ거스로、이바지、ᄒᆞ되、다、ᄂᆡ손으로、ᄒᆞ고、타인의게、미루지、말며、ᄂᆡ졍을、맛타스니、일용냥찬을、아무조록、존졀ᄒᆞ고、시동ᄉᆡᆼ、싀누의、동세들과、종족과、빈ᄀᆡᆨ을、잘、그ᄂᆞᆯ으며、잘、ᄃᆡ졉ᄒᆞ라

第四十六課

敬主中饋ᄂᆞᆫ婦之所司ㅣ니盤床器皿을務要潔淨ᄒᆞ며飯粥羹菹를務要馨香ᄒᆞ라飯宜軟蒸이오肉宜亂擣ㅣ니大抵老人은易飢易飽라午餐夜膳을勿失其時어다

즁궤를、공경ᄒᆞ야、쥬장、ᄒᆞᄂᆞᆫ것이、며ᄂᆞ리、맛흔바이니、반상과、긔명을、아모조록、결졍이、ᄒᆞ며、밥과、국과、김치를、아모조록、얌젼이、ᄒᆞ라、밥은、맛당히、무루게、지을지오、고기ᄂᆞᆫ、맛망히、나르히、다질지니、늙은、구고ᄂᆞᆫ、비가、쉬、곱푸고、비가、쉬、부르ᄂᆞ니、오찬과、야션을、ᄭᅵ를、일치、말지어다

第四十七課

世之爲姑者ㅣ類多虐婦ᄒᆞ야言言事事에吹毛覓疵ᄒᆞᄂᆞ니遇姑如此면曷以事之오爲婦之道에惟有忍耐ᄒᆞᄂᆞ니愈虐愈恭ᄒᆞ야至誠事之ᄒᆞ라今日之婦ㅣ後日之姑니以此爲鑒ᄒᆞ야懲前毖後어다

세상에,시어미된,자ㅣ,만에,며ᄂᆞ리를,학ᄃᆡᄒᆞ야,언언사사에,털을,불고,흉을,찻ᄂᆞ니,이런,시어미를,맛ᄂᆞ면,엇지,섬길이오,며ᄂᆞ리된,도리에,오직,참고,견ᄃᆡᆯ,ᄲᅮᆫ이니,학ᄃᆡ홀슈록,더욱,공순ᄒᆞ야,지셩으로,섬기라,오날,며ᄂᆞ리가,후일,시어미니,일로,거울을,삼아,압을,증계ᄒᆞ고,뒤를,삼갈지어다

第四十八課

無禮之婦ᄂᆞᆫ放恣無憚ᄒᆞ야舅姑之前에道是說非ᄒᆞ며舅姑命令을頑不聽從ᄒᆞ며舅姑飢寒을全然不保ᄒᆞ고惟夫是愛ᄒᆞ야是食是衣ᄒᆞᄂᆞ니라

버릇업ᄂᆞᆫ,며ᄂᆞ리ᄂᆞᆫ,방자ᄒᆞ고,긔탄이,업셔,구고의,압헤,오르니,그르니,직거리며,구고의,명령을,드른체도,아니ᄒᆞ며,구고의,긔한을,젼연히,알은체,아니ᄒᆞ고,다만,셔방만,ᄉ

량ᄒᆞ야、먹이고、닙히ᄂᆞ니、이갓ᄒᆞᆫ며ᄂᆞ리ᄂᆞᆫ、
가히、경계ᄒᆞᆯ진져

和叔妹章

第四十九課

叔妹幼少ᄒᆞ야常在親側ᄒᆞ니體敵分尊이오恩疎義親이라睚眦之嫌과語言之過를一一往愬ᄒᆞ야隱善揚惡ᄒᆞ니諺曰三歲兒言을勿踰耳聽이라舅姑在堂에安得不信이리오

어린、시동생과、시누의가、항상、어버이、겻헤、잇스니、체재ᄂᆞᆫ、ᄃᆡ적ᄒᆞ고、명분은、놉ᄒᆞ며、은혜ᄂᆞᆫ、성글고、분의ᄂᆞᆫ、친ᄒᆞᆫ지라、눈、흙인、혐의와、어언의、허믈을、낫낫이、하소ᄯᅧ려、착ᄒᆞᆫ것은、숨기고、악ᄒᆞᆫ것은、드러내니、상말에、갈오ᄃᆡ、세살、먹은、아희、말도、귀、넘어、듯지、말나、ᄒᆞ엿스니、우에、계신、구고ᄭᅦ셔、엇지、아니、밋으시리오

第五十課

叔妹譽嫂ᄒᆞ면舅姑愛婦ᄒᆞ고舅姑愛婦ᄒᆞ면其夫愛妻ᄒᆞᄂᆞ니由此觀之컨ᄃᆡᆫ兄嫂의臧否毁譽ᄂᆞᆫ專在叔妹ᄒᆞ고叔妹의毁譽是非ᄂᆞᆫ專在兄嫂ᄒᆞ니大抵叔妹之心은不可失也니라

시동생과、시누의가、형슈를、기리면、구고가、

며ᄂᆞ리를、ᄉᆞ랑ᄒᆞ고、구고ᄭᅴ셔、며ᄂᆞ리를、ᄉᆞ랑ᄒᆞ면、남편이、안히를、ᄉᆞ랑ᄒᆞᄂᆞ니、일노、말미암아、불진딘、형슈의、착ᄒᆞ고、착지、아닌것과、혜담ᄒᆞ고、기리ᄂᆞᆫ、것은、젼혀、시동셩과、시누의게、잇고、시동셩、시누의에、흠담ᄒᆞ고、기리ᄂᆞᆫ、것과、올코、그른것은、젼혀、형슈의게、잇ᄉᆞ니、대져、시동셩과、시누의、마ᄋᆞᆷ을、일치、못ᄒᆞᆯ것이니라

第五十一課

敬待媤叔ᄒᆞ야毋失禮貌ᄒᆞ며友愛媤妹ᄒᆞ야情若同己ᄒᆞ라惟謙與順이得其歡心이니叔妹旣和면人無間言ᄒᆞ야姑婦之間에其樂融融ᄒᆞ리니事姑事夫者ᄂᆞᆫ善事叔妹ㄴ뎌

시동셩、을、경디ᄒᆞ야、례모를、일치、말고、시누의를、우이ᄒᆞ야、정이、동긔、갓ᄒᆞᆯ지라、겸손、ᄒᆞ고、공순ᄒᆞᆫ것이、그질거운、마ᄋᆞᆷ을、엇ᄂᆞ니、시동셩과、시누의를、임의、화ᄒᆞ면、ᄉᆞ람의、간언이、업셔、고부、ᄉᆞ이에、그、질거옴이、륭륭ᄒᆞ리니、구고와、남편을、셤가ᄂᆞᆫ、자ᄂᆞᆫ、몬져、시동셩과、시누의를、잘、셤길진뎌

初等女學第一年第一學期讀本終

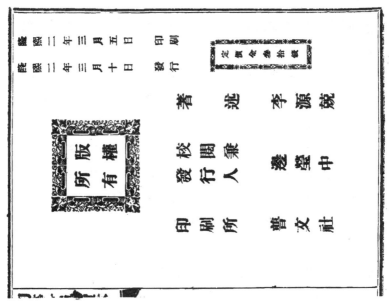

隆熙二年三月五日 印刷
隆熙二年三月十日 發行

定價金參拾錢

著述 李源兢

校閱兼發行人 邊瑩中

印刷所 普文社

노동야학독본

(勞動夜學讀本)

勞動夜學讀本[1]

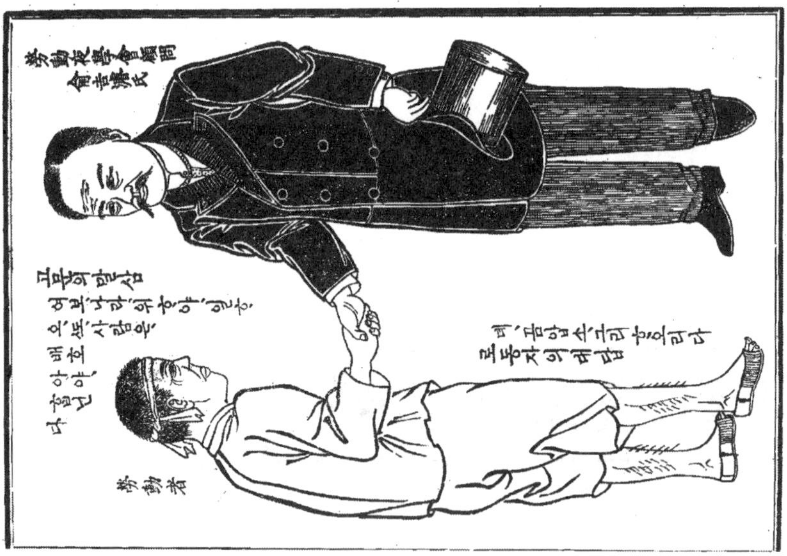
勞動夜學會顧問
兪吉濬氏
고문의말삼
여보나라위ᄒᆞ야,일ᄒᆞ
오,또,사람은,
배호
아야,
ᄒᆞᆸ닌
다
勞動者
로동자의대답
녜,곰압소,그리ᄒᆞ오리다

勞動夜學讀本第一目錄

勞動夜學讀本第一

兪吉濬 著

第一課 人

人은天과地사이에가장靈ᄒᆞ니라

靈ᄒᆞ다ᄒᆞᆷ은엇지謂이뇨갈오ᄃᆡ능히

一、사람의사람되ᄂᆞᆫ道理를知ᄒᆞ며

二、사람의사람되ᄂᆞᆫ權利를알며

三、사람의사람되ᄂᆞᆫ義務를알며

四、사람의사람되ᄂᆞᆫ資格을알며

五、사람의사람되ᄂᆞᆫ職業을알며

六、사람의사람되ᄂᆞᆫ福祿을알므로써ᄒᆞᆷ이니그러ᄒᆞᆫ고로此六條ᄂᆞᆫ사람의사람노릇ᄒᆞᄂᆞᆫ大根本이니라

사람이날내기는飛鳥를따르지못ᄒᆞ며굿세기는走獸에미치지못ᄒᆞ오대그知覺이신령ᄒᆞ야萬物의長되나니라

然ᄒᆞ나여섯가지의큰근본을아지못ᄒᆞ면이는새김생과異업심이오알고도行치못ᄒᆞ면反혀새김생만도못홈이니라

이러ᄒᆞᆫ지라사람은사람의노릇을ᄒᆞ여야사람이니사람의노릇은여섯가지큰근본에잇나니라

第二課 人의道理

사람의도리는곳사람의行實이니

父母가子女를자애홈과자녀가부모에게孝홈이며夫婦의서로和順홈과兄弟의서로우애홈은此曰家族의倫紀니라

君이님금의事를행ᄒᆞ고신하와백셩이님금을사랑ᄒᆞ며님금에게忠ᄒᆞ야각기其일을일홈은이갈은國家의倫紀니라

사람이서로信이잇서貴賤이등분잇심과上下가차례잇슴은이갈은社會의倫紀니라

그러ᄒᆞᆫ고로가족의륜긔가亂ᄒᆞᆫ즉그家이敗ᄒᆞ고국가의륜긔가어지러운즉그國가亡ᄒᆞ며샤회의륜긔가어지러운즉그人民이衰ᄒᆞ나니라

집을興ᄒᆞ는쟈는사람의도리를修ᄒᆞ며나라를사랑ᄒᆞ는者는사람의도리를守ᄒᆞ며샤회를正ᄒᆞ는쟈는사람의도리를扶ᄒᆞ나니진실로이러ᄒᆞ면家에在서는良아달되고나라에잇서는어진民되고샤회에잇서는어진人되나니라

第三課 人의權利

사람의권리는곳사람의勢力이니

我의하는일은남의妨害홈을밧지아니ᄒᆞ고나의가진物은남의侵犯홈을許치아니ᄒᆞ나니이는일온바사람의권리라正道로써직히고나라의法을범치아니ᄒᆞᆫ연후에보젼ᄒᆞ나니라

사람이世上에生매我가잇심으로他이잇심이니권리라ᄒᆞᄂᆞᆫ일홈은나와남의셔로與ᄒᆞᄂᆞᆫ사이에잇ᄂᆞᆫ쟈이라내가남의권리를犯ᄒᆞᆯ진대남도나의권리를범ᄒᆞᆯ지니그런故로나의권리를重히녀이거든남의권리도무거히녀일지니라

나의권리ᄂᆞᆫ一步이라도남에게讓치말지며남의권리를毫末도侵ᄒᆞ지말지니盖一人의권리를能히守여야一國의권리를守나니라

知기易은비유로言ᄒᆞᆯ건대가령

짐군한사람이十斤되ᄂᆞᆫ물건을十里되ᄂᆞᆫ곳에十兩삭으로져다쥬기를約ᄒᆞ얏실진대그信地에다은후ᄂᆞᆫ그연약ᄒᆞᆫ삭을바듬이그권리이니萬一그대로쥬지아니ᄒᆞ면이ᄂᆞᆫ짐군의권리를침노ᄒᆞᆷ이니라

第四課 人의義務

사람의의무ᄂᆞᆫ곳사람의職分이니대개의무라ᄒᆞᄂᆞᆫ쟈ᄂᆞᆫ아니치못ᄒᆞᄂᆞᆫ일이라자식되야어버이에게孝ᄒᆞ며臣되야님금에게忠ᄒᆞ고어룬되야ᄂᆞᆫ어린이를養ᄒᆞ고敎치ᄂᆞᆫ일이皆各기한사람의직분이니라

나라의民되야ᄂᆞᆫ最大義務가二가지라

하나ᄂᆞᆫ曰대賦稅를納ᄂᆞᆫ義務이니나라일은재물아니고ᄂᆞᆫ하지못ᄒᆞᆫ즉나라일ᄒᆞ기爲ᄒᆞ야부셰를들입이오

둘은갈오대徵兵에應ᄒᆞᄂᆞᆫ義務이니나라守기ᄂᆞᆫ군사아닌즉능치못ᄒᆞᄂᆞᆫ고로나라지히기위ᄒᆞ야징병에응ᄒᆞᆷ이라

사람이其의무를行치아니ᄒᆞᆫ즉이ᄂᆞᆫ그권리를自로棄과갓트니그러ᄒᆞᆫ고로권리를사랑ᄒᆞᄂᆞᆫ쟈ᄂᆞᆫ의무를務써行ᄒᆞᄂᆞ니라

今한말삼으로譬ᄒᆞᆫ건대

木手한사람이十間屋짓ᄂᆞᆫ工錢을萬兩에작뎡ᄒᆞ얏거날五間만지엇실진대餘지五間에對ᄒᆞ야그작뎡ᄒᆞᆫ의무를행치못ᄒᆞ얏신즉그

다섯간에대ᄒᆞᆫ공젼은밧ᄂᆞᆫ권리가업나니라

第五課 人의資格

사람의쟈격은곳사람의地位이니
이졔其디위라ᄒᆞᆷ이사람과사람사이에上下貴賤으로말삼ᄒᆞᆷ이아니
오사람의天然ᄒᆞᆫ地位를일옴이니이갈온資格이니라
사람의쟈격은사람노릇ᄒᆞᄂᆞᆫ知識이잇신然後에비로소備나니사람
이사람의形狀을가초아시나사람의디식을가초지아니ᄒᆞ면此ᄂᆞᆫ사
람의쟈격이업심이니라
하날과ᄯᅡ의氣을타셔이世의生物되기ᄂᆞᆫ禽獸이나人이나皆同로대
異바ᄂᆞᆫ사롬이신령ᄒᆞᆫ性잇심으로능히사람노릇ᄒᆞᄂᆞᆫ디식이잇셔사
람의쟈격을가초으로以ᄒᆞᆷ이니그러치아닐진대亦一蠢蠢ᄒᆞᆫ動物이
라므삼분별이잇시리오
그러ᄒᆞᆫ즉일온바人의資格은엇더ᄒᆞ뇨갈오대남에게後지아니ᄒᆞᄂᆞᆫ
知識으로
家에ᄂᆞᆫ집을昌케ᄒᆞᄂᆞᆫ일이오
國에ᄂᆞᆫ나라를安케ᄒᆞᄂᆞᆫ일이오
社會에ᄂᆞᆫ샤회를利케ᄒᆞᄂᆞᆫ일이니라

第六課 人의職業

사람의직업은곳사람의生涯이니
대개생애라ᄒᆞᆷ은生ᄂᆞᆫ일이라사람의사ᄂᆞᆫ일은職業에잇시되직업이
사람을求ᄒᆞᆷ이아니오사람이직업을求ᄒᆞᆷ인즉각기其才의능ᄒᆞᆫ대로
心의ᄒᆞ고져ᄒᆞᆷ을ᄯᅡ라셔하ᄂᆞᆫ노릇이잇심이可ᄒᆞ니라
직업은巨祿ᄒᆞ니사람의작뎡으로ᄂᆞᆫ귀쳔이잇다ᄒᆞ나사람의力에맛
가진대로ᄒᆞ기ᄂᆞᆫ彼此가업ᄂᆞᆫ지라그러ᄒᆞᆫ고로總理大臣이나背卜軍
이나사람의직업되기ᄂᆞᆫ맛쳔가지니라
사람의직업은其命과한가지라남이奪지못ᄒᆞ며나도息지못ᄒᆞ나니

그러ᄒᆞᆫ고로직업無는사람은목심이잇서도生涯가업심인즉生는功
效가업다ᄒᆞᆯ지오녀
나라도亦그백셩의직업으로以其목심을삼나니國人에직업잇는者
가多ᄒᆞᆫ즉그나라가昌ᄒᆞ고少ᄒᆞᆫ즉衰ᄒᆞ는지라故로나라를愛ᄒᆞ는人
은怠히遊지안코勤련히事ᄒᆞ나니라
職業이千萬가지로分혀시나、그實狀은二路에出지아니ᄒᆞ니曰대
一 心을勞ᄒᆞ는者이니곳心智로事ᄒᆞ는사람
二 力을勞ᄒᆞ는者이니곳筋力으로事ᄒᆞ는사람
金章燦爛ᄒᆞᆫ禮服을身에둘느고졍부에안졋다고자랑ᄒᆞᆯ지말지어다
사람의직업이니라해진衣에지개졋다고붓그러말지어다또ᄒᆞᆫ사람
의직업이니라

第七課 人의福祿

사람의복록은곳사람의樂움이니
하날이萬物을生ᄒᆞᆯ매私가업는지라禽獸와虫며魚의種類가皆其造化
이어날人이獨로사람되는福을어더靈ᄒᆞᆫ性이잇신즉엇더질겁지아
니ᄒᆞ리오、
이러ᄒᆞᆫ복록이잇시니사람의知識이잇서능히사람의큰근본을아는
연후에야可히그질거움을享지니라
사람의도리를아지못ᄒᆞᆫ즉그질거움을아지못ᄒᆞᆯ지며사람의권리를
아지못ᄒᆞᆫ즉그질거움을아지못ᄒᆞᆯ지며사람의의무를아지못ᄒᆞᆫ즉그
질거움을아지못ᄒᆞᆯ지며사람의쟈격을아지못ᄒᆞᆫ즉그질거움을아지
못ᄒᆞᆯ지며사람의직업을아지못ᄒᆞᆫ즉그질거움을아지못ᄒᆞᆯ지니질거
움을아는연후에사람의福祿이비로소복록이되나니라
蓋사람의福祿은하날이授엿시되사람이求ᄒᆞ지아니ᄒᆞ면來지아니
ᄒᆞ고守지아니ᄒᆞ면去ᄒᆞ나니그러ᄒᆞᆫ고로古人이갈오대스사로多ᄒᆞᆫ복
을구ᄒᆞ고하날로브터佑ᄒᆞ는다ᄒᆞ니라

善(착)호事(일)을하여야복록을누리나니사람의질거움은착호일에잇나니
라

第(뎨)八(팔)課(과) 六(륙)條(됴)歌(가)

어화어화됴흘시라
하나님의놉흔됴화(造化)
이(此)만(萬)물(物)을나(生)여시니
나(翼)래쥬(與)어새(鳥)가날(飛)고
고(魚)기헤(泳)엄지(鰭)느럼이
긔(爬)여가(去)는버(虫)러지에
뛰(超)고닷(走)는네(四)발(足)김(獸)생
그(然)러호데우리사람(人)
이(耳)목(目)총(聰)명(明)수(手)족(足)편(便)리(利)
됴흘시고됴흔즁(中)에

인(仁)의(義)례(禮)지(智)셩(性)품(稟)이며
효(孝)뎨(悌)츙(忠)신(信)행(行)실(實)이라
말(言)삼으로통(通)정(情)호고
글(文)자(字)로는가(數)라치니
신(靈)령홈도특(特)이(異)호고
영(穎)오(悟)홈도극(極)진(盡)호다
어화됴타이러호니
우리노릇홀양이면
큰(大)근(根)본(本)이여(六)셧가(條)지
쉬(急)지말(勿)고닥(修)그어라
사람되는우리도(道)리(理)
노(放)치말(勿)고직(守)히어라
사람되는우리권(權)리(利)

닛(忘)지말(勿)고행(行)ᄒᆞ여라
사람되ᄂᆞᆫ우리의義務(의무)
뛰(超)여나(出)게놉(高)히오자
사람되ᄂᆞᆫ우리자(資)격(格)
부(勤)지런이힘(務)쓰오자
사람되ᄂᆞᆫ우리직(職)업(業)
질(樂)거웁게누(享)리오자
사람되ᄂᆞᆫ우리복(福)록(祿)
다(知)식(識)업시ᄒᆞᆯ수잇나
정(精)셩(誠)으로배화보셰
배호고도배호며ᄂᆞᆫ
못되ᄂᆞᆫ일업나니라
어화어화됴ᄒᆞᆯ시라

배화보셰배화보셰

第九課(대구과) 我身(내몸)

사람이世(셰상)에나매氣(긔운)과血(피)를父母(부모)에게바다셔肉身(고기몸)이되야其形(그형상)을나탄ᄒᆞ고靈(신령)ᄒᆞᆫ性(셩품)은하날에바닷나니此(이)갈은靈魂(령혼)의知覺(지각)이니라
千萬(쳔만)사람이各(각)기셔로我(내)가잇시니나의몸은나의형상이오나의목숨이라母(어미)갓튼至親(지친)이라도그먹는食(밥)이子(아달)의飢(주림)을구원치못ᄒᆞ고兄(형)갓튼至情(지졍)이라도그닙는衣(옷)이弟(아ᄋᆞ)의寒(치위)를막지못ᄒᆞ즉나의몸은내가護(호위)ᄒᆞ며내가養(길오)나니라
나의몸은내가持(가지)고남에게依(의지)치말지며남에게屈(굽히)지말지어다사람의삭을밧고力(힘)드ᄂᆞᆫ일을ᄒᆞᆯ진대이ᄂᆞᆫ나의힘을賣(팔)음이오智(지혜)쓰ᄂᆞᆫ일을ᄒᆞᆯ진대이ᄂᆞᆫ나의디혜를팔음이니나의몸은他人(다른사람)이가지지못ᄒᆞ대만일罪(죄)를犯(범)ᄒᆞᆫ則(즉)法(법)이가져가나니라
且(또)님금과어버이며나라에向(향)ᄒᆞ야ᄂᆞᆫ我(나)의身(몸)을獻(드리)나니그러ᄒᆞᆫ고로死(죽)

고生기를惟命대로ᄒᆞ고敢히샤양치못ᄒᆞᄂᆞ니라

第十課 我家

사람은聚혀居는動物이라그러ᄒᆞᆫ고로家族이잇시니가。족。은父子兄弟夫婦의謂이니라

나의집은나의가족이함ᄭᅴ사는집이니家族제리셔로和ᄒᆞ야집內에질거운色과깃거온소래가常해잇게ᄒᆞᆯ지어다이러ᄒᆞ면집이창셩ᄒᆞ나니라

高樓巨閣말삼마소집안식구의모힌곳은草家三間이라도我家이니사람살기我집밧게또잇는가집이아모리됴하도가족이화치아니ᄒᆞ면질거움이업는지라그럼으로화ᄒᆞᆷ이貴ᄒᆞ니라

그러ᄒᆞ나行廊살이못ᄊᆞ지며挾戶살이못ᄊᆞ지니걸고ᄊᆞ러져도一家은獨立ᄒᆞ는門戶를立올지오남의게부쳐셔는못ᄊᆞ나니라

我家은我祖上으로브터傳ᄒᆞ야我身에니르러시니또내몸으로브터

면ᄒᆞ야我子孫에니를지라惡ᄒᆞᆫ事로조상에게辱되지말게ᄒᆞ며善ᄒᆞᆫ일로자손을가라쳐셔내집으로ᄒᆞ야곰永히興旺케ᄒᆞᆯ지니라

第十一課 吾君

우리님금은우리國의元首이시니놉흐시기天이시며친ᄒᆞ시기父이시라敬ᄒᆞ고도愛ᄒᆞ며忠으로事ᄒᆞ나니라

우리는백셩이라九重宮闕깁흔곳에우리님금아바님이如何계오신가아지못ᄒᆞ야도님금아바님은하날갓티나려보사즘으사나재이시나안지시나누으시나생각ᄒᆞ는이子갓튼백셩이라日이寒ᄒᆞᆫ時는백셩이츄의에傷치나안는가熱ᄒᆞᆫ대는백셩이더의에病드지나안는가水刺ᄒᆞ시는ᄯᅢ는백셩이飢치나안는가이리져리근심ᄒᆞ사錦衣이便치아니시고玉갓튼食이甘지아니시는지라그런고로政府大臣을나이시며觀察郡守를보내시사백셩의事을부탁ᄒᆞ시고또는法律을뎡ᄒᆞ시사우리를保護ᄒᆞ시며學校를셰우시사우리를教育ᄒᆞ시니그은

혜가엇더罔極지아니ᄒᆞ며그덕택이엇더無窮치아니ᄒᆞᆫ가
하날갓타신님금님게백셩되는우리아비갓타신님금님게아달되는
우리는엇디ᄒᆞ면이은혜와이덕택을報하볼가國法을범치말며片時
도놀지말고富國强兵일을삼아우리목심바친후에千百番을死드라
도世世로生제마다大韓人으로래여나셔우리님금아바님의됴흔백
셩되지며됴흔아달되지니라

第十二課 我國

우리나라는四千年前에
檀君께오셔開시사國家의丕基를奠ᄒᆞ시고五百年前에
太祖高皇帝께오셔繼시사
皇室의洪業을立우시니산천으로말삼ᄒᆞ면琉璃갓튼맑은물은보배
거울을열엇는듯讃圖갓튼놉흔뫼는검슈병풍펼쳣는듯평ᄒᆞᆫ野됴흔
田에물산도풍죡ᄒᆞ고사람으로볼양이면긔골이장대ᄒᆞ고심디가건
확ᄒᆞ야죤슈ᄒᆞᆫ風采와총명ᄒᆞᆫ재조가世界에유명ᄒᆞ니그러ᄒᆞᆫ즉우리
나라는天下에질거운나라이라이러ᄒᆞᆫ됴흔나라에백셩되는우라가
엇디幸치안타ᄒᆞᆯ가
우리가이나라에낫시니이나라는우리나라이라우리나라는우리가
삭는고로우리나라의事은우리가爲ᄒᆞ나니우리나라의獨立은우리가
ᄒᆞ여야可ᄒᆞ고우라나라의自主도우리가하여야可ᄒᆞᆯ지라누를依ᄒᆞ
랴ᄒᆞ며누에게付托ᄒᆞ랴ᄒᆞ나뇨大丈夫는天을戴고地에立셔國을尊
히奉드나니라
사람이그姓은金哥든지朴哥든지또그名은春瑞든지興甫든지그는
다각기그한사람의싸로가진셩명이오우리나라사람의합ᄒᆞ야가진셩
명이아니라우리二千萬同胞의도거리셩명은大韓人이니이러타시
尊重ᄒᆞᆫ셩명을剛力으로써護衛ᄒᆞ야죠곰이라도汚ᄒᆞ여오지말고正道
로써揚어光나이기를생각ᄒᆞᆯ지어다金春瑞가外國사람에對ᄒᆞ야잘

못ᄒᆞ는일이잇시면外國사람은반다시갈오대大韓人이잘못ᄒᆞᆫ다ᄒᆞᆯ지니이는김츈셔한사람의허물을이쳔만동포가함ᄭᅴ무릅씀이오朴興甫가외국사람에對ᄒᆞ야잘ᄒᆞ는일이잇시면반다시갈오대대한인이잘ᄒᆞᆫ다ᄒᆞᆯ지니이는박흥보한사람의榮華ᄲᅮᆫ아니오이쳔만동포가한가지로빗남이니라

사람의목숨은七十年이나八十年이오國의목숨은千萬年에窮ᄒᆞᆷ이업시니칠팔십년의暫時목숨으로쳔만년의長久ᄒᆞᆫ목숨을害ᄒᆞ지말지어다사람이나라를위ᄒᆞ야는死는일도避치못ᄒᆞ나니라

第十三課 愛國歌

사랑ᄒᆞᆯ손사랑홉다
어화됴타우리나라
거울인듯고흔물과
그림갓흔놉흔뫼라

단군이래사쳔년에
부국강병거록ᄒᆞ다
을지공의디략에는
슈양대가울고갓다
양만츈의용맹에는
당태죵이혼이ᄯᅥᆺ다
자쥬독립이러ᄒᆞ니
어느누가결울손가
예셩문무태죠황데
한양셩에도읍ᄒᆞ사
셩자신손만만년에
동방텬디문명ᄒᆞ다
우리동포여러형데

질거올사웅쟝ᄒᆞ나
아달되야효도이고
님금에게충셩이라
이나라에백셩되니
됴ᄒᆞᆯ시라경사로다
부셰밧쳐다사리고
군사되야직히오자
우리긔운비ᄒᆞᆯ진대
곤륜산이놉ᄒᆞᆯ숀가
우리졍셩헤아리면
동해슈도깁지안타
일월갓티광명ᄒᆞ게
우리나라빗나이자

하날처름놉ᄒᆞ도록
우리나라밧들니라
물이거니불이거니
나라일을샤양ᄒᆞᆯ가
이내몸은죽드라도
남의욕은보지마자
이내집은쓴어져도
남의아래되지마라
닛지마소닛지마소
이마암을자나깨나
이쳔만이단톄되야
삼쳔리의방패로다
어화어화됴ᄒᆞᆯ시고

이천만의일심이라
사랑ᄒᆞᆷ다사랑ᄒᆞᆷ다
우리나라사랑ᄒᆞᆷ다
이천만의일심단톄
사랑ᄒᆞᆷ다우리나라

第十四課 食과衣과家

사람이먹지아니ᄒᆞ면飢ᄂᆞᆫ故로食을求ᄒᆞ고赤은身에被지아니치못ᄒᆞᄂᆞᆫ故로衣을차지며雪과雨를覆며暑와寒를避ᄒᆞ기위ᄒᆞ야家에居치못ᄒᆞ지아니치못ᄒᆞᆷ이라

그러ᄒᆞᆫ고로食衣家은사람의生活에三大物이니잇시면살고업시면죽ᄂᆞᆫ지라天下萬古에聖賢豪傑도이러ᄒᆞ고帝王將相도이러ᄒᆞ야世上이平安ᄒᆞ다ᄒᆞᆷ은백셩이此세가지를잘ᄒᆞ게ᄒᆞᆷ이오셰샹이쇼란ᄒᆞ다ᄒᆞᆷ은백셩의此三條를善못ᄒᆞ게됨이니사람의일을삶혀보면하날

을驚이고싸를動이ᄂᆞᆫ大功業도其근본은이에셔이러나고墻을築며사람을欺ᄂᆞᆫ小盜賊도그目的은이에歸가.니그러ᄒᆞᆫ고로사람이발흔非로써그사ᄂᆞᆫ方道를셰운즉착ᄒᆞᆫ사람이되고발호지아닌일로써ᄒᆞᆫ즉악ᄒᆞᆫ사람이되나니라

대개食은그計가一日에잇고衣은그계교가一年에잇시며家인즉百年의계교이니急ᄒᆞ기로말삼ᄒᆞ면밥이첫재며옷이둘재며집이셋재로대完久ᄒᆞᆫ경영으로ᄂᆞᆫ집이웃듬이오옷이버금이오밥이그다음이니라

第十五課 我活ᄂᆞᆫ노릇

見시오蜂은花을探이여蜜을釀지니이ᄂᆞᆫ彼食을데가작만ᄒᆞᆷ이니라
보시오蠶ᄂᆞᆫ桑을먹고繭를作으니이ᄂᆞᆫ데衣을데가작만ᄒᆞᆷ이니라
보시오蟻ᄂᆞᆫ土을堀서窟을만드니이ᄂᆞᆫ데家을데가작만ᄒᆞᆷ이니라
그러ᄒᆞᆫ데사람은萬物의長이니뎌사ᄂᆞᆫ노릇을데가아니ᄒᆞ고누구를

미ᄃᆞ량ᄒᆞᄂᆞᆫ가
대개사람이배호지아니ᄒᆞ면디각이나지못ᄒᆞ나니幼서배호기ᄂᆞᆫ長셔행ᄒᆞ기를위홈이라그러ᄒᆞᆫ고로부모가자식을사랑ᄒᆞ거든가라칠지어다재물쥬ᄂᆞᆫ겻은도로혀자식을미워홈과갓트니酒色잡기로敗家亡身ᄒᆞᄂᆞᆫ者ᄂᆞᆫ萬石君의子孫이만흐니라사람이배혼재죠만잇시면이ᄂᆞᆫ벌의쏫이오누에의ᄲᅩᆼ이며가야미의흙이니라
思ᄒᆞ야見시오事업시遊기만ᄒᆞ고貧賤에짓봇기ᄂᆞᆫ同胞님네彼蜂은데밥이잇거나엇디ᄒᆞ야사람되고我밥이업다ᄒᆞ시오뎌누에ᄂᆞᆫ데옷이잇거날엇디ᄒᆞ야사람되고내옷이업다ᄒᆞ시오뎌가야미ᄂᆞᆫ데집이잇ᄂᆞᆫ데엇디ᄒᆞ야당신은사람되시고我家업시挾戶이나行廊사리만ᄒᆞ시나뇨사ᄂᆞᆫ노릇ᄒᆞ기에ᄂᆞᆫ賤ᄒᆞᆫ일이업신니므삼버리던지어서ᄒᆞ시오
이럭ᄒᆞ면당신몸에만됴흘ᄲᅮᆫ아니라나라에도됴흔일이되나니我活

을내가하여야我나라일을我가ᄒᆞ나니라

第十六課 力役

힘•역•사•ᄂᆞᆫ力을勞ᄒᆞᄂᆞᆫ事이니이갈오대勞動이라대개心勞ᄂᆞᆫ精神의로동인즉助力을쓰지아니ᄒᆞ거니와힘•수•고•ᄂᆞᆫ정•신•의•로•동•이小고專혀근력에의지ᄒᆞ야형상에들어나ᄂᆞᆫ고로수고로히動인다홈이니라
그러ᄒᆞᆫ즉힘•역•사•ᄂᆞᆫ수고로온일이라
하나ᄂᆞᆫ갈오대박•인•일•이니
가 農事의勞動
나 工匠의勞動
다 負商의勞動
라 各色로•동•中에特別ᄒᆞᆫ디•각•과限定이잇ᄂᆞᆫ事
둘은갈오대ᄯᅳᆫ•일•이니
가 時間버•리•ᄒᆞᄂᆞᆫ勞動

나 日貨(날삭)파는勞動(로동)

박인일의로동은갈오대定業(뎡업)이오뜬일의로동은갈오대雜業(잡업)이라두가지中(즁)에엇더ᄒᆞᆫ일을ᄒᆞ든지명심홀쟈는

가 正直(졍딕)ᄒᆞᆫ일

나 誠實(셩실)ᄒᆞᆫ일

다 勤勉(근면)ᄒᆞᆫ일

此(ᄎᆞ)셰조목은사람이事(ᄉᆞ)ᄒᆞ는本色(본ᄉᆡᆨ)이니라

第十七課 勞動의定業

농사의로동은구별ᄒᆞ야말삼ᄒᆞ면

가 밧가는일(農夫)

나 누에치는일

다 김생길으는일 말、소、양、도야지、의류

라 나무심으는일

마 물고기길으는일

한가지만ᄒᆞ기도ᄒᆞ니밧가는일만ᄒᆞ는類(류)이며或(혹)두가지를겸ᄒᆞ기도ᄒᆞ니밧가는사람이누에치기나김생길으기를ᄒᆞ는류이라

공쟝의로동은

가 木事(나무일)곳木手(목슈)의類(류)

나 土事(흙일)곳泥匠(미쟝)과陶工(도공)의類(류)

다 鐵事(쇠일)곳冶匠(야쟝)의류

라 石事(돌일)곳石手(셕슈)의류

마 績事(길삼일)곳織工(직공)의류

부샹의로동은

가 등짐장사곳負褓商(부보상)의류

坐(안)진쟝샤는로동이라홀것이업시되우리나라의등짐쟝사는로동中(즁)에도심ᄒᆞᆫ로동이라홀지니라

각색의륵범ᄒᆞᆫ디 각파 한뎡 잇ᄂᆞᆫ 로동은 이것뎌것 지목ᄒᆞ야 말삼ᄒᆞ기
어려우니 대강으로 보면 가령

가 船에 단이ᄂᆞᆫ 格軍
나 山의 단이ᄂᆞᆫ 獵夫
다 水에 고기잡ᄂᆞᆫ 漁夫
라 김생쥭이ᄂᆞᆫ 백뎡

대개 사람의 사ᄂᆞᆫ 노릇이 千가지며 萬가지라 엇디 一二 말삼으로 다ᄒᆞ
리오

第十八課 勞動의 雜業

로동의 잡업이라 ᄒᆞᆷ은 挾雜이라 ᄒᆞᆷ이 아니오 事이 定치 못ᄒᆞ다 ᄒᆞᆷ이니
그러ᄒᆞᆫ고로 박인 일이 되지 못ᄒᆞ나니라
時間버리의 로동은 一定ᄒᆞᆫ 事이 업시 닥치면 ᄒᆞᄂᆞᆫ 버리니 이ᄂᆞᆫ 곳 병문
천구의 막버리라 長席우에 모혀 안져 대푼나기 밤늣이나 담배나기고

누이며 쟝긔 훈슈 곰방대로 ᄒᆞᆯ일 업서 심심타가 이집뎌집 이사짐 파여
긔뎌긔 교군으로 잇다감식 몃돈버리 一平生이 此러ᄒᆞ니 가련ᄒᆞ다 살
수 잇나
날삭파ᄂᆞᆫ 로동은 비록 一定ᄒᆞᆫ 일이 업서도 역사에 모군이나 농사에 품
파리로 一日 일ᄒᆞ고 其날 품삯은 一定ᄒᆞᆫ 갑대로 밧나니라
대개 로동ᄒᆞᄂᆞᆫ 中에도 이러ᄒᆞᆫ 生涯ᄂᆞᆫ 밋고 살기 어려우니 時間버리ᄂᆞᆫ
아참에 젼역을 해야리지 못ᄒᆞ고 日貨파리ᄂᆞᆫ 오날에 來日을 생각지 못
ᄒᆞ니 그날 버리 잇시면 그날 먹고 업시면 못먹ᄂᆞᆫ지라 비록 갈오대 事ᄒᆞ
고 아니ᄒᆞ기ᄂᆞᆫ 我게 잇다ᄒᆞ나 用ᄒᆞ고 아니쓰기ᄂᆞᆫ 남에게 잇시니 豈辛艱
치 아니ᄒᆞᆯ가
그러ᄒᆞᆫ대 天下에 事업ᄂᆞᆫ 日업고 事업ᄂᆞᆫ 사람 업시니 天下의 事은 사람
이 ᄒᆞ면 되고 아니ᄒᆞ면 되지 아니ᄒᆞᆫ즉 사람이 職業을 求ᄒᆞᆷ이오 직업이
사람을 구ᄒᆞᆷ은 아니니라

第十九課 勞動의正直

사람의事은正고直게ᄒᆞᆫ연후에그功을成나니그러ᄒᆞᆫ고로갈오대正直ᄒᆞᆷ은事을成ᄂᆞᆫ本이라ᄒᆞᄂᆞ니라

그러ᄒᆞᆫ즉엇더ᄒᆞᆫ일을正直ᄒᆞᆷ이라ᄒᆞ나뇨갈오대僞言아니ᄒᆞᆷ이갈오대僞行업심이니대개말삼과행실을거짓ᄒᆞᆷ은事을敗ᄒᆞᄂᆞᆫ源이니라

一兩어치물건을二兩짜리라ᄒᆞᆯ진대사람이사지아니ᄒᆞ나니此와갓티勞動ᄒᆞᄂᆞᆫ事도三錢에갈만ᄒᆞᆫ잠삭을五돈달나ᄒᆞ거나四兩에ᄒᆞᆯ만ᄒᆞᆫ품삭을十兩내라ᄒᆞ면누가미드며누가식히리오필경은헛말삼되고말지니라

사람이비록간난ᄒᆞ야로동ᄒᆞᄂᆞᆫ일을ᄒᆞ드라도其마음을正直히가지고분슈에相當ᄒᆞᆫ賃을求ᄒᆞᆫ즉질겨使ᄂᆞᆫ者가자연히만흐리니진실로이러ᄒᆞ면我의버리가잘되나니라

녯적英國에한아해잇시니富者의심보람으로牛를외양간에몰어들엿더니其부쟈가삭을줄새十圓紙錢한당을쥬거날그아해가집에가서본즉십원이라大게놀내야부쟈의집에와서도로쥬고갈오대일원인줄로알고바다갓더니십원인즉너머과ᄒᆞ기가져왓노라ᄒᆞᄂᆞᆫ지라부쟈가갈오대일원으로쥬엇더니십원이로고나그러ᄒᆞ나너의복이니그대로가져가라ᄒᆞᆫ대그아해가샤양호대나의ᄒᆞᆫ일이一圓어치에지나지못ᄒᆞᆫ다ᄒᆞ고밧지아니ᄒᆞ니그부쟈가머리를써다듬어갈오대正直ᄒᆞᆫ兒야汝ᄂᆞᆫ참英國사람이로다ᄒᆞ고매사를도아쥬어그아해도큰부쟈되니라

第二十課 勞動의誠實

마암이精誠시러운즉거짓ᄒᆞᆷ이업고일이眞실ᄒᆞᆫ즉도음이만흐니그러ᄒᆞᆫ고로誠實ᄒᆞᆫ사람은세샹의疑을見지안나니라

남의일을당ᄒᆞ거든나의일갓티생각ᄒᆞ야大고小음과易고難음을분변치말고마암과힘을다ᄒᆞᆯ지어다내가남에게정셩시러우면남도나

에게졍셩시럽고내가남에게진실히ᄒᆞ나니
사람의마음은져울대라輕重의셔로應홈이影가形을죠침과갓르니
라
한돈품삭밧거든그갑어치졍셩으로ᄒᆞ고한량품삭밧거든그갑어치
진실ᄒᆞ게ᄒᆞ야삭대로일을ᄒᆞ대主人이보거니말거니牌長이잇거니
업거니내나라사람의일이거니外國사람의일이거니我가맛흔역사
는나홀도리대로밤이나낫이나더우나츄으나눈이오나비가오나一
心精力들이어서뎡ᄒᆞᆫ時間어긔지말고約束ᄒᆞᆫ말삼을직힐지니라
近來京城에一卜軍잇시니시골사람의혼인흥졍ᄒᆞᆫ物件을三百里
路에二日약속으로지고갈새그짐군이생각ᄒᆞ대남의婚姻물건을
과약ᄒᆞᆫ날에갓다쥬지아니ᄒᆞ면큰일에狼狽되리라ᄒᆞ고어둔밤에
山길을가다가盜을맛난지라애걸ᄒᆞ야갈오대어물건은남의혼인
흥졍이라만일긔약에미치지못ᄒᆞ면사람의큰일을낭패식힘이니

내옷은벗길지언졍이물건은못ᄒᆞ리라ᄒᆞᆫ대도젹이갈오대남의혼
인을내가아느냐여긔노코가거라ᄒᆞ거날짐군이갈오대재물도즁
ᄒᆞ거니와남의혼인이야낭패식힐수잇느냐나는죽어도내말삼은
셩실히직히는사람이니차랄히내목심은너를줄지언졍이물건은
못ᄒᆞ리라ᄒᆞ니도젹이한참생각ᄒᆞ다가갈오대네가더럿틋셩실ᄒᆞ
니어서가거라ᄒᆞ니라

第二十一課 勞動의勤勉

語에일오대勤ᄒᆞᆫ사람은어려운일이업고勉ᄒᆞ는사람은실업신일이업
다ᄒᆞ니라
로동ᄒᆞ는동포님네내말삼을들어보오人間萬事許多ᄒᆞᆫ데장사ᄒᆞ자
ᄒᆞ니資本업고농사ᄒᆞ자ᄒᆞ니田地업고장색되쟈ᄒᆞ나才操업시며션
배되랴ᄒᆞ나學問업시니이것뎌것다못ᄒᆞ고手易니ᄯᅳᆫ일이라이일인
달쉬울손가품팔기도길이잇고삭밧기도힘이드네박인일로도라셔

서내힘대로호야보셰남의作人로심이오小은工匠밋만진다그즁에
도부보상은졂은안해어린자식한길로다집을삼아이리더리표박이
라무서소치이러호나그도아니可憐호가
그러홀지라도사람이셰상에나서는므삼일이든지호여야홀지라대
개怠히遊호고남의지은食만먹으며남의지은衣이나립는쟈는나라의
蠹이며社會의盜이니그러홈으로하는일이젹든지크든지부지런히
호며부지런히호야비로솜이잇고마침이잇기를힘쓸지어다내일은
내가호여야되나니남이호야쥬지안나니라
시골한모숨아해가잇시니남의집에雇工사리사는동안에겨울마
다夕食후는잠간식그쥬인에게겨를을어더갸지고쎄한댱식쎠다
가쇠물야궁지에타이여걸음을만드러싸하두고봄이되면山비탈
노는地에粟나秫를심어노코라인쎄로걸음호니한해두해이러호
쥭희실모하래산이라필경은그모숨이富者될뿐아니오벼살이禁

衛大將에至니라

第二十二課 勞動의巨祿호事

巨祿호도다勞動이여國家의근본이此에잇시며社會의근본이此에
잇나니富强코져호는가로동을잘호여야되고文明호랴호야도로동
을잘호여야되나니라
그러훈고로로동호는사람이업시면나라도업고샤회도업나니사람
셰샹의개화호는분슈는로동호는사람의일호는힘과맛셔나니라
英國이감여다호는가德國이굿셰다호는가米國이열넛다호는가法
國이됴타호는가로동호는사람이그나라와그샤회를만드지아니호
야시면그리되지못호나니우리나라同胞님네더사람의로동을보소
우리도잘호며는그리되고도남나니라
世界各國님금님게알외노니폐하계서수라호시는진지와어거호시
는衣襨를누가만드러들이압나잇가敢히曰대勞動호는백셩의忠이

라ᄒᆞᆯ압나이다
못노라富貴ᄒᆞᄂᆞᆫ사람들아당신네됴흔집과됴흔밥과됴흔옷에出며
ᄂᆞᆫ놉흔수래入어오면비단요에소원셩취한이업시족가평생에러ᄒᆞ
니八字됴타말삼마소뉘힘으로아시나뇨로동ᄒᆞ는兄弟분이힘들이
고ᄯᆞᆷ나이여晝夜長天ᄒᆞ는일이셰상사람도아쥬네
勞動이라ᄒᆞ는말삼은수고로히움작인다홈이니此로보건대로동ᄒᆞ
는그사람이뎌의몸을움작임이나그힘이실샹은셰계를움작이나니
라
거룩ᄒᆞᆫ손로동이야사람의사근본이此아니고또잇는가我노릇을내
가ᄒᆞ기ᄂᆞᆫ大臣椅子에안졋거나대신轎子를머이거나이도뎌도매한
가지니나진일이라고실혀마오버리ᄒᆞ기에ᄂᆞᆫ貴賤이업나니다

第二十三課 勞動歌

로동ᄒᆞᄂᆞᆫ동포님네
대한남자우리로셰
우리힘이나라되고
우리ᄯᆞᆷ이샤회되네
수고롭다말삼마소
움작이네우리셰계
인간사를도라보니
만가지로버렷는데
그즁에도첫재됨은
사는노릇셰가질셰
농부되야밧을갈고
목슈되야집을짓게
누에치고면화심어
길삼ᄒᆞ니옷감일네

부귀공명므엇인고
셩현호걸이것일셰
더사람네사는방법
달녀잇소우리손에
거룩ᄒᆞᆯ사로동이야
우리노릇이러ᄒᆞᆫ데
그누라서쳔하ᄒᆞᆯ가
동포님네생각ᄒᆞ게
졍딕ᄒᆞ온마암으로
셩실근면겸ᄒᆞ얏네
헛말삼은슌짐으고
거짓행실ᄲᅮ리ᄭᅳᆫ케
남의일이내일이니

정셩으로ᄒᆞ야보셰
츄의더위므릅쓰고
비장마와눈바라에
굴치안코어서ᄒᆞ자
맛튼일이짐이되네
약속시간어길손까
셰상만사신이로셰
일ᄒᆞ기와품팔기ᄂᆞᆫ
내힘으로내가사네
부모님ᄋᆞᆯ깃거이며
안해자식길으기예
편히놀고ᄒᆞᆯ수잇나
괴로음이질김일셰

한집일만ᄒᆞ지말고
여러분이단톄되게
외줄기로목거노코
한결갓티움작이셰
산이라도빠힐지온
어려운일잇다말계
바다라도머힐지니
우젹우젹나아가셰
힘들이고땀나이여
로동일셰로동일셰
우리나라부강토록
우리샤회문명ᄒᆞ게
효셩으로피는쏫을

들이오자부모님게
츙셩으로매진열매
밧치오자님금님께
광명졍대이럿타시
대한남자로동ᄒᆞ네

第二十四課 勞動演說 一

여보시오로동ᄒᆞ는동포님네이내말삼드르시오셰샹에坐(안자)서일ᄒᆞ는사람도만흔데당신네는엇디ᄒᆞ야立(서)서ᄒᆞ시오그러면안진사람은므삼일을ᄒᆞ오그는心(마암)으로ᄒᆞ지오엇더ᄒᆞᆫ일이마암으로ᄒᆞ는겨이오目(눈)에보이지아니ᄒᆞ고手(손)에잡히지아니ᄒᆞ니셔서ᄒᆞ는일과ᄂᆞᆫ달으지오그러치만은셔서ᄒᆞ는일이어대셔出來(나온)줄을아시오대뎌셔서ᄒᆞ는일은力(힘)으로ᄒᆞ는노릇이라마암으로ᄒᆞ는일을따라가지오당신네여러분中(중)에或(혹)어제夕(저녁)이나오날朝(아참)이라도어ᄂᆞ사람의심보람이나이샤짐

으로이동내루서더동내싸지갓다오신일이잇소이논당신의힘이그
사람의마암을싸라단이는것이오당신네각기한몸으로보아도마암
이식히여야힘이ᄒᆞᆯ지오그러ᄒᆞᆫ기사람의事(일)은마암쓰는노릇도잇고
힘쓰는노릇도잇시니마암쓰는일은안자ᄒᆞ는노릇이오힘쓰는일은
셔서ᄒᆞ는노릇이라마암쓰는사람만잇시면天(텬)下(하)의事(일)를엇디써운면
ᄒᆞ며힘쓰는사람뿐잇시면텬하의일을엇디써경륜ᄒᆞ리오
이러ᄒᆞᆫ지라사람의세샹에는마암으로ᄒᆞ는일과힘으로ᄒᆞ는일이飛(나)
는鳥(새)의兩(두)翼(나래)잇심과갓트니한가지라도궐ᄒᆞ면세샹이되지못ᄒᆞᆯ지로
대안자ᄒᆞ는노릇은一(한)사람이千(쳔)百(백)사람을부리고셔서ᄒᆞ는노릇은千(쳔)
百(백)사람이一(한)사람에게부리우는고로힘은한사람의일만ᄒᆞ야마암갓
티크게미차지못ᄒᆞ니이일이더일보다賤(쳔)ᄒᆞ다ᄒᆞᆷ이며더일이此(이)일보
다貴(귀)ᄒᆞ다ᄒᆞᆷ이지오
그러호대세샹에안진사람이젹곻셧는사람이만허야그나라가부강

ᄒᆞ고그샤회가문명ᄒᆞ지오셧는사람은안진사람이업서도그대로살
녀니와안진사람은셧는사람이업시면잠시도못견대지오

第(뎨)二(이)十(십)五(오)課(과) 勞(로)動(동)演(연)說(셜) 二

이러ᄒᆞᆫ즉대사람사는근본이로동에잇다뿐이깃소國(국)家(가)를建(건)立(립)ᄒᆞ는
쟈도勞(로)動(동)이며샤회를건립ᄒᆞ는쟈도로동이지오그러ᄒᆞᆫ고로로동ᄒᆞ
는사람이셔는노릇을잘못ᄒᆞ면그국가가건장치못ᄒᆞ고그샤회가완
젼치못ᄒᆞ니힘으로일ᄒᆞ는責(책)望(망)인달엇디젹다ᄒᆞ깃소
로동은엇더케ᄒᆞ여야잘ᄒᆞᆫ다ᄒᆞ오내힘셋내마암을다ᄒᆞ야남의일을
내일갓티ᄒᆞ는中(중)에품삭은속이지말고正(졍)直(딕)ᄒᆞ게맛튼일은약속대로
誠(셩)實(실)ᄒᆞ게일ᄒᆞ는마당에어정거리지말고勤(부지런)히호대내도리를내가찰
여남의侮(업수)함見(보)지마시고남의叱(꾸지)람聞(듯)지마시오내권리와내의무를직
히어야내쟈격일치안코내직업이잘되야서내복록을누리지오
로동ᄒᆞ는동포님네당신네가집에짓든셰간업서이노릇이생애지오

죵일버리얼마되나腹(배)가출출咽(목)이껄껄막걸리한잔에담배한매아니ᄒᆞᆯ수는업지만은그술잔을잡고서나그담배를타이면서집안일을생각ᄒᆞ오안악네는鼎(솟)을씻고기다리며어린아해飯(밥)을찻고벗채지오그러ᄒᆞᆫ데엇더ᄒᆞᆫ분네는노름판에지나다가죵일공부남무아미타불그아니가이업나여러분이말삼을엇더케드르시오

第(뎨)二(이)十(십)六(륙)課(과) 勞(로)動(동)演(연)說(셜) 三

사람이셰상에活(살)랴ᄒᆞ면衣(옷)도립어야ᄒᆞ고家(집)에도돌어야ᄒᆞ지만은아마쳣재는먹어야ᄒᆞ지오古(녯)사람이말삼ᄒᆞ기를活(살)랴고食(먹)는사람도잇고먹을랴고사는사람도잇다ᄒᆞ니이는일ᄒᆞ는사람이살기를爲(위)ᄒᆞ야먹는다ᄒᆞᆷ이며일아니ᄒᆞ는사람은먹기를위ᄒᆞ야산다ᄒᆞᆷ이라여러분아모죠록먹을랴고사는사람되지마시오

엇더ᄒᆞ든지사람이遊(놀)고食(먹)어서는못쓸지니므삼일이든지貴(귀)ᄒᆞ거니賤(쳔)ᄒᆞ거니갈히지마시고힘대로재죠대로어서ᄒᆞ시오쳔ᄒᆞᆫ일이라도잘ᄒᆞ며는귀ᄒᆞᆫ일이되고귀ᄒᆞᆫ일이라도잘못ᄒᆞ며는쳔ᄒᆞᆫ일이되지오

누구라서勞(로)動(동)이쳔ᄒᆞᆫ일이라ᄒᆞ옵듸ᄭᅡ열골이쎈ᄒᆞ고四(사)肢(지)가셩ᄒᆞᆫ데편둥편둥노는사람보시오彼(대)아모리속에다六(륙)曹(됴)를배포ᄒᆞ얏기로쓸데잇소남의밥이나죽이는米虫(쌀버러지)이니그러ᄒᆞᆫ쟈는국가의蠹(좀)이며社(사)會(회)의盜(도적)이지오

天(텬)下(하)에惡(악)ᄒᆞᆫ聲(소래)는ᄒᆞᆯ일업다는다ᄒᆞ는二(두)節(마대)이오이소래가그한사람은그身(몸)을亡(망)ᄒᆞ고그집사람이모도그러면그집을망ᄒᆞ고그나라사람이만히그러면그나라를망ᄒᆞ지오셰상에生(생)物(물)이되고더먹는노릇을데가아니ᄒᆞ는者(쟈)가어대잇소아마도노는사람外(외)에는업지오

남의빗을지지말고내노릇을내가ᄒᆞ야로동ᄒᆞ는버리라도놀지만아니ᄒᆞ고살랴고먹을지면萬(만)石(셕)君(군)이나一(일)品(품)太(대)臣(신)이나네거리의막버리군이나이셰상에사람되기는데나내나매한가지니사람이失(실)業(업)子(아달)만되지말면쓰지오明(명)心(심)ᄒᆞ야드러두시오失(실)業(업)이란말삼은業(업)을失(실)헛다

논일이니우리나라에도大學이지오

第二十七課 勞動演說 四

로동ᄒᆞ는동포님네사람이배호지못ᄒᆞ면無識ᄒᆞ다ᄒᆞ나니무식ᄒᆞ단홈은아는것이업다ᄒᆞ는말삼이라여러분어려서배호지못ᄒᆞ야시나디금브터라도배호기만ᄒᆞ면될터인데엇디ᄒᆞ야무식ᄒᆞᆫ사람되시랴ᄒᆞ오배호는것은文뿐아니라言과行을皆배화야ᄒᆞ지오

文字로말삼ᄒᆞ면우리나라의글이天下에第一이오漢文도쓸데업고日本文도쓸데업고英國文은더군다나쓸데업시니우리나라사람에게는우리나라의國文이라야ᄒᆞ지오우리가이러ᄒᆞᆫ됴ᄒᆞᆫ글이잇는데엇디ᄒᆞ야배호지안코나라에무식ᄒᆞᆫ사람이만소여러분배호시오幾日아니되야國文보는法을깨치실이다一番만깨치시면아모리어려운글이라도다보시리니國의文明은無識ᄒᆞᆫ人이업서야된다ᄒᆞ오

言과行을배화야ᄒᆞᆫ다홈은당신네드르시기에或이상ᄒᆞᆯ듯ᄒᆞ오배호

지안키로서므삼말삼을못ᄒᆞ시며므삼행실을몰으시겟소만은玉은닥글사록윤택ᄒᆞ고鐵는불닐사록견강ᄒᆞ듯히사람이배홀사록知識이놉허지지오대개사람이말삼은그몸의문채며행실은그몸의보배라배화도能치못ᄒᆞᆫ일이만커든況물며當初브터배호지아님이리오여러분네동포中에엇더ᄒᆞᆫ분은파연未安ᄒᆞᆫ일이업지아니ᄒᆞ니생각ᄒᆞ야보시오말ᄉᆞᆺ마다헛맹셔지거리를당신은잘ᄒᆞ다ᄒᆞ시겟소일마다품삭덧거리를당신은잘ᄒᆞ다ᄒᆞ시겟소벌기만ᄒᆞ면한량이나열량이나술노름에다업새고집안食口몰은는톄가당신도잘ᄒᆞ다고는못ᄒᆞ시지오이말삼이당신에게無禮ᄒᆞᆫ듯ᄒᆞ나同胞兄弟의셔로사랑ᄒᆞ는道理와情義로참하남의일보듯그저잇지못ᄒᆞ야두어마대짓거림이오니깁히혜아리시며넓히용셔ᄒᆞ시기를바라오

第二十八課 勞動演說 五

여러분당신네가어려셔배호지못ᄒᆞᆫ새닭으로수日此로동이지오그

러면당신네子女도ᄯᅩ當身네갓티로동으로생애를ᄒᆞ라ᄒᆞ실터이오
아마그ᄂᆞᆫ당신네생각에도그러치아니실듯ᄒᆞ오셰상에어느누가대
아달대ᄯᆞᆯ을사랑치아니ᄒᆞ며잘되기를바라지아니ᄒᆞ겟소
사랑ᄒᆞ시거든가라처오당신네어리시든ᄯᅢᄂᆞᆫ학교가업셔배호기어
려웟서거니와요셰ᄂᆞᆫ어대가든지학교업ᄂᆞᆫ데업고배혼다ᄒᆞ면가라
치지아니ᄒᆞᄂᆞᆫ데업시니아모죠록貴重ᄒᆞᆫ子女를잘가라치시오가라
치지아니ᄒᆞ면사랑홈도아니오ᄯᅩ못되라츅수ᄒᆞᄂᆞᆫ것과갓지오
셰상사람들이흔히아달을위ᄒᆞ야재물은모을줄ᄲᅮᆫ알아도知識은모
을줄을몰으지오그러ᄒᆞ기보시오錢多ᄒᆞᆫ집자식은十에九이난봉
나셔그집이더문이도업서지지오재물만자식을쥬고가라치지아니
ᄒᆞ면毒藥쥬ᄂᆞᆫ것과므엇이달으겟소古人이言ᄒᆞ대아달에게黃金한
상자를쥬ᄂᆞᆫ것이經一卷가라치니만못ᄒᆞ다ᄒᆞ얏소
어린아해를가라쳐서자란후에彼가버리ᄒᆞ야대가살게ᄒᆞ시오그러

ᄒᆞ여야집을보젼ᄒᆞᆯᄲᅮᆫ아니라나라도직히지오ᄯᅩᄂᆞᆫ당신네날구장텬
로동생애ᄒᆞᄂᆞᆫ일이지긋지긋지도아니시오그지긋지긋ᄒᆞᆫ생애를ᄯᅩ
아달에게ᄡᅳ지물녀쥬랴ᄒᆞ십잇가하로酒一二盃만젹게자시면가라
치ᄂᆞᆫ부비ᄂᆞᆫ겨졍업실이다요셰ᄂᆞᆫ이젼과달나서누구든지잘배호기
만ᄒᆞ면그재죠대로大臣도ᄒᆞ고大將도ᄒᆞ니로동군의子弟가總理大
臣의椅子에坐ᄒᆞ면그아니됴켓소당신네子弟들을잘가라쳐가지고몃
백년븟그러움을씨서봅시다

第二十九課 勞動演說 六

西洋말삼에로동ᄒᆞᄂᆞᆫ사람은手으로ᄡᅥ口이라ᄒᆞ니이ᄂᆞᆫ其日버러서
그날먹ᄂᆞᆫ다ᄒᆞᄂᆞᆫ意이라대개로동으로생애ᄒᆞᄂᆞᆫ사람은日마다스사
로暇치못ᄒᆞ야능히遠은慮을두기어렵지오
그러치만은로동ᄒᆞᄂᆞᆫ동포님네생각ᄒᆞ야보시오사람이世上에살라
ᄒᆞ면三條事에對ᄒᆞ야准備ᄒᆞ여야ᄒᆞᆯ지니

첫재는 버리아니ᄒᆞ거나못ᄒᆞ는동안에生活ᄒᆞ는費用
둘재는 病드는때에生活ᄒᆞ며治療ᄒᆞ는費用
셋재는 老은後버리못ᄒᆞ는時에生活ᄒᆞ는費用

그러ᄒᆞᆫ고로버리ᄒᆞ는때에前事을생각ᄒᆞ야비록一分이라도존절히쓰고남어지를모아銀行이나郵便局에맛기어두시오내말삼이그져ᄒᆞ는말삼이아니라여러분네어려운일을만히보앗기ᄒᆞ는말삼이오당신네버리업는때에錢一分그져ᄯᅥ여쥬는이잇삽듸ᄭᅡ병든때에藥一貼공히지어쥬는이잇삽듸ᄭᅡ버리만ᄒᆞ면갑흐며나앗기만ᄒᆞ면갑ᄒᆞᆯ줄을알것만은그러ᄒᆞᆫ데늙은후야더군다나누가도라보며누가생각ᄒᆞ겟소그러ᄒᆞ기에당신네가年富力强ᄒᆞᆫ때에쥰비ᄒᆞ야두시지아니ᄒᆞ면안되지오못쓰지오내말삼이헛말삼아니오세상에담배한대술한잔이남의공것업거니와또바랄것도아니지오

당신네가로동을ᄒᆞ야도당당ᄒᆞᆫ대장부지오대장부가내노릇을내가아니ᄒᆞ고엇디ᄒᆞ겟소사람이내노릇만내가ᄒᆞ면내나라를능히부지ᄒᆞ지오당신네ᄒᆞ시는일이나라의근본이니아모죠록압뒤를생각ᄒᆞ야잘ᄒᆞ시오나도당신의힘에매달녀저ᄯᅡᆷ이나ᄲᅡᆯ어먹는一人이기당신네게향ᄒᆞ야감사ᄒᆞᆫ셩심으로이갓티여러말삼ᄒᆞ오

第三十課 演說에對ᄒᆞ는答辭

나는로동ᄒᆞ는사람이오이제여러동모의총대로先生의貴重ᄒᆞ신연셜에對ᄒᆞ야敢히답사를올니오니未洽ᄒᆞᆫ말삼이잇드라도눌너드러쥬시기를바랍니다

우리는로동ᄒᆞ는사람이라본래배호지못ᄒᆞ와디식이업고문견이업신즉데재조는아모것도업시남의턱만처어다보아하로버러하로살면서東方이번ᄒᆞ면세상으로알고지나더니忽然히世界의變ᄒᆞ는勢가風부듯水미듯우리天地를진동ᄒᆞᆫ즉千萬事物이皆흔들니는中에우리로동군은그즁에도그바람에불니며그물에밀니어ᄯᅥ러진입재

가도라갈바를엇지못ᄒᆞ이더니
다행ᄒᆞ오이다오날이자리에서션생의高明ᄒᆞ신가라침을듯자온즉
어둔밤에촉불을어든듯압길이분명ᄒᆞ니가삼이시원ᄒᆞ고긔운이나
압니다

우리가勞動은ᄒᆞ지오만은우리도大韓帝國의백셩이온즉백셩되ᄂᆞᆫ
義務ᄂᆞᆫ힘써야ᄒᆞᆯ지며　大皇帝陛下의신하이온즉신하되ᄂᆞᆫ忠誠은
다ᄒᆞ여야ᄒᆞᆯ지니그도리ᄂᆞᆫ달름아니라우리ᄒᆞᄂᆞᆫ노릇을잘ᄒᆞ기에잇
다ᄒᆞ압니다

션생의가라치시ᄂᆞᆫ말삼이간절ᄒᆞ며샹쾌ᄒᆞ야마대마대우리의깁흔
잠을ᄭᆡ이시며우리의묵은병을다사리사정신을ᄲᅢᆸ나이시고긔운을
이릐키시니우리ᄂᆞᆫ마암에박으며肝에삭이어忘지아니ᄒᆞᄂᆞᆫ中에배
호라ᄒᆞ시ᄂᆞᆫ일과子女가라치라ᄒᆞ시ᄂᆞᆫ일과遠ᄒᆞᆫ생각으로쥰비ᄒᆞ라
ᄒᆞ시ᄂᆞᆫ일에對ᄒᆞ야우리가感謝ᄒᆞᆯ뿐아니오라그리ᄒᆞ여야ᄒᆞᆯ必

要를ᄭᆡ달앗사온즉우리勞動學會에서션생의말삼대로ᄒᆞ기를의론
ᄒᆞ오니됴흔方法을만히가라쳐쥬시기를바라압나이다

第三十一課　高皇帝의子孫되ᄂᆞᆫ國民

天下萬國에大韓國民갓티純全ᄒᆞᆫ국민또잇ᄂᆞᆫ가대한국민갓티尊貴
ᄒᆞᆫ국민또잇ᄂᆞᆫ가伏려惟ᄒᆞ니우리
太祖高皇帝계오서德이天갓트신고로福이또한하날갓트사國를開
신지五百年以來로二千萬人民에內外孫아니되ᄂᆞᆫ者가업고녀
누구든지其姓이全州李氏아니라도幾代以下의外家나八高祖를상
고ᄒᆞᆯ진대젼쥬리시一분업ᄂᆞᆫ쟈ᄂᆞᆫ업시리니그러ᄒᆞᆫ즉말삼ᄒᆞ기황송
ᄒᆞ오나우리二千萬同胞ᄂᆞᆫ다
태죠고황뎨의血屬子孫이라謂지니라
이러ᄒᆞᆫ고로감히曰대大韓國ᄂᆞᆫ　太祖高皇帝의家이오大韓人은
太祖高皇帝의孫이니이러ᄒᆞᆫ고로또감히갈오대우리

皇室은 即우리 二千萬兄弟의 宗家이시니라

우리대한民族은 이러타시 純全ᄒᆞ야 天下에 唯一히 잇고 尊貴ᄒᆞ야 天下에 다시 二이 업시니 古今을 通ᄒᆞ며 東西에 求ᄒᆞ야 가히 그 匹이 罕으다 謂ᄒᆞᆯ지라 그러ᄒᆞᆫ고로 우리 동포ᄂᆞᆫ 이러ᄒᆞᆫ 榮光과 이러ᄒᆞᆫ 地位를 顧보아 相當ᄒᆞᆫ 知識을 修근 연후에야 샹당ᄒᆞᆫ 名譽를 직힐지니라

대황뎨폐하계오서

래죠고황뎨의 宗孫이신즉 우리 二千萬이 國家에 대ᄒᆞ야ᄂᆞᆫ 백셩이나

皇室에 對ᄒᆞ야ᄂᆞᆫ 支孫이 되온지라

우리 民族이 萬世에 궁진홈이 업실진즉 우리

황실도 天長地久ᄒᆞ시리니 支孫되ᄂᆞᆫ 道理로 국민의 義務를 직히여 대대로 忠孝兼全ᄒᆞᆫ 사람이 될지니라

第三十二課 國民되ᄂᆞᆫ 義務

나라에 백셩되ᄂᆞᆫ 쟈ᄂᆞᆫ 法律上으로 大義務가 잇시니 그러ᄒᆞᆫ고로 그의

무를 행치 아니ᄒᆞᄂᆞᆫ 쟈ᄂᆞᆫ 나랏법이 반다시 命ᄒᆞ고 命ᄒᆞ야도 從지 아니ᄒᆞᄂᆞᆫ 쟈ᄂᆞᆫ 나라법이 쏘 반다시 罰ᄒᆞ나니 대개 法律은 님금의 主權에 나고 命令은 님금의 나이ᄂᆞᆫ 쟈를 갈오대 勅令이라ᄒᆞ고 政府가 나이ᄂᆞᆫ 쟈ᄂᆞᆫ 內閣에서 난즉 閣令이라ᄒᆞ며 各部에서 난즉 部令이라ᄒᆞ나니 地方에 各道各郡에도 令이 나이ᄂᆞᆫ 권이 잇나니라

國民의 義務中 가장 큰 쟈ᄂᆞᆫ 法律命令에 服從ᄒᆞᄂᆞᆫ 일이니

가 賦稅밧치ᄂᆞᆫ 일

나 兵丁되ᄂᆞᆫ 일

다 子女가라치ᄂᆞᆫ 일

부세를 아니 밧칠수 잇나 官吏를 두니 祿俸주어야ᄒᆞ고 海陸軍를 두니 經費잇서야ᄒᆞ고 敎育을 힘쓰니 用度가 젹지 아니ᄒᆞ니라

兵丁아니될수 잇나 內亂이 잇ᄂᆞᆫ 때에 鎭定ᄒᆞᆯ지오 外國의 侵잇신즉 君을 위ᄒᆞ며 國을 위ᄒᆞ야 死기로 싸호지 아니치 못ᄒᆞᆯ지니라

子女(자녀)를가라치지아닐수잇나대개아달과딸은나다음에家(집)을니으며國(나라)를직히는쟈라디식이업시면그직분을다ᄒᆞ지못ᄒᆞ야衰殘(쇠잔)ᄒᆞ기쉬운고로집과나라를昌盛(창성)케ᄒᆞ는道(도)는어린사람을잘가라치기에잇나니라

이러ᄒᆞᆫ지라나라의법률과명령을좃지아니ᄒᆞ는쟈는그나라의백셩이아니니착ᄒᆞᆫ백셩은의무를잘직히나니라

第(뎨)三(삼)十(십)三(삼)課(과) 道(도)德(덕)

道(도)德(덕)은사람의착ᄒᆞᆫ일이라사람이此(이)로以(써)相(서)로依(의지)ᄒᆞ나니나라가비록갈오대富(부)強(강)ᄒᆞ나도덕으로써ᄒᆞ지아니ᄒᆞ면그부강이참부강아니오社(사)會(회)가비록갈오대文(문)明(명)ᄒᆞ나도덕으로써ᄒᆞ지아니면그문명이참문명아니라

그러ᄒᆞ고로도덕은세샹일의벼리이니사람이此(이)를떠나고는착ᄒᆞᆫ일이업신즉其(그)範(범)圍(위)가甚(심)히廣(광)大(대)ᄒᆞ야한두가지로指(지)定(뎡)ᄒᆞ기는어려우나

대뎨로말삼ᄒᆞᆯ진대

갈오대私(사사)로은道(도)德(덕)은한사람의셔로與(더브)러ᄒᆞ는일이오갈오대公(공)된道(도)德(덕)은社(사)會(회)와國(국)家(가)에對(대)ᄒᆞ는일이니가령자식이어버이에게孝(효)도ᄒᆞᆷ과형뎨의셔로우애ᄒᆞᆷ이며夫(부)婦(부)의셔로和(화)ᄒᆞᆷ은私(사사)事(일)이어니와慈(자)善(선)事(사)業(업)을도으며公(공)衆(중)利(리)益(익)을重(무거)히ᄒᆞ고또부셰밧치기를잘ᄒᆞ며병뎡되기를실혀아니ᄒᆞ는류는公(공번)된일이니라

대개道(도)德(덕)은사람의마암을다시리는쟈이라그럼으로法(법)律(률)갓티사람의몸에強(강)制(졔)를더ᄒᆞ는일은업시되만일犯(범)ᄒᆞ는때는其(그)本(본)心(심)에편안치못ᄒᆞ나니이제此(이)에一(한)人(사람)이잇시니아비에게順(순)치안튼지형에게공손치안튼지又(또)或(혹)쳔子셰리거짓말삼ᄒᆞ든지法(법)律(률)의干(간)涉(셥)ᄒᆞ는바가아니어니와道(도)德(덕)으로는此(이)를責(책망)ᄒᆞ며此(이)를禁(금)ᄒᆞ고又(또)此(이)를改(고쳐)게도ᄒᆞ나니라

道(도)德(덕)업는사람을法(법)律(률)로禁(금)制(졔)ᄒᆞ는일은업시나셰샹에법률을범ᄒᆞ는쟈는도덕업는사람이니公(공)私(사)를못지말고도덕을조칠지어다그러ᄒᆞᆫ

즉법률좃는사람도되나니라

第三十四課(뎨삼십사과) 사람의自由(자유)

自由(자유)는字意(ᄌᆞ의)대로스사로말매암이니스사로말매암이라ᄒᆞ는일은말삼대로解(ᄒᆡ)젼대하고십흔일을ᄒᆞ고하고십지아닌일은아니ᄒᆞᆫ다홈이오녀그러ᄒᆞ나사람이獨(홀로)로이셰샹에사지아니ᄒᆞᆫ즉엇디이러ᄒᆞᆫ리치가잇시리오그러ᄒᆞ나또사람이ᄒᆞ올로사지아니ᄒᆞ는고로이러ᄒᆞᆫ리치가업지못ᄒᆞᆯ지니라

그러ᄒᆞ면사람은自由(자유)ᄒᆞ지못ᄒᆞ는가갈오대그러ᄒᆞ다엇디ᄒᆞ야그러ᄒᆞᆫ고사람이살랴면그러ᄒᆞ니라또自由(자유)아니치못ᄒᆞᆫ다ᄒᆞᆷ은엇딤인고갈오대그도그러ᄒᆞ니사람이그러ᄒᆞ여야사나니라그러ᄒᆞᆫ즉自由(자유)ᄒᆞ기도ᄒᆞ고自由(자유)못ᄒᆞ기도ᄒᆞ는가갈오대그러ᄒᆞ니라**사람의자유는자유못ᄒᆞ는가온대에잇나니라**

엇디ᄒᆞ야그러ᄒᆞᆫ고갈오대사람이ᄒᆞ올로ᄒᆞ는일에는自자(자유)ᄒᆞ거니와다른사람과관계ᄒᆞ는일에는自由(자유)업나니

여긔ᄒᆞᆫ사람이잇서貸錢(대뎐)을가지고술을사든지담배를사든지그自(자)유어니와만일남의팔지안는衣(의)을살랴ᄒᆞ거나鞋(혜)을살랴ᄒᆞᆯ진대이는그自由(자유)업심이니라

又(또)사람이善(션)ᄒᆞᆫ事(일)에는自由(자유)잇서도惡(악)ᄒᆞᆫ事(일)에는자유업시니사람이대물건을가지고病(병)든사람이나貧(간난)ᄒᆞᆫ사람을도아쥬든지或(혹)은孤兒院(고아원)이나學校(학교)에寄附(긔부)ᄒᆞ면이는다그自由(자유)로대만일남의물건을죠곰이라도盜(도적)ᄒᆞ든지奪(앗)든지ᄒᆞ면이는그自由(자유)가업실뿐아니라反(도로)혀대自由(자유)를失(일)ᄒᆞ나니라

내가自由(자유)가잇신즉남도自由(자유)가잇시니사람이각기그自由(자유)를守(직히)기만ᄒᆞ고죠곰도셔로사양치아니ᄒᆞ면셰샹에어지러운날이가이지아니ᄒᆞ고닷토는바람이끈치지아니ᄒᆞ야天地間(텬디간)에獸(김생)의自由(자유)만잇실지니라

그런고로사람의自由는道德과法律에合ᄒᆞᆫ연후에비로소잇나니
一 言의自由는남에게妨害ᄒᆞ지아니ᄒᆞ는때는나의欲ᄒᆞ고져ᄒᆞᆷ을좃고남의妨害도밧지아니ᄒᆞᆷ
二 事의自由는남에게妨害ᄒᆞ지아니ᄒᆞ는때는나의欲ᄒᆞ고져ᄒᆞᆷ을좃고남의妨害도밧지아니ᄒᆞᆷ
이러ᄒᆞᆫ지라明心ᄒᆞᆯ지어다사람의自由는착ᄒᆞᆫ일에잇고악ᄒᆞᆫ일에업시니그런고로갈오대自由는自由치못ᄒᆞ는가온대에잇나니라

第三十五課 人의相助

사람이말삼ᄒᆞ대내일은내가ᄒᆞ고남의일은남이ᄒᆞᆫ다ᄒᆞ나또엇디보면내일은남이ᄒᆞ고남의일은내가ᄒᆞ나니누구든지그먹는食이데가지온쌀인가그립는衣이데가짠미명이나면쥬인가또그들어잇는집도木手아니면짓지못ᄒᆞ야시리니俗談에일오대무당이데굿못ᄒᆞ고의원이대병못곳친다ᄒᆞ나니라

馬모리군이江에서나무한바리를서울에실어왓시니대房에쏫듯히싸이자고나데飯을의키자고그리ᄒᆞ는가아니라다른사람의房에싸이며飯을의키나니라背짐군이土한셤이나石한덩이를짐ᄒᆞᆯ니고지고가니데집의庭에펴거나츅대를築으랴고그리ᄒᆞ는가아니라남의집에쓰는것이니라

이로보긴대내가남의일도ᄒᆞ얏고남도나의일을ᄒᆞ얏는지라그러ᄒᆞᆫ즉서로남의일만ᄒᆞ고나의일은아니ᄒᆞ는가아니라이것이곳나의일이니라엇디ᄒᆞ야그러ᄒᆞᆫ고내가남의일을ᄒᆞ면남이나에게쥬는물건이잇고남이나의일을ᄒᆞᆯ진대나도남을쥬는물건이잇시니이即錢이라돈이中間에잇서나와남의일을易게ᄒᆞ야셰상사람으로ᄒᆞ야곰能히서로돕게ᄒᆞ나니라

이러ᄒᆞᆯ진대서로돕는일은돈이ᄒᆞᆷ이오사람이ᄒᆞᆷ은아니라ᄒᆞᆯ지로대결단코그러치아니ᄒᆞ나니돈은사람의쓰는물건이라일ᄒᆞ는사람이셔

로쥬지아니ᄒᆞ죽돈이스사로오지못ᄒᆞᄂᆞᆫ고로부지런ᄒᆞᆫ사람은셔로돕거니와노ᄂᆞᆫ사람은돕ᄂᆞᆫ쟈가업나니라

第三十六課 錢

錢은하날에서雨오듯나리ᄂᆞᆫ쟈가아니며싸에서草나듯돗ᄂᆞᆫ쟈가아니오사람의力으로생기ᄂᆞᆫ것이니대개金銀과銅를싸에서파다가풀무에노기고판에박아서錢지온쟈ᄂᆞᆫ사람이오또셰상에行用ᄒᆞᄂᆞᆫ쟈도사람이라그러ᄒᆞᆫ고로돈은사람의물건이니禽獸이야錢이白頭山갓티積ᄒᆞ기로서쓸데가어대리오사람이만일錢이업고보량이면편치못ᄒᆞᆯ뿐아니라文明이니富强은고사ᄒᆞ고아참젼역살기도어려울지로다한가지비유로말삼ᄒᆞᆯ진대米가진사람이미명을求ᄒᆞᄂᆞᆫ때ᄂᆞᆫ그쌀을팔아서미명을사려니와돈이라ᄂᆞᆫ물건이업시면미명가진사람과쌀가진사람이셔로밧구면되련만은쌀가진사람은미명을願호대미명가진사람이쌀을願치아니ᄒᆞ면흥졍되지못ᄒᆞᄂᆞᆫ자라그러ᄒᆞᆫ죽쌀가진사람이乃그쌀을팔아서돈을가지고미명을살진대그엇디便利치아니리오

그러ᄒᆞ고로갈오대錢은賣고買ᄂᆞᆫ媒介되야萬物의價値을定ᄒᆞᄂᆞᆫ標準이라

그쓰ᄂᆞᆫ곳을짜라서尺도되며과도되고衡도되나니天下萬國을둘너볼지어다돈이안니면사람이일ᄒᆞ지못ᄒᆞ고일ᄒᆞᄂᆞᆫ사람은돈이아니면其功을成지못ᄒᆞ나니라

第三十七課 儉約

儉約ᄒᆞᄂᆞᆫ쟈ᄂᆞᆫ凡百用度를撙節히ᄒᆞ나니존절이라ᄒᆞᄂᆞᆫ말삼은협히쓰지아니ᄒᆞᆷ을일옴이라대개재물은사람이므삼버리로ᄒᆞ든지버러야엇나니일온바버리ᄂᆞᆫ농사나쟝사나벼살이나또혹품파리ᄒᆞᄂᆞᆫ일이나皆한가지로대그버ᄂᆞᆫ바재물은그일의大小輕重을因ᄒᆞ야만코적음이잇나니라

大槪재물은限이잇시니비록만히持사람이라도그쓰는法이분수업
시면아참의부자가젼역때의거지되거든況며적은버리ᄒᆞ는사람이
리오그러ᄒᆞᆫ고로재물을浪費아니홈이可ᄒᆞ고浪費아니ᄒᆞ는道는儉
約홈에잇나니라

검약홈은別事이아니라쓸데업는물건을사지아니홈에잇나니알기
쉽게말삼ᄒᆞᆫ건대아참밥을먹어거든點心前에먹고십다고막걸니한
잔이라도사지말지며샹해립는의복이잇거든호사ᄒᆞ는마암으로분
수에넘치는옷감을구ᄒᆞ지말지니이러ᄒᆞᆫ일이尋常ᄒᆞᆫ듯ᄒᆞ나처음에
삼가지아니ᄒᆞᆫ즉뒤에반다시긋치는바를아지못ᄒᆞᄂᆞ니라

틔끌모아태산되나니오날에존졀ᄒᆞ고래일에존졀ᄒᆞ야一分二分모
으고모아서한달이두달되며한해가두해되야검약ᄒᆞ는習慣이固ᄒᆞ면
能히貯蓄ᄒᆞ는功效를成ᄒᆞ야可히安樂ᄒᆞᆫ生涯를得ᄒᆞᆯ지니라

第三十八課 約束

약속은사람과사람사이에行ᄒᆞ는쟈이니사람의事은千가지萬가지
로대약속ᄒᆞ는法은三가지種類에지나지아니ᄒᆞᄂᆞ니라

가 種類의約束은
事ᄒᆞᄂᆞᆫ約束

이약속은내가남의일을맛거나나의일을남에게맛기는때에
잇시니가령家짓는일을木手에게都給주거나木手가도급맛
는일

錢相關ᄒᆞ는約束

이약속은내가남의錢을ᄭᅮ거나나의돈을남에게ᄭᅮ이는때에
잇시니가령얼마번리에언제갑는다ᄒᆞ는일

나 種類의約束
時限잇는約束

이약속은므삼일이든지時限을뎡ᄒᆞ고그시한前에ᄒᆞᆫ다ᄒᆞ는

쟈이니가령집짓는도급을맛는때에한달이나두달을限ᄒᆞ며
또돈삭는때에열흘이나보름을한ᄒᆞ고갑는다ᄒᆞ는일

時限업는約束

이약속은므삼일이든지되는대로ᄒᆞ고時限으로작뎡아니ᄒᆞ
는쟈이니가령집짓는도급을맛터시되그지어놋는시한은뎡
치아니ᄒᆞ는일

다種類의約束은

價잇는約束

이약속은나의일을남에게맛긴즉그ᄒᆞ는갑을쥬고남의일을
맛튼즉그ᄒᆞ는갑을밧는쟈이라

價업는約束

이약속은나의일을맛기든지남의일을맛든지그ᄒᆞ는갑을쥬
거나밧지아니ᄒᆞ는쟈이라

이러ᄒᆞ게약속은사람이셰상에나서相生는노릇이라젹은일이든
지큰일이든지한번남ᄒᆞ고약속ᄒᆞ얏거든반다시守고敢히違지말지
어다此ᄅᆞᆯ曰대信이니사람이一時의飯은업서도살거이와信이업시
면死은사람과갓ᄐᆞ니그러ᄒᆞᆫ고로사람이約束직히기를뎌의목심을
호위ᄒᆞᆷ과갓티ᄒᆞᆯ지니라

第三十九課 眞言ᄒᆞ는일

사람의생긴貌을볼지어다目이二이오耳가二이오手이二이며足도
二이니보기를만히ᄒᆞ고듯기를만히ᄒᆞ고일을만히ᄒᆞ며行ᄒᆞ기도만
히ᄒᆞ여야ᄒᆞ나니라
그러ᄒᆞᆫ데口은一이니食기를젹게ᄒᆞ며飮기를젹게ᄒᆞ고言은젹게ᄒᆞ
는中에도唯一만잇실싸람이라말삼이만일二이면이는口이二잇심
과갓ᄐᆞ니古今天下에二口가진人잇는가鳥도그런모양이업고獸도
그런모양이업거날사람이엇디그러ᄒᆞ리오

口이二업ᄂᆞᆫ고로言도二이업나니만일말삼이二일진대이ᄂᆞᆫ거짓것
이라거짓것은眞이아니오녀
대개口이一인고로言도一이라야眞말삼이니그러ᄒᆞ기사람이그말삼
을참되게아니ᄒᆞ면거짓사람됨을免치못ᄒᆞ나니라
사람이말삼으로ᄡᅥ그意思를陳며情誼를通ᄒᆞ나니허물잇ᄂᆞᆫ때에掩
기를위ᄒᆞ야ᄭᅮ미ᄂᆞᆫ가욕심잇ᄂᆞᆫ때에欺기를因ᄒᆞ야단장ᄒᆞᄂᆞᆫ가眞이
아닌즉아모리巧히ᄒᆞ야도그눈치를숨기지못ᄒᆞᄂᆞᆫ지라一番그實狀
을失ᄒᆞ면세상이밋지아니ᄒᆞ야콩으로며쥬를쑨다ᄒᆞ야도고지듯지아
니ᄒᆞ고지목ᄒᆞ야갈오대바람센소래라ᄒᆞ나니라
그러ᄒᆞ기참사람은거짓말삼아니ᄒᆞ나ᅵ彼雞을불지어다뎌鳴ᄂᆞᆫ소
래外에ᄂᆞᆫ짠소래아니ᄒᆞ고彼狗를불지어다뎌짓ᄂᆞᆫ소래외에ᄂᆞᆫ다른
소래업나니라사람이其言을二로ᄒᆞ면이ᄂᆞᆫ닭과개만도못ᄒᆞᆷ이니·大
丈夫ᄂᆞᆫ참말삼ᄒᆞ고죽을지언졍거짓말삼ᄒᆞ고살기를구ᄒᆞ지아니ᄒᆞᆯ
지니라

第四十課 慈善

자션은사랑ᄒᆞᆷ이며착ᄒᆞᆷ이니남에게사랑ᄒᆞᄂᆞᆫ마암으로착ᄒᆞᆫ일을행
ᄒᆞ야불샹히녁일사람을불샹히녁이고도을사람을도음이라그러ᄒᆞᆫ
고로이러ᄒᆞᆫ마암을慈善心이라ᄒᆞ고이러ᄒᆞᆫ일을慈善事業이라ᄒᆞ나
니라
保護ᄒᆞᄂᆞᆫ이無ᄂᆞᆫ(부모형뎨업심이라)幼兒를그누라서길너쥴가이럼
으로ᄡᅥ孤兒院의設이잇심이오依支ᄒᆞᄂᆞᆫ데無ᄂᆞᆫ(형데자녀업심이라)
老를어느누가도라볼가이럼으로ᄡᅥ老人院의立움이잇심이니이ᄂᆞᆫ
皆자션심잇ᄂᆞᆫ사람의慈善사업이니라
路에서소경을보니그아니불샹ᄒᆞᆫ가다른사람은다밝은셰샹에서질
겁게사ᄂᆞᆫ데더사람은호올로자나깨나ᄒᆞᆫ모양으로침침칠야어두은
세계로다간난ᄒᆞᆫ집의病든사람가이업지아니ᄒᆞᆫ가의원을불랴ᄒᆞ나

불수업고藥을먹을랴ᄒᆞ나먹을수업는즁에몹한모금밥한술도ᄯᅢ를차자먹지못ᄒᆞ는도다그러ᄒᆞᆫ고로이러ᄒᆞᆫᄯᅢ는사람이아모리無情ᄒᆞᆫᄆᆞᆷ발리라도慈善心이소사나서覺지못ᄒᆞ고그쥬머니를ᄯᅥ으나니라

勞動ᄒᆞ는사람들은어느ᄯᅢ에므삼患難을當ᄒᆞᆯ지아지못ᄒᆞ는고로각기서로出斂ᄒᆞ야모하두어다가그동모中에다행치못ᄒᆞᆫ일이잇시면서로돕나니이ᄂᆞᆫ남의慈善事業을기다리지아니ᄒᆞ고서로慈善心을施이니라

사람이불샹ᄒᆞᆫ사람을보거든원수라도도아쥼이可ᄒᆞ니사랑ᄒᆞ는마암과착ᄒᆞᆫ일에ᄂᆞᆫ원수가업나니라

第四十一課 淸潔

청●결●은맑고죠촐ᄒᆞᆷ이니一人은한사람의청결이잇고一家은一家의청결이잇고一國ᄂᆞᆫ한나라의청결이잇시니집과나라의淸潔이한사람에비로소나니라

대개청결ᄒᆞᆷ은속●과거●죽●의분●별●이잇시니속●이라ᄒᆞᆷ은마●암●을가라침이며거●죽●이라ᄒᆞᆷ은모●양●을일홈이라마암이청결ᄒᆞᆫ죽행실이자연청결ᄒᆞ려니와모양의청결도청결ᄒᆞᆫ마암에서出ᄒᆞ나니라

今淸潔이라ᄒᆞ는問題ᄂᆞᆫ모양으로말삼ᄒᆞᆷ이니卽사람사는모양에關係ᄒᆞᆫ쟈이라대강말삼ᄒᆞᆯ건대

가 속옷을자죠ᄲᅡ라립어서결은垢와목은汗이體에닷지말게ᄒᆞᆯ지어다만일됴심ᄒᆞᆯ지아니ᄒᆞ면큰병의말매되나니라

나 沐浴을日마다ᄒᆞ야體에죠곰도垢가업게ᄒᆞᆯ지어다垢ᄂᆞᆫ싸실사록잇시니하로두본셰본식씨셔도맛쳔가지라대개몸의ᄯᅢᄂᆞᆫ皮膚의病을이릐키나니라

다 머리털은날마다씻고비듬은죠곰도업시ᄒᆞᆯ지어다사람의경신은머리골(腦髓)에잇시니머리털을덥히긔운이셜이게ᄒᆞ고ᄯᅩ비듬과ᄯᅢ로써그셜인긔운을썩힌죽머리골에물들어淸은

생각이나지못ᄒᆞ며정신이흘이고희미ᄒᆞᆫ中에머리에ᄂᆞᆫ병이
자죠나며눈이수히어듭나니라

라 다른사람과一器에飮食을먹지말지어다唾무든술이나더로
국물잇ᄂᆞᆫ음식과저진밥을ᄒᆞᆫ가지ᄒᆞ면자연히그침을셔로먹
은즉보기에더러울ᄲᅮᆫ더러몰으ᄂᆞᆫ中에病이셔로옴나니라

마 침바얏기와코풀기를사람의압에서ᄒᆞ지말며ᄯᅩ오좀과ᄯᅩᆼ은
반다시뒤간에누고아모데나막오누지말지니라

이ᄂᆞᆫ다ᄒᆞᆫ사람에관계ᄒᆞᆫ일이어니와ᄒᆞᆫ집의청결인즉

가 房과庭을정히ᄒᆞ야묵은몬지와것친풀이업게ᄒᆞᄂᆞᆫ일

나 개수물을흘니어고여잇지말게ᄒᆞᄂᆞᆫ일

다 뒤간을구지막으며자죠쳐서더러운물건을보이지안케ᄒᆞᄂᆞᆫ
일

나라의청결은

가 道路을잘닥ᄂᆞᆫ일

나 傳染病을預防ᄒᆞᄂᆞᆫ일

다 백셩의청결치아니ᄒᆞᆫ쟈를가라쳐서청결法을施行케ᄒᆞᄂᆞᆫ일

ᄒᆞᆫ사람이청결치아니ᄒᆞᆫ즉그사람을더러운사람이라ᄒᆞ고ᄒᆞᆫ집이청결치아니ᄒᆞᆫ즉그집을더러운집이라ᄒᆞ며ᄒᆞᆫ나라가청결치아니ᄒᆞᆫ즉그나라를갈오대더러운나라이라ᄒᆞ나니죠심ᄒᆞᆯ지어다나라의더러움이사람에말매ᄒᆞᆷ이라더러운일ᄒᆞᆷ을므릅씀은開化못ᄒᆞᆫ일을天下에반포ᄒᆞᆷ이니라

第四十二課 勇氣

용긔ᄂᆞᆫ사람의용맹ᄒᆞᆫ긔운이니天下萬事가용맹아니면이루지못ᄒᆞᄂᆞᆫ지라므삼일이든지마암에생각ᄒᆞ야행ᄒᆞ기로작뎡ᄒᆞᄂᆞᆫ쟈ᄂᆞᆫ智이며決斷ᄒᆞ야行ᄒᆞᄂᆞᆫ쟈ᄂᆞᆫ용맹이니라

사람이잘못ᄒᆞᆫ일이잇거든깨닷ᄂᆞᆫ때에ᄂᆞᆫ悔쳐ᄒᆞᆯ지니뉘우쳐만ᄒᆞᄂᆞᆫ

쟈ᄂᆞᆫ용맹아니오能히改쳐셔다시그리아니ᄒᆞᄂᆞᆫ일이용맹이라가령짐군이남의물건을十里되ᄂᆞᆫ곳에져다쥬고五兩바들삭을欺어八兩을바다실진대더바든三兩에對ᄒᆞ야ᄂᆞᆫ마암에愧러우리니다음에ᄂᆞᆫ그리안코닷량만바들지면이ᄂᆞᆫ용맹이어니와만일알고도그리아니ᄒᆞ면이ᄂᆞᆫ용맹이업심이니라

그러ᄒᆞ나술이나먹고남과爭ᄒᆞᄂᆞᆫ쟈를용맹이라ᄒᆞ지말지어다이ᄂᆞᆫ狂긔운이니라되지못ᄒᆞᆯ일을ᄒᆞ다고쟈랑ᄒᆞ지말지어다이ᄂᆞᆫ蠢ᄒᆞᆫ긔운이니라남의是非를가로맛타弱ᄒᆞᆫ쟈를업수히녀이지말지어다이ᄂᆞᆫ慢ᄒᆞᆫ긔운이니라올치아닌일에힘을밋고막오대들지말지어다이ᄂᆞᆫ騃ᄒᆞᆫ긔운이니라그러ᄒᆞᆫ고로용맹잇ᄂᆞᆫ쟈ᄂᆞᆫ마암을잡아서움작이기를愼ᄒᆞᄂᆞ니라

同胞兄弟들아眞勇을알고져ᄒᆞᄂᆞᆫ가可히死을일에死음이참용맹이니라사람이쥭ᄂᆞᆫ즁에國를위ᄒᆞ야死음이義며君을위ᄒᆞ야쥭음은忠이니忠義에死ᄂᆞᆫ일은生니보다榮되야一時의命은쥭어도萬世의일ᄒᆞᆷ은쥭지아니ᄒᆞ나니사람이셰상에한번쥭기ᄂᆞᆫ免치못ᄒᆞᄂᆞᆫ쟈인즉忠義로쥭ᄂᆞᆫ일에용맹ᄒᆞᆫ즉비록靑春少年의일은쥭엄이라도白髮老人의長壽보다나흐니라그러ᄒᆞ기兵가되야外國과싸호거든쥭기로써맹셔ᄒᆞ야용맹을다ᄒᆞᆷ이可ᄒᆞ거니와나라의위태ᄒᆞᆫ때에義兵이라假稱ᄒᆞ고盜의事을행ᄒᆞᆷ은층의도아니며용맹도아니니라

第四十三課　團合

단합은여러사람이一心ᄒᆞ야한몸처되ᄂᆞᆫ일이니한집은그집사람이다일심ᄒᆞᆫ즉和平ᄒᆞ고한동내ᄂᆞᆫ그동내사람이다일심ᄒᆞᆫ즉昌盛ᄒᆞ고한나라ᄂᆞᆫ그나라사람이다일심ᄒᆞᆫ즉富强ᄒᆞᄂᆞᆫ지라

그러ᄒᆞᆷ으로사람의일은일심ᄒᆞ면되지못ᄒᆞᄂᆞᆫ것이업나니라

大厦은孤柱으로以立우지못ᄒᆞ며高ᄒᆞᆫ城은一石으로以築치못ᄒᆞ나니기동이十이라도一만룽기면그집이顚지고돌이萬이나一만빠지면

그셩이崩지는지라十柱이各기立시되그벗틔는力은俱歸가고萬石
이各기築혓시나그엉구는힘은相로依ᄒᆞ는고로十이一되고萬이一
되나니사람도千萬사람의마암이므삼일에든지一군데루注치면千
이나萬이또한一이니라
이졔勞動ᄒᆞ는사람의일로말삼ᄒᆞ드라도十사람이한가지일을갓터
ᄒᆞ든지百사람이함ᄭᅴᄒᆞ든지마암이맛지아니ᄒᆞ고各기그생각ᄒᆞ는
대로이러쿵뎌러쿵ᄒᆞ면그일을ᄒᆞ지못ᄒᆞ는ᄲᅮᆫ아니라다른일도되지
아니ᄒᆞ야事마다狼狽ᄒᆞᆫ즉세샹의인심이해태ᄒᆞ야나라가쇠잔ᄒᆞᆫ境
에니르나니라
그러ᄒᆞᆫ고로사람이何일을ᄒᆞ든지그일에精誠을다ᄒᆞ야반다시國家
으로以근본을삼고雖彼버리ᄒᆞ는노릇이라도農든지工匠이나商든
지士가皆갈오대此는나라를위홈이라ᄒᆞ야千萬사람의마암이國위
ᄒᆞ는一路에注칠진대其氣運이웅장ᄒᆞ며그졍신이堅固ᄒᆞ야텬하에
대젹이업나니라

第四十四課 奮發

분발ᄒᆞᆯ지어다동포들아분발이라ᄒᆞ는말삼은每事에自退ᄒᆞ지말고
振起性이잇시라홈이니텬하의事은我가退가면남이進오는고로내
가나아오면남이물너가거니와그러치아니ᄒᆞ고나와남이相로觸쳐
서서로샤양치아니ᄒᆞ고서로막셔서다토다가力과智가當치못ᄒᆞ는
쟈논退가나니此를曰대優ᄒᆞᆫ則勝고劣ᄒᆞᆫ즉敗ᄒᆞᆫ다홈이라사람이만
일다토기를당ᄒᆞ야패ᄒᆞᆯ진대그結末이殘亡ᄒᆞ야업서지나니라그러
ᄒᆞᆫ고로분발ᄒᆞᆯ지어다同胞들아우리나라의近來景況이如何ᄒᆞ뇨勞
動ᄒᆞ는사람들도점점그버리를아이지아니ᄒᆞ는가
사람다려火에入나ᄒᆞ면必시갈오대엇다ᄒᆞ야死는地에入기를勸ᄒᆞ
나뇨ᄒᆞ며水에入나ᄒᆞᆯ진대又반다시갈오대엇디ᄒᆞ야죽는ᄯᅡ에投고
져ᄒᆞ나뇨ᄒᆞ야其怒ᄒᆞᆷ이심ᄒᆞ리니此는目前에見는死는ᄯᅡ를知는ᄯᅡ

람이오녀
만일奮發ᄒᆞᄂᆞᆫ마암이업시면我家아룸목이또한죽ᄂᆞᆫ싸되리니생각ᄒᆞ야볼지어다天下萬國이서로通ᄒᆞ야外國사람이물미듯오ᄂᆞᆫ셰샹에아모노릇도아니ᄒᆞ고팔장세고놉히안져코노래나불으거나느진ᄌᆞᆷ을깁히들어대낫으로밤을삼고편히노니팔자됴타빈정거려ᄒᆞᄂᆞᆫ말삼내집일도못ᄒᆞ거든나라일을엇디알니그력더력되ᄂᆞᆫ대로이렁더렁살어가면외국사람그져잇나샛별갓튼두눈동자휘휘돌너이리더리ᄉᆞᆲ히면서두쥬먹을불큰쥐고보ᄂᆞᆫ대로욕심내며닥치며ᄂᆞᆫ가져가니그장사의ᄒᆞᄂᆞᆫ말삼네돈이내돈이다그농군의ᄒᆞᄂᆞᆫ말삼네쌍이내쌍이다그장색의ᄒᆞᄂᆞᆫ말삼네물건이내물건이다그즁에도그션배의ᄒᆞᄂᆞᆫ말삼을들어보소네디식이얼마되나켜켜묵은머리ᄯᅢ로샹투아래썩은골이배혼다니오죽ᄒᆞ며생각ᄒᆞᆫ달므엇ᄒᆞᆯ고넷사람의셋거기ᄂᆞᆫ이세샹에쓸데업다새학문을닥지아니ᄒᆞ면네노릇은남의죵될

ᄲᅮᆫ이라ᄒᆞᄂᆞ니다
분발ᄒᆞᆯ지어다同胞들아同心合力이어차이나라를이릐키세살랴거든죽기를므릅쓰소

第四十五課 秩序

질셔ᄂᆞᆫ사람의사ᄂᆞᆫ도리라아랫사람이되거든웃사람을敬ᄒᆞ오사람되ᄂᆞᆫ權利에上下가잇심은아니로대其地位에ᄂᆞᆫ우아래가잇나니아랫사람이되고웃사람을공경치아니ᄒᆞ면이ᄂᆞᆫ臣가君도업심이오子이父도업심이라人의道가ᄭᅳᆫ어져서此天地가禽獸의世界될지니라
남의行廊에들엇거든家主人을잘섬길지며남의구죵이나별배되거든誠으로써그쥬인을밧들지며設使人力車를ᄭᅳᆯ든지下軍이되든지又므삼일로든지남의下되ᄂᆞᆫ노릇ᄒᆞ거든上되ᄂᆞᆫ사람에對ᄒᆞ야공경ᄒᆞᄂᆞᆫ禮節을失치말을지어다사람이셰샹에나매하날에바든권리가쳐음에ᄂᆞᆫ비록平等이라ᄒᆞ나그자란뒤에각기데손으로만그ᄂᆞᆫ디위

논사람마다달으니貴ᄒᆞᆫ쟈가잇신즉賤ᄒᆞᆫ쟈도잇심이며富者가잇심으로貧ᄒᆞᆫ쟈도잇심이라이갈온社會의平等치아니홈이니또한사람살기에自然ᄒᆞᆫ道理니라

사람이모다貴ᄒᆞ며모다富ᄒᆞ면사람의일은其日絕칠지니라대개勞動ᄒᆞ는力役는貧賤ᄒᆞᆫ者의事이오人間天下에千가지萬가지무궁무진ᄒᆞᆫ事은다로동ᄒᆞ는사람이아니면되지못ᄒᆞ나니今人力車한가지로말삼ᄒᆞ드라도쌔는쟈가잇서야라는쟈가잇실지라그러ᄒᆞᆫ고로아랫사람이업실지면웃사람은뒤웅박이니金玉이山갓터싸혓기로쓸데가어대잇시리오

그러ᄒᆞ나웃사람노릇ᄒᆞ기도갑을나이어야되나니아랫사람이그져ᄒᆞ는것이아니오웃사람의갑을밧고그힘을파는노릇이라이로보건대웃사람이아랫사람의로동을사나니짐지는삯을쥬지아니면짐군이오지아닐지며수래쌔는삯을쥬지아니ᄒᆞ면人力車군이또한오지아닐지니라

못노라로동ᄒᆞ는동포들은엇지ᄒᆞ야아랫사람되얏는고재죠업고쳔량업서사느라고되야시니이믜아랫사람이되얏거든아랫사람되는도리를직힐지어다그러치아니ᄒᆞ면나라의법이허락지아니ᄒᆞ야秩序를紊亂ᄒᆞ는罪人되나니라

秩序를守어上下가和ᄒᆞᆫ然後에야國權恢復이될지니라

第四十六課 獨立

독립은그뜻이호올로션다홈이니호올로션다ᄒᆞ는말삼은남에게依ᄒᆞ지아니ᄒᆞ고내가나대로내일을主張ᄒᆞᆫ다홈이라사람이하날과짜사이에나서다각기사람되는한목이잇신즉내노릇을내가ᄒᆞ지안코남에게부탁ᄒᆞ면이는내몸을내가有지못홈이니라

我가我먹는노릇을ᄒᆞ여야能히獨立ᄒᆞ나니사람이남의食을먹은즉데노릇을못ᄒᆞ는지라그러ᄒᆞᆫ故로품파리라도ᄒᆞ야我活ᄒᆞ는方法을我

가立울진대此即天地間에好ᄒᆞᆫ男子이니誰가감히我의自由를奪리오남에게望ᄒᆞᆯ것도업고빗진것도업신즉世上에거릴것이업나니라

我가無識ᄒᆞᆫ사람이되지말어야能히독립ᄒᆞ나니사람이배호지아니ᄒᆞᆫ즉彼의正當ᄒᆞᆫ權利를몰으는지라그러ᄒᆞᆫ고로어려셔배호지못ᄒᆞ얏거든비록老ᄒᆞ엿드라도勤련히工夫ᄒᆞ고又아모리忙블지라도일업는틈을타셔夜學을독실히ᄒᆞ며演說은좃쳐가며듯고新聞은잡히는대로보아셔聞見은一寸이라도廣히며知識은半點이라도加ᄒᆞ게ᄒᆞᆫ즉생각이自然히高尚ᄒᆞ며긔운이漸次로活潑ᄒᆞ리니누가敢히其自主ᄒᆞ는精神을색그리오남에게依ᄒᆞ는마암도업실지며屈히는일도업실지니라

我가國法을犯치안어야能히독립ᄒᆞ나니사람이法을犯ᄒᆞᆫ즉其自由를失ᄒᆞ는지라그러ᄒᆞᆫ고로獨立ᄒᆞ는사람은法律로以我를호위ᄒᆞ고남도호위ᄒᆞ나니라

사람이能히其一身의獨立을守ᄒᆞ어야其國의獨立을保ᄒᆞ나니國사람이다獨立ᄒᆞ는사람이된연후에야國家의獨立을全히ᄒᆞᆯ지니라

第四十七課 競爭

경•쟁•은•다•토•고•다•톤•다•는말삼이니공연히사람다려셔로다토라ᄒᆞ미아니라그러ᄒᆞ기口으로떠들어말삼으로셔로다톰이아니며拳으로결어셔힘으로셔로다톰이아니오何事이든지내가남보다나흘랴고ᄒᆞ야잘ᄒᆞ기를힘쓰는일이니가령士가남보다잘ᄒᆞᆯ랴고ᄒᆞ는者ᄂᆞᆫ이ᄂᆞᆫ션배의다톰이오장사가남보다잘ᄒᆞᆯ랴고ᄒᆞ는者ᄂᆞᆫ이ᄂᆞᆫ장사의다톰이오장색이남보다잘ᄒᆞᆯ랴고ᄒᆞ는者ᄂᆞᆫ이ᄂᆞᆫ장색의다톰이며농사를남보다낫게ᄒᆞ고져ᄒᆞ면此亦농사의다톰이라그러ᄒᆞᆫ고로사람의일이셔로다토지아니ᄒᆞᆫ즉千萬事物의景況이뒷거름질치나니라

古人이曰대其爭이君子라ᄒᆞ니君子ᄂᆞᆫ賢人을일카람이라다토는일이만일됴치아닐진대엇지君子의일이라ᄒᆞ야시리오

優ᄒᆞᆫ쟈存ᄒᆞᆷ과劣ᄒᆞᆫ쟈滅ᄒᆞᆷ이며强者ᄂᆞᆫ勝과弱ᄒᆞᆫ者ᄂᆞᆫ敗ᄒᆞᆷ이天道의常ᄒᆞᆷ이오人事의當ᄒᆞᆷ이라그러ᄒᆞᆫ고로사람이남보다녁녁ᄒᆞ여야될지며굿세야될지니그녁녁고저ᄒᆞᆷ과굿세고저ᄒᆞᆷ이다ᄅᆞᆷ이어날만일사람과다ᄅᆞᆷ이君子의일이아니라ᄒᆞ야거짓謙과빈讓으로自로高ᄒᆞᆫᄃᆡᄒᆞ고세상의變ᄒᆞᄂᆞᆫ勢를審히지아니ᄒᆞ면그結末은劣ᄒᆞ고弱ᄒᆞ기에止치나니라

사람이各기ᄒᆞᆫ사람의競爭을能히ᄒᆞᆫ연후에야其몸이始소世에立ᄒᆞ나니그러ᄒᆞᆫ고로國도競爭ᄒᆞᄂᆞᆫ力量이업신즉天下萬國의間에立지못ᄒᆞᄒᆞ거니와경쟁ᄒᆞᆫ다고공경ᄒᆞᄂᆞᆫ禮와사랑ᄒᆞᄂᆞᆫ德을도라보지아니ᄒᆞ면나라가도로혀위태ᄒᆞ니힘쓸지어다경쟁ᄒᆞᆷ은其道가잇나니라

競爭ᄒᆞᄂᆞᆫ일이업시면사람의세샹이다시野蠻時代되나니世界의進步ᄂᆞᆫ競爭에잇나니라생각ᄒᆞ야볼지어다이제우리나라사람이能히世界로더브러다토ᄂᆞᆫ가

第四十八課 競爭演說

여러분경쟁이라ᄒᆞᆷ이비록다툰다ᄒᆞᄂᆞᆫ말삼이나그意ᄂᆞᆫ내가남보다잘ᄒᆞ자ᄒᆞᆷ이며내가남보다낫자ᄒᆞᆷ이니곳내가다른사람에게지지마자ᄒᆞᄂᆞᆫ마암이오다른사람을이긔자ᄒᆞᄂᆞᆫ일이라가령므삼일에든지朴서방이金서방보다잘ᄒᆞ랴ᄒᆞ고李생원이崔생원보다나흐랴ᄒᆞ며시골사람이서울사람에게지지아니랴ᄒᆞ고村사람이邑內사람을이긔랴ᄒᆞ야서로爭아才를닥그며力을다ᄒᆞ나니그런고로各色물건이날마다됴ᄒᆞ지고歲마다늘어가지오

이ᄂᆞᆫ우리나라속에서우리兄弟끼리ᄒᆞᄂᆞᆫ일이어니와他國과通ᄒᆞᆫ이후ᄂᆞᆫ天下만국사람이다우리와다토ᄂᆞᆫ사람이니우리가모도一心團體되야아모죠록잘ᄒᆞ여야그아니되겟소그러ᄒᆞᆫ데여러분

당신네한길에단이ᄂᆞᆫ時에가가에노힌물건보시오우리물건이몃가지나잇삽듸까다른거ᄂᆞᆫ그만두고담배ᄂᆞᆫ紙卷烟뿐이고아해들의군

것질도엿갓흔거ᄂᆞᆫ구경도못ᄒᆞ고왜떡만잇지오
집안에들어와서쓰ᄂᆞᆫ器皿을보시오如干듕쥬발이나놋졉시外에沙
器로ᄂᆞᆫ우리나라에서만든것이얼마나잇소그도그ᄲᅮᆫ아니라당신입
으신衣服을보시오모사서양목이나氈아니면비단인데그것들은다
어대물건이오미명면쥬ᄂᆞᆫ눈씻고보아야米에틔골으기지오
또말삼ᄒᆞᆫ건대외국통샹ᄒᆞᆫ지三十여년에타국쟝사들은물미듯오ᄂᆞᆫ
데우리나라쟝사ᄂᆞᆫ외국에간다ᄂᆞᆫ말삼듯지못ᄒᆞ얏소
이두어가지일은暫間비유로말삼ᄒᆞᆫ것이오이졔각국이서로내가나
흐니네가못ᄒᆞ니ᄒᆞ고서로다토ᄂᆞᆫ셰샹에잇서우리ᄂᆞᆫ아모것도아니
ᄒᆞ고안잣시면필경은남에게지지오벌서얼마좀우리가지고안찌아
니ᄒᆞ얏소어서졍신차리시오우리도남보다잘ᄒᆞ야봅시다
장사ᄒᆞᄂᆞᆫ이ᄂᆞᆫ다른나라의쟝사보다잘ᄒᆞ랴ᄒᆞ고농사ᄒᆞᄂᆞᆫ이ᄂᆞᆫ다른
나라의농부에서나흐랴ᄒᆞ며션배와공쟝도다각기그ᄒᆞᄂᆞᆫ노릇이남

의나라사람을이긔랴ᄒᆞ고其中에도勞動ᄒᆞᄂᆞᆫ同胞님네力이든지行
이든지죠곰도남의나라사람에게지지마시오

第四十九課 外國사람과交際ᄒᆞᄂᆞᆫ事

天下에國ᄂᆞᆫ一二이아니니우리나라外에ᄂᆞᆫ다남의나라이라대개우
리나라이라ᄒᆞᄂᆞᆫ말삼은우리同胞가共지居ᄂᆞᆫ나라를일옴이니우리
ᄂᆞᆫ우리나라를위ᄒᆞ야잘되게ᄒᆞᆷ이올흐니라
남의나라사람을外國사람이라ᄒᆞ나니日本사람이나淸國사람이며
英國사람과米國사람갓튼쟈가다외국사람이라그러ᄒᆞᆫ고로우리나
라사람아니면皆曰대外國사람이라ᄒᆞᆷ이니라
外國사람이우리나라에來ᄒᆞ기ᄂᆞᆫ우리 님금의聖明ᄒᆞ신德化를慕ᄒᆞ
며우리政府의公平ᄒᆞᆫ法律을恃ᄒᆞ며우리나라사람의禮義잇ᄂᆞᆫ俗을喜
ᄒᆞ고또우리나라의物産이豐足ᄒᆞᆷ과山水의景致가됴흠을愛ᄒᆞ야千
里萬里를멀니녁이지아니ᄒᆞ고政府ᄂᆞᆫ領事를보냄이며ᄇᆡᆨ셩들은商

이나工(공장)이나士(션배)며農(농사)ᄒᆞ는이가相(서로)引(잇글)고爭(다토)아至(니를)이니우리는主人(쥬인)이오外(외)國(국)사람은다賓(손)이라쥬인되는도리에손대졉을잘ᄒᆞ여야올흐니라우리나라사람이他(타)國(국)에가서대졉을잘못밧는다ᄒᆞ면우리가둣고怒(셩나)라이며慣(분)히녁이나니此(이)와갓터우리가타국사람을잘못대졉ᄒᆞᆯ진대그나라사람들도ᄯᅩ한그져잇지아닐지라그러ᄒᆞᆫ고로外(외)國(국)사람을아모조록잘대졉ᄒᆞ야몰은다고못된소래로욕ᄒᆞ지말며외롭다고업수히녁이지말며又(ᄯᅩ)或(혹)獨(홀)로居(거)ᄒᆞ고孤(외로)히行(행)ᄒᆞ야서로도아쥬는동모업는쟈는病(병)들거든구원ᄒᆞ고어려운일이잇거든보아쥬며만일잘못ᄒᆞ는일이잇실진대우리나라의풍속을아지못ᄒᆞᆷ으로그러ᄒᆞ다ᄒᆞ야용셔ᄒᆞ대사람의權(권)利(리)에至(니르)러는죠곰이라도犯(범)ᄒᆞ는者(쟈)를許(허락)지아닐지니라

勞(로)動(동)ᄒᆞ는사람이或타국사람의雇(고)傭(용)이되거나使(사)喚(환)이되거나又(ᄯᅩ)暫時(잠시)間(간)품파리를ᄒᆞ드라도정셩으로힘을쓰고죠곰이라도속이시말며부지런히움쟉여서空(공)ᄒᆞᆫ삭을밧지말지어다우리二(이)千(쳔)萬(만)同(동)胞(포)中(중)에一(한)人(사람)

이라도더러운名(명)드르면이는二(이)千(쳔)萬(만)이갓티當(당)ᄒᆞ는혜임인즉우리大(대)韓(한)國(국)의罪(죄)人(인)되기를免(면)치못ᄒᆞᆯ지니라

外(외)國(국)사람이라고셔어히녁이지말지어다天(텬)地(디)間(간)사람되기는한가지니古(녯)사람이갈오대四(사)海(해)가皆(다)兄(형)弟(뎨)라ᄒᆞ니라그러ᄒᆞ기셔로사랑ᄒᆞ는마암으로ᄡᅥ서로交(교)際(제)ᄒᆞ고셔로미어ᄒᆞ지말지어다

第(뎨)五(오)十(십)課(과) 自(스사)로助(도)음

天(하날)이自(스사)로助(돕)는人(사람)을助(돕)는다ᄒᆞ니하날이돕는다ᄒᆞᆷ은곳사람이스사로도음이라대개사람이뎌의일을데가ᄒᆞᆷ이뎌의몸을도음인즉데가뎌의일을안히ᄒᆞ면이는데가뎌의몸을돕지아님이오녀그러ᄒᆞᆫ고로사람이스사로도은연후에남이돕나니스사로돕지아니면사람이ᄯᅩ한돕지아니ᄒᆞᆫ즉이는可(가)히日(닐오)대하날이스사로돕지아니ᄒᆞ는사람을돕지안,는다ᄒᆞᆯ지니라

사람이셔로돕는다ᄒᆞ나스사로돕지아니ᄒᆞ는사람은돕지못ᄒᆞ나니

그러ᄒᆞᆫ고로남의도음을밧기도뎌에게잇신즉남의도음이실샹은스사로도음이로다俗談에일너시되珠이三斗이라도貫야구슬이라ᄒᆞ니漁잡고져ᄒᆞ는가網을持고水에入지며樵ᄒᆞ랴ᄒᆞ거든斧를荷고山에登지어다나무ᄒᆞ는도긔로물에向ᄒᆞ며고기잡는그물로산을차지면사람이비록돕고져ᄒᆞ나므삼일을도으리오이는그ᄒᆞ는일이스사로돕는도에어김일새니라

그러ᄒᆞᆫ고로天下萬事가그근본은다我에게잇시니내가잘ᄒᆞ면나의福이되고내가잘못ᄒᆞ면나의災이되는지라古語에갈오대禍福은自로求ᄒᆞ지아니ᄒᆞ는者가업다ᄒᆞ니라

사람이常해남을도을마암이잇서야惡ᄒᆞᆫ일을行치아니ᄒᆞ며또남의도음도來ᄒᆞ나니스사로도음이실샹은서로도음이오녀가령農夫가工匠의물건을사니이는공장이間接으로농부를도음이오공장이농부의곡식을사니이는농부가간접으로공장을도음이로다此一事이이러ᄒᆞᆯ뿐아니라사람이셰샹에살랴ᄒᆞ면千가지萬가지가皆서로밧구는일이니서로밧굼이곳서로도음이오또서로도음은이예스사로돕는일이라농부가농사ᄒᆞ는일로스사로돕지아니ᄒᆞ면능히공장을돕는곡식이업실젼ᄌᆞ공장이비록물건이잇서도농사아니ᄒᆞ는농부를돕지못ᄒᆞ나니그럼으로물건만드지안는공장은농부가곡식잇서도또한돕지못ᄒᆞ나니라

故로曰대人은自로助는다ᄒᆞ나니스사로돕지아니ᄒᆞ는사람은하날도돕지아니ᄒᆞ며사람도돕지아니ᄒᆞ나니라

勞動夜學讀本第一 終

隆熙二年七月十三日 發行

定價金三十錢

著述兼發行者 兪吉濬

印刷所 京城日報社

北部桂洞六統九戶

元賣所 兪鈺兼

分賣所 各書舖

不許複刊

부유독습

(婦幼讀習)

上 · 下

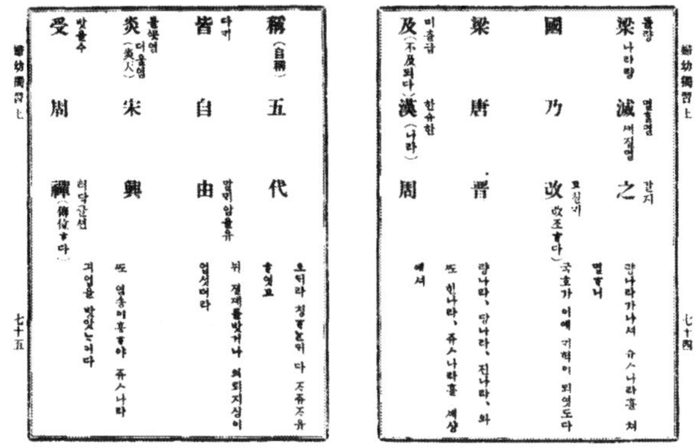

婦幼獨習上 七十四

梁(들보량 나라량) 滅(멸ᄒᆞᆯ멸 써질멸) 之(갈지) 량나라가나서 슈ᄉᆞ나라ᄅᆞᆯ 처
멸ᄒᆞ니
國 乃 改(고칠개)(改조ᄒᆞ다) 국호가 이에 기혁이 되엿도다
梁 唐 晋 량나라、당나라、진나라、와
及(미츨급)(不及되다) 漢(한슈한)(나라) 周 또 한나라、쥬ᄉᆞ나라ᄅᆞᆯ 세상
에셔

婦幼獨習上 七十五

稱(自稱) 五 代 오ᄃᆡ라 칭ᄒᆞ논ᄃᆡ 다 ᄌᆞ쥬ᄌᆞ유
ᄒᆞ엿고
皆(다개) 自 由(말미암을유) 뉘 절제ᄅᆞᆯ밧거나 뉘되지심이
업셧더라
炎(불꽃염 더울염)(炎火) 宋 興 또 염송이 흥ᄒᆞ야 쥬ᄉᆞ나라
受(밧을수) 周 禪(터닥글선)(傳位ᄒᆞ다) 긔업을 밧앗ᄂᆞ니라

婦幼獨習 上下

지어미부	어릴유	홀로독	니길습	녀ᄌᆞ의혼ᄌᆞ
婦	**幼**	**獨**	**習**	공부ᄒᆞᄂᆞᆫ말

대뎌 텬디 만물 즁에 귀ᄒᆞᆫ 사ᄅᆞᆷ은 남녀가 일반이어ᄂᆞᆯ 엇지ᄒᆞ야 남ᄌᆞ만 학문을 공부ᄒᆞ고 녀ᄌᆞᄂᆞᆫ 학문을 모르리오 우리나라 녀ᄌᆞ들을 구미각국 녀ᄌᆞ의게 비ᄒᆞ면 [illegible] 잇ᄂᆞᆫ 것 ᄀᆞᆺᄒᆞᆫ 사ᄅᆞᆷ이라 ᄒᆞ기가 붓그럽도다 그러므로 혹 가도가 빈한ᄒᆞ야 학교에셔 공부ᄒᆞᆯ수 업거나 혹 나히 이십셰 되여 가ᄉᆞ에 얽ᄆᆡ여 공부ᄒᆞ기 어려운 어린 ᄋᆞᄒᆡ들이 집안에 잇서셔 혼자 공부ᄒᆞ기 위ᄒᆞ야 이 ᄎᆡᆨ을 내여 과인내외 동포의게 일반보이라도 유조ᄒᆞ기ᄅᆞᆯ ᄇᆞ라옵

한문 한글ᄉᆞᄌᆞ에 토를 ᄃᆞᆯ면셔 [illegible] 만일 공부에셔 보시ᄂᆞᆫ지 혹 [illegible] ᄌᆞ를 [illegible] 보면 두 ᄉᆞᄌᆞ의 토를 ᄎᆞᆺ노라고 [illegible] 그러ᄒᆞ거든 두 ᄉᆞᄌᆞ를 나이 ᄒᆞᆫ 후에 ᄯᅩ ᄒᆞᆫ ᄉᆞᄌᆞ를 비교케 ᄒᆞ시오

○이 ᄎᆡᆨ에 한문ᄒᆞᆫ ᄉᆞᄌᆞ에 사ᄅᆞᆷ 토를 ᄃᆞᆯ면셔 단ᄂᆞᆫ 것은 공부 쉬이 ᄒᆞ기를 위ᄒᆞᆷ이라 한글ᄌᆞᄌᆞ이 토를 ᄃᆞᆯ면 [illegible] 한문ᄉᆞᄌᆞ에ᄂᆞᆫ [illegible]

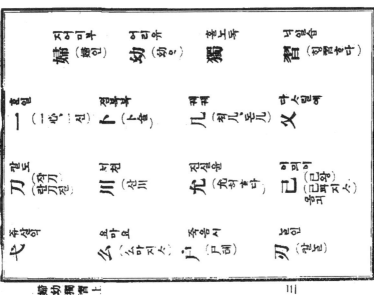

니 그러면글ᄌᆞ가운에 박아지아닐지라 연고로도흘ᄒᆞᆫ번식만 돈거시오
○이칙이언문의 근본문법으로엿ᄉᆞ나 혹입으로넘기가 순치안다ᄒᆞ고 혐의치말지어다 여제대개 무어ᄉᆞᆺ출 설명ᄒᆞ노니 비유컨대(이거시)라ᄒᆞᆯ면입이순ᄒᆞ나 본문법이(이것이)나 이거슬 이거세 이거스로ᄒᆞᄂᆞᆫ것이나 (이것ᄉᆞᆯ)(이것에)(이것으로) ᄒᆞᄂᆞᆫ것이 본법인즉 말ᄒᆞᆯ제는 이거시 이거슬 이거세 이거스로 이러케 입을ᄯᅡ아ᄒᆞᆯ지라도 만일글노쓰면(이것이)(이것ᄉᆞᆯ)(이것에)(이것으로)이러케 쓰ᄂᆞᆫ것이올흘거시오
○무엇파곳치ᄒᆞᄂᆞᆫ것이 입에셔는 순ᄒᆞᆯ지라도(곳하)(곳흔)(곳히)ᄒᆞᄂᆞᆫ거시본문법이외다
○이칙상하권에 새로새ᄌᆞ가 이천여ᄌᆞ가되니 이두권을비ᄒᆞᆫ후에는 온갖국한문칙이나 국한문신문을 보시기가 무려히 너너ᄒᆞ오니 보시다가 간혹모를ᄌᆞ는 옥편에ᄎᆞ자보시면 그만이오 하필학교에가거나 독선ᄉᆡᆼ을청ᄒᆞ리오
○이칙에 씨ᄌᆞ를노흔것은 사ᄅᆞᆷ의 성씨라말이오

婦 지어미부 (婦인)
幼 어리유 (幼으)
獨 홀노독
習 닉일습 (힝習ᄒᆞ다)

一 ᄒᆞᆫ일 (一心, 一신)
卜 졈복복 (卜술)
几 궤궤 (칙几, 돈几)
乂 다스릴예

刀 칼도 (작刀)(란刀질)
川 ᄂᆡ천 (산川)
允 진실윤 (允허ᄒᆞ다)
已 이믜이 / 己 몸긔 (긔왕)(긔피지ᄉᆞ)

弋 쥬살익
么 요마요 (么마지ᄉᆞ)
尸 죽음시 (尸톄)
刃 놀인 (칼놀)

寸 치촌 (寸수 일쳑일寸)
欠 흠질흠 (欠축나다)
氏 각시시 (셩ㅅ시 김氏리氏)
介 낫개 (ᄒᆞᆫ介·두介)

天 요괴러울요 (天물 天ㅅᄒᆞ다)
尺 자쳑 (팔尺장신)
仄 기우랄측
巴 파촉파

乏 모ᄌᆞ랄핍 (간乏ᄒᆞ다 乏진ᄒᆞ다)
爻 괘효 (爻상 爻쥬ᄒᆞ다)
予 나여 줄여
幻 도섭환 幻롱질

丘 언덕구
另 별다를령
仙 신선션 (仙녀)
囚 가돌수 (囚금예들다 죄囚)

天 하ᄂᆞᆯ텬
地 ᄯᅡ디
日 날일
月 ᄃᆞᆯ월
星 별셩

하ᄂᆞᆯ노덥고 ᄯᅡ흐로싯고 날과ᄃᆞᆯ노 비최이ᄂᆞᆫ것은 다사ᄅᆞᆷ을 위ᄒᆞᆷ이오

金 쇠금 (金씨)
木 나모목
水 물슈
火 불화
土 흙토

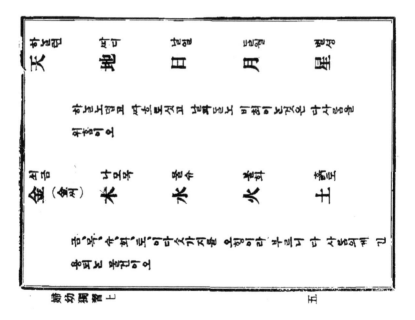

금、목、슈、화、토、이다ᄉᆞᆺ가지를 오힝이라 부르니 다 사ᄅᆞᆷ의게 긴용되ᄂᆞᆫ 물건이오

일만만 萬　만물물 物　지을조 造(제造ᄒᆞ다)　일울셩 成　뒤후 後(後에)

만물을 문든후에 비로소 인류가 싱겻스니 이것이 깁흔뜻이 잇소

사룸인 人　동류류 類(類취)　아비부 父　어미모 母　날싱 生

인류의첫 부모가 누구신지 불가불 알아야 ᄒᆞᆯ터이니 싱각ᄒᆞ여 볼일이오

아ᄃᆞᆯᄌᆞ 子　계집녀 女(ᄯᆞᆯ)　형형 兄　아오뎨 弟　아ᄌᆞ비슉 叔

ᄌᆞ녀가만코 다형뎨ᄒᆞᆫ 사룸은 고젹지안소 형우뎨공 ᄒᆞ는것이 덧덧ᄒᆞᆫ 리치오

족하질 姪　싱질싱 甥(외甥)　사회셔 婿(婿랑)　지아비부 夫(대개부)　안해쳐 妻

삼촌과 족하는 유부유ᄌᆞㅣ라ᄒᆞ고 婦는부부ㅣ라도ᄒᆞ고 부인이라도ᄒᆞ고 지어미라도ᄒᆞ오

面 ᄂᆞᆺ면　耳 귀이　目 눈목　口 입구　舌 혀설

ᄂᆞᆺ흔 얼골이라 귀로듯고 눈으로보고 입으로먹고 혀로맛도알고 말도ᄒᆞ고 글도닑소

身 몸신　背 등비　腹 ᄇᆡ복　手 손슈　足 발죡

일신에 등은 뒤에잇고 ᄇᆡ는 압헤잇고 슈죡으로는 힘동ᄒᆞᄂᆞ니라

一 ᄒᆞᆫ일　二 두이　三 석삼　四 넉ᄉᆞ　五 다ᄉᆞᆺ오

온갓수가 이열글ᄌᆞ에서 시작이니라

六 여ᄉᆞᆺ륙　七 닐곱칠　八 여덟팔　九 아홉구　十 열십

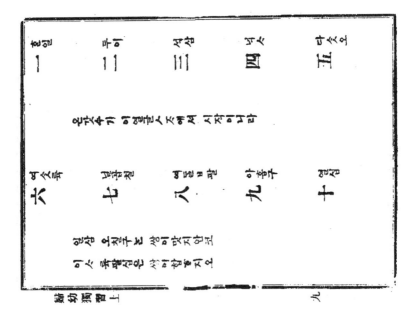

일삼 오칠구는 쌍이맛지안코
이ᄉᆞ 륙팔십은 쌍이합ᄒᆞ지오

上 우ㅅ상　下 아래하　左 왼좌　右 올흘우　中 가온대즁

우아래 ᄯᅮᆨ씨운듯ᄒᆞ고 좌우에는 빈곳이업는것이 무어시뇨

大 큰대　小 쟉을쇼　多 만흘다　少 졈을쇼 젹을쇼　間 ᄉᆞ이간

크도젹도안코 만도젹도아네 어즁간ᄒᆞ고나

日　出 날츌　卯 토기묘　日　入 들입

酉 ᄃᆞᆰ의유

일츌묘 일입유면 쥬야평균이라ᄒᆞ니 밤과낫이 ᄀᆞᆺ다말이오

鷄 ᄃᆞᆰ계　犬 개견　牛 쇼우　羊 양양　豕 도야지시 돗시

ᄃᆞᆰ은ᄯᅢ를ᄎᆞ자울고 개는집을직희고 쇼는사람을위ᄒᆞ야 밧을갈고
ᄯᅩ 고기맛이됴코 양과 도야지도 죠흔고기오

家(집가) 屋(집옥) 門(문문) 戶(지게호)(戶ㅅ수) 庭(뜰뎡)

이집은 문ㅅ간이 너르고 뜰이좁지아니니 사ᄅᆞᆷ의 위ᄉᆡᆼ에 ᄆᆡ우됴ㅅ스외다

井(울물졍) 下 花(ᄭᅩᆺ화) 草(풀초) 竹(ᄃᆡ쥭)

우물아래 ᄒᆞᆰ은 감을을 아니두니 화초와 ᄃᆡ가 무셩ᄒᆞ야 보기에 찬란ᄒᆞ오

各(각각) 人 有(잇슬유) 姓(셩셩) 名(일홈명)

각사ᄅᆞᆷ이 다 셩명이 잇서셔 누구ㅣ라 아모ㅣ라 서로 불너 아ᄂᆞᆫ이다

天 初(처음초) 明(ᄇᆞᆰ을명)

人 始(비로솔시 처음시) 起(닐긔)

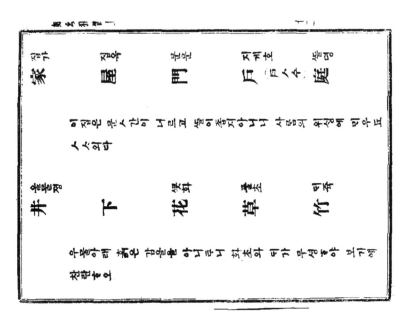

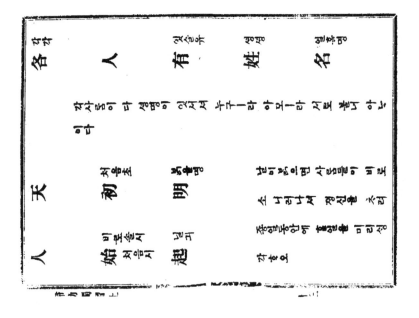

날이ᄇᆞᆰ으면 사ᄅᆞᆷ들이 비로소 니러나셔 정신을 ᄎᆞ려 종일동안에 ᄒᆞᆯ일을 미리ᄉᆡᆼ각ᄒᆞ오

長 긴쟝 (長子) 男 아들남 (男녀)

幼 어릴유 女

池 못지 (池씨) 草 靑 푸를쳥

山 뫼ᄉ산 花 紅 붉을홍

큰아들은 머리빗고 세슈ᄒᆞ고 조반먹고 학교에가고

어린ᄯᆞᆯ은 왜ᄲᅢᆨ사내라고 그모친을 조른다

못가에풀은 푸르고 산우헤ᄭᅩᆺ흔 붉게 퓌엿소

春 봄춘 風 바람풍 吹 불취

夏 녀름하 雨 비우 來 올래

先 몬저션 生 坐 안즐좌

弟 子 立 셜립

봄바람이 불면 빅화초목이 다발양이되고

녀름비가 와야 빅곡이 무셩ᄒᆞ오

션싱님은 안고 뎨ᄌᆞ는 셧는데 션싱님께 츙군이국ᄒᆞᄂᆞᆫ 도리와 슈신ᄒᆞᄂᆞᆫ 법을 ᄀᆞᄅᆞ치더라

良 어질량　朋 벗붕　至 니를지

好 됴흘호　友 벗우（朋友）　來

人　之 갈지　初

性 셩품셩（天性）　本 밋본　善 착할션

평싱애 됴하ᄒᆞᄂᆞᆫ 벗이 오면 엇더케 반가오리오 그런고로 공ᄌᆞ의 말ᄉᆞᆷ에 벗이 멀니셔 오면 엇지 즐겁지 아니랴 ᄒᆞ셧ᄂᆞ니라

사ᄅᆞᆷ이 처음 날적에는 셩품이 본리 착ᄒᆞ지마는 각각 그 긔질이 ᄆᆞᆰ고 흐리고 강ᄒᆞ고 유ᄒᆞᆷ이 다르니라

九　秋 가을츄（秋씨）　丹 붉을단（丹싱）　楓 신나모풍 단풍풍 시닥풍　好

구츄단풍을 ᄉᆞ랑ᄒᆞ야 말ᄒᆞ되 시리마즌닙히 이월ᄭᅩᆺ보다 더붉다고 ᄒᆞ엿소

三　冬 겨울동　白 흰ᄇᆡᆨ（白씨）　屋（로屋）　寒 출한

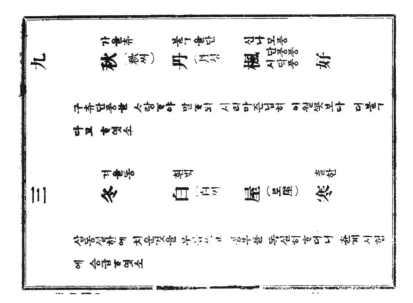

삼동설한에 치운것을 무릅쓰고 공부를 독실히 ᄒᆞ더니 츈계시험에 승급ᄒᆞ엿소

方 모방 (方씨) 圓 둥글원 曲 굽을곡 直 곳을직

모난것과 둥근것은 규구에합ᄒᆞ여야 될것이오 굽은것과 곳은것은 각각소용이 잇나이다

是 이시 非 아니비 難 어려울난 易 쉬울이

옳고 그른것을 분변치못ᄒᆞ면 지각이 업는사ᄅᆞᆷ이라 쉬운일만 ᄒᆞ지말고 어려운일을 만히ᄒᆞᆯ지어다

水 물슈 行 ᄃᆞᆫ닐ᄒᆡᆼ 船 ᄇᆡ션

물에는 ᄇᆡ가ᄃᆞᆫ니고 뭇헤는 수레가 ᄃᆞᆫ니나

陸 뭇륙 (陸씨) 行 車 수레거 (챠씨)

이ᄇᆡ와수레가 세상에 요긴ᄒᆞᆫ것이오

鳥 새됴 在 잇슬ᄌᆡ 林 수풀림 (林씨)

魚 고기어 (魚씨) 浮 ᄯᅳᆯ부 淵 못연

새는 수풀에잇고 물고기는 못에 ᄯᅥ잇는ᄃᆡ 내 만일 미나 낙시를 가졋스면 두가지다 잡을수잇소

門 外 밧외 柳 버들류(柳씨)

庭 前 압젼 杏 살구힝

米 쌀미 四 斗 말두

豆 팟두 八 升 되승

문밧게 버들나모가잇고 뜰압헤 살구쏫치잇스니 버들가지로 채ㅅ직을 맨들고 쏫색거 머리에 꼿자

이만ᄒᆞ면 우리다ᄉᆞᆺ식구가 ᄒᆞᆫ 도량식이 넉넉ᄒᆞ니 밥지어먹고 공부 ᄒᆞ여보새

姊 맛누의ᄌᆞ 作 지을작 文 글문(文씨)

妹 누의매 習 닉일습 字 글ᄉᆞᄌᆞ

晨 새벽신 星 稀 드물희(稀少ᄒᆞ다)

朝 아ᄎᆞᆷ죠 日 紅

맛누의는 글을짓고 져은누의는 글ᄉᆞᄌᆞ를닉이니 그부모의 교훈이 미우챡실ᄒᆞ오

새벽에 별이드문드문 보이는 것은 동편에서 해가점점갓가와오니 날이밝으려ᄒᆞ는 연고ㅣ라 어둡든후에 새로보니 붉ᄋᆞᆫ빗치 잇ᄂᆞ니라

和 고로화 (和목) 風 來

白 흰백 雲 구름운 去 갈거

화ᄒᆞᆫ 바람이오고 흰구름이가니 일긔가 참 됴흔ᄃᆡ 운동이나 ᄒᆞ여보면 신톄에 리ᄒᆞᆯ터이오

木 上 雀 참새작

村 ᄆᆞ을촌 中 가온대중 犬 개견

나모우헤 참새는 작작거리다가 학도들이 톄됴ᄒᆞᄂᆞᆫ것을 보고 ᄂᆞᆯ아가고 개는ᄃᆞ라난다

目 能 능ᄒᆞᆯ능 視 볼시

手 能 指 ᄀᆞᄅᆞ칠지 손가락지

눈은 능히보고 손은 능히 ᄀᆞᄅᆞ치니 만물의 호부를 눈으로보고 손으로 지목ᄒᆞ오

口 出 날츌 言 말ᄉᆞᆷ언

舌 혀셜 知 알지 (知긔지우) 味 맛미 (감味)

입은 말을내나 죠흔말도잇고 흉ᄒᆞᆫ말도 잇ᄉᆞ니 입직희기를 벽막에 막듯ᄒᆞᆯ것이오 혀는 오미를 분변ᄒᆞᄂᆞ니라

案 칙상안　上　書 글서

硯 벼루연　下　筆 붓필

紙 죠희지　一　幅 폭폭

每 ᄆᆡ양ᄆᆡ　習　畫 그을획

셔안우헤 칙이잇고 벼루아래 붓이잇스니 이는션ᄇᆡ가 거쳐ᄒᆞ는방이오

죠희 ᄒᆞᆫ폭식 가지고 ᄆᆡ일 글시획을 닉이니 학교시험에 드러가도 락뎨ᄒᆞᆯ리가 업ᄉᆞ오리다

夜 밤야　深 깁흘심　臥 누을와

朝　早 일을조　起 닐긔

能　耐(인내ᄒᆞ다) 견딜내　苦 고로울고

大　丈 길쟝　夫(夫씨)

밤이든후에 누어자고 아ᄎᆞᆷ에는 일죽이 니러나서 소셰ᄒᆞ고 부모계신 방에가서 문안ᄒᆞ는법이라

능히 고로온일을 잘견듸여야 방가위지 대쟝부ㅣ라

무ᄉᆞᆷ일을ᄒᆞ다가 고롭다고 그칠수가업소

釣 낙시됴　入 들입　池

魚　驚 놀날경　散 헤여질산

渴 목ᄆᆞ를갈　思 싱각ᄉᆞ　飮 마실음

飢 주릴긔　欲 ᄒᆞ고져욕ᄒᆞᆯ　食 밥식

낙시가 못에드러가니 고기가 놀나 헤여지니 심상ᄒᆞᆫ 미물이라도 저 잡으려ᄂᆞᆫ줄을 아옵ᄂᆞ이다

목ᄆᆞ르면 마시기를 싱각ᄒᆞ고 주리면 먹고져ᄒᆞᄂᆞᆫ것은 인졍에 덧덧ᄒᆞᆫ일이오

黃 누루황 (黃씨)　牛 쇼우　背 등비

坐 안즐좌　牧 먹일목　童 ᄋᆞᄒᆡ동

執 잡을집　弓 활궁　矢 살시

鳥 새됴　羣 무리군 (떼)　飛 놀비

누른 쇼의등에 목동이 안잣스니 소ᄂᆞᆫ풀을 비불니먹고 목동은 노래ᄒᆞᆫ다

사ᄅᆞᆷ이 활과살을 들고나니 새무리가 놀아간다

활에 상ᄒᆞᆫ새는 굽은나모를 보고도 놀난다 말이잇소

吹 불취　短 뎌를단　笛 뎌뎍

뎌른뎌를불제 셔양빗이 빗겨스니

夕 저녁셕　陽 볏양　斜 빗길샤

바람ㅅ결에 글녀는 소릐듯기 됴ㅅᄉᆞ외다

棉 면화면　成　布 뵈포

면환는 뵈를일우고 명ㅅ실은 비단을 일우니 이것이 부인네 공부이오

絲 실ᄉᆞ　成(成씨) 일울셩　帛 비단빅

水　生　珠 구슬쥬

물에셔는 명쥬가나고 산에셔는 옥돌을킨다

山,　採 ᄏᆡᆯ치　玉(玉씨) 구슬옥

무궁무진혼보비가 산슈간에 만히엇소

婦 계집부　採　桑

부인이 ᄲᅩᆼ닙을ᄯᅡ는ᄃᆡ 동ᄌᆞ가 뎜심밥을 가지고갓소

童 ᄋᆞ희동　送 보낼송　飯 밥반

그ᄋᆞ희가 부인의 아들인지 혹식 동싱인지 몰나

茶 차다　味 맛미　香 향긔향

奉 밧들봉(奉씨)　勸 권ᄒᆞᆯ권　客 손긱

柳 버들류　梅 미화미　爭 닷톨정

桃 복숑ᄋᆞ도　李 오얏리(李씨)　甘 돌감

차ᄉᆞ맛이 향긔로온ᄃᆡ 밧들어 손님ᄭᅴ 권ᄒᆞ면셔

말ᄒᆞ기를 맛온업ᄉᆞ나 ᄒᆞᆫ잔 잡ᄉᆞ오시오

버들과 미화가 닷토ᄂᆞᆫ거ᄉᆞᆫ 봄이오

복숑ᄋᆞ와 외얏은 맛이돌고 됴ᄉᆞᄉᆞ외다

雨 비우　後　虹 무지개홍

天　氣 긔운긔　晴 갤쳥(비오고 개다)

持 가질지　紗 깁사(깁紗)　巾 슈건건

執 잡을집　紙 죠희지　扇 부체션

비온뒤에 무지개셔고 그후에ᄂᆞᆫ 날이개고 텬긔가 쳥명ᄒᆞ외다

깁 슈건을 가지고 죠희 부체를잡고 그린드시 안지스니 도ᄉᆞ긋ᄉᆞ외다

鼠 쥐셔　見 볼견　猫 괴묘

入 들입　穴 구멍혈　裏 속리

鷄 ᄃᆞᆰ계　登 오를등　屋 지옥

狗 개구　望 ᄇᆞ랄망　籬 울두리리

쥐가 괴양이 오는것을보고 구
녁속에로 드러가니 괴양이가
아모소리도 아니ᄒᆞ고 쥐가 다
시 나오기를 기드린다

ᄃᆞᆰ이 집웅우헤로 올나가니 개
는 ᄯᅡ라가다가
속절업시 울두리만 ᄇᆞ라보고
섯다

荷 련하 (蓮 련)　花　開 여러

乘 ᄐᆞᆯ승　小　舟 ᄇᆡ쥬

彼 뎌피　農 농ᄉᆞ농　夫

唱 부를창　田 밧뎐 (田 셔)　歌 노래가

련쏫히 퓌엿는ᄃᆡ 작은ᄇᆡ를ᄐᆞ
고 쏫을싯고 시쳡은 가지고
술을먹으며 글을 지여봅새다

뎌농부들은 김미는노래를 브
르면셔
압셔거니 뒤셔거니 재조를
비히ᄒᆞ엿소

堂(집당)(법堂) 前 樹(나모슈)

鵲(가치작) 有 巢(깃소 새둥지소).

초당압헤 나모가잇ᄂᆞᆫᄃᆡ 그우헤 가치가 깃을드려 제집을 짓고 비둙이 올가두려워ᄒᆞᆫ다

犬(개견) 搖(흔들요)(搖동ᄒᆞ다) 尾(ᄭᅩ리미)

向(향ᄒᆞᆯ향) 主(님금쥬 님ᄌᆞ쥬) 乞(빌걸)

개가 ᄭᅩ리를 흔들며 쥬인을 향ᄒᆞ야 불샹이녀이기를 이걸ᄒᆞᆫ다

首(머리슈) 居(살거) 上

足 在(이슬재) 下

머리는 우헤잇고 발은 아래잇스나 만일그러치아니면 도현이라고 말ᄒᆞ겟소

肩(엇개견) 下 腋(겨드랑이익)

엇개아래 겨드랑이오 니마아래 눈섭이오

頂(니마뎡) 下 眉(눈섭미)

눈섭아래는 눈과 코와 입과 턱이오

齒 니치 (齒아) 依 의지ᄒᆞᆯ의 脣 입ᄉᆞ울슌

鼻 코비 中 央 가온ᄃᆡ앙

入 孝 효도효 親 어버이친

出 敬 공경경 長 어룬쟝 긴쟝

니는 입ᄉᆞ울놀 의지ᄒᆞ고 코는 즁앙 ᄒᆞᆫ가온대 잇서 온갓 내암새ᄅᆞᆯ 맛하 드리오

집에들면 어버이게 효도ᄒᆞ고 밧게나가면 어룬을 공경ᄒᆞ여야 놈이보고 졈잔은사름이라 칭도ᄒᆞ오

海 바다히 棠 아가외당 花 ᄭᅩᆺ화

庭 뜰뎡 前 압젼 植 심울식

老 늙을로 眼 눈안 昏 어두울혼 (황昏)

幼 어릴유 穿 ᄭᅦ일천 針 바놀침

히당화ᄭᅩᆺ흘 뜰압헤 심거노코 ᄒᆞᄂᆞᆫ말이 바람아 부지마라 이ᄭᅩᆺ히 ᄯᅥ러지면 명년삼월 엇지 기다려

로인의 눈이어두어 컴컴ᄒᆞ니 어린이히가 바놀귀ᄅᆞᆯ ᄭᅦ여드리고 구은밤 ᄒᆞᆫ푼엇치 사주기ᄅᆞᆯ 쳥ᄒᆞ오

日 西서녁서 沒새질몰(沒수히)

히가서편에 새지니 일락서산이라ᄂᆞᆫ말이잇고

月 東동녁동 升오를승

달이동편에 오르니 월출동령이라말이잇소

燈등ㅅ불등 光빗광 滅써질멸(滅망ᄒᆞ다)

등ㅅ불빗히 써진고로 집속이 어두우니

室집실(室內) 中 暗어두운암

달ㅅ빗 이라도 잇서스면 됴켓소

晩느즐만 風。 清

披헷칠피 納드릴납(ㅣ納)。 凉서늘ᄒᆞᆯ량

느즌바람이 ᄆᆞᆰ으니 옷깃을헤치고 서늘ᄒᆞᆫ 긔운을 마자드린다

試시험시(試관) 閑한가한 步거름보。

吟읇흘음 詩글시 句글ㅅ귀구

한가ᄒᆞᆫ 거름을 시험ᄒᆞ다ᄒᆞᆷ은 운동ᄒᆞ야 힝긔ᄒᆞᄂᆞᆫ거시오 겸ᄒᆞ야 시ㅅ귀를읇흐니 심신이 활발ᄒᆞ야 됴케다

過(지날과 허믈과) 瓜(외ᄋᆡ과) 田(밧뎐)
莫(말막) 納 履(신리)
李 樹(나모슈) 下
勿(말믈) 正(바를졍)(正月) 冠(갓관)(의관)

외ᄋᆡ밧을 지나다가 신들메를 미지마오
밧 님ᄌᆞ가보면 외ᄅᆞᆯ 싸ᄂᆞᆫ줄노 알겟소
오얏나모 아래셔 갓을 바로 쓰지마오
쥬인이 보면 오얏을 싸ᄂᆞᆫ줄노 알터이오

剖(갈흘부)(ᄶᅩᆨ의다) 一 梨(ᄇᆡ리)(梨강쥬)
叔 姪 分(ᄂᆞᆫ흘분)(分비ᄒᆞ다)오
子 不 教
父 之 過(허믈과)(지날과)

ᄇᆡ ᄒᆞᆫ 절반갈나서 숙질이 논화 먹으니
슉부유ᄌᆞ간에 ᄉᆞ랑이 샤실ᄒᆞ오
아ᄃᆞᆯ을 가ᄅᆞ치지아니면 아비의 허믈이니 부모의도리가 불가ᄒᆞᆫ ᄌᆞ녀ᄅᆞᆯ 잘가ᄅᆞ쳐야 그ᄌᆞ니고 ᄉᆞ랑ᄒᆞᄂᆞᆫ 졔미오

教 不 嚴(엄ᄒᆞᆯ엄) 교육을 엄ᄒᆞ게 아니ᄒᆞ면 그스
승의 게어름이니

師(스승ᄉᆞ) 之 惰(게어를타) 맛당이 공부과정을 엄절이 ᄒᆞᆯ
것이외다

幼 不 學 사ᄅᆞᆷ이 어려서 ᄇᆡ호지 아니면
늙어서 무엇을 ᄒᆞ리오

老 何(엇지하)(어ᄃᆡ, 무슴) 爲 후회ᄒᆞ여도 쓸ᄃᆡ업ᄉᆞ외다

玉 不 琢(다듬을탁) 옥이라도 다듬지아니면 쓸ᄃᆡ
가 업ᄂᆞ니

不 成 器(그릇기)(器명) 사ᄅᆞᆷ도 ᄀᆞᄅᆞ치지아니면 사ᄅᆞᆷ
모양되기 어렵지오

人 不 學(ᄇᆡ홀학) 사ᄅᆞᆷ이 학문을 ᄇᆡ호지 아니면
의리를 아지못ᄒᆞᄂᆞ니

不 知(알지)(知지) 義(올흘의)(義무) 그러면 만물지즁 ᄀᆞ장 귀ᄒᆞ다
ᄒᆞ기시 무어시오

親 친ᄒᆞᆯ친 어버이친 師 友 벗우

스승과 벗을 친히ᄒᆞ야 례의를 련습ᄒᆞ거시니 스승의게 비호지 아니면 례의를 엇지알니오 연고로사ᄅᆞᆷ마다 반다시 졂엇슬ᄯᅢ에 스승을 ᄯᅡ라ᄂᆞ니다

習 禮 儀 거동의

曰 ᄀᆞᆯᄋᆞ왈 仁 義

인과 의와 례와 지와 신은 사ᄅᆞᆷ의 량심에 근본 잇ᄂᆞᆫ것이니라

禮 례도례 智 지혜지 信 밋블신 (信表)

此 이ᄎᆞ 五 다ᄉᆞᆺ오 常 덧덧상 (례ᄉᆞ롭다)

이것이 다ᄉᆞᆺ가지 덧덧ᄒᆞᆫ것이ㅣ ᄲᅢ 어즈럽게 못ᄒᆞᆯ거시니 오상이 인싱의 즁대ᄒᆞᆫ 일이외다

不 容 얼골용 (용납ᄒᆞ다) 紊 문란ᄒᆞᆯ문 (어즈럽다)

麥 밀맥 보리맥 黍 기장셔 (黍속) 稷 피직 (稷당)

밀과 기장과 피 이세가지는 사ᄅᆞᆷ의 먹ᄂᆞᆫ바ㅣ라

人 所 바소 (처所) 食 먹일ᄉᆞ

뉘가 음식아니먹고 사ᄂᆞᆫ쟈가 잇스리오

稻 벼도 粱 슈슈량 菽 콩슉

是 六 穀 곡식곡

馬 ᄆᆞᆯ마 (馬씨) 牛 羊 양양 (면羊)

鷄 犬 개견 豕

벼와 서와 직과 도와 량과 숙은 이여ᄉᆞᆺ가지 곡식을 륙곡이라 브ᄅᆞᄂᆞ니 밥도짓고 ᄯᅥᆨ도ᄶᅵ고 술도빗고 두부도 ᄆᆞᆫᄃᆞ라 먹습ᄂᆞ이다

ᄆᆞᆯ과 소와 양과 닭과 개와 돗은 륙츅이라ᄒᆞᄂᆞᆫ것이니 사ᄅᆞᆷ의 식품과부리ᄂᆞᆫ데쓰이ᄂᆞ니라

此 六 여ᄉᆞᆺ륙 畜 칠츅

人 所 飼 먹일ᄉᆞ

曰 喜 깃블희 (喜식) 怒 노ᄒᆞᆯ노 (셩내다)

又 또우 哀 슬플이 懼 두려울구 (송懼ᄒᆞ다)

마우양 계견시 이 여ᄉᆞᆺ가지 즘승을 륙츅이라 브ᄅᆞᄂᆞ니 다사ᄅᆞᆷ이 먹여서 기르ᄂᆞᆫ것이라

ᄆᆞ음에 그립든것을 보면깃부고 분격ᄒᆞᆫ것을보면 노ᄒᆞ고 참혹ᄒᆞᆫ일을당ᄒᆞ면 슬퍼ᄒᆞ고 흉악ᄒᆞᆫ것을보면 두렵고

愛 ᄉᆞ랑이 惡 슬흘오 모질악 欲 ᄒᆞ고져ᄒᆞᆯ욕 어엿분것을보면 ᄉᆞ랑ᄒᆞ고 추
악ᄒᆞᆫ것을보면 슬희여ᄒᆞ고
ᄆᆞᄋᆞᆷ에 드ᄂᆞᆫ것을보면 욕심이
七(七去之惡) 情 뜻졍 (情분) 具 ᄀᆞ촐구 (具씨) 나ᄂᆞ니 이ᄂᆞᆫᄉᆞᄅᆞᆷ의칠졍이니라

匏 박포 (박아지) 土(土木之역) 革 가죽혁 (革代ᄒᆞ다) 포와、토와、혁파、목파、셕
파、금파、ᄉᆞ와、쥭파、
木 石 돌셕 金 이 여덟가지소릭가 각각

與 더불여 絲 실ᄉᆞ 竹 분별이잇서 음률에 이것을
팔음이라 브ᄅᆞ오
迺 이에내 八 音 소릭음 (音셩)

父 子 恩 은혜은 (恩뎐) 부ᄌᆞ 간에ᄂᆞᆫ 은졍이 근본이
오
夫 婦 지어미부 從 조ᄎᆞᆯ죵 (從人) 부부간에ᄂᆞᆫ 슌죵ᄒᆞ여야 쓸거
시오

兄則友 (곳즉) (友이ᄒᆞ다) 형된이는 맛당히 아오를 우익ᄒᆞ여야 올코

弟則恭 (공슌공) (恭경ᄒᆞ다) 아오된이는 맛당히 형을 공경ᄒᆞᄂᆞᆫ 리치니라

長(어룬)幼序 (ᄎᆞ례셔) (ᄎᆞ序) 어룬과 어린이는 ᄎᆞ셔가 잇고

友與朋 (벗붕) (朋友) 벗벗 지간에는 밋붐이 쥬장이외다

君則敬 (공경경) 님금인즉 맛당히 신하를 공경ᄒᆞ고

臣(臣子지도)則忠 (신하신) (츙셩츙) 신하인즉 맛당히 님금께 츙셩을 다ᄒᆞᆯ지니

此(이)十義 이거시 열가지 의리라

人所同 (ᄀᆞᆺ흘동) (ᄒᆞᆫ가지동) 사ᄅᆞᆷ마다 ᄒᆞᆫ지가로 지킬바ㅣ니 이 십의밧게 버서나면 사ᄅᆞᆷ이라 ᄒᆞᆯ수업소

君 則 敬
敬: 공경경
님금인즉 맛당히 신하를공경ᄒᆞ고

臣(臣子지도)則 忠
臣: 신하신
忠: 츙셩츙
신하인즉 맛당히 님금씌츙셩을 다ᄒᆞᆯ지니

此 十 義
此: 이
이거시 열가지 의리라

人 所 同(ᄒᆞᆫ가지동)
同: 갓흘동
사ᄅᆞᆷ마다 ᄒᆞᆫ지가로 직힐바ㅣ니 이 십의밧게 버서나면 사ᄅᆞᆷ이라 ᄒᆞᆯ수업소

凡(비凡ᄒᆞ다)訓(訓계)蒙(童蒙)
凡: 므릇범
訓: ᄀᆞᄅᆞ칠훈
蒙: 어릴몽
므릇 션ᄉᆡᆼ된자ㅣ 어린이를 교훈ᄒᆞ며

須 講(講론) 究
須: 모롬즈기슈
講: 강ᄒᆞᆯ강
究: 궁구ᄒᆞᆯ구
모롬즈기 문의를 강구ᄒᆞᆯ지니

詳 註(풀님) 詁
詳: ᄌᆞ셰샹
註: 주낼주
詁: 훈고고
주와 훈고를 ᄌᆞ셰히ᄒᆞ고

明 句 讀(背讀ᄒᆞ다)
讀: 닑을독
졀구와 ᄀᆞᄅᆞ거리를 ᄇᆞᆰ이 히셕ᄒᆞᆯ것이오

小學終(ᄆᆞᄎᆞᆷ내) 쇼학을 ᄆᆞᄎᆞ고는 또 ᄉᆞ셔를 시작ᄒᆞ야 닑을지니

至四書 그후에야 문리가 ᄎᆞᄎᆞ나셔 히몽이 되ᄂᆞ니라

論(의론론)語(말ᄉᆞᆷ어)(語학)者(놈쟈) 론어라ᄒᆞᄂᆞᆫ 칙은 합이 이십편이니

二十篇(칙편) 이아래 구절을 볼지어다

羣(무리군)弟子 공ᄌᆞ의 뭇 데ᄌᆞ들이 션ᄉᆡᆼ의 ᄒᆞ시ᄂᆞᆫ 션ᄒᆞᆫ말을 긔록ᄒᆞ야

記(긔록긔)(日記)善(착ᄒᆞᆯ션)言(말ᄉᆞᆷ언) 셩편ᄒᆞᆫ것이오

孟(맛맹)(孟씨)子者 맹ᄌᆞㅣ라ᄒᆞᄂᆞᆫ 칙은 닐곱편 샌이니

七篇止(굿칠지)(멈추다) 이아래 구절을 볼지어다

講 강ᄒᆞᆯ강　道(消학) 길도　德(德힝) 큰덕

說 말ᄉᆞᆷ셜　仁　義

作 지을작　中　庸 덧덧용 (용렬ᄒᆞ다)

乃 이에내　孔 구멍공 (孔씨)　伋 ᄉᆡᆼ각급

밍ᄌᆞ씌셔 도덕을 강론ᄒᆞ시고
인의를 셜명ᄒᆞ실셔
졔량지간에 유람ᄒᆞ셧ᄂᆞ니이다

즁용을 지으신이는 이에공모
ㅣ니

셩휘는 직 브르지못ᄒᆞᄂᆞᆫ고로
(급)ᄉᆞᄌᆞ를 모ᄉᆞᄌᆞ로브ᄅᆞ소

講 강ᄒᆞᆯ강　道(消학) 길도　德(德힝) 큰덕

說 말ᄉᆞᆷ셜　仁　義

作 지을작　中　庸 덧덧용 (용렬ᄒᆞ다)

乃 이에내　孔 구멍공 (孔씨)　伋 ᄉᆡᆼ각급

밍ᄌᆞ씌셔 도덕을 강론ᄒᆞ시고
인의를 셜명ᄒᆞ실셔
졔량지간에 유람ᄒᆞ셧ᄂᆞ니이다

즁용을 지으신이는 이에공모
ㅣ니

셩휘는 직 브르지못ᄒᆞᄂᆞᆫ고로
(급)ᄉᆞᄌᆞ를 모ᄉᆞᄌᆞ로브ᄅᆞ소

婦幼獨習 上　五十五

中 不 偏(치우칠편)

庸 不 易(밧골역 쉬울이)

중도를잡아 ᄒᆞᆫ편에 치우치지 안코 덧덧ᄒᆞ야 ᄒᆞᆼ샹 밧고지아니ᄒᆞ니 이것이 즁용지도 이외다

自(스ᄉᆞ로ᄌᆞ) 修(닥글슈)(修리ᄒᆞ다) 身(몸신)(ᅀᅡ톄)

次(버금ᄎᆞ) 齊(나라제 가ᄌᆞᆨ제) 家

스ᄉᆞ로 제몸을닥고 그버금은 가도를 졍제ᄒᆞ니 이거시 슈신제가ㅣ라ᄒᆞᄂᆞ니이다

先(몬저션) 治(다ᄉᆞ릴치)(治료ᄒᆞ다) 國(나라국)(구미각國)

天 下 平(평ᄒᆞᆯ평)(平生)

孝 經(글경)(지내다) 通(통ᄒᆞᆯ통)(능通ᄒᆞ다)

四 書 熟(닉을슉)(미熟ᄒᆞ다)

몬져 나라ᄒᆞᆯ 다ᄉᆞ리고 텬하를 태평케ᄒᆞᆯ것이니 그런고로 슈신 못ᄒᆞ고서야 엇지 가도를 졍제ᄒᆞ며 재가를 못ᄒᆞ고서야 엇지나라 ᄒᆞᆯ 나ᄉᆞ리리오 ᄒᆞ믈며 텬하를 엇지 태평케ᄒᆞ리오

如(ᄀᆞᆺ흘여) 六 經

始 可 讀(닑을독)

詩 書 傳(傳지ᄌᆞ손)(젼ᄒᆞᆯ젼)

又 周(周씨)(나라쥬 두루쥬) 易

孝경을 통ᄒᆞ고 ᄉᆞ서를 닉힌후에야 륙경ᄀᆞᆺ흔것을 비로소 가히 닑을거시니 글을 리ᄂᆞᆫ것이 ᄎᆞ서가잇ᄉᆞ니

만일 ᄌᆞ레ᄯᅱ여 여긔 더긔 박이부졍ᄒᆞ면 공부가 되지못ᄒᆞᄂᆞ니라

又 禮(장禮원)(례도례) 記

又 春 秋

號(별號)(일홈호) 六 經

當(當ᄒᆞ다)(맛당당) 講 求(講求ᄒᆞ다)(구ᄒᆞᆯ구)

시젼서젼과 ᄯᅩ 쥬역과 ᄯᅩ 례긔와 ᄯᅩ 츈츄가 이것이 륙경이라부르ᄂᆞ니 맛당이 깁흔ᄯᅳᆺ을 강구ᄒᆞᆯ것이니

권학문에 ᄒᆞ엿스되 남아가평ᄉᆡᆼᄯᅳᆺ을 일우고져ᄒᆞᆯ진대 륙경을 브즈런이 외오라ᄒᆞ엿소

唐 나라당 (唐材) 虞 나라우 헤아릴우 代 딕신딕 (오代조)

당우시딕에는 서로읍손ᄒᆞ다ᄒᆞ니 이는요 요舜ᄉᆞ젹 시절이라

相 揖 읍ᄒᆞᆯ읍 遜 ᄉᆞ양손

데요씌셔 님금위를 그아ᄃᆞᆯ의게 전치아니시고 데舜씌 전ᄒᆞ

稱 닐ᄏᆞᆯ칭 盛 셩ᄒᆞᆯ셩 담을셩 世

시고 데舜씌셔는 또ᄒᆞᆫ 그아ᄃᆞᆯ씌 전치아니시고 하우씌게 전

夏 녀름하 (나라) 有 禹 님금우 (禹씨)

ᄒᆞ시니 셩세라 닐ᄏᆞ랏ᄂᆞ이다

하ᄉᆞ나라에 우님금이 계시고

商 나라샹 有 湯 ᄭᅳ릴탕 (국)

샹나라에 탕님금이 계시고

周 두루쥬 (周씨) 文 武 호반무 (武변)

쥬ᄉᆞ나라에 문왕무왕이 계셔

삼왕이라 닐ᄏᆞ랏ᄂᆞ이다

稱 닐ᄏᆞᆯ칭 (天稱) 三 王 님금왕 (王씨)

데요의아ᄃᆞᆯ 단쥬와 데舜의아ᄃᆞᆯ 샹균은 불쵸ᄒᆞᆫ연고로 그부친의 업을 물녀가지지못ᄒᆞ엿ᄂᆞ이다

夏 傳 子

하ᄉᆞ나라은 왕위를

家天下 그아ᄃᆞᆯ의게 젼ᄒᆞ야 텬하로 집

四百載(ᄒᆡ지 시를지) 을삼아셔 ᄉᆞ빅년이나 누렷ᄂᆞ이다

湯代夏 셩탕이 하를치고 국호를 샹이

國號商 라ᄒᆞ야 국조를륙빅년이나 누리다가 텬하에몹슬님금

六百載 일흠날쥬ㅣ라ᄒᆞᄂᆞᆫ이가 싸홈을 됴하ᄒᆞ야 유소씨를 치거날 유

至紂(님금쥬 실마리쥬)亡(망ᄒᆞᆯ망) 소씨가 미희라ᄒᆞᄂᆞᆫ 계집을 밧치니 쥬ㅣ 깃버ᄒᆞ야 그계집의

周武王 말만 듯다가 망ᄒᆞ니라

始誅(베일쥬)紂 쥬무왕이 비로소 쥬를 베히고 국조를 팔빅년이나 누리니

八百載

最(그장최)(最초에)長久

周轍(박휘쳘)東

王綱(버리강)墜(떠러질츄)

삼ᄃᆡ이후에ᄂᆞᆫ 년죠가 뎨일 장구ᄒᆞ외다마ᄂᆞᆫ 동쥬로 쳔도ᄒᆞᆫ 후로 왕실이 쇠약ᄒᆞ야

져후들즁에 강ᄒᆞᆫ이가 약ᄒᆞᆫ이를 침범ᄒᆞ니 그러모로 왕실긔강이 퇴락ᄒᆞ매

逞(동ᄒᆞᆯ령)干(방패간)(干섭ᄒᆞ다)戈(창과)

倘(오히려샹)(숭샹ᄒᆞ다)游(놀유)說(돌낼셰)(말ᄉᆞᆷ셜)

始春秋

終戰(싸홈전)(戰쟝)國

간과를 동섭ᄒᆞ다ᄒᆞᆷ은 젼쟝을 니르켜 서로 싸호다말이오 유셰를 숭샹ᄒᆞ다ᄒᆞᆷ은 소진 쟝의등이 도라ᄃᆞᆫ니며 각국에 운동ᄒᆞᆷ이라

륙국이 합력ᄒᆞ야 진나라를 배쳑ᄒᆞ자ᄒᆞ며 또진나라를 섬기라도ᄒᆞ엿소

五霸強

霸 웃듬패 (霸上)　強 강홀강 강미홀강

오패는 제환공 진문공 송양공
진목공 초장왕이오

七雄出

雄 수컷웅 (영雄)

칠웅은 진、초、연、제、죠、위、한
이라

秦始皇

秦 나라진 (秦씨)　皇 님금황 (皇뎨)

진시황이나서 비로소 칠웅제
국을 겸병호야 다혼자 추지

始兼幷

兼 겸홀겸 (兼임)　幷 아오롤병 (아오로)

호고 만리쟝셩을 썻더니

傳二世

世 인간셰 (뉘뉘)

그후 두뉘를젼호고 손즈뉘에
나르러 망호엿고

楚漢爭

楚 나라초　漢 한슈한 (나라)　爭 닷톨징

초패왕항우와 한패공류계가
팔년을 서로싸호다가 항우가

高祖興

高 놉흘고 (高씨)　祖 한아비조 (祖샹)　興 닐흥 (흥치)

즈결호야죽고
한고조가 이긔고 니러나매

漢業建

業 업업 (농業)　建 셜건 (建立호다)

왕업을 셰웟더니

至 孝 平(평홀평)

王 莽(풀망) 簒(앗을찬)

光 武 興

爲 東 漢

효평황뎨듸에 니르러 왕망이 님금위를 아사국호를 新이라 ᄒᆞ다가 망ᄒᆞ엿고

셰조 광무황뎨류슈가 니러나 한나라 왕업을회복ᄒᆞ니 이것이 동한이니

新 새신

四 百 年

終(ᄆᆞᆺ춤종) 於(늘어) 獻(드릴헌)(죵셩)

蜀(쎠촉) 魏(나라위)(魏씨) 吳(나라오)(吳씨)

爭 漢 鼎(솟뎡)(식鼎)

ᄉᆞᄇᆡᆨ년만에 獻뎨듸에 니르러 ᄆᆞᆺ초니라

초、위、오、삼국이 한나라 긔업을 서로 닷토니

필경은 한종실의 ᄎᆞ지가되엿소

號 三 國

迄(미출흘) 兩(두량) 晋(누설진 진국진)

宋(나라송)(宋씨) 齊 繼(니을계)

梁(나라량)(梁씨) 陳(목울진)(陳씨) 承(니을승)(承지)

축、위、오、를 호왈삼국이라ᄒᆞ더니

그후에 두진나라헤 미첫고

또 송나라와 제ㅅ나라가 니여서고

그버금에는 량나라와 진나라이 니여서서

爲 南(압남)(南씨) 朝(아ᄎᆞᆷ됴)

都(도읍도)(도모지) 金 陵(언덕릉)

北(뒤북) 元(웃듬원)(元씨) 魏

分 東 西

남됴가되여 금릉싸헤 도읍ᄒᆞ엿습ᄂᆞ이다

북으로 원나라와 위ㅅ나라히 동서로 분치ᄒᆞ엿더니

迨(미츨틔) 至 隋(나라슈)

不 再(두재)(再ᄎᆞ) 傳

失(일흘실)(失대) 統(거느릴통)(統호ᄉᆞ수) 緖(실마리서)(두緖)

唐(당돌ᄒᆞ다) 高 祖

슈ᄉᆞ나라에 니르러 다시 전ᄒᆞ지 못ᄒᆞ고 국가정통을 일헛스니

그후에 당나라 고조가 비범ᄒᆞᆫ 긔상으로

起(닐긔) 義 師(군ᄉᆞ ᄉᆞ / 스승 ᄉᆞ)

除(덜제)(승九除) 隋(나라슈) 亂

創(시작ᄒᆞᆯ창)(創設) 國 基(터긔)(基지)

三 百(百공ᄒᆞᆫ창) 載

의로온 군ᄉᆞ를 니르켜 슈ᄉᆞ나라 란을 쳐멸ᄒᆞ야 업시ᄒᆞ고

나라긔업을 창립ᄒᆞ야 삼백년 동안에 텬하가 태평ᄒᆞ더니 텬도가 슌환ᄒᆞ매

梁(돌량) 나라량　滅(멸ᄒᆞᆯ멸) 새질멸　之(갈지)　량나라가나셔 슈ㅅ나라흘 쳐

멸ᄒᆞ니

國 乃 改(고칠기) (改조ᄒᆞ다)　국호가 이에 기혁이 되엿도다

梁 唐 晋　량나라、당나라、진나라、와

또 한나라、쥬ㅅ나라흘 세상

及(미츨급) (不及되다) 漢(한슈한) (나라) 周　에서

稱(自稱) 五 代　오딕라 칭ᄒᆞᄂᆞᆫ딕 다 ᄌᆞ쥬ᄌᆞ유

ᄒᆞ엿고

皆(다기) 自 由(말미암을유)　뉘 졀졔를밧거나 의뢰지심이

업섯더라

炎(불꼿염) 더울염(炎天) 宋 興　또 염송이 흥ᄒᆞ야 쥬ㅅ나라

受(밧을수) 周 禪(터닥글선) (傳位ᄒᆞ다)　긔업을 밧앗ᄂᆞ이다

昔(녜셕) 仲(버금즁) 尼(녀즁니)
師 項(목항) 橐(쟈루탁)
古 聖 賢(어질현)
尙(오히려샹)(尙씨) 勤(브즈런ᄒᆞᆯ근)(근ᄒᆞ다) 學

항탁이 팔세에 공ᄌᆞ의 스승이
되엿다ᄒᆞ엿스나
공ᄌᆞ는 셩인이지 ᄒᆞ셧스나 오
히려 비호기를 부ᄌᆞ런이 ᄒᆞ셧
스니
ᄒᆞ물며 우리ᄀᆞᆺ흔 둔탁ᄒᆞᆫ 인ᄉᆡᆼ
물이야 그공부를 빗비나ᄒᆞ여
야 될거시오

趙(나라죠)(趙씨) 中(中道) 令(ᄒᆞ여곰령)(명令)
讀 魯(나라로)(우둔ᄒᆞ다) 論(論價ᄒᆞ다)
彼(뎌피)(彼此一반) 既(이믜긔) 仕(벼슬ᄉᆞ)
學 且(구且ᄒᆞ다) 勤

죠보가 론어반부를닑고
태조를도아 텬하를 엇고
또 반부를닑고
폐하를도아 텬하를 다ᄉᆞ렷다
ᄒᆞ엿스니
벼슬ᄒᆞ면셔도 글을 브즈런이
닑엇소

披 蒲 창포포 編 역글편(編발)
창포닙흐로 칙을 믄드러 글을 쓰고

削 작글삭 竹 簡 딕쪽간(簡略ᄒᆞ다)
딕쪽을삭거 칙을믄드니 그런고로 칙을간편이라ᄒᆞ지오

頭 머리두(頭目) 懸 돌현(돌아미다) 樑 들보량(上樑ᄒᆞ다)
머리를 보ㅅ고개에 돌아미다ᄒᆞᆷ은 누으면 잠이드러 공부를 못ᄒᆞᆯ가 념려ㅣ오

錐 송곳쵸 刺 찔울즈(刺긱) 股 다리고
송곳으로 다리를 찌름은 졸님을 세움이라

彼 不 教
뎌네들이 놈이 ᄀᆞᄅᆞ치지 아녀도 저ㅣ가 스ᄉᆞ로 근고히글을 닑으모로 다공명이 새샹에 나타남이오

自 勤 苦 괴로울고

如(如히) 囊 주머니랑 螢 반듸ㅅ불형(개똥파리)
반듸ㅅ불을 만히잡아 주머니에 너헛다가 글닑는방에 헤치며 눈에비최는것이 다 등ㅅ불을 딕신ᄒᆞᆷ이라

如 映 비칠영 雪 눈셜(雪경)

家(家家戶戶)**雖**(雖연이나)**貧**(貧한ᄒᆞ다) 비록슈 가난빈

유지ᄒᆞᆫ 사ᄅᆞᆷ은 제집이 비록가 난ᄒᆞᆯ지라도 학문을 그치지안코 브즈런히ᄒᆞ엿ᄂᆞ니라

學不輟(輟市ᄒᆞ다) 긋칠쳘

苟(苟챠ᄒᆞ다)**不學** 진실노구

사ᄅᆞᆷ이 진실노 학업을 힘쓰지 아니ᄒᆞ면 엇더케 사ᄅᆞᆷ이 되리오 초목과 분토에도 비ᄒᆞᆯ수가 업ᄂᆞᆫ지라

曷爲人 엇지갈

蠶吐(吐사)**絲** 누에잠 비앗흘토

누에ᄂᆞᆫ 실ᄭᆞ지 비앗하 사ᄅᆞᆷ의게 지공ᄒᆞ야 명쥬옷ᄉᆞᆯ 닙게ᄒᆞ고

蜂釀(釀쥬ᄒᆞ다)**蜜**(쳥밀) 벌봉 비즐양 ᄭᅮᆯ밀

벌은 ᄭᅮᆯ을비저 사ᄅᆞᆷ의입ᄉᆞᆯ 돕게ᄒᆞᄂᆞᆫ듸

人不學

사ᄅᆞᆷ이되고 학문ᄇᆡ화 못ᄒᆞ면 더럽물건만 ᄀᆞᆺ지못ᄒᆞᆷ이라

不如物(物욱지심)

幼而學　어려서 학업을 비호ᄂᆞᆫ것은

壯(壯뎡)而行　징셩ᄒᆞ여서 힝ᄒᆞ고져 ᄒᆞᆷ이라
(壯 장ᄒᆞᆯ장　行 힝ᄒᆞᆯ힝 ᄃᆞᆫ닐힝)

上致君　엇더케ᄒᆞᄂᆞ냐ᄒᆞ면 우흐로 님금을셤겨 堯舜과ᄀᆞᆺᄒᆞᆫ 님금이 되시게ᄒᆞ고 아래로 빅셩의게
(致 닐윌치　君 님금군 그듸군)

下澤(덕澤)民(民쥬국)　덕퇵을 닙혀
(澤 못턱)

揚(립신揚名)名(名예)聲(聲화)　명셩을 놉니다ᄒᆞᆷ은 지조를닥가 립신양명 ᄒᆞᆫ다ᄂᆞᆫ말이오
(揚 놉일양　聲 소리셩)

顯父母　부모를 나타내다ᄒᆞᆷ은 더량반이 아모씨의 아ᄃᆞᆯ이라ᄒᆞᆷ이라
(顯 나타날현 현달현)

人遺(ᄂᆞᆷ기다)子　다른사ᄅᆞᆷ은 ᄌᆞ식의게 물녀주ᄂᆞᆫ것이 황금이 샹ᄌᆞ에ᄀᆞ득ᄒᆞ다ᄒᆞ여도
(遺 끼칠유)

金(쇠씨)滿ᄀᆞ득ᄒᆞ다籯(치롱)
(滿 출만　籯 샹ᄌᆞ영)

我(우리) 教 子
나ㅣ ᄌᆞ식의게 다만ᄒᆞᆫ가지 글

惟(오직유)(다만) 一 經
만 ᄀᆞᄅᆞ친다ᄒᆞ니 이는글닑은
가온대 옥녀도잇고 외식도잇
다ᄒᆞᆷ이라

勤 有 功(공공)
공부를 부즈런히ᄒᆞ면 그가온
대 스ᄉᆞ로 공이잇고 희타ᄒᆞ

戲(희롱희) 無 益(더ᄒᆞᆯ익)(리益)
야 놀기만ᄒᆞ면 리익이ᄒᆞᆫ덤도
업스니

戒(경계계) 之 哉(이기지)(어조ᄉᆞ지)
스ᄉᆞ로 경계ᄒᆞ야 맛당이 힘
쓸지어다

宜(맛당의) 勉(힘쓸면)(강勉ᄒᆞ다) 力(힘력)
공부ᄒᆞᆯ 세월이 다 지나가면
후회ᄒᆞ여도 쓸곳 업슬지로다

하권에는 국한문을 석거쓸터인ᄃᆡ 보시는이
가 더옥ᄌᆞ미가 이슬줄노 ᄉᆡᆼ각ᄒᆞ오니 명심ᄒᆞ
야 보시기를 ᄇᆞ라옵
만일토가 아니된 글ᄉᆞᄌᆞ가잇거든 그아래
ᄉᆞ쟝을 ᄉᆞᆯ펴보아서 ᄎᆞ줄지어다

胞 ᄋᆞ히빌포 (胞되ᄒᆞ다)
靈 신령령 (靈젹)
肉 고기육 (슉肉)
關 집관 닷을관
晼 히떠러질원 (늣다)
航 비항 (航海ᄒᆞ나)
賦 부셰부 픔부부 부지을부
魂 혼혼 (魂빅)
閉 닷올폐 (開閉ᄒᆞ다)
期 긔약긔 (期會ᄒᆞ다)
海 바다히 (海關)
梯 샤다리뎨 (계梯)

貴非王臣우리同胞
天賦ᄒᆞᆫ신愛國性은
男女分別잇슬손가
靈魂肉身同一ᄒᆞ다
閉關自守우리나라
文明風期晼晚ᄒᆞ여

帛 비단백
修 닥글슈
步 거름보 (步ㅅ수)
熱 더울열 (熱긔)
喚 부를환 (ㅅ喚)
荒 거출황 (荒唐ᄒᆞ다)
會 모돌회 (會사)
最 ᄀᆞ장최 (最初에)
盟 ᄆᆡᆼ셔ᄆᆡᆼ (同盟國)
鳳 봉 (鳳황)
胷 가ᄉᆞᆷ흉 (胷격)
膾 회회 (肉膾)

海航山梯諸各國이
玉帛會盟最後로다
一步一步前進ᄒᆞ야
熱心修學ᄒᆞ여보새
行年三十늣지아녀
勸則必成古人말ᄉᆞᆷ

喜 깃블희 (喜色)	痕 흔적흔
渾 다혼 (渾家)	衰 쇠ᄒᆞᆯ쇠 (衰진ᄒᆞ다)
錚 쇠ㅅ소리징	盛 셩ᄒᆞᆯ셩 (담다)
虛 빌허 (허ㅅ되다)	陰 그늘음 (陰陽)
隆 놉흘륭 (셩ᄒᆞ다)	熙 화ᄒᆞᆯ희 강희희
節 마듸절 (節긔) (節개)	睹 볼도

우리귀에錚錚ᄒᆞ니
寸陰인들虛送ᄒᆞᆯ가
一心써서工夫ᄒᆞ새
國家盛衰여긔잇네
隆熙日月永遠ᄒᆞ니
中興時節目睹ᄒᆞ새

婦幼獨習下

宮 집궁 (황宮)
司 마을ᄉᆞ ᄀᆞ음알ᄉᆞ {부태 寺}
屬 붓ᄒᆞᆯ쇽 (친屬、소屬)
許 허ᄒᆞᆯ허 (許락)
至 니ᄅᆞᆯ지 (至극ᄒᆞ다)
尊 놉흘존 (尊장)
咫 지쳑지 (咫尺지地)
府 마을부 (관찰府)
重 무거울즁 (즁ᄒᆞ다) {거듭 ㅂ}
禁 금ᄒᆞᆯ금 (禁法)
肅 엄슉슉
叅 참예참 (叅서관)

宮內府에는各院과各司와所屬官廳이許多ᄒᆞ니至尊咫尺에서王室을尊重ᄒᆞ며宮禁을肅淸ᄒᆞ고政府大臣會에는不叅ᄒᆞᄂᆞ니이다

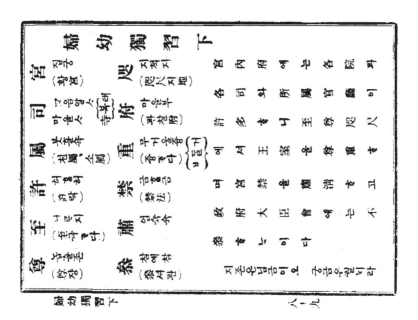

지존은님금이오 궁금은궐니라

禮 례도례 (行禮ᄒᆞ다)
喪 상ᄉᆞ상 (喪뎨)
廟 ᄉᆞ당묘 (종廟)
祠 ᄉᆞ당ᄉᆞ
殿 대궐뎐 (殿下)
祭 졔ᄉᆞ졔 (天祭)

使 ᄉᆞ자ᄉᆞ ᄒᆞ여곰ᄉᆞ 부릴시
陛 섬폐 (陛下)
見 보일현 볼견
報 갑흘보 (報ᄒᆞ다)
慶 경ᄉᆞ경 (慶절)
賀 하례하 (진賀)

掌禮院에서ᄂᆞᆫ國家婚喪大禮의節次와廟社殿宮의祭禮와各國使臣의陛見節次와各國에電報로배慶賀나慰問ᄒᆞ시ᄂᆞᆫ事를奉行ᄒᆞᄂᆞᆫ이다

廟ᄂᆞᆫ종묘ㅣ오 社ᄂᆞᆫ社직이라

閣 집각 (규장閣)
即 곳즉 (即今)
部 떼부 (法部)
院 원ᄉᆞ집원 (장례원)
廳 대텽텽 (경무廳)
總 다총 (總찰ᄒᆞ다)

理 다ᄉᆞ릴리
臣 신하신 (君臣)
席 돗셕 (좌席)
務 힘쓸무 (事務)
察 ᄉᆞᆯ필찰 (검察)
却 믄득각 믈니칠각

內閣과各府、部、院、廳、長官中에內閣總理大臣이首席이니一人之下ㅣ오萬人之上이라一國政務를總察ᄒᆞ니各府部大臣中에第一웃듬이되ᄂᆞ니이다

其 그기

外 밧외 (內外)

度 혜아릴탁 지날도

支 괴일지 (支령ᄒᆞ다)

軍 군ᄉᆞ군 (軍부)

法 법법 (法부)

局 판국 (디방국)

課 공부과 (문서課)

技 재조기 (技예)

命 목숨명 (人命)

掌 손ㅅ바닥장

管 거느릴관 (掌管ᄒᆞ다)

其次에ᄂᆞᆫ外部와內部와度支部와軍部와法部와學部와農商工部가잇ᄉᆞ니各部에다大臣과次官과局長과課長이잇ᄂᆞᆫ데課長은書記官이나技師가大臣의命을承ᄒᆞ야掌管ᄒᆞᄂᆞᆫ이다

秘 숨길비 (秘밀ᄒᆞ다)

忙 밧블망 (총忙ᄒᆞ다)

計 계교계 (會計ᄒᆞ다)

公 공번될공 (公도)

文 글문 (公文)

接 졉ᄒᆞᆯ졉 (영接ᄒᆞ다)

受 밧을슈

發 필발 (發송ᄒᆞ다)

送 보낼송 (전送)

簿 문서부 (文簿)

保 안보보 (保人) (보두다)

項 목항 (각項)

各府部에文書課、秘書課會計課가다잇ᄉᆞ니文書課에셔ᄂᆞᆫ各項去來公文을接受發送ᄒᆞ며各項文簿를保管ᄒᆞ니文書出納ᄒᆞᄂᆞᆫ門이외다

機 틀긔 (機會)
密 빽빽ᄒᆞᆯ밀 (機密ᄒᆞ다)
事 일ᄉᆞ (事務)
官 벼슬관 (官報)
吏 아젼리 (官吏)
進 나아올진
退 믈너날퇴 (退却ᄒᆞ다)
勅 죠칙칙 (勅令)
奏 알욀주 (奏下ᄒᆞ다)
判 판단판 (判決ᄒᆞ다)
免 면ᄒᆞᆯ면 (免官ᄒᆞ다)
任 맛길임 (칙任官)

秘書課에서ᄂᆞᆫ機密事項과官吏進退와勅任、奏任、判任官의任免件을起案保管ᄒᆞ고또奏本件을主管ᄒᆞ니그所任이지극히秘密ᄒᆞ고重ᄒᆞ외다

員 인원원 (官員)
俸 록봉봉 (月俸)
給 줄급 (俸給)
雜 섯길잡 (협雜)
費 허비비 (經費)
該 ᄀᆞ출히 다히
准 쥰ᄒᆞᆯ쥰
請 쳥ᄒᆞᆯ쳥 (請囑, 쳥컨대)
求 구ᄒᆞᆯ구 (求쳥)
推 밀츄 (推심ᄒᆞ다)
尋 ᄎᆞ즐심 (尋常ᄒᆞ다)
頒 반ᄉᆞᆯ반 (頒給ᄒᆞ다)

會計課에서ᄂᆞᆫ部中大小官員의俸給과雜給雜費를該部大臣의出給命令書를奉准ᄒᆞ야度支部에請求推尋ᄒᆞ야一一頒給ᄒᆞᄂᆞ이다

譯 번역역 (翻譯官)
翻 뒤칠번 (翻역관)
他 다ᄅᆞᆯ타 (他國)
役 역ᄉ역 (役費)
打 칠타 (打살ᄒᆞ다)
筭 산놀산 (필筭)

超 뛸쵸
越 건널월 (나다)
陞 오ᄅᆞᆯ승 (陞給ᄒᆞ다)
差 차하ᄒᆞᆯ차 칫ᄉ치 참치ᄒᆞᆯ치
郡 고을군
守 직힐슈 (군守)

各部에通譯官翻譯官主事技手等官이잇스니他國語ᄅᆞᆯ通譯ᄒᆞ며他國文을翻譯ᄒᆞ고書役과打筭은主事와技手들이만히ᄒᆞ니超越ᄒᆞᆫ人才ᄂᆞᆫ陞差도ᄒᆞ고郡守도ᄒᆞ오

兒 ᄋᆞ히ᄋᆞ
校 학교교 장교교
修 닥글슈
化 화ᄒᆞᆯ화 (조化)
格 니ᄅᆞᆯ격 격ᄌᆞ격 (格식)
測 측량측 (형용난測)

量 헤아릴량 (食量)
問 무ᄅᆞᆯ문 (問安)
到 니ᄅᆞᆯ도 (到처에)
底 밋뎌
權 권세권 (權道)
利 리ᄒᆞᆯ리 (利식)

西洋婦人네ᄂᆞᆫ自兒時로學校에서修業ᄒᆞ야經濟學과格物學과化學과物理學測量學에學問이到底ᄒᆞ기로權利가男子와ᄀᆞᆺ흐나나만國事에ᄂᆞᆫ不參이다ᄒᆞ옵ᄂᆞ이다

冊 칙칙 (서冊)
線 실션 (針線ㅅ줄)
餘 남를여 (餘가에)
均 고로를균 (고로롭다)
工 공부공 장인공
新 새신 (新學問)

聞 드를문 (所聞)
解 풀히 션올히
得 엇을득 (부得不)
寧 편안녕 (어지) (출히리)
疑 의심의 (疑혹)
虛 빌허

此冊을針線그ᄅᆞᆺ에노하두고다론일ᄒᆞᆯ餘暇에틈틈이보아서每日平均五字式만工夫ᄒᆞ야二年동안이면國漢文新聞紙라도能히解得ᄒᆞᆯ줄을丁寧無疑오니歲月을虛送치마옵

優 나흘우
等 무리등
才 ᄌᆡ조ᄌᆡ
操 잡을조
嘉 아름다올가
尙

抄 벳길쵸 (抄록ᄒᆞ다)
柄 자로병 (權柄)
眞 참진 (眞品)
墨 먹묵 (지필墨)
丁 고미래뎡 장뎡뎡 (丁씨)
賞 샹줄샹 (賞給)

優等生의才操가嘉尙ᄒᆞ니抄筆一柄과眞墨五丁을賞與ᄒᆞᄂᆞ니이다

우등은장원이오

진묵은참먹이라

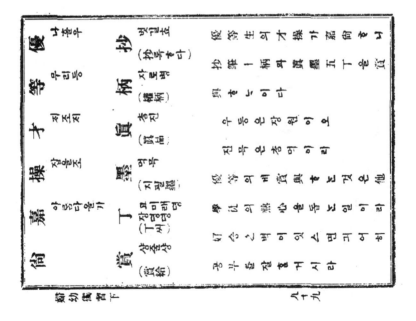

優等의게賞與ᄒᆞᄂᆞᆫ것은他學徒의熱心을돕ᄂᆞᆫ일이라好승之벽이잇스면괴어히공부ᄅᆞᆯ잘ᄒᆞᆯ거시라

佳 아름다울가

節 마듸절 절긔절

煖 더울난 (煖로)

婚 혼인혼

姻 혼인인

嫁 싀집갈가

娶 장가갈취

第 ᄎ례뎨 (第一、第十)

適 마즐뎍 마즘뎍

當 맛당당

歲 ᄒᆡ세

轎 가마교 (四人轎)

陽春佳節에風和日煖ᄒᆞ니婚姻嫁娶ᄒᆞ기가第一適當ᄒᆞᆫ歲月이라됴됴슉女ㅣ君子好구ㅣ로다

뎍당은합당ᄒᆞ다ᄯᅳᆺ이라

婚姻은人倫大事ㅣ라ᄒᆞᄂᆞᆫ니엇지男女가相見치못ᄒᆞ고父母가쳔편ᄒᆞ리오

件 벌건 (事件)

價 갑가 (헐價)

折 써글절

太 콩태 자못태 (太씨)

過 지날과 허물과

各 각각 (各名、各姓)

處 곳처 (處ᄌᆞ)

市 져ᄌᆞ시 (市졍)

例 젼례례

酌 부을작

定 뎡홀뎡

週 닐헤쥬 (一週日)

그物件이價折이太過ᄒᆞᆫ듯ᄒᆞ니各處에셔파ᄂᆞᆫ市價一例로酌定ᄒᆞ여주면一週日內에갑을갑겟고그러치아니면흥졍니셔여질터이니깁히싱각ᄒᆞ시오

郊 들교 (東郊)
烈 민울렬 (烈女)
梳 빗소
空 빌공
暇 겨를가 (何暇에)
隙 틈극
電 번개뎐 (電報)
錢 돈젼
政 졍ᄉᆞ졍 (政府)
艱 가난간
辛 미울신 (辛씨)
脚 다리각 (出脚ᄒᆞ다)

東郊에나가서梳風이나ᄒᆞ고淸烈ᄒᆞᆫ空氣나마시고와스면됴켓스나暇隙도업거니와電車를두려ᄒᆞ니錢政이艱辛ᄒᆞ고거러가려ᄒᆞ니脚力이不足ᄒᆞ여어렵ᄉᆞ외다

種 씨죵 심을죵
集 모돌집
時 ᄯᅢ시 (時計 時節)
衆 무즁 (衆人소시)
防 막을방 (防셕ᄒᆞ다)
弊 폐폐 헤여질폐
聰 귀밝을총
達 통달달 (득달ᄒᆞ다)
選 ᄲᅡᆯ선 (피選되다)
特 ᄯᅮ별특
率 거ᄂᆞ릴솔 (권率)
合 모돌합 합ᄒᆞᆯ합

나라이라ᄒᆞᄂᆞᆫ것은人種이만히會集ᄒᆞ엿다말이니人種이만코土地가잇스면即一國이라萬一君長이無ᄒᆞ면衆口難防으로雜亂ᄒᆞᆫ弊가有ᄒᆞ겟기로其中에聰明特達ᄒᆞᆫ者를推選ᄒᆞ야王이라稱ᄒᆞ야人衆을統率케ᄒᆞᄂᆞ니

若 만일약 (若何오)
律 법률 (丕律ᄒᆞ다)
樂 즐길락 풍악악
界 디경계
毫 털호 (毫발도)
私 ᄉᆞᄉᆞᄉᆞ (私졍)
富 가음열부 (富홈)
貴 귀ᄒᆞᆯ귀
賤 쳔ᄒᆞᆯ쳔 (賤되밧다)
士 션비ᄉᆞ 士大夫
考 샹고고 (션천)
문란은어즈럽다말
세계는텬하ㅣ란말

若一定ᄒᆞᆫ法律이無ᄒᆞ면喜怒哀樂之間에承上接下ᄒᆞ는道가紊亂키容易ᄒᆞ겟슨즉世界各國이다定ᄒᆞᆫ法律이有ᄒᆞ야一毫私情이無ᄒᆞᆫ故로富貴貧賤과士農工商을勿論ᄒᆞ고各各法을依ᄒᆞ야守分生活ᄒᆞᄂᆞ니

放 노흘방 (放탕ᄒᆞ다)
心 ᄆᆞᄋᆞᆷ심 (心法)
謂 닐을위 (所謂工夫)
鞏 굿을공
固 굿을고 (진실노)
個 낫개 (個)
熱 더울열 (熱血)
切 간졀졀 베힐졀
擔 메일담 (擔부지역)
必 반ᄃᆞᆺ필 (何必)
職 직업직 벼슬직
減 덜감 (加減ᄒᆞ다)

나ㅣ잇지我一人이放心ᄒᆞ기로서國事가아니되겟느냐고謂ᄒᆞ리오萬一二千萬人이다我言과同ᄒᆞ면國家를鞏固케ᄒᆞᆯ사ᄅᆞᆷ은一人도無ᄒᆞᆯ지라我先我一個人의力을熱切히擔當ᄒᆞᆯ시니何必一分子의職分을減ᄒᆞ리오 (一分子는ᄒᆞᆫ목)

徒 무리도 ᄒᆞᆫ갓도

責 척ᄒᆞᆯ척 직척척

韓 한국한 (韓씨)

養 기ᄅᆞᆯ양 공양ᄒᆞᆯ양 (치다)

恢 클회

復 거듧복 다시부

千 일쳔쳔 (千써)

里 마을리 (九萬里長天)

疆 디경강 (疆土)

背 등빈 (빈반빈)

肩 엇개견

負 질부 (져ᄇᆞ리다) (勝負)

今日學徒들의責任을講論ᄒᆞᆯ진ᄃᆡ엇지重大치아니리오我韓의文明進步도學徒들에게在ᄒᆞ고民智開發도그리코國力養成도그리코國權恢復도그러ᄒᆞ야三千里疆土ᄂᆞᆫ學徒들의背와肩에擔負ᄒᆞᆷ이라

創 시작ᄒᆞᆯ창 (創業之君)

設 베플셜 (設或)

百 일ᄇᆡᆨᄇᆡᆨ

場 마당쟝 (뎡거場)

看 볼간 (看色)

護 간호ᄒᆞᆯ호 보호ᄒᆞᆯ호

願 원ᄒᆞᆯ원 (소願)

或 혹혹 (間或)

緊 긴ᄒᆞᆯ긴 (緊관事)

用 쓸용 (無用之物)

品 품품 (正一品)

供 ᄀᆞ출공 공급ᄒᆞᆯ공

我國古時에十濟國이잇스니此ᄂᆞᆫ十人이合ᄒᆞ야一國을創設ᄒᆞ엿고또百濟國이有ᄒᆞ니此ᄂᆞᆫ百人이聚合ᄒᆞ야一國을建立ᄒᆞ엿스니我ᄂᆞᆫ二千萬同胞中에保國ᄒᆞᄂᆞᆫ一分子ㅣ라女子ᄂᆞᆫ戰場에看護婦를自願ᄒᆞ며或愛國男子의緊用物品을作家供給ᄒᆞᄂᆞ니

亦 또역 (亦是)
忠 츙셩츙 (忠군이국)
援 구원원
血 피혈 (血담)
誠 졍셩셩 (진실노)
殊 다를슈

俗 풍쇽쇽 쇽될쇽
談 말솜담 (客談)
助 도울조 (보助화)
紡 방젹방
績 방젹젹
育 칠육

此亦忠君愛國ᄒᆞᄂᆞᆫ男子의後援이됨이니天地間에爲國ᄒᆞᄂᆞᆫ血誠이男女가懸殊타謂ᄒᆞ리오我國俗談에彼家에ᄂᆞᆫ內助가有ᄒᆞ다ᄒᆞ니紡績針線ᄲᅮᆫ아니라其子女를愛國之道로ᄡᅥ敎育홈이니라

陰 그늘음 (陰陽)
龍 룡룡 (龍씨)
佛 부처불 (佛經)
洗 씻을세
滌 씻을텩
宇 집우

宙 집쥬
謊 허황ᄒᆞᆯ황
迷 아득ᄒᆞᆯ미 (迷惑ᄒᆞ다)
鄙 더러울비
陋 더러울루
飯 밥반 (早飯)

陰曆四月八日에天外九龍이吐水以來ᄒᆞ야世尊佛을洗滌ᄒᆞ다고世人이此日을浴佛日이라ᄒᆞ니宇宙間에이런虛謊ᄒᆞᆫ事가잇스리오我ᄂᆞᆫ諸同胞의昏迷心과鄙陋心을洗滌ᄒᆞ기ᄅᆞᆯ希望ᄒᆞ노라

宇宙ᄂᆞᆫ天地라말

奇 긔특긔 (奇異ᄒᆞ다)
阿 언덕아 의지ᄒᆞ야
附 붓ᄃᆞᆯ부 부칠부
腐 썩을부 (豆腐)
敗 패ᄒᆞᆯ패 (見敗ᄒᆞ다)
愚 어리셕을우 미련우

痴 어리셕을치
未 아닐미 못ᄒᆞᆯ미
萌 엄돗을밍
警 경계경 (警무ᄉᆞ)
去 갈거 ᄇᆞ릴거
訟 송ᄉᆞ송

靑年奇男子들은宜當히阿附心과腐敗心과愚痴心이未萌之前에自警自訟ᄒᆞ야正心修身ᄒᆞ기로힘쓸지어다

阿附ᄂᆞᆫ富貴ᄒᆞᆫ者에게아쳠ᄒᆞ야ᄯᆞ로다말
腐敗ᄂᆞᆫ生氣가ᄒᆞ나도업다말

英 ᄭᅩᆺ부리영
雄 수웅 (大雄)
慷 ᄯᅳᆼ분ᄒᆞᆯ강
慨 ᄯᅳᆼ분ᄒᆞᆯ개
效 본밧을효 (效力)
則 법측측 곳즉

盡 다ᄒᆞᆯ진 (盡力)
竭 다ᄒᆞᆯ갈 (竭力ᄒᆞ다)
精 정긔정 (졍묘ᄒᆞ다)
神 귀신신 신그럽다
收 거둘슈 (收쇄ᄒᆞ다)
拾 쥬을습

昔日英雄熱士의慷慨之心을効則ᄒᆞ야精神을收拾ᄒᆞ야盡心竭力ᄒᆞ야治國平天下之心으로배남금을忠誠으로섬기고百姓을恭敬으로부리ᄂᆞ니此ᄂᆞᆫ人臣之道올소이다

動 움즉일동 (動物원)
靜 고요졍
泰 클태 태산태
然 그럴연 (然이나)
規 법규 둥글규
矩 법구 모날구

違 어긜위 (違約ᄒᆞ다)
慾 욕심욕
偏 치우칠편
敢 엇지감 (敢히)
侵 침노침
犯 범ᄒᆞᆯ범 (犯罪ᄒᆞ다)

一動一靜에心君이泰然ᄒᆞᆫ즉百體가命을조차規矩에違越ᄒᆞᆷ이無ᄒᆞ지니私慾偏情이엇지敢히侵犯ᄒᆞ리오如此ᄒᆞ면獨善其身ᄲᅮᆫ아니라後進의賢師가되ᄂᆞ니라

辭 말ᄉᆞᆷᄉᆞ 하직ᄉᆞ
於 늘어
焉 익기언 잇지언
哉 익기ᄌᆡ
乎 온호
譬 비유ᄒᆞᆯ비 (비컨ᄃᆡ)

也 익기야
耶 어조ᄉᆞ야
于 갈우 걸우
矣 쥬비의
歟 어조ᄉᆞ여
兮 어조ᄉᆞ혜

語助辭十二字가有ᄒᆞ니이는저혼자는뜻이업고다른字의뜻을도올ᄲᅮᆫ이라大槪說明컨대而人字는압헤말을당긔ᄂᆞᆫ字ㅣ라譬컨대學而時習之라ᄒᆞᆷ은ᄇᆡ호고ᄯᅢ로닉히다뜻이오散而復合이라ᄒᆞ면(헤여젓다가다시合ᄒᆞ다뜻이니而人字가고)와다가)와ᄀᆞᆺ고

復 다시부	耕 밧갈경	奴 남죵노	婢 녀죵비	置 둘치	架 시렁가
轂 곡식곡 (五穀)	鋤 호믜서	耜 싸뷔ᄉᆞ 보십ᄉᆞ	綺 비단긔	杼 북저 (뵈짜ᄂᆞᆫ연장)	緯 씨위 (뵈ᄶᆞᄂᆞᆫ 날과씨)

於人字ᄂᆞᆫ(사ᄅᆞᆷ과)곳ᄯᅳᆯ그ᄅᆞ치ᄂᆞ니譬컨대「耕問於奴ㅣ라ᄒᆞ면(밧갈기ᄅᆞᆯ남종의게뭇고織問於婢라ᄒᆞ면뵈짜기ᄅᆞᆯ녀죵의게뭇고)此冊을置於架上이라ᄒᆞ면(이칙을시렁우헤노하라ᄒᆞ니)(의게)와(두려)와」(대)와(에)가於人字와ᄀᆞᆺ고또於我에何關고ᄒᆞ면(내게무슴상관인고.ᄒᆞ니)(게)가於와ᄀᆞᆺ소

惜 잇길셕	美 아ᄅᆞᆷ다올미 (美人)	安 편안안 엇지안 (安씨)	嗟 슬플차	徒 옴길ᄉᆞ (올ㅁ을ᄉᆞ)	宅 집ᄃᆡᆨ (李判ᄃᆡᆨ)
忘 니즐망	狂 미칠광 (狂증)	硯 벼루연 (硯ᄉᆞ상)	著 붓저	術 ᄌᆡ죠술 ᄭᅬ술	了 ᄆᆞᆺ출료

焉人字ᄂᆞᆫ於焉間이라ᄒᆞ면(오라지아녀서)少焉예ᄒᆞ면(져ᄋᆞᆫ듯ᄒᆞ여)恕諒焉ᄒᆞ라ᄒᆞ면(용서ᄒᆞ라)哉人字ᄂᆞᆫ惜哉라ᄒᆞ면(앗갑다)美哉라ᄒᆞ면(아ᄅᆞᆷ답다)而今安在哉오即今어듸잇ᄂᆞᆫ고(다업서젓다)乎人字ᄂᆞᆫ嗟乎ㅣ라ᄒᆞ면(슬프다)嗚乎ㅣ라(嗚)乎且져ᄒᆞ면徒宅忘妻者ᄂᆞᆫ其狂人乎ㅣ저

閔 민망민 (閔씨)
副 비금부 (副령ᄉᆞ)
領 거ᄂᆞ릴령 (領中)
舍 집샤 (舍兄、舍弟)
郭 셩곽곽 (郭씨)
寡 적을과 과부과

嫂 아ᄌᆞ미수 兄嫂
畓 논답
洛 락슈락
監 볼감 (監督ᄒᆞ다)
著 쓸저
述 긔록술

之人字는閔副領之家舍민부령의가샤ㅣ라郭寡嫂之畓과파수의논이라海星書會之著述이라好色之人이라ᄒᆞ면色을됴하ᄒᆞᄂᆞᆫ사ᄅᆞᆷ伐性之狂藥이라ᄒᆞ면伐性ᄒᆞᄂᆞᆫ狂藥이라홈이니(의와(ᄒᆞᄂᆞᆫ)이之人字와ᄀᆞᆺ고也ᄉᆞ字는글구졀ᄭᅳᆺ헤쓰임이만ᄒᆞ니同은齊也ㅣ라皆는偕也ㅣ라道也者는도ㅣ란것은、也知버버이알패라也白無妨이러케쓰이고

耶 어조ᄉᆞ야
頸 목경 (문頸之交)
稽 조을계 (샹고ᄒᆞ다)
繫 밀계 (어ᄆᆡ다)
那 엇지나 언제나
駕 멍에가

係 밀계 (닛다)
京 셔울경 (京城)
酒 술쥬 (過夏酒)
似 ᄀᆞᆺ흘ᄉᆞ
郞 셔방랑 (郞君)
近 갓가올근 (近日)

耶人字는ᄭᅳᆺ는말句節末에쓰이는字ㅣ니譬컨대松耶아柏耶아ᄒᆞ면술이나잣이나ᄒᆞᄂᆞᆫ말이오)那間에駕洛耶아ᄒᆞ면(언제나上京ᄒᆞ시려오ᄒᆞᄂᆞᆫ말

于人字는於人字와近似ᄒᆞ니譬컨대之子于歸라ᄒᆞ면(新郞이도라가다ᄉᆞ말이니于人字가歸人字의ᄯᅳᆺ을조ᄅᆞᆷ도올ᄲᅮᆫ이오)

歸 도라갈귀 (歸化ᄒᆞ다)
舜 슌님금슌 (요舜ㅅ적)
往 갈왕 (왕왕이)
觀 볼관
昨 이제작 (昨年)
啓 열계 (敬啓者)

倅 관원슈 (원님)
抵 미츨뎌
松 솔숑
柏 잣빅
巳 비얌사
億 억죠억 (만식만)

舜이往于田이라ᄒᆞ면舜이밧헤가시다홈이니(于)와(헤)가ᄀᆞᆺ고
矣ㅅ字ᄂᆞᆫ官府에對ᄒᆞ야請願홀ᄯᅢ에矣身이ᄒᆞ면(나ㅣ라말이오)矣等이ᄒᆞ면(우리무리라말)觀察使가昨日啓駕矣라ᄒᆞ면어제行次ᄒᆞ셧다말本倅가明日抵洛리矣다말

兆 억죠죠 (兆件)
戴 닐ᄃᆡ
己 몸긔 이믜이 (ᄌᆞ己)
藥 약약
式 법식 (ᄒᆞᆼ량式)
典 법뎐 (典당포)

祀 졔ᄉᆞᄉᆞ
哥 셩가 (兪哥)
加 더ᄒᆞᆯ가
假 거ᄌᆞᆺ가 (진假)
切 버힐졀 일톄쳬
角 ᄲᅳᆯ각 (角되)

라ᄒᆞ면明日서울得達ᄒᆞ리라말
歟ㅅ字ᄂᆞᆫ億兆ㅣ願戴己歟아ᄒᆞ면(百姓들이나ᄅᆞᆯ님금으로ᄯᅥ니기를願ᄒᆞᄂᆞ냐말이오)酒者ᄂᆞᆫ其伐性之狂藥歟ㄴ뎌ᄒᆞ면(酒ㅣ라ᄂᆞᆫ것은其本性을치ᄂᆞᆫ밋친약이로다말)
歟ㅅᄌᆞᄂᆞᆫ노래ᄒᆞᄂᆞᆫ데쓰ᄂᆞᆫ字ㅣ라

甲 갑갑 육갑갑
乙 새을
丙 남녁병
戊 별무
庚 방경
辛 미울신

壬 북방임
癸 북방계
丑 쇼츅
寅 동방인
卯 톡기묘
辰 별진 때신

甲乙丙丁戊己庚辛壬癸는天干이라브르고子丑寅卯辰巳午未申酉戌亥는地支라브르니天干과地支가合ᄒᆞ야六十甲子가되엿스니此二十二字로ᄡᅥ曆年을計數ᄒᆞᄂᆞ니이나

巳 비얌사
午 ᄂᆞᆺ오
申 납신
酉 ᄃᆞᆰ의유
戌 개술
亥 돗히

乾 하ᄂᆞᆯ건
坤 ᄯᅡ곤
離 남방리
坎 북방감
震 동방진
巽 간방손

乾、坤、離、坎、震、巽、艮、兌、는八卦라브르니이것으로ᄡᅥ四柱도보고二十四錄도보아吉凶을判斷ᄒᆞᆫ다ᄒᆞ니吉凶이잇지그글ᄉᆞᄌᆞ에ᄃᆞᆯ녓스리오허황ᄒᆞ도다

吉凶(길흉)

艮 북방간　兌 서방태　抗 겨룰항 (抗거ᄒᆞ다)　肝 간간　脾 길혀비 기라비　肺 허파폐 부화폐

腎 콩팟신 (자지)　臟 장부장 (五臟)　膽 열담 쓸개담　胃 똥집위　腸 창ᄌᆞ장 비알장　膀 오좀통방

胱 오좀통광　腑 장부부 (六腑)　焦 ᄐᆞᆯ쵸　絡 얽힐락　脉 피ㅅ줄맥 힘ㅅ줄맥

心、肝、脾、肺、腎、은五臟이라ᄒᆞ고膽、胃、大腸、小腸、膀胱、三焦、는六腑ㅣ라ᄒᆞ며十二經絡과血脉이相通ᄒᆞ야一身이成ᄒᆞ엿ᄂᆞ이다

數 혤수 두어수 자조삭　劣 못ᄒᆞᆯ렬 (庸劣ᄒᆞ다)　舊 녜구 (舊習)　卑 ᄂᆞᄌᆞᆯ비　僕 종복 (奴僕)　壓 누ᄅᆞᆯ압 (壓제ᄒᆞ다)

擧 들거 (擧行ᄒᆞ다)　表 밧표 (외면) (表써)　河 물하 (河水)　末 씃말 (末직)　乞 빌걸　儉 검박검 (儉소ᄒᆞ다)

大抵人類之生世에男女가均是大主宰之子女ㅣ라其性品上知覺을득ᄒᆞ고남이原來差別이無ᄒᆞ즉職分上權能이엇지優劣이有ᄒᆞ리오我韓의舊來風習은男尊女卑ᄒᆞ고男上女賤ᄒᆞ야女子의身分은男子의僕役이되야그壓制를受ᄒᆞ니

淑 ᄆᆞᆰ을숙 (淑夫人)
資 ᄌᆞ본ᄌᆞ (가資)
質 바탕질 볼모질
慧 살가올혜 총혜ᄒᆞᆯ혜
識 알식 (有識ᄒᆞ다)
閨 도장규 (閨中處子)
鎖 잠글쇄
幽 그윽유 길을유
縶 얽을칩
炊 밥지을취
裁 마로질재
縫 호ᄋᆞᆯ봉

비록賢淑ᄒᆞᆫ資質과聰慧ᄒᆞᆫ知識이有ᄒᆞᆫ者ㅣ라도皆閨中에深鎖ᄒᆞ야幽縶ᄒᆞᆫ生活노炊飯과裁縫에從事ᄒᆞᆯᄲᅮᆫ이오閨門以外에ᄂᆞᆫ一切人事ᄅᆞᆯ都不聞知ᄒᆞ니다ᄒᆡᆼ히其夫가良ᄒᆞ고其子가賢ᄒᆞ면이거니와

幸 다ᄒᆡᆼᄒᆡᆼ 요ᄒᆡᆼᄒᆡᆼ
遇 맛날우 (奏任對遇)
悖 거스릴패
蕩 방탕ᄒᆞᆯ탕
覆 업흘복
亡 망ᄒᆞᆯ망 (亡人)
患 근심환 (親患)
禁 금ᄒᆞᆯ금 (禁法)
窮 다ᄒᆞᆯ궁 궁ᄒᆞᆯ궁
楚 나라초 고로올초 (楚撻)
冤 원통원 (雪冤ᄒᆞ다)
恨 한ᄒᆞᆯ한

不幸히狂夫ᄅᆞᆯ遇ᄒᆞ거나悖子가生ᄒᆞ면産業을蕩敗ᄒᆞ고家門을覆亡ᄒᆞᄂᆞᆫ患이有ᄒᆞ되禁之不得ᄒᆞ고다만無窮ᄒᆞᆫ苦楚만受ᄒᆞ고平生에冤恨을품고살ᄲᅮᆫ이오다시餘望이업스리니이ᄂᆞᆫ女子學問이無ᄒᆞᆫ緣故ㅣ오

疏 소활홀소
僻 치우칠벽 (幽僻處)
壅 막을옹
鬱 답답홀울
積 싸흘젹 (積如丘山)
順 슌홀슌 (順從ᄒᆞ다)
健 건장ᄒᆞᆯ건 (强健ᄒᆞ다)
缺 이즈러질결
更 다시깅
巨 클거 (巨관)
鉅 톱거 (인鉅장이)
審 숣필심

또婦人이學問이無ᄒᆞ야世事를不知홈으로識見이疏通치못ᄒᆞ야偏僻之性을自成ᄒᆞᄆᆡ家庭의和氣를失ᄒᆞᄂᆞᆫ者도有ᄒᆞ고壅鬱之氣를積ᄒᆞ야其身體의病을成ᄒᆞ者도多ᄒᆞ니所産子女가또ᄒᆞᆫ和順ᄒᆞᆫ天性과健壯ᄒᆞᆫ體質이缺少ᄒᆞ며

培 북도돌배 (培양ᄒᆞ다)
完 완젼완 (完定ᄒᆞ다)
全 온젼젼 (全씨)
姦 간샤간
奸 간악간
刊 삭일간 (기간ᄒᆞ다)
愼 삼갈신 (愼口ᄒᆞ다)
降 ᄂᆞ릴강 항복항
康 편안강 (康씨)
江 믈강 ᄀᆞ강
匣 갑갑 (紙匣)
感 감격감 (感動ᄒᆞ다)

또婦人이學問이無ᄒᆞ면家庭敎育을不知ᄒᆞ야子女의德性을培養치못ᄒᆞᄂᆞ니以此觀之ᄒᆞ면女子界에敎育이無ᄒᆞ면男子界에敎育이또ᄒᆞᆫ完全홈을不得홈지라엇지謹愼치아니리오

況 ᄒᆞ물며황
現 나타날현 (現在)
競 다톨경 (競賣所)
敵 디뎍뎍 (敵手)
野 들야 (野만)
味 어두울미 (味ᄉᆞᆺᄒᆞ다)

勢 형세세 (勢力)
要 요긴요 (必要)
關 관계관 집관
普 넓을보 (普天下)
條 가지됴 (條目)
擴 느릴확 (擴장ᄒᆞ다)

又況現今은人種競爭ᄒᆞᄂᆞᆫ時代라少數가多數로敵지못ᄒᆞ며野昧가文明을抗치못ᄒᆞᄂᆞᆫ것은固然ᄒᆞᆫ勢라我韓人口二千萬에女子가其半數ㅣ니此男女가教育이無ᄒᆞ면엇지他國人民의一致開明ᄒᆞᆫ것을對敵ᄒᆞ리오故로女子教育은人種의一大機關이라

組 ᄶᆞᆫ조 (組織ᄒᆞ다)
果 열음과 과연과
志 뜻지 (有志者)
結 밀결 (結錢)
源 근원원
勗 힘쓸욱

張 베플장 (張서)
的 뎍실뎍 관혁뎍
維 얽을유 버리유
今 이제금 (今年、今日)
般 가지반 (一般)
團 두렷단 (團톄)

今日女子普學院은我漢幾千年에初有ᄒᆞᆫ一條光明이니豈不美哉아其擴張ᄒᆞᆯ目的과維持ᄒᆞᆯ方針은一二人의能力으로得達ᄒᆞᆯ바아니라故로一般有志가團體를組成ᄒᆞ야擴張維持코저ᄒᆞᆷ이니果然衆志가團合ᄒᆞ면維持가何難之有리오此結果가文明의本源地라可不勗哉아

蒸 뭇증 씰증
歐 비앗흘구 (歐라파)
斛 휘곡 (大斗)
細 가늘세 (細末ᄒᆞ다)
亞 버금아
洲 물ㅅ가쥬 (五大洲)
別 다를별 리별별
他 다를타 (他국)
崇 놉흘슝 (崇尙ᄒᆞ다)
異 다를이 (無異於)
譽 기릴예 (名譽)
財 지물지 (財산)

嗚呼ㅣ라 天生蒸民ᄒᆞ실셰에 男이나 女이나 其權利가 歐美各國에서ᄂᆞᆫ 異同이 無ᄒᆞ거ᄂᆞᆯ 惟獨亞細亞洲에서ᄂᆞᆫ 分別이 太過ᄒᆞᆫ 것은 無他ㅣ라 女子가 學問을 崇尙치 아니ᄒᆞᄂᆞᆫ 緣故ㅣ니 깁히 싱각ᄒᆞ여 보소서

根 뿔희근 (去根ᄒᆞ다)
板 널판 (松板)
浪 물ㅅ결랑 (허浪ᄒᆞ다)
擊 칠격
裂 찌즐렬 쓰즐렬
喩 비유ᄒᆞᆯ유 효유ᄒᆞᆯ유
匙 술시
飽 비부를포
卷 칙권권
帙 칙갑질 (길칙)
漸 졈졈졈
境 디경경 (境界)

深根之木은 風吹而不撓ᄒᆞ고 固板之舟ᄂᆞᆫ 浪擊而不裂이라 뿔희가 깁히 박힌 나모ᄂᆞᆫ, 바람이 불어도 흔들니지 안코, 굿은 널노 지은 비ᄂᆞᆫ, 물결이 쳐도, 씨여지지 안ᄂᆞᆫ다 ᄒᆞ엿스니 譬喩ᄒᆞ면 道德心으로 學問을 만히 工夫ᄒᆞ면 物慾에 ᄲᅡ지지 안ᄂᆞᆫ다 말이오

縮 움츄릴츅 (츅나다)
期 긔약긔 (期會ᄒᆞ다)
樓 다락루 (門樓)
困 곤ᄒᆞᆯ곤 (困難)
粉 가로분 (셩젹분)
壁 담벽 (졀壁)
窓 창창 (문창창)
綾 비단릉
羅 깁라 (羅씨)
錦 비단금
繡 슈노흘슈
衣 옷의 衣冠

初匙難飽ㅣ라(첫술에비부르기어렵다)一字를學ᄒᆞ고又十字를學ᄒᆞ고一卷一帙을學ᄒᆞ야漸入佳境으로一步二步가漸進ᄒᆞ야退縮만말고보면千里가門前又고免無識도期必이오文章도非難事ㅣ라ᄒᆞᆯ지로다

服 옷복 (服제당ᄒᆞ다)
告 고ᄒᆞᆯ고 (報告)
羨 국깃
酬 갑흘슈
酢 슈작작 (쇼조)
魁 장원괴 (魁首)
殊 다를슈 사못슈
討 칠도 (討셕ᄒᆞ다)
默 줌줌묵 (默허ᄒᆞ다)
答 더답답 (答장)
羞 븟그러울슈
恥 븟그러울치

高樓巨閣됴흔집에粉壁紗窓삼여노코綾羅錦繡로衣服을짓고稻飯肉羹을飽食ᄒᆞ고朋友들을相對ᄒᆞ야言語酬酢ᄒᆞ여보면有無識이懸殊ᄒᆞ야新學問上討論나니默默不答羞恥로다懸殊는크게다르다말

寢 잘침 (寢실)
赤 붉을젹 (赤身)
缸 항ᄋᆞ리항
鏡 거울경 (톄鏡、眼鏡)
臺 집ᄃᆡ (층ᄃᆡ、돈ᄃᆡ)
函 함함
裳 치마샹 (紅裳)
端 ᄭᅳᆺ단 단졍ᄒᆞᆯ단
媤 싀집싀
房 집방 (房中)
省 ᄉᆞᆯ필셩
暫 잠간잠 (暫시)

靑年婦人이每日早朝에起寢ᄒᆞ야洗手ᄒᆞ고成赤ᄒᆞ고粉缸은鏡臺函에너코衣裳을端正이ᄒᆞ고媤父母의房에들어가晨省問安면ᄒᆞ고自己房에도라와冊을暫時열어二三字를본後에口中에暗習ᄒᆞ며炊飯ᄒᆞ니此二三字가내學問이오

盤 소반반
床 상상
箸 져져 간져 (져ㅅ가락)
饌 반찬찬 (食饌)
藏 감출장 (貯藏)
器 그릇긔 (유器、사器)
皿 그릇명
葱 파총
揮 두리칠휘 (指揮ᄒᆞ다)
廁 측간측 (內廁)
絶 ᄭᅳᆫ흘졀 (絶心ᄒᆞ다)
就 나아갈취 (就伏白)

盤床에匙箸노코饌藏의器皿내여葱湯麥飯지난後에紙筆墨을내여노코一筆揮之習字ᄒᆞ고針線을보듬고서二三字를숨펴보고廁間에來往時에도口中獨習不絶ᄒᆞ니日就月將이아니오

琉 류리류

璃 류리리 (玻璃)

油 기름유 (眞油)

皮 가죽피 (구리피)

暮 저물모 (한日暮ᄒᆞ야)

點 뎜칠뎜 (打點ᄒᆞ다)

盃 잔배 (一盃一盃)

誦 외올숑 (公誦ᄒᆞ다)

符 디ᄯᅩᆨ부 병부부

斯 이ᄉᆞ (如斯如斯)

將 쟝슈쟝 (나와다) (쟝ᄎᆞ)

告 고ᄒᆞᆯ고 (報告)

琉璃燈皮에石油너허燈닥가씨워노코夕飯을ᄎᆞᄅᆞ고나니日暮黃昏이라點燈ᄒᆞ여一盃式먹고燈下에冊을보니終日로暗誦ᄒᆞᆫ것이如合符節이라心獨喜自負ᄒᆞ여혼자말노如斯히勤讀ᄒᆞ면將就之望이有ᄒᆞᆯ가보다

諺 쇽담언 언문언

加 더ᄒᆞᆯ가 (加入ᄒᆞ다)

增 더ᄒᆞᆯ증

程 길졍 법졍 (課程)

度 법도도 지날도 헤아릴탁

括 밀괄 · 당길괄

滴 물방울뎍 물ᄯᅥ러질뎍

盆 동의분 (화盆)

灌 부울관

漑 부울개

沓 답답ᄒᆞᆯ답

甕 독옹 (甕산)

七八歲된童蒙은其父母가몬져諺文을ᄀᆞᄅᆞ치고然後에此冊을獨習케ᄒᆞ면幼年聰慧로日加月增ᄒᆞ야其進步ᄒᆞᄂᆞᆫ程度가括目相對가될것은確信無疑ᄒᆞᆯ지니尋常히녀이지말고試用ᄒᆞ시기를千萬希望ᄒᆞᄂᆞ이다

匏 박ᄋᆞ지포
灑 ᄲᅮ릴쇄
旱 가물한
底 밋뎌 (高底)
息 쉴식 (休息ᄒᆞ다)
桶 통통 (물통)

浥 젖칠읍
塵 틔끌진 (風塵)
淨 ᄭᆡᆺ을졍 (淨결ᄒᆞ다)
掃 쓸소
廊 힝랑랑
汲 물기를급

硯滴의人水를花盆에灌漑ᄒᆞ니所見이엇지그리沓沓ᄒᆞ고水甕에서一瓢式汲來ᄒᆞ야灑之ᄒᆞ면花草의旱氣가止息될것이다門前에一桶水를散灑ᄒᆞ야浥塵되게ᄒᆞ고淨掃ᄒᆞ여라이는廊底下人의職責일다

升 오를승
交 ᄉᆞ괼교 (交分)
路 길로 (路程記)
堅 굿을견 (堅固ᄒᆞ다)
蛙 기고리와 (머구리)
慣 닉을관 (習慣)

姑 아직고 싀어미고
南 압남 (南씨)
覺 ᄭᆡ다를각 (知覺)
奮 ᄯᅥᆯ칠분
輸 슈운ᄒᆞᆯ슈 (運輸ᄒᆞ다)
坊 마을방 방곡방

惟我大韓이三百年升平時代를當ᄒᆞ야外交之路를堅閉ᄒᆞ고新學問은異端之道로녁여班常의習慣이固陋ᄒᆞᆫ것을賢智로自處ᄒᆞ고姑息之計로太平之樂을作ᄒᆞ야井蛙觀天으로지내더니數年以來로平安南北道人士가時代의不然ᄒᆞᆷ을先覺ᄒᆞ고奮發之心이生ᄒᆞᆫ지라

谷 골곡 (山谷)
延 마즐연 (新延맛다)
聘 고빙ᄒᆞᆯ빙 혼인빙
潑 활발발
畿 서울긔 (畿內)
湖 호슈호 (洞庭湖)

委 [illegible]릴위 (委托)
遣 보낼견
導 인도도 (지導ᄒᆞ다)
巡 슌힝슌 (巡檢)
檢 숨슈검 제어ᄒᆞᆯ검
誡 경계계 (十誡, 五誡)

海外의空氣를輸入ᄒᆞ야京城에中央學會를創設ᄒᆞ고府郡各坊谷에勸諭委員을派遣ᄒᆞ야學校를爭起케ᄒᆞ고敎師를延聘ᄒᆞ야靑年을敎育ᄒᆞ나其活潑進步ᄒᆞᆷ이他道靑年의比ᄒᆞᆯ바ㅣ아니라是以로全國人士가稱曰關西人物이我韓文明의先導者ㅣ라ᄒᆞ더라

留 머므를류 (滯留ᄒᆞ다)
紳 진신신 (紳士)
贊 도을찬
趣 지향츄 ᄌᆡ촉촉
旨 ᄯᅳᆺ지 (奉旨ᄒᆞ다)
揭 들게 (揭載ᄒᆞ다)

謄 벗길등 쵸ᄒᆞᆯ등 (謄書ᄒᆞ다)
途 길도
專 오로지젼 (專人ᄒᆞ다)
備 ᄀᆞ출비 (準備ᄒᆞ다)
憂 근심우 (憂患)
救 구원구

日本東京留學生의團體를組成ᄒᆞᆫ大韓學會를京城紳商들이贊成會趣旨書를皇城新聞에揭載ᄒᆞ엿기其槪畧을謄書ᄒᆞ노라

國家前途는學生靑年의責任에專在ᄒᆞᆷ이오學生靑年中에는海外留學生으로ᄡᅥ其前驅를作ᄒᆞ리로다

前驅는션봉이라말

注 부을주 (注目ᄒᆞ다)
衰 쇠ᄒᆞᆯ쇠 (衰老ᄒᆞ다)
龜 거북귀
鑑 거울감
科 과거과 법과
狡 교활ᄒᆞᆯ교

孤 외로울고 (孤獨ᄒᆞ다)
庫 고ㅅ집고
顧 도라볼고 (顧見ᄒᆞ다)
雇 삭줄고 (雇員)
季 아오계 버금계
絞 목밀교 (絞人罪)

故로 在外學生界에 美事가 發ᄒᆞ면 全部이 喜而贊之ᄒᆞ고 成不備가 有ᄒᆞ면 憂而敎之ᄒᆞ야 一動一靜에 注目지 아님이 업서 專然히 在外學生의 成績을 國家盛衰의 龜鑑으로 보ᄂᆞᆫ도다 近年에 東京留學ᄒᆞᄂᆞᆫ 我國青年이 近於千名이더

勵 권면ᄒᆞᆯ려
慰 위로위 (慰問ᄒᆞ다)
悅 깃글열
共 ᄒᆞᆫ가지공 (共合)
哭 울곡 (哭聲)
俱 다구

克 이길극 (상克)
忌 재릴긔 쌩긔
僅 겨우근
謹 삼갈근 (謹봉)
播 헤칠파 (傳播ᄒᆞ다)
籍 호적적 (書籍)

各기 學科를 勤修ᄒᆞ야 成績이 優越ᄒᆞ며 衆力이 結合ᄒᆞ야 會體를 組成ᄒᆞ며 會報를 刊行ᄒᆞ야 同胞를 勸勵ᄒᆞ며 其他 種種 美事가 我 一般同胞의 慰悅을 致ᄒᆞ엿도다 然이나 社交의 能力이 多數人의 團合을 成ᄒᆞᆷ에 及지 못ᄒᆞ야 南北道가 相別ᄒᆞ고

紛 어ᄌᆞ러울분
黨 무리당 (守舊黨)
派 가래파 (長派)
猜 싀긔싀
懼 두려울구
慮 념려려 (疑慮ᄒᆞ다)
頗 자못파
片 조각편
音 소리음 (音셩)
伴 벗반 ᄒᆞᆫ가지반
渡 건널도
瞙 눈병막

官費生私費生이相分ᄒᆞ야多數會名이各起紛紛ᄒᆞ야完合ᄒᆞᆫ國民的關合을未成ᄒᆞᆫ지라此로觀ᄒᆞ고或黨派之弊가生ᄒᆞᆯᄂᆞᆫ지或猜疑之端이起ᄒᆞᆯᄂᆞᆫ지在內人士의疑懼之心과憂慮之情이頗深ᄒᆞ더니近日에一片喜音信이春風에伴渡ᄒᆞ야耳瞙에播動ᄒᆞ니即東京에在ᄒᆞᆫ大韓留學生等이大團合의必要를自覺ᄒᆞ야總團體를組織ᄒᆞ고

邦 나라방
讚 기릴찬 도울찬
睿 통달ᄒᆞᆯ예 거룩ᄒᆞᆯ예
賜 주실ᄉᆞ (賜送ᄒᆞ다)
褒 포쟝ᄒᆞᆯ포 (褒폄)
誰 누구슈 (誰也某也)
盖 덥흘개 디개개
决 결단결 (未决)
鼓 북고 (쟝鼓)
巧 공교교 (巧違ᄒᆞ다)
橋 다리교 (舟橋)
驕 교만교 (驕오)

大韓學會라命名ᄒᆞᆫ事實이報來ᄒᆞᆷ이라宜哉로다同一ᄒᆞᆫ國籍을有ᄒᆞᆫ者ㅣ異邦에留在ᄒᆞ야會集을各別히ᄒᆞᆯ必要가엇지有ᄒᆞ리오國民的精神으로團合ᄒᆞ야一體를作ᄒᆞᆷ이得宜哉로다此를聞ᄒᆞᆫ매ㅅ、大韓國의幸福을希望ᄒᆞᄂᆞᆫ人이誰가讚賀치아니리오.

培 북도돌비 (培養ᄒᆞ다)

額 니마익 슈효익 (額數)

寄 부칠긔 (寄食ᄒᆞ다)

付 부치부

趣 향ᄒᆞᆯ추

旨 뜻지 맛지 셩의지

眷 도라볼권 권속권

佈 펼포

廣 넓을광

陜 좁을협

溫 다ᄉᆞᄒᆞᆯ온 (溫井)

冷 찰링 (冷쳐지다)

皇太子殿下씌셔睿眞을下賜ᄒᆞ샤褒賞을示ᄒᆞ시고政府大臣이金額을收合寄付ᄒᆞ야勸勉을加ᄒᆞ고各處報筆이趣旨書를揭載ᄒᆞ야讚賀를佈ᄒᆞ엿고今에一般社會의同情을表ᄒᆞ기爲ᄒᆞ야大韓學會贊成會를發起ᄒᆞ오니勉哉어다同胞여

棟 기동동

材 ᄌᆡ목ᄌᆡ ᄌᆡ료ᄌᆡ

勞 슈고로올로 잇불로

際 즈음졔 가졔

永 길영 (永永이)

久 오랠구

仇 원슈구 (仇敵)

讎 원슈슈

誇 자랑과

掛 걸괘 (掛燈)

妓 기ᄉᆡᆼ기 (娼妓)

拳 주먹권

棟樑之材가生長ᄒᆞᆷ을見ᄒᆞ고其培養의勞를豈惜ᄒᆞ리오在外學生의精神的團合의必要를自覺ᄒᆞᆷ에際ᄒᆞ야在內人士는其團合을永久히鞏固ᄒᆞ기를自任ᄒᆞᆯ지로다奮哉어다愛國同胞여云云ᄒᆞ엿스니愚는京城에爲先大韓學會를設ᄒᆞ기를切望ᄒᆞᆷ

略 대략략 (史畧)
屈 굽힐굴 (屈伸ᄒᆞ다)
指 손가락지 (指示ᄒᆞ다)
珥 귀엿고리이
兵 군ᄉᆞ병 (步兵, 馬兵)
聽 드를텽 (不聽ᄒᆞ다)
施 베풀시 (施行ᄒᆞ다)
濁 흐릴탁 (濁穢)
緣 말미암을연 (緣유)
攻 칠공
預 미리예 (預비ᄒᆞ다)
卒 군ᄉᆞ졸 (捕卒)

我國의內憂와外患이大畧七八次에至ᄒᆞ엿스니屈指ᄒᆞ야計數ᄒᆞ건대壬辰外亂은李珥의養兵論을不聽ᄒᆞ야施行치안코偏黨만各立ᄒᆞ야政治가濁亂ᄒᆞᆫ緣故ㅣ오丙子外亂은攻敵ᄒᆞᆯ預備는無ᄒᆞ고義理로强隣과絕和ᄒᆞᆫ緣故ㅣ오

跋 뛰를발
扈 동발호 림룡호 (扈씨)
洪 넓을홍 (洪씨)
廷 조뎡뎡
惡 사오나올악 모질악 슬희여ᄒᆞᆯ오
閥 문벌벌
靑 푸를청 (靑天)
貪 탐ᄒᆞᆯ탐
授 줄슈
擇 골힐틱
宗 마루종 일가종
戚 친척쳑 권당쳑

李괄의內亂은私心으로權勢를貪ᄒᆞ야一等功臣의게內職을不予ᄒᆞ고外道兵權을授ᄒᆞ야跋扈之心을釀成케ᄒᆞᆷ이오洪景來의內亂은朝廷惡習이門閥만主張ᄒᆞ고人才를擇用치아닌緣故ㅣ오壬午內亂은宗戚兩黨이權을爭ᄒᆞ야紀律이無ᄒᆞᆫ兵卒을煽動ᄒᆞᆫ緣故ㅣ오

煽 불질을션 (煽동ᄒᆞ다)
頑 완ᄒᆞᆯ완 (頑피)
網 그물망 (網紗)
沮 저희ᄒᆞᆯ저 (沮희ᄒᆞ다)
賂 뢰물뢰 (納賂ᄒᆞ다)
賣 ᄑᆞᆯ매

剝 그ᄭᅳᆯ박
割 버힐할 (割경ᄒᆞ다)
因 인ᄒᆞᆯ인 (因緣)
約 언약약 (背約ᄒᆞ다)
賴 힘닙을뢰 (依賴ᄒᆞ다)
厥 그궐 (厥者)

甲申內亂은速成開化黨이根因ᄒᆞᆫ頑固黨을一網打盡ᄒᆞ려다가沮戱을因ᄒᆞ야未及ᄒᆞᆷ이오甲午內亂은浮雲이蔽日ᄒᆞ야行路賣官ᄒᆞ야民財를剝割ᄒᆞᆫ緣故ㅣ오乙巳新條約은間於齊楚ᄒᆞ야交際가元元치못ᄒᆞ고依賴心만가져中無所主ᄒᆞᆫ緣故ㅣ니

孽 엄도들얼
圖 그림도 (도모ᄒᆞ다)
咎 허물구 (歸咎ᄒᆞ다)
慈 ᄉᆞ랑ᄌᆞ (慈친)
銘 사길명 (銘心ᄒᆞ다)
闕 대궐궐 (闕ᄒᆞ다)

斤 근근 (열엿량)
芹 미나리근
覲 뵈올근 (覲친ᄒᆞ다)
琴 거문고금 (琴瑟)
衾 니불금 (衾枕)
菊 국화국 (菊花잠)

此皆吾人의自作之孼也ㅣ라何以謂之오我二千萬同胞가開明之域에早進ᄒᆞ야私利를圖치勿ᄒᆞ고愛國血誠으로一分子之職을各守ᄒᆞ엿던들豈至此境哉아旣往은不咎ㅣ라過去事는勿論ᄒᆞ고從玆以後로는專히愛國之心으로義務를行ᄒᆞ야銘心不忘ᄒᆞ면尙未晚이라ᄒᆞ노라

柑 감ᄌᆞ감 귤감

憾 이듯ᄒᆞᆯ감 (恨ᄒᆞ다)

幹 줄기간 (幹事人)

槩 대개개 (節槪)

疥 옴개 (疥창)

渠 개천거 저거

虔 정성건

激 격동ᄒᆞᆯ격 맛씰닐격

檄 격서격 (羽檄)

譴 ᄭᅮ지즐견 (譴責)

歉 부족ᄒᆞᆯ겸 (歉年)

頃 이랑경 더즘께경

蓋國文者ᄂᆞᆫ我國之文也오 漢文者ᄂᆞᆫ支那之文也ㅣ라 國文을崇之ᄒᆞ면我國을愛ᄒᆞᄂᆞᆫ者ㅣ오 漢文을崇之ᄒᆞ면他國을愛ᄒᆞᄂᆞᆫ者ㅣ라 大抵家乘이나國史ㅣ나政治나産業을著述코셔ᄒᆞ건非文이면不可여든況青年을教育코져ᄒᆞᆯ진대先我國文者가爲今日之急務ㅣ로다

話 말ᄉᆞᆷ화

欺 속일긔

呵 우슬가

笑 우슴소

骨 ᄲᅧ골 (骨皮相接)

祖 할아비조 (曾祖, 高祖)

厄 익익 (익막이) (厄회)

斥 물니칠쳑 (비斥ᄒᆞ다)

尹 맛윤 (府尹) (尹씨)

仔 ᄌᆞ세ᄌᆞ (仔세히)

瓦 기와와 (瓦가) (蓋瓦장)

疋 필유필 (모시ᄒᆞᆫ疋)

可否決定 可否를會議에決ᄒᆞᆫ다

可聞說話 可히聞ᄒᆞᆯ만ᄒᆞᆫ말

可欺以方 可히方法으로ᄡᅥ속이니라

加減不得 더ᄒᆞᆯ수덜ᄒᆞᆯ수업다

呵呵大笑 가가대소, 설설ᄒᆞ다

各自圖生 각ᄌᆞ도생으로제살나기

刻骨之痛 각골지통ᄲᅢ에사기ᄂᆞᆫ압하

竿 디간

死 죽을ᄉᆞ (死망지환)

配 ᄶᅡᆨ비 (配필)

汁 즙즙 (肉汁、농汁)

叩 두드릴고

占 점칠점 (占쾌)

包 ᄊᆞᆯ러미포 쟝괴포

台 별ᄐᆡ

羽 깃우 짓우

只 다만지

卉 풀훼 (百卉)

玄 감을현 (玄씨)

臼 확구 (井臼之役)

各心所爲 각심소위、제ᄆᆞᄋᆞᆷ대로ᄒᆞᆫ다

竿頭之勢 간두지세、ᄃᆡ끗헤올낫다

渴者의易爲飮 갈자의이위음、목ᄆᆞ른놈물켠다

敢不生心 감불싱심、감히生心못ᄒᆞᆫ다

甘受其責 감수기칙、칙망을달게밧다

甘言利說 감언리셜、ᄃᆞᆫ말을붓다

甘呑苦吐 감탄고토、ᄃᆞᆯ면삼키고쓰면비앗지

減死定配 감ᄉᆞ뎡배、죽을걸감ᄒᆞ야뎡배마련

轉 구을젼 굴젼 (轉請)

諾 허락락 (許諾)

甚 심ᄒᆞᆯ심 (甚至於)

遷 옴길쳔 올므울쳔

顏 ᄂᆞᆺ안 (顏色)

乞 빌걸 (哀乞ᄒᆞ다)

蚊 모긔문

拔 ᄲᅢᆯ발 (拔劍ᄒᆞ다)

劒 갈검

缶 쟝고부

休 쉴휴 (休가)

虫 버레츙 (회虫산)

江流石不轉 물은흘너도돌은굴지안는다

强弱不同 강약이부동ᄒᆞ다

强食弱肉 강식약육、강ᄒᆞᆫ놈이약ᄒᆞᆫ놈의고기를먹는다

改過遷善 기과쳔션、허물고치고착ᄒᆞ여진다

去去益甚 거거익심、갈ᄉᆞ록더ᄒᆞ다

去頭絶尾 거두절미、우아래ᄭᅳᆺ흘ᄭᅳᆫ타

擧石紅顏 거셕홍안、드ᄂᆞᆫ돌이잇서야ᄂᆞᆺ이붉ᄭᅳ다

件件事事 건건ᄉᆞᄉᆞ、일마다

梗 막힐경 (生梗나다)
桂 계슈계 (月桂)
磐 반셕반 (돌)
謙 겸손겸 (謙讓하다)
伐 칠벌 (十伐之木)
寐 잘미 (寤寐不忘)
顙 니마상
拜 절배
吠 즛즐폐 (吠風月)
髮 터럭발 (毛髮)
契 계계 (상두계)
采 치식치 (風采)

乞請其隣而與之 걸쳥기린이여지、놈의게빌어셔주다
見蚊拔劍 견문발검、모긔보고칼쌘다
見物生心 견물싱심、물건을보면욕심난다
堅如磐石 견여반셕、굿기가반셕굿다
堅如金石 견여금셕、쇠와돌과굿다
結者解之 결쟈히지、미즌놈이프른다
結草報恩 결초보은、풀을미져은혜를갑다
結髮夫婦 결발부부、귀밋머리푼夫婦

枯 마를고 (滯留하다)
佛 부쳐불 (生佛)
昆 맛곤 (兄)
汨 분주할골
沒 싸질몰 (죽다)
猱 잔나뷔노
舛 어거러질쳔 (舛차하다)
朱 붉을쥬 (朱사) (朱씨)
慣 닉을관
戎 되융
回 도릴회 (回환하다)
呂 법려 (呂씨)

謙讓不伐 겸퇴불벌、겸손하야자랑치안는다
傾者覆之 경쟈복지、너머지는놈을떠밀어
敬而遠之 경이원지、공경하야멀니하다
耿耿不寐 경경불미、말똥말똥잠못드러
稽顙再拜 계상지비、상재의편지허두
鷄鳴犬吠 계명견폐、닭울고개즛다
繼繼承承 계계승승、旺盛하다
枯木生春 고목싱츈、마른남게쏫픠다

拙 졸졸 (性拙ᄒᆞ다)
喬 무쥬러나무교 (喬木)
荊 가시형 (荊妻)
棘 가시극 (加棘ᄒᆞ다)
覔 ᄎᆞᆺ출멱
鬼 귀신귀 (雜鬼)

圭 홀규 (圭角나다)
角 뿔각 (角되)
后 님금후 (皇后)(뒤후)
吉 길ᄒᆞᆯ길 (吉ᄒᆞᆼ)
貝 죠개패 금貝
肖 깃ᄒᆞᆯ쵸 (不肖子)

谷谷生佛 곡곡싱불、사ᄅᆞᆷ살닐부쳐는골골이잇다
昆弟妻嫂 곤뎨쳐수、형과아오와쳐와형수
汨沒無暇 골몰무가、겨를업다
空中樓閣 공즁루각、虛謊ᄒᆞᆫ말
教猱升木 교노승목、잔나뷔에게남게오르기ᄀᆞᄅᆞ쳐
巧者拙之奴 교쟈졸지노、공교ᄒᆞᆫ놈은놈의죵질
喬木世臣 교목셰신、딕딕벼슬아치
九重宮闕 구즁궁궐、大闕안

追 ᄯᆞᆯ추 (追후에)
恭 온공공 (恭순ᄒᆞ다)
慚 붓그러울참
辱 욕ᄒᆞᆯ욕 (봉辱ᄒᆞ다)
灾 죄앙지
寬 너그러울관 (寬厚ᄒᆞ다)

隹 새초
麻 삼마 (삼麻)
肥 ᄉᆞᆯ질비 (肥大ᄒᆞ다)
兩 두량 (돈ᄒᆞᆫ兩)
韋 가족위
叨 범람ᄒᆞᆯ도 (탐ᄒᆞ다)

求之不得 구지부득、구ᄒᆞ되수업셔
屈指計日 굴지계일、손ᄭᅩ바아計日ᄒᆞ다
窮尋覓得 궁심멱득、힘ᄡᅥᄎᆞᆺ다
窮狗莫追 궁구막추、궁ᄒᆞᆫ놈은ᄯᆞᆺ지말나
口中生荊棘 구즁ᄉᆡᆼ형극、글안닑으면입에셔가시난다
舊習難改 구습난기、習慣고치기어려워
歸於虛地 귀어허디、헛일되엿다
閨中處子 규즁쳐ᄌᆞ、새악시

急 급할급 (急報)
爛 무루녹을란
漫 길만
魂 혼혼 (령魂)
絡 니을락
繹 니을역

匡 광정광
告 고할고 (告자질)
阜 언덕부 (阜두)
枚 낫미 (개미)
那 엇지나 어대나
奈 엇지내 (奈何오)

極口慚辱 극구참욕、몹슬욕
極大極小 극대극소 데일크거나 데일적거나
極樂世界 극락세계、불도의허황한말
近墨者黑 근묵쟈흑、먹이갓가오면 칠흔다
僅僅得生 근근득생、겨오살아간다
勤則必成 근즉필셩、브즈런ᄒᆞ면일 운다
金石相約 금셕샹약、금셕ᄀᆞᆺ치셔로 言約
幾乎忘面 긔호망면、일굴을닛게되 엿다

芳 꼿다올방 (芳草)
袒 멜단 (左袒)
排 버릴비 물니칠비 (排佈ᄒᆞ다)
拒 막을거 (拒絕ᄒᆞ다)
據 웅거거 (의지ᄒᆞ다)
歷 지날력 (리歷)

靑 푸를쳥 (靑春)
綠 푸를녹 (綠豆)
紫 붉ᄀᆞ운ᄌᆞ (紫朱)
肯 즐길긍
朴 등걸박 (朴씨)
黍 기장셔 (黍속)

飢者易爲食 긔쟈의이위식、주린놈 밥먹기쉽다
飢渴甚甚 긔갈이막심、비곱흐고목 말나
過恭非禮 과공이비례、너무공손ᄒᆞ 여도禮가아니
科文六作 과문륙례、詩賦表策義疑
觀其動靜 관기동졍、눈치를보아셔
氣高萬丈 긔고만장、긔운이만장이 나놉하
欺人取物 긔인취물、남속여ᄌᆡ믈앗기
其子勝於父 기ᄌᆞ승어부、아ᄃᆞᆯ이아 비보다낫다

誤 그릇오 (誤入)
捉 잡을착 (오착ᄒᆞ다)
倍 곱비 (二倍)
聯 발릴련 (聯合ᄒᆞ다)
但 다못단 (但지)
突 ᄯᅮᆯ을돌 (突변) (온突)

伯 맛ᄇᆡᆨ (伯씨)
泊 ᄇᆡ대일박 (도泊ᄒᆞ다)
弁 곡갈변 (무弁)
條 가지됴 (條目)
召 브를쇼 (召명)
伸 펼신 (굴伸)

其人如玉 기인여옥, 옥ᄀᆞᆺ흔사ᄅᆞᆷ
寬大長者 관대쟝쟈, 너그럽고졈지아타
官災口說 관재구셜, 숑ᄉᆞ나시비에오르ᄂᆞ려
光明正大 광명졍대, 두렷ᄒᆞ다
權在足下 권재족하, 놈의슈쟝
權門勢家 권문셰가, 셰도ᄉᆞ집
官不離身 관불리신, 벼슬이몸에ᄯᅥ나지아녀
難上天 난샹텬, 하놀에오르기보다어려워

署 마을서 (경무署)
僧 중승 (僧軍)
牝 암컷빈 (牝모)
衫 적삼삼 (한삼)
岳 뫼악 (北岳)
旬 열흘순 (旬망간)

芽 어음아 (麥芽)
仰 우럴앙 (仰모ᄒᆞ다)
冶 풀무야 (冶쟝)
企 ᄇᆞ랄기 (져기드듸다)
樂 즐길락 풍악악
彦 션비언

爛漫相議 란만샹의ᄒᆞ다, 무수히의론
落地以後 락디이후에, 츌생후에
落膽喪魂 락담상혼, 담이ᄯᅥ러지고혼을일타
樂在其中 락재기중, 락이그가온대잇다
絡繹不絶 락역부절, 連락부절ᄒᆞ다
落花芳草 락화방초, ᄯᅥ러진ᄭᅩᆺ과ᄭᅩᆺ다온풀
難兄難弟 난형난뎨, 누가형인지아오ᄂᆞ지
男中一色 남중일ᄉᆡᆨ, 風采됴타

墻 담쟝 (墻원)
籙 록록 (籙條)
疊 거듭ㅂ텹 (多疊ᄒᆞ다)
艾 쑥애
刈 버힐애
泣 울읍 (뎨泣ᄒᆞ다)

伊 뎌이 (伊時에)
汚 더러올오 (汚예之物)
烏 가마기오 (烏쟉)
乳 졋유 (乳즙)
狀 모양상 (모狀)
佐 도울좌 (佐飯)

囊中取物 랑즁취물, 주머니에셔物件내기
乃父之子 내부지ᄌᆞ, 그아비의아ᄃᆞᆯ
來者莫拒 릭쟈막거, 오ᄂᆞᆫ사ᄅᆞᆷ을막지말나
兩袒女 량단녀, 두ᄉᆞ이에들어잇지ᄒᆞᆷ지
兩手執餠 량슈집병, 두손의떡
略略分排 략략분ᄇᆡ, 조곰식고로로이논화
兩手據地 량슈거디, 두손으로ᄯᅡᆼ집다
兩是雙非 량시쌍비, 둘다올코둘다글ᄊᆞ

婦幼獨習下

傍 겻방 (傍관)
殘 쇠잔잔 (殘餘分)
邑 고올읍 (邑닉)
逢 맛날봉 (相逢ᄒᆞ다)
札 편지찰 (書札)
昌 챵셩챵 (昌德宮)

借 빌차 (借착)
址 터지 (긔址)
芝 지초지 (풀일홈)
冲 화ᄒᆞᆯ츙 (稻冲ᄒᆞ다)
充 치울츙 (充腹ᄒᆞ다)
枕 벼개침 (衾枕)

良民誤捉 량민오착, 량민을도적으로잡아
女中君子 녀즁군ᄌᆞ, 學問잇ᄂᆞᆫ婦人
女必從夫 녀필종부, 계집이반ᄃᆞ시셔방ᄯᅡ라가
歷歷可知 력력가지, ᄌᆞ셰히알다
年深歲久 년심셰구ᄒᆞ다, 여러ᄒᆡ되엿다
年復年來 년부년릭에, ᄒᆡ마다
聯合運動 련합운동, 여러學校가合ᄒᆞ야運動

鹿 사슴록 (鹿용)
姜 대비강 (姜씨)
弄 희롱롱 (弄談)
値 맛날치 (갑치)
胎 으희밸틔 (胎中)
帖 텹지텹 (판임帖지)

妬 시울투 (妬긔)
含 머음을함 (含口無言)
函 함함 (편지함)
况 ᄒᆞ믈며황 (况且)
奚 엇지혜
咳 기침히 (咳소)

聯署奏本 련셔주본、니부락지두대신이련명ᄒᆞ야
烈女不更二夫 렬녀불경이부、두셔방을못밧고아
念念在玆 념념지ᄌᆞ、ᄉᆡᆼ각이여긔만
念不及他 념불급타 ᄉᆡᆼ각이다른ᄃᆡ못밋처
令賊出他 령젹출타、잡으러가기前에몬져出他
例不可廢 례불가폐、前例는廢ᄒᆞᆯ수업지
怒生於親 노ᄉᆡᆼ어친、친ᄒᆞᆫ더에怒嫌난다
怒蠅拔劒 노승발검、蠅(파리)와게忿ᄒᆞ야칼ᄲᆡ기

假 거즛가 (眞假)
牢 굿을뢰 (牢定)
破 셔여질파 (破쇄ᄒᆞ다)
雷 우레뢰 (雷셩)
軒 마루헌 (란간)
吸 마실흡 (吸氣ᄒᆞ다)

洽 화ᄒᆞᆯ흡 (저즐흡)
隊 떼듸 (大隊) (中隊)
勘 견딜감 (勘쳐ᄒᆞ다)
芥 겨ᄌᆞ개 (白芥子)
應 응ᄃᆞᆸ응 (應ᄒᆞ다)
倨 거만ᄒᆞᆯ거 (倨오ᄒᆞ다)

路傍殆邑 로방잔읍、大路邊에노힌져온고을
路柳墻花 로류장화、사ᄅᆞᆷ마다ᄭᅥᆨ거
路上相逢 로상샹봉、로샹에셔서로맛나
鹿在誰手 록지슈슈、뎌사슴뉘손에잡힐고
綠陰芳草 록음방초、好時節
祿不疊受 록불텹슈、버슬은ᄃᆞᆯ이나록은ᄒᆞ나만먹어
弄假成眞 롱가셩진、거즛말이참말되여

寥 료요ᄒᆞᆯ료 (寂寥)
虎 범호 (호랑이)
踞 걸어안즐거
屢 여러루 (屢次)
塚 무덤총 (치塚ᄒᆞ다)
墳 무덤분 (墳묘)
淚 눈물루
添 더ᄒᆞᆯ텸 (보添ᄒᆞ다)
套 ᄉᆡᆸ더기투 (젼례투 外套)
丐 빌개
堯 님굼요
鯨 고래경

雷逢電別 뢰봉뎐별, 우레ᄀᆞᆺ치맛나번개ᄀᆞᆺ치리별
牢不可破 뢰불가파, 굿어셔여지지안켓다
寥寥無聞 료료무문, 고요ᄒᆞ야所聞업다
龍頭蛇尾 룡두샤미, 시작은잘ᄒᆞ고끗이업서
龍盤虎踞 룡반호거, 집잘지은形狀
屢屢衆塚 루루즁총, 만흔무덤
屢代墳山 루ᄃᆡ분산, 여러ᄃᆡ先山
類萬不同 류만부동, 류라고다ᄀᆞᆺ지안타
流離丐乞 류리개걸, 비러먹으러ᄃᆞᆫ닌다

隆 셩ᄒᆞᆯ륭 (隆쇠)
暑 더울셔 (處暑)
凌 릉범릉 (凌멸ᄒᆞ다)
斬 버힐참
掘 풀굴 (掘총ᄒᆞ다)
臨 다ᄃᆞᄅᆞᆯ림 (臨時ᄒᆞ야)
辯 말변 (호辯직)
單 홋단 (單獨一身)
斷 끈흘단 (斷念)
鶴 새학 (학두루미)
街 거리가 (三路街上)
哥 셩가 (金哥)

類類相從 류류샹죵, 제류를ᄯᆞ라샹죵
隆冬盛暑 륭동셩셔, ᄀᆞ장칩고메읍디운ᄯᅥ
凌遲處斬 릉지쳐참, 역젹죄인죽이ᄂᆞᆫ법
利不可獨食 리불가독식, 리를혼자먹지못ᄒᆞᆫ다
利惜秋毫 리셕츄호, 털끗만ᄒᆞᆫ리도익거
臨渴掘井 림갈굴졍, 목ᄆᆞᆯ나야우믈파
臨時應變 림시응변, 림기변ᄒᆞᆫ
多男子則多懼 다남ᄌᆞ즉다구, 아ᄃᆞᆯ만ᄒᆞ면걱졍
單獨一身 단독일신, 혼자

帝 님금뎨 (皇帝)
待 기ᄃᆞ릴ᄃᆡ (待접)
酤 술살고
宣 펼션 (宣教師)
倒 거구러질도 (倒產)
宿 잘슉 (宿所)

懇 간졀ᄒᆞᆯ간 (懇親會)
薑 싱강강 (薑汁)
儉 검박검 (儉소ᄒᆞ다)
隔 즁졀격 막힐격
媒 즁ᄆᆡᄆᆡ (媒者)
牽 이끌견 (牽인증)

斷斷無他 단단무타, 그밧긔ᄯᅩ업서
堂上鶴髮 당상학발, 늙은부모
堂堂帝國 당당뎨국, 당당ᄒᆞᆫ황뎨의나라
當局者迷 당국쟈미, 일을당ᄒᆞ면졍신이아득
待人難 ᄃᆡ인난, 사ᄅᆞᆷ기ᄃᆞ리기어려워
滴水成珠 뎍슈셩쥬, 물에ᄯᅦ러치면구슬갓다
典衣酤酒 뎐의고쥬, 옷비셔잡히고술먹어
鼎足以立 뎡족이립, 세귀에솟발셔듯
定省久闕 뎡셩구궐, 父母씌昏定晨省을오래闕ᄒᆞ여

毒 독ᄒᆞᆯ독
病 병들병
禿 모즈라질독 (禿筆)
凍 얼동 (凍死ᄒᆞ다)
尿 오죰뇨 (溺尿)
調 고로됴 (調涉ᄒᆞ다)

竟 마ᄎᆞᆷ경 (必竟)
契 계계 (初喪契)
故 늙을고 연고고 (고로)
較 비교교 (較計ᄒᆞ다)
鉤 갈고리구
垢 ᄯᅢ구

第一江山 뎨일강산, 景致됴타
到處宣化堂 도쳐션화당, 간ᄃᆡ마다됴타
道聽塗說 도텽도셜, ᄯᅳᆫ소문
徒費心力 도비심력, 일은안되고힘만허비
獨宿空房 독슉공방, 과부셜움
毒藥苦口利於病 독약이고구ㅣ나리어병, 藥이입에는ᄡᅥ도病에는利ᄒᆞ지
禿筆 독필, 모즈라진붓이글씨가안되여
頓淡無心 돈담무심, 싱각이조곰도업서

杜 막을두 (杜門不出)
補 기울보 (補添ᄒᆞ다)
隴 언덕롱
梯 사다리뎨 (계梯)
賓 손빈 (賓客)
壽 목숨슈 (壽夭)

腹 비복 (腹통)
綸 실머리륜 (經綸)
挽 당길만 (挽留ᄒᆞ다)
區 갈피구 (區域)
舅 외아조비구 (싀부、쟝인)
衿 옷깃금

同心協力 동심협력、서로ᄀᆞᆺ치힘써
凍足放尿 동족방뇨、언발에오좀누기
調理行公 됴리ᄒᆡᆼ공、샹소비답
杜門不出 두문불츌、문닷고밧긔나지아녀
得不補失 득불보실、엇은거시일흔더이못된다
得隴望蜀 득롱망쵹、ᄒᆞ나엇고또ᄒᆞ나싱각
登樓去梯 등루거뎨、다락에올은뒤에사다리치여
滿堂賓客 만당빈객、손님이ᄀᆞ득ᄒᆞ야

罔 업슬망
盲 소경밍 (청盲간이)
毛 털모 (黃毛봇)
遂 되일슈 (일우다)
薦 거쳔쳔 (薦主)
廉 청렴렴

謀 꾀모
牟 보리모 (牟麥)
夢 꿈몽 (夢조)
渺 물길묘 (渺然ᄒᆞ다)
粟 조속 (粟飯)
鄉 싀골향 마을향

萬壽無疆 만슈무강ᄒᆞ옵쇼서、님군의
滿腹經綸 만복경륜、속에경륜이ᄀᆞ득ᄒᆞ여
萬殊一理 만슈일리、만가지가다ᄒᆞᆫ리치라
挽近以來 만근이릭、근릭에
罔夜上來 망야샹릭、밤도아올나오다
盲者得門 밍쟈득문、소경이문바로들어
毛遂自薦 모슈ᄌᆞ쳔으로、제가저를쳔거ᄒᆞ야
冒沒廉恥 모몰렴치、렴치를므릅쓰다
謀事在人 모ᄉᆞ지인、일도모ᄒᆞ기는사롬의게잇다

猫 괴묘

鈴 방울령 (요鈴)

孰 누구슉 (孰是孰非)

靡 업슬미 헤여질미

薄 열븨 울박 (薄待)

博 넓을박 (博學士)

反 뒤칠반 (反對)

勃 니러날볼

坊 방방 (皇華坊)

矜 자랑긍 (自矜)

朞 돌긔 (朞年)

騎 말탈긔

牟利之輩 모리지비、利만取ᄒᆞᄂᆞᆫ놈

夢外之事 몽외지ᄉᆞ、ᄭᅮᆷ밧게ᄉᆞ일

渺蒼海之一粟 묘창히지일속、묘연ᄒᆞ다

猫頭懸鈴 묘두현령 괴머리에방울

物舊則神 물구즉신 물건이오래면神靈ᄒᆞ다

未知孰是 미지슉시、누가올흔지몰나

靡室靡家 미실미가、집도업고妻子도업다

薄酒一盃 박쥬일비

繁 번다ᄒᆞᆯ번

華 빗날화 (小中華)

泛 뜰범 (泛然ᄒᆞ다)

瞥 잠간볼별 (瞥안간)

厭 슬흴염 (厭증)

詐 거즛사

普 넓을보

伏 업딀복 (伏乞)

卦 괘괘 (점괘)

捲 것울권

圈 테두리권

落 ᄯᅥ러질락 (落馬ᄒᆞ다)

博而不正 박이부졍、여긔뎝젹뎌긔뎝젹

反覆小人 반복쇼인、손길뒤집듯

勃然變色 발연변ᄉᆡᆨ、ᄂᆞᆺ빗홀변ᄒᆞ다

繁華世界 번화셰계、번화ᄒᆞᆫ곳

泛然看過 범연간과、범연이보다

僻强窮村 벽강궁촌、幽僻ᄒᆞᆫ곳

變化氣質 변화긔질、환骨탈ᄐᆡ

瞥眼間 별안간、갑작스러이

輻 수레바퀴복
湊 물교일주
蓬 쑥봉
封 봉ᄒᆞᆯ봉 (근封)
罷 파ᄒᆞᆯ파 (罷事ᄒᆞ다)
鳳 새봉 (鳳凰)

仍 길인 (干仍깅참)
啄 조을탁 (새가)
翌 잇흔날익 (翌日)
恒 ᄒᆞᆼ샹ᄒᆞᆼ (恒久ᄒᆞ다)
隨 ᄯᆞᆯ을슈
扶 붓들부 (扶病ᄒᆞ다)

兵不厭詐 병불염사, 兵法에ᄯᅦ가未妨

兵家常事 병가상ᄉᆞ, 싸오다가ᄒᆞᆫ번패ᄒᆞ기상ᄉᆞ

病不能殺人 병불능살인, 병이사름을못죽여

伏未審此時 복미심ᄎᆞ시, 웃어룬ᄭᅴ편지ᄒᆞᄂᆞᆫ첫구절

輻湊並進 복주병진, 모도ᄒᆞᆫ곳으로모혀

蓬頭亂髮 봉두란발, 머리가헙슈룩ᄒᆞᆫ

携 이ᄭᅳᆯ휴
俯 굽흐릴부 (俯伏ᄒᆞ다)
蹤 자최죵 (蹤跡)
跡 자최젹
奔 ᄃᆞ랄분 (奔走ᄒᆞ다)
走 ᄃᆞ랄주

糞 ᄯᅩᆼ분 (人糞)
形 얼골형 (形용)
璜 구슬황
卵 알난 (鷄卵)
臘 섣랍 (臘日)
蠟 밀랍 (黃蠟)

封庫罷職 봉고파직, 貪官이御使出道맛나

父慈子孝 부ᄌᆞᄌᆞ효, 아비는ᄉᆞ랑ᄒᆞ고아ᄃᆞᆯ은효도ᄒᆞ여

富國强兵 부국강병, 나라히가음열고군ᄉᆞ강ᄒᆞ야

扶老携幼 부로휴유, 男負女戴

俯首聽令 부슈텽령, 예, 예等待ᄒᆞ엿소

浮雲蹤跡 부운죵젹, 定處업ᄂᆞᆫ사勢

奔走不暇 분주불가, 겨를업시

冰 얼음빙 (冰水)
炭 숫탄 (石炭)
乍 잠깐사 갓사
狼 이리랑
狽 이·리패
丸 탄ᄌᆞ환 (丸약)

娘 계집낭 새악시낭
糧 량식량 (식糧)
旅 나그내려 (旅관)
連 니올련 (連접ᄒᆞ다)
憐 어엿불련 (可憐ᄒᆞ다)
列 벌렬 (列國)

不可形言 불가형언, 형언ᄒᆞᆯ수업서
不可無者 불가무쟈, 업지못ᄒᆞᆯ
朋友有信 붕우유신, 벗이게信이主張
非媒不得 비미부득, 즁미업서婚姻ᄒᆞ나
飛鳥不入 비됴불입, 나ᄂᆞᆫ새라도못들어가
非此則彼 비ᄎᆞ즉피, 그사ᄅᆞᆷ아니면이사ᄅᆞᆷ
氷炭之間 빙탄지간, 얼음과불이相克이지

決 결단결 (미決)
棺 널관 (入棺ᄒᆞ다)
福 복복 (五福)
豪 호걸호
傑 호걸걸
釋 노흘셕 석은셕 (放釋ᄒᆞ다)

倫 인륜륜 (五倫)
斂 거둘렴 (슈斂)
獵 산양렵 (川獵)
靈 신령령 (靈魂)
零 ᄯᅥ러질령 (零在)
露 이슬로 (현露ᄒᆞ다)

乍進乍退 사진사퇴, 금시에갓다왓다가금시에온다
使人狼狽 ᄉᆞ인랑패, 남을랑패시겨
似是而非 ᄉᆞ시이비, 올흔듯ᄒᆞ여도글너
四時長春 ᄉᆞ시쟝츈, 四節푸르다
事不如意 ᄉᆞ불여의, 計不入量
死者不可復生 ᄉᆞ쟈ᄂᆞᆫ불가부싱, 죽은놈이다시못살아
死生決判 ᄉᆞ싱결판, 죽으나사나ᄒᆞ여보지
巳時下棺午時發福 ᄉᆞ시하관오시발복
死無餘恨 ᄉᆞ무여한, 죽어도恨이업서

碧 프를벽
塞 변방식 막을식
翁 한아비옹 늙은이옹
邪 샤특샤 (邪不범졍)
捨 브릴샤 (捨近取遠)
傷 샹ᄒᆞᆯ샹 (傷寒病)
嘗 맛볼샹
料 혜아릴료 (料食)
僚 동료료
漏 실루 (漏설되다)
輪 박회륜 (輪船)
段 쪽단 조각단

山中豪傑 산즁호걸, 호랑이
散之四方 산지ᄉᆞ방, 風飛雹박지박散
殺之無釋 살지무셕, 살녀두지못ᄒᆞᆯ놈
三綱五倫 삼강오륜, 君과父와夫ㅣ라
桑田碧海 상뎐벽히, 상뎐이벽히되다
灑掃應對 쇄소응ᄃᆡ, 小學之道
塞翁得失 ᄉᆡ옹득실, 얻은것이화ㅣ오 일흔것이복이라
生不如死 ᄉᆡᆼ불여ᄉᆞ, 산것이죽은것만 못ᄒᆞ여

害 해ᄒᆞᆯ해 (해롭다)
寺 뎔ᄉᆞ
竊 도적절 (그윽절)
偸 도적투
濯 씨슬탁 (濯足ᄒᆞ다)
蘇 ᄎᆞ조기소 (蘇씨)
賦 부셰부 (結卜)
吝 잇길닌 (吝색ᄒᆞ다)
痰 가릭담 (血痰)
踏 ᄇᆞᆲ을답
糖 엿당 (슈슈당)
垈 터ᄃᆡ (家垈)

生命財産 ᄉᆡᆼ명ᄌᆡ산, 사ᄅᆞᆷ의목숨과ᄌᆡ물
邪不犯正 샤불범졍, 샤긔가正道에犯치못ᄒᆞ여
捨近取遠 샤근취원, 갓가온것ᄇᆞ리고 먼ᄃᆡ것
相勝相負 샹승샹부, 졋다가이겻다가
傷人害物之心 샹인해물지심, 好生之德이업서
上下寺不及 샹하ᄉᆞ불급, 두뎔개
尙矣勿論 샹의물론, 다시론난업서
書不可盡信 셔불가진신, 글이라고다 밋을가
庶幾之望 셔긔지망, 可望잇다

束 묵글속(束裝ᄒᆞ다)
損 덜손(損害)
迎 마즐영(迎접ᄒᆞ다)
垂 드리울슈
簾 발렴
臾 잠간유

竪 세울슈(竪子)
柱 기동쥬(柱石之臣)
帶 ᄯᅴ대(革帶)
摘 ᄯᅡᆯ적(摘奸ᄒᆞ다)
店 숫막뎜(金店)
停 머므를뎡(停止ᄒᆞ다)

鼠竊狗偸 셔졀구투, 좀盜賊
先見之明 션견지명, 所見이 ᄒᆞᆫ층놉하
說往說來 셜왕셜릭, 말이 오락가락
成事在天 셩ᄉᆞ재텬, 일되기는 하ᄂᆞᆯ에 잇셔
成人之美 셩인지미, 爲人謀忠
洗踏足白 셰답족빅, ᄲᆞᆯ니ᄒᆞ니 발굼치 가희여
聖人能知聖人 셩인이능지셩인, 아는 사ᄅᆞᆷ이 안다
聖壽萬歲 셩슈만세, 님금의 祝壽
歲月如流 세월여류, 세월이 물흐르듯

儒 션비유(儒巾)
禦 막을어(防禦ᄒᆞ다)
熟 닉을슉(熟手)
循 돌슌
環 고리환(循環)
膝 무릅슬

率 거ᄂᆞ릴솔(家率)
卞 변졍변 셩두변(卞씨)
題 쓸뎨(題ᄉᆞ)
提 ᄭᅳᆯ뎨(提出ᄒᆞ다)
島 셤도(無人絶島)
逃 도망도(逃走ᄒᆞ다)

蘇東坡(언덕파)의 赤壁賦 소동파의 젹벽부
所忌者 소긔쟈, 써리는것은
所存者 소존쟈, 남시지가
束手無策 속슈무칙, 두손ㅅ길 맛잡고 수가업서
損者三友 손자삼우, 해로온벗이 셋
率來對卞 솔릭디변, ᄃᆞ리고와ᄃᆡ변
小固不可以敵大 쇼고불가이뎍대, 작은것이 큰것을 못당ᄒᆞ여

蠅 파리승

鶉 믹츄라기슌(懸鶉百結)

試 시험시(試才ᄒᆞ다)

怠 게어를틱

尤 더옥우

斧 독긔부(斧월)

盜 도적도(盜汗증)

敦 도타올돈

銅 구리동(젹銅)

洞 골동(洞口)

吊 됴상됴(吊客)

兆 억죠죠(兆짐)

松茂(무셩ᄒᆞ무)栢悅 숑무빅열, 솔이무셩ᄒᆞ면잣이깃버ᄒᆞ여

隨問隨答 슈문슈답, 뭇ᄂᆞᆫ대로디답ᄒᆞ다

垂簾聽政 슈렴텽졍, 皇后셔셔

須臾不離 슈유불리, 暫時도써나지안코

壽則多辱 슈즉다욕, 오래살면욕이라

竪柱上樑 슈쥬샹량, 立柱샹량

遂成大儒 슈셩대유, 드듸여큰션비가되엿다

孰能禦之 슉능어지, 누가능히막으리오

熟不還生 슉불환싱, 닉은것이도로셜가

斫 작글쟉(斫刀)

意 ᄯᅳᆺ의(意思)

促 직촉촉

我 나아(見我間)

躬 몸궁

匹 짝필(말ᄒᆞᆫ匹)

豆 팟두(菉豆)

襪 보션말(綿襪)

汝 너여(汝矣等)

辯 말변(好辯客)

買 살미(賣買)

埋 뭇을미(埋장ᄒᆞ다)

夙興夜寐 슉흥야미, 일즉이니러나고밤늣게든자지

循環之理 슌환지리, 돌아가는理致

脣亡齒寒 슌망치한, 입ᄉᆞᆯ이업스면니가추기

膝下之樂 슬하지락, 子孫들

乘勝長驅 승승쟝구, 잡고모라드리가

升堂入室 승당입실, 졈졈가깁

升天入地 승텬입디, 하ᄂᆞᆯ에오다고짜헤드러가

握 잡을악
危 위틱ᄒᆞᆯ위 (危急ᄒᆞ다)
晏 느즐안 (晏然ᄒᆞ다)
按 안찰ᄒᆞᆯ안 (상고ᄒᆞ다)
盟 밍세밍 (同盟)
眠 조을면

慕 ᄉᆞ모모 (앙慕ᄒᆞ다)
沐 목욕ᄒᆞᆯ목 (沐浴)
妙 묘ᄒᆞᆯ묘 (妙法)
巫 무당무 (巫女)
微 적을미 (微服)
敏 민첩민 (敏活ᄒᆞ다)

陞等陞級(드림급) 승등승급, 陞一等
陞 級
蠅頭之利 승두지리, 조고마ᄒᆞᆫ利
時不利兮 시불리혜, 때를못맛나
時哉時哉 시재시재, 생각ᄒᆞᆯ만ᄒᆞᆫ때
始勤終怠 시근종틱, 처음은勤ᄒᆞ고나종은게얼너
始終如一 시종여일, ᄒᆞᆫ글갓다
時局形便 시국형편, 現今事機

色 빗색 (女色)
睚 눈살애
眦 눈살ᄌᆞ
鶯 꾀꼬리잉
蝶 나뷔뎝
舞 츔출무 (歌舞)

返 도라올반 (樂而忘返)
訪 ᄎᆞᄌᆞᆯ방 (訪問ᄒᆞ다)
謗 비방방 (훼謗노라)
番 번번 (ᄒᆞᆫ번 두번)
罰 벌ᄒᆞᆯ벌 (罰酒)
邊 가변 (邊利)

施恩於不報之地 시은어불보지디, 은혜를밧지못ᄒᆞᆯ곳에베플다
視若尋常 시약심상, 심상이너여
識字尤患 식ᄌᆞ우환, 유식ᄒᆞᆫ것이도로혀우환
食後第一味 식후데일미, 담비
身外無物 신외무물, 내一身이第一이라
愼勿出口 신물츌구, 말내지말나
信之無疑 신지무의, 든든이밋엇다
信斧斫足 신부작족, 밋엇든독긔가발을씩어

抑 누를억 억지억
禍 재화화 (禍福)
刑 형벌형 (刑事, 刑法)
逆 거스릴역 (逆적)
遵 조츨준 (遵行ᄒᆞᆫ다)
柄 자루병 (筆柄)

秉 잡을병
甫 갓보 겨우보
寶 보비보 (寶眷)
保 보젼보 (保존)
捧 밧을봉 (收捧ᄒᆞ다)
憤 분ᄒᆞᆯ분 (울憤ᄒᆞ다)

陣筆新墨 진필신묵, 묵은붓과새먹
新舊相繼 신구샹계 묵은곡식이햇곡식에니어
心不在焉 심불지언, ᄆᆞᄋᆞᆷ을아니ᄡᅥ
心忙意促 심망의촉, ᄆᆞ음이燥急ᄒᆞ여
深深藏之 심심장지, 깁히ᄀᆞᆷ초아두어
我躬不閱 아궁불열, 나ᄯᅮᆯ것도不足ᄒᆞ여
兒馬一匹 ᄋᆞ마일필, 別單賞典

瑤 구슬요
怪 괴이ᄒᆞᆯ괴
雌 암컷ᄌᆞ
凜 름름ᄒᆞᆯ름
威 위엄위 (威風)
霜 서리상 (霜降)

悲 슬플비
碑 비셕비 (下馬碑)
頻 자죠빈 (빈빈ᄒᆞ다)
憑 빙거빙 (의지ᄒᆞᆯ빙)
篩 체ᄉᆞ
砂 쥬사사 (辰砂)(縮砂)

亞字映窓 아ᄌᆞ영창,
亞細亞洲 아세아쥬, 韓日淸
握手相對 악슈샹ᄃᆡ, 손을붓들고서로對ᄒᆞ엿다
安不忘危 안불망위, 편안ᄒᆞᆫ세危險을닛지말나
晏然坐視 안연좌시, 모른톄ᄒᆞ고잇다
按劒相視 안검샹시, 서로원슈
眼鼻莫開 안비막개, 눈코ᄯᅳᆯ수이업다

快 쾌ᄒᆞᆯ쾌 (상快ᄒᆞ다)
僞 거즛위
劵 문권권 (家劵)
位 벼슬위 (地位)
歎 탄식탄 (自歎)
猶 오히려유 (ᄀᆞᆺᄒᆞᆯ유)

朔 초ᄒᆞ로삭 (朔望)
酸 실산
傘 일산산 (雨傘)
筭 산들산 (筭術)
揷 ᄭᅩ즐삽
鞭 최ᄼ직편 (革鞭)

眼高手卑 안고슈비, 눈에놉고손에설어
眼下無人 안하무인, 눈아래사ᄅᆞᆷ이업서
顏色不變 안ᄉᆡᆨ불변, 낫빗히샛ᄉᆡᆨ업다
眼明手快 안명슈쾌, 눈이ᄇᆞᆰ고손이ᄲᆞᆯ나
愛人如己 ᄋᆡ인여긔, 남ᄉᆞ랑ᄒᆞ기를제몸과ᄀᆞᆺ치
睚眦之怨 ᄋᆡᄌᆞ지원, 눈흘긴원망
鶯歌蝶舞 잉가뎝무, ᄭᅬᄭᅩ리노래와나뷔춤
夜半無禮 야반무례, 밤에는除禮ᄒᆞ여無妨

恐 두려올공 (恐動ᄒᆞ다)
愈 나을유 더욱유
柔 부드러올유 (유ᄒᆞ다)
胥 서로서 (돕다) (吏胥)
擲 더질쳑
淫 음란음 (淫欲)

奢 샤치샤 (奢侈ᄒᆞ다)
蛇 비얌샤 (蛇頭창)
寫 쓸샤 (寫眞) (글씨)
謝 샤례샤 (謝罪ᄒᆞ다)
赦 샤ᄒᆞᆯ샤 (赦ᄂᆞ리다)
想 ᄉᆡᆼ각샹 (思想)

藥能殺人 약능살인, 약이능히사ᄅᆞᆷ을죽여
弱者先手 약쟈션슈, 약ᄒᆞᆫ者가션슈ᄒᆞᆫ다
養虎遺患 양호유환, 범을기르면후환되지
於此於彼 어ᄎᆞ어피, 이리ᄒᆞ나뎌리ᄒᆞ나
於焉間 어언간, 얼마아녀서
語不成說 어불셩셜, 말이可當치아냐
語不擇發 어불ᄐᆡᆨ발, 말을마고ᄒᆞ여
抑有說焉 억유셜언, ᄒᆞᆯ만ᄒᆞᆫ말이잇서

讓 ᄉ양양 (謙讓)
醫 의원의
移 옴길이 (반移ᄒ다)
夷 오랑캐이
狄 되젹
印 인인 (印信)

暑 더울셔 (處暑)
瑞 상서셔 (瑞氣)
庶 뭇서 거의셔 (嫡庶)
錫 줄셕 쥬셔셕
線 실선 (針線婢)
鮮 빗날선 (朝鮮) (젹다)

焉知禍也 언지화야、화ㅣ줄을언지알니
焉知福也 언지복야、복인줄을언지알니
言無足而千里 언무족이쳔리、발업는말이千里가지
嚴刑遠配 엄형원비、엄형ᄒ여먼니귀향보낸다
如兄若弟 여형약뎨、親兄弟곳나
逆悖而入 역패이입、逆理로드러온것
然則奈何 연즉내하、그런즉엇사옵고
永世不忘 영세불망、永遠히닛시못ᄒᆞᆯ일

妊 ᄋᆞ히빌임 (解妊ᄒ다)
剩 넉넉잉 (잉나다)
仍 그냥둘잉 (仍任ᄒ다)
俎 도마조 (木器)
嫌 혐의혐 (世嫌)
滋 부를ᄌᆞ (滋味)

羨 부러울션 (欽羨ᄒ다)
城 잣성 (城텹)
醒 셔른셩 (酒醒)
聖 셩인셩 (聖君)
稅 셰납셰 (부셰셰)
騷 소요ᄒᆞᆯ소 (騷동ᄒ다)

永久遵行 영구쥰힝、영영이前例삼아
五馬作隊 오마작ᄃᆡ、몰다ᄉᆞᆺ식隊ᄒᆞᆫ지어
吾亦云云 오역운운、나도그러케닐인다
要用所致 요용소치、緊用處가잇서서
堯舜之民 요슌지민、착ᄒᆞᆫ百姓
瑤池王母 요지왕모、소위션녀(仙女)
搖之不動 요지부동、흔드러도움작아녀
欲忘難忘 욕망이난망、니즈려ᄒᆞ아닛기어려워

勺 국이쟉
瘴 쟝긔쟝
訴 알윌소 (호訴ᄒᆞ다)
寂 고요젹
餞 젼송젼 (餞別)
鬚 슈염슈

孫 손ᄌᆞ손 (長孫)
燒 ᄉᆞ롤쇼 (燒火ᄒᆞ다)
消 ᄉᆞ라질쇼 (消息)
贖 쇽량ᄒᆞᆯ쇽 (贖錢)
愁 수심수
數 두어수 자조삭 (數爻)

辱及朝廷 욕급죠뎡, 욕이죠뎡에미처
用之何處 용지하처, 무엇에다쓰리오
容或無怪 용혹무괴, 혹괴이치아녀
優勝劣敗 우승렬패, 나흔놈은이긔고 못ᄒᆞᆫ놈은패ᄒᆞᆫ지
優遊度日 우유도일, 허송세월
雄飛雌從 웅비ᄌᆞ죵 수캐이나니암컷 이ᄯᆞ라
威如霜雪 위여상셜, 위엄이서리ᄉᆞ발 ᄀᆞᆺ하
爲民父母 위민부모, 百姓의父母되야 님금

摘 ᄯᅡᆯ젹 (摘奸ᄒᆞ다)
杖 막대쟝 (刑杖)
囚 가돌슈 (罪囚)
鄭 나라졍 (鄭씨)
貞 곳을졍 (貞節)
爪 손톱조

睟 싱얼슈 (睟宴)
獸 길즘승슈 (금獸)
袖 쇼매슈 (紅袖)
純 슌젼슌 (석긴것업다)
濕 저즐습 (濕氣)
柴 섭싀 (柴糧)

違越章程 위월쟝졍, 쟝졍에어그러져
威風凜凜 위풍이름름, 氣岸됴타
僞造文券 위조문권, 가문서
由我之歎 유아지탄, 날노말미암아
猶爲不足 유위부족, 오히려부족다고
猶恐不及 유공불급, 힝여잘못될가
猶父猶子 유부유ᄌᆞ, 삼촌조카

牙 리아（齒牙）
蚤 벼록조（벼레）
虱 니슬（벼레）
存 잇슬존（存問）
取 가질취
猝 갑작이졸（猝然間11）

剛 굿셀강
媳 며느리식
新 섭신
俄 아사아（俄라ᄉᆞ）
樂 즐길락（풍악악）
岸 언덕안

右妻娶妻 유쳐취쳐, 左右婦人
愈往愈甚 유왕유심, 갈ᄉᆞ록더심ᄒᆞ여
柔能勝剛 유능승강, 유ᄒᆞᆫ놈이강ᄒᆞᆫ놈을이긔지
惟命是從 유명시죵, 분부대로기힝
儒胥必知 유셔필지
陰陽配合 음양비합
飮藥致死 음약치ᄉᆞ, 약먹ㅂ죽어
淫談悖說 음담패셜, 잡된말

窒 막힐질
塞 번방ᄉᆡ 막을식
罪 허물죄（罪人）
潮 밀물조（潮水）
鍾 쇠북죵（鍾氣ᄒᆞ다）
照 빗최ᄅᆞ조（照會）

鴈 기러기안（鴈行）
謁 보일알（謁畢）
碍 걸닐애（拘碍되다）
若 만일약（若是ᄒᆞ다）
佯 거즛양（佯醉ᄒᆞ다）
樣 모양양（各樣）

揖讓之風 읍양지풍, 서로ᄉᆞ양ᄒᆞᄂᆞᆫ風俗
飮少輒醉 음쇼쳡취, 조곰먹으면醉ᄒᆞᆫ다
應口輒對 응구쳡딕, 말이떠러지자곳딕답
疑者闕之 의쟈ᄂᆞᆫ궐지, 의심나ᄂᆞᆫ글은ᄇᆞ려두어
疑謀不成 의모ᄂᆞᆫ불셩, 의심ᄒᆞᄂᆞᆫ일은일우지못ᄒᆞ지
依例等待 의례등딕, 의젼례待令ᄒᆞ다
依例擧行 의례거힝, 依例擧行ᄒᆞ다

逝 갈셔
樽 술준준
株 포기쥬
晝 낫쥬 (晝夜)
蠢 미련ᄒᆞᆯ쥰
曾 일즉증 (曾祖)
洋 대양양 (西洋[illegible])
御 뫼실어 (御命)
漁 고기잡을어 (漁父)
掩 가리울엄 (掩置ᄒᆞ다)
驛 파발역 (驛馬)
軟 연ᄒᆞᆯ연 (보드럽다)

義理不關 의리불관, [illegible]
다
[illegible]方活套 의방활투, 醫家[illegible]ᄒᆞᄂᆞᆫ
移風易俗 이풍역쇽, 바람이옴기고風俗이밧고이다
夷狄之道 이젹지도, 오랑키의도
已發之矢 이발지시, 쏜살불거두나
忍之爲德 인지위덕, 참ᄂᆞᆫ거시덕이된다
仁義禮智 인의례지, 四維
因人成事 인인셩ᄉᆞ, 놈의힘으로成事되엿다

枝 가지지 (나모가지)
茂 거츨무 (茂셩)
辨 분변변
陳 묵을진 (陳[illegible])
津 나루진
[illegible] 지[illegible]지
[illegible] 기[illegible] (기[illegible])
宴 잔치연 (宴會)
烟 니연 (烟氣)
影 그림ᄌᆞ영 (影子)
榮 영화영 (榮光)
機 디딜틀에 (機[illegible])
[illegible] 서릴오

因其勢而道之 인기세이도지, 그형셰를따라인도ᄒᆞ여
人窮返本 인궁반본, 사ᄅᆞᆷ이궁ᄒᆞ면根本을찻ᄂᆞ니다
人命在天 인명재텬, 人命이하ᄂᆞᆯ에잇ᄂᆞ니라
[illegible]上加[illegible] 인샹가[illegible], [illegible]
日[illegible]之[illegible] 일[illegible]지[illegible], [illegible]
[illegible]出人 [illegible]
[illegible]人 인[illegible], [illegible] ᄒᆞ야

蝎 다ᄒᆞᆯ갈 (경竭ᄒᆞ다)
懲 징계징 (懲역)
座 자리좌 (上座)
倉 창창 (倉고)
帥 쟝슈슈 (都元帥)
匆 밧불총 (匆急ᄒᆞ다)

腰 허리요 腰痛
謠 노래요 (童謠)
遙 멀요 (遙望臺)
勇 용맹용 (勇力)
寓 부칠우 (寓居)
偶 우연우 (偶然得病)

臥席終身 와셕죵신、집에서죽이
臥薪嘗膽 와신샹담、섭헤누어膽을맛보다
元亨(형통형)利貞 원형리졍、원칸은대도리、
越俎之嫌 월조지혐、내게당치아니일에샹관
滋陰降火 ᄌᆞ음강화、陰을붓니고火氣를ᄂᆞ리워
勺水不入 쟉슈불입、인ᄒᆞ病병에물이안드러가
瘴癘之氣 쟝려지긔、衛生에害로온ᄂᆡ운

抽 ᄲᆡᆯ츄 (抽身ᄒᆞ다)
磨 갈마 (ᄆᆡㅅ돌)
鍊 다듬을련 (百鍊鐵)
醉 취ᄒᆞᆯ취 (大醉)
惻 측은ᄒᆞᆯ측
㥯 측은ᄒᆞᆯ은

運 운젼운 옴길운
衛 호위ᄒᆞᆯ위 (衛生)
圍 두를위 (圍지삼잡)
閏 윤ᄃᆞᆯ윤 (閏月)
隱 숨을은 (隱닉ᄒᆞ다)
銀 은은 (銀盞)

獎忠壇 쟝츙단、戰亡功臣을爲ᄒᆞ야祭祀ᄒᆞᄂᆞᆫ데
赤手空拳 젹슈공권、빈손들고
寂寞江山 젹막강산、고요ᄒᆞ다
餞別宴 젼별연、餞送ᄒᆞᄂᆞᆫ잔치
杖之囚之 쟝지슈지、ᄯᅡ려셔가도다
絶處逢生 졀쳐봉ᄉᆡᆼ、ᄭᅳᆫ허진곳이다시ᄉᆡᆼᄒᆞ야
鄭重之敎 졍즁지교、쥰졀ᄒᆞᆫ分付
情意相通 졍의샹통、知己之友
貞烈婦人 졍렬부인、貞節이잇ᄂᆞᆫ婦人

卓 놉흘탁
田 넓을단 (田ᄒᆞ다)
免 죽기로 (免不見)
阪 언덕판

凝 엉길응 (굿어지다)
爾 너이
引 다릴인 (분기중)
井 스물입 (二十)
孀 ᄋᆞ히빌상 (孀婦)
緩 느즐완 (완완히느즐다)

爪牙之士 조아지ᄉᆞ、要緊ᄒᆞᆫ軍士
存本取利 죤본취리、本錢을두고利를내다
猝難變通 졸난변통、갑작이變通ᄒᆞ기어려워
朝變夕改 됴변셕기、朝夕으로변ᄒᆞᆫ다
潮水往來 됴슈왕릭、밀물이오락가락
鍾氣人物 죵긔인물、잘난사ᄅᆞᆷ
照數推尋 죠수츄심、ᄒᆞᆫ푼ᄒᆞᆫ푼作업시다ᄎᆞᆺ다

豐 풍년풍 (凶豐)
笠 갓립 (포笠)
泡 거품포 (水泡)
厚 두터울후 (厚待)
懷 싱각회 품회
悵 슬플챵 (悵然ᄒᆞ다)

甌 구경와 (甌罄ᄒᆞ다)
頑 완악완 (頑皮)
旺 왕셩ᄒᆞᆯ왕 (旺進)
原 언덕원 (근본)
圜 두를환 둥글원
粧 단장장 (粧식)

走爲上策 주위상칙、ᄃᆞ라나ᄂᆞᆫ것이첫재
從此逝矣 죵ᄎᆞ셔의、죵ᄎᆞ갈터이라
走馬加鞭 주마가편、ᄃᆞᆺᄂᆞᆫ말ㅅ게채질
樽酒相逢 쥰쥬샹봉、술을對ᄒᆞ야벗을맛나
株式會社 쥬식회샤、여러사ᄅᆞᆷ의股금으로졔운會社
晝夜奔走 쥬야분주、밤낫밧버
蠢若無識 쥰쥰무식、식ᄌᆞ가조곰도업서
甑已破矣 증이파의、도라보아무엇ᄒᆞ나
止於止處 지어지쳐、가ᄂᆞᆫ대로가다가멈추어
至誠感天 지셩감텬、졍셩이지극ᄒᆞ면하ᄂᆞᆯ이感動ᄒᆞᆫ다

翰 날개한 (翰林)
汗 땀한 (汗衫)
降 항복항 (느릴강)
邂 히후히 (우연)(상봉)
逅 히후후
幸 요힝힝 (不幸ᄒᆞ다)

栽 심을지 (栽培所)
匠 공장장 (匠人)
場 마당장 (停車場)
帳 막장장 (모긔帳)
醬 장장 (간醬)
苧 모시져 (生苧)

咫尺不辨 지쳑불변、어듸가어듼지캄캄ᄒᆞ여
津液枯竭 진익고갈、기름이밧작말나
疾之已甚 질지이심、심히뮈워ᄒᆞ다
懲一勵百 징일려빅、ᄒᆞ나흘懲治ᄒᆞ야百을면려ᄒᆞ다
座席未煖 좌셕미난、자리부칠거를이업서
倉氏庫氏 창씨고씨、벼슬을子孫의게물녀주어
左授右捧 좌슈우봉、왼손으로物件주고올흔손으로갑밧아

眩 눈어두울현
惑 혹홀혹 (의惑)
孑 외로울혈 (孑孑단신)
挾 씨릴협 (挾雜)
娼 창녀창 (娼妓)
超 뛸초 (超월ᄒᆞ다)

猪 도야지져 돗져 (猪肉)
這 이조음저 (這間에)
錢 돈전 (十分)
煎 다릴전 (약다려)
貞 곳을정 (貞절)
呈 드릴졍 (무장)

責在元帥 칙지원슈、칙망이頭目의게잇다
忽忽暫上 총총잠상、그만그치옵
秋風落葉 츄풍락엽 츄풍에나모닙ᄯᅥ러지듯
抽身末由 츄신이말유、몸이ᄲᅢ여날수업서
惻隱之心 측은지심、불샹히넉이ᄂᆞᆫ므ᄋᆞᆷ
打破門閥 타파문벌、班常을不計ᄒᆞ다

侯 저후후 (侯爵)
壺 병호 (一壺酒)
互 서로호 (互相)
浩 넓을호 (浩大ᄒᆞ다)
呼 부를호 (呼訴ᄒᆞ다)
謬 그를류

阻 막을조 (저阻ᄒᆞ다)
遭 맛날조
族 일가족 (族戚)
做 지을주 (做事ᄒᆞ다)
住、머므를쥬 (居住)
粥 죽쥭 (팟죽)

卓乎難及 탁호난급, 其高를不可及
坦坦大路 탄탄대로, 五馬隊ㅅ길
兎死狐悲 토ᄉᆞ호비, 톡기가죽으니여호가슬퍼
鐵石强腸 텰셕강쟝, 쇠와돌又흔창ᄌᆞ (ᄆᆞᄋᆞᆷ이굿세여)
坂蕩之世 판탕지세, 법업는世上
烹頭耳熟 팽두이숙, 머리를살므ㅁ으니귀가녹어
偏被國恩 편피국은, 국은을유독만히닙어
弊袍破笠 폐포파립, 떠러진옷파해여진갓

魄 넉박 (혼빅)
混 셕길혼
淆 셕길효
悔 뉘우츨회 (후悔)
恢 넓을회
綽 너너ᄒᆞᆯ작

準 코ᄉᆞ마로쥰 (평균ᄒᆞ다)
俊 쥰걸쥰 (俊秀ᄒᆞ다)
朴 등걸박 (朴씨)
叱 ᄭᅮ지즐즐 (叱辱ᄒᆞ다)
憎 뮈울증 (可憎ᄒᆞ다)
肢 ᄉᆞ지지 (팔다리)

表而出之 표이출지, 너무有表ᄒᆞ다
彼此一般 피ᄎᆞ일반, 서로又다
何厚何薄 하후하박, 어ᄃᆡ는厚ᄒᆞ고어ᄃᆡ는薄ᄒᆞ야
下懷伏悵 하회복창, 下情에창연ᄒᆞ외다
翰林學士 한림학ᄉᆞ, 배ᄉᆞ적文章의諸官
汗出沾背 한출텸배, 땀이등ㅅ골에져서
降者不殺 항자불ᄉᆞᆯ, 항복ᄒᆞ는쟈는죽지안녀

橫 빗길횡 (가로)
搜 슈험ᄒᆞᆯ슈 (搜탐ᄒᆞ다)
肴 안쥬효 (酒肴)
核 씨힉 힉실ᄒᆞᆯ힉
畏 저풀외
酗 후쥬ᄒᆞᆯ후 (酗酒軍)

遲 더딜지 (遲緩ᄒᆞ다)
錯 석길착 (錯誤處)
饌 반찬찬 (食饌)
菜 나물채 (菜소)
債 갑채 (빗)
窄 좁을착 (협窄ᄒᆞ다)

邂逅相逢 히후샹봉, 意外에서로맛낫다
行者必有贐(신물신) 힝쟈필유신, 길가ᄂᆞᆫ이게贐物이잇서
幸以得免 힝이득면, 요힝면ᄒᆞ엿지
眩惑人心 현혹인심 人心을眩惑케ᄒᆞ다
孑孑無依 혈혈무의, 의지ᄒᆞᆯ곳이바이업서
挾娼誤入 협창오입, 계집ᄃᆞ리고논다
懸鶉白結 현슌빅결, 衣服이람루ᄒᆞ거지
懸河口辯 현하구변, 말이靑山流水
兄友弟恭 형우데공, 형은우이ᄒᆞ고아오ᄂᆞᆫ공슌ᄒᆞ지

踈 셩긜소 (踈忽ᄒᆞ다)
倏 문득숙 (ᄲᆞ르다)
凶 흉ᄒᆞᆯ흉 (吉凶)
畵 그림화
餠 ᄯᅥᆨ병
貨 ᄌᆡ물화 (貨폐)

遮 막을차 (遮道ᄒᆞ다)
漲 창슈창 (漲일ᄒᆞ다)
隻 ᄯᅡᆨ쳑 (船一隻)
泉 심쳔 (醴泉)
淺 엿흘쳔 (深淺)
擅 쳔편ᄒᆞᆯ쳔 (쳔ᄌᆞ히)

互 互

壺裏乾坤 호리건곤, 술이大醉ᄒᆞ여
互相往來 호샹왕ᄅᆡ, 서로來往ᄒᆞᆫ다
浩然之氣 호연지긔 孟子외道
虎尾難放 호미난방, 범의ᄭᅩ리노키어려워
虎父犬子 호부견ᄌᆞ, 범아비에개아ᄃᆞᆯ
呼父呼母 호부호모, 父母로侍接ᄒᆞᆫ다
魂飛魄散 혼비빅산, 혼빅이흣허진다

幣 폐빅폐 (幣帛)
涸 므를학
歡 즐기울환
鰥 홀아비환 (鰥夫)
宦 벼슬환 (닉관) (宦者)
換 밧골환 (相換)
凸 뽀족쳘
餮 쳡ᄋ쳡
僉 다쳠 (僉員)
菁 무우쳥
滯 걸닐톄 (滯증)
催 지촉최 (催促ᄒ다)

混沌人地 혼돈텬디、두죽박죽
悔過自責 회과즈췩、後悔ᄒ다
恢恢綽綽 회회작작、넉넉ᄒ다
橫說竪說 횡셜슈셜、말이동이안닷는다
橫行作亂 횡ᄒ작란、意氣揚揚
肴核旣盡 효힉긔진、안쥬가진ᄒ여
後生可畏 후싱이가외、후에난쎔이도도톡
酗酒雜技 후쥬잡기、술먹고놀음ᄒ기

還 도라올환 (回還)
恍 어렴풋황
惚 어렴풋홀
招 브를쵸 (招來ᄒ다)
抄 쵸ᄒ쵸 (벗길쵸)
稍 젹이쵸 (졈졈)
醋 쵸조 (된것)
椒 호쵸쵸
燭 촛불쵹 (燭下에)
囑 부탁ᄒ쵹 (교쵹ᄒ다)
寵 괼춍 (ᄉ랑)
逐 쪼출츅 (逐出ᄒ다)

後屬疎遠 후쇽이소원、代遠ᄒ니親屬이서로셩긔여
倏往倏來 홀왕홀리、금시에갓다가수時에와
欣然待之 흔연ᄃ지、됴케ᄃ접
畵中餠 화즁병、그림에떡이입에드러올가
禍不單行 화불단힝、憂患이雙으로싱겨
禍家餘生 화가여싱、患難에남은人生
貨幣流通 화폐류통、貨幣가人의血脉파又하

衝 찌를츙 (相衝)
臭 내취 (香臭)
測 측량측 (不測之變)
層 층층 (三層)
馳 달닐치 (驅馳ᄒᆞ다)
侈 샤치치 (侈人件)

漆 칠ᄒᆞᆯ칠 (옷칠)
浸 잠길침 잠글침 (水浸)
妥 타당ᄒᆞᆯ타 (妥렵ᄒᆞ다)
贓 장물장 (미장이)
托 부탁탁 (의托ᄒᆞ다)
灘 여흘탄 (淺灘)

涸轍之魚 확철지어、굴ᄆᆞ어죽게된사ᄅᆞᆷ
歡如平生 환여평싱、ᄐᆡ업시도로친ᄒᆞ다
鰥寡孤獨 환과고독、[illegible]
宦海風波 환해풍파、仕路에ᄂᆞᆫ風波가만하
還歸本主 환귀본쥬、본님쟈의게돌녀보니여
還歸故土 환귀고토、본고향으로도라가
恍惚難測 황홀난측、恍惚ᄒᆞ야測量ᄒᆞ기어려워
黃金黑士心 황금흑ᄉᆞ심、누른金이사ᄅᆞᆷ의ᄆᆞᄋᆞᆷ을검게ᄒᆞ여

嫗 할미구 (老과)
馨 ᄭᅩᆺ다올형
欽 공경흠 (欽命、欽差)
駒 망아지구
禽 새금 (飛禽)
獸 즘싱슈 (走獸)

鸞 란됴란
麒 긔린긔
麟 긔린린
奪 아ᄉᆞᆯ탈 (奪取ᄒᆞ다)
宵 밤쇼
涕 눈물톄

何物老嫗ㅣ生此馨香兒오ᄒᆞ니學問이有ᄒᆞᆫ人을見ᄒᆞ고欽羨ᄒᆞ야曰엇던老嫗가이런好人을生ᄒᆞ고歲月가ᄂᆞᆫ것을白駒過隙이라ᄒᆞ니셜니가ᄂᆞᆫ歲月을虛送치말나若比於禽獸ㅣ면禽有鸞鳳獸有麟이라ᄒᆞ니學問이無ᄒᆞᆫ人이엇지鸞鳳과麒麟에게比ᄒᆞ리오緣故로無識ᄒᆞᆫ人은比ᄒᆞᆯ곳이업서

楊 (楊柳) 버들양　州 고을쥬　橘 (橘皮) 귤귤　棊 바독긔　曹 (曹씨) 나라조　盧 (盧씨) 셩로

劉 (劉씨) 묘금도류　兪 (兪씨) 대답유　魯 (魯씨) 나라로　毁 (毁謗놀다) 헐훼　歇 (歇脚ᄒᆞ다) 쉴헐　險 (險路) 험ᄒᆞᆯ험

文章杜牧之가醉ᄒᆞ야楊州地에過去ᄒᆞᆯ제靑樓上娼妓들이文章의風采를ᄒᆞᆫ번다시보려고橘노ᄡᅥ投之ᄒᆞ니橘이車에滿ᄒᆞ엿더라

棊局으로消長夏ㅣ라바독판으로긴녀름을消遣ᄒᆞᆫ다ᄒᆞ니此는腐敗ᄒᆞᆫ心腸이라만일愛國血誠으로敎育에從事ᄒᆞ던지社會上에往來ᄒᆞ야知識을交換ᄒᆞ던지其餘暇에ᄒᆞ면容或無怪로다

隆熙二年七月　日

版權所有

定價金肆拾伍錢

著述者 姜華錫
發行者 李駿求
印刷所 京城鍾路 皇城新聞社
製冊所 社洞 李聖春

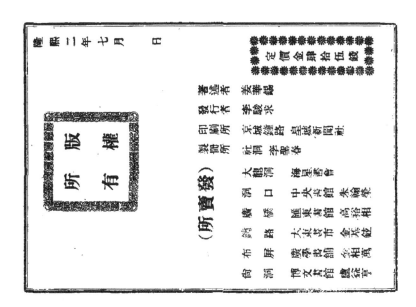

(發賣所)
大龍洞 海星書會
洞口 中央書館 朱翰榮
廣橋 滙東書館 高裕相
鍾路 大東書市 金基鉉
布屛 廣學書舖 金相萬
尙洞 博文書館 盧益亨

근대 한국학 교과서 총서 2 | 국어과 |

초판인쇄 2022년 04월 11일
초판발행 2022년 04월 25일

편 자 성신여대 인문융합연구소
발 행 인 윤석현
발 행 처 제이앤씨
책임편집 최인노
등록번호 제7-220호

우편주소 서울시 도봉구 우이천로 353 성주빌딩
대표전화 02) 992 / 3253
전 송 02) 991 / 1285
전자우편 jncbook@hanmail.net

ISBN 979-11-5917-203-8 94370 정가 48,000원
979-11-5917-201-4 (Set)